国家出版基金项目
NATIONAL PUBLICATION FOUNDATION

# 中國古代物質文化史

## 史前

张星德 戴成萍 著

开明出版社

# 出版说明

在人类历史长河中，我们的民族创造出光辉灿烂的中华文明，虽历经坎坷而连绵不绝，成为我们这个星球上唯一从远古走来，中途不曾断裂的最完整的一脉文化体系，留下了博大丰厚的文化遗产，对人类文明进步作出了独特而巨大的贡献。完整而丰富的地上、地下物质文化遗存就是中华文明传承与发展的最好佐证。然而遗憾的是，到目前为止，尽管我们的物质遗存如此丰赡，却没有一部全面系统基于实体的物质资料而构建和叙写的中国古代文化史。我们这个出版项目的主旨，就是尝试弥补这个巨大缺憾和学术空白。

以往我们看到的中国历史著作，大都是基于传统文献资料，来进行政治、经济、军事、文化等各个领域的书写和诠释。当我们开始有意识地利用考古资料、地上文物遗存资料，并借助人类学、民族学、社会学等研究方法和手段来观察历史时，我们的研究空间和视域顿时更加广阔，某些隐藏至深的信息得以深入发掘，原有的历史认识进一步丰富而立体。这是因为历史本身的复杂性，决定了我们发掘历史信息的方法和途径也应该是多方面的。而随着近几十年考古发掘工作的不断推进，地下考古发现越来越丰富，地上文物遗存越来越受关注，同时学界的相关研究也越来越多，这些地下、地上文物遗存所展示给我们的信息就越来越系统，这些信息所构成的历史文化空间就越来越恢宏。最终使得我们不仅有必要而且也有可能不再拘泥于传统的历史记述与研究的路数，另辟蹊径，书写一部基于物质的中国古代文化史，即首先立足于地下、地上文物遗存，同时充分参考文献资料来诠释这些文物遗存的文化内涵与外延而构建的中国古代物质文化史。

这样的一部中国古代物质文化史，必然是一部能够让我们从物质实体出发来认识博大精深的中国古代文化的历史，一部广阔而深邃、客观而生动、系统而完整的历史，既能反映政治、经济、军事、文化、法制、科技、社会各方面情况，又能反映人们的生产、生活、信仰以及思想观念、审美理念、价值取向、生活情趣等。从中我们可以感受到历史发展的脉搏，探索历史最生动的层面，还原历史本来面貌。

从某种意义上来说，编纂这样一部系统科学的物质文化史不但势在必行，而且极具创新价值、学术价值和开拓意义。这样的工作，对于彰显中华民族的伟大创造力、诠释中华民族优秀的历史文化、使我们更好地认识源远流长的中华文明有着极为重要的意义。同时这种注重物质的客观性和系统关联性的学术视角，也必然会在学术领域产生积极的影响，对于推动历史学、人类学、考古学等学科的深入研究具有积极意义。此外，我们也希望这部书能够进一步唤起我们珍视历史、热爱文物、保护文物的意识。一个爱护文物、爱护历史文化遗产、尊重历史的民族，才是一个有未来的民族。

我们的中国古代物质文化史项目从策划到最终立项经过了数年时间的酝酿，从立项到陆续开始出版又经历了数年。我们计划全套书共出70卷，除索引卷外，分为通史和专题两个系列，以纵、横的脉络建立历史时空坐标。纵的是通史系列，分为史前、商周、秦汉、魏晋南北朝、隋唐五代、宋元明清六个阶段，按中国历史的时间顺序，遵循物质文化变化节奏和规律，在历史大背景下宏观阐述中国古代物质文化史的发展进程，使读者对文化遗存在中国历史洪流中有个整体、全局性的把握。横的是专题系列，按照材质、用途和功能、艺术表现形式等的不同分为石器、陶器、瓷器、玉器、青铜、金银器、漆器、兵器、乐器、家具、纺织、货币、天文历法、水利、建筑、墓葬、雕塑、绘画、书法篆刻等类。内容丰富的类别再做进一步的细致分类，并分册出版，如绘画类包括壁画（寺观壁画、墓室壁画、石窟寺壁画）、卷轴画等；雕塑类包括石窟寺雕塑、墓葬雕塑和其他雕塑等。各专题或以时间为轴或以类别为序，展现各个物质形态继承与发展、沿袭与嬗变的过程，通过点线面结合，揭示物质遗存所特有的发展曲线和深层次的历史内涵。每卷随文附图200幅左右，以体现内容和版面的活泼生动，强调实证效果，增强视觉感知及可读性。对于某些卷册，如龟兹、敦煌等，由于涉及大量译名，还会附加名词索引。

经过编委、各位作者和编辑人员的共同努力，如今这套书终于要依次与读者见面。个中滋味，甘苦各半。回顾起来，我们不得不说，这样大规模高难度的项目，在当今要集合如此众多的专家学者，进行如此大量的资料、图片的收集与整理工作，其难度远超我们的预期；尤其是若没有足够的资金支持，仅凭一家出版社的力量，几乎是不可能开展也不可能完成的。对此，国家出版基金会给我们提供了最大限度的支持，不仅是资金方面，还有精神方面，使得我们有决心、有信心也有力量把这个项目逐步完成。也正因为这样，这套书才能有幸与读者见面。在此，我们对国家出版基金会表示由衷的感谢。此外，参与主编策划和书稿撰写的各位专家、学者也付出了异常艰辛的努力，他们每个人本身的工作都很忙，可为了这套书的构思策划，为了每一卷书稿的高质量完成，还是付出了大量的时间和精力，做了最严谨而细致的工作，在此也对他们表示诚挚的谢意。

项目编辑组

# 总序：中国历史和文化的物质表征

《中国古代物质文化史》经过参与该书策划、撰写和编辑的诸多学者的共同努力，现在终于问世了。这个总序本来应该由项目的主编、前国家文物局局长、北京大学兼职教授张文彬先生来写，以阐述项目成果即本套书的编写宗旨、设计体例、内容特点，并介绍每分卷的写作情况等。由于张文彬先生在主持项目过程中遇身体不适，我这个后来被指定的执行主编只有勉为其难，代张文彬先生撰写这个《中国古代物质文化史》的总序了。鉴于这套书的编写宗旨、内容特点及框架体例等在出版说明中已有介绍，每分卷的写作情况在每本书的后记中也多有述及，无须我在这里重复。下面，我拟从中国物质文化史的概念定义、发展历程、专项分类三个方面，谈谈自己对中国古代物质文化史以及编写这套书的粗浅认识。

## 一、中国物质文化史的含义

人们通常这样认为，“物质文化，是指为了满足人类生存和发展需要所创造的物质产品及其所表现的文化”。物质文化既然是文化的一种呈现形态，那么，与“物质文化”相对应的另一种文化呈现形态就应是“非物质文化”，它们之间的关系是怎样的呢？要弄清这个问题，还需要从“文化”这个最基本的概念说起。

关于文化的定义很多，二十世纪五十年代有人作过统计，据说那时就有164种之多。文化人类学的鼻祖英国学者爱德华·伯内特·泰勒（Edward Burnett Tylor，1832—1917）是第一个从学术的角度对文化进行定义的学者。他认为，文化是复杂的整体，它包括知识、信仰、艺术、道德、法律、风俗，以及其他作为社会成员所习得的任何才能与习惯的综合体，是人类为使自己适应其环境和改善其生活方式的努力的总成绩[1]。泰勒关于“文化”的定义，尽管还存在不全面等问题（如泰勒没有提及需要后天习得的文化要素“语言”），却已给后人奠定了很好的解释基础，以后的学者又不断有补充和发展。英国功能主义人类学家A. R. 拉德克利夫-布朗（Alfred Radcliffe-Brown，1881—1955）认为，文化是一定的社会群体或社会阶级与他人的接触交往中习得的思想、感觉和活动的方式，是人们在相互交往中获得知识、技能、体验、观念、信仰和情

1 ［英］泰勒：《原始文化》，上海文艺出版社，1992年。

操的过程，文化只有在社会结构发挥功能时才能显现出来，如果离开社会结构体系就观察不到文化。美国学者阿尔弗雷德·克鲁伯（A.L Kroeber）和克莱德·克拉克洪（Clyde Kluekhohn）在1951年出版的著述中，对西方164种文化的定义进行了评析后，提出了他们新的定义，即“文化存在于各种内隐的和外显的模式之中，借助符号的运用得以学习与传播，并构成人类群体的特殊成就，这些成就包括他们制造物品的各种具体式样，文化的基本要素是传统（通过历史衍生和由选择得到的）思想观念和价值，其中尤以价值观最为重要”[1]。以后，还有一些学者对文化下过定义，如美国学者罗伯特·F·莫菲（Robert F. Murphy）这样定义文化：“文化是意义、价值和行为标准的整合系统，社会的人们据此生活并通过社会化将其在代际传递。”文化具有这样一些特点：“文化定义关键部分就是，它意指行为的规则和确定方式，而不是指行为的本身”“文化是我们在这个世界上的行为导引和对这个世界经验的符号表达”“文化也是所有知识、信念和生存技能的百科全书”“行为的不同习惯方式，以及某些特定的物质制品或艺术风格，可以使文化具有典型特征”[2]。根据以上学者对文化这一概念的解释，我们可以将文化理解为：

文化是人类社会在长期发展过程中凝固下来并在代际传承的价值观念、社会机制和行为规则，社会的人们据此思维、交流和行为，并且产生和创造具有特征的物质制品或艺术风格。

上述对文化的解释，包括了三个层面：其核心层面是人们的社会性，其中间层面是人们基于这种社会性的思维和行为，其外表层面则是人们思维和行为的产物。文化从表至里的三个不同的层面，其他两个层面都蕴含在表层的物质层面之下，故文化的三个层面又可以归结为两个不同的范畴（或两种不同的存在状态）——无固定形态的非物质的范畴就是所谓“非物质文化”（无形文化），有固定形态的物质范畴就是通常所说的“物质文化”（有形文化），这两种文化范畴构成了完整的文化形态。作为前人的完成了代际传承，经历了时间的筛选的两种文化的存在形态，已经成为我们需要加以关注、保护和传承的遗产。按照通行的解释，“非物质文化遗产”是人类创造这些物质文化的过程以及人类各社群为了满足自己精神生活需要的具有社会性、凝固性和典型性的行为，它是被各地区和社群视为其文化传统的表现形式、知识和技能，包括了口头传说、表演艺术、社会风俗、礼仪节庆、传统工艺等；而“物质文化遗产”，则是人类这些思维和行为的创造物，是有固定形态的可以被视觉感知的人类创造、制作和使用的人工遗留物。

说到文化的物质层面，就不得不提到考古学的一个核心概念“考古学文化”。我的专业是考古学，我们考古学家天天都在与考古学的文化打交道，不少考古学家还强调我们的考古学文化与别的学科的文化如何的不一样。翻开《中国大百科全书·考古卷》，该书对考古学文化的解释代表了目前中国考古界的主流认识：“文化一词有着不同的含义，一般是指人类社会在科学、技术、艺术、教育、精神生活以及其他方面所达到的总成就，如中国文化、文化遗产等。考古学中所讲的文化，有其特定的含义，专门指考古发现中可供人们观察到的属于同一时代、分布于共同地区、并且具有

1 Kroeber,A.L. and Kluckhohn,C, Culture:A Critical Review of Concepts and Definition, Random House, New York, 1952.

2 [美]罗伯特·F·莫菲：《文化与社会人类学引论》，商务印书馆，2009年。

共同的特征的一群遗存[1]。”从这个定义中也可以看出，所谓具有独特性的考古学文化，与其他学科的文化概念并没有什么不同。文化的物质表层要素——即可以观察到的一定时期、一定区域的一群经常共存的具有共同特征的遗迹和遗物——就是考古学的文化；获取并研究这些文化的物质表征，透过现象去发现本质，揭示隐藏在物质表层之下的创造和使用这些遗存的人们的行为及其社会关系，即这些物质遗存所蕴含的非物质的东西，就构成了考古学这一学科的基本内涵。

考古学在包括中国在内的不少国家和地区的学科分类中，是历史学的分支，是以物质材料为主要研究对象去探究人类历史的一门学问。这里，我们有必要再谈谈物质文化史与考古学的联系与区别。考古学是通过调查和发掘地下古代物质遗存、并通过这些遗存提供的信息来理解和复原古代社会历史的学科，物质文化研究也是通过古人的物质文化遗存来重构古代社会历史，从研究目的上来看，二者并没有什么不同。正是由于这样的原因，苏联的全国性考古研究机构曾经被命名为“物质文化史科学院”或“物质文化研究所”[2]，以后才改为“考古学研究所”。仅从研究机构名称上来说，物质文化研究与考古学之间无疑具有密切的关系。不过，物质文化研究与考古学尽管内涵大致相同，其外延（主要是研究对象、研究内容等）也还存在差异。考古学研究的主要是埋藏在地下的古代物质遗存，物质文化研究的对象则包括了地下、地上和传世的古代文化遗存，后者比前者的研究范围要宽；考古学不仅研究古人遗留下来的物质遗存所包含的历史文化信息，还要研究获取这些物质遗存并提取其包含信息的技术和方法，后一方面的研究已经不是物质文化史研究所关注的问题。就中国的考古学科而言，其构成包括了考古学理论与方法、中国考古学、外国考古学、专门考古学等，如何开展田野考古和如何更多地提取遗存的历史信息，已经包含在考古学方法和专门考古学的分支中。可以这样说，中国考古学是基于考古获取的物质资料和考古学的研究方法所构建的中国物质文化史；而中国物质文化史，则是通过考古发现和现存于世的实物资料所构架的能够反映历史发展主线的中国古代史。

英国学者鲁惟一（Michael Loewe）和美国学者夏含夷（Edward Louis Shaughnessy）在《剑桥中国古代史》的序言中，将研究中国古代史的材料分为“文献资料”和“物质资料”两类，前者包括了出土文献和传世文献，后者也就是通过考古调查和发掘获取的实物资料。他们指出：“一个不注意考古证据的历史学家会感到他无法去顺应当代的学术潮流；同样，一位不熟悉传统文献的考古学家会难以把握相当一部分的中国文化之精髓。”正是基于这种考虑，这两位学者在主编《剑桥中国古代史》时，组织了历史学家和考古学家两个领域学者，各自基于不同类型资料来分别撰写同一个时期同一个区域的历史[3]。《剑桥中国古代史》的先秦卷面对的是文献资料并不丰富的“原史时代”，所以他们采取了历史学家和考古学家各自表述而不加整合的编写方式。即使在文献资料逐渐丰富的汉唐时代，甚至文献资料已经非常丰富

1 中国大百科全书总编辑委员会《考古学》编辑委员会：《中国大百科全书·考古学》，中国大百科全书出版社，1986年。

2 王伯洪、王仲殊《苏联考古工作访问记（一）》，《考古》1959年第2期，第101—104页。

3 The Cambridge History of Ancient China: From the Origins of Civilization to 221B.C, Edited by Michael Loewe and Edward L. Shaughnessy. Cambridge University Press, 1999.

的宋元明清时代，主要基于通过物质的资料来编写一套中国古代的历史，与主要采用文献资料编写的中国古代历史并行于世，这对于全面认识和理解中国的古代文化和古代社会，仍然会有很大的帮助。

## 二、中国古代物质文化发展的历程

我们这套“中国古代物质文化史”是由纵、横两部分组成。最前面的是“中国物质文化史综述”，这是按中国历史的纵向时间顺序来概述中国古代物质文化史的发展进程。中国古代漫长的物质文化发展进程从来不是匀速前进，波澜不惊的，发展中会有大小不同的转折，高低不同的峰谷。根据物质文化面貌变化节奏的不同和撰写史书详略的不同，一套多卷本的中国古代物质文化史也有不同的分卷方式。如果编写比较简明的中国古代物质文化史，我个人倾向于以魏晋之际将其划分为两个阶段，也就是一套两卷本的书系。如果编写稍微详细的中国古代物质文化史，我希望划分为四卷，四卷本除了以魏晋之际作为一个分界外，另两个分界可定在龙山时代与二里头文化时代之间、五代十国与北宋之间。如果要编写更为详细的中国古代物质文化史，也就是类似本书系的规模，我们可将其细分为史前中国、商周、秦汉、魏晋南北朝、隋唐五代、宋元明清六个阶段即六卷，这样分卷主要基于这样一些理由。



我们知道，最能导致物质文化发生大变化的因素，是重大技术发明带来的产业革命。这些发明或本土自身产生，或域外传播而来。正是基于这些重大发明，才导致了中国古代社会的巨大变化，才引起中国物质文化的多次明显转折。在这些创造性的发明中，首先应该提到的是谷物栽培和动物驯化。谷物中的人工粟等人工栽培作物大约在距今一万年前后出现在中国北方的黄河流域，以后向周边传布，甚至远布至青藏高原地区，形成了范围广大的北方旱地粟作农业区。而稻等人工栽培作物，更远在一万多年前就出现在中国南方长江中游地区，以后更传播至东北至朝鲜半岛，东南至东南亚等广阔的温暖湿润的区域，形成了广大的南方水田稻作农业区。农业的发生和推广，使得人类的生活资源趋于稳定，从而脱离了栖居山洞和追猎迁徙的不稳定生活，开始走出山洞步入旷野，在平川形成了定居的聚落，产生了钻孔、磨制和制陶等新的工艺，促使社会逐渐复杂化和多样化，奠定了中国万年农业文明的基础。大约在距今4000年前后，大麦、小麦和青稞等作物传入中国，这种适应性强的谷物丰富了旱地农业的种类，除了在低海拔地区普遍种植外，青稞这类作物还经过了高原严酷的自然选择，成为青藏高原的单一谷物。至于工业的技术革命，从先前的手工业发展成为近代化的大工业，在中国开始较晚，直到清代晚期的鸦片战争后才逐渐引入西方工业革命的成果，从而从某种程度上推动了社会的变革。因此，以农业革命的发生和工业革命的引入为标志，将中国的物质文化史划分为三个大的时代，也就是猎取时代、农业时代和工业时代（相当于以生产工具为标准划分社会发展史的旧石器时代，新石器、青铜、铁器的时代，以及机器的时代），应该是比较恰当的。只是中国的工业时代已经属于近代，古代的物质文化史不宜包括工业革命时代；而旧石器时代的人类物质文化遗存较少，如果把它作为书系中的一本就显得单薄，故将其与新石器时代合并称为“中国史前物质文化史”，只是在这个“史前时代”

中，也明确划分出这两个时代而已。换句话说，这套中国古代物质文化史去掉了工业时代，弱化了猎取的时代，强调的是建立在农业革命基础上的石器、铜器、铁器三个时代。物质文化材料的年代越早，保存至今的也就越少，因而石器时代和青铜时代只能各自作为一卷，而物质文化材料丰富的铁器时代却被划分为四卷，可能会给人以前轻后重之感，尽管历史时代考古学的重要性已不如更早的时代。

说到史前时代，这就不可避免地会涉及介于史前与历史时代之间的"原史时代"。学术界一般认为，原史时代是一个过渡性质的时期，这一时期无论是属于本社群文字还是他社群文字的文献记录都相当有限，仅据这些零星和片段的文字和文献资料无法复原该社群历史的主要梗概，要认识一时期该社群的历史需要综合考古学、人类学、文字学、历史学及自然科学的知识体系和研究手段[1]。原史时代可有广狭二义：严格的原史时代不包括传说时代，而是以成熟文字体系的出现为开始，以这种文字体系撰写的史书出现为结束。具体到中国古代史来说，也就是商代晚期至西周时期，其开端以殷墟甲骨文的出现为标志，结束以中国最早的编年体史书《春秋》开始的年代为标志，二者间的年代跨度很小[2]。宽泛的原史时代以中国古史传说时代为开始，以文字产生后出现史书为结束，具体到中国古代史来说，其开端可以上推到传说中的夏代甚至龙山时代，而其下限则与狭义的原史时代相同。不过，就物质文化这个层面来看，无论是技术上还是艺术上，大约相当于夏代后期的二里头文化与先前的龙山时代诸文化都发生了许多变化，而这种变化在战国中期又一次出现。这之间的时间幅度约略相当于中国考古学界的夏商周时代或史学界的先秦时代，也约略相当于西方汉学界所说的"从文明起源到秦统一"的阶段[3]。在这个时代里，青铜既是一种制作工具、武器和礼仪用器的最重要材料，制造青铜器又是当时技术含量最高的工艺，青铜器具这类作品还是当时艺术的集中体现，如果史前时代是以石器制作为标志的石器时代，这个时代就是以青铜为标志的青铜时代。尽管关于中国青铜时代开始和结束的时间，学术界还有一些不同的说法。

按照我个人的见解，中国的原史时代应当定位在二里头文化中期至战国前期，这是基于这样几个考虑。首先，从二里头文化兴盛开始，具有中国金属铸造的特色的泥范铸造技术开始出现，并完成了从红铜时代（或称铜石并用时代）向青铜时代的转变；而人工铁器尽管早在两周之际就已引入中国，却也是在战国前期偏晚才与青铜冶铸技术相结合，使得大量冶炼铁和普遍使用铁器成为可能，才真正进入了铁器时代。其次，也是从二里头文化兴盛期起，青铜鼎等礼器、青铜戈等兵器，以及兽面纹等动物纹样才出现并流行，独特的中国艺术传统才开始形成；而到了战国前期以后，先前流行的礼器种类和装饰纹样已经趋于消失，来自北方草原地区的艺术风格已经占据主导地位。其三，从中国的史学传统来看，中国古人向来有将秦以前的历史划分为五帝时代和三王时代的传统，现代的史学家也还将先秦史单独出来，并将夏以前的传说时代与夏商周三代区分开来。因此，我们将夏、商、周三代作为中国物质文化

1 Daniel,Glyn,A Short History of Archaeology. London: Thames and Hudson.1981.

2 李学勤先生就这样说，这样一个原史时代与中国古代历史时代的对应关系，学者们认识也不尽相同，李学勤先生认为，商与西周时期属于原史时代，而不同于商和西周的东周已脱离了原史时代而跨入真正意义的历史时代了。参看李学勤《东周与秦代文明》，文物出版社，1984年。

3 鲁惟一、夏含夷主编的《剑桥中国古代史》，其副标题就是"从文明起源到秦统一"，由此可见一斑。

发展历程中的第二个时期，也就是这套书通史系列的第二卷。

中国中心地区在战国后期就已出现了统一的趋势，东齐西秦是当时最有可能推进统一事业进行的大国，在齐国当时就有一批学者聚集在一起，开始构拟大一统后的政治构架，勾画新王朝的理想图景。秦国结束了战国时期诸侯割据的局面，建立了中央集权的大一统王朝，开创了中国历史的一个全新的时代。从此广泛推行的郡县制代替了传统的封建制，由中央政府控制的官营手工业作坊遍及全国各地，各地间的商业往来也较过去更为频繁。在这种背景下，秦汉王朝直接统治范围内物质文化产品，无论是工艺、种类，还是形制、纹饰，都逐渐呈现高度一致的状况，中国大部分地区的延续了千百年的区域文化差异从此逐渐减弱甚至消失。尽管从战国后期到西汉前期，这一时期物质文化的总体面貌还处在从商周旧制向秦汉新制的转变过程中；尽管在三国至两晋时期，中国的物质文化的发展进程发生了从“早期中国”到“晚期中国”的大转变；但如果模糊这个具体的分界，将秦汉时期这个中国古代文化发展的高峰期作为中国物质文化史的一个时期，单独设置秦汉卷作为这套书通史系列的第三卷，这应该是恰当的。

从三国鼎立局面形成一直到隋代，除了西晋短暂的统一外，中国出现了长达三百余年的分裂局面。北方古族在这期间纷纷进入中原，出现了空前的民族大融合。在这种历史背景下，各地区在文化面貌上的差异也进一步缩小，但由于从西晋以后长期的南北对峙，以及僻处一隅的某些由少数民族建立的国家保留了比较多的自身文化传统，这一时期文化除了存在着比较明显的南北差别外，在北方还存在一些更小的地区之间的差异。隋王朝结束了自西晋以后长期的分裂混乱局面和南北对峙的政治文化格局，中国遭受长期战乱破坏的社会经济得以恢复和发展。唐王朝继承了隋王朝的统一基业，实行了一系列重要的政治、经济和军事的改革措施，将中国古代社会推向了秦汉王朝以来又一个空前鼎盛的发展阶段。盛唐气象强大而持久，流风余韵，一直延续至五代十国间。基于这种考虑，虽然两晋南北朝和隋唐都是宗教热情极度高涨的时期，但两晋南北朝与隋唐五代的物质文化仍然存在比较大的差异。因此，我们将两晋南北朝与隋唐五代各自作为中国物质文化史的一个时期，各自单独作为一卷。

至于宋元明清时期，这个时期文献资料已经非常丰富，考古学家讲历史时期考古一般都只讲到元，北京大学过去的中国考古学教材最后一卷就是《宋元考古》，就反映了这个问题。我们认为，尽管在中国历史的重要性中，明清时期的物质遗存的确不如早先时期，但作为中国物质文化史应该是一个完整的过程。因此，我们这套中国古代物质文化史通史系列的最后一卷，从宋代一直写到清代，希望这些年代较晚的物质文化资料有助于丰富对这段时期历史的认识。

## 三、中国古代物质文化的种类

如同历史著述有通史和专门史一样，按照中国物质文化发展阶段编写的历史，只是基于物质文化遗存透露的历史文化信息，按照时间发展顺序和物质文化表征的变化程度连缀而成的中国物质文化的“通史”，“通史”中不同时段的物质文化史则相当于“断代史”。就整个中国物质文化史来说，有了这个“通史”系列，虽然可以从纵向认识整个中国古代物质文化发展的概貌，却难以从横向全面展示中国古代物质文化的方方面面。因此，还需要根据中国古代物质文化遗存的分类，按“类”来叙述某类物质文化遗存的分述系列，这个系列就是中国物质文化的“专门史”。

物质文化具有可视性，不同的物质文化具有不同的面貌特征，因而可以根据这些特征展开分类。物质文化是一个笼统的概念，我们所面对的古代物质文化是过去人们行为创造的物质遗留，也就是人们通常所称的“物质文化遗产”或“文物”。物质文化遗产的体量有大有小，大的文化遗产如建筑、壁画、纪念碑等，当初选址、设计、创造时就考虑了永固性等因素，没有考虑其位置变换，今天我们采取保护措施时也不便于将其移至他处，只能在原地保存（从保留关联信息的角度，也只能在原地保存）；小的文化遗产如家具、陈设、用具等，当初设计制作时就考虑了方便移动的使用功能，今天我们对其进行保护时，可以将其搬移到博物馆等具有更好保存环境的空间去保存。因此，物质文化遗产即文物首先可以划分为不可移动文物和可移动文物两大类，这两大类文物各自可以作为中国古代物质文化史“专门史”中的一个系列。

不可移动文物包括了大到历史城镇、传统村落、古代遗址等综合性的文物，也包括了宫殿衙署、寺观祠庙、陵园坟墓、石刻造像等专门性的文物，这些文物有三类不同的保存状态：第一类文物在历史上就已经废弃，成为历史的陈迹，呈现在人们面前的只是残缺不全的局部，有的还全部或大多掩埋在地下。历史上城镇村落的废墟、曾经一度兴旺的工矿作坊场所、废弃并垮塌殆尽的寺观祠庙、地面建筑甚至封树都已经不存的帝陵坟墓，乃至于一座房屋或一座塔幢的废址等，都属于这类文物。第二类文物虽然失去了它在历史上的作用，却仍然屹立在地表，被作为其他用途或作为历史名胜而存在。已经没有皇室官员使用的宫殿衙署、中断了宗教活动的寺观祠庙、原有功能已经退化或消失的石窟碑刻、已经弃置或被改做他用的城堡等，都属于这类文物。 第三类恐怕已不能简单地称之为文物，而是具有“物”和“非物”的综合体。至今还基本保持着原来的功能和文化传统，并随着时代的推移，继续在发生着变化，古今重叠且文化延续的城镇和村落，至今还有人居住的古村落民居，仍在使用传统工艺进行生产的作坊、农庄、牧场等，都可归属此类。

可移动文物，包括历史上各时代的重要工具、武器、礼仪用器、生活用器、艺术品、文书、档案、图书等，这些文物的材料和材质大致有两大类：第一类采用曾经具有生命的物质制作而成，也就是被称为“有机质文物”的一类，如竹木漆器、骨牙角器、纤维制品等。这类文物的存在周期相对较短，对保存条件要求也较高。第二类采用没有生命的物质制作而成，也就是被称为“无机质文物”一类，包括地球自然演化形成的天然材料和人工合成的金属材料，如玉石制品、金属制品等。这类文物的存在周期相对较长，对保存条件的要求也相对较低。

上述对于物质文化遗产即文物的分类方式，是以文物的保存状态和保存条件作为分类标准，这对于文物的保护研究来说，无疑是最恰当的分类方式。不过，这种分类没有考虑这些文物的用途和功能，而文物这方面的属性恰好是从文物这一文化的表层物质现象通向创造和使用这些文物的人、人的行为及其社会关系的桥梁，是将物质资料变为物质文化史的重要途径。因此，我们这部中国古代物质文化史的“专门史”不采取上述分类方式来分卷，而是按照材质和功能对不可移动文物进行分类。

中国文物管理部门对于不可移动文物的分类，以全国重点文物保护单位的分类最具代表性。该文物分类体系将不可移动文物分划为古遗址、古墓葬、古建筑、石窟寺及石刻、近现代重要史迹及代表性建筑等类。这些类型的不可移动文物，除了古遗址是以文物的保存状态为分类标准，近现代重要史迹及代表性建筑是以时代为分类标准，其类型与以功能作为分类标准的类型有所不同外，其他诸类都可以作为中国物质文化专门史的不可移动分系列。由于遗址大多都在中国物质文化通史系列中曾经引述，且通史系列的物质材料主要就是遗址加上遗址和墓葬等出土的各类可移动文物，专门史系列可以不必再列出遗址作为一卷；由于中国物质文化史只是有关古代中国，不涉及近代中国，故本丛书也没有近现代重要史迹及代表性建筑的内容。

中国文物管理部门对于可移动文物的分类，以全国首次可移动文物普查的分类标准最为详细。该分类标准"根据文物的异同，即构成每件文物基本物质的自然属性和社会属性之差异性、同一性"，将可移动文物划分为金/银器、铜器、铁器、陶/泥器、瓷器、砖瓦、宝/玉石器、石器石刻、漆/竹器、绘画、书法、拓片、珐琅器、玻璃器、骨/牙/角器、纺织/绣品、皮革、玺印、文具/乐器/法器、货币、雕塑/造像、古人类遗体遗骸、文献图书、徽章/证件、邮品、票据、音响制品、交通/运输工具、度量衡器、武器装备/航天装备、古脊椎动物化石和古人类化石、其他共32类[1]。正如该分类系统的分类标准有文物的自然属性和社会属性两个一样，可移动文物实际上可以划分为两个小系列：一个系列是按照文物的自然属性即材料和材质划分的系列，如玉石器、金银器、铜器、铁器、陶器、瓷器、玻璃器、骨牙角器等；一个系列是按照文物的社会属性即功能用途等划分的系列，如纺织品、货币、雕塑、武器、度量衡器等。我们编写的这套中国物质文化史的可移动文物部分基本就按照这个体系进行划分，只是一些偏小的文物类型和产生年代较晚的文物类型难以单独成册，我们这套古代物质文化史只能暂且舍弃了。

在艺术史学界，尤其是西方关于中国艺术史的研究，往往综合考虑其时代、功能和形式等方面的因素，将能够基于视觉观察的物质文化领域的中国艺术品划分为四大类。第一大类是主要兴盛于商周时期的青铜艺术；第二大类是主要存在于两汉时期的汉画艺术；第三大类是风行于晋唐时期的佛教艺术；第四大类则是从宋代以后大盛的以卷轴画为主体的绘画艺术。青铜艺术比较单纯，其物质材料就是青铜器。绘画艺术也不复杂，主要是卷轴画，此外就是壁画。汉画艺术的涉及面较广，包括了汉代画像砖、画像石、独立雕塑和建筑雕刻等诸多类型的文物。佛教艺术就更为广泛，与佛教相关的石窟、雕像、壁画、供器等，乃至于佛教寺庙建筑等都可归属于佛教艺术。以上四大类，只是中国艺术门类的主流，其他如产生于中国本土且长期与佛教艺术并存的道教艺术，在东亚地区具有广泛影响的建筑艺术（尤其是园林建筑），具有中国特色的玉器、漆器、瓷器等艺术类型，也从不同的方面丰富和补充着中国艺术史和中国物质文化史。

正是基于以上诸方面的考虑，我们主编的这套中国物质文化史的专门史划分为了不可移动文物和可移动文物两大系列，前者又包括了古建筑、石窟寺、古陵墓、古水利、古天文等不同的功能类型，后者更包括了玉器、铜器、铁器、瓷器、金银、玻璃

1 国家文物局编：《第一次全国可移动文物普查工作手册》，文物出版社，2013年。

等不同的材料材质类型，雕塑、绘画等不同艺术表现形式的类型，以及兵器、货币、纺织品等不同社会功能的类型。每个类型作为一卷，有的类型因文物丰富再细分为若干册。这种最终分卷的分类标准的不一致，我想读者应该是能够理解的。

## 四、另类的中国物质文化史

编写一套系统的中国古代物质文化史，是主编张文彬教授提出的构想。张文彬教授早年就读于北京大学历史系考古专业，以后曾在郑州大学历史系任教，对中国古代物质文化史自然非常熟悉；他又曾担任国家文物局局长和中国博物馆学会会长，熟悉全国的文物状况和博物馆藏品情况，是主编中国古代物质文化史的最好人选。在已经拟定了基于文物分类的物质文化史编写纲要，这套书各卷刚启动编写不久，张文彬教授就因病卧床，不能继续主持编写工作。还在张文彬教授患病之前，我就受他之命协助联络作者；张文彬教授患病后，我受参与编写工作的朋友的推举，担任这套书的“执行主编”。我基于自己对中国古代物质文化史的理解，增强了这套书的纵向通史系列，其他基本上按照张文彬教授原先拟定的编写体例来组织。现在大部分分卷已经定稿，回过头来看当时全书的设计框架，总觉得还有一些不尽如人意之处。这些主要表现在以下两个方面：

首先，一套完整的古代物质文化史通史不仅要有以时间为纲的通史主干，还应该有相应的纵向旁支。就如同北宋司马光主持编写《资治通鉴》（下简称《通鉴》），他首先按照年代编出汇集史料的“长编”，以此为基础才编写《通鉴》这部翔实的编年体通史。与此同时，为了说明自己对史料异同的取舍，还编写了《资治通鉴考异》作为附属，以驳斥相反意见并客观保存异说。由于皇帝日理万机，没有那么多时间来翻阅294卷的《通鉴》，他们还编写了简写本30卷的《通鉴目录》，以满足特定读者的需要。除此之外，为了弥补《通鉴》覆盖时间跨度上的不足，司马光等还编写了20卷的《稽古录》这样的简录，时间上溯至传说中的伏羲，下延至宋英宗末年。可见司马光等人编写《通鉴》，原本有一整套完整周密的构想，即便都是编年体的史书，也有主有从，有繁有简，有纲有目，所以《通鉴》才显得与众不同，为史家所重。作为一套体例完整的中国物质文化史，在通史部分也需要像《通鉴》那样，除了需补充强化史前的旧石器时代卷和新增近现代卷，编写与中国古代物质文化史相关的资料和研究汇集外，还需要考虑简化本的中国古代物质文化史。

简化本的中国古代物质文化史以上下两卷最为恰当，这是因为基于可视的物质文化形态和面貌，在公元三至四世纪间，也就是三国至两晋间，以佛教传入并流行中国为标志，中国的主流物质文化发生了重大变化——在佛教传布开来之前，中国的城市和乡村的标志性建筑和景观是统治者的宫殿、衙署、宗庙、神祠，人们崇奉的是祖先以及社稷、山川、天地诸神祇，并且这些神祇都不采用造像的形式来表现；而在佛教流行中国后，中国城市的标志性建筑和人文景观除了宫殿和衙署外，佛教寺庙（包括仿效佛寺而建的道教宫观）成为城乡最引人瞩目的标志性建筑和人文景观，大量佛教造像和少许道教造像占据了人们精神世界，成为最广泛的崇奉对象。因此，西方汉学界往往都是以佛教传入并流行中国作为中国历史和艺术的最重要的转折标志，这以前的中国为“早期中国”，这以后的中国是“中晚期的中国”。早期中国的文化主流是传统的自然发展过程，尽管不断会有来自周边，尤其是来自北方草原地区文化的影响，但这种影响的程度是有限的，没有造成传统的变异、转移或中断。晚期的中国，由于外来佛教的强力介入，使原先中国的主流文化发生了变异，佛教深深地浸入到社会生活的各个方面。原先不事偶像崇拜的中国社会，开始将大量财富用于制作顶礼膜拜的佛教像设和象征物，用于营建覆盖这些像设和象征物的殿堂楼塔，从而导致国家财政来源的分流，带来相应的经济和社会问题。宗教的驱动力量往往巨大且持久，以佛教传入中国且在中国流传为标志，将中国物质文化史划分为早晚两个大的时期，我想应该比较恰当。佛教传入中国的年代，尽管可以追溯到两汉之际前后[1]，但在整个东汉时期，佛教都是混杂在中国传统的神仙方士中流传，还没有得到人们的广泛认知。佛教成为一种专门的宗教为人们所接受，不会早于三国两晋时期。三国两晋时期正是中国制度、思想和文化的大变革时期，文学上有所谓“魏晋风骨”，反映在物质文化上，这时期的城市、陵墓、器用、书画等也都出现了一系列新的气象。据此，以三国两晋之际作为首要转折点，将中国古代物质文化史的通史部分划分为两个大的时期，编写一套两卷本的中国古代物质文化史简本，这一定是很有意义的。

其次，我们这套中国古代物质文化史虽配有大量的图片，但基本体例还是以文字为主，图片配合文字出现。而物质文化的视觉感知非常重要，故以文物的图像为基础而加以文字解说和诠释，对于形象地认知和理解中国古代物质文化非常必要。中国国家博物馆（原中国历史博物馆）研究员孙机先生，曾编写了一本《汉代物质文化资料图说》。这是孙机先生基于多年对汉代文物研究的心得，在数十篇论文的基础上完成的图文并茂的著作[2]。这种以图说的方式叙述一个朝代的物质文化史，既是中国“左图右史”史学传统的延续，又是博物馆陈列必要的基础研究和公众获取知识的良好途径，应当大力推广。只是这种以图说史的著述，另有一套独特的编写体系，需做大量资料整理的工作，还需有系统的研究积累，编写难度很大，故迄今未见以图说的形式撰写的其他时代的中国物质文化史的著作。续写一套中国古代物质文化史图说，应当很有必要。

作为一套全方位的“中国古代物质文化史”，理所当然应有一个“中国古代物质文化史图说”系列。这套图说不宜按照中国的历史时代来述说，而应该以物质文化本身发展演变的阶段性来编写。如果按照我们前面所说的中国物质文化发展的进程，需要有史前、三代、秦汉三国、两晋南北朝、隋唐五代、两宋·辽金西夏·南诏大理、蒙元、明清诸时代。每个发展阶段则应该有都城市镇、宫殿衙署、坛壝社稷、神祠寺观、祭祀礼器、街坊住宅、园囿苑林、陵园坟墓、矿场作坊、生产工具、钱币量具、路河邮驿、衣冠服饰、家具陈设、生活用器等名目，每个名目下再细分为若干种类来展开图文的叙述。这样一部图说的中国古代物质文化史，可以弥补目前这套书的不足，

1 关于佛教传入中国的时间，有两种说法：一种是西汉末期汉哀帝元寿年间，大月氏使者伊存向博士弟子景庐口授《浮屠经》之说，见《三国志》卷三〇裴松之注引曹魏鱼豢《魏略·西戎传》；一种是东汉明帝永明年间，蔡愔出使大月氏，与僧人摄摩腾和竺法兰一起用白马驮回佛经和佛像至洛阳之说。二说的年代相差不多，且都与大月氏有关。

2 孙机：《汉代物质文化资料图说（增订本）》，文物出版社，2008年。

能够从更具体和更微观的层面展现中国古代物质文化的面貌。

我希望，今后如果能够有比较充裕的时间，组织相关专家编写一套这样的中国古代物质文化图说，对于更加深入地理解古代中国，普及传统文化知识，推进博物馆教育，将是一件很有意义的事情。

编写中国古代物质文化史是一项长期的工作，要有相当长时间的资料积累和研究积累。北京大学的考古学科，自1952年以来先后编写过多个版本的《中国考古学》征求意见稿，如1960年、1972年版的《中国考古学》铅印本等，并有“多卷本中国考古学”这样的重大科研项目来推动，但迄今为止，这套多卷本《中国考古学》仍然没有问世。这其中既有新的考古资料不断涌现所带来的认识的更新，也有老一辈学者与新一辈学者认识上的差异，当然也还有这样和那样的原因。不过，仅从这一事例就可以看出，要编写一套优秀的学术著作是多么的不容易。《中国考古学》从某种意义上来说，与《中国古代物质文化史》有许多共通之处，要编写这样一套书需要投入较长的时间和相当的人力和精力。这部《中国古代物质文化史》作为一项国家出版项目，有出版的时间限定，我这个慌忙上阵的执行主编，只能尽可能召集一些长期从事中国考古学教学和科研，手头有比较现成的研究成果或讲稿，经过补充、整理、强化就可以成书的研究者，来承担中国古代物质文化史的通史系列各卷的撰写任务[1]。由于撰写时间的限制使得一些作者在完成初稿后，可能没有更多的时间来广泛征求意见和做细致的加工完善。可安慰的是，这套《中国古代物质文化史》本来就有为今后编写《中国考古学》和修订补充各专门物质文化史征求意见的意图。如果读者发现这套《中国古代物质文化史》存在着这样或那样的不足，就尽管提出批评和建议，我们一定虚心听取，以便在今后编写《中国考古学》系列时能够做得更好些。

孙 华

1 考虑到我所在的北京大学考古文博学院，也在考虑重启多卷本《中国考古学》的编写，为了使二者不发生重合，保持《中国古代物质文化史》通史系列自身的特色，我主要邀请了北京大学以外的高校考古专业的专家和教师来承担各卷的编写任务。

# 目 录


## 绪论 / 〇〇一

第一节　史前时期的自然环境 / 〇〇一

一、史前时期的地貌环境 / 〇〇一

二、史前时期的气候环境 / 〇〇三

第二节　中国古人类化石的发现 / 〇〇五

第三节　中国史前物质文化的特点 / 〇〇七

一、中国史前物质文化的相对独立性 / 〇〇七

二、物质文化与中国史前历史的发展 / 〇〇八

## 第一章　旧石器时代的物质文化 / 〇一七

第一节　旧石器时代的考古发现 / 〇一七

一、旧石器时代早期的主要发现 / 〇一七

二、旧石器时代中期的主要发现 / 〇一九

三、旧石器时代晚期的主要发现 / 〇二〇

第二节　工具组合与远古自然经济 / 〇二二

一、旧石器时代早期的工具组合与渔猎采集 / 〇二二

二、旧石器时代中期工具组合与渔猎技术的提高 / 〇二九

三、旧石器时代晚期工具组合与渔猎采集的发展 / 〇三三

第三节　石器、骨器与手工业制作技术 / 〇三八
一、旧石器时代早期的石器工艺 / 〇三八
二、旧石器时代中期的石器制作技术 / 〇四二
三、旧石器时代晚期的石器与骨器制作技术 / 〇四三
第四节　居址与建筑技术的萌芽 / 〇四八
一、洞穴遗址 / 〇四八
二、旷野型居址 / 〇五三
第五节　火堆与用火技术 / 〇五五
一、用火遗迹与人工取火技术的出现 / 〇五五
二、火堆的种类与用火技术的进步 / 〇五九
第六节　墓葬及服饰 / 〇六一
一、墓葬与原始信仰 / 〇六一
二、服饰 / 〇六三
第七节　小结 / 〇六六

第二章　新石器时代早中期的物质文化 / 〇六九
第一节　新石器时代早中期的考古发现 / 〇六九
一、新石器时代早期的考古发现 / 〇六九
二、新石器时代中期的考古发现 / 〇七〇
第二节　新石器时代早中期的作物、农具与农业 / 〇七二
一、稻作农业的起源与发展 / 〇七二
二、旱作农业的兴起与进步 / 〇七八
三、家畜、圈栏与饲养业 / 〇八一
四、野生动植物与采集渔猎 / 〇八二
第三节　新石器时代早中期的手工业技术的进步 / 〇八九
一、陶器与制陶工艺的兴起与初步发展 / 〇八九
二、磨制石器及玉器的出现与治石技术的发展 / 〇九八
第四节　新石器时代早中期的房屋、村落与建筑技术 / 一〇一
一、房址结构 / 一〇一

二、村落布局 / 一〇六
第五节　新石器时代早中期的墓葬 / 一一三
一、墓葬形制 / 一一三
二、葬具 / 一一四
三、葬法 / 一一五
四、葬式 / 一一八
五、随葬品 / 一一八
六、葬俗 / 一二〇
第六节　新石器时代早中期的宗教 / 一二三
一、变体动物形象与龙的初创 / 一二三
二、丧葬用龟与龟灵、卦卜的起源 / 一二七
三、富河文化中的卜骨 / 一二九
四、其他祭祀遗迹 / 一二九
第七节　新石器时代早中期的服饰 / 一三一
一、装饰品 / 一三一
二、服装 / 一三四
第八节　新石器时代早中期的文化艺术 / 一三六
一、音乐 / 一三六
二、雕塑 / 一三九
三、绘画 / 一四二
四、刻划符号 / 一四四
第九节　小结 / 一四六

第三章　新石器时代晚期的物质文化 / 一五〇
第一节　新石器时代晚期的考古发现 / 一五〇
第二节　新石器时代晚期的农业 / 一五二
一、作物 / 一五二
二、农具 / 一五五

三、家畜与饲养业 / 一五七

四、酒器与农业 / 一五八

五、采集、渔猎 / 一六〇

第三节　新石器时代晚期的手工业技术 / 一六三

一、玉器工艺的发展 / 一六三

二、铜器冶炼 / 一六八

三、制陶技术的进步 / 一六九

第四节　新石器时代晚期的房址、村落与建筑技术 / 一七五

一、房址结构 / 一七五

二、聚落与中心聚落 / 一八七

第五节　新石器时代晚期的墓葬 / 一九七

一、墓地 / 一九七

二、墓葬形制与葬具 / 二〇一

三、葬法与葬式 / 二〇三

四、随葬品 / 二〇四

五、其他与墓葬相关的习俗 / 二〇九

第六节　新石器时代晚期的宗教 / 二一〇

一、龙信仰的发展与龙形象的定型 / 二一一

二、龟卦与龟灵崇拜 / 二一三

三、占卜 / 二一四

四、祭祀遗址 / 二一五

第七节　新石器时代晚期的服饰 / 二二三

一、服装 / 二二三

二、装饰品 / 二二五

第八节　新石器时代晚期的艺术 / 二三三

一、音乐 / 二三三

二、雕刻 / 二三四

三、陶塑 / 二三七

四、绘画 / 二三九

五、刻划符号 / 二四二

第九节　小结 / 二四四

第四章　新石器时代末期的物质文化 / 二四七

第一节　新石器时代末期的考古发现 / 二四七

第二节　新石器时代末期的作物、农具与农业 / 二四九

一、稻作农业的成熟与兴盛 / 二五〇

二、旱作农业的发达 / 二五三

三、其他作物 / 二五七

四、家畜与饲养业 / 二五八

五、酒器与农业 / 二五九

六、采集与渔猎 / 二六〇

第三节　新石器时代末期的手工业技术 / 二六一

一、陶器 / 二六一

二、玉器的专业化生产 / 二六七

三、制铜业的推广 / 二七四

四、漆木工艺 / 二七六

第四节　新石器时代末期的房址与村落 / 二七七

一、房址形式 / 二七七

二、城址 / 二八九

三、其他建筑与设施 / 三〇〇

第五节　新石器时代末期的墓葬 / 三〇一

一、墓地的变化 / 三〇一

二、墓葬形制 / 三〇四

三、葬法与葬式 / 三〇六

四、葬具、随葬品与礼制 / 三〇七

五、拔牙习俗的延续 / 三一二

第六节　新石器时代末期的宗教 / 三一四

一、龟灵与龟卦 / 三一四

二、骨卜的流行 / 三一五

三、玉琮 / 三一六

四、祭祀遗址 / 三一九

第七节　新石器时代末期的服饰 / 三二三
一、服装 / 三二三
二、装饰品 / 三二六
第八节　新石器时代末期的文化艺术 / 三三五
一、音乐舞蹈 / 三三六
二、陶塑 / 三三九
三、雕刻 / 三四一
四、绘画 / 三四二
五、刻划符号 / 三四四
第九节　小结 / 三四八
结束语 / 三五〇
后　记 / 三五一

# 绪 论

## 第一节 史前时期的自然环境

### 一、史前时期的地貌环境

自然环境是人类生活的物质基础，为人类生存和繁衍提供了最直接、必要的物质生活、生产条件。生产力水平极其低下，所需要的食物、能源及各种劳动资料都直接来源于自然，对自然环境的依赖尤其显得突出。随着体质、智力水平的日益提高，人类才有可能开始并且越来越多地想方设法了解自然、解释自然并应对自然，于是才有了人类文化的发展，才有了人类对自然的逐步的改造与思辨，这是一个渐进的过程。因此，了解古人类时期自然环境的状况及其变化，是我们了解远古物质文化形成与发展的背景和原因的不可或缺的条件。

地质学研究表明，远古时期中国古地貌处在一个不断变化的格局之中。尽管这种源自地质构造运动的变化在人类出现的第三纪已经开始了，但直至人类出现在这片土地上，这种变化仍未停止。

始新世前，喜马拉雅地区还是海洋。自始新世起，由于地质构造运动，亚欧板块、印度洋板块和太平洋板块碰撞或张裂，印度洋板块向北俯冲，产生强大的南北向挤压力，致使青藏高原快速隆起，形成喜马拉雅山地，这次构造运动称为“喜马拉雅运动”。印度洋板块与亚洲大陆之间沿雅鲁藏布江缝合线发生强烈碰撞，喜马拉雅地槽封闭褶皱成陆，使印度大陆与亚洲大陆相连。与此同时，中国东部与太平洋板块之间发生张裂，海盆下沉。在亚欧板块、太平洋板块、印度洋板块三大板块的相互作用下，地壳发生了较强烈的差异性升降运动，地势出现了大规模的高低分异。据地质学家野外调查，上新世末期，青藏高原的海拔高度大约达到1000米，与华北地区大致相同，此时在高原北侧的塔克拉玛干沙漠还只是零散的沙丘，从昆仑山口到华北的泥河湾盆地，广泛分布着古湖泊。这种抬升并未随着人类出现而停止。由于印度洋不断扩张，推动着刚硬的印度洋板块沿雅鲁藏布江缝合线向亚洲大陆南缘俯冲挤压，使喜马拉雅山和青藏高原大幅度抬升。以小的倾角俯冲于亚欧板块之下的印度洋板块持续向北挤压，在北部遇到历史悠久的固结刚性地块的抵抗，产生强大的反作用力，继续使构造作用力高度集中，引起地壳的进一步重叠，上地幔物质运动的加强和深层及表层构造运动的激化，导致地壳急剧加厚，促使地表大面积大幅度急剧抬升。青藏高原继续抬升，至更新世早期平均海拔为2000米，更新世中期高原面在3000米左右，更新世晚期印度洋板块已大部分插入到青藏高原下面，把高原面抬高到4500—5000米的高度，云贵高原、湘、鄂、川以东的山地及太行山等地区也有1000—2000米的上升量。而自这一地区再向东的平原及丘陵地区在此时期则表现为总体的相对下沉，如华北平原的最大沉降约有1000米[1]。

"喜马拉雅造山运动"不仅导致了青藏高原的形成，而且引起了中国大陆的一系列大规模的差异性升降构造变化，形成了西高东低呈巨大的三级阶梯形的自然地貌基本格局。由南侧的喜马拉雅山，北侧的昆仑山、阿尔金山与祁连山和东边的岷山与横断山等一系列高大山系和青藏高原组成了平均海拔达4000—5000米的第一级阶梯。青藏高原以东、以北地势以巨大落差下降而形成海拔高度多在1000—2000米的第二级阶梯，包括新疆和内蒙古高原、黄土高原、四川盆地和云贵高原等。由于地表组成物质和内、外营力的不同，二级阶梯上各地地表形态差别极为显著。有的地势起伏和缓，牧草丛生；有的荒漠广布，沙丘累累；有的沟壑纵横，梁、峁遍布；有的坝子众多，喀斯特地貌分布广泛。高原上的山地很多，如阴山、六盘山、吕梁山、秦岭、大巴山、大娄山、武陵山、苗岭等，海拔大多在1500—2500米，少数高峰达3000米以上。四川盆地海拔较低，大部分在500米以下。这一阶梯面有些地貌在1亿年前的白垩纪就已经形成了，比较年轻的部分也都有3000万年的历史，但以黄土为代表的沉积，却因青藏高原的隆起自更新世早期才开始堆积。在第二级阶梯边缘的大兴安岭至雪峰山一线以东，地势再次下降形成第三级阶梯，海拔多在200米以下，这里地势低平，沃野千里。阶梯状地形还使中国外流河几乎都沿着三个地形斜面注入海洋。第三级阶梯主要以平原、丘陵和低山地貌为主，自北而南分布着东北平原、华北平原、长江中下游平原和东南丘陵。



青藏高原的隆起，引起了西风激流的动力作用，改变了中国各地气候要素。自250万年前的更新世早期开始在强大的西风激流吹扬下，中亚内陆沙漠地区的大量粉尘被抬升到3000米以上的高空，随风向东南方向飘移。携带着大量粉尘的西风激流途中受东南季风的干扰和秦岭、六盘山、吕梁山、太行山的阻隔及截留，风速变慢，粉尘在黄河中下游一带大量沉积下来。起初青藏高原上升得还不很高，西风激流的作用尚不很强，最早形成的午城黄土的沉积速率、厚度和广度均较小。到了中更新世时，随着青藏高原的不断抬升，风力作用和沉积速率加强，在黄河中游，特别是泾、洛河流域形成了厚达数十米的离石黄土。更新世晚期，青藏高原进一步上升到现代的高度，青藏高寒区和西北干旱区最终基本形成，气候进一步变得干凉，风力作用使马兰黄土的堆积速度明显加快，终于在中国北方形成了总面积约60万平方千米的黄土堆积，并在黄河中游一带形成了蔚为壮观的黄土高原。

青藏高原的隆起还引起阿尔泰山、天山、昆仑山、祁连山、阴山、燕山、秦岭、南岭等山系的强烈上升，它们与受太平洋板块对亚欧板块作用的影响而形成的大兴安岭、太行山、武陵山等一起，形成分布有序、纵横全国的山脉网络。东北—西南走向的山脉多分布在东部，主要有三列，即最西的一列：大兴安岭—太行山—巫山—武陵山—雪峰山，中间的一列：长白山—辽东丘陵—山东丘陵—浙闽一带的东南丘陵山地，最东的一列：台湾山脉；西北—东南走向的山脉多分布在西部，由北而南有阿尔泰山、祁连山和喜马拉雅山等；东西走向的山脉有最北的一列：天山—阴山，中间的一列：昆仑山—秦岭，最南的一列：南岭共三列；南北走向的山脉纵贯中国的中部，主要有贺兰山、六盘山和横断山脉。这些山脉网络共同构成了中国地形的骨架，分布在这些网络之间的高原、盆地、平原以及内海、边海的轮廓，都在一定程度上受到这些山脉的制约。于是，一方面，西高东低、面向海洋逐级下降的地势特点，使来自东南方向的暖湿海洋气流深入内地，形成了中国三大自然区域，即东部季风区（大兴安岭以东、内蒙古高原以南、青藏高原以东）、西北干旱区（青藏高原和黄土高原以北）和青藏高寒区。另一方面，境内的一些东西走向山脉，阻挡了西北寒流的南下和东南暖湿气流的北上，对于大气热量和水分的再分配起到了明显的作用，自北而南形成了温度、降水量、植被有所差异的几个气候区：北部天山—祁连山—阴山—燕山一带是划分暖温带和温带的自然地理分界线；中部的昆仑山—秦岭山脉—淮河一线，是南方和北方、亚热带和暖温带的分界线；南部的南岭和武夷山两侧的气温和降水量等也有明显的差异。气候和植被等方面的差异，使中国这个大区域之中又形成了几个相对独立的自然地理单元。

1 何培元：《中国第四纪古气候环境的重建》，《中国地质科学院院报》1992年第25号，第5—53页。

进入新石器时代以后，尽管大的地貌格局未再发生改变，但差异性的构造升降运动仍在进行着，且随着冰期的结束和间冰期的来临，气候普遍明显转暖，造成了河流的侵蚀堆积与摆动、海岸的进退、湖泊的消长、沙地的收缩与扩张等地貌环境的变迁及区域性地貌环境的变化。

## 二、史前时期的气候环境

地质构造运动形成的中国自然地理环境格局，在一定程度上影响着中国气候的演变进程，但全球性的气候演变显然在我国第四纪气候的变化中起着控制作用。全球气候变冷，第四纪大冰期的来临，使我国东、西部的气候都受到了不同程度的影响。

第四纪更新世是全球气候寒冷，冰川广泛发育的时期。当冰期到来后，我国西部和东部某些山地相继有冰川流行，这些冰川多属山谷及山麓冰川类型，例如青藏高原的“惊仙冰期”“希夏邦马冰期”“聂聂雄拉冰期”“珠穆朗玛冰期”，横断山脉的“稻城冰期”“绒坝岔冰期”和“竹庆冰期”，东部地区的“大排冰期”“鄱阳冰期”“大姑冰期”“庐山冰期”等等。可见第四纪时期气候有多次冷暖交替波动的这一论断是可以肯定的。

中国第四纪冰川的范围包括东北的长白山、大小兴安岭，北方和西北的崂山、泰山、华山、太白山、秦岭、五台山、太行山、吕梁山、阴山、贺兰山，南方的滇、黔、桂、赣、浙、西藏等山地和高原，也波及到东部山区并常以冰舌形态向山麓平原流溢。冰期来临时气温大幅度降低，在中、高纬度地区及高山区广泛形成大面积的冰盖和山岳冰川。由于水分由海洋向冰盖区转移，大陆冰盖不断扩大增厚，引起海平面大幅度下降。所以，冰期盛行时的气候表现为干冷。冰盖的存在和海陆形势变化，气候带也相应移动，大气环流和洋流都发生变化，并直接影响动植物生长、演化和分布。但是在第四纪大冰期中，仍然有寒冷期和温暖期的更替。间冰期温暖时期，气温则升高，雪线高度上升，冰川退缩。

第四纪大冰期大约始于距今200万—300万年前，结束于1万—2万年前，正与旧石器时代的年代跨度相一致。期间的冰期与间冰期变换，也反映了旧石器时代气候演变的基本特征。但是地质学家一般是以某一地区的冰川遗迹为研究对象，进而形成该地区第四纪冰期系列，而对如何将不同系列的冰期进行对比、各时间尺度又是否一致等问题，目前还没有形成一致的意见。所以，还难以就较大范围的总体变化给出关于阶段性的确切的时间、气温、降水等标尺。然而，据对野生动物、古土壤、孢粉及其他古植物等的研究，科学家却似乎可以为我们提供更详细的中国更新世气候冷暖演变旋回资料，比如对黄土高原不同地区古土壤堆积系列进行研究，地质学家从午城黄土、离石黄土、马兰黄土沉积中共分析出37个土壤地层单位（一个土壤地层单位由一层古土壤和下层黄土组成），表明250万年来共发生了37次冷暖气候的交替[1]。

据对古生物的研究发现，中国东部地区更新世至少发生过四次哺乳动物南迁的事件，标志着这一时期该地区的四次降温事件。第一次发生在距今140万年左右。此前，喜暖的鹿类动物在华北各地常见，山西轴鹿、粗面轴鹿、华丽水鹿、双叉四不像鹿、晋南四不像鹿、蓝田四不像鹿、布氏真枝角鹿和似四枝多枝角鹿等鹿类化石在动物群化石中所占比例非常突出。然而，此后这些鹿类动物便在华北各地普遍消失了，其中仅存的3个现生种，局限地分布在长江流域及其以南的地区，甚至分布在现今的印度。第二次南迁事件发生在距今90万年左右。在此之前，生活在陕西蓝田一带的是著名的公王岭动物群。其中的大熊猫、猎豹、剑齿象、巨貘、貘、爪兽、毛冠鹿、苏门羚等都属于中国南方更新世的“大熊猫—剑齿象动物群”中的重要成员。距今90万年以后，上述一大批南方型的动物在华北地区消失了，而此后相当长的时期内，它们却在华南各地普遍存在。除了极少数的种类外，它们中的绝大多数种类再也没有返回过华北地区。此时正是鄱阳冰期时期。第三次南迁事件发生距今约28万—24万

1 丁仲礼等：《中国黄土的土壤地层与第四纪气候回旋》，《黄土·第四纪地质·全球变化》（第一集），北京：科学出版社，1990年，第34—36页。

年，表现为原本生活在北京周口店地区的硕弥猴、维氏花鼠、居氏巨河狸、中华猫、李氏野猪和肿骨鹿等动物种类侵入到长江北岸的安徽和县，甚至一些现生的北方型动物，如麝鼹、华北绒鼠和棕熊也侵入到了那一地区。这种不仅限于南方型动物的退缩，北方型动物也同时向南的侵入，可能说明当时的气候应比今日更冷，当时和县地区的年平均温度可能在10℃—12℃，比今日约低3℃—5℃。第四次南迁事件发生在末次冰期的晚期，距今约1.8万—1万年。这次事件表现为北方型动物如棕熊、麝獏和仓鼠等已侵入到长江以南的地区，说明当时长江以南，如溧水、杭州等地方的气温与今日华北南部相当，年平均气温可能已降至10℃—12℃，比现今要低约4℃—6℃。所以，动物南迁可能反映了更新世气温除了呈现反复的、频繁的波动外，还具有一个逐渐下降的趋势[1]。

距今1万年前后，全球气候普遍表现为冰川和冰盖大规模消融或后退，向着温暖的方向发展。施雅风等人提出的全新世大暖期观点，其时间跨度大致涵盖了史前时期的后6000年[2]。

所谓大暖期是指间冰期中的最暖阶段。这个阶段时限较宽，包括了一些冷波动和在水分热量搭配上的气候不良波动。大暖期开始的时间或认为在距今1万年，或认为在距今8500年，各有所据。大暖期包含了相当多的气候与环境波动，可进一步划分为若干阶段。



第一阶段距今10000—7200年，属于升温及其后的不稳定的由暖变冷的温度波动阶段，温度的峰值可能出现在距今8500—8000年。急剧升温所示的气候突变会导致严重灾害，不利于生物繁荣和人类发展，植被一时未相伴变化，但降水变化是迅速的，季风降水范围大大地向北扩张。暖湿气候使植被分布起了重大变化。北方暖温带落叶阔叶林带向北推移了3个纬度，温度比现在高2℃—4℃。现今生长在亚热带长江湖泊水域的水蕨孢子向北分布至天津静海、北塘一带。但在距今7800年左右与7300年左右出现了两次温度下降，北京附近原分布在山地的暗针叶林树种向平原扩展。江苏建湖剖面孢粉资料显示其时气温较前下降了1.4℃—1.7℃。

第二阶段距今7200—6000年，属于大暖期中稳定的暖湿阶段，是大暖期的鼎盛阶段。各地气候均较暖湿，季风降水几乎波及全国，植物生长空前繁茂。现代为草原的青海湖滨，当时出现落叶阔叶混交林，从发现的紫果云杉残木推知当时降水量可达600毫米左右，温度高于现代3℃左右。在三江平原和长白山区形成暖温带落叶阔叶林，温度较今天高3℃—4℃。内蒙古、新疆、青海至西藏的内陆湖泊均呈现高湖面，华北平原也处于湖沼的盛大发展时期。沙漠则有很大收缩，自鄂尔多斯向东至东北西部，现代的流动沙地，当时大部分被固定，黄河中游黄土区与内蒙古中东部沙地的古土壤全面发育。长江中下游落叶阔叶混交林带内温度较今高2.7℃，暖湿气候十分明显，类似于现代华南热带与亚热带。此期之末出现全新世最高海面，全新世大暖期造成华北平原—渤海—江河平原沉降带和杭州湾至江苏北部淮河下游沉降区宽大范围海侵，在环渤海西岸地区，于距今6500—6000年出现最高海面与最大海侵范围，高海面延续至距今5000年前后，比现代海岸，高海面内侵数十千米，到达现在天津市的西侧。淹没现在陆地范围约达27000平方千米。在钱塘江、长江与淮河下游的平原区，可能在距今6500—4000年间出现最高海面与最大海侵，苏北盐城地区海岸线较现代西移60—100千米，沙坝、泻湖到达今建湖与兴化附近，并通过某些通道，海水波及到现在运河大堤东侧，长江以南，也有类似情况，且比较复杂。上海附近最西的一列贝壳堤形成于距今6100年，在其附近形成沙坝泻湖体系，大体即为当时海岸所在，但在南侧，海水循杭州经湖州通道侵入太湖以西地区。当时长江口在今镇江、扬州附近，类以现在杭州湾喇叭口形态。我国东南部闽江、韩江、珠江等各河口也均有一些小范围的海侵。

第三阶段为距今6000—5000年左右，是气候波动剧烈、环境较差的阶段。一方面，这一阶段承继

1 徐钦琦：《东亚更新世哺乳动物南迁及其与气候演变的关系》，《中国古生物学会第13、14届年会论文选集》，合肥：安徽科学技术出版社，1986年，第271—278页。

2 施雅风等：《中国全新世大暖期气候与环境的基本特征》，《中国全新世大暖期气候与环境》，北京：海洋出版社，1992年，第1—18页；施雅风等：《中国全新世大暖期的气候波动与重要事件》，《中国科学》B辑1992年第12期，第1300—1308页。

着前阶段暖湿气候特点，保存着暖湿生物遗迹。在山东郯城和江苏南京句容宝华山，都发现丰富的亚热带动植物遗迹。从水蕨和山龙眼的存在推知当时温度可能高于现代3.5℃左右。另一方面，这一阶段又存在三次明显的降温事件。特别中间一次降温事件在华北与华东均很明显，长江下游平均温度比第二阶段时下降1℃以上，甚至海南岛气候也显示偏凉干。冷峰出现于距今5300年左右。此时南北半球各山区均出现冰川前进，看来这种气候的变化是全球性的。

第四阶段距今5000—3000年。其中4000年之前为气候波动和缓的亚稳定暖湿期，表现为气候环境较上阶段有所改进。在现今半干旱草原区的宁夏海原，分析出温性松林占优势的孢粉组合；山西襄汾出现落叶阔叶和常绿针叶（主要为松）树种组成的混交林；在长白山区的落叶阔叶林依然茂盛，温度高于现代3℃左右。但这一时期北纬45度—50度地带的湖泊水位已经下降，内蒙古、青海、西藏湖泊仍为高湖面，似表明季风降水北缘有所南撤，中国绝大部分气候仍然比现今暖湿。4000年左右为一多灾难的时期，甘肃地区气温和降水突然下降，农业区北界南移了1个纬度。中国东部出现灾难性的大洪水。

## 第二节　中国古人类化石的发现

人类起源于何时？随着以制作工具作为人类独有的能力来区分人与猿改为采用两腿直立行走作为人类最初的独有特征，人类历史在不断向着更为远古的时代延伸。2001年在中非乍得发现的700万年前的“托迈人”，被认为是目前发现的最早的人类。迄今人类最初的两个阶段，即南方古猿和能人的化石材料，全部发现于非洲，而在非洲以外的地区尚没有早于距今200万年的人类化石被发现。因此，人类学界普遍认为人类发源于非洲。

据已有的发现可知，至迟在170万年前，可能已经有早期人类在今天中国的土地上生活了。迄今已经发现的出土有早期人类化石的地点有云南元谋上那蚌、重庆巫山大庙龙骨坡、湖北建始高坪龙骨洞、湖北郧县曲远河口与陕西蓝田公王岭等处。除此之外，还有一些地点虽未发现人骨化石，但发现了早期人类的文化遗存，如山西芮城西侯度、安徽繁昌人字洞、河北阳原泥河湾盆地等，为了解早期人类在今天中国及东亚地区的活动提供了更详细的资料。其中云南元谋上那蚌发现的古人类化石被称为元谋人。元谋人化石只有两枚上内侧门齿，属于同一成年个体。这两颗门齿粗大，唇面比较平坦，舌面模式较复杂，呈现着很明显的原始特征。中国学者一般将元谋人的年代确定为距今170万年左右，是中国境内已知最早人类的代表[1]。公王岭蓝田人头盖骨化石比较完整，保存有额骨和大部分顶骨、部分颞骨、鼻骨及上颌骨，右上第二、三臼齿和左上第二臼齿。1983年以来，有关科研单位在公王岭埋藏直立人头骨化石的黄土剖面上采集了200余块古地磁样品，测得其结果为距今110万—115万年。蓝田人头骨的形态具有一系列原始的特征，如其头骨的高度很小，是世界上已经发现的颅高最低的直立人化石标本；脑量小，复原后的头骨脑量仅约780毫升，与在非洲发现的时代更早的直立人的脑量接近甚至更小，头骨壁极厚，平均厚度为12.4毫米；眶上圆枕极为粗壮，眉脊和眉间粗壮，左右两侧眉脊在眉间部相互连接，眉间部向前突出，圆枕的外侧段向外延伸，眶后缩极为明显；牙齿硕大。从形态特征判断，公王岭头骨所代表的个体可能是年龄约在30多岁的女性。公王岭头骨的额骨缝和额上颌缝的走向约在同一水平位置，这一特征不仅与其后的北京人相同，也可以在后来的蒙古人种的额骨上看到[2]。郧县人包括两个头骨化石，其由于在埋藏过程中受到挤压，变形严重。这两具头骨的形态特征比较复杂，具有明显的两重性，既表现了与直立人相一致的特征，如眉脊粗厚，前额低平，眶后缩窄明显，枕骨发育，枕平面和项平面之间呈角状转

1 周国兴：《元谋人》，昆明：云南人民出版社，1984年。

2 吴汝康：《陕西蓝田发现的猿人头骨化石》，《古脊椎动物与古人类》1966年第1期，第1—16页。

折，头骨最大宽位置较低等；同时又具有一些智人类型的特征。这两具头骨都没有直立人常见的矢状脊[1]。

距今100万年以内的古人类化石在中国多地被发现。其中属于直立人阶段、时代大致相当于地质时代中更新世的，除最有名的北京房山周口店发现的北京人外，还有在山西芮城匼河村发现的匼河人、在山东沂源土门镇芝芳村发现的沂源人、在辽宁本溪庙后山发现的庙后山人等。在安徽和县陶店镇汪家山龙潭洞发现的和县人头骨化石，包括一具国内现存最完整的头盖骨，一块左下颌骨并附连二个臼齿，四枚单个臼齿，共代表至少三个个体。头盖骨为一男性青年个体，其骨壁较厚，头骨较宽，额骨低而向活倾斜，矢状脊明显，眉脊粗壮，眉脊与下颌体很粗壮，牙齿较大。在含直立人化石的棕红色砂质黏土中，还发现了石器，成批骨角器以及烧过的骨头、牙齿、灰烬等遗物。直立人吃剩的大量兽骨很破碎，鹿角的主枝和眉枝都被折断或砍断，其中斑鹿角达三百多个，分布相当密集。

大量早期智人化石的发现，在一定程度上填补了中国直立人和现代人之间的缺环。早期智人的体质特征，一般来讲是介于直立人到现代人之间的。在中国境内发现的早期智人的材料，根据形态特征，可细分为早、晚两种类型。早期的包括安徽巢湖银山发现的巢县人、辽宁营口大石桥发现的金牛山人和陕西大荔段家乡解放村发现的大荔人等，时代为中更新世晚期至晚更新世初期；晚期的代表有在广东韶关市曲江区马坝镇狮子山发现的马坝人、在湖北省长阳西南下钟家湾村发现的长阳人、在北京房山周口店发现的新洞人、在山西襄汾丁村发现的丁村人、在山西阳高和河北阳原交界的许家窑村发现的许家窑人、在辽宁喀左鸽子洞发现的鸽子洞人等，时代为晚更新世晚期。中国的早期智人与旧大陆其他地区同一发展阶段的古人类具有相同的体质特征，如脑量明显增大、颅穹增高、眉脊由"一"字形变成倒"八"字形、脑颅的增厚结构变弱、颞鳞变高、下颌关节盂变宽变浅、面部骨骼变弱、突颌度减弱等。这些体质特征的变化说明，早期智人是较直立人更为进步的人类。

在晚更新世的中期左右，以广西壮族自治区柳州市柳江县新兴农场发现的柳江人为代表的较早的现代人（晚期智人）就已经开始出现了。早期的现代人的体质特征则又明显不同于早期智人，而更显现代化。他们比早期智人的前部牙齿和面部减小，眉脊减弱，颅高增大。脑量和身高都已经增大到现代人类的变异范围。不过与时代更晚的人类相比，这些时代较早的现代人也保留着较多的原始特征。如头骨显得更为粗壮，肌脊较为发达，较显著的是眉脊和矢状脊；头骨、肢骨的骨壁较厚等。上述事实，可能说明人类进化的不平衡性或不完全同步性，在旧石器时代过渡阶段，实际上生活着不同类型的人类，可能既有传统意义上的早期智人，也出现了早期的现代人。

据目前公布的资料来看，中国境内1万年以前的晚期智人足迹范围向北达到黑龙江省的漠河，向东达到黑龙江省的饶河，向南到达广西壮族自治区的灵山和崇左，向西可能到达新疆维吾尔自治区的喀什。主要的人骨材料有北京房山周口店龙骨山发现的山顶洞人、在辽宁海城仙人洞发现的小孤山人、在内蒙古乌审旗发现的萨拉乌苏人、在宁夏灵武市临河镇水洞沟村发现的水洞沟人、在山西朔县峙峪发现的峙峪人、在四川省资阳县城西黄鳝溪发现的资阳人等。

中国本土古人类化石具有一系列共同的形态特征，如颜面在水平方向上都比较扁平，鼻梁不高，鼻腔前口与眼眶之间骨表面平或稍凹，眼眶大体上接近长方形，其下外侧边缘圆钝，眼眶外侧的骨柱的前外侧面比较朝向前方，上颌骨颧突的下缘弯曲，其与上颌体连接处的位置较高，额骨鼻部与鼻骨和上颌骨相接的骨缝呈大约水平的弧形，额骨在正中线上，最突出处在额骨的下半，头骨最宽处在中三分之一部的后段，头骨具有早期较强，中期较弱的正中矢状脊，上门齿呈铲形等。中国人类化石中的两个单元，即直立人和智人之间有形态镶嵌现象，比如和县直立人有几项不见于其他直立人却常见于智人的特征，如头骨指数大，眶后缩狭不显著，颞骨鳞部较高等；个别智人头骨具有个别直

1 李天元等：《郧县人》，武汉：湖北科学技术出版社，2001年。

立人特征的例子则更多，如马坝人的眶后缩狭，大荔人厚的眉脊和头骨壁，金牛山人枕部呈角状转折，大荔人和资阳人有角圆枕，许家窑人顶骨厚度与北京直立人相仿等。郧县人头骨更是集两类人特征于一体。这些现象表明在中国境内直立人和智人这两个分类单元之间难以截然分开，是连续进化的。大荔人头骨眼眶与鼻腔前口之间的膨隆，南京人头骨高耸的鼻梁，马坝人头骨的圆形眼眶和其锐利的下外侧边缘，柳江人、资阳人、丽江人枕部的发髻状构造，山顶洞102号头骨眼眶外侧骨柱前外侧面比较朝向外侧，河套人（萨拉乌苏人）额骨与鼻骨之间的骨缝位置比额骨、上颌骨之间的骨缝为高，这些特征则可能是接受了来自西方基因的结果。

20世纪后期以来，古人类学界中的一些学者根据遗传学研究的结果和西亚、欧洲和非洲的古人类化石以及考古学材料，提出世界地区的现代人都起源于大约15万—20万年前的非洲，与古老人类属于不同物种的一种新人类，即解剖学意义上的智人或现代人，他们在大约10万年前扩展到世界各地，并完全取代当地的古人类。这种假说被称为“非洲单一起源说”“替代说”或“夏娃说”。20世纪90年代，中国考古学家和古人类学家根据中国的古人类化石，列举一系列特征，论证了中国已经发现的人类化石的年代顺序和共同形态特征，并结合化石的异样性与其他地区的基因交流的形态学过程，论证了中国人类进化以连续为主，并与世界其他地区有过基因交流[1]。

## 第三节　中国史前物质文化的特点

### 一、中国史前物质文化的相对独立性

开始于第三纪的青藏高原地质构造运动，在亚洲中部隆起了巨大的高原山脉，改变了全球的气候系统，形成东亚季风气候区，造成了中亚及邻近地区的干旱与沙漠化，且在东西方之间形成天然屏障，使中国成为一个巨大的、相对独立的地理单元，阻碍了早期人类基因的交流，使中国的史前文化难以与南亚、西亚、中亚及地中海地区等等史前文化最发达的区域文化建立直接的联系。

旧石器时代考古学成果，为我们提供了中国大陆旧石器文化的发展与更新世古人类适应模式的认识。同时，学者们对中国旧石器工业分布格局的概括、对旧大陆的远古人类及其文化的演化模式的讨论，以及在旧大陆的背景下提出的对中国旧石器时代文化发展的特点的认识等，也为我们认识中国旧石器时代物质文化的特点提供了丰富的资料[2]。

据研究，人类最早掌握的石器制作技术是石核—砍砸器技术，在距今250万年左右出现在东非。最晚到距今170万年左右，携带这种技术的人类已经到达亚州。西亚地区两个最早含石核—砍砸器技术的遗址分别是格鲁吉亚的德马尼斯遗址和以色列的乌比迪亚遗址。前者大约距今170万年，而后者距今大约140万年。大致在同时或更早，石核—砍砸器工业也发现于东亚地区，在中国华北的泥河湾盆地等地都有较丰富的发现。这一阶段中国旧石器工业，从加工技术到石制品的面貌，与东非及西亚的发现都很一致。

距今170万年左右，东非地区出现了在石核—砍砸器技术基础之上发展而来的阿舍利技术（或称手斧技术），之后携带阿舍利技术的人多批次地从非洲到达西亚，并最终形成了西亚风格的阿舍利工业。在西亚地区的乌比迪亚及其他很多早更新世遗址都发现有以这种技术制作的石器。

迄今发现的欧洲的早期人类及其文化遗存都晚于西亚。100万年前，石核—砍砸器技术也已经传

---

1 王幼平：《中国远古人类文化的源流》，北京：科学出版社，2005年，第301—304页；吴新智：《中国远古人类的进化》，《人类学学报》1990年第4期，第312—321页；吴新智：《从中国晚期智人颅牙特征看中国现代人起源》，《人类学学报》1998年第4期，第276—282页。

2 王幼平：《青藏高原隆起与东亚旧石器文化的发展》，《人类学学报》2003年第3期，第192—200页。

入欧洲，阿舍利技术到达欧洲的时间可能要更晚些，但这种技术在欧洲却得到了迅速的发展。最早的阿舍利技术在欧洲被称为阿布维利，与非洲早期阿舍利技术一样采用硬锤加工，简单粗糙。随着软锤技术的使用，大量加工仔细、形态规整且带有地方特点的阿舍利产品在欧洲各地出现并流行。

晚更新世早期旧大陆西方石器制作工艺发展到以预制石核技术（包括勒瓦娄哇技术与盘状石核技术）为标志的莫斯特技术的盛行阶段。从西欧到西亚、北非，都有典型的莫斯特技术制作的石器，甚至在中亚、南亚以及撒哈拉沙漠以南的非洲，虽然与典型的莫斯特技术有或多或少的差别，但仍有许多共同的文化特点存在。

如果说旧石器时代初期青藏高原的屏障尚未形成，东西方旧石器文化的发展在开始之初并没有很大的区别。以石核—砍砸器技术为特色的石器工业，在旧大陆两边广泛地流行，暗示着此时东西方的交流可能还比较方便。那么随着这道屏障的崛起，石器特征及其体现的制作技术的分野显现出来，并在以后的发展中愈发地强烈起来。与阿舍利技术在旧大陆西方广泛流行与发展之盛况相比，尽管石核—砍砸器技术在中国早更新世晚期有所发现，但遗物大多属于地表采集，正式发掘品很少，与西方的阿舍利技术也有比较明显的区别，一般都是硬锤技术的产品，加工较厚重、粗糙，缺乏明显的软锤技术的产品，可见这种工艺没有能够在这里得到充分的发展。与此形成对比的是，在中国大陆发展了具有自身特色的石片石器工艺，石片和以石片作为毛坯加工的各类石器在全部石制品中占主要地位，石器加工方式以单面为主，石器的基本类型为刮削器、尖状器、端刮器和砍砸器等，其中以刮削器、尖状器在石器组合中占主导。晚更新世早期在中国仍然应用前一阶段的石器技术，华北地区仍然是以石片石器为主体的旧石器文化，以锤击技术为主，直接剥片，加工各类石制品。石制品整体有小型化的趋势，也有原始的盘状与柱状石核存在，如泥河湾盆地的许家窑遗址的发现，但这些与典型的预制石核技术显然不是同一技术系统。华南地区的石器技术也有所发展，出现形制规整，加工程序化的石器类型，如湖北荆州鸡公山遗址发现的大量尖状器。但就整体而言，此时华南仍属于砾石石器工业系统。与本地区早期的石器工业一脉相承，而看不到预制石核技术的影响。



虽然随着现代人的出现，人类的智力与技术支持人类得以绕经遥远寒冷的北方草原地带，将石叶技术、细石器技术传入华北地区，使晚更新世晚期的华北地区出现了以石叶与细石器技术制作的工具，但在华南地区则仍然看不到旧大陆西部同期文化的影响。此时的旧大陆两边还是可以看到比较明显的区别，这种差异在华南地区表现得更加清楚。在这个地区已经发现的数量众多的晚更新世晚期或稍早的遗址中，见不到明显的来自西方的技术因素。这里没有发现莫斯特技术、石叶技术和细石器技术。不典型的砾石石器技术与石片石器技术，构成中国南方广大地区晚更新世晚期文化发展的主体。

中国的新石器时代文化是从中国的旧石器文化发展而来的，所以，中国的新石器文化同样富于特色、自成体系，只是较之旧石器文化内容更加丰富了。

## 二、物质文化与中国史前历史的发展

中国目前已知最早的人类化石和文化遗存距今约200万年。此后，经过一个漫长的发展过程，大约在距今4000年出现了文字，史前时期结束。中国的史前时期大体与考古学上的石器时代共始终。其中旧石器时代从距今约200万年前开始，到距今1万年前后结束；新石器时代开始于距今1万年左右，至距今4000年前后结束。根据物质文化的特征，尤其是技术的进步，又可将它们分别细分为三至四个发展阶段。

考古发现的中国史前时期物质文化非常丰富，从地域上几乎覆盖了今天中国的所有省份，从时间上涵括了漫长的200万年间各个阶段。已知的中国史前物质文化的内涵尽管不能包罗万象，但其一方面包含了史前时期各阶段的主要内容或主要方面，已能够大致勾勒出某一时期的物质文化基本面貌与发展水平；另一方面也基本展现了史前物质文化发展的主要过程及由其反映出来的人类社会的重要发展历程。

迄今已发现的中国旧石器时代人类遗址或出土人类物质遗存的地点近300处，可以细分为早、中、晚期三个阶段。

旧石器时代早期相当于地质年代的早更新世晚期和中更新世早期。典型人类化石地点及文化遗址或地点有云南元谋县的元谋人遗址、河北阳原县的东谷坨和小长梁遗址、山西芮城县的西侯度遗址和匼河石器地点、陕西蓝田县的蓝田人遗址、北京周口店的北京人遗址、湖北郧县学堂梁子人类化石及遗址、湖北大冶县石龙头遗址、安徽和县龙潭洞人类化石及遗址、南京汤山南京人化石、贵州黔西县观音洞遗址、辽宁营口金牛山人化石及遗址等。当时人们使用的工具是简单、粗糙的石器，是采用直接打击的方法制作的。石器的外观造型极不稳定，根据制作与加工的特点，可以将其区分为砍砸器、刮削器、尖状器、雕刻器等，这些工具帮助人们在密林中采摘果实，分割、剔剖捡拾来的大型食肉动物吃剩的残余动物骨架。洞穴是人类的栖身场所，其间所见包含有一定数量烧骨的灰堆或灰圈，显示人类已经掌握了一定的控制火及保存火种的方法，并且学会了制作熟食。

旧石器时代中期相当于地质年代的中更新世晚期到晚更新世早期。典型人类化石地点及文化遗址或地点有陕西大荔甜水沟人类化石及遗址、山西襄汾丁村人遗址、山西阳高许家窑人遗址、北京周口店第15地点、辽宁喀左鸽子洞遗址等。此时，传统的直接打击技术仍然是这一时期人类制作石器工具的方法与手段，但较之早期，由于修理台面和指垫法等新技术手段的应用，石器形制趋于规整，同类器造型趋于一致。比如丁村人[1]的大三棱尖状器，均以厚石片为制作原料，在两侧面由劈裂面向背面进行加工，最终形成特色鲜明的尖端细锐、横断面呈三角形的稳定尖状器形制，增强了石器的功能，石器类型也有所增加。石球的大量存在，增强了人类在狩猎活动中对猎物的远投击打能力，提高了狩猎的成功率。当然采集野生植物性果实仍然是人们主要的食物获得手段之一。此时，人类已经掌握了人工取火技术。

旧石器时代晚期相当于地质年代的晚更新世晚期。典型人类化石地点及文化遗址或地点有内蒙古乌审旗萨拉乌苏遗址、山西朔县峙峪遗址、宁夏灵武县水洞沟遗址、河南安阳小南海遗址、山西沁水下川遗址、北京周口店山顶洞人化石及遗址、河北阳原虎头梁遗址、辽宁凌源西八间房遗址、辽宁海城小孤山遗址、黑龙江哈尔滨阎家岗遗址、塔河十八站遗址、贵州兴义猫猫洞地点、四川富林遗址、广西柳州白莲洞遗址、广西灵山马鞍山地点、江苏东海大贤庄地点等。这个时期的石器工具除了沿用直接打击的方法制作外，还发明了新的剥片与加工技术——间接打击法，出现了主要用于装备复合工具的细石器。在骨角器的制作方面，开始使用锯、刮、磨、钻孔等新工艺。功用明确的鱼镖、鱼叉等工具的出现，说明捕鱼业可能已成为社会经济的组成部分；弓箭等射击工具和复合细石器工具的出现，使采集和狩猎业的发展进入了高级阶段。建筑技术开始萌芽，出现了原野上的用兽骨或石块搭建的临时居住址。人类的生活内容较之前有了巨大的改变，出现了原始的服饰，制作衣服的骨针及用以佩戴的装饰品在海城小孤山遗址和北京山顶洞遗址均有发现。在山顶洞遗址[2]中还发现了这一时期的墓葬，死者身上及墓底被撒上了赤铁矿粉末一类的红色颜料，说明人类在一定程度满足温饱的基础上，已经有了原始的宗教观念。

中国迄今发现的新石器时代遗址大约有7000余处，可以细分为早、中、晚、末四期，其中末期在黄河流域各地较普遍地出土铜器，故而也有将这一时期称为铜石并用时代者。

新石器时代早期大约距今12000—9000年，主要发现有北京门头沟东胡林遗址、北京怀柔转年遗址、河北阳原于家沟遗址、河北徐水南庄头遗址、江西万年仙人洞遗址上层和吊桶环遗址上层、湖南道县玉蟾岩遗址、广西邕宁顶狮山遗址一期、广西桂林甑皮岩遗址、桂林庙岩遗址、广西临桂县大

1 贾兰坡：《山西襄汾县丁村人类化石及旧石器发掘报告》，《科学通报》1955年第1期，第46—51页。

2 张森水：《中国旧石器文化》，天津：天津科学技术出版社，1987年，第161—170页；贾兰坡：《周口店第15地点开掘简单报告》，《贾兰坡旧石器时代考古论文集》，北京：文物出版社，1984年，第107—111页；沈冠军等：《周口店新洞（第4地点）年代新考》，《龙骨坡史前文化志》第1辑（1999），第141—147页。

岩遗址三期等。这一时期人类开始使用由磨制技术加工制作的石器工具，但这些石器经常只是在局部经过磨制。在东胡林[1]、仙人洞[2]、吊桶环[3]等地，均发现有局部磨制石器，但大多数石器仍为打制石器或细石器。这个时期的人们开始制作陶器，在仙人洞和吊桶环、玉蟾岩、庙岩、河北徐水南庄头和阳原于家沟遗址等，均发现距今1万年前的少量陶器。这些陶器手制，多数系层层贴附制成，质地疏松、烧成温度很低、胎壁厚薄不匀、陶色斑驳不纯，当时烧制陶器可能采用地面堆烧的方法。陶器器形也简单，多为罐、釜类。在仙人洞、吊桶环和玉蟾岩等遗址发现栽培稻的遗存，原始农业处于萌发期，人们主要食物来源仍然是渔猎或采集。洞穴仍然是人类重要的居住场所，比如仙人洞、吊桶环、甑皮岩和玉蟾岩都是天然洞穴或岩厦。

新石器时代中期大约距今9000—6000年。属于这一时期的考古学文化主要有老官台文化、裴李岗文化、磁山文化、后李文化、北辛文化、半坡文化、上宅文化、后冈一期文化、兴隆洼文化、新乐下层文化、赵宝沟文化、小珠山下层文化、后冈期红山文化、彭头山文化、皂市下层文化、城背溪文化、大溪文化、罗家角文化、马家浜文化、河姆渡文化、顶蛳山文化及甑皮岩遗址第五期遗存等。



自这一时期早段起，磨制石器就已经普遍使用，磨制技术业已成熟，石器工具造型趋于规整，同类工具造型一致。在华北的磁山、裴李岗、老官台等文化，东北地区的兴隆洼文化，长江流域的湖南澧县彭头山文化等，都普遍发现磨制石器，但仍以局部磨光者为多。在石器工艺发展的基础之上，早期制玉业也在双塔遗址出现了，在双塔遗址中发现了目前已知中国最早的真玉器，为玦类。陶器已成为日常生活的必需品，均手制完成，泥条盘筑或泥圈套接成形，以红陶为主，器形呈现多样化，除平底、圜底器外，还出现有圈足器、三足器等，少数陶器上施加彩色纹饰，彩陶图案以彩带为多。原始农业有了一定程度的发展，并形成了以黄河流域为中心的粟作农业和以长江流域为中心的稻作农业两大文化体系。前者主要种植粟、黍，后者籼、粳并举，原始农业得到了初步发展，并逐步成为人们食物的主要来源。同时，家畜饲养开始出现了。磁山文化发现的鸡、狗、猪，裴李岗文化发现的狗、猪，北辛文化发现的鸡，以及老官台文化、兴隆洼文化、皂市下层文化发现的猪，被认为都是家养。随着农业和饲养业的兴起，人们的定居生活进一步稳定，出现了有一定规模的定居聚落和氏族公共墓地，有一些聚落还具有了环壕和土围。

新石器时代中期的后段，磨光石器较之前增多，但多数石器仍然仅磨光刃缘，通体磨光者不多见，器形缺乏棱角。半坡文化的陶窑，是至今中国发现的最早的陶窑。陶窑均由火口、火膛、火道、窑箅及窑室组成。半坡文化的陶窑，体积较小，窑室的直径一般为90厘米，火眼环列窑箅周壁，长宽分别为8厘米和3.5厘米左右，下通火道。火道由火膛分作左、右两股斜上通入窑箅下方，于火膛相对的一端会合，在窑箅下环成一周。火口隔着火膛，位于窑室对应的一端。半坡文化的居民发明了陶轮，把制陶工艺推进到了一个新的阶段，但仅限于对口沿或上腹部的轮修。此时的农业不仅种植谷物，还栽培芥菜、白菜一类的蔬菜，长江流域的稻作农业谷物品种不断得到改良，草鞋山[4]等遗址更发现了经过规划具有灌溉系统的稻田遗迹。据统计，半坡文化半坡及北首岭遗址所见用于砍伐的石斧数量，是翻土用的石质铲、锄的5.78倍，石斧除用于木作外，也是砍倒烧光农业中必不可少的工具。因此，它们的比例关系，或许是耕种方式的一种反映，即半坡文化基本上仍处在砍倒烧光的农业阶段。

1 周国兴、万玉桂：《北京东胡林村的新石器时代墓葬》，《考古》1972年第6期，第12—15页；赵朝洪、郁金城、王涛：《北京东胡林新石器时代早期遗址获重要发现》，《中国文物报》2003年5月9日；东胡林考古队：《北京新石器早期考古的重要突破，东胡林人引起广泛关注》，《中国文物报》2003年11月7日。

2 江西省文物管理委员会：《江西万年大源仙人洞洞穴遗址试掘》，《考古学报》1963年第1期，第4—10页；江西省博物馆：《江西万年大源仙人洞洞穴遗址第二次发掘》，《文物》1976年第12期，第23—35页。

3 赵志军：《吊桶环遗址稻属植硅石研究》，《中国文物报》2000年7月5日；张驰：《江西万年早期陶器和稻属植硅石遗存》，《稻作、陶器和都市的起源》，北京：文物出版社，2000年，第43—50页。

4 南京博物院：《江苏吴县草鞋山遗址》，《文物资料丛刊》3，北京：文物出版社，1980年，第1—24页。

家畜饲养业得到了推进，普遍饲养的动物是猪，其次是狗，再次是鸡和黄牛。不过，当时的渔猎经济仍相当发达。在肉类食物中，獐是仅次于猪的食物。在彩绘图案中，流行鱼、鹿、蛙、鸟、嘴衔鱼的人面及网。这类纹饰，以及使用骨链、骨鱼叉和鱼骨作为死者的随葬品，都反映渔猎经济是他们生活资料的重要来源。农业的发展，一方面需要为其提供发展条件的手工业的进步，另一方面，它是直接获取食物以外的产业或职业的出现及前进的基础。木石器制作、制陶、麻纺及不同材料的编织、建筑和制玉，较前一时代有所发展。同时，还开始出现漆作、冶金这些新的劳动部门。姜寨是半坡文化发现铜制品的唯一地点，在这里见到了铜片及铜竹状物，经检测均属黄铜。两者出土层位，即年代难以置疑，其原料可能是铜锌共生矿中的天然铜。此时，村落规模及分布密度都有所提高。与老官台文化相比，半坡文化村落分布的密集程度成倍地增长起来，至少是老官台文化的1.5倍。同时，聚落规模扩大，人口剧增，定居生活较以前更为稳定，应当是这时种植农业较前一时期深入发展的结果。半坡文化男子主要从事渔猎，女子主要从事农业、纺织与缝纫。当时经济结构下的这一男女分工，使得妇女的劳动比男了的劳动具有更为重要的意义，社会处于发达的母系氏族时期，对女性的厚葬、成年女性与孩子的合葬等现象正是现实社会的写照。

新石器时代晚期大约距今6000—5000年。属于这个时期的考古学文化主要有庙底沟文化、半坡四期文化、义井文化、大司空村文化、秦王寨文化、大汶口文化、庙底沟文化和半坡四期、红山文化、小河沿文化、小珠山中层文化、偏堡文化、昂昂溪文化、新开流文化、海生不浪文化、阿善文化、屈家岭文化、崧泽文化、北阴阳营文化、薛家岗文化、凌家滩文化、咸头岭文化、顶蛳山四期文化、大坌坑文化等。

陶器仍以红陶为主，彩陶的大量流行是这一时期制陶业最鲜明的特征；陶器制作技术有了明显的进步，已出现了慢轮修整口沿的技术。庙底沟文化时期陶器的底部，见用线将陶器割离轮盘而留下的偏心圆纹。陶器上的制作痕迹说明，器身是用泥条盘筑成型的，口沿乃至器腹上部往往经过轮修；还有一些夹砂罐及细泥葫芦瓶这类平底器的底部，还遗留着因持线将陶器割离轮盘所形成的偏心圆纹，它们的腹身却未见快轮制陶所产生的螺旋式拉坯纹理，说明这些陶器是在陶轮上制作的，但并非快轮技术的产品。是在陶轮上利用泥条盘筑法制作这些陶器，并用陶轮旋转配合完成的。用线将陶器割离轮盘这一走向快轮制陶的必要技术的发明，是这一时期制陶工艺进展的重要成果。到了这一时期的最后阶段，可能才出现了利用轮盘快速旋转产生的离心力，提拉置于轮盘中心的泥料形成陶器器坯这一快轮制陶工艺。到泉护村遗址二期，才见到个别的小型器皿，例如陶碟是完全由陶轮制作的。庙底沟文化及其之后的文化，陶窑的变化趋势是火膛的位置向窑室下方移动，以提高燃料的效率，朝着节约能源的方向前进了；陶窑体积的扩大，提高了陶窑单位烧制陶器的数量，同时又能烧制更大型的陶器。

传统的制石工艺，已出现了新的进步，棱角清晰、刃口锐利、整体抛光的石制品日益增多起来。同时制玉工业发展起来，在辽河流域及长江下游形成了两个玉文化中心。长江下游地区的主要玉制品是璜、璧、环、镯等，还有少量的钺、龟及长方形玉片，后两者被认为是占卜用物或崇拜物。辽河流域的玉制品主要是璧、环、勾云形佩饰、马蹄形玉箍及龟、鸟、龟形饰件，以及兽形玉、玉龙和玉斧、玉钺等。制玉工业已形成一定规模，其工艺的复杂性远远超过了制石，是一般石匠难以完成的，专门制玉的匠人从石匠中分化出来了。与此同时一种更复杂的工业技术——制铜业也悄然兴起了。

黄河流域普遍发现粟类作物遗存，长江流域普遍发现稻类作物遗存。稻的种植不仅从地域上向北扩展，并且一些地区正由粳、籼稻并举逐渐过渡到以粳稻为主，培育稻种的能力提高了，作物品种也愈发丰富，出现了种植麦的线索，还有一些麻、豆等经济作物。原始农业处于发展期，家畜饲养业得到了发展，饲养对象主要包括猪、狗、牛、羊、鸡等，当时的某些地区可能还饲养鹿作为家畜。半坡及北首岭两处半坡文化遗址中，发现的石、骨、角及陶质的渔猎工具的数量，是石质的斧、铲、锄、刀及陶刀等农业工具数量的1.94倍；反之，庙底沟文化的庙底沟及土家咀见到的石质的斧、铲、刀及陶刀等农业工具的数量，则是同址用于渔猎的石、骨、陶质工具数量的1.19倍。这说明庙底沟文化种植农业在食物生产中的比重，较半坡文化提高了。收割农具、翻土工具的数量不仅增加了，形制也有所改进。半坡文化石铲为圆角长方形及矩形，石铲最长者仅21厘米；庙底沟文化石铲多为桃形和舌形，体形均扁薄，基本通体磨光，大的残长达30厘米。后者造型及使用效率，均优于前者。更需注意的是，半坡及北首岭所见用于砍伐的石斧的数量，是翻土用的石质铲、锄的5.78倍；而庙底沟文化的庙底沟及土家咀遗址出土的石铲的数量，则是石斧的4.4倍。比例关系完全相反。铲、锄只能用于翻土，石斧除用于木作外，也是砍倒烧光农业中必不可少的工具。因此，它们的比例关系的变化，或许是耕种方式演进的反映，即庙底沟文化时期已基本进入锄耕农业阶段了。庙底沟文化的种植农业，较半坡文化进步发展了，其在生产经济中的地位，相应增强。

聚落形态进一步发展，各地遗址分布的密度大大增加，反映出农业生产的提高和人口的增多；开始出现了一些规模较大的中心聚落，并在黄河下游和长江中游地区较早地流行修筑城墙。这时的社会正经历着质的变化。墓葬中大汶口文化刘林期刘林墓地第一次发掘的情况表明，男子随葬的生产工具数量超过了女性，仅男性墓中见到斧、锛、凿这样成套的手工工具。这反映了这时期的农业生产中，男子已较妇女担当了更多的职能，同时独占了渔猎部门，并是手工业劳动的主要担负者。在整个社会生产中，男子较妇女占着更重要的地位，起着更大的作用，男性地位逐渐高于女性，向着父系社会转化。此时期夫妻合葬墓开始出现，出现了殉葬的女性。权力及贫富分化日趋明显，出现了执掌神权和军权的领袖。



新石器时代末期，大约距今5000—4000年。属于这个时期的考古学文化有庙底沟二期文化、王湾三期文化、后冈二期文化、王油坊文化、陶寺文化、客省庄二期文化、龙山文化、马家窑文化、齐家文化早期、老虎山文化、大口一期文化、小珠山上层文化、石家河文化、良渚文化、樊城堆文化、宝墩文化、石峡文化、昙石山文化、牛鼻山文化、圆山文化、芝山岩文化、卡若文化、曲贡文化、大墩子文化等。

这一时期石器的制作技术进一步提高，多为通体磨光者，并发展了制玉业，玉器的分布地域较之前明显扩大，尤其原本少见的中原地区也出现了如陶寺[1]那样的制玉业。在工艺上，雕刻、抛光及镶嵌的技术均为前期所不及。制作铜器的技术，至少在黄河流域诸遗存中，已经比较普及了，发现的多为一些小型铜工具。快轮制陶工艺已经较普遍被应用，并且在龙山文化中达到了这种技术的顶峰。拉坯制作的蛋壳陶厚度仅有0.1毫米，经烧制过程中的渗炭处理，制成了漆黑发亮的蛋壳黑陶杯。陶窑的封闭技术也日趋完美，古人做到了可以根据所需陶器的要求控制炉温、选择陶色。陶器以灰陶为主，烧造的火候较高，陶质较硬。

粟作农业进一步发展，稻作农业继续向北方传播。黄河下游龙山文化的杨家圈、尧王城、两城镇、庄里西、藤花落等遗址，黄河中上游地区庙底沟二期文化案板遗址[2]、王湾三期文化的李楼[3]遗址等都发现了水稻或其痕迹的遗存，俗称的“五谷”均已实现人工栽培，原始农业处于兴盛期。随着农业的发展，家畜饲养业也有了新的进展，家畜种类愈加丰富，最为突出的是实现了水牛的饲养。渔猎采集经济地位下降。

人口的增加，社会分工的深入，社会进入了父权制时期。家族出现了显著的分化，大部分家族沦落到了贫困境地，少数家族处于富裕的权贵地位，且控制了氏族这类原已存在的那些组织的权力。聚落进一步分化，防卫设施进一步加强，在黄河中下游诸文化、江汉平原的屈家岭文化、石家河文化和长江上游的成都平原，均发现有原始城堡。不仅出现中心聚落，且出现了城邑，进一步促进了建筑业夯土、打井等技术的发展及白灰、土坯等新材料的运用，规模较大的台基式建筑成为各城址内的主要建筑形式。社会的财富、权力多集中于此，成了一个考古学文化内的部分居民的政教中心，城乡

---

1 中国社会科学院考古研究所山西工作队、临汾地区文化局：《山西襄汾县陶寺遗址发掘简报》，《考古》1980年第1期，第18—31页；中国社科院考古研究所山西工作队、山西省临汾地区文化局：《陶寺遗址1983—1984年Ⅲ区居住址发掘的主要收获》，《考古》1986年第9期，第773—781页。

2 西北大学文博学院考古专业：《扶风案板遗址发掘报告》，北京：科学出版社，2000年。

3 中国社会科学院考古研究所河南一队：《河南汝州李楼遗址的发掘》，《考古学报》1994年第1期，第63—97页。

分野已初步形成。与此相适应，墓地已出现了相应的分化。墓葬的规模、结构及随葬器物的种类、质地、数量均存在巨大差别。富贵家族墓地或处于氏族公共墓地之中，或分离出去另立墓地。宗教和军事的发展，导致神权和王权的形成。神权和王权处于平等地位，成为控制社会的力量。同时，出现了集神权和王权于一身的显贵人物。中国历史进入了文明时期。

## 三、中国史前物质文化的多源性与多元一体

中国境内旧石器遗址及地点发现很多，从出土石器特征看，中国的南方地区和北方地区（以秦岭至淮河一线为界）各自存在区域的“主工业”。北方地区属石片石器工业传统，南方地区属砾石石器工业传统。而南、北方地区内部，除“主工业”外，还存在区域性文化类型的差异。比如北方地区以小型石制品为主，多数长度在4厘米左右；石核不预制，多台面石核多于单台面石核，石核和石片缺乏相对稳定的形态；用锤击法、碰砧法和砸击法等多种方法打片，除北京直立人组合外，均以锤击法为主要方法；石器主要为石片石器；多数石器属小型石器，包括刮削器、尖刃器、石锥、雕刻器等；大型石器很少，器形有砍砸器和石球等；修理石器主要用锤击法，且以由劈裂面向背面加工为主，由于用硬锤修理，故使器形和刃缘不甚规则；使用石片较多。北方地区除上述小石器传统外，还有以分布于今辽宁本溪境内的庙后山[1]和山西丁村[2]为代表的大石器传统。其中大多数标本粗大，长度超过6厘米的占2/3以上。石器大多是用大石片制作的，刮削器和砍砸器居重要地位，多数石器是复向加工的。丁村文化的石制品主要是大、中型的；用锤击法和碰砧法打片；石器主要是用石片制作的，其中大型石器占重要地位，器形有三棱大尖状器、砍斫器、手锛和石球等，小型石器主要有刮削器和尖刃器，尖刃器的尖刃多较钝，呈小圆头状。南方地区的石器工业以多数生产大型石制品为特色，长度超过100毫米；石核不预制，单台面石核多于多台面石核，打片主要用硬锤打击，也有时用碰砧法，石核和石片缺乏相对稳定的形态；石器主要用块状毛坯制造，不少是用砾石制造的，器形有砍砸器、手斧、镐、手锛、石球等，砍砸器是主要器形，小型石器（刮削器和尖刃器）很少；修理石器用硬锤加工，其中以向背面（凸面）修理为主要方式，交互打击较多，修理的疤痕多属于深宽型，刃缘曲折；使用石片较多。然而南方地区除砾石工业传统外，也还存在着贵州西部的观音洞[3]工业类型、贵州西南部的猫猫洞[4]工业类型、重庆铜梁的铜梁[5]工业类型等等不同的类型。可见文化传统上的多源在上百万年前就已经形成了。

已被确认的新石器时代考古学文化很多，文化内涵丰富多彩。目前还无法说明它们与旧石器文化在谱系上的具体关联性，但就其本身表现在物质文化上的特征已经足以说明它们存在着不同的文化系统，不同的系统之间既有文化上的交流与联系，又存在各自的文化传统和传承，谱系关系十分复杂。

1980年，石兴邦曾把中国的新石器时代文化分为三大板块（或三大系统），即北方沙漠草原地带以细石器为特征的文化系统，西北的粟作农业为主的原始文化系统和东南以稻作农业为主的文化系统。每个系统又细分为若干个地域性文化传统或类型。1981年，苏秉琦在《关于考古学文化区系类型问题》一文中，将中国史前文化分为六大区系，即陕豫晋邻近地区、山东及邻省部分地区、湖北和邻近地区、长江下游地区、以鄱阳湖—珠江三角洲为中轴的南方地区、以长城地带为中心的北方地区。1986年，佟柱臣将中国史前文化分为七个文化系统发展中心，即马家窑文化系统中心、半坡文化系统中心、庙底沟文化系统中心、大汶口文化系统中心、河姆渡文化系统中心、马家浜文化系统中心、屈

1 辽宁省博物馆等：《庙后山——辽宁省本溪市旧石器文化遗址》，北京：文物出版社，1986年。

2 贾兰坡：《山西襄汾县丁村人类化石及旧石器发掘报告》，《科学通报》1955年第1期，第46—51页。

3 裴文中等：《贵州黔西县观音洞试掘报告》，《古脊椎动物与古人类》1965年第3期，第270—279页。

4 曹泽田：《猫猫洞旧石器之研究》，《古脊椎动物与古人类》1982年第2期，第155—164页。

5 李宣民、张森水：《铜梁旧石器文化之研究》，《古脊椎动物与古人类》1981年第4期，第359—371页。

家岭文化系统中心。1987年，严文明将中国新石器时代文化分为三大经济文化区，即粟作农业经济文化区、稻作农业经济文化区、狩猎采集经济文化区。在这三大经济文化区下，又细分为12个文化区系，即甘青区、中原区、山东区、燕辽区、江浙区、长江中游区、闽台区、粤桂区、云贵区、东北区、蒙新区、青藏区。尽管上述学者的划分方案不尽相同，但他们都认为中国整个史前文化是一个普遍联系的有机整体，不同地区、不同系统亦或不同中心的文化，虽彼此的渊源、发展道路、发展水平等不尽相同，但相互间也存在着交流与渗透，最终共同促成了中华文明的形成。他们研究的基本内容都是通过对各个时空范围内的考古学文化进行比较研究，力图构建起中国史前文化发展的基本时空框架体系，可谓殊途同归。

目前已经能够比较明确地建立起来的中国史前考古学文化序列群主要包括五个谱系。其一为华山及渭河地区，包括晋西南及三门峡市以西的河南省的部分地区。在这里存在着老官台文化—半坡文化—庙底沟文化—半坡四期文化—泉护二期文化—庙底沟二期文化—客省庄文化发展演变序列。这个谱系中考古学文化的物质文化特征包括：石器中磨制石器较多；铲、刀等农业工具随时代发展愈加丰富；旱地农业较发达；新石器时代中期粟作就已经很发达，晚期以后在一些气候条件适宜的地方，更有少量稻、麦作物的种植；陶器中彩陶和泥制陶发达，鱼、鸟、龟和玫瑰花彩陶图案经历了完整的发生、发展、演变过程；以罐为主要炊器，小口尖底瓶、蒜头壶等富有特色，绳纹多见，新石器时代末期出现并流行三足器；墓葬流行土坑竖穴墓；新石器时代中期流行由半地穴式圆形房屋组成的向心式布局村落。庙底沟文化曾将这一谱系文化推到鼎盛时期，并向四周扩张，西边进入青海，向北深进到了河套，东越过太行山跨入河北，向南跳过伏牛山而占领了鄂西北。其影响所及，则更为广阔。这一文化形成年代距今6000年，在距今5500—5400年间步入衰落期，除在其核心地区演变为半坡四期文化外，还自西而东分别转化为马家窑文化、庙子沟文化、义井文化、秦王寨文化和大司空文化等等，这些文化后来又发展为不同的考古学文化。



其二是以泰山、沂河为中心的黄河下游及黄淮平原地区，存在着后李文化—北辛文化—后冈一期文化—大汶口文化—龙山文化发展序列。这个谱系中的考古学文化的物质文化特点包括：磨制石器发达；以旱作农业为主；自新石器时代晚期引进水稻并不断扩大种植范围；以釜、鼎为主要炊器；以釜、鼎、鬶、盉、壶、觚、豆、杯为主要陶器组合，流行素面或镂孔；受庙底沟文化影响，在新石器时代晚期流行彩陶，以复彩几何纹、八角星纹为特色；陶器制作工艺先进，晚期蛋壳黑陶杯的烧制代表了当时陶器制作的最高水平；墓葬体现出的随葬獐牙或獐牙勾状器，人骨拔除侧门齿、枕骨变形等为这一地区较为突出的特征；有较多玉器，为斧、牙璧类，同时象牙器发达。后冈一期文化的年代与半坡文化相当，且和半坡文化东、西对峙。在它的鼎盛期，除核心地区外，曾广布于华北大平原，并扩及到了河南境内的丹江流域及河套地区和西辽河流域。在半坡—庙底沟文化逼进下，后冈一期文化退缩，其后裔大汶口文化早期仅保住了这一谱系文化分布的核心地区。至此，以华渭与泰沂为中心的黄河流域这两大文化系统，才形成比较稳定的分别面向欧亚大陆或海洋的格局。直到大汶口文化晚期，这一谱系在地域上才又有所发展。

其三为西拉木伦河及燕山南北地区，这里存在着兴隆洼文化—赵宝沟文化—红山文化—小河沿文化序列。这个谱系中的考古学文化的物质文化特点主要包括：除打制、磨制石器外，普遍出现细石器；工具组合中渔猎、采集工具较发达，农作物及其相关遗存较少，显示了尽管存在少量的粟作农业，但渔猎、采集经济始终在当地居民经济生活中占据重要地位；陶器中夹砂筒形罐流行，斜口器富有特色，之字纹丰富，有一定数量的彩陶，红山文化为鳞纹和几何纹，到小河沿文化时期除几何纹外出现少量动物纹；流行玉器；村落布局以成排分布圆角方形或长方形房址为特点；流行石质葬具，流行以玉器随葬。这一序列中兴隆洼文化晚期时势力曾经越过燕山，与磁山文化南北对峙，至后冈一期文化的前身北进，其退缩回西拉木伦河以北。直到红山文化晚期是这一序列文化最为兴盛时期，文明程度在当时的中国可谓走在最前列。

其四是长江中游地区，这里存在彭头山文化—城背溪文化—皂市下层文化—大溪文化—屈家岭文化—石家河文化序列。这个谱系中的考古学文化的物质文化特点包括：石器的打制技术应用广泛，有一定数量磨制石器；作物以稻为主，是稻作农业的起源地和演化中心之一，是稻作农业文化最主要的分布区域；陶器中釜、簋、盘、豆、支座、瓶较多，流行圜底或圈足器，压印几何纹，彩绘绳索纹具有特点；城壕遗址出现较早；屈肢葬富有特色。长江中游这一谱系早在城背溪文化、皂市下层文化时期，已沟通了与华山及渭河地区和长江下游地区文化之间的文化交往。在屈家岭文化时期，这一谱系文化得到了空前绝后的发展，呈现出逐鹿中原之势。

其五是长江下游地区，存在着罗家角文化—马家浜文化—崧泽文化—良渚文化序列。这个谱系中考古学文化的物质文化特征包括：有相当数量的骨、木器，石器磨制工艺精湛；稻作农业发达；陶器中鼎、釜、豆、壶较多，有一定数量鬶、盉，纹饰不发达；玉器流行，良渚文化是新石器时代末期的玉器中心；干栏式建筑和土墩遗址特色突出。长江下游这一谱系一直与河姆渡文化、北阴阳营文化、薛家岗文化和凌家滩文化交错分布，直到良渚文化兴起之时，这些文化分布地区均被良渚文化所占据。良渚文化势力强大，分布地域以太湖及杭州湾为中心，向东进入舟山群岛，向南深入闽北，西面推进到了江西鄱阳湖，北方跨过了长江，占领了淮河流域部分地区，而它的文化的影响则更为广泛，甚至在粤北和山西汾河流域均见到因这一文化影响所产生的文化表征。

中国文明的起源与形成是多元的，不是单元的，是在相互碰撞、影响、互动中形成的并进的多元文明。从地域分布来看，中国多元谱系文化呈板块结构，彼此联结，甚至交错分布。文化上相互影响，互为促进，发展水平和势力消长呈不平衡状态。公元前4000年至3500年，庙底沟文化兴盛，向四周扩张，文化影响深及其他四大谱系文化的核心地区，使之出现文化重组与改制；公元前3500年之后，大汶口文化、半坡四期红山文化、屈家岭文化和良渚文化相继崛起，与庙底沟文化谱系抗衡，甚至形成逐鹿中原之势，促使庙底沟文化分化成不同的考古学文化，并在今天河南省与其他文化谱系的文化碰撞与交融，直至公元前2000年初期前后，终于在伊洛地区形成文化漩涡地带，促使庙底沟文化谱系弘扬自身文化优势，并汇集其他文化之优长，最终导致夏王朝的诞生。

# 第一章
# 旧石器时代的物质文化

## 第一节 旧石器时代的考古发现

### 一、旧石器时代早期的主要发现

旧石器时代是人类主要制作并使用打制石器的时代。其间，全球气候曾经发生过多次波动，一般认为有五个冰期和四个间冰期。寒冷的冰期和温暖的间冰期的多次交替，导致海平面大幅度升降，气候带转移以及动植物迁徙与绝灭。与此同时，人类的社会组织和生活方式也发生了相应的变化。在不断地适应和改造自然环境的过程中，人类自身及其所创造的物质文化也得到了巨大的发展，逐步表现出了进步的趋势。根据旧石器时代物质遗存的发展演变情况，可将整个的旧石器时代划分为早、中、晚三个时期，分别与古人类的三个发展阶段（直立人、早期智人和晚期智人）相对应。地质史上，旧石器时代与新生代第四纪的更新世相始终。更新世又可分为早、中、晚三期，其与旧石器时代分期的对应关系大致为：早更新世（距今300万—100万年左右）相当于旧石器时代早期前段；中更新世（距今100万—5万年左右）相当于旧石器时代早期后段；晚更新世（距今5万—1.2万或1万年之间）相当于旧石器时代的中、晚期。在中国又以距今4万—5万年作为旧石器时代中、晚期的分界。

中国已经发现的早更新世甚至更早的古人类化石与旧石器地点，地理跨度大，分布于北纬25度—40度、东经101度—118度范围内。除发现有早期人类化石的云南元谋上那蚌、重庆巫山龙骨坡、湖北建始龙骨洞、陕西蓝田公王岭等地点外，发现早期人类文化遗存的遗址有安徽繁昌人字洞、山西芮城西侯度等。河北阳原泥河湾盆地更是发现了一系列早更新世人类文化遗存。

长江下游地区的繁昌人字洞遗址，原来可能是一处大型的垂直形溶洞。现存的堆积可分为8层。1—7层主要是砂质黏土、块状角砾等，间或有洞顶或洞壁的坍塌。第8层以下主要是黏土、细砂、小砾石等，应是流水作用的产物。石制品主要出自3—5层。发现59件带有人类加工痕迹的石制品，种类包括石核、石片、刮削器及雕刻器等。该遗址内发现的脊椎动物化石中绝灭种多达51种，占3/4以上，现生种或相似于现生种者仅7种。大熊猫、三门马及仓鼠、巨鼠与家鼠等第四纪典型种属的存在，说明这里已进入更新世，应处于更新世早期。原研究者推测其年代处于240万—200万年前[1]。

1 金昌柱、韩立刚、魏光飚：《安徽繁昌县人字洞发现早更新世早期旧石器》，《人类学学报》1999年第1期，第70—71页；张森水等：《繁昌人字洞旧石器遗址1998年发现的人工制品》，《人类学学报》2000年第3期，第169—183页。

山西省芮城县西侯度遗址文化遗物和动物化石集中分布在约1米厚的交错砂层中，砂层上覆盖着中更新世的红色土。文化遗物包括32件石制品及带有可能是人工痕迹的动物化石及一些颜色呈黑、灰绿或灰色的哺乳动物的肋骨或马牙、鹿角等，有可能被火烧过。与文化遗物共存的哺乳动物化石有巨河狸、剑齿象、山西披毛犀、古板齿犀、长鼻三趾马、三门马、双叉麋鹿等。其中绝灭属占47%，绝灭种占100%。从该地点发现的哺乳动物化石来看，其地质时代应为早更新世。古地磁年代为距今180万年[1]。

泥河湾遗址群经过发掘的地点有马圈沟、小长梁、东谷坨、半山、岑家湾等。其中以位于大田洼乡岑家湾村西南的马圈沟遗址的年代最早，发现石制品数百件[2]。半山遗址发现的石制品95件。位于河北阳原县东谷坨西北侧的东谷坨遗址是一处古代湖滨露天遗址，在45平方米的范围内发现石制品上千件。该地点还发现了一定数量的哺乳动物化石，种类有中华鼢鼠、三门马、披毛犀、狼、古菱齿象、野牛等。古地磁研究倾向认为其年代距今大约100万年[3]。

位于大田洼乡官亭村的小长梁遗址，发掘及调查采集的石制品总数近千件。根据古地磁学研究，其文化层时代应为早更新世，距今136万年左右。与石制品共生的化石有鬣狗、古菱齿象、三趾马、三门马、羚羊、鹿、腔齿犀等[4]。



在东谷坨北约700米处的岑家湾遗址出土石制品近900件，根据古地磁测年，距今97万—90万年[5]。

进入距今100万年至10万年的中更新世，人类的文化仍处于旧石器时代早期，但其分布地域已明显较早更新世时期更加广阔，内涵也更加丰富。这一时期除出有人骨化石的北京房山周口店、陕西大段家乡解放村、山西芮城匼河、山东沂源土门、辽宁本溪庙后山、辽宁营口金牛山、安徽和县龙潭洞、湖北郧县龙骨洞、湖北郧西白龙洞等地点外，较为重要的遗址点还有山西大同青瓷窑、河南洛南龙牙洞、湖北黔西观音洞、贵州盘县大洞等遗址，以及广西的百色盆地、长江中游地区沅江和澧水、长江下游地区的水阳江和巢湖等旧石器地点。

大同青瓷窑遗址文化遗物埋藏在十里河左岸的二级阶地后缘含角砾的灰黄色和灰绿色粉砂层中，发现石制品千余件。还发现大量哺乳动物化石，如狼、古菱齿象、披毛犀等。从化石动物群与地层的情况来看，该遗址的时代属于中更新世较晚阶段[6]。

洛南龙牙洞遗址是发育在寒武纪辋峪组灰岩上的裂隙型洞穴，石制品非常丰富，出土标本多达7.7万件。发掘者推断洛南盆地内早期人类活动在50万年前已经开始了[7]。

观音洞遗址是一个进深约90米的水平洞，发现大量石制品和动物遗骸。发掘者根据古生物化石推断8组地层是中更新世较早时的堆积，包含人类文化遗物的地层被归入旧石器时代早期[8]。

---

1 贾兰坡、王建：《西侯度——山西更新世早期古文化遗址》，北京：文物出版社，1978年。

2 河北省文物考古研究所：《马圈沟旧石器时代早期遗址发掘报告》，《河北省考古文集》，北京：东方出版社，1998年，第30—45页。

3 卫奇：《东谷坨旧石器初步观察》，《人类学学报》1985年第4期，第289—300页。

4 陈淳、沈辰、陈万勇等：《河北阳原小长梁遗址1998年发掘报告》，《人类学学报》1999年第3期，第225—239页；陈淳等：《小长梁石器工业研究》，《人类学学报》2002年第1期，第23—43页。

5 谢飞、李珺：《岑家湾旧石器时代早期文化遗物及地点性质的研究》，《人类学学报》1993年第3期，第224—234页。

6 李超荣、谢廷琦、唐云俊：《大同青瓷窑旧石器遗址的发掘》，《人类学学报》1983年第3期，第236—246页；刘景芝：《山西大同青瓷窑旧石器遗址的新发现》，《考古》1990年第9期，第769—773页。

7 薛祥熙、邓涛、李传令等：《陕西洛南龙牙北洞旧石器制作场地的发现及其意义》，《西北大学学报（自然科学版）》1998年第6期，第513—516页；王社江、黄培华：《洛南盆地旧石器遗址地层划分及年代研究》，《人类学学报》2001年第3期，第229—237页。

8 李炎贤、文本亨：《观音洞——贵州黔西旧石器时代初期文化遗址》，北京：文物出版社，1986年，第1—192页；原思训、陈铁梅、高世君：《华南若干旧石器地点的铀系年代》，《人类学学报》1986年第2期，第179—190页；沈冠军、金林红：《贵州黔西观音洞钟乳石样的铀系年龄》，《人类学学报》1992年第1期，第93—100页。

贵州省西南部的盘县大洞是一个巨大的石灰岩溶洞。洞内堆积由灰岩和钟乳石角砾、砾石、砂、砂质黏土、黏土及钟乳石钙板层等形成，厚近20米。从上到下由4个薄厚不等的钙板层与4层黄色、灰黄色的砂质黏土或黏土层叠化组成。砂质黏土与黏土层及钙板层中均有石制品与动物化石。第1—3层钙板层的铀系年代数据分别为距今13万年、20万年和26万年，第4层钙板层尚无测年数据。洞内前区另一处发掘探方的石笋铀系年代为距今30万年[1]。

在广西壮族自治区百色地区的平果、田东、田阳、百色和田林等地，共发现旧石器地点86处，其中除5处是在石灰岩洞穴中发现的外，其余81处分布在右江沿岸一带的阶地上。石制品大多是地表采集，只有一小部分是发掘品。这些石制品的原料、制作方法和类型上存在有许多差异。百色产石器地层的年代大约为70万—80万年[2]。

沅江和澧水流域发现的数十处旧石器地点，均分布于沅江和澧水两岸的阶地上。分布于三、四级阶地的石器，其地质时代属中更新世，文化时代属旧石器早期后段，代表地点有湖南津市虎爪山[3]。

水阳江石器地点群位于长江下游南侧支流水阳江两岸的海拔30—100米岗地和冲积扇上，共有16个石器地点，其中宣州市陈山（向阳）地点经过了发掘。上述地点分布范围长约70千米，宽约20千米。各石器地点之间相距远者10多千米，近者仅几百米。各地点出土石制品的数量差别很大，多者达千件，少者仅1件。据陈山地点10个电子自旋共振法的测年数据，自上而下的地层年龄为12.6万—81.7万年[4]。

## 二、旧石器时代中期的主要发现

中国境内现已发现的早期智人化石地点和旧石器时代中期遗址或地点有60余处，分布在辽宁、河北、山西、河南、陕西、甘肃、湖北、湖南、重庆、福建、广东、重庆、四川、贵州等省市。其中既发现人类化石，又有丰富文化遗物的地点有陕西大荔甜家沟、山西襄汾丁村、阳高许家窑和河北阳原侯家窑等。含有少量人类化石和文化遗物的地点有北京周口店第4地点（新洞）、辽宁喀左鸽子洞、贵州桐梓岩灰洞、水城硝灰洞等。只发现人类化石的地点有广东曲江马坝、湖北长阳龙洞、安徽巢县银山村等。而仅发现文化遗物的地点有北京周口店第3地点、第15地点、第22地点、北京平谷马家坟，河南荥阳织机洞、山西侯马南梁、曲沃里村西沟、交城范家庄、太原古交、霍县哧峪，陕西长武窑头沟、鸭儿沟，甘肃镇原姜家湾、寺沟，河北阳原板井子、湖北荆州鸡公山遗址、贵州毕节扁扁洞、福建漳州莲花池山和竹林、重庆丰都烟墩堡和高家镇等。

周口店第15地点是一处裂隙或完全坍塌的洞穴堆积。发掘暴露的堆积分为3层。上层系胶结致密的浅黄色土、夹角砾和钙质结核，石制品和动物化石出土丰富；中层是大块石灰岩块夹灰烬层堆积，灰烬层中夹有烧过的朴树籽、烧骨和少量石制品；下层是红色土夹石灰岩角砾、碎骨和石制品。其下堆积深度不详。动物化石有赤鹿、普氏羚羊、肿骨鹿、披毛犀、虎等30多个种类。不见第三纪残余种或早更新世的古老种类，赤鹿、普氏羚羊等晚更新世典型种已经出现，说明出露的文化层处于中、晚更新世之交或晚更新世早期。铀系法年代测定结果为距今14万—11万年左右[5]。

河南荥阳织机洞是一处巨大的岩厦式洞穴，保留的堆积有近20米厚，洞穴中堆积地层可以划分为4层：下层含丰富的打制石器，属旧石器中期；中部不含石器；上部含少量打制石器，属旧石器晚期；顶部含有裴李岗和秦汉时期的文化遗存，已进入全新世。

---

1 斯信强等：《盘县大洞发掘简报》，《人类学学报》1993年第12卷2期，第113—119页。

2 广西博物馆：《百色旧石器》，北京：文物出版社，2003年。

3 袁家荣：《略谈湖南旧石器文化的几个问题》，《中国考古学会第七次年会论文集》，北京：文物出版社，1992年，第1—12页。

4 王幼平：《中国旧石器时代考古》，北京：文物出版社，2005年。

5 贾兰坡：《周口店第15地点开掘简单报告》，《贾兰坡旧石器时代考古论文集》，北京：文物出版社，1984年，第107—111页。

板井子遗址位于桑干河3级阶地堆积，文化层厚约3米，主要是灰褐色含砂砾的粉砂。文化遗物非常丰富，有大量石制品和有人工痕迹的骨片，还有数量众多的动物化石，包括狼、野马、披毛犀、赤鹿、扭角羊、牛等。铀系法测定的年代为7.4万—10.8万年。

湖北省荆州市鸡公山遗址地处江汉平原腹地的长江左岸，是高出周围仅数米的小土岗。旧石器时代遗存主要分布在土岗中部偏西侧，是土岗的最高处。鸡公山遗址的地层堆积可分为4层。以红褐色亚黏土为界分为上文化层和下文化层两部分。上文化层的地质时代为晚更新世晚期，文化时代为旧石器时代晚期；下文化层的地质时代为中、晚更新世之交或稍早，文化时代为旧石器时代中期。发现有丰富的石制品和由"石堆"或"石圈"构成的人类活动面[1]。

甘肃镇原县姜家湾和寺沟口两地点遗物与披毛犀、大角鹿等伴生，地质时代为晚更新世初期，属旧石器时代中期。在姜家湾采集到石制品39件和有人工加工痕迹的鹿角1件。从上述两地点采集的石器性质及伴生的哺乳动物化石来看，两地点的石器可归属到华北地区的"周口店第1地点—峙峪系"，即小石器文化传统。动物化石所反映的是草原环境。

陕西长武县窑头沟和鸭儿沟的砂质土和砂砾层中发现了一批石制品和少量的哺乳动物化石。其中，窑头沟遗址发现的石制品约200件。发现的哺乳动物化石数量很少，能够鉴定的标本有下列几种：鼢鼠、披毛犀、似野马、野驴、大角鹿、斑鹿、牛类等，时代属于晚更新世早期至更新世晚期[2]。

辽宁省喀左县的鸽子洞遗址发现石器260多件，并发现有丰富的用火遗迹。与文化遗物共存的动物化石共有22种，其中包括直隶狼、沙狐、小野猫、呼尔鼠兔、硕旱獭、最后斑鬣狗、披毛犀、野驴和岩羊等。这一动物群，即有东北地区"猛犸象-披毛犀动物群"的一些成员，如披毛犀和岩羊，但主要是华北地区更新世动物群的成员，如直隶狼、小野猫和最后斑鬣狗等，而其中的某些种类如野马，则最早见于晚更新世初期的丁村动物群[3]。

## 三、旧石器时代晚期的主要发现

旧石器时代晚期，远古人类的生活区域不断扩大。中国除新疆维吾尔自治区外，都有晚期智人化石或文化遗物发现。在华北地区，旧石器时代晚期的石器地点几乎遍布黄土高原，蒙古高原和华北平原发现的石器地点也很多。在东北地区旧石器时代晚期的石器地点则向北延伸到嫩江流域的齐齐哈尔的昂昂溪、黑龙江流域的漠河和呼玛十八站等地。旧石器时代晚期文化地点向西则扩展到青藏高原，在华南的分布到达了台湾。

具体而言，旧石器时代晚期考古发现的晚期智人化石地点有广东罗定草塘下山涧、封开罗沙岩、曲江马坝狮子岩的水洞、银岩、大口岩和飞鼠洞；广西柳江县通天岩、来宾县麒麟山、灵山、荔浦，都安干淹、九楞山，柳州都乐、柳州九头山、忻城古蓬、隆林那耒洞、龙洞，靖西宾山；台湾台南县左镇乡；贵州长顺青龙洞、兴义猫猫洞、普定白岩脚洞、普定穿洞、六枝桃花洞、安龙观音洞；云南丽江木家桥、昆明呈贡龙潭山、峨山老龙洞、蒙自马鹿洞、西畴仙人洞、保山蒲缥塘子沟、施甸姚关万仞岗；四川省资阳；湖南石门县燕儿洞；湖北武汉市汉南区（原汉阳县）沙帽山；江苏丹徒县莲儿洞和泗洪县下草湾；甘肃泾川牛角沟、武山鸳鸯镇骨头沟、庄浪长尾沟；山东新泰市刘杜乡乌珠台村；内蒙乌审旗境内的萨拉乌苏河沿岸；山西朔州峙峪；北京周口店龙骨山山顶洞；辽宁海城县小孤山遗址及建平县的建平人化石；吉林省榆树县周家油坊地点和吉林安图等。

发现旧石器时代晚期文化遗存的遗址或地点有广东罗定金鸡饭甑山洞穴、英德沙口；广西桂林宝积岩、柳州白莲洞；福建清流县沙芜乡洞口村狐狸洞、漳州北郊莲花池遗址、竹林山遗址，三明万

1 刘德银等：《鸡公山遗址发掘初步报告》，《人类学学报》2001年第2期，第102—114页。

2 黄万波等：《记陕西长武晚更新世人牙及共生哺乳动物化石》，《人类学学报》1982年第1期，第14—17页；盖培等：《陕西长武发观的旧石器时代中期文化遗物》，《人类学学报》1982年第1期，第18—29页。

3 鸽子洞发掘队：《辽宁鸽子洞旧石器遗址发掘报告》，《古脊椎动物与古人类》1975年第2期，第122—137页。

寿岩灵峰洞、船帆洞遗址；台湾台东县长滨乡八仙洞；贵州桐梓马鞍山，毕节老鸦洞、大洞、猴洞、大岩洞、吴家大洞、平坝飞虎山2号洞，长顺神仙洞；云南保山塘于沟、龙王塘，昆明呈贡龙潭山洞，宜良九乡张口洞，蒙自黄家山马鹿洞，峨山塔甸老龙洞，景洪景哈檀米妈囡洞，元谋四家村、下棋柳、新村、大能雨村、老鸦塘；西藏定日县的苏热，申扎县的多格则、珠洛勒、卢令、双湖玛尼、绥绍拉，日土县扎布、夏达错东北岸，吉隆县宗嘎乡哈东淌、却得洞，聂拉木县亚里村和羊圈；青海海西州小柴达木湖、日土县夏达错（湖）；四川汉源县的富林文化、铜梁县的铜梁文化、攀枝花回龙湾洞穴遗址；重庆市丰都县烟墩堡、奉节藕塘、万州区大地坪、忠县乌扬、奉节鱼腹浦；湖南石门县燕儿洞、澧县乌鸦山；湖北江陵鸡公山；江西乐平涌山岩（洞穴〕、万年县仙人洞；安徽怀宁县腊树、潜山县彭岭；江苏吴县三山岛；甘肃庆阳楼房子、巨家塬、刘家岔，泾川南峪沟、牛角沟，镇原黑土梁，庄浪双尾沟、双堡子，洮河流域的甘肃东乡王家山，肃北霍勒扎德盖等；陕西蒲城县育红河村、大荔卿避村，神木永兴堡，汉中龙岗、乾县大不沟、岐山鱼家山，蓝田公王岭；河南省南召小空山，灵宝邢家庄，巩义南河渡，荥阳织机洞、蝙蝠洞，安阳小南海，许昌灵井，舞阳大岗，新蔡诸神庙；山西省沁水县下川、襄汾县丁村77：01地点、蒲县薛关、吉县柿子滩、榆次市大发、陵川塔水河；山东省长岛县长岛、沂源千人洞和上崖洞、日照丝山、蓬莱村里集；内蒙的萨拉乌苏，呼和浩特市郊大窑村；宁夏灵武水洞沟、中卫长流水、青铜峡鸽子山；河北省阳原虎头梁、籍箕滩、油房、西白马营、于家沟；山西省朔州峙峪、阳高神泉寺、尉家小堡、神泉堡、蒲县薛关村；辽宁省凌源县西八间房地点、海城小孤山仙人洞、锦县沈家台地点、榆树县的周家油坊地点；吉林省乾安县的大布苏；黑龙江省五常县学田、齐齐哈尔市昂昂溪和哈尔滨市顾乡屯、阎家岗、五常县学田、呼玛十八站等遗址、齐齐哈尔市昂昂溪东南的大兴屯、龙江县的景星镇、漠河清河屯等。

小柴达木湖遗处面积超过10万平方米，共采集人工打制的石制品700余件。是距今3万年左右的古人类制作石器的场所，是青海省境内迄今发现的一处时代最早的旧石器时代晚期遗址。

白莲洞遗址是一个半隐蔽岩厦式的洞窟，洞口朝正南，高出附近地面27米。白莲洞内主要堆积可分为上、下两套沉积物，下部发现打制石器和用火遗迹，伴出的哺乳动物化石共18种，其中绝灭动物有犀、大熊猫、剑齿象和真象等，属旧石器时代晚期，地质年代属晚更新世。上部堆积为新石器时代早期。

船帆洞遗址堆积分上、下两个文化层。下文化层发现了石铺地面遗存，出土的石制品有近400件，上文化层出土有粗糙的石制品，还发现磨制的骨、角器。下文化层出土中国犀、巨貘、鬣狗等绝灭动物化石，其时代可能为旧石器时代末期，距今约1万年。上文化层出土的动物化石均为现生种。

富林遗址发现用火遗迹、5000多件石制品和少量动植物化石。富林文化遗存埋藏于大渡河第二级阶地上部小砂砾和深灰色粉砂层中，亦即埋藏于晚更新世上部地层中。富林遗址是当时人们制造石器的场所。在四川西部大渡河两岸和湖北房县和贵州省的桐梓县境内也发现类似文化遗存。

铜梁遗址发现300余件石制品，以及一批动植物化石。发现的哺乳动物化石有东方剑齿象、印度象、巨貘和中国犀等。同层出土的木化石和核桃壳经碳十四测定，年代分别为距今21500±310年、25450土850年。相似遗存见于涪江和沱江流域河谷区区域，包括涪江流域的遂宁县鄞口，重庆九龙坡区桃花溪、大渡口区马王场、合川小河乡小河村、沱江流域的资阳等铜梁地点。

仙人洞遗址堆积分为4层。第2层（西区为第2层和第3层）为上文化层，第3层和第4层为下文化层。上文化层属于新石器时代早期，下文化层为旧石器时代晚期。吊桶环距仙人洞遗址仅800米，系高出盆地约30米的岩棚遗址，文化堆积也可分为上、下两大层，下文化层出土的文化遗物与仙人洞下层一致。据碳十四测定，仙人洞和吊桶环上层年代大约为距今1.5万年至1万年，下文化层为距今1.5万年至2万年以上。从吊桶环遗址所处位置、地形及文化遗物和大量兽骨来分析，其文化内涵与仙人洞有着内在联系，它应是栖息于仙人洞的原始居民在这一带狩猎的临时性营地和屠宰场。

下川遗址位于山西沁水县的下川盆地，在下川周围的沁水、阳城、垣曲3省交界处的20—30千米的范围内，共发现文化性质与其相似的地点十余处。根据岩性和石器的性质，对下川盆地的上述地层可作出这样的判断：最下部的砾石层可能与马兰黄土底砾层相当；褐红色亚黏土层、微红色亚黏土层（下文化层）和灰黄灰黑色黏土层，为晚更新世中期的堆积；灰褐色亚黏土层，即上文化层，为晚更新世晚期的堆积。据碳十四测定，下川上文化层的年代为距今2.39万—1.6万年，这和对地质时代及文化时代所作的分析也是一致的。

水洞沟遗址从上至下共分8层，在第3层中发现几件带有明显水磨痕迹的盘状砍砸器；在第7层（砂砾层）中发现大量石器，其中包括过去常见的石叶和细石器，还发现1件磨光石斧和1件残石磨盘，说明该层是新石器时代文化层；在侵蚀面下的第8层系黏土化的粉砂层，从中发现大量的石器、少量的用火遗迹和哺乳动物化石，该层系水洞沟文化层。文化层距地表深12米，厚约0.5米。文化层中发现的哺乳动物化石有披毛犀、鬣狗、骞驴、羚羊等。根据石制品、哺乳动物化石和地层判断，地质时代为晚更新世。

## 第二节　工具组合与远古自然经济

### 一、旧石器时代早期的工具组合与渔猎采集

旧石器时代早期，人类的工具从材质上区分主要有石器、骨器。石器占其中的绝大部分，其种类主要有砍砸器、刮削器、尖状器等，另有很少量雕刻器、石球、石锥等。

砍砸器，是一种大中型工具，多数是用石核或砾石制成，少数是用大石片制作。其基本特征是器身宽短而且厚重，加工粗糙，刃部曲折钝厚。根据加工的方向可分为两类：一类是一面加工的，称为单面砍砸器；一类是双面加工的，称为双面砍砸器。砍砸器能起到一定的砍劈、敲砸作用，较适合用于砍伐树木、劈砍分割动物、敲砸植物性果壳等。

刮削器，是一种中小型工具，主要是用石片制成，少数用小石块或石核制成。一般来说，至少有一个以上锋利的刃部。根据刃部部位的不同，可分为边刃刮削器（也叫边刮器）、端刃刮削器（也叫端刮器）和复刃刮削器等。还可以根据刃部的形态，分为直刃、凹刃、凸刃和圆刃刮削器等。金牛山遗址93JⅧ—ⅡC5:31，长4.33厘米，宽3.17厘米，厚2.2厘米，是用质地纯净的乳白色石英做成的，其一面因剥去一片而凹凸不平，另一面呈弧形，在其一边由一面多次修理使刃缘成弧形，修琢细致，剥落的小碎片都很薄，是一片精美的弧形刮削器，代表了金牛山人石器制品的技术水平。元谋猿人遗址三件刮削器，一件为两边刃刮削器，一件为复刃刮削器，再一件为端刃刮削器。不但器形不同，而且制作材料也不一。其中两件为小石片，一件为小石块。西侯度遗址所出的六件刮削器，包括两件凹刃刮削器、两件直刃刮削器和两件圆刃刮削器等。以刮削器轻便的形体和锋利的刃缘，能够胜任作为一种可供切割和刮削之用的工具，适用于刮削竹木、刮削兽皮或切割兽肉等。

尖状器，是一种具有尖状刃的工具，既有用石片制作的，也有用砾石加工而成的。其基本特征是沿着尖状器相邻的两边进行加工，进而修整出尖刃。根据尖刃的部位，可分为正尖尖状器和角尖尖状器两类。前者是两侧局部或全部对称修整，形成的尖刃位于正中；后者是一侧边或一端加工，形成的尖刃位于一角上。从形体上尖状器也有大小之别，其中大型尖状器，器形厚重，圆端部适合抓握，适合挖掘之用，而中小型突刺造型的尖状器适用于钻割竹木、兽皮等。比如北京人的尖状器，大多数是用石片制作的，器形也比较小，长度多在3—6厘米之间。而匼河和蓝田人的尖状器形体厚大，断面呈三角形。金牛山遗址93JⅧ—ⅧD7:36采用近棱形的板状石英作为原料，在突出的左上侧角上，由两边轻琢去一小石片，使其尖向左侧弯曲，尖的中心部随石料的厚度形成一个斜山背。左侧边缘稍作修理，其余边缘未加工。器物长5.3厘米，宽3.76厘米，厚1.5厘米。小长梁和东谷坨遗址的尖状器也偏向小型。

石球，是一种整体接近球状的工具，一般由石核或砾石制作而成。旧石器时代早期的石球用石锤打制而成，器身满布疤痕，或有的表面还部分留有砾石面，大小不一，球体较高，多呈多面体。这种石球在北京人遗址、蓝田人地点、匼河等地均有发现。

雕刻器，一般采用石片或者石叶制作而成，偶尔也用砾石为原材料加工而成。其造型特点是刃部由几乎垂直于石片背面或破裂面的断面构成的。

石锥，也是一种小型工具，加工方法与尖状器类似，两侧加工并相交于一端生成尖刃，尖刃位于器物顶端的中部，与正尖尖状器的尖刃稍有不同，其尖刃较粗壮或短而扁，拥有凸出的短柱状尖身。

旧石器时代早期的骨器发现很少，且被确认的不多。山西芮城西侯度遗址出土的动物化石中，有一个残破的鹿头盖，头骨上保存两段鹿角，其中一段鹿角上具有明显的人工切割或砍斫的痕迹，另一段上也有刮削的痕迹。具有类似的人工刮削痕迹的鹿头盖骨还有一件[1]。这两件标本说明，当时人们可能已开始制作骨器。东谷坨出土大量动物化石碎片，其中相当多的骨片具有人工打击痕迹。公布的两件标本均为大动物的肢骨碎片，其中一件形制为不等边三角形，修理痕迹主要在内角较小的一侧边，加工采用的是交互打击法；另一件形制呈多边形，一边修理成内凹形，向骨片的外面方向加工[2]。北京人的洞穴堆积中，发现许多经人工打击的破碎的兽骨，其中一部分兽骨可能是北京人制作和使用过的骨器。例如截断的鹿角根，可能被作为角锤使用，截断的鹿角尖可以作为挖掘工具，许多鹿头骨只保留着头盖，其上有清楚的打击痕迹，多数经过反复加工，保留部分形状也很一致，可能是盛水的器皿；有的肢骨顺中轴劈开，将一端打击成尖形或刀形，也可用作穿刺或切割；有的骨片在边缘上有多次打击痕迹，也可作工具使用。金牛山下文化层所发现的人工打击的骨片中，有些是动物的距骨，其中无骨髓，非敲骨吸髓的结果。有些是从骨内壁向外壁打击，有些以骨壁破裂面作台面，向骨腔面打击。这些人工打击的骨片分两种类型，即有尖类和有刃类。这些情况说明，金牛山的人工打击骨片，可能是作为穿刺、挖掘及切割用的工具[3]。庙后山遗址出土的大量碎骨片中，大多数有人工砍砸的痕迹。其中一件标本，在器身两侧由髓腔向骨壁方向加工出尖端，并在根部加工成适宜捆缚的凹腰。另两件有人工打击痕迹的骨片，则适合于作刮削器使用[4]。可见上述骨器用途也均未超出石器的功能，说明古人利用它们从事的生产活动与石器是一样的。

在旧石器时代早期的工具中，以砍砸器钝厚曲折的刃部和厚重的器身，虽然具有劈砍或敲砸的功能，但其在猎杀凶猛动物的活动中效率有限。而刮削器、尖状器等个体较小，其功用类似今天的小刀、短锥等，在狩猎活动不具有杀伤性，而只适合对猎获的动物进行剥皮、切割及兽皮等的处理。即便形体较大的大型尖状器，作为刺杀工具不适合装柄，近距离锥刺又显过于沉重，且不能一刺致命。而唯一可以远投而具有杀伤功能的工具石球一类，所占比重非常低，且制作粗糙。所以，这个时期古人的狩猎能力，尤其是猎获大型野生动物的能力还是非常有限的，他们的肉食可能更多来源于猛兽吃剩的动物个体、性格温顺的动物、年幼或老年动物、小型动物，这从遗址中出土的动物骨骼等情况可以获得佐证。比如经对1927—1931年所获北京人遗址动物化石进行个体数量统计，肿骨鹿至少有2000个，葛氏斑鹿有1000个以上，李氏野猪200个，德氏水牛80个，北京麝30个以上。可见，鹿类动物是北京人最主要的狩猎对象[5]。在金牛山洞穴中发现的部分骨片表面留有明显的动物咬痕，如呈丁字形咬痕和带状疤痕等，这些动物咬痕在烧骨上也可以见到。食肉动物不会啃咬人类敲骨食髓后扔弃的头骨，更不会啃吃烧过的骨片。因此，这类骨片是金牛山人捡食食肉动物猎物的论据。相对而言采集的比重可能较之狩猎在当时更为重要，而上述工具均适宜采摘、切分、剥皮、挖掘等与采集相关的活动，可以用大型尖状器、动物的尖角和尖木棍等挖掘植物块茎，用刮削器等采摘、分切果实，用小型尖状器等刺剥厚厚的果皮，用砍砸器等敲碎坚硬的坚果类果实，更多的时候，人们可能还用手直接采摘植物果实。在北京人遗址中的许多灰烬层中，都发现有朴树籽，有的地方非常密集，“看来北

1 贾兰坡：《西侯度——山西更新世早期古文化遗址》，北京：文物出版社，1978年，第67—68页。

2 卫奇：《东谷坨旧石器初步观察》，《人类学学报》1985年第4期，第298—301页。

3 金牛山联合发掘队：《辽宁营口金牛山旧石器文化的研究》，《古脊椎动物与古人类》1978年第2期，第132—135页。

4 辽宁省博物馆、本溪市博物馆：《庙后山——辽宁本溪市旧石器时代遗址》，北京：文物出版社，1986年，第21—30页。

5 林圣龙：《周口店第一地点大型哺乳动物化石和北京猿人的狩猎行为》，《北京猿人遗址综合研究》，北京：科学出版社1985年，第95—101页。

京猿人还很可能吃这种籽的仁，因为大多数种子的外壳都是破碎的，完整的很少”[1]。实际上，北京人采集的植物应该并不止这一种，一切可食的植物茎、叶、果实等，如松籽、榆叶、栗实等大概都是采集对象。只不过许多植物性食物的残余很难保存到今而已。

旧石器早期很多遗址中都出土了烧骨和人类食用剩余的动物骨骼。西侯度遗址出土两件具有人工加工痕迹的残鹿角，残角均附连着头盖骨，残角柄上留有不少刮痕，其中一个角上还有一条人工切割或砍斫所致的尖底短沟槽；又出土了一些呈深灰色的哺乳动物肋骨、鹿角和马牙，经试验确系烧骨[2]。而元谋人遗址中出土一件烧骨。河北阳原官亭村小长梁地点出土有人工打击、砍砸痕迹的骨片六件。北京人洞遗址发现了很多灰烬层，所有的灰烬中均包含有数量很多的烧骨、烧石、烧土、烧过的朴树籽和木炭等。东北地区的金牛山遗址发掘出的骨片有上万件之多，在洞穴内分布的面积很广，几乎在每一个层面都遍布。分布杂乱、大小不一、轴向各异，无明显的方向性和选择性，但确实以灰堆附近最为密集，以灰堆周围和灰面中心最稠密，向周围渐次稀疏，说明这些骨头主要是金牛山人吃完食物的剩余物。它们有些被火烧得很透，有的内外两面都已经呈浓黑色，有些则外部黑、内面颜色浅，有的骨表面还部分地留有炙烤的痕迹。骨片中的绝大部分碎骨为鹿类的长骨。比如1993年在发掘的第6层面发现的编号为8的灰堆附近，发现了1010件动物化石。这些化石中可以鉴定种类的标本有252件，其中鹿类就有106件，占到全部动物化石的42.1%，肢骨片564件，鹿的炮骨片约占肢骨片的20.4%，有115件之多。可见鹿是金牛山人最常食用的肉类，是他们日常狩猎活动的主要猎取对象之一。骨片大小不一，最大的骨片长13.5厘米、宽4.5厘米、厚1.3厘米，最小的长10、宽7、厚3厘米。一般数量最多的长5—7厘米、宽2—2.5厘米、厚0.5—0.7厘米，这些都是金牛山人吃剩的。人们不仅吃动物的肉，还吸它们的骨髓。有些骨片上保存有明显的人工敲击留下的疤痕。比如，有些骨片顺长轴断裂，其骨壁面平齐，具有“八字型”裂纹，也有少数“台地状”骨片。经试验证明，具有这些特征的骨片都是当时人类敲骨吸髓后留下来的。在烧骨中也有一些小型的动物骨骼，如兔、鸟、小啮齿类等。因为小型动物长骨中骨髓含量很少，所以保存都比较完整。尤其是小啮齿类的肢骨和下颌骨更为完整，它们多发现在灰堆中，在文化层中数量也非常多，几乎达到无法统计的程度。因为其骨骼细小容易破碎，所以保存下来的多是肢骨和下颌骨，完整的头骨极少见到。灰堆周围是当时人们在洞穴生活中最重要的活动场所。他们围坐在这里取暖，分割猎物，烧烤肉食，亦或交流思想，做下一次出猎的准备。在一些烧骨上可以见到动物咬痕。那些生活在茂密森林中的凶猛的剑齿虎、棕熊、洞熊、中国鬣狗、儿狼等食人野兽是金牛山人的威胁。他们无法猎取它们、与它们斗争，却拣食这些大型食肉动物吃剩的猎物补充自己食物的不足。在庙后山遗址的旧石器层位中，发现了薄层的灰烬、零星炭屑以及被火烧过的碎骨。位于第6层中的灰烬层厚约5—10厘米，由粉末状的黑褐色物质组成，中间夹有灰白色的物质。第7层中也曾发现一块厚10—25厘米、长120厘米、宽约50厘米的灰烬层，也由粉末状的黑褐色物质构成，中间同样夹有灰白色的物质。炭屑在地层中分布零散，但以第6层较多。最大的炭屑直径约2厘米。烧骨主要是一些动物的肢骨。烧的程度不一，表面是黑褐或灰绿色，均出自灰烬附近，而且个别骨头上有裂纹。

由不同种类石器构成的工具组合，在旧石器时代早期不同地区存在一定的差别，基本可以秦岭—淮河一线为界分为南、北方两大区。在两大区内，又各自有不同的亚区。不同的大区和亚区都有各自的特点，但同时又有一定的联系。可能反映了不同气候、地理与生态环境下人类谋生方式的区别。

在北方地区北部石器组合以刮削器为主，各种类型的刮削器，一般要占整个石器组合的三分之二以上。其次为小型尖状器等其他小型工具类型。砍砸器所占的比例一般很小，不见大尖状器存在。

泥河湾盆地的旧石器时代早期遗址或地点出土的石器都普遍细小，4厘米以下的占石器总数的80%以上，而6厘米及以上者仅有个例。石器类型单调，以刮削器为主体器形。小长梁遗址的石器用

---

1 贾兰坡：《北京人生活中的几个问题》，《史前研究》1983年第2期，第19—22页。

2 贾兰坡：《西侯度——山西更新世早期古文化遗址》，北京：文物出版社，1978年。

料以燧石为主，采自遗址附近山上的燧石岩层，燧石岩层仅4—5厘米厚，剥落的石块相应很小，所以该地发现的石器形体也都很小。小长梁石器的类型主要有刮削器、尖状器、小石钻等。刮削器可分为单边直刃刮削器、圆头刮削器、带凹口刮削器、端刃刮削器、原型船底形刮削器等。有的研究者认为该遗址还存在小砍砸器[1]。东谷坨旧石器地点的石制品包括石核、石片、砍砸器、刮削器、尖状器。石器的器形有刮削器、尖状器和砍砸器，以刮削器为主体，占石器总数的86%以上，尖状器次之，砍砸器的比例很小，石器的基本特征是小型而加工精细。根据加工的边缘可分为单边刃、双边刃和多边刃；根据刃缘形态可分为直刃、凹刃、凸刃、双直刃、双凹刃、直凹刃、宜凸刃、凸凹刃、多形刃等；根据加工方式可分为单向加工和异向加工。刮削器的器形都很小，没有超过10厘米的，平均重量约16.5克，加工一般比较精细。尖状器用中、小型石片制作，器物长2.1—7.6厘米、宽1.5—5.7厘米，按器物的形制，可分为锐尖、钝尖、长身、宽身等几种类型。砍砸器的数量很少，占石器总数的2%左右。其中既有用石片加工而成者，也有由砾石直接制成的，形制、大小又各不相同[2]。

北京人的石器中的工具有刮削器、尖状器、石锥、砍砸器、石球和雕刻器等。刮削器是北京人使用最普遍的一种石器，在石器中数量最多，占工具总数的75%。刮削器的形体都比较小，长度多在3—6厘米，重量一般在20克以下。大部分刮削器是将石片的边缘加以修整使之成直刃、凸刃、凹刃等。如按刃口区分，刮削器可分为单刃、双刃、端刃和复刃等。少数标本的侧面，有修理过的把手。尖状器是北京人制作得比较精致的一种石器，数量较多，占总数的14%。大多数尖状器是用石片制作的，器形比较小，重量一般在10克以下。少数尖状器形体较大，最大者长度超过10厘米，重量超过50克。尖状器按其形制划分，可分为正尖、角尖和复尖三种，以前者的数量为最多。砍砸器也是北京人常用的一种工具，数量较多，属于大型工具。这类工具大多用砂岩和砾石制作，多数是沿着砾石的边缘用石锤交互打

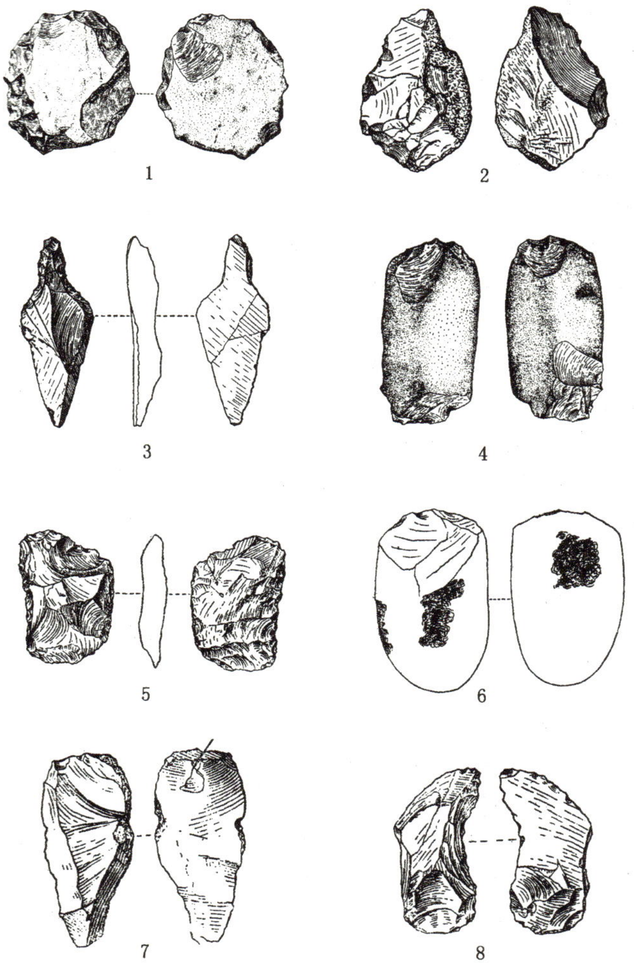


图 1-1　北京人石器
1. 盘状砍砸器　2. 砍砸器　3. 石锥　4. 两极石锤　5. 矩形刮削器　6. 石砧　7、8. 凹刃刮削器

1　尤玉柱等：《泥河湾组小长梁遗址的发现及意义》，《科学通报》1979年第8期，第365—367页；陈淳等：《河北阳原小长梁遗址1998年发掘报告》，《人类学学报》1999年第3期，第225—262页；高星、侯亚梅：《中国科学院古脊椎动物与古人类研究所20世纪旧石器时代考古学研究》，北京：文物出版社，2002年。

2　卫奇：《东谷坨旧石器初步观察》，高星、侯亚梅编《中国科学院古脊椎动物与古人类研究所20世纪旧石器时代考古学研究》，北京：文物出版社，2002年，第199—207页。

击而成，因而刃缘呈锯齿形。有一部分砍砸器也被当作砸击石锤使用，器身上留着散漫的坑疤。砍砸器的类型较多，按刃缘区分，可分为单刃、双刃、多刃、端刃和尖刃等几种。有一部分砍砸器的手握部分曾作修理。雕刻器的形体较小，多用断片制成，可分为三种，即笛嘴形雕刻器、平刃雕刻器和角雕刻器。石锥均出于上部地层，器形都比较小，其长度很少达到3厘米，这类工具的修理都很精致。依其形态分，可分长尖和短尖两类。在北京人洞穴堆积中不同时代石器的特点有所变化，早期制作石器的原料大多数是石英和砂岩，主要是砍砸器和刮削器，尖状器和雕刻器均处于萌芽状态，大、中型石器占优势；在中、晚期的石器原料中，石英用量大量增加，水晶用量也显著增加，砂岩用量明显减少，砍砸器的数量大幅减少，形体变小，尖状器大量增加，修理精致，形制规整，雕刻器的数量也有所增加，刮削器中，精致的器形增多，并出现了端刃刮削器，石器的器形逐渐变小，长4厘米以下和重量20克以下者占到石器总数的三分之二以上[1]（图1-1）。

南方地区西部的旧石器时代早期石器组合特点与北方地区北部接近。南方西部的石制品以中、小型为主，整体面貌比较细小，以石片石器为主。石器组合以各类刮削器为主，尖状器等其他小型工具也有一定的数量，砍砸器所占的比例很小，但基本不见大尖状器。



云南元谋人地点仅发现石制品数件，主要使用石英岩石料，剥片方法是锤击法，石器类型以刮削器为主，形体不大[2]。观音洞是南方地区一个重要的旧石器时代早期洞穴遗址，共发现了3000余件石制品。其石器类型包括刮削器、砍砸器、尖状器等。其中刮削器占全部石器82%以上，多为小型的石片、断片或石块加工而成；砍砸器占5%左右，由石片、石核、石块或断块加工者约各占三分之一；尖状器占4%左右，分厚尖、薄尖与错向三类。此外还有石锥、雕刻器和凹缺刮器等几类，但数量均较少，在整个石器组合中所占的比例很小[3]。

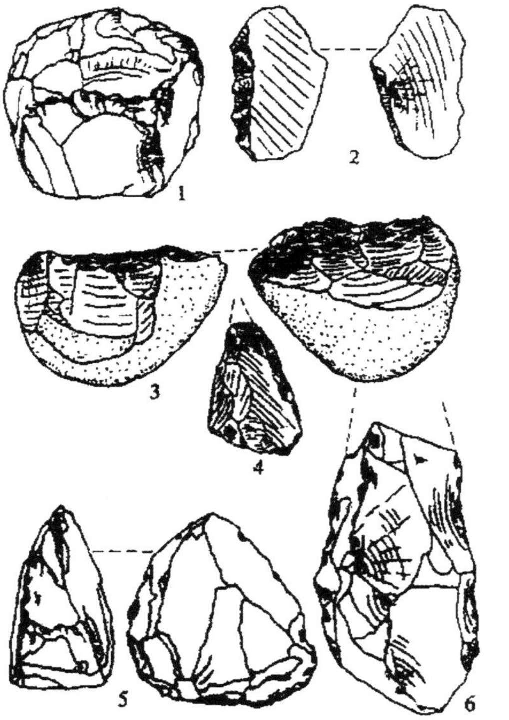

图 1-2　匼河石器
1. 石球　2. 刮削器　3. 砍砸器　4. 尖状器　5. 砍砸器　6. 大三棱尖状器

东北地区的金牛山人遗址的石器与北方北部地区出土者也有很多共性。其打击石片使用砸击法和锤击法，有砸击石核和石片，全部石器都很小。器形以刮削器为主，兼有尖状器、雕刻器、砍砸器。石器以小型者为主，长度多在4厘米以下。石器类型以各类刮削器为主，小尖状器占有一定的比例，石器加工粗糙，刃缘曲折，刃口多钝，器形不规则[4]。

北方地区南部加工石器的素材既有砾石，也有石片。使用大石片来加工砍砸器和尖状器等大型石器，是该区的特点。在这里的石器组合中，砍砸器占有重要地位，大型的尖状器也是石器组合中重要的一类，另外还有石球。除了上述大型石器，小型的刮削器也有一定的数量。

山西芮城西侯度遗址的石器主要用石片加工而成，有刮削器、砍砸器和三棱大尖状器等。刮削器有凹刃、直刃、圆刃等几种。砍砸器有单面加工和两面加工两种，以单面加工为主。三

1 吴汝康等：《北京猿人遗址综合研究》，北京：科学出版社，1985年。
2 张兴永、周国兴：《元谋人及其文化》，《文物》1978年第10期，第26—29页。
3 李炎贤、文本亨：《观音洞——贵州黔西旧石器时代初期文化遗址》，北京：文物出版社，1986年。
4 金牛山联合发掘队：《辽宁营口金牛山旧石器文化的研究》，《古脊椎动物与古人类》1978年第2期，第129—136页；吕遵谔：《金牛山遗址1993、1994年发掘的收获和时代的探讨》，《东北亚旧石器文化国际学术会议文集》，1996年，第131—143页。

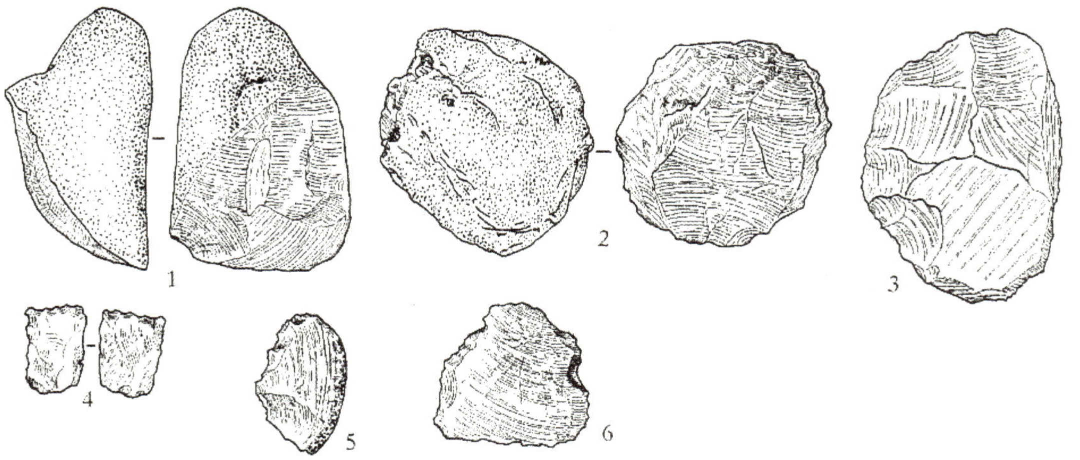


图 1-3 蓝田人石器
1、3. 砍砸 2. 球形 4、5. 刮削 6. 石片

棱大尖状器仅发现1件[1]。

位于西侯度西南黄河岸边的匼河村一带共发现11个地点，石器器形有砍砸器、三棱大尖状器、小尖状器、刮削器和石球5种。砍砸器、大尖状器、石球等大型工具，在数量上占据了主导地位。砍砸器数量较多，有单面刃和双面刃两种，加工比较粗糙，由于长期使用和反复修整，刃部有重叠的石片疤。小型的刮削器与尖状器数量较少。三棱大尖状器，器身具有三面和三缘，横断面呈不等边三角形，三个边棱上有交互打击的痕迹。石球共发现3件，呈多面体，具有早期石球的一般特征（图1-2）。

陕西蓝田人遗址的石制品有石核、石片、大尖状器、刮削器、砍斫器和石球等。石球在蓝田只发现1件，制作粗糙，与匼河等地点同类器接近。蓝田地区旧石器时代早期文化的石器修理粗糙，器形粗大（图1-3）。

洛南盆地野外地点石器的主要类型有各种砍砸器、大型尖状器、石球、手斧，刮削器类型少，无雕刻器。河南三门峡地区，在20世纪60年代也发现了一些石器地点，大部分石制品采自红色土的不同层位，也当归入旧石器时代早期。这些地点的分布、埋藏情况与匼河的相似，也在河滩上选取砾石为原料加工石器。石器类型中，砍砸器的数量最多，半数以上用砾石或石核直接加工，其次为石球。刮削器很少，形体也较大，另有大尖状器或原手斧类。

南方东部发现的石制品形体硕大，加工粗糙，形体普遍粗大。石器组合的特点是均以各类砍砸器为主，一般占石器总数的一半以上，其次是各类大型的尖状器，还有数量不等的手斧，石球也有一定数量的发现，刮削器的数量很少，或基本不见。

华南的百色文化石器大部分是用厚重的砾石或石片打法而成的。大多数石器都保留一部分砾石面，主要为大型石器，重量在1—2千克之间的居多。石器的器形有尖状器、砍砸器、刮削器等，以前两种器形居多。其尖状器器体大，类型多，但制作较精致，可分10种：扁平大尖状器、宽身大尖状器、似手斧尖状器、双头尖状器、三棱尖状器、厚刃尖状器、侧尖尖状器、薄刃尖状器、心形尖状器等。砍砸器数量多，其刃缘有薄锐的，也有相当厚钝的；其中最小的刃角为40度，最大的超过90度，大多在65度左右。可分为单刃砍砸器和复刃砍砸器两种。单刃砍砸器有直刃、弧凸刃、斜凸刃和圆凸刃等，其中弧凸刃的数量最多。复刃砍砸器是在砾石或石片的几条边进行加工为刃缘，可分为锛形砍砸器、刀型砍砸器、多角形软砸器、盘状砍砸器、尖状砍砸器等；刮削器的数量很少，却也可区分为直刃刮

1 贾兰坡、王建：《西侯度——山西更新世早期古文化遗址》，北京：文物出版社，1978年，第66—67页。

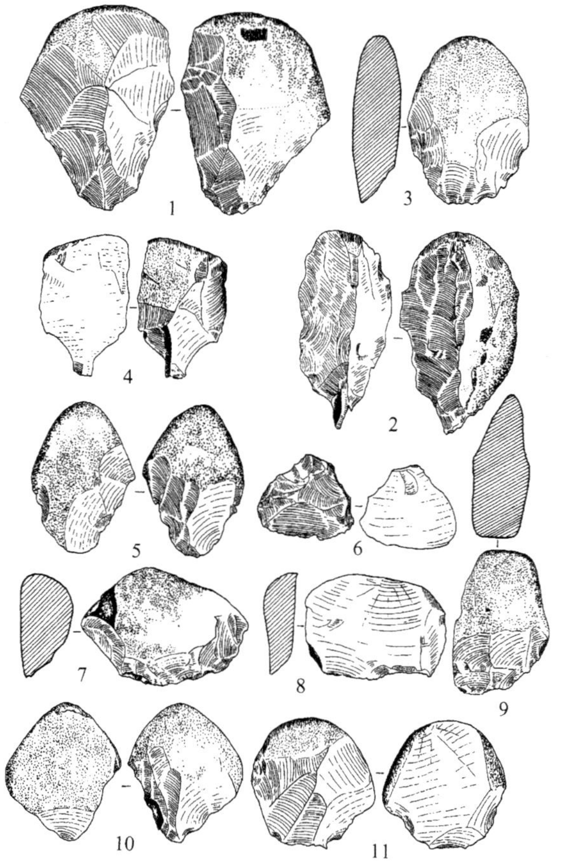

图 1-4 百色文化石器
1、5、10. 尖刃砍砸器 2、4. 尖状器 3、9. 端刃砍砸器
6. 刮削器 7、8、11. 侧刃砍砸器

削器、凸刃刮削器、盘状刮削器和端刮器等（图1-4）。

澧水流域的旧石器时代早期石器大多数系利用砾石直接打制而成。石器的类型有砍斫器、大尖状器（砾石尖状器）、石球、石锤、石砧等。砍斫器分为石片砍斫器和砾石砍斫器两大类。砾石砍斫器是用整块砾石打制而成，砍斫器的刃口有平刃、圆弧刃和尖凸刃等。大尖状器是澧水流域最富特点的器形，数量多，是用厚长条形砾石直接打制而成；石球的岩性多为砂岩和石英，石球的球体较高，通过锤打，保留少量砾石面。

水阳江石器地点群中的陈山地点石器的器形有刮削器、砍砸器、尖状砍砸器、镐等4种。砍砸器在工具中所占比例最大。就各种石器的器形大小而言，以大型石器的数量最多，石器材料为砾石。砍砸器可分为直刃和凸刃两种。砍砸器中还有一种多刃砍砸器。此处，还有一种尖状砍砸器，有尖有刃，兼有砍砸器和尖状器的双重功能，作为砍砸器，其使用部分为刃部；作为尖状器，使用部分在尖。刮削器分为直刃刮削器、凸刃刮削器、凹刃刮削器等三种。

东北地区的庙后山石器与华北南部区域特征具有一定可比性。类型有刮削器、砍砸器和石球3种。这些石器均采用直接打击法加工，多属大型石器，依长度计，在14件标本中仅2件属中型。刮削器的加工显得简单、粗糙，并缺乏特色。砍砸器的加工比刮削器好，4件修理把手的砍砸器系用碰砧法加工而成，其中3件把握的部分采用交互打击的方法进行修理，显示了庙后山石器工艺的一个重要特点。石球两件，一件是多面体石球，另一件是正球体石球[1]。

北方地区北部的遗址主要是洞穴类型，并多有较丰富的用火遗迹发现。伴随着石制品还有较多的动物化石尤其是人工破碎的动物骨骼发现。在南方西部地区，遗址或地点的数量很少，几个文化材料丰富的地点也都属于洞穴类型，都是单个分布在石灰岩山区。这种多石灰岩山区，岩溶洞穴发育，为原始人类的居住提供了方便条件。但山区与平原河谷地带的土壤、植被等条件显然不同，与河谷平原区的亚热带森林环境所能提供的丰富的植物性资源比较，在基岩裸露的山区更容易获取的应是各类动物资源。北方南部的旧石器与古人类地点也主要是露天类型，分布在古代的河流附近。南方东部地区，旧石器时代早期的遗址或地点也多发现在现代河流附近。已经发现的地点，都是成组地集中分布在不同水系内相对独立的自然地理单元内，自南向北有广西百色盆地、湖南澧水中下游区、安徽水阳江区、鄂西北区和陕南的汉中盆地等几个旧石器地点群，这些地点群分布与埋藏的形式

1 辽宁省博物馆、本溪市博物馆：《庙后山——辽宁本溪市旧石器时代遗址》，北京：文物出版社，1986年。

都较一致。更新世早、中期，中国自然地理分区的界线并不与今天的情况完全吻合，亚热带的气候可以到达秦岭以北的北方南部地区。热带、亚热带森林地区的生态环境使在这里生活的原始人类有充足的植物食物来源，所以在这种环境下生活的人群差不多均以采集活动为主要的生计手段[1]。所以，上述区域内石器组合的区别，可能反映了北方北部地区与南方西部地区的居民经济生活中狩猎的比重要大于北方南部和南方东部地区，而后者的采集经济比重要大于前者。

## 二、旧石器时代中期工具组合与渔猎技术的提高

旧石器时代中期石器类型在原有的刮削器、尖状器和砍砸器这种基本组合的基础上，石球、雕刻器、石锥一类工具明显增多。刮削器的形制也更加精致多样，刃口更锋利，更适应对猎物的后期处理。尤其是石球，在一些遗址不但出土数量丰富，而且球体规整。

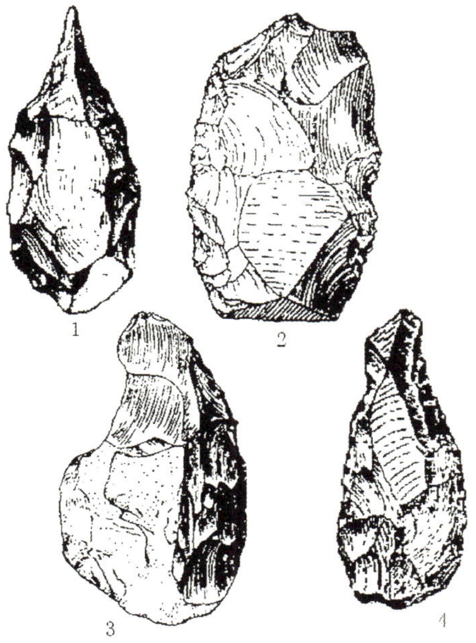

图 1-5　丁村人石器
1. 三棱大尖状器　2、3. 砍斫器　4. 三棱大尖状器

在许家窑遗址中发现的改进型工具种类主要有：龟背状刮削器，其形状劈裂而平直，背部隆起，周围边缘为刃口，可用于剥皮、刮肉、加工兽皮等操作；圆头形的刮削器，短身，圆头，圆弧形的刃缘多经过精细的加工，已带有细石器技术的部分风格，代表了当时的一种进步因素，与后来细石器遗存中拇指盖刮削器有着继承发展的关系；石球，用砾石为原料打制而成，先将砾石打击成粗略的球形，再反转打击去掉棱，使其接近正球体。许家窑遗址的石球还要在上述流程后，用左右手各持一个打击而成的圆坯对敲把坑疤去掉，做成滚圆的石球[2]。

在丁村遗址发现的改进型工具种类主要有大三棱尖状器和鹤嘴形厚尖状器。大三棱尖状器，用厚石片制成，手握部分宽厚，尖端锐利对称也呈三棱形，横断面呈三角形。其加工方法是从平坦的一面向背面加工，使背部成棱脊或高背状，这种石器可能是一种挖掘工具。与这种尖状器相似的器形在陕西蓝田、山西匼河、豫西三门峡等地区一些旧石器时代初期的遗址中也有发现，但在修整技术上没有丁村文化进步。鹤嘴形厚尖状器，器身厚长，尖端较扁似鹤嘴状（图1-5）。

旧石器中期工具组合中，最能标志狩猎经济进步的是石球的大量使用，仅在许家窑遗址中就发现石球1059个，这么多的石球形成了许家窑文化的一个特色。最大的石球重达1500克以上，直径超过10厘米；最小者重不足100克，直径在5厘米以下，球面已被敲打得匀称滚圆（图1-6）。这种工具的大量使用，应同草原环境下狩猎活动发展的需要密切相关。旧石器时代中期，由于冰期气候的影响，华北地区草原广泛发育，而要在视野开阔、不易隐蔽的草原地带猎取野驴、野马等大型群栖性动物，就需要一种威力较大的远距离投掷武器，以提高成功率。石球正是在适应这种环境和需要的情况下大量生产和使用的。早在旧石器时代早期的蓝田人的石器和匼河遗址的石器中，就发现过一些制作

1 王幼平：《中国旧石器时代早期的文化类型与成因》，《东北亚旧石器文化国际学术会议论文集》，1996年，第237—246页。
2 贾兰坡：《阳高许家窑旧石器时代文化遗址》，《考古学报》1976年第2期，第100—108页。

简单粗糙的球形石器。到了旧石器时代中期，石球大量出现，显示人类狩猎、获取野生动物能力的提高。许家窑遗址出土的全部动物骨骸数以吨计，但未见一具完整的个体，甚至连一个完整的头骨也没有发现，基本上都是人们食肉后又砸碎的抛弃物，以野马、披毛犀和羚羊为最多，它们大概是被猎的主要对象。其中仅按马牙统计，就有360多个个体，说明了当时狩猎对象已经有了一定的倾向性[1]。北京周口店新洞人洞穴堆积物里杂乱地埋藏着大量动物碎骨，约占标本二分之一的是小型哺乳动物，多达几千个个体，也有比较年青的大型哺乳动物，它们都是新洞人猎获的。在人们因吃熟食而残留的烧骨中，鹿类最多，还有鼠、象、蛙、鸟等。被烧过的兽骨、石块和朴树籽，有的就包含在厚1米左右的灰烬层里。东北地区，辽宁喀左鸽子洞遗址发现的哺乳动物化石中，偶蹄类动物主要发现在A洞，有些羊牙等有火燎的痕迹，为证明当时人类从事狩猎活动提供了证据。由不同种属的动物数量多寡分析，当时人们狩猎的主要对象是羊；多数肉食类动物主要是作为人类的敌人在遗址附近活动着。鸽子洞哺乳动物群20多种，主要有达呼尔鼠兔、硕旱獭、直隶狼、最晚鬣狗、野马、岩羊、羚羊、披毛犀等。最多的是羚羊，并且不少是幼年个体，还有些羊牙遗留火燎的痕迹，说明羚羊是人们狩猎的主要对象。从一个侧面说明了当时狩猎业相当发达[2]。旧石器时代中期的丁村旧石器诸地点中，发现有鲤、鲩、鲶、鲿和青鱼5种鱼化石，从鱼骨大小推知，有的鱼类身长1米以上。还有蚌、蚬、螺、蜗牛等软体动物介壳[3]。丁村各地点分布于汾河沿岸，当时汾河的水量远大于现在，河里应有丰富的水生动物资源，由此推测丁村人应该已有捕食鱼类的活动了。

图 1-6　许家窑人的石球



这一时期各地区不同遗址的石器工具组合仍存在一些差异，是不同自然环境下经济类型有所侧重、有所区别的反映。

以小型石器为主的遗址主要有贵州桐梓人地点、贵州水城人地点、陕西长武窑头沟和鸭儿沟旧石器地点、陕西大荔人遗址、山西阳高许家窑人遗址、北京周口店第15地点和辽宁喀左鸽子洞人遗址等。

桐梓人工具仅有刮削器和尖状器两类。刮削器加工比较粗糙，垂直加工而成，其侧刃相当钝，刃口接近90度，属单刃刮削器。尖状器的形制较大，分别用石块和石片制成，修理得相当细致，尖刃短而薄锐，刃缘比较匀称[4]。

水城人石器中，生产工具分刮削器和尖状器两类。刮削器加工粗糙，系用锐棱砸击石片制成，采用复向加工的方法，刃缘相当曲折。尖状器均系石片制成，均属角尖尖状器，有的为单向加工，有的为复向加工。这种尖状器都是在一侧边做细致的加工，另一侧加工较少，制成一个比较锐的尖[5]。

窑头沟和鸭儿沟的石器类型有刮削器、尖状器和砍斫器。刮削器的数量最多，尖状器和砍斫器的数量很少。刮削器分为单边直刃、弧刃、凸刃等几种，以单边直刃刮削器的数量最多。砍斫器的器

1　贾兰坡等：《许家窑旧石器时代文化遗址1976年发掘报告》，《古脊椎动物与古人类》1979年第4期；中国科学院古脊椎动物与古人类研究所：《许家窑遗址1977年出土的人类化石》，《古脊椎动物与古人类》1980年第3期，第229—239页。
2　鸽子洞发掘队：《辽宁鸽子洞旧石器遗址发掘报告》，《古脊椎动物与古人类》1975年第2期，第129—136页。
3　裴文中、吴汝康：《山西襄汾县丁村旧石器时代遗址发掘报告》，北京：科学出版社，1958年。
4　吴茂霖等：《贵州桐梓发现的古人类化石及其文化遗物》，《古脊椎动物与古人类》1975年第1期，第18—23页。
5　曹泽田：《贵州水城硝灰洞旧石器文化遗址》，《古脊椎动物与古人类》1978年第1期，第70—72页。

形较大，系用砾石加工而成。尖状器的数量很少，但修整得较细致[1]。

陕西大荔人遗址以小型石器为主，中、大型石器工具较少。石器主要类型包括：刮削器、尖状器、砍砸器和石球，还有石锥和雕刻器等。刮削器数量最多，占石器总数的78.3%；尖状器次之，占20.3%；砍砸器极少，占1%；石球仅有1件，占0.3%；石锥和雕刻器也为数极少。这数字说明，大荔人的石器组合是以刮削器为主体，尖状器也是重要类型，兼有砍砸器、石球、石锥和雕刻器，构成类型多样的石器组合。大荔人石器以单刃组为主，双刃和多刃组较少。单刃组以直刃、凸刃为多，凹刃较少[2]。

山西阳高许家窑人石器的类型很多，有各种形式的刮削器、尖状器、雕刻器、石砧和石球等。其中以刮削器和石球的数量最多，分别占石器总数的55%和36%。刮削器可分为7种类型：直刃刮削器、凹刃刮削器、凸刃刮削器、两侧刃刮削器、龟背状刮削器（或称高背刮削器）、复刃刮削器和短身圆头刮削器等。直刃刮削器在刮削器中数量最多，它的特点是将石片或石块的一侧边缘打制成平直的刃口。其中最大的一件重112克，最小的只有3克。凹刃刮削器的数量也比较多，刃缘有厚有薄，凹入的刃口，大的长达36毫米，小的只有7毫米。短而深的凹刃刮削器，在欧洲发现的称为“辐刀”，在南非发现的被称为“凹槽刮削器”。尖状器的数量仅次于刮削器和石球，占石器总数的4.11%，其加工方法是，从石片的底端（即具台面的一端）沿两侧边缘向上将尾端加工成尖。依其形制可分为5个类型：齿状尖状器、椭圆形尖状器、鼻形尖状器（或称凿形尖状器）、喙形尖状器、圆头刮削器尖状器等。尖状器的器形都很大，最大的一件重13克，长51毫米，宽29毫米，厚19毫米。最小的一件重1克，长14.3毫米，厚7.3毫米。雕刻器的器型小，最大的1件重7克，长30毫米，宽23.5毫米，厚5.9毫米。最小的1件，重1克，长19毫米，宽16毫米，厚6毫米。雕刻器的数量虽在石器总数比例小于4%，但却是中国旧石器时代遗址中所占比例最大的。雕刻器可分为屋脊形雕刻器和斜边雕刻器。小石钻只发现2件，尖头细锐、器身宽大。石球的数量很多，比早期的（如公王岭、匼河）形制变得规则了，是重要的狩猎工具。石球数量之多，称得上是许家窑文化的一个特色，是世界上任何一个旧石器时代遗址都无法比拟的。小型石球可以用作狩猎工具“飞石索”上的弹丸。许家窑文化的石器，除石球外，一般器形较小，长度大多在40毫米以下；60毫米以上的大型石器很少。在许家窑遗址中还发现一些骨、角器，按其类型可分为铲式工具、三棱尖状工具、刮削器（分为直刃、凹刃、凸刃三种）以及使用制造雕刻器的方法打制成的尖状器和角器等[3]。

北京人第15地点工具有刮削器、尖状器、石锥、雕刻器和砍砸器。刮削器是小型石器，长度多在2—4厘米，重量大多为20克左右，器形可分为单直刃、单凸刃、单凹刃等。尖状器的数量较多，仅次于刮削器，由石片制作而成，其长度一般为3—5厘米。其侧边常被修理成缓弧形凸刃，多数为双凸刃相交而成锐尖。以正尖尖状器的数量最多。雕刻器主要是用石片制成的，器体较小而短，从类型上看，有笛嘴形雕刻器、角雕刻器和平刃雕刻器等。部分雕刻器的侧边曾做过修理，可兼作刮削器使用。砍砸器的数量不多，主要是用砾石和石核制造的，也有用石片制成的，常见者重300—500克，长度一般超过6厘米，器形可分为单刃组、两刃组和多刃组，单刃组又可分为单直刃和单凸刃两种。在砍砸器中有一类特殊的修理把手的大石片，这种器形原来是一块十分粗大的碰砧石片，用两面修理方式将台面打掉，使其成为便于手握的把手，其相对一边未见加工和使用痕迹。

鸽子洞生产工具的有刮削器、尖状器、雕刻器和砍砸器。刮削器数量最多，占石器总数的82.9%，其一般长度为4.1—6厘米，最大者长达9.3厘米，最小者长仅2.6厘米。其器形分单刃、双刃、复刃和端刃4种。尖状器的数量不多，这类石器大多用小石块制成，少量用石片制成，第二步加工只将两侧

---

1 盖培、黄万波：《陕西长武发现的旧石器时代中期文化遗物》，《人类学学报》1982年第1期，第19—28页。

2 陕西省考古研究所：《陕西大荔县发现的早期旧石器文化遗存》，《考古与文物》1994年第1期，第1—20页。

3 贾兰坡：《阳高许家窑旧石器时代文化遗址》，《考古学报》1976年第2期，第97—114页；贾兰坡等：《许家窑旧石器时代文化遗址1976年发掘报告》，《古脊椎动物与古人类》1979年第4期，第277—294页；中国科学院古脊椎动物与古人类研究所：《许家窑遗址1977年出土的人类化石》，《古脊椎动物与古人类》1980年第3期，第229—239页。

长边的局部加以打击加工，使其前端成为一个短而钝的尖刃。尖状器中错向加工者，尖刃不在尾端而在台面的一端，这种修理方法是鸽子洞石器的特点。尖状器可分为正尖和角尖两种类型。砍砸器的形体粗大，长度均超过10厘米，有的用整块砾石制成，有的用石核制成。多刃砍砸器用交互打击法加工，单刃砍砸器系单面加工[1]。

上述地点或遗址共存的动植物化石显示，当时环境多为干燥的疏林草原。比如在大荔人头骨化石出土地点发现了大量动物化石，包括古菱齿象、犀、马、肿骨鹿、斑鹿、野猪、野牛、河狸、普氏羚羊、鼢鼠等哺乳动物化石，鸵鸟化石，鲤、鲶等鱼类化石，蚌、螺等软体动物化石。在大荔人头骨化石出土地点发现的植物孢粉不多，有蒿、菊、藜等草本植物，松、柏、云杉等针叶树种，而没有发现阔叶树种。综合动植物化石判断，当时那里的气候是温和的，可能有些干燥。许家窑遗址中共存的哺乳动物化石，有中华鼢鼠、似步氏田鼠、诺氏古象、野马、披毛犀、赤鹿、河套大角鹿、普氏冷羊、扭角羚羊、原始牛等约20种，地质时代属晚更新世早期，也有学者提出可能到中更新世晚期。从动物群性质分析，今天山西北部地区当时为比较干冷的大陆性气候，动物资源丰富，居住在这里的人类经济生活更侧重于狩猎。

以大型石器为主的遗址或地点主要有湖南沅江流域和澧水流域旧石器地点、湖北荆州鸡公山遗址、山西丁村人遗址等。

沅江流域的旧石器以新晃海水河两岸材料为代表，典型遗址有大桥溪和长乐坪，石制品以大型为主，其大小普遍在15厘米左右。石器的种类有砾石砍砸器、刮削器和尖状器。其中以砍砸器的数量最多，制作方法是，对整块长条形砾石进行单面打击，制成一个或多个刃口；刃口的形状有凸刃、圆弧刃、平刃等。刮削器有大小之分，小型刮削器数量少。尖状器的数量很少，其中有一种高背尖状器是沅江流域旧石器中富有特色的器形。

澧水流域的旧石器主要集中在澧水中下游地区，典型遗址有澧县鸡公挡、津市虎爪山等。石器组合有砍斫器、大尖状器、三棱大尖状器、刮削器、石球、石锤、石砧等。砍斫器分为石片砍斫器和砾石砍斫器两大类。砾石砍斫器是用整块砾石打制而成，以单面打击为主，也有双面双向打击的。大尖状器是澧水流域最具特征的器形，尤其是大三棱尖状器特征性更强，这种器形不但数量多，而且形式多样，其系用厚大的长条形砾石制作的，保留较长的砾石面作为柄部。小型的刮削器和小尖状器的数量都较少。石球系用砂岩和石英作材料，在石器中所占比例不大。其器形可分为两类：一类几乎通体锤打，只保留很小的砾石面，球体较高；另一类是只打击石器的一端，使其大体成为球形。

鸡公山石器的类型主要有大尖状器、砍斫器和刮削器。大尖状器是鸡公山下文化层最具特色的器形，数量较多，形制一致，加工方法固定。长度一般在15厘米，宽度为7—8厘米，厚度4厘米左右，尖部长度在6厘米左右。多数是将一个长条形的砾石从一侧面的中间剖开，然后在其一端的两侧向背面加工，修出一个三核形短尖。砍斫器的数量也很多，可分为边刃和端刃两种型式，边刃砍斫器，材料为浅褐色石英砂岩砾石，在一侧边连续单向打击多次，修理疤与背面交会形成一直刃口。刮削器的体积与重量相差悬殊，其中有的标本刃口修理得很匀称，显示出较高的修理技术[2]。

北方的丁村人石器分为石核石器和石片石器两大类，以石片石器为主。石核石器有砍斫器、手斧和石球三种。砍斫器的手握部分一般都做过修理。手斧发现的数量极少。石球是丁村文化中常见的一种器形，原料以石灰岩为最多，有少量的闪长岩和角页岩。丁村文化的石球系用锤击法打制而成的，尚未发现像许家窑人那种用两个打制石球对击而成的正球体石球。石片石器有砍斫器、厚尖状器、小尖状器和刮削器等。石片砍斫器与石核砍斫器不同，绝大部分是一面打击的，其刃缘都比较薄。厚尖状器用大石片制成，又分成较厚的三棱大尖状器和较薄的鹤嘴形尖状器两种。三棱大尖状器是丁村文化中最富特色的器形，由于在丁村遗址首次发现，故又称“丁村尖状器”。这种石器是用厚石片制成，一端厚大，一端尖锐，横断面呈三角形。其加工方法是在石器一端的两侧边缘上，向另一端由劈

---

1 鸽子洞发掘队：《辽宁鸽子洞旧石器遗址发掘报告》，《古脊椎动物与古人类》1975年第2期，第129—136页。

2 刘德银、王幼平：《鸡公山遗址发掘初步报告》，《人类学学报》2001年第2期，第102—113页。

裂面向背面打击，使之成一个对称的锐尖。这种石器可能是一种挖掘工具。与这种尖状器相似的器形在陕西蓝田、山西匼河、豫西三门峡等地区一些旧石器时代初期的遗址中也有发现，但在修整技术上没有丁村文化先进。1976年和1977年，在丁村遗址的发掘中还发现几十件小型石核，其中有几件石核呈元宝状和漏斗状，其上的石片疤显示了沿台面周缘连续打下许多长大于宽的小石片，这说明丁村人在制造大型石器的同时，也制造一些小型石器。小尖状器在丁村遗址发现很少，它是用较薄的石片（角页岩）制成；其制作方法是沿石片的两侧边缘由劈裂面向背面修制成尖或扁尖；有一部分小尖状器刃缘打制得相当平齐，反映出较高的工艺水平。小型尖状器可能是一种刮割兽皮的工具。刮削器数量较多，但具有第二步加工的刮削器数量很少。对大量石片进行观察，可看出在许多石片边缘都有因刮削而显示出来的碎屑剥落痕迹。经第二步加工的刮削器，刃缘有凹刃、凸刃和直刃等，器形有圆形和四边形等[1]。刮削器不论加工与否，其刃缘的两面都有碎屑剥落的痕迹，说明当时的人们是善于往返刮削使用的。居住在汾河两岸的丁村人，在当时过着一种以采集为主，狩猎为辅的经济生活。

以大型石器为主的地点或遗址，从共生的动植物化石观察，一般气候湿润温暖，森林密布，有着丰富的植物资源。比如丁村遗址共存的哺乳动物27种，有梅氏犀、披毛犀、德永氏象、纳玛象、野马、野驴、赤鹿、中国扁角鹿、原始牛等，现生种占22%。其次，有鲤、鲩、鲶、鲙和青鱼5种鱼化石，从鱼骨大小推知，有的鱼类身长达1米以上。还有蚌、蚬、螺、蜗牛等软体动物介壳。其中的蚌化石最为引人注目，这种软体动物现今绝大多数只分布在秦岭以南的地区。从水陆动物的生长环境考察，当时的气候相当温暖，汾河水量大，并与半静水的河湾或湖沼相连，河滩冲积平原上草木丛生，附近的山地森林密布。在这种环境生活的人类采集经济在生活中的比重较大。

## 三、旧石器时代晚期工具组合与渔猎采集的发展

旧石器时代晚期，随着石器制作中间接打击技术的运用，人们得以打下形似树叶薄且长的石片，这种石片被称为“石叶”。石器生产工具组合中出现了琢背小刀、龟背形刮削器等，最重要的是用石叶制作的复合工具，其中最典型的代表就是石镞。

石镞，是用石片压制的小型石器，整体呈椭圆形、三角形或不规则梭形。两面布满小石片疤，尖端锋利。可分为尖底、圆底和有铤几种。石镞是绑缚在弓箭上的箭头，主要用于狩猎。下川遗址发现的石镞系用压制法制出尖锐的角和两个侧边，镞底分圆底和尖底两种，但形状不很固定，加工也粗糙，但在加工方式、形制和大小上已具备石镞的特点。

骨柄石刃刀，是在骨柄槽内镶嵌细石叶作为刃部的工具。在凌源西八间房遗址出土的石片中，有一种两端被截断、两侧边缘有使用痕迹的石片，即是镶嵌在骨刀柄上作复合工具使用的刀片。

琢背小刀，是将石片较厚的一边轻敲细击地钝化成厚边，似刀背，另一边一般不加工，仍保持石片原有的薄缘，以作刀刃。琢背小刀可分为5种类型：三角形琢背、有肩斜刃琢背、长方形琢背、鸟喙状琢背、刃缘修整琢背。琢背小刀是下川文化独特的器型。

龟背状刮削器，其加工方法是，沿石片周边以倾斜方向，向背面修出刃缘，使背面隆凸呈龟背状。

此外，在虎头梁遗址出土的尖状器加工细致，数量和类型都比较多。该类器形的底端形制各异，分圆钝、凹入、一侧凹入、平直和尖锐等几种。尖状器加工最精致的部分在尖端，底端修整相对比较粗糙。底端一侧凹入的称为单肩尖状器，其肩部是用来缚柄用的，这种尖状器可能起矛头的作用。

除了石器以外，旧石器时代晚期还发现了许多具有明确使用功能的骨、角器，如骨标枪头、骨鱼镖、骨铲、骨矛等。旧石器晚期骨器以辽宁小孤山遗址出土的器物较为典型。

---

1 裴文中、吴汝康：《山西襄汾县丁村旧石器时代遗址发掘报告》，北京：科学出版社，1958年；王健等：《丁村旧石器时代遗址群调查发掘简报》，《文物季刊》1994年第3期，第1—23页。

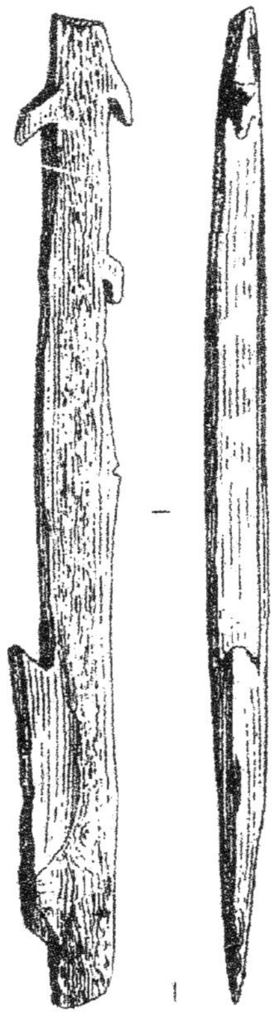

图 1-7　小孤山人鱼镖

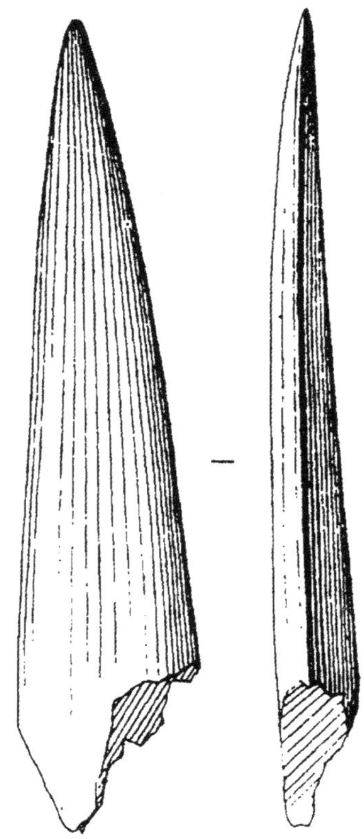

图 1-8　小孤山人骨标枪头

骨鱼镖，是一种由叉头、叉身和叉柄三部分组成的带有倒钩的捕鱼工具。小孤山遗址出土的骨鱼镖从结构上分镖头、镖身和镖柄三个部分。镖头为上下面和左右侧均向尖端收缩的扁锥体，横断面呈椭圆形。镖身为棱柱体，横断面呈不等边五角形。镖身在靠镖头处有两排倒钩。一侧为单倒钩，另一侧为双倒钩。在镖身最宽处的一侧有一个呈缓坡状突起，类似于青铜戈上的“阑”。“阑”的中央有一个小切口，已被磨得很光滑。镖柄单翼结构，为向一侧水平展开的双斜面“叶片”，叶片前缘切割刃成向前的缺口，与前面的倒钩对应，从纵剖面看，镖头和镖柄均是从上下两面削薄。磨光成斜面并与末端汇聚的结构。鱼镖现残长18.01厘米，镖头宽1.06厘米、厚0.59厘米，镖身最宽处1.62厘米、厚1.15厘米，镖柄最宽处1.82厘米、厚1.05厘米，两侧倒钩展幅2.42厘米。整个器身布满横向的切削痕迹以及纵向的刮削条痕[1]（图1-7）。

骨标枪头，形制略同于石制尖状器。不过，骨制尖状器呈扁锥体，一端有尖。小孤山遗址出土的骨标枪头为兽类肢骨做成，整个器身都经过磨光，器身大体上呈扁锥体，背面稍凸，腹面较平，背面布满纵向的刮削条痕，残长7.63厘米，近柄部处宽1.72厘米，厚0.76厘米（图1-8）。台湾长滨文化出土的标枪头一端带关节之尖状器系用动物长骨制成，一端保留关节，另一端裂成几根骨片，尖端锐，出土时也是数件在一起，可能是一种捕鱼用的穿刺工具[2]。燕儿洞出土的骨器柄部已残断，用鹿类炮骨背侧近端骨片制成。加工使用痕迹集中在炮骨近端的神经孔周围。神经孔之上部分的隆脊被刨平。在神经孔之下有二条捆绑痕迹。捆绑痕迹为“U”型浅槽，向两侧呈八字形展开。神经之上有磨光痕迹。残长7.58厘米，宽2.52厘米，厚1.16厘米。这是一件复合工具（矛、标枪、鱼叉）的柄部。

骨铲，船帆洞出土的骨铲以鹿角为原料，截取其中一段，破半后将一端磨制成铲形刃口。猫猫洞遗址出土的铲全是鹿角制成的，有主干，也有枝叉[3]。

骨、角镞，形似石镞。在船帆洞出土的角镞，粗的一端似带铤的镞的底端，细的一端为镞尖。

骨锥系用较大动物的管状骨片制成，长13.71厘米，宽3.52厘米，厚1.48厘米。

旧石器时代晚期，北方出现了大量的细石器。峙峪遗址中曾发现已知最早的石镞，下川文化中发现有较多的压制石镞。石镞的出现，标志着旧石器时代晚期弓箭已经被发明。弓箭也应是适应草原环境下人类狩猎活动的需要而发明的，它的使用标志着狩猎经济发展到了高级阶段。同其他武器相

1 黄慰文等：《小孤山的骨制品和装饰品》，《人类学学报》1986年第3期，第259—263页。

2 宋文薰：《长滨文化——台湾首次发现的先陶文化》（简报），《中国民族学通讯》1969年第9期，第1—27页。

3 曹泽田：《猫猫洞旧石器之研究》，《古脊椎动物与古人类》1982年第1期，第155—165页。

比，弓箭具有射程远、射速快、准确性高等明显的优点，这对于很难在近距离突袭野兽的草原猎人们来说，无疑是一种理想的工具。与弓箭的出现相适应的是，石球大量减少，说明它作为一种狩猎工具已被弓箭所代替了。除了弓箭之外，常用的狩猎工具还可能有装备石器头的矛或标枪。在虎头梁遗址中曾发现一些加工细致、尖端锐利的尖状器，作为矛头很合适。现代一些采集狩猎民族如澳大利亚土著居民，长矛仍是主要的武器。

旧石器时代晚期华北、东北各地诸遗址或地点中，均发现有大量的野马、野驴、原始牛、羚羊的化石，它们应是当地晚期智人的主要猎取对象。

在华北地区，宁夏灵武水洞沟遗址，在大沟湾村发现一处长宽范围约1—2米的灰烬遗迹，灰层中部下陷形成一个浅洼坑，附近集中有30多块动物烧骨。而且水洞沟遗址第2地点发现了以火塘为中心的遗迹分布情况，推测“水洞沟2号地点CL2为晚期智人居住的开放式大本营，居民以火塘为中心进行复杂的生存活动”[1]。

在峙峪遗址中，与灰烬、石器、烧石共存的动物化石，有的往往密集成层，大多是单个的动物牙齿，总数有5000余颗，还有大量被人工击碎的兽骨片。哺乳动物化石中最多的是野马，至少有20个个体，野驴有88个个体，显然当时人们以这两种草原动物为主要猎取对象[2]。这与许家窑的情况相类似，过去在萨拉乌苏河遗址也曾成批地发现300只羚羊角。那时人们根据兽类生存情况，较集中地捕获一两种动物，渐渐加强了专门化的倾向。这说明当时人们在改善工具的同时，劳动技能也不断改进，当时的狩猎水平比之前更高了。

小南海遗址发现的动物骨骼都经人工击碎，有的被火烧过，是人们食用后的残余。野驴、披毛犀等大型食草动物，以幼年和老年的个体居多数，说明人们常选择动物中相对的弱者为猎取对象。小南海洞穴遗址东南距洹河河道约500米，海拔高度约为197米，高出小南海的水面约60米。洞穴已经坍塌，经过发掘，出土大量石器、烧土块和炭粒。洞穴位于群山环绕的峡谷中，傍近河道和小南海，而峡谷以东又是广袤的平原。所发现的动物化石中包括森林生活和草原生活两种动物群，这充分说明在更新世晚期，小南海洞穴遗址附近既有河流沼泽，又有茂密的森林和丰盛的草原，构成人类狩猎活动的良好场所[3]。

在虎头梁遗址的73101地点，同一平面上清理出3个篝火遗迹。3个篝火呈“品”字形分布。有一个篝火遗迹呈椭圆形，长1.7米，包含大量的木炭粒和烧过的兽骨、鸵鸟蛋皮，还有少量石器；边缘放置4块较大的砾石，砾石周围也有许多碎骨和少量石器。另一个篝火遗迹与其紧相连接。在相距5—6米处，还有一个篝火遗迹，中间同样有炭粒、烧骨，旁边发现穿孔贝壳饰物和用于染色的赤铁矿块。在这三处遗迹周围，散布着大量的石片、石屑，也有不同剥片阶段的石核和经细致加工的石器[4]。在东北地区，阎家岗遗址的动物骨骼化石堆积主要是野牛、野马、河套大角鹿和羚羊等动物的残破头骨、肢骨、脊椎骨、髋骨和肩胛骨等，无完整骨架或肋骨。兽骨表现出的特点是大型动物占优势，小型动物较少，肉食动物与草食动物共存，动物个体以幼年为主，也有少量成年和老年个体。动物骨骼中碎骨相当多，很多有人工打击和动物啃咬的痕迹。所有碎骨棱角分明，边刃锋利，几乎不见水流冲磨痕迹，有的肢骨、脊椎骨出土时还连在一起。除动物骨骼外，还发现有动物粪便化石，甚至有的还保持四个一堆的原始状态[5]。

在长江下游地区，安徽和县陶店镇汪家山龙潭洞发掘出土了人类头骨化石，在含人类化石的棕红色砂质黏土中，还发现了石器、成批骨角器以及烧过的骨头、牙齿、灰烬物质[6]。猿人吃剩的大量兽骨

---

1 陈福友等：《宁夏水洞沟遗址第2地点发掘报告》，《人类学学报》2012年第2期，第317—323页。

2 贾兰坡、尤玉柱等：《山西峙峪旧石器时代遗址发掘报告》，《考古学报》1972年第1期，第39—57页。

3 安志敏：《河南安阳小南海旧石器时代洞穴堆积的试掘》，《考古学报》1965年第1期，第1—4页。

4 盖培、卫奇：《虎头梁旧石器时代晚期遗址的发现》，《古脊椎动物与古人类》1977年第4期，第298—300页。

5 魏正一、杨大山等：《哈尔滨阎家岗旧石器时代晚期地点1982—1983年发掘报告》，《北方文物》1986年第4期，第8—15页。

6 黄万波、彭春：《长江下游古人类的重大发现——安徽和县出土完整猿人头盖骨化石》，《化石》1981年第1期，第3—4页。

很破碎，鹿角的主枝和眉枝都被折断或砍断，其中斑鹿角达300多个，分布相当密集，说明当时人类主要以鹿为猎食对象。

在旧石器时代晚期，捕鱼业也有了显著的发展，并成为社会生产部门之一，其标志是出现了专门的捕鱼工具。以小孤山遗址为例，该洞穴遗址临海城河，遗址内曾发现鱼、蚌壳和鳖等动物化石，说明当时这一带水域广阔，鱼类繁多且大。其鱼镖头两侧倒钩展幅较宽，且倒钩粗壮，是有效的符合工具，适宜叉捕圈套的鱼类。经模拟实验，可知其可以叉捕包括体长达65厘米的大型鱼类。鱼镖、标枪头的发明，是旧石器时代晚期生产力发展的一个突破性标志。已知这类捕鱼工具在世界各地旧石器时代晚期遗址中多有发现。尤其小孤山鱼镖不仅有双排倒钩，而且有“阑”和正钩，其复杂形制是旧石器时代晚期捕鱼业进步的标志。

在整个旧石器时代，采集经济起着保障食物来源的作用，成为农业经济的先驱。旧石器时代晚期，由于受末次冰期的影响，人类的采集、狩猎活动不得不主要在草原环境中进行。在长期采集活动中，人们逐渐认识了一些禾本科植物的生长规律，可能已经开始对一些野生的谷类植物进行有目的、有计划、有组织的定期收集，使传统的采集活动发展到高级阶段。江西万年吊桶环遗址中层的硅酸体分析显示，旧石器时代末期野生稻已在江西北部地区有所分布，并且已经被当时的居民采集食用，为农业起源打下了基础[1]。旧石器晚期的采集经济的工具主要是野生谷物的收割和加工工具。收割工具主要是装有细石刃的复合工具，野生谷物的加工工具则可能就是在拉乙亥遗址中发现较多的有同心圆方向摩擦痕迹的研磨器或下川文化中的圆盘状研磨盘[2]。

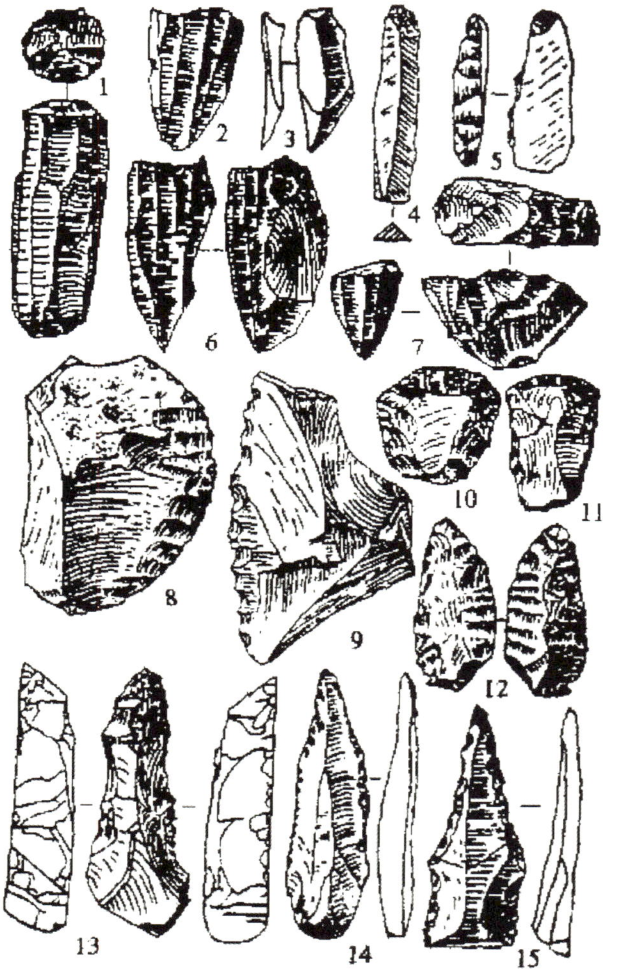


图 1-9　下川遗址石器
1、2.锥状石核　3、4.石叶　5.琢背小刀　6、7.楔状石核　8.单凸刃刮削器　9.单直刃刮削器　10、11.圆端刃刮削器　12.石镞　13-15.正尖尖状器

从石器工具组合看，在旧石器时代晚期，不同地域的居民经济生活也有不同的侧重点。且在旧石器时代晚期，小石器工具传统保持强势，属于这个传统的遗址遍布华北各地，并进而在华北地区及北方形成了以各种间接打击法生产石叶和用压制法修理石器的细石器工具为特征的文化，其典型文化是下川文化和薛关文化等。

下川文化石器的类型主要有琢背小刀、雕刻器、尖状器、锥钻、箭镞、刮削器、锯、石核石器等。琢背小刀在中国其他细石器遗址中很少见，是下

1　彭适凡、周广明：《江西万年仙人洞与吊桶环遗址——旧石器时代向新石器时代过渡模式的个案研究》，《农业考古》2004年第4期，第29—38页。

2　盖培、王国道：《黄河上游拉乙亥中石器时代时代遗址》，《人类学学报》1983年第1期，第49—60页。

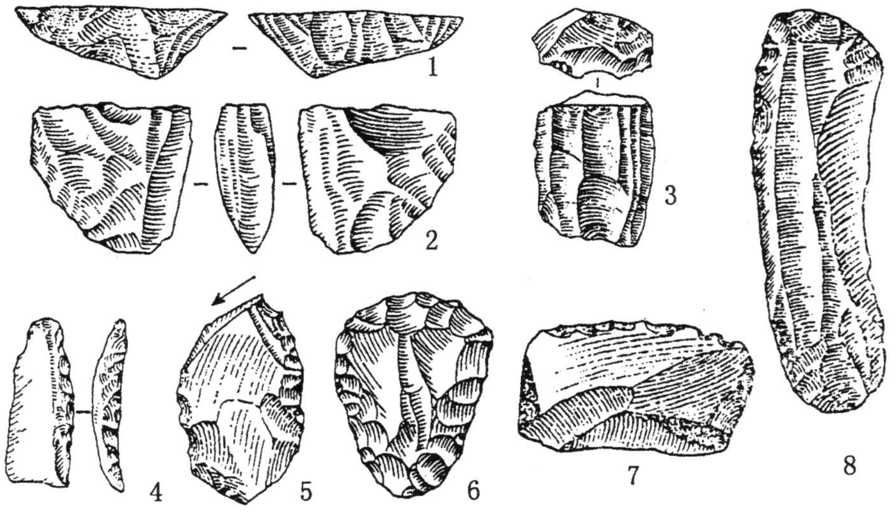


图 1-10 油房旧石器地点石器
1.船底形石核 2.宽底楔形石核 3.柱形石核 4.琢背小石刀 5.雕刻器 6.端刃刮削器 7.凸刃刮削器 8.两端刃刮削器

川文化的特色。雕刻器分为斜边雕刻器、屋脊形雕刻器、鸟喙状雕刻器3种类型。其中斜边雕刻器的数量最多，制作精细，两边都经过细致的修理，尖刃明显，器形相当固定。尖状器有两面加工尖状器、扁底三棱尖状器、三棱小尖状器、宽尖尖状器、薄长尖状器和微型尖状器等，以三棱小尖状器和扁底三棱尖状器的制作最为精致。三棱小尖状器由厚小石片的两边向背面加工，打制成隆起一脊两面对称的三棱锐尖。扁底三棱尖状器采用较大的厚石片，向背面修整成三棱通体三棱锐尖，底端两面或一面修理成扁薄形便于安柄制成矛头。刮削器可分为圆头、凹刃、圆刃、直刃等几种。圆头刮削器是下川文化细石器中的一个大类，数量最多。圆头刮削器的共同特征是，将石片的远端或一边由劈裂面向背面修理成一个圆头的刃口；按其形状又可分为长身圆头、短身圆头、两端圆头三种类型。短身圆头刮削器是刮削器中数量最多的一种，它又分为指甲盖状和圆盘状两种。圆头刮削器的加工均用压制法，故圆头刃口都修理得很规整。凹刃刮削器又称辐刀，多用不规则的厚石片制成。石核式石器是用厚石片和具有自然平面的薄板燧石制成，其刃部的加工痕迹类似细石核剥片条痕。这类石器按其形制又可分为石核式斜刃、平刃、圆刃、两端圆刃、刃尖两用器等[1]。石镞和石锯在下川文化中发现的数量都很少。石锯是在一侧或两侧修制出几个齿，有的还带短柄。粗大石器大多出土于下川遗址上文化层的下部堆积中。这类石器的数量比较少。粗大石器的石料主要为砂岩和石英岩。石制品除石核和石片外，属于工具的有尖状器、刮削器、砍斫器、石锤、砺石和磨盘等。刮削器有铲刃状、椭圆状和直刃3种。砺石的周边经过修理，其上有一道深而直的凹槽，是长期磨制工具的痕迹，可能是用作磨制骨器的。研磨盘呈圆盘形，周边有打击痕迹，器面中部下凹，两端或两侧厚，中间薄，是长期研磨的结果（图1-9）。阳原油房地点的石器特点也与之相同（图1-10）。

薛关文化石器的类型有刮削器、尖状器、雕刻器、琢背小刀、似石斧和石锤等。刮削器是各种石器中数量最多者，占石器的绝大多数，它们是用石片制成，其种类有直刃、半月形、凸刃、多刃、龟背状、长身端刃和短身端刃等。尖状器修理精细，器形规整，是薛关石器中具有代表性的器物，依其器形可分为正尖、侧尖、两端尖、扁尖、微型等。琢背小刀有少量发现。此外还出土有打制石斧[2]。

与小型石器工具的分布地域扩大相对应，大型石器传统的影响在缩小，其分布范围只限于汾河

1 王健、王向前、陈哲英：《下川文化——山西下川遗址调查报告》，《考古学报》1978年第3期，第259—286页。
2 王健、王向前、陈哲英：《下川文化——山西下川遗址调查报告》，《考古学报》1978年第3期，第259—286页。

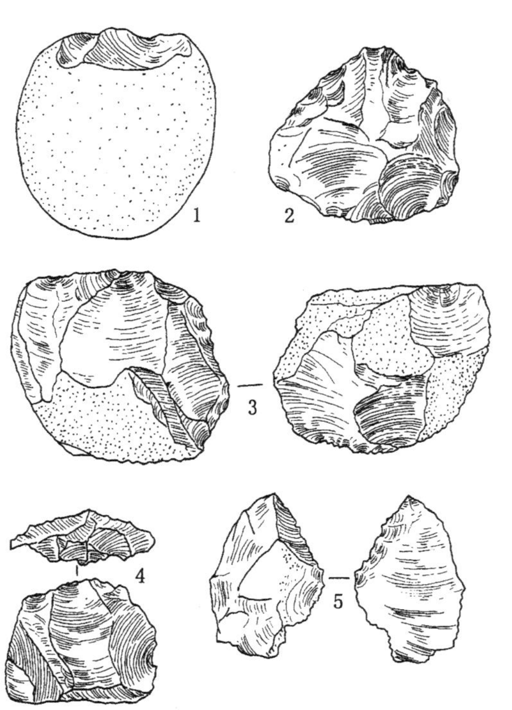


图 1-11 富林文化石器
1、4. 单台面石核 2. 双台面石核 3. 多台面石核 5. 锥状一端砸击石片

流域。旧石器时代晚期的华南地区见不到细石器工具，其中如四川境内富林文化虽以小型石器为主，却不见典型细石器工具。富林文化工具组合包括有各种类型的刮削器、尖状器和雕刻器等。刮削器在各类石器中所占比例最大，占工具总数近80%，其中大多是单刃刮削器，两刃刮削器相对较少。单刃刮削器分直刃、凹刃和凸刃3种。端刃刮削器可细分为圆端刃、平端刃和两端刃。尖状器占工具总数12%，修理较好；雕刻器的数量较少，都是用石片制作的，大多为笛嘴形雕刻器，个别为平刃雕刻器。有一部分标本的侧刃有修理痕迹。富林文化石器非常小，长度很少超过3厘米，刮削器的平均长度为2.69厘米，是迄今所知中国南方旧石器文化中器形最小者[1]。小型石器工具为主体的文化分布范围的扩大，可能是全球气候变冷带来的经济形态变化的结果（图1-11）。

## 第三节 石器、骨器与手工业制作技术

### 一、旧石器时代早期的石器工艺

旧石器时代早期人类制作石器的方法被称为直接打击法，即将工具直接作用于需要开片或修理的石片、石核或石块上，具体使用了锤击法、砸击法和碰砧法等几种不同的方法。

锤击法是旧石器时代人类打击石片最常用的方法。人们首先将石料放在地上或者用手托着，然后用另一手拿着的石锤或骨、木锤一类的工具沿着石料某一适合着力的台面边缘打击，进而使石片剥离下来。典型的锤击石片应包括3个面（台面[2]、破裂面或称腹面[3]、背面[4]）和3条线状边缘（左侧、右侧、远端边缘线[5]）。这种方法打击下来的石片一般偏薄而长，台面较小，石片角[6]多在90度至110度

1 张森水：《富林文化》，《古脊椎动物与古人类》1977年第1期，第14—27页。

2 要从石块上打下适用的石片，必须要在石核上有一个平面，这种平面称为“台面”，未经打击的台面称为“自然台面”；经过人工打击而成的台面，称为“打击台面”。

3 劈裂面指石片被从石块或石核上劈裂下来的一面，称为“劈裂面”或“腹面”。

4 背面指石片上同劈裂面相对的一面，称为“背面”。

5 左、右和远端边缘线：打下来的石片从劈裂面观察，台面朝上，延石片轴（石片轴是指完整石片上，由打击点出发，与台面垂直而延伸，并将打击泡一份为二的一条直线，也称“技术轴”）垂直摆放，石片左侧边缘，称为左缘；右侧边缘，称为石片右缘；台面的一端称为近端或顶端，与台面相对的一端称为远端或尾端。

6 石片角指石片台面与劈裂面之间的夹角。

之间，打击点集中，半锥体[1]明显，可清楚地看到同心波纹[2]和辐射线[3]等特征。庙后山遗址出土的用锤击法打制的石片，以石英砂岩为原料，形状非常规整。本溪庙后山遗址编号为No.252的石片标本，长、宽、厚分别为18.2厘米、1.9厘米、2.6厘米，台面和背面为砾石面，石片角104度，打击点集中，半锥体，锥疤[4]和放射线清楚。编号为No.181号的石片标本，长、宽、厚分别为8.8厘米、5.4厘米和1.5厘米，自然台面，远端保留小面积砾石面，石片角105度，打击点、锥疤和放射线清楚，半锥体比较平缓。锤击法打制的石片都有集中的打击点和半锥体，石片角多在95度至105度[5]。

砸击法的使用相对锤击法而言要少的多，是将石核或石块的一端垂直放在石砧上，用石锤垂直砸击另一端以打下石片来。用这种方法打击石片时，由于石料上端受石锤的砸击之力，同时下端又因垫着坚硬的石砧产生反向的作用力，两端同时受力使石料两端都发生破损，不仅受石锤砸击的一端有打击的痕迹，尾端也有类似打击点的痕迹，因此称为“两极石片”。砸击法打击的石片一般形体较小，常呈近长方形，多无台面、半锥体和同心波纹。在山西芮城西侯度遗址中仅发现一例两极石片，编号P2664，原料为紫色石英岩，它的台面和劈裂面的打击泡不存在，但放射线和两道宽大的同心波纹都很清楚[6]。周口店北京人遗址出土石器的制作方法中使用砸击法的略多，产生的两极石片和两极石核，在全部石制品中占有很大的比重，并构成北京人文化的一个重要特色。其砸击法主要用来打制脉石英，所剥下的石片一般比较小，约3—4厘米，石片或石核的两端都有碎屑剥落痕迹。砸击法所得的两端石片形制都比较规整，形状多呈长方形，少数呈圭形，有的形似石叶。两端石片的砸痕一般是一端见于两面，另一端见于一面，两端两面都有碎屑剥落痕迹的少[7]。庙后山遗址也见一例采用砸击法制作的石片。

碰砧法是用双手紧握石料，将石料的台面边缘对准放置在地面上的一块石砧的边缘猛力碰击而使石片从石料上剥离下来的方法。用这个方法打击出来的石片一般都比较厚，石片横向宽度较大，台面比较大，石片角都在100度以上，打击点粗大而散漫，半锥体浅凸或不清，一般不见锥疤。庙后山遗址出土的编号No.198的碰砧法石片标本，长、宽、厚分别为5.9厘米、11.5厘米、2.6厘米，石片角130度，背面完全是砾石面，台面为原砾石面，打击点不集中，半锥体散漫。编号No.199的石片标本，长、宽、厚分别为5.7厘米、10.8厘米、3.7厘米，石片角130度，台面打制有两个十分散漫的双锥体，打击点不集中。用碰砧法打击石片，是庙后山遗址石器制造技术上的一个特色，在其打片工艺中占有非常重要的地位。该遗址发现的不少石器，尤其是砍砸器，就是用这类方法打制出的石片加工而成的[8]。

打制石器的工具在很多旧石器时代早期的遗址中可以见到，主要有石锤和石砧等。北京人的石器中就包括属于打制石器制造工具的石砧、砸击石锤和锤击石锤等。

石料上用石锤打击着力的台面，一般是古人在石料面上选择的略平坦的自然砾石面，但随着石器制造者提高对预期的石片在尺寸和形状等方面的控制能力要求日益增进，人们开始试着预先制造一个更适合给力，更有利于保证石片依预期破裂剥离下来的平面，这就是修理台面。这种技术在旧石器时代早期已经出现，但很少被使用。在距今180万年的西侯度遗址就发现有一件石片的台面是人工

1 半锥体指石片劈裂面上围绕打击点会出现一个“介形锥”，但只是锥体的一半，称为“半锥体”。

2 同心波纹指石片的劈裂面上围绕打击点有许多同心纹。

3 放射线指石片的劈裂面上由打击点向四周放射出的裂纹。

4 锥疤指半锥体上半部中心处附近常有一个或几个微小的疤痕。

5 辽宁省博物馆等：《庙后山——辽宁省本溪市旧石器文化遗址》，北京：文物出版社，1986年。

6 贾兰坡等：《西度侯——山西更新世早期古文化遗址》，北京：文物出版社，1978年。

7 张森水：《中国旧石器文化》，天津：天津科学技术出版社，1987年；贾兰坡：《周口店第15地点开掘简单报告》，《贾兰坡旧石器时代考古论文集》，北京：文物出版社，1984年，第107—111页；沈冠军等：《周口店新洞（第4地点）年代新考》，《龙骨坡史前文化志》第1辑（1999），第141—147页。

8 辽宁省博物馆等：《庙后山——辽宁省本溪市旧石器文化遗址》，北京：文物出版社，1986年。

打制的，其打击点的位置在台面上的两个石片疤相交的棱脊上[1]。辽宁本溪庙后山人也使用了这种技术，尽管它的使用频率并不高，技术也较简单[2]。湖北大冶章山的石龙头遗址的石制品原料大部分为砾石。这些石制品一般是利用天然岩面作台面，但也有少数为打制的台面[3]。北京人的石片台面以锤击法打制产生者居多。无论如何此时是很少运用这种技术的。

在我国北方地区旧石器时代早期就至少存在两种传统：以匼河、蓝田等石器文化遗址为代表的传统，主要使用锤击法和碰砧法打下的石片来制造石器。这一传统包括石器的基本类型有砍砸器、大尖状器、石球和刮削器，其中以砍砸器和大尖状器为主要特色。以周口店第1地点为代表的传统，多使用砸击法打击下来的小石片来制作石器工具。这一传统石器类型主要有刮削器、雕刻器、尖状器和砍砸器，其中以小型刮削器的数量最多。

属于以碰砧法打制的大石片石器为主的遗址以匼河、蓝田等为代表，这种大石器实际上从西侯度遗址就已经出现了。

山西芮城西侯度遗址，处在黄河左岸高出河面约170米的古老阶地上。文化遗物和动物化石集中分布在平均1米厚的交错砂层中。石制品共32件，包括石核、石片和石器。石器原料绝大部分为石英岩，少数为脉石英和火山岩。根据对石核和石片的观察，剥制石片采用了锤击、砸击和碰砧等3种方法。大多利用磨圆度很差的砾石和巨厚石片作为石核，石片中有锤击法打下的石片和用砸击法产生的“两极石片”，还有用碰砧法打下的石片。石器主要用石片加工，有刮削器、砍斫器和三棱大尖状器等。三棱大尖状器只发现1件，是脱层的采集品，但因附近未见其他文化层，仍可判断其原生层位与其他石器相同。这种石器在山西芮城匼河、陕西蓝田等地都有发现，是一种富有特色的工具[4]。

山西芮城匼河遗址经过5次发掘，所发现的石制品有石核、石片和石器，其原料除少量为脉石英外，大多数都是用石英岩。石制品用锤击法和碰砧法产生，大多以砾石平面作为台面，人工打制的台面或利用石片疤相交的棱脊为打击点的都比较少。石核上常保留大部分砾石面，石片疤一般宽大于长，说明石核的利用率很低。用碰砧法产生的石片宽面厚，形状多不规整。该遗址的一些砍斫器和三棱大尖状器就是利用这类石片加工而成的。匼河遗址以大石片制作的砍斫器、三棱大尖状器为特色，石器多为大、中型，小型石器数量少[5]。

属于以锤击法、砸击法打制的小石片石器为主的遗址可以小长梁、东谷坨、北京人遗址为代表。

小长梁遗址位于河北省阳原县大田洼乡官亭村西北500米，处于桑干河岸。小长梁的石器埋藏在一套厚层的褐黄、灰白、灰绿等颜色的砂、砂质黏土和黏土相间的河湖相堆积中，距今约100万年。小长梁遗址石制品的原料以燧石为主，有少量脉石英。打片以锤击法为主，砸击法辅之，打下的石片通常具有小面薄及刃缘锋利的特点。很多规整的小石片未经第二步加工便直接使用，使用痕迹清晰，崩落的碎碴往往在劈裂面一侧。石器的第二步加工比较简单，大多由劈裂面向背面加工，故加工痕迹较陡直。错向加工极少。成器率较低，器型不复杂。石器的类型主要有刮削器、尖状器、小石钻等[6]。

位于河北省阳原县的东谷坨遗址，处于桑干河右岸。1981年发掘出土的石制品共计1443件。石制品的原料主要为流纹质火山碎屑岩以及石髓和燧石，有少量玛瑙和轻度变质的石灰岩等。这些石料广泛分布在东谷坨一带的古老地层中。东谷坨遗址的石制品包括石核、石片、砍斫器、刮削器、尖状器。打制石片主要用锤击法，也有砸击法。石器以石片石器为主，第二步加工以向石片背面方向修理

1 贾兰坡等：《西度侯——山西更新世早期古文化遗址》，北京：文物出版社，1978年。

2 辽宁省博物馆等：《庙后山——辽宁省本溪市旧石器文化遗址》，北京：文物出版社，1986年。

3 中国科学院古脊椎动物与古人类研究所：《湖北大冶石龙头旧石器时代遗址发掘报告》，《古脊椎动物与古人类》1974年第2期，第139—160页；李英华：《大冶石龙头遗址石器的新研究》，《江汉考古》2011年第2期，第45—53页。

4 贾兰坡等：《西度侯——山西更新世早期古文化遗址》，北京：文物出版社，1978年。

5 贾兰坡等：《匼河》，北京：科学出版社，1962年。

6 陈淳等：《河北阳原小长梁遗址1998年发掘报告》，《人类学学报》1999年第3期，第225—239页；尤玉柱、汤英俊、李毅：《泥河湾组小长梁遗址的发现及其意义》，《科学通报》1979年第8期，第365—367页。

为主。石器小且加工精细[1]。

周口店北京人的石器原料以脉石英为最多，其次是水晶和砂岩，其他材料使用较少。石英和水晶来自遗址北约2千米的花岗岩区，是由风化的山坡堆积或河边阶地的石英堆中选来的。其余的材料大都是选取河滩上的砾石。北京人打制石片使用砸击法、锤击法、碰砧法3种方法。锤击法使用石料比较广泛，砸击法生产石片的数量较多。碰砧法打制的石片，石片角较大，多数在120度以上；打击点不集中，半锥体散漫，台面宽大。碰砧石核，一般都比较粗大，其中一件重5千克以上[2]。

与北方地区的石片石器传统相对，在我国南方地区，尤其是在南方的东部，在早更新世差不多与石片工业同时出现的是砾石石器工业，其主要特点是以砾石为石料，直接将砾石加工成各类工具，很少对片状坯材进行加工，生产程序要比石片工业更为简单。石器的类型简单，主要有刮削器、尖状器和砍砸器。砍砸器在石器中所占的比例远远大于北方，从早期到晚期，数量变化不大，而不像华北地区那样砍砸器逐渐趋于消失。

百色盆地位于广西壮族自治区西部百色市、田阳县和田东县境内，盆地主体呈北西南东向展布，长约109千米，宽7—14千米。百色地区自1973年起，已有80余处旧石器地点先后被发现。百色地区发现的石制品大多是地表采集，只有一小部分是发掘品。百色地区制造石制品的原料基本上都是砾石，岩性以砂岩为主，约占采集品总数的75%以上。其次是硅质岩，还有一部分石英、灰岩、页岩、燧石和铁矿石等。从石料的岩性和器体大小来看，基本上和三级阶地及四级阶地下部的砾石层一致，说明石料主要取自这些阶地的砾石层。石制品的类型主要为石器、石核和石片。石器大部分是用厚重的砾石或石片单面打击制成的，交互打击的较少，有少量是用错向打击和用几种打法制成的。大多数石器都保留一部分砾石面。石器绝大多数是大型石器，重量在1千克至2千克的居多。

百色六怀山遗址的石器以磨圆度较高的河卵石为石器工业的原料，岩性以石英砂岩为主，其次为粉砂岩、石英岩和角砾岩。石制品类型包括石器、石核、石片和断块等。个体以大、中型为主。遗址中出土的砾石是古人类搬运来储备的原料。石器毛坯为砾石，个体以大型为主。石器组合简单，只有砍砸器和尖状器两类。由锤击法加工而成，加工简单，加工部位为砾石的一端[3]。

石龙头遗址位于湖北大冶章山。石龙头的石制品原料大部分为石英岩，部分为燧石，少数为石英和砂岩。燧石来源于附近二叠纪灰岩中所含的结核，其他原料均为砾石。一般是利用天然岩面作台面，少数为打制的台面。石龙头的石器多以砾石作原料，制作比较粗糙，器形比较粗大，类型简单，以砍砸器的数量为多，是华南地区石器主工业（砾石文化传统）的代表性遗址之一。打制方法主要用锤击法，有时也用砸击法。石器的第二步加工使用锤击法。石龙头的石器类型简单，只有砍砸器和刮削器两类，形制也不固定。砍砸器的数量多于刮削器[4]。

在长江下游南侧支流水阳江两岸海拔30—100米的岗地和冲积扇上，共有16个石器地点，被称为水阳江石器地点群，其分布范围长约70千米，宽约20千米。各石器地点之间相距远者10多千米，近者仅几百米。两岸的十几个地点沿河分布，位于当时的河漫滩阶地上，掩埋于风成的土状堆积层中。石制品出自砾石层之上，没有经历河流搬运。石制品的原料就地取自河滩和暴露的砾石层，器体大而笨重。工具以砍砸器为主，石制品加工简单。1988年，安徽省文物考古研究所对宣州陈山地点进行了发

---

1 卫奇：《东谷坨旧石器初步观察》，《人类学学报》1985年第4期，第289—300页；侯亚梅等：《泥河湾盆地东谷坨遗址再发掘》，《第四纪研究》1999年第2期，第139—147页。

2 张森水：《中国旧石器文化》，天津：天津科学技术出版社，1987年，贾兰坡：《周口店第15地点开掘简单报告》，《贾兰坡旧石器时代考古论文集》，北京：文物出版社，1984年，第107—111页；沈冠军等：《周口店新洞（第4地点）年代新考》，《龙骨坡史前文化志》第1辑（1999），第141—147页。

3 裴树文等：《百色六怀山旧石器遗址发掘简报》，《人类学学报》2007年第1期，第1—15页；徐欣等：《百色六怀山遗址周边新发现的旧石器》，《人类学学报》2012年第2期，第144—150页。

4 中国科学院古脊椎动物与古人类研究所：《湖北大冶石龙头旧石器时代遗址发掘报告》，《古脊椎动物与古人类》1974年第2期，第139—160页；李英华：《大冶石龙头遗址石器的新研究》，《江汉考古》2011年第2期，第45—53页。

掘，出土石制品78件，其材料多为砾石，其次为砾石断块。岩性大多数为石英砂岩，其次是石英岩和砂岩。打片均用锤击法。台面大多数为自然台面，少数为打击台面[1]。

然而南方地区除砾石工业传统外，也还存在着像贵州西部的观音洞文化小型石器工业类型，反映出不同于砾石石器工艺的传统。观音洞文化发现于贵州黔西沙井的观音洞，是中国西南地区的旧石器时代早期文化。观音洞遗址在1964—1973年先后进行4次发掘，共发现石制品3000多件。观音洞出土的石制品的原料以硅质灰岩为主，也有脉岩、硅质岩、燧石、玉髓、细砂岩等。石制品主要用岩块打片，大部分石片是用锤击法剥片，少数石片与碰砧法打下石片的特征相似。大部分石核不加修理，少数石核和石片上有修理痕迹。石制品中，石器多达60%以上，是旧石器时代早期石器成品率最高的。石器大多用石片加工而成，其次是碎片和石块，用砾石加工的很少。石器的大小和形状不一，以3—5厘米者为多，亦即以小型石器居多。石器一般用石锤加工，刃缘陡直而不平整，少数石器修整的痕迹呈平行的窄条状。加工角度和加工方向以及器物的外形不甚稳定。修理方向有单向加工、错向加工、交互加工、对向加工等。观音洞石器以石片石器为主，其中又以刮削器的数量最大。石片多以锤击法从未修理的石核上直接打下，少数用碰砧法[2]。



## 二、旧石器时代中期的石器制作技术

中国旧石器中期打制石器的主要技术仍然是锤击法和砸击法等传统的技术手段，南北方形成于早期的地域特色依然延续。石器工业经过长期的实践，有一些进步现象，总的趋势是向着加工更精确、功能更细化发展。

北方地区两个系统没有新的技术诞生，修理台面技术应用更加普遍一些，小石器系统石器趋向于更细小，大石器系统尖状器等工具也愈发规整、定型。

山西襄汾丁村人打击石片大多使用碰砧法和摔击法，有少量石片使用石锤直接打击法。用碰砧法和摔击法打下的石片，石片角都很大。凡打击点不集中，半锥体较大，并常有双锥体的石片，均为碰砧法产生的石片。而少量石片角较小，打击点集中，半锥体小而清楚的石片均系锤击法产生。有一些石片，其台面上有石片疤痕迹，这是在打片之前修理石核台面的结果。石器分为石核石器和石片石器两大类，以石片石器为主。石片石器有砍斫器、厚尖状器、小尖状器和刮削器等。石片砍斫器与石核砍斫器不同，绝大部分是一面打击的，其刃缘都比较薄。厚尖状器用大石片制成，又分成较厚的三棱大尖状器和较薄的鹤嘴形尖状器两种。三棱大尖状器是丁村文化中最富特色的器形，是用厚石片制成，一端厚大，一端尖锐，横断面呈三角形。其加工方法是在石器一端的两侧边缘上，向另一端由劈裂面向背面打击，使之成一个对称的锐尖[3]。

山西阳高许家窑人的石制品已发现14000余件，原料以石英、燧石和石英岩居多。石核主要有原始棱柱状和盘状两种。原始棱柱状石核多从打制的台面周围边缘上打击石片，只有少数利用自然台面。有一部分石核的台面经过修理。盘状石核是从砾石或石块的周围边缘向两面交互打击，使之成为中心部位很厚并具有弯曲边缘的圆盘状。石片一般都比较小，大型石片很少。石片的类型有利用自然台面打下的石片，垂直砸击法产生的“两极石片”，修理台面的石片等。石器的类型很多，按照各种使用功能的需要，对石器的细部进行调整，比如刮削器就有7种类型，包括直刃刮削器、凹刃刮削器、凸刃刮削器、两侧刃刮削器、龟背状刮削器、复刃刮削器和短身圆头刮削器等[4]。

周口店第15地点发现的石制品有几万件之多。石器的原料有石英、水晶、燧石、砂岩及多种火成

---

1 安徽省文物考古研究所：《安徽省宣州市陈山旧石器地点1988年发掘报告》，《人类学学报》1997年第2期，第11—21页。

2 裴文中等：《贵州黔西县观音洞试掘报告》，《古脊椎动物与古人类》1965年第3期，第270—279页。

3 贾兰坡：《山西襄汾县丁村人类化石及旧石器发掘报告》，《科学通报》1955年第1期，第46—51页。

4 贾兰坡、卫奇：《阳高许家窑旧石器时代文化遗址》，《考古学报》1976年第2期，第97—114页；贾兰坡等：《许家窑旧石器时代文化遗址1976年发掘报告》，《古脊椎动物与古人类》1979年第4期，第277—294页。

岩。这些石料，主要来自周口店河当时的河床，也向花岗岩区取材。打击石片使用锤击法、砸击法和碰砧法。锤击法是最基本的方法，砸击法和碰砧法偶尔有使用。石片的台面较小，打制台面多，自然台面少，少数石片有清楚的修理痕迹。打片后留下来的石核比较小，常见的长度为4—6厘米，石核有单台面和多台面两种。有一些石核上的打击点比较散漫，有可能是使用软锤[1]进行打片。遗址出土的石英碎块很多，但只发现少量的两端有砸击痕迹的砸击石片，用碰砧法生产的石片很少，仅有几件标本[2]。

凌源鸽子洞遗址石器的组合包括刮削器、尖状器、雕刻器和砍砸器，以小型器为主。其中以刮削器的数量占绝大多数，其余类别数量均有限。数量众多的刮削器多经过比较细致的加工修理[3]。

南方地区的东西方也沿着各自的轨迹在发展。

澧水流域的旧石器均以河床砾石为原料，器形普遍硕大浑厚，最大径通常在28厘米以上。岩性主要为红色石英岩和石英砂岩，次为燧石、硅质岩。石器组合有砍斫器、大尖状器、三棱大尖状器、刮削器、石球、石锤、石砧等。打片和修理石器均用锤击法，未见碰砧法和砸击法的石片和石器。第二步加工的石器很少，大部分石器是用砾石直接加工而成。石片大多数有锋利的边缘，可以作为工具直接使用。石片以自然台面为主，少数为人工打击的台面。砍砸器分为石片砍砸器和砾石砸斫器两大类。砾石砍斫器是用整块砾石打制而成。尖状器是澧水流域最具特征的器形，尤其是大三棱尖状器特征性更强。这种器形不但数量多，而且形式多样。其制作程序是，先在一端的侧面打出一个平坦面，然后以平坦面为台面，从两侧向背面打击加工成尖状，背面两侧的石片疤相交成一个高棱与其他两棱汇聚于尖端。这种尖状器保留较长的砾石面作为柄部。与北方地区丁村的尖状器制作方法不同，后者是用厚石片制作而成，而这种尖状器是用厚大的长条形砾石制作的。小型的刮削器和小尖状器的数量都较少[4]。

在南方地区出现了一种被称为“锐棱砸击法”的技术，锐棱砸击法最早使用的可能是贵州水城人。在水城硝灰洞中，发现56件石制品，其中有石锤2件、石片33件、刮削器5件，另有16件难以分类。在这些器物中，有砸击石锤和锐棱砸击石锤各1件、锤击石片5件、锐棱砸击石片28件。这种方法是观音洞文化锤击法的发展与革新，并成为贵州旧石器文化的主旋律。其与砸击法的原理相同，这种方法大概是这样的：将石砧置于地面上，左手握住放在石砧上的石料，右手执石锤的侧缘，连续猛击石料，这样打成的石片叫“锐棱砸击石片”，剩余的石核则叫“锐棱砸击石核”，以它们加工成的石器就是“锐棱砸击石器”了。这种产品的特点是：没有台面，石片角小于90度，有粗大的打击点，裂纹的放射线清晰，基本没有半锥体。

与旧石器时代早期文化相比，中国旧石器时代中期文化无论在技术还是在石器类型方面的变化或进步并不是很大，基本上还是早期的一些类型和一套加工技术。即使类型稍有变化，技术稍有进步，其节奏也是极其缓慢的。

## 三、旧石器时代晚期的石器与骨器制作技术

### （一）石器制作工艺

晚期石器工业出现了多元化发展的局面，同时存在着几种不同的工业。自旧石器时代早期起即已

---

1 软锤即指骨、角或木等质地的锤。

2 张森水：《中国旧石器文化》，天津：天津科学技术出版社，1987年，第161—170页；贾兰坡：《周口店第15地点开掘简单报告》，《贾兰坡旧石器时代考古论文集》，北京：文物出版社，1984年，第107—111页；沈冠军等：《周口店新洞（第4地点）年代新考》，《龙骨坡史前文化志》第1辑（1999），第141—147页。

3 鸽子洞发掘队：《辽宁鸽子洞旧石器遗址发掘报告》，《古脊椎动物与古人类》1975年第2期，第122—136页。

4 高中晓：《澧水流域旧石器文化的考古发现与研究》，《许昌师专学报》1998年第1期，第18—19页。

存在的传统的制石工艺，即以锤击法、砸击法和碰砧法等直接打制石片石器或砾石石器的技术，始终存在着，并沿着自身的轨迹发展演变着。

北方小石器系统器型有进一步小型化趋势，制作进一步精细化。

位于呼和浩特市大青山支脉南山的北坡上的大窑遗址，1973年调查发现了一处旧石器时代石器制造场。这里有大量的太古界燧石露头，质地坚韧，是制造石器工具的好原料。在很长的历史时期，人类不断在这里开采石料，制造石器，在200万平方米的范围内，人工打制的石片、石器、石屑、石块，俯拾即是。经过1976年的发掘，共获得石片1200余件、石器394件。其中，石片上的特征表明当时的打片技术是成熟的。石片角一般都不大，多在110度以内，超过120度的很少见。打击点集中，半锥体明显，应该是用石锤直接打击而成。石片多以中、小型居多，有的长大于宽，有的宽大于长，以前者居多[1]。

东北地区的仙人洞、古龙山和前阳等遗址的石器工艺都属于小石器系统，是本地区旧石器中期小型化的延续。小孤山石器工业有石核、石片、工具、碎屑和备料5个部分组成，石料几乎全部采用脉石英和岩块，上有极少量闪长岩和石英岩，还发现有个别是采用了玉石（可能是蛇纹岩）制作的。其中小孤山石质工具类型丰富多样，其重型工具包括砍砸器、手斧、手镐和球状器等，占全部石器的29%，而占绝大多数的是轻型。相对个体较小的工具，包括钻具、刮削器、盘状器、雕刻器和尖状器等，尤其传统的刮削器。工具的比重占到全部石器的71%之多。不同功能的器类分工也更加细微化，如可用于刮削的器物。按形制具体可分出鸟喙状刮削器、边刃刮削器、锯齿刃刮削器、凹缺刃刮削器等多种形态。虽整体造型尚多种多样，但刃部的修理技术已能够使边刃趋于定型化。西八间房、沈家台等遗址的石器原料以燧石、玛瑙、水晶等优质材料为主。有的先修理台面[2]。

峙峪遗址为代表的遗存是北方小石片石器系统中重要的环节。峙峪遗址位于山西省朔县城西北峙峪村附近，在桑干河上游黑驼山东麓的峙峪河第二级阶地上，北、西、南三面环山，东临平原。其以小石器为主要特征，地质时代属晚更新世，据碳十四测定绝对年代为距今28000年左右。石器主要是小型的，大型石器很少。制作石器的原料有脉石英、石英岩、硅质灰岩等。其材料多为砾石。生产石片主要采用锤击法和砸击法。在小长石片中有些石片断面呈梯形或三角形，这种石片在细石器遗址中常可见到，可能是用间接打击法制作的。石片分一般石片和小长石片两类。一般石片中有修理台面的痕迹。石核主要有两极石核和多面石核。两极石核的两端都有剥落碎屑的痕迹，周围各面都有剥落小石片的疤痕，这种石核是打制两极石片的产物。用脉石英打制石片常用砸击法，因为脉石英坚硬、性脆、断口粗糙，用这种方法可剥落长石片。多面石核，首先打出一个平面作为台面，然后沿着台面多次剥落石片，有时用石片的剥落面作为台面，再次打制石片。石器的类型主要有小型砍砸器、尖状器、刮削器、雕刻器、扇形石核石器、斧形小石刀和石镞等。刮削器是主要的类型，数量和种类都比较多，常见者长度为2—3厘米；有单刃、双刃、复刃和端刃等4种。尖状器的形体都很小，大多数的长度都在30毫米以下，多用小而薄的石片制成，以劈裂面向背面加工为主要修理方式，加工都比较精致，器形规整，常呈三角形。发现1件扇形石核，系用扇形石核制成的一件石核刮削器。这种石核的特征是，台面为人工打制，用间接打击法从一端剥片。这种石核是东亚、北亚及北美的细石器传统中的典型器物之一。该遗址发现的1件石镞，是迄今发现的时代最早的石镞[3]。

南方地区的小石器系统以富林遗址为代表，该遗址位于四川省汉源县富林镇。富林遗址是当时人们制造石器的场所，1972年进行正式发掘，发现5000多件石制品，石器原料大多是燧石，来自距遗址2千米处，只有少量石料如石英岩等采自遗址附近的河滩。打制石片主要用锤击法，辅以砸击法。用锤击法产生的石片短、宽而且薄，石片的台面比较小，其中打击台面占一半，自然台面占25%，修理

1 汪宇平：《呼和浩特市大窑村南山四道沟东区旧石器时代石器制造场1983年发掘报告》，《史前研究》1987年第2期，第53—61页。

2 傅仁义：《鞍山海城仙人洞旧石器时代遗址试掘》，《人类学学报》1983年第1期，第103—104页。

3 贾兰坡等：《山西峙峪旧石器时代遗址发掘报告》，《考古学报》1972年第1期，第39—58页。

台面占9%，其余属其他类型的台面。砸击石片有一端有砸痕的石片、两端有砸痕石片，形体非常小，长度很少超过3厘米。石器多用小石块和小石核制作而成，第二步加工以向背面修理为主，也有向破裂面、错向和复向加工的，不用交互打击法进行修理。刮削器在各类石器中所占比例最大，石器非常小，是迄今所知中国南方旧石器文化中器形最小者[1]。

砾石石器系统石器的功能性也有所加强，同类器的形制更加多样化以适应各种不同用途的需要。

贵州兴义县猫猫洞遗址石器原料大多为变质粉砂岩、砂岩、泥页岩，燧石数量很少。打击石片主要采用锐棱砸击法，锤击法次之。锐棱砸击法产生的石片，打击点均粗大，多数只见于破裂面，少数两面可见。打击点两侧有清晰的放射线，但很少见半锥体，部分石片有弧形凹。石片宽大于长者占多数，工具有刮削器、尖状器和砍砸器等。其中打击砾石有一端打击和两端打击之区别。前者先将砾石截断，再在截断面上打击，其上布满小的鳞片状石片疤；后者是先将砾石的两端截去一部分，再进行打击。刮削器是石器的主体，多数用石片制成，器形都比较大，大多数标本的长度在6厘米以上，修理精致，器形规整，刃缘匀称，器形分单刃、双刃、复刃和端刃等4类[2]。

台湾长滨文化的石器以硅质砂岩、橄榄岩、石英岩、石英和玉髓等砾石为原料。以石片石器为主，石核石器较少。打击石片采用锐棱砸击法和锤击法，以前者为主。见有锐棱砸击法技术产生的石片，这种石片一般不见台面，无半锥体，有粗大的打击点和清晰的放射线。石器的类型有刮削器、尖状器和砍斫器。刮削器和尖状器大多用较小的石英石片制成。砍斫器是将砾石从一面或两面加工而成的，加工比较粗糙。长滨文化石器中最常见的锐棱砸击法制成的石核和石片是华南贵州兴义县猫猫洞文化最有代表性的器物，在福建三明万寿岩灵峰洞和船帆洞等遗址也有出土，说明台湾旧石器时代文化与祖国大陆南方地区属于一个体系[3]。

云南地区发现的旧石器时代晚期遗址有昆明呈贡龙潭山洞[4]、峨山塔甸老龙洞[5]及龙川江右岸的四家村，下棋柳、新村[6]等。其石器的制作比较多的选择硬度较大的石料，选用砾石原料，用火使岩石裂开，取其结核；打制石片以锤击法为主，兼用砸击法、锐棱砸击法、碰砧法，第二步加工主要是向背面，也有向破裂面、错向和复向加工的。石核和石片均较大，大多宽而短，宽大于长的石片占有一定的比例。石器以大中型者居多。石器的类型有刮削器、尖状器和砍斫器等。刮削器有单刃和复刃之分。砍斫器均以扁平砾石或砾石断块以锤击法打制而成有单刃和复刃两类。

这一时期新出现的石器工业技术主要有两种，且均只见于北方地区。

一种是石叶工业，以宁夏灵武水洞沟遗址的发现为代表。在这一遗址出土的石制品中，石片及用石片加工成的石器占了约80%，而石叶及用石叶加工成的石器则数量很少。有预制定型的石核，呈长方形、半锥形和柱形等；有典型的石叶，最长者可达20多厘米，有形制较规整的三角形石片。石片石器的类型有刮削器、端刮器、尖状器和凹缺器等。石叶是这一工业具有特色的标本[7]。无论水洞沟工业的来源究竟如何，有一点是肯定的，即在中国旧石器时代晚期文化中第一次出现了以石叶为突出特

1 杨玲：《四川汉源县富林镇旧石器时代文化遗址》，《古脊椎动物与古人类》1961年第4期，第353—359页。

2 曹泽田：《猫猫洞旧石器之研究》，《古脊椎动物与古人类》1982年第2期，第155—164页。

3 宋文薰：《长滨文化——台湾首次发现的先陶文化》（简报），《中国民族学通讯》1969年第9期，第1—27页。

4 邱中郎、张银运、胡绍锦：《昆明呈贡龙潭山第2地点的人化石和旧石器》，《人类学学报》1985年第3期，第233—241页。

5 张兴永：《云南峨山县老龙洞发现旧石器》，《人类学学报》1994年第2期，第180页。

6 文本亨：《云南元谋盆地发现的旧石器》，中国科学院古脊椎动物与古人类研究所编《古人类论文集——纪念恩格斯〈劳动在从猿到人转变过程中的作用〉写作一百周年报告会论文汇编》，北京：科学出版社，1978年，第126—135页。

7 石叶和细石叶是长度至少等于它们的宽度两倍以上，两边平行或近平行的特殊石片。宽度在12毫米，长度在50毫米以上者为石叶，反之则应属细石叶。石叶和细石叶的区别不仅表现为大小尺寸的问题，而且表现在二者产生过程中的不同技法。无论是石叶还是细石叶技法，都是从经过预先设计的石核上剥取众多石叶或细石叶的剥片方法。它们可以通过硬锤或软锤直接打击产生，也可以使用间接打击或压制等技术来剥取，石叶即为前者，细石叶即为后者。

征的工业，但是很不发达（图1-12）[1]。

另一种石器制作技术是细石器工业，即间接打击法制作石器。采用间接打击方法制作石器，石锤不直接接触石核，而是通过带尖的木棒或骨棒等中介物来打击石片。这种石片形制规整，是用来制作细石器的主要坯料。细石器是旧石器时代晚期出现的一种新的石器加工工艺，一般是指采用间接打击法制成的小型细石核、细石叶和用之进一步加工而成的石器。主要集中分布在晋南、冀西北、冀东北及鲁西南和苏北地区。可以下川、虎头梁等地点的石器工业为代表，主要特征是有锥状和楔状细石核和细石叶，共生的石器则往往是用石片或石叶加工成的，很少是用细石叶加工成的。

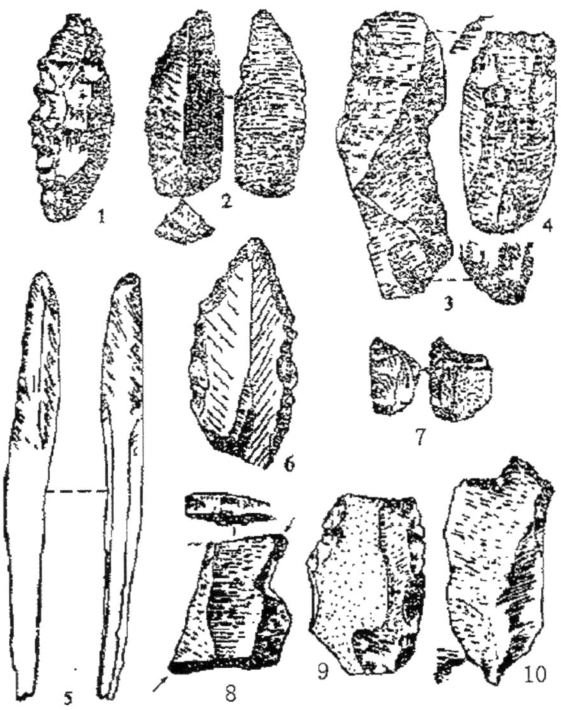

图 1-12 水洞沟石器
1、2、6. 正尖尖状器 3. 圆端刃刮削器 4. 平端刃刮削器 5. 骨锥 7. 角尖尖状器 8. 角雕刻器 9. 双刃刮削器 10. 单凹刃刮削器

下川遗址位于山西沁水县城西70千米的下川乡，是一处旧石器时代晚期文化遗址。下川打制石器分为两大类：一类为粗大石器，以沙岩、石英岩、脉石英为原料，占石器品种总数4.7%；一类为细石器，主要以燧石为原料，是下川文化的主体。细小石器以燧石为原料，器物类型达40余种之多，有锥状、柱状、楔状和漏斗状等各种类型的典型细石核，还有细石叶和各种刮削器、尖状器、雕刻器，以及琢背小刀、箭镞、锯、锥钻等。细小石器中有许多器物加工细致，特征鲜明，制作技术相当进步。琢背小刀是下川文化的典型器物，将石片的一边轻敲细琢加工，使其变钝变厚，成为刀背，另一边则保持石片固有的锋利边缘，作为刀刃。锯是在石片的一侧或两侧做出几个齿，有的还带短把。雕刻器制作精细，尖刃明显，器型固定，为其他旧石器时代晚期遗址出土者所不及。三棱小尖状器和扁底三棱尖状器是制作最精细的微型尖状器，制作最为精致。三棱小尖状器由厚小石片的两边向背面加工，打制成隆起一脊两面对称的三棱锐尖。扁底三棱尖状器采用较大的厚石片，向背面修整成三棱通体三棱锐尖，底端两面或一面修理成扁薄形便于安柄，制成狩猎的矛头。石核式刮削器在下川遗址大量发现，这也是下川文化细石器的一大特征。刮削器可分为圆头、凹刃、圆刃、直刃等几种。圆头刮削器是下川文化细石器中的一个大类，数量最多。圆头刮削器的共同特征是，将石片的远端或一边由劈裂面向背面修理成一个圆头的刃口；按其形状又可分为长身圆头、短身圆头、两端圆头3种类型。短身圆头刮削器是刮削器中数量最多的一种，它又分为指甲盖状和圆盘状两种。圆头刮削器的加工均用压制法，故圆头刃口都修理得很规整。圆刃刮削器与圆头刮削器的区别是，圆头刮削器的刃口在顶端，而圆刃刮削器的刃口在石片的侧缘。凹刃刮削器又称辐刀，多用不规则的厚石片制成。石核式石器在下川细石器中也是一个大类，这类石器并非石核，亦非石核改制，而是用厚石片和具有自然平面的薄板燧石制成，因刃部的加工痕

1 贾兰坡等：《水洞沟旧石器时代遗址新资料》，《古脊椎动物与古人类》1964年第1期，第75—86页；汪宇平：《水洞沟村的旧石器文化遗址》，《考古》1962年第11期，第588—589页；宁夏博物馆、宁夏地质局区域地质调查队：《1980年水洞沟遗址发掘报告》，《考古学报》1987年第4期，第439—449页；中国科学院古脊椎动物与古人类研究所、宁夏文物考古研究所：《宁夏水洞沟遗址第2地点发掘报告》，《人类学学报》2012年第4期，第317—333页；王惠民等：《水洞沟遗址第3、4、5地点发掘简报》，《人类学学报》2007年第3期，第206—221页。

迹类似细石核剥片条痕，故称石核式石器。这类石器按其形制又可分为石核式斜刃、平刃、圆刃、两端圆刃、刃尖两用器等。石镞和石锯在下川文化中发现的数量都很少。石镞系用压制法制出锐尖和两边，分圆底和尖底两种。下川遗址发现的石镞与其他旧石器时代晚期遗址相比，不但数量多，而且制作技术进步。下川的石镞，形状不固定，加工也粗糙，但在加工方式、形制和大小上已具备石镞的特点，即尖端犀利、两边出刃和底端较薄。石锯是在一侧或两侧修制出几个齿，有的还带短柄。该遗址出土的粗大石器包括尖状器、刮削器、砍砸器、石锤、研磨盘等。其中刮削器有锛刃状、椭圆形和直刃多种。雕刻器有斜边雕刻器、屋脊形雕刻器、鸟喙状雕刻器。其中斜边雕刻器两边都经过细致的修理，尖刃明显，器形相当固定[1]。

冀西北地区以虎头梁为代表。虎头梁遗址位于河北阳原县，发现于虎头梁周围方圆10千米的区域内，属旧石器时代晚期的较晚阶段。虎头梁的石器以小石器为主，多以石英岩为原料制成，亦有用燧石及流纹岩制成者。石器类型较多，楔状石核及尖状器为虎头梁石器中具代表性的器物，在个别尖状器的一面可见磨过的痕迹。此外，尚有刮削器、雕刻器及穿孔贝壳、鸵鸟蛋皮扁珠、鸟骨扁珠、钻孔石珠等装饰品。虎头梁石器加工技术先进，直接打击与间接打击或压制法并用，加工细致，类型多而稳定[2]。

在旧石器时代晚期或它的较晚阶段，在中国出现的细石器技术，与本地传统的石片或砾石工艺不同，两者显示了重大的差异。中国最早的旧石器制作工艺与旧大陆旧石器文化有一定联系，但很快就成为自成体系、连续而独立地发展的一支，到旧石器时代晚期的时候可能与外界有局部的文化交流，但并未打破其整个发展的逻辑过程，中国旧石器制作技术始终保持着个性与特点。在西方，除了以细石核生产细石叶，并加工成各种细石器外，还以Microburin技术生产用以制作细石器的毛坯，并制成几何形细石器，如三角形器、梯形器和新月形器等。与此成鲜明对照的是，中国旧石器晚期文化中没有Microburin技术，没有几何形细石器，而是以各种细石核打制细石叶，但是石器往往是用石片或石叶加工成的，很少是用细石叶加工的，细石叶似乎主要是用来充作复合工具中的刀片。这显示了中西方文化传统的深刻差异[3]。

### （二）骨器制作工艺

以动物的骨骼或角作为原料制作工具的历史，可以追溯到旧石器时代的早中期，在北京人、庙后山人、许家窑等一些遗址中发现过一些遗留有人工打击痕迹的动物骨骼，但一般加工痕迹粗糙，器型都相当不稳定。骨器制作技术的提高，来自于人们对复杂化工具的需求，石料的性能与其需要不相符合，而骨头具有一定硬度的同时，韧性较好。旧石器时代晚期骨器虽然从数量上来说仍然较石器处于劣势，但往往工艺先进，一些新出现的技术被应用于此，比如磨制、钻孔，使骨器较石器显得精致、复杂，并一跃而为旧石器时代晚期先进生产力的代表。

旧石器时代晚期的骨器以海城小孤山遗址为代表。小孤山遗址发现了一批精致的骨、角质生产工具。它们包括1件鱼镖、1件标枪头和3枚骨针。从纵剖面看，镖头和镖柄均是从上下两面削薄、磨光成斜面并与末端汇聚的结构。鱼镖现残长18.01厘米，镖头宽1.06厘米、厚0.59厘米，镖身最宽处1.62厘米、厚1.15厘米，镖柄最宽处1.82、厚1.05厘米，两侧倒钩展幅2.42厘米。整个器身布满横向的切削痕迹以及纵向的刮削条痕。小孤山洞穴遗址临海城河，遗址内曾发现鱼、蚌壳和鳖等动物化石，说明当时这一带水域广阔，鱼类繁多且大。其鱼镖头两侧倒钩展幅较宽，且倒钩粗壮，是有效的复合工具，适宜叉捕圈套鱼类。经模拟实验，可知其可以叉捕包括体长达65厘米的大型鱼类。鱼镖的发明，是旧石器时代晚期生产力发展的一个突破性标志。已知这种捕鱼工具在世界各地旧石器时代晚期遗

1 王建、王向前、陈哲英：《下川文化——山西下川遗址调查报告》，《考古学报》1973年第3期，第259—288页。

2 盖培、卫奇：《虎头梁旧石器时代遗址的发现》，《古脊椎动物与古人类》1977年第4期，第287—300页。

3 林圣龙：《中西方旧石器文化中的技术模式的比较》，《人类学学报》，1996年第1期，第1—20页。

址中多有发现。但在中国以往只见于新石器时代遗址中，在旧石器时代遗址里小孤山鱼镖属首次发现，且在这里鱼镖不仅有双排倒钩，而且有“阑”和正钩。其复杂形制为其他已知旧石器时代发现的鱼镖所不及。所以，这件鱼镖不仅是小孤山文化进步性的标志，也是旧石器晚期文化进步的生产力水平的重要标志[1]。与鱼镖同出的还有骨标枪头，为兽类肢骨做成，整个器身都经过磨光，大体上呈扁锥体，背面稍凸，腹面较平，背面布满纵向的刮削条痕。

骨针是小孤山遗址中一种重要的骨器，它们均用动物的肢骨作原料，经过刮、磨、钻等多道工序加工而成，即主要采用刮制的方法加工器身，然后用尖状石器对钻出针眼，再用磨制的方法磨出锐利的针尖，骨针的尾部也以两面细磨，使尾部呈扁平状，这样可以在缝纫时针眼扩大，有助于线随针过，不致因线粗而使线卡在针眼处不能通过，也降低了断线和骨针折断的可能性，这种制作工艺与今人之钢针尾部的扁槽起到同样的作用。小孤山遗址发现的这几枚骨针，是中国境内发现标本中最古老的。在旧石器时代晚期遗址里，只有北京的山顶洞遗址发现过骨针，且是用刮挖的方法加工针眼的，其制作针眼的效率和效果显然都不如钻孔，而且山顶洞遗址的年代比小孤山为晚，这进一步证明了小孤山遗址骨器制作的进步性[2]。



东北地区旧石器时代中晚期，虽然石器上与华北地区“周口店—峙峪系”的演进趋势具有密切关系或同步性，未能显示出其自身的突出特点，但表现在为数不多的骨质品上的磨制、钻孔等技术优势，从一个方面已经能够充分说明这一地区古人类文化水平的先进性。

磨制工艺在骨器上的应用，并不局限于小孤山一处，在营口金牛山C地点发现的两件旧石器时代晚期骨器，也同样采用了上述技术。发现于金牛山C地点第1层的骨器以鹿的尾椎骨作原料，将尾椎劈开并磨平，采用对挖方法在椎体中部加工出孔。发现于第2层的骨器，是一件用动物长骨骨片作毛坯制作的骨锥，其采用了打刮和磨等方法将器物加工成扁尖形。福建三明船帆洞出土的角铲也运用了磨制技术[3]。

## 第四节　居址与建筑技术的萌芽

人类自诞生以来，就已经有意识地对自己的居住场所进行一定的选择了。人们多选择靠近河流且偏南向的低山洞穴来安家，这样既可以遮风避雨，也方便到丛林、湖滨攫取猎物，又解决了日常生活中饮水的问题。洞穴既是他们的居室，他们在那里取暖、休息、安寝，也是他们烹食食物的场所，他们在那里分割、炊煮、分享各种猎物。洞穴是旧石器时代人类自始至终最重要的栖身场所。这类遗址一般分布在石灰岩地区。然而，洞穴遗址有它的局限性，往往受到地质条件的制约，只有在那些岩溶条件特别发达的地区，才能形成天然洞穴或岩厦，这样就限制了古人类的活动范围。随着生产力的发展，人类改造自然能力有所提高，在一些缺乏形成天然洞穴条件的旷野地区，原始人逐渐学会了搭建半地穴式的房屋作为住所。于是，到旧石器时代晚期，出现了旷野型的居住遗址，根据建筑方式不同可以分为动物骨骼构建和石构建筑。

### 一、洞穴遗址

#### （一）旧石器时代早期的洞穴遗址

作为旧石器时代早期居民唯一的居住形式——洞穴，在中国的南方、北方乃至东北地区均有

1　傅仁义：《鞍山海城仙人洞旧石器时代遗址试掘》，《人类学学报》1983年第1期，第103—104页。
2　傅仁义：《鞍山海城仙人洞旧石器时代遗址试掘》，《人类学学报》1983年第1期，第103—104页。
3　陈子文等：《福建三明船帆洞旧石器遗址》，《人类学学报》2001年第4期，第256—270页。

发现。

华北地区的北京人洞穴，位于北京房山周口店龙骨山。其背靠峰峦起伏的太行山脉，面临着广阔的华北平原，山前一条小河潺潺流过。这里自然资源丰富，气候温暖宜人，是50万年前北京人、10万—20万年前新洞人、1万—3万年前山顶洞人生活的地方。这处洞穴东西长140米，中部宽达20米，由中部向西部渐渐变窄。已发掘堆积深度达50米，未见底，但已不见遗物。洞穴形成之初为一个封闭的巨大漏斗形深洞，由于周口河的侧蚀作用，在东面形成洞口，但当时洞底陡峭不平，人与动物都无法活动，待有流水带来砂砾泥土形成第14层以下的底砾层将洞底填平后，人类与动物才得以进入洞穴内。含文化遗物的堆积为30—40米，分13层。13—8层为第一阶段；7—6层为第二阶段，6层上部见大块因洞顶坍塌堆积的石块，人类离开洞穴；5—1层为第三阶段，坍塌结束，洞内环境重新趋于稳定。北京人洞穴中发现了用火的遗迹及大量的石器，展现了几十万年前古人在这里生火、食用熟食等生活场景。

南海峪遗址位于山西运城垣曲县毛家湾镇毛家村店头自然村西南约200米的担山石河南岸，这里是一个由石灰岩生成的洞穴。洞口高出山涧地面约6米，约与担山石河第一阶地等高。担山石河紧靠在山洞的北面，有河水由西往东，终年川流不息。这个山洞是由北向南扩展成的，其中的大部分洞壁，因受自然力和人工的作用破坏了，现在所保留的只有靠北面的一个。在山洞中，填充着厚度不均的堆积物，在黄褐色土层中出土有人工打制的石片、烧骨及动物化石[1]。

花石浪龙牙洞遗址位于南洛河北岸、洛南县城北3千米的成关镇尖角大队东河村北山坡上。洞口高出现代河面40米，洞口坐北朝南，洞穴位于南洛河及其支流石门河二级阶地上。洞穴以北为低山区，南面石门河从阶地下自西北往东南汇入南洛河，地理环境优越。龙牙洞为石灰岩裂隙型溶洞，洞穴面积较小，洞口在发掘前高3.4米，进深8.5米，洞宽2—3米，面积约20平方米。洞内堆积可分为5大层，自上而下第1层为扰土层，厚约1.4米，其中包括大量扰乱的石制品和动物化石。第2层为棕红色粉砂质土夹杂灰岩角砾层，厚1.6米左右，又可分为4层盖板，其间夹杂早期人类活动踩踏面和灰烬层，踩踏面呈水平层理，层理厚0.1—0.3厘米，土色灰黑；生活面上石制品分布密集，层层叠压，排列有序，大的石核、石料、灰岩角砾散落于四周；在西北角落还可见散落的大块经火烧烤的灰岩角砾堆在一起，部分岩壁经火烤，推测为人们保存火种的地方。第3层为浅黄色砂质土夹灰岩角砾，厚0.45米，亦含有大量石制品及动物化石。第4层为灰色砂砾层，厚约0.2米，含少量石制品及化石。第5层为早期风化灰岩角砾层，上部少量右制品及化石，直接附着于洞底基岩之上。洞外地积可分为6大层，其中第4层可与洞内第2层对比，只是无洞内第5层堆积物。第4层上部发现不少动物化石，石制品也是此层最丰富。第5层为浅黄色细砂土层，石制品和化石较少。第6层上部石制品较多[2]。

东北地区的本溪庙后山人洞穴遗址是东北地区分布的最北的一处旧石器时代早期洞穴居址。庙后山人穴居的洞穴地处东辽河流域太子河支流汤河附近的庙后山南坡，属石灰岩洞穴。这里是辽东山地长白山南延的千山山脉东北端西侧的丘陵山地，地势东高西低，海拔一般为400—700米。庙后山海拔450米，山前汤河台地海拔250米，由南向北流的汤河向北与主流太子河相汇。庙后山人的洞口朝南，山下便是滚滚流淌的溪流（图1-13）。遗址分为3段8层，下部1—3层无遗物发现；中部4—6层发现人类化石，包括牙齿2颗、股骨1段，分别代表老年、中年、幼年3个个体；上部7—8层为晚更新世，出土石制品76件，原料多为黑色石英砂岩。有的器物与周口店第15地点相似[3]。

金牛山洞穴遗址发现于辽宁省辽南地区，居于千山山脉向辽河平原南端的余支。金牛山是前震旦纪的白云石大理岩和石灰岩结构的一座孤立小山，海拔不足70米。洞穴在山的东南部，遗址共有3个地点，其中A点的堆积分上、下两部分。在A点洞穴第6层时，发现了一批人类化石、石器和用火遗迹。白天直立人带着他们制作的简单工具，在他们生活的洞穴附近林缘和丘陵地带，追逐猎取动物、采摘果实。湖滨草地上生活的犀牛、在丘陵灌丛中或林绿草地上和生长高大草本植物为主的山上栖

1 王择义、邱中郎、毕初珍：《山西垣曲南海峪旧石器地点发掘报告》，《古脊椎动物与古人类》1959年第2期，第88—89页。
2 陕西省考古研究院，洛南县博物馆：《花石浪（Ⅱ）——洛南花石浪龙牙洞遗址发掘报告》，北京：科学出版社，2008年。
3 辽宁省博物馆、本溪市博物馆：《庙后山——辽宁本溪市旧石器时代遗址》，北京：文物出版社，1986年。

图 1-13 本溪庙后山洞穴遗址

息的性情相对温顺的鹿类及獐、狍等，都是远古人类猎取的对象。除猎取牛、鹿等较大型动物外，他们也捕捉狐、獾、兔等小型动物及鸟类。从林中可食的植物根茎叶及其果实更是便于获得，直立人绝对不会放过它们。途中一旦遇到猛兽食剩下的猎物残块，他们也会一并带回住地食用。或掠回食肉动物吃剩的肉，并运到洞中剥皮，分割以后放在火堆上加工烧烤进食。为了缓解洞穴内的阴暗潮湿，也为了热食，直立人在洞内点燃了火堆[1]。



西南地区湖北大冶石龙头遗址位于一个高出湖面约50米的小山嘴，由二叠纪中厚层灰岩、泥灰岩、硅质层等构成。遗址洞穴发育在石龙头南坡的厚层石灰岩中。洞穴南北长约11米，宽4米到1米以下，南宽北窄。洞底向南倾斜，倾角近30度。洞顶及上部洞壁在清理时已无存留，原洞口可能是向南的。洞穴最低处底壁高出大冶湖枯水期湖面约10平方米。

贵州黔西县观音洞是一个较大的溶洞，洞口标高约为1450米，高出洼地底部约15米。溶洞形成在三叠纪厚层石灰岩中，洞穴的发育方向受岩层中东西、南北两组节理所控制。东西方向裂隙发达，形成洞穴主体，南北方向则发育为支洞，口向西，洞穴主体向东延长约85米，宽一般在2—4米，高2—8米（堆积物充填后）。洞的横断面一般是上小下大。从洞口向里约35米处，有一个向南的支洞，长约15米，末端又连接一个东西方向的小洞。夏秋季时，此小洞洞底有积水。另一个支洞在洞口向里46米处，向北延长约32米，宽1—2米，高度在充满堆积物时仅0.5米左右，只能匍匐而入。此支洞北端有一很小的出口，全洞各支洞都或多或少地发现有化石及石器。洞内堆积物横向变化很大，总的情况是从洞口向内，堆积物粒径由大变小，堆积物的表面高度逐渐降低，这清楚地表明了堆积物主要来源于洞外。当然，也有自洞顶裂隙漏入的砂土以及洞壁洞顶掉下的灰岩碎块和风化后的残余物质。洞穴堆积的后期也有少量堆积物由北支洞口进入，使此处堆积物表面较为高突。当时的人类可能在洞口附近狩猎动物，并将猎物屠宰肢解，因而有动物遗骸和石制品留在洞口附近或洞内。有一些标本可以拼合，说明他们就是在附近加工的。洞穴附近发现的石器组合种类齐全，说明人类在居址附近从事一定的活动。由于石核、石片等石器的初级产品比例很低，因而大部分石器应是在另外的地方加工以后再带到这里的，这里的主要功能应不是石器加工区而是生活区域[2]。

## （二）旧石器时代中期的洞穴遗址

进入旧石器时代中期以后，人类在洞穴的选择上，依旧一般考虑洞口偏南、偏东，以避风寒，距离河流较近便于取水，以及需有便于渔猎采集的自然条件等。在某些适宜的地方，人们开始对洞穴内部也有了一些有意识的空间要求及内部安排。一般洞室宽敞高大，空间上能够形成一定的功能区分的洞穴，是他们首选的对象。

1 金牛山联合发掘队：《辽宁营口金牛山发现的第四季哺乳动物群及其意义》，《古脊椎动物与古人类》1976年第2期，第120—122页。

2 裴文中等：《贵州黔西县观音洞试掘报告》，《古脊椎动物与古人类》1965年第3期，第270—275页；李炎贤：《观音洞——贵州黔西旧石器时代初期文化遗址》，北京：文物出版社，1986年。

东北地区的喀左鸽子洞人，居住的洞穴滨临大凌河，有足够的水源，洞外对岸有开阔的扇形台地，附近丘陵起伏。这里是昔日野兽出没之森林草地，是远古人类进行狩猎等生产活动的理想场所。鸽子洞宽敞而高大，包括有若干个附生小洞的岩厦，可分为主洞、上洞、中洞、下洞以及被称为勺子洞的5个部分。巨大的主洞高约20多米，而洞口与洞高几近相等，但是洞的进深不足10米，故谓之岩厦。在主洞陡直的后壁右上部进深数米处有一小洞室是为上洞，高约3—4米，宽约7—8米。在主洞左壁的中部向外延伸穿成一个较宽的洞室，即为中洞。中洞口下面又复穿一穴如室，无顶露天，且向前伸长近10米，如甬道，并开有狭小的洞口可出入，里面是约30平方米的内室，全形如勺，故在当地被称为勺子洞。上述诸洞除下洞不能居住外均可容纳几十甚至上百人居住。下洞居于主洞开口处的地面下边，是由于水沿岩隙下渗溶蚀而生成的口小底大、形如口袋的小洞[1]。相对岩厦及所居洞室为古人类群居栖息活动场所，勺子洞作为洞穴的中心场所，具有通风好的特点，被人们选来作为炊事的主要场所。动物骨、烧骨、烧石，及用于肢解、割剥、刮削乃至敲骨吸髓的工具，都被发现在灰烬或燃火面的周缘，这清楚地为我们勾勒了一幅80万年前人类在洞内生火饮食的生活画面。鸽子洞遗址中哺乳动物化石的种属反映出当时地理环境中有较大的森林和较茂密的草地。岩羊、披毛犀等动物的存在，也许反映出远古人类在鸽子洞居住时期气候比较寒冷。鸽子洞洞内没有很多未加工的石料和加工石器过程中产生的碎屑，使用石片较多，石器比率较高等事实，说明此洞主要是用作住所，而不是专用的工场。与鸽子洞人相比较，北京人的洞穴空间显得颇为狭小，一旦在洞内生活，估计是烈焰滚滚，满是烟雾，而鸽子洞人的岩厦却相对宽大，利于通风，条件就好一些。

华北地区的周口店第15地点也是一处洞穴遗址，位于北京人遗址南70米处。洞穴已发掘部分东西长13米，南北宽16米，挖掘深度10米，尚有一部分堆积未发掘。第15地点已发掘的堆积为胶结坚硬的角砾岩，分为上、中、下3层。上层主要是黄土状岩，中夹虫状钙质管状物，偶尔可见强烈风化的灰岩块，含化石，微胶结。动物化石有犀牛、赤鹿等。发现石器多件。中层为灰黄色角砾层，堆积着大块的灰岩和灰烬层，从中发现灰烬、烧过的朴树籽、烧骨和大量的石器。在灰黑色角砾之下，有巨大灰石一块，南北长约9.5米，系原来洞顶所塌落。下层为沉积物包含红色土、有棱角的灰岩块、破碎的动物化石和石器，遗物和土石胶结成坚硬的角砾岩。第15地点发现的石制品原料有石英、水晶、燧石、砂岩及多种火成岩，其原料主要来自周口店河当时的河床。这些方面说明这里的人们在居住地附近采掘石料加工工具，并在洞穴内生火、生活。

南方地区的湖北长阳人生活的大山区，洞穴极多。这种环境为长阳人提供了良好的生存条件。长阳人生活的居址为一海拔约1300米的洞穴，名叫“龙洞”。洞口高约2米，阔约6米，平面呈不规则状。洞内呈两边分布之势，一左一右，一个倾斜，一个稍平直。1956年以来先后在这里发现了人类上颌骨和牙齿及共存的古脊椎动物等化石，其中“长阳人”化石是在略倾斜的洞中发现的。洞内堆积除下部有大小不同的石灰岩碎块和底部靠洞壁的地方有局部的含碎石块和化石坚硬部分是角砾岩外，大部分堆积为深黄色松软的砂质泥土，在角砾岩和深黄色松软砂质泥土中均含有大量化石[2]。

马坝人遗址位于广东韶关市曲江区马坝镇西南3千米的狮子山石灰岩溶洞内。狮子岩由石炭纪的石灰岩组成。孤峰内溶洞甚多，可分为4层。第一层是与今天洞外湖面高度相当的发育于山麓基部的溶洞。这层溶洞大小不一，小者纵深只几米，大者可达百余米，贯通整座峰林。其洞顶一般平坦，洞内常堆积有绛红色黏土与石灰华互层，是近期地下水活动的产物，其中偶见少量轻度石化的兽骨和新石器时代的陶片、磨制石镞。堆积物中则往往掺有灰褐色的富含钙质小结核的成份，但都显得松散。第二层溶洞洞顶的相对高度约10米。洞顶十分平坦，洞内堆积可见厚度平均可达4米，为黏土和石灰华互层。层面水平，层理清楚。据观察，一般可分为3大层：上层较薄，堆积物含黏土较多，颜色为褐红色，内含少量结核，胶结程度不高；中层较厚，堆积物含砂量较多，色偏浅褐黄色，颗粒较粗，分

---

1 鸽子洞发掘队：《辽宁鸽子洞旧石器遗址发掘报告》，《古脊椎动物与古人类》1975年第2期，第122—125页。

2 卫奇：《泥河湾层中的新发现及其在地层学上的意义》，中国科学院古脊椎动物与古人类探究所编《古人类论文集》，北京：科学出版社，1978年，第136—150页。

选不匀，胶结程度较高；下层堆积甚厚，含黏土量较多。化石多见于堆积物的上部（即上、中两层）。本层溶洞北边，有一条呈东西80度走向的长约40—50米、宽约0.6—1.5米、高约4—10米的大裂隙，马坝人头盖骨化石和大量脊椎动物化石就是在裂隙该堆积物距顶部约1米深的层位中出土的，这一层位正处在所谓中层的堆积中。第三层溶洞顶相对高度约为20—23米左右，这层溶洞形成较早，与落水洞相通。此层洞顶基本平坦，但表面保留有大量的石钟乳；洞内也有少量堆积。大量堆积已由落水洞被地下水溶蚀带走。洞内堆积比较干燥，粘性较差。偶见少量动物化石，其种属与第二层溶洞的化石种类相同。第四层溶洞洞顶相对高度约为50米。从结构上来看，这些溶洞的发育似乎受层理面控制，洞口向东倾斜，洞内堆积物甚少[1]。

## （三）旧石器时代晚期的洞穴遗址

华北地区的旧石器时代晚期洞穴遗址非常丰富。北京周口店龙骨山山顶洞遗址在1930年发现时尚存有朝北的拱形洞口和全部洞顶，分为洞口、上室、下室和下窨4个部分。洞口高约4米，下宽约5米。上室再洞穴的东半部，南北宽约8米，东西长约12米。下室在洞穴的西半部稍低处，即现在还残留着洞顶的地方，深约8米。下窨在下室深处，是一条南北长3米，东西宽1米的裂隙。洞口的最下层堆积与北京人堆积的顶部相连。山顶洞人对居室已经有了明确的功能分区意识，把洞穴按照自己的要求分成不同的区域。比如，在上室的文化层中发现人类化石、石器、骨针和装饰品，同时还在地面中间发现一堆灰烬，底部的石钟乳层面和洞壁的一部分被烧炙，说明这是山顶洞人的生活居住区；而下室的堆积中发现3具完整的人头骨化石和一些躯干骨，人骨周围散布赤铁矿粉末及随葬品，说明这是一处葬地。



河南安阳小南海洞穴东南距洹河河道约500米，海拔高度约为197米，高出小南海的水面约60米。洞穴位于群山环绕的峡谷中，傍近道河和小南海，而峡谷以东又是广袤的平原；同时所发现的动物化石包括森林生活和草原生活两种动物群，充分说明在更新世晚期，附近既有河流沼泽，又有茂密的森林和丰盛的草原，构成人类狩猎活动的良好场所。洞穴已经坍塌，经过发掘，出土大量石器，烧土块和炭粒。从洞穴堆积及其包含物上可以看出，这个洞穴开口于更新世晚期，首先被最后斑鬣狗所占据，随后人类又占有这个山洞作为定居的场所，遗留下灰烬和文化层[2]。所发现的大批石片，是人类在洞穴内制作石器和使用工具的遗存，所采用的石料是由洞外运进来的。堆积内的动物化石都经人工击碎，有的还被火烧过，属于人类食用的残迹。其中，如野驴、披毛犀等大型食草动物，均以幼年和老年的个体居多数，说明人类在狩猎活动中常选择易于猎狩的对象。

山西的陵川塔水河遗址，位于葫芦坝石灰岩“岩棚”下，沿河长达35米，底部宽10多米，顶部覆盖着崩落的石灰岩岩块。堆积物在靠河流上游的一端，以砾石层和粉砂层为主，但在靠下游的一端，则以粉砂和黏土为主。地层水平相变十分明显。在与岩壁接触处，水平层状堆积物与岩壁之间大约有1米厚的粉砂夹层，具有与岩壁平行、与水平层状堆积近于垂直的薄层理。其间含有石制品及破碎骨片。从上向下露出有11米，堆积与塔水河的二级阶地相当，高出河体16米，各层均含石制品与动物化石，还有多个灰烬层发现[3]。

东北地区的小孤山人洞穴，地处千山山脉西缘的丘陵地带，西北是逐渐加宽的海城河上游河谷，其洞穴洞口向南偏西，宽5.8米、高6米，洞穴纵深19米，洞口有落水洞相连，洞室面积约90多平方米，宽敞而明亮，是远古人类生活的良好场所[4]。

丹东前阳人洞穴周围是低山丘陵，洞口向南偏西30度，易避风寒；洞前方是一开阔的台地，曾

1 梁钊韬、李见贤：《马坝人发现地点的调查及人类头骨化石的初步观察》，《中山大学学报（社科版）》1959年第1期，第136—146页。

2 安志敏：《河南安阳小南海旧石器时代洞穴堆积的试掘》，《考古学报》1965年第1期，第1—27页。

3 陈哲英：《陵川塔水河的旧石器》，《文物季刊》1989年第2期，第1—3页。

4 张镇洪：《辽宁海城小孤山遗址发掘简报》，《人类学学报》1985年第1期，第71—73页。

是一古河道，河从洞前山脚下不远的地方流过；洞穴西部和北部是逐渐突起的丘陵，河谷相间；东、南方为宽阔的平原，直达黄海北岸；自然环境对人类的生存极为有利。原洞口已被破坏，现存洞口宽2—3米、高2米，里面距洞口10米处是一个宽敞的大厅，面积达500平方米[1]。



## 二、旷野型居址





远古时期的人类时常要到远离居住洞穴的地方进行活动，这就需要具有在平地搭建临时住所的能力。与此同时，随着活动范围的不断扩大，种群人数的不断增加，人类也需要向远离山区的旷野平地开辟居住地。所以，大概从旧石器时代开始人们就在探索着超越自然条件限制，到旷野地区生活。

从旧石器时代早期的元谋、小长梁和东谷坨等遗址，到旧石器时代中期的许家窑、丁村等遗址，在更新统的地层中，都有大量不同类型的石制品及动物碎骨被发现，甚至还有人骨化石被发现。这些遗址或者位于山间盆地，或者位于山前平原地带，不具备天然洞穴形成的条件。曾居住在这些遗址中的人类的居住形式是怎样的，我们已经不得而知。

从旧石器时代晚期起，一些用动物骨骼或石器构成的简单居住址建筑出现了。

峙峪遗址位于小泉沟与峙峪河相汇合的河口处的一个小丘的地层中。这个小丘由于河流的冲刷和新发育冲沟的切割，形成孤立的岛状，与邻近的许多小丘，构成峙峪河的第二阶地的一部分。阶面高出河床25—30米。这个小丘的面积约1000平方米，由胶结较差的砂砾、砂、粉砂组成，为典型的河流堆积相。遗址中发现少量的烧骨和用石块所构成的遗迹现象，说明这里是原始人类的一处营地，反映了旧石器晚期居民在干凉草原地区生产生活的情况[2]。

东北地区的哈尔滨阎家岗遗址，处于运粮河下游右侧、岗地南缘。运粮河在遗址附近的水面高程为海拔135米，发掘地海拔约140米，岗地最高处146米。从现代地形看，此旧石器地点背岗面水，高阜向阳，渔猎方便。阎家岗遗址中最具特色的遗迹，就是HY83TA3和HY84T4探坑中的两处由大量哺乳动物骨骼化石围成的半圆形圈状结构的古营地。HY83TA3发现的半圆形化石圈位于细砂层中，距该层表面70厘米。半圆形圈的开口朝向南偏西，弧的残长约5米，宽0.4—0.6米。弧的顶部方向正北，边壁较整齐，从侧面可见4层动物骨骼整齐叠置在一起，并且内壁比外壁稍微平直，有的部位还有一定倾斜度。全部化石堆积在6米×5.5米的范围内，共出土500余件，20个种属，经鉴定主要是野牛、野马、河套大角鹿和羚羊等动物的残破头骨、肢骨、脊椎骨、髋骨和肩胛骨等，无完整骨架或肋骨。兽骨表现出的特点是大型动物占优势，小型动物较少，肉食动物与草食动物共存，动物个体以幼年为主，也有少量成年和老年个体。动物骨骼中碎骨相当多，很多有人工打击和动物啃咬的痕迹。所有碎骨棱角分明，边刃锋利，几乎不见水流冲磨痕迹，有的肢骨、脊椎骨出土时还连在一起。除动物骨骼外，还发现有动物粪便化石，甚至有的还保持4个一堆的原始状态。在HY84T4探坑发现的动物骨骼围成的大半圆形圈，位于地表之下3.7米的淡黄色细砂层中，300余件骨骼集中排列在平面5米×5米的范围内，构成内径3.5米，外径约5米的大半圆形圈，缺口朝东偏北。半圆形圈叠覆的宽度为0.5—1米，化石上下叠压，大体分为3层，下层骨骼较大，中层略小。兽骨中碎骨很多，尤其上层的骨骼和碎骨片多具有明显的人工砸击痕迹。动物骨骼经鉴定，也是以幼年个体为主。在半圆形圈的北端，有一堆呈原始状态的5个完整的动物粪便化石。在化石圈南部发现一件具有人工打击痕迹的石片[3]（图1–14）。

抚松西山遗址位于吉林省抚松县新屯子镇的西山，在遗址中发掘出一个特殊的石圈遗迹，是由

1 傅仁义：《辽宁丹东前阳人的发现及其体质特征》，《东北亚旧石器文化国际学术会议论文集》，1996年，第267—272页。

2 贾兰坡、盖培、尤玉柱：《山西峙峪旧石器时代遗址发掘报告》，《考古学报》1972年01期，第39—47页。

3 魏正一等：《哈尔滨阎家岗旧石器时代晚期地点（1982—1983年发掘报告）》，《北方文物》1986年第4期，第8—15页。

石块围成的椭圆形，石块来自周围的玄武岩层。石圈分为内、外两圈。内圈石块少，主要分布在西北角，由14块大小不等的石头组成；外圈石块多而密集，而东部部分石圈被近代人破坏，由18块石头组成。内外石圈间距为0.3—0.4米。东西内径长5.6米、外径长6.5米。南北内径宽3.7米、外径宽4.8米。在其南侧有3块1.2米×1.3米左右的大块岩石排列，并与地面平齐。而石圈内的东侧有3块大的岩石相连并高于石圈内地面，由西向东逐渐变高，其面积为东西长2.4米、南北宽2.05米，推测是人类理想的休息地方。从石圈的性质分析，可能与古人类建筑的窝棚有关，石头用来加固茅草。石圈内的中西部地面平坦，比室外地面略低，推测是人类活动的场所。石制品主要发现在石圈内，共25件，占该遗址出土石制品总数的83.33%，除了1件17.4千克的石叶石核外，余者均为剥片产品，不见工具类，推测当时的古人类在石圈遗迹内剥制石叶或修理工具，并将修理好的工具带到他处使用。从上述遗迹分析，遗迹选址的要求还是非常严格的，选择了离水源近，地势高而平，并且有可利用的天然物体，如石圈遗迹内大块岩石和南部的石板路等。从石制品数量和性质分析，该遗迹可能属于一处临时活动场所。古人类将17.4千克重的黑曜岩石叶石核放在窝棚内，当需要工具时，来此剥取大的石叶，并且坐在窝棚内进行工具修理。这与西伯利亚地区许多露天遗址都广泛使用石块或兽骨作为建筑住所的材料相似。这些遗址的建筑住所有的用猛犸象腿骨做柱子及其支撑物，有的用披毛犀和猛犸象的头骨建筑墙基，屋顶的支架多采用鹿角、象牙或树枝[1]。

图 1-14　阎家岗营地

湖北鸡公山遗址地处江汉平原腹地的长江左岸，西北紧邻长湖的一小支叉，南距长江河床约8千米。鸡公山虽有山之名，其实却只是一高出周围仅数米的小土岗。南北长约500米，东西宽仅百余米。土岗可能是原来长江的二级阶地残余部分。旧石器遗存主要分布在土岗中部偏西侧，是土岗的最高处，与周围的水田的相对高差约7米左右。在遗址的4A层下发掘近500平方米活动面，这个平面上布满砾石、石核、石片和各类石器。在活动面上，石制品及砾石的分布疏密相间，一些迹象应与人类的活动有关。活动面上的迹象可以分为两类：一类是由石制品的密集区形成的“石堆”，在这类区域内都相对集中分布着数量较多的加工石器的副产品，并遗有石锤或石砧等加工石器的工具；另一类是几个中间有少量加工好的石器或完全是空白区的“石圈”组成。“石堆”是由石片、石核、砾石混杂堆积而成，直径有2米多。从清理出的剖面观察，“石堆”的厚度为10—15厘米。石片的数量最多，大小相差很大，大者长度在10多厘米以上，小者尚不足1厘米。石核的数量也较多。偶尔还可找到生产石制品的石锤与石砧。还有加工失败、中途放弃的大尖状器、砍砸器和其他石器的半成品，但基本不见修理完好的石器。这种情况显示，遗址占有者在这类区域内的主要活动当是石器加工。石圈的情况较为复杂，主要为两种：一种是石圈的直径稍小，在圈内的空白区有成品石器发现；另一种的直径虽

1 陈全家、赵海龙、王春雪：《抚松新屯子西山旧石器遗址试掘报告》，《人类学学报》2009年第2期，第147—153页。

较大，圈内空白区也宽敞，但没有文化遗物保存。前一种以T1探方内的发现为典型。其空白区呈椭圆形，直径在1.5—1.8米之间。空白区中间集中置放着两件砍砸器，一件修理很仔细的尖状器。空白区的外围则是密集的砾石或是石核、石片、碎屑等加工石器的副产品类的分布带，宽度在1米左右，或更宽并与前述的石堆相连，剖面可见厚度一般为10—20厘米。后一种的空白区更大，如发现在T11探方的石圈，其直径在2—2.5米，但空白区内却不见任何遗物。周围石制品与砾石的分布情况与前一种没有明显区别。推测这可能是一处石器打制场所，圆圈可能是当时的居住场所[1]（图1-15）。

尽管上述由动物骨骼或石块搭建起来的居址还非常原始，但却标志着史前建筑的萌芽出现了。

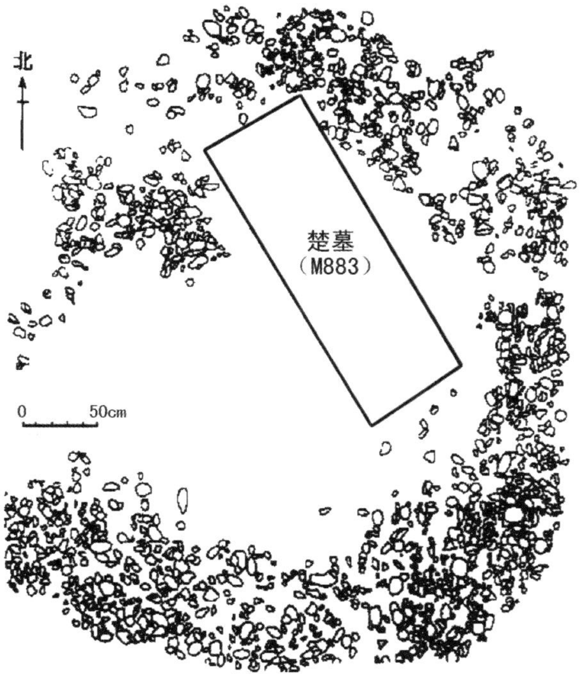


图1-15 鸡公山遗址石圈

## 第五节 火堆与用火技术

### 一、用火遗迹与人工取火技术的出现

#### （一）旧石器时代早期的用火遗迹

旧石器时代早期的用火遗迹除云南元谋、山西西侯度、辽宁庙后山等遗址有零星发现外，目前仅在周口店、金牛山和龙牙洞3处遗址发现火塘。

山西芮城西侯度遗址距今180万年，遗址中出土2件具有人工加工痕迹的残鹿角，残角均附连着头盖骨，残角柄上留有不少刮痕，其中一个角上还有一条人工切割或砍斫所致的尖底短沟槽。此外，遗址中还出土了一些呈深灰色的哺乳动物肋骨、鹿角和马牙，经试验确系烧骨[2]。

在距今170万年前的元谋人化石所在的褐色黏土层位里，发现有炭屑，分布在上下厚约3米的大致3个层里。从平面上看，有的是星星点点散布着的，有的地方聚成鸡窝状的小片。最集中的有两处，与周围黏土的界限清楚。炭屑常与哺乳动物化石并存。同一层位里，还找到几块颜色发黑的骨头，有的经过鉴定被认为可能是烧骨[3]。这些炭屑和烧骨是天然火还是人工用火的遗迹，虽没有证据确实证明，但从较早的遗址就出现了火的迹象可以看出，火已经进入并开始影响着人类的生活。

在辽宁本溪庙后山的旧石器层位中，发现了薄层的灰烬、零星炭屑以及被火烧过的碎骨。位于第6层中的灰烬层厚约5—10厘米，由粉末状的黑褐色物质组成，中间夹有灰白色的物质。第7层中也曾发现一块厚10—25厘米、长120厘米、宽约50厘米的灰烬层，也由粉末状的黑褐色物质构成，中间同

1 刘德银、王幼平：《鸡公山遗址发掘初步报告》，《人类学学报》2001年第2期，第102—114页。

2 贾兰坡：《西侯度——山西更新世早期古文化遗址》，北京：文物出版社，1978年。

3 张永兴、周国兴：《元谋人及其文化》，《文物》1978年第10期，第26—31页；文本亨：《云南元谋盆地发现的旧石器》，《古人类论文集》，1978年，第126—135页。

样夹有灰白色的物质。炭屑在地层中分布零散，但以第6层较多。最大的炭屑直径约2厘米。烧骨主要是一些动物的肢骨，被烧的程度不一，表面是黑褐或灰绿色，均出自灰烬附近，而且个别骨头上有裂纹[1]。庙后山遗址用火遗迹在剖面上的分布不连续，而且每层都不是很厚，可能表明人类使用火种时是间断的。

中国已知最早的、确切无疑的用火遗迹是在北京人遗址。当时人们在洞穴里的活动多集中在洞口附近，可能与这里白天采光好有关，所以火堆也常被设置在离洞口不远的地方，人们围在火堆附近活动。火堆附近的大量烧骨，反映了古人猎食的动物种类及方式。根据北京人遗址的灰烬层特征，我们知道他们已经懂得了采用篝火保存火种的方式。北京人洞穴遗址从上至下有13层文化堆积，其中有4层面积较大，堆积着很厚的灰烬，这些灰烬都是成堆分布的。灰烬的底部是黑色的草本炭素，而且灰烬的厚度都很大，比如在第4层一个巨大的灰岩块上发现的灰烬层最厚处竟达6米；在第8至9层，有的地方灰烬也厚达4米；第10层的底部也有厚约1米的灰烬。这些成堆分布的灰烬无疑是火堆的遗迹，灰烬中的黑色物质经化验证明并非黑色矿物质所染，而是草木灰素。所有的灰层中均包含有数量很多的烧骨、烧石、烧土、烧过的朴树籽和木炭等。烧骨具有黑、蓝、灰、白等颜色，有些变形扭曲；烧石满布龟裂纹；烧过的地面或土块，土质变硬，土色变成红色或红褐色；朴树籽被烧成灰白色[2]。



辽宁营口金牛山遗址A点和C点均发现有用火遗迹。C点的用火遗迹比较零散，而且都不是原生的，是经地表水短距离搬入洞内的，而A点的用火遗迹不仅数量丰富，而且属于未经流水搬运的原地埋藏类型。A点有关用火的材料包括11个灰堆和2个灰烬层[3]。1号灰烬层在第5层，大致呈南北向带状分布，厚度一般在12—24厘米，灰烬附近还发现了灰屑和各种颜色的烧骨。2号灰烬层在第6层下部或第7层，亦大致呈南北向带状分布，南北长410厘米、东西宽100厘米、厚约20厘米，在灰烬周围还发现零散的灰烬、灰屑和烧骨等。该遗址发现的灰堆以5、7、8、9号为例介绍。5号灰堆平面呈椭圆形，长轴59厘米，短轴50厘米。在其东侧和北侧分布着大小不一的角砾，大者约长135厘米、宽45厘米、厚20厘米，小者约长15厘米、宽6厘米、厚7厘米。角砾顶部及附近有炭粒、烧土等。从剖面看，灰烬层呈明显的锅底形，中央部分相对较厚，最厚处达到10厘米，向两侧逐渐变薄，厚约2厘米。7号灰堆平面呈不规则的椭圆形，长轴88厘米、短轴55厘米，从冲面看呈覆钵形，中间部分凸出，两侧向下倾斜并略减薄。灰烬层厚1—4厘米。其下为一套橘黄色黏土层，内含灰屑、烧骨和烧土块等，质地比较疏松。8号灰堆平面略呈椭圆形，长轴108厘米、短轴71厘米。在灰堆北半部表面不规则地分布着5块个体较小的烧石，最大者25厘米，小者7厘米。其表面多经烧烤而成层剥落碎屑或呈粉末状。从剖面看该灰堆由上下两个灰烬层组成，二者的厚度都很小，一般在0.5厘米，最厚处1厘米。上灰烬层剖面呈锅底形，下灰烬层相对较平，中间部分微下凹。两层灰烬之间夹着一层橘黄色的亚黏土堆积，厚约5—8厘米，质地比较疏松，内含少量烧石和烧骨，有的土块经烧烤而成为橘红色。9号灰堆平面形态比较特殊，大致呈圆角等腰三角形，底边长77厘米、高119厘米，是所有灰堆中面积最大的一个，结构复杂。从剖面看，灰烬层中部的表面，分布着一层砾石和角砾，有的平放在灰烬层的表面，有的微微嵌入灰烬层中，一般个体较小，最大者长15厘米、宽12厘米、厚10厘米，最小者长5厘米、宽3厘米、厚2厘米，共有18块。它们的表面不同程度留有被火烧烤过的痕迹。其下的灰烬层颜色发黑，灰烬层的厚度不一致，东半部较厚，一般3—5厘米，最厚处8厘米，至西半部灰烬层逐渐减薄至1—2厘米。灰烬层中间也分布着砾石和角砾，其个体较小，与位于灰烬层顶部者差不多，一般在10—20厘米。灰烬层之下是一套结构松散的亚黏土堆积，其上部呈橘黄色，厚约4厘米，下部呈灰白色，厚约4—6厘米，内含灰屑、烧石和烧骨等。在亚黏土堆积的底部又分布一圈角砾和砾石，其分布范围稍大于灰烬层的范围，个体较大。在近灰烬层底部中间还分布着一些较大石块，其长度一般在20厘米左右。在大石块的中

1 辽宁省博物馆、本溪市博物馆：《庙后山——辽宁本溪市旧石器时代遗址》，北京：文物出版社，1986年。

2 贾兰坡等：《周口店发掘记》，天津：天津科学技术出版社，1984年。

3 金牛山联合发掘队：《辽宁营口金牛山旧石器文化的研究》，《古脊椎动物与古人类》1978年第2期，第129—130页。

间零散分布着5—10厘米的较小石块，这些石块显然是当时人类点燃篝火前后有意放置的。在9号灰堆中间和周围发现许多打碎的骨片，这些骨片在灰堆西部和西北部较为集中，主要是鹿的碎骨片，有的已经被烧烤成黑色[1]。

近年经过系统发掘的陕西洛南花石浪龙牙洞遗址也发现了较为明确的火塘遗迹，不但清理出了灰烬层、烧石、烧骨，还发现了火烧烤过的洞壁，明确了火塘的位置[2]。同时火塘的周围及下部发现了可能起到助燃效果的大石块，进一步反映了人类具有主动用火的能力。

## （二）旧石器时代中期的用火遗迹

旧石器时代中期保存有完整的灰烬层、火塘，并进行过系统研究的遗址仍然较少。

北京周口店第15地点发现大量烧骨、烧石、红烧土等，充分证明当时人类使用火加工处理食物。

近年发掘的湖北黄龙洞遗址发现大量黑色地层物质，通过微观形态观察、碳元素含量测定、地层高温事件检测等手段判断这些黑色物质是古人类用火行为的产物，可以判断为一处规模较大的火塘遗迹[3]。

在东北的喀左鸽子洞旧石器时代中期遗址中，灰烬集中发现于勺子洞内，这里不仅在整个洞穴内位置居中，且通风好，所以可能为整个洞穴居民集中进行炊事的地方。在人类居住的生活地面之上，埋藏着厚1米以上的灰烬层，它几乎全部是由人类遗留的一道道烧土灰烬组成的，烧土灰烬层之间隔以一层层薄黄土。灰烬层内发现有烧骨、烧石以及散落着各种加工、食取肉制品的工具，显然这是原始人类长期在此进行炊事等活动造成的[4]。从已揭露的三道灰烬看，它们还各自成层，每层都比较薄，一般厚5—10厘米，规模上远不如北京人的灰烬层那样连绵不断。每道灰烬本身的颜色又呈现出一种渐变的迹象，或红或灰或黑，深浅转化，根部不像是由于长年燃烧不息从而不断压成一厚层的状态。灰烬层的面积也不大，断断续续而不是连续不断的。尤其是最下一层灰烬面的散布，尚可以辨认出它的一端作弧形延伸，由而渐灭。薄薄的灰烬层的层与层之间皆隔有一道薄黄土夹层，说明上一灰层与下一灰层并不连续，有间断，而由此更进一步清晰地说明火的燃烧时有间断，有数次，生而灭，灭又复生的。这些显然是出于人工生火燃烧所致。这说明辽河流域的古人类可能自旧石器时代中期开始就已经学会人工生火了。旧石器时代中期人类取火的具体方式已不得而知。民族学的资料显示，在两块石头击打出火星后，以树皮纤维、草等引火可以使之燃烧起来。在德国杜塞尔多夫附近的尼安德特人遗址中，已经发现了用敲击燧石的方法进行人工取火的遗迹。依此可以对旧石器时代中期鸽子洞人的行为进行一些推测。

## （三）旧石器时代晚期的用火遗迹

在旧石器时代晚期，相当多的遗址发现了与人类用火相关的遗存，但不是完整的火塘遗迹。比如，北方地区的北京周口店山顶洞遗址发现了被火烧过的岩壁；辽宁海城仙人洞发现大量灰烬层和碳屑；河南安阳小南海遗址、陕西禹门口遗址、河北承德四方洞和山西塔水河遗址也都发现人类用火遗迹，如小片灰烬和灰烬层等；北京东方广场遗址也发现比较集中的灰烬、碳屑、烧石和烧骨等，显示了较为明确的人类用火行为；山西峙峪遗址发现有灰烬层及可能作为火塘垒石的火烧砾石；南方地区的贵州猫猫洞、马鞍山、穿洞、白岩脚洞遗址，云南老龙洞遗址，广西白莲洞遗址，福建船帆洞遗址，海南落笔洞遗址都发现了人类用火遗留的灰烬层及相关遗物。

---

1 顾玉才：《金牛山遗址发现的用火遗迹及相关的几个问题》，《东北亚旧石器文化国际学术会议论文集》，1996年，第267—272页；金牛山联合发掘队：《辽宁营口金牛山发现的第四季哺乳动物群及其意义》，《古脊椎动物与古人类》1976年第2期，第120—122页。

2 陕西省考古研究院，洛南县博物馆：《花石浪（Ⅱ）——洛南花石浪龙牙洞遗址发掘报告》，北京：科学出版社，2008年。

3 武仙竹：《郧西人——黄龙洞遗址发掘报告》，北京：科学出版社，2006年。

4 鸽子洞发掘队：《辽宁鸽子洞旧石器遗址发掘报告》，《古脊椎动物与古人类》1975年第2期，第122—136页。

发现明确有火塘遗址的地点也不少。

贵州马鞍山遗址发现灰烬层及烧石、红烧土块、烧骨、碳屑等，数量较多，该遗址在2009年的发掘中还发现了胶结坚硬的火塘遗迹[1]。

河北虎头梁遗址发现了三处清晰的火塘遗迹。河南织机洞遗址发现17处灰烬堆，其中不乏界限清晰的火塘[2]。在河北阳原虎头梁遗址73101地点，在同一平面上清理出三个篝火遗迹[3]。三个篝火遗迹呈"品"字形分布。有一个篝火遗迹呈椭圆形，长1.7米，包含大量的木炭粒和烧过的兽骨、鸵鸟蛋皮，还有少量石器；边缘放置四块较大的砾石，砾石周围也有许多碎骨和少量石器。另一个篝火遗迹与其紧相连接。在相距5—6米处，还有一个篝火遗迹，中间同样有炭粒、烧骨，旁边发现穿孔贝壳饰物和用于染色的赤铁矿块。在这三处遗迹周围，散布着大量的石片、石屑，也有不同剥片阶段的石核和经细致加工的石器；但缺乏制作石器粗加工时所打下的粗大石片和石皮，石锤、石砧之类也很少。石器成品中较多的是投射器镞。动物遗骨多属老年个体。这个地点的文化层又并不厚。综合各种现象判断，73101地点当是一处猎人的宿营地，不过人们在此居住的时间可能并不很久；同时这里还是进一步加工修整石器的场所，而石器的粗加工或许是在原料产地完成的。

宁夏水洞沟存在多种形式的火塘、密集的石器地点、丰富的文化遗物，这些遗迹遗物为进一步解读火塘所代表的人类行为提供良好的研究素材。水洞沟遗址在2002年调查时于2号地点附近发现7处火塘遗迹，并在火塘旁发现木炭、灰烬、动物骨骼和石制品等[4]，在2003年至2007年4次正式发掘中也发现多处火塘遗迹及烧骨。12号地点于2007年及2010年2次发掘中发现灰烬层、碳屑、烧骨、大量烧石等[5]。这些遗迹遗物明确反映了古人类的用火行为。

山西吉县柿子滩遗址S9和S14地点发现保存完好的火塘及灰烬、动物化石、石制品等。火塘遗迹保存完好，灰烬烧结成块状集中分布，同时发现丰富的烧石、烧骨、碳屑、石制品、蚌片等，反映古人类在此处长期活动并存在用火行为[6]。

四川汉源富林遗址，发现有人类使用火的遗迹。在文化层中发现用火痕迹和大量树叶印痕，遗址发现大量的石料、石核、石片、碎屑和次品。石器比率低，仅占2.6%，说明此处遗址不是居住地，而是季节性的做石器的场所。在短期的临时场地也能发现了火的遗迹，说明当时人已经懂得如何熟练地使用火了，甚至可能已经学会了人工取火，否则不会在短期的临时驻地也能随意的用火[7]。

青海贵南县拉乙亥遗址发现了大量早期灶的遗迹。在遗址的8021地点中发现了大量的灰烬层，灰烬层一般厚1—2厘米。灰烬层中除了石核和石器外，其中还含有破碎石块、石屑及动物骨骼。动物骨骼上有时可见被破碎的痕迹，有时骨骼上有火烧的痕迹。炉灶坑较小，大小一般只有0.4米×0.5米×0.1米，在发掘区共发现30个这样的炉灶坑。两个炉灶坑之间有时互相叠压，上下间隔仅3厘米。炉灶坑的底部略呈锅底状，中央凹入；也有些炉灶坑底部呈方形，深只有4厘米左右。这些炉灶坑具有篝火的性质，具有短期使用的各种特征，可以判断是临时营设的。但是，也有些炉灶坑使用时间较长，其底部的红烧土较厚，上部有较厚的灰烬和木炭。在文化层中发现的一些石器和骨器不仅是精心制作的，而且是长期使用过的。这类工具（如圆头刮削器、研磨器和骨锥、骨针等生活用具）进一步说明拉乙亥遗址可能是一处居址。在文化层中发现的另外一些遗物（如大量的石片、石屑、石锤和砥石等）则说明在这处居址内也还制造过各种工具[8]。从遗址中发现的短期或长期的使用痕迹的火灶

1 张森水：《马鞍山旧石器遗址试掘报告》，《人类学学报》1988年第1期，第64—74页。
2 张松林、刘彦峰：《织机洞旧石器时代遗址发掘报告》，《人类学学报》2003年第1期，第1—17页。
3 盖培、卫奇：《虎头梁旧石器时代晚期遗址的发现》，《古脊椎动物与古人类》1977年第4期，第287—300页。
4 高星、李进增、MadsenDB等：《水洞沟的新年代测定及相关问题讨论》，《人类学学报》2002年第3期，第211—218页。
5 高星、王惠民、刘德成等：《水洞沟第12地点古人类用火研究》，《人类学学报》2009年第4期，第329—336页。
6 柿子滩考古队：《山西吉县柿子滩旧石器时代遗址S14地点》，《考古》2002年第4期，第1—28页。
7 张森水：《富林文化》，《古脊椎动物与古人类》1977年第1期，第14—27页。
8 盖培、王国道：《黄河上游拉乙亥中石器时代时代遗址》，《人类学学报》1983年第1期，第49—60页。

坑可以看出，拉乙亥居民很可能已经学会了人工取火，他们能在需要时就地生火。

此外，云南富源大河遗址不同文化层都发现了保存完好的火塘及古人类生活面[1]。吉林抚松西山遗址发现了人类临时活动场所，石圈遗迹的中部存在垒石和灰烬，推测应该为人类临时使用的火塘[2]。穿洞和老龙洞也发现了火塘遗迹[3]，云南富林遗址也发现应该为原地埋藏的用火遗迹[4]，青海黑马河等地点也都发现了火塘遗迹及火烧砾石和火塘垒石[5]。

## 二、火堆的种类与用火技术的进步

旧石器时代，古人类根据对火的各类需求构建不同的火塘。大部分火塘结构简单，多在地面挖掘浅坑，然后放入燃料使用，或直接在地面架设火堆；同时也存在结构相对复杂、形制规整、用岩石或圆木构建的火塘，这种复杂的火塘在旧石器时代早期末段就已经出现。

### （一）堆烧型火塘

以北京人洞穴遗址为代表，洞穴中发现黑灰土和颜色呈黑灰、浅蓝的骨片，经化学分析证明是火烧的结果。北京人遗址文化堆积的许多层次中均发现大量的用火遗迹，如鸽子堂西侧第3层下的一块约60平方米的巨石上，曾发现两大堆厚约1米的灰烬；在第4至5层，灰烬最厚处可达6米；在第8至9层，有的地方灰烬也厚达4米；第10层的底部也有厚约1米的灰烬。这些成堆分布的灰烬无疑是火堆的遗迹，灰烬中的黑色物质经化验并非黑色矿物质所染，而是草木灰素。所有的灰层中均包含有数量很多的烧骨、烧石、烧土、烧过的朴树籽和木炭等。烧骨具有黑、蓝、灰、白等颜色，有些变形扭曲；烧石满布龟裂纹；烧过的地面或土块，土质变硬，土色变成红色或红褐色；朴树籽被烧成灰白色[6]。如此厚的灰层，说明北京人应该还不会人工取火，他们必须小心地保存天然火种，昼夜不间断地往篝火内添加燃料使其持续燃烧，就像生活在西藏的珞巴族，在房子中间设有一个火塘，由一个老人负责管理，他面向火堆，彻夜不眠地看守着火，不断地向火堆里添加木块，使其长夜不息。因此，才会形成连续几米厚的灰层。

### （二）支石型火塘

支石型火堆是地上挖成的小坑，四周垒上砖石，中间生火取暖、烧烤食物。石块起到包括围界、助燃、封火等多重功效。此类火塘最早发现于辽宁营口金牛山遗址，该遗址发现旧石器时代早期11个灰堆和2个灰烬层，以最具典型意义的9号灰堆为例。其平面大致呈圆角等腰三角型，边长119厘米，底边77厘米。从对其解剖的情况看，在其中部灰烬层的表面，分布着一层砾石和角砾，有的平放在灰烬层表面，有的微微嵌入灰烬层中，一般个体较小，最大者15×12—10，最小者5×3—2，这一层共有8石块，它们的表面被不同程度地烧烤过，留有烧烤变黑的痕迹。以下的灰烬层颜色发黑，灰烬的厚度东半部较厚，向西逐渐减薄，灰烬层的中部还分布有砾石和角砾，个体大小与顶部石块差别不大，灰烬层之下是结构松散的亚黏土堆积，上层呈橘黄色、下层呈灰白色，内含炭屑、烧石、烧骨等，亚黏土堆积的底部还有一圈角砾和砾石，其分布范围略大于灰烬层的范围，石块个体较大，长度在20厘米

1 吉学平：《大河洞穴之魅——富源大河旧石器遗址揭秘》，《中国文化遗产》2008年第6期，第78—83页。

2 陈全家、赵海龙、王春雪：《抚松新屯子西山旧石器遗址试掘报告》，《人类学学报》2009年第2期，第148—149页。

3 李炎贤、蔡回阳：《贵州普定白岩脚洞旧石器时代遗址》，《人类学学报》1986年第2期，第162—171页；白子麒：《老龙洞史前遗址初步研究》，《人类学学报》1998年第3期，第212—229页。

4 吉学平：《大河洞穴之魅——富源大河旧石器遗址揭秘》，《中国文化遗产》2008年第6期，第78—83页。

5 高星、周振宇、关莹：《青藏高原边缘地区晚更新世人类遗存与生存模式》，《第四纪研究》2008年第4期，第1—9页。

6 裴文中、张森水：《中国猿人石器研究》，北京：科学出版社，1995年。

左右，其间尚零散地分布着一些5—10厘米的小石块，这些石块显然是人们在点燃篝火之前放置在那里的。除9号灰堆外，其他灰堆在顶部及底部也各有不等的石块分布。时代略晚一些的5号灰堆，形制较9号更加规整。其平面呈规整的椭圆形，长轴59厘米、短轴50厘米。在其东侧和北侧分布着大小不一的角砾，角砾顶部及附近可见炭粒、烧土等。从剖面看，灰烬层呈明显的锅底形，中央部分相对较厚，最厚处达10厘米，向两侧渐次变薄至2厘米左右。由此可知，金牛山人在点篝火之前，首先会用石块垒出一个圆圈或者先挖出一个浅坑，在其底部和周围散放一些石块。发掘发现的灰烬基本分布在石圈的范围之内，这个石圈的作用就类似于后世的灶。显然是为了控制篝火的范围而垒砌的。其间留出缝隙以便篝火燃烧时空气的渗透，为燃烧过程中提供充量的氧气，起助燃的作用。由于长期被火烧烤，火堆周边垒砌的石块及底部散放的石块表面都不同程度地被烧黑。

金牛山人灰堆顶部石块的分布情况，使我们了解了一个不同于北京人的保存火种的新方式，在火堆灰烬面顶部的石块是封火用的。篝火点燃后，在不再添填燃料，且不封火的情况下，火种的保存时间是极其有限的，2小时左右，火就会熄灭。而那时的人类虽然已经认识到火的作用，并在生活中积极使用火，但人们还不会人工取火，一旦火种熄灭了，人们就不得不等到下一次获得天然起源的火。比如雷电引燃树木、岩层崩塌露出的煤层与空气接触自燃、腐草厚积自燃等等，那是一段无比漫长难以等待的时间，这对当时的人类来说，是极为严峻的事情。考古工作者根据金牛山灰堆的结构形态，以金牛山周围的现生草本及木本植物为燃料，进行了烧火和封火的模拟实验，并提供了实验的记录，为我们了解金牛山人以石封火的方法、效果提供了可靠的依据。实验证明若在明火熄灭之后，用石块将火堆封起来，可大大地延长火种保存的时间，一般可达16小时。这样，金牛山人早晨走出洞穴去采集狩猎，无需留人看管，待傍晚回来时火种仍不会熄灭，而傍晚封火后又可以安然入睡，既不必用人熬夜看管，又不会因不断向灰堆内添加柴草引起的浓烟影响洞内空气，只需防水防潮，第二天清晨又可轻易地将火引燃。



现在已经能够清晰地解释金牛山遗址以第9号灰堆为代表的灶的放置与使用是这样的。先在底部用较大石块垒砌出一个近椭圆形的石圈，仅在北部留出一个缺口；石圈内散放一些小石块，火焰集中在石圈的范围内燃烧，所以在灰烬层的底部和中间都分布相当数量的石块。这些石块来自洞内及洞穴的附近，其岩性主要是灰岩和含镁大理岩，由于火的长期烧烤作用，它们的风化程度相当高，灰岩表面多成层剥落石灰，含镁大理岩则多粉成沙窝状，石块在灰堆中位置的不同，所起的作用也不一样。周边的石块是为了控制篝火的范围而垒砌的。北部的缺口是添加柴草的入口，灰堆底部灰烬层之下的石块间的空隙是为便于空气的渗透，起助燃作用的。灰烬顶部和中间的石块则是多次封火后遗留下来的。

金牛山人的围石构火及以石封火形成的灰堆表现出的用火技术较北京人巨厚的灰烬层体现的篝火技术，能够更有效地控制火的范围，节省燃料，避免洞内长年不断地被烟熏烤，改善了人类生存环境，使之清新舒适，显然较北京人的技术更进步。

在篝火前底部置石的情况，在藏山遗址中也可见。该遗址的炭粒堆下方，也置有石块，因火的作用，石块表面已变成褐色，石质也已变酥。但因后期冲击扰乱，灰烬的原生状态已被破坏，情况不如金牛山人灰堆清晰。吉林抚松西山遗址发现了人类临时活动场所，石圈遗迹的中部存在垒石和灰烬[1]。青海黑马河等地点也都发现了火塘遗迹，其火烧砾石和火塘垒石都应属于此类。

用火遗迹作为人类行为的物质表现贯穿我国古人类和旧石器技术演化的历史，虽然由于材料保存条件的局限性，不能非常清晰完整地还原旧石器时代人类的用火行为，但基本上可以说明自旧石器时代早期人类已经懂得利用自然中的火，并对火进行一定的控制，实现为人类自身服务的目的。有材料显示，旧石器时代中期起，至少在某些地方人类已经具有了人工取火的技术，能够根据他们的需要随时点燃火。旧石器时代晚期用火遗迹相对于早中期数量的明显加大，说明用火技术的普及以及

1 陈全家、赵海龙、王春雪：《抚松新屯子西山旧石器遗址试掘报告》，《人类学学报》2009年第2期，第147—153页。

火在人类生活中被利用程度的加大。支石型火堆在旧石器时代中晚期逐渐增多，也显示了人类控制火的能力的逐渐提高。

火对人类的发展有着巨大的推动意义。用火导致了生食向熟食的转变，熟食改变了人类的食物结构，提高了营养的质量，且有利于人类对营养的吸收，从而为人类身体素质的提高，尤其是大脑的进一步发展，提供了丰富的物质基础，加速了人类体质全面进化的历程。通过用火，人类利用自然为自己创造了一个更为有利的生活环境和生活条件。火光延长了人类的活动时间，相当程度上便利了人类活动内容的丰富；火热帮助人类抵御寒冷，并得以向纬度更高的低温地区迁徙，扩大了人类的活动地域；火力则增强了人类加工石、木、骨器的能力。用火为人类的生存和发展提供了空前优越的物质条件。用火不但是旧石器时代人类社会生产力水平提高的一个重要标志，同时也开了人类征服自然的新篇章。无论是人类认识自然还是利用自然，学会用火在广度和深度两方面都起到了空前的作用。用火能力的提高和人工取火技术的掌握，显然是旧石器时代晚期人类智力的迅速发展，骨、木等工艺技术的提高，人们向东北更远的地区拓进，以及精神生活的进一步丰富的重要的推动因素之一，为新石器时代的来临和人类进步提供了坚实的基础。

## 第六节　墓葬及服饰

### 一、墓葬与原始信仰

#### （一）山顶洞人的墓葬

旧石器时代早期的人类遗址没有发现有墓葬的迹象，直到旧石器时代中期，相当于人类进化过程中的早期智人（或称尼安德特人）阶段，人类才开始了有意识地埋葬死去的同伴。在西欧的莫斯特文化中，发现了迄今所知的人类最早墓葬。而我国目前最早的墓葬见于旧石器时代晚期的山顶洞人遗址。

山顶洞人遗址是周口店北京人遗址顶部的一个洞穴。1930年发现，1933—1934年作了系统发掘，与人类化石一起出土的有石器、骨角器、装饰品等。

洞穴遗址堆积分洞口、上室、下室和下窨4部分。洞口向北，高约4米，下宽约5米。上室在洞穴的东半部，南北宽约8米，东西长约14米。在上室的文化层中发现人类化石、石器、骨针和装饰品，同时还在地面中间发现一堆灰烬。底部的石钟乳层面和洞壁的一部分被烧炙，说明这是山顶洞人居住的地方。下室在洞穴的西半部稍低处，深约8米。堆积中发现3具完整的人头骨化石和一些躯干骨，人骨周围散布赤铁矿粉末及随葬品，说明这是一处葬地。下窨在下室深处，是一条南北长3米、东西宽约1米的裂隙。下窨未发现人化石和文化遗物，但却发现许多没有经过扰动的保存完整的脊椎动物骨架化石，推测它们是在人类入居以前，偶然坠入这个天然“陷阱”之中的[1]。

山顶洞人遗址的人类化石共代表8个男女老少不同的个体。由头骨缝的愈合程度和牙齿的生长情况看，其中5个是成年人，包括男女壮年和超过60岁的老人，1个是少年，1个是5岁的小孩，1个为婴儿。从下室发现的3具头骨为一个老年男性和两个女性，其头骨特征是：前额高起，脑量1300—1500毫升；头骨最宽处位于顶结处，矢状脊消失，脑壳变薄，口缘后退，下颌突出，牙齿细小、齿冠增高。男性身高约1.74米，女性1.59米。山顶洞人代表原始蒙古人种，但个体之间尚有一些差别，表明当时蒙古人种正在形成之中，一些形态细节尚未充分形成。

在旧石器时代中期，山西襄汾丁村一带大约10千米的汾河两岸层发现过16个同时期的石器地点，他们与丁村54100遗址文化内涵相同。考古学家认为，在丁村人生活的地区，人口密度及原始家庭中

1 张汝玫、胡晓春：《裴文中科学论文集》，北京：科学出版社，1990年。

的人口数量都有了明显的增加，而人口的增加会导致原始家庭的分类，于是丁村人时代便产生了氏族的萌芽。到了旧石器晚期，生产力进一步发展，男女分工稳定，那种知母不知父，实行严格族外婚的母系氏族制度已经确立。那么，山顶洞遗址的墓葬的发现，可以被认为是一处氏族公共墓地。

人们不再将死者直接丢弃在荒野不管不问，而是以一种悲哀和怀念的方式将他们埋葬在自己居住地附近。在山顶洞下室发现的尸骨周围，发现有经过人为有意散布上的赤铁矿粉，并随葬有穿孔介壳、兽牙、青鱼眼上骨、钻孔砾石、河蚌、骨坠等器物。红色代表着血液，血液的流动象征着生命的活跃，而在死者身上撒上红色赤铁矿粉大概就表达了这种含义。这体现了生者对死者的亲情观念，生者希望死者能够在另一个世界永远地活着。这种现象，表达了生者对死者的留恋，说明当时在人们的意识形态中已经存在灵魂观念，也说明中国原始的宗教观念已经出现。

在死者身上撒赤铁矿粉的做法在旧石器时代比较普遍，世界其他地区，尤其是欧洲也发现了很多与中国山顶洞人非常类似的埋葬方法。如在法国香斯拉特的列蒙丹巨石岩洞穴中，就曾发现一具人骨化石，并在遗骨上发现撒有红色的赤铁矿粉末。在英国威尔士的巴渭兰洞穴里，发现一具无头盖的男性骨架，在尸骨上和周围的随葬品上都涂有红色颜料。在西班牙的保梭达杜勒洞穴中，发现了两具人骨，一具为成年，另一具为青年，人骨旁边都有被赤铁矿染成红色的大碛石。在波恩的奥巴加塞尔洞穴里，发现一男一女人骨化石，均染成红色[1]。类似的习俗，直到近代在非洲和大洋洲的土著居民中还有发现。

在中国晚于山顶洞人的甑皮岩遗址中，也曾发现有关反映宗教意识的材料。甑皮岩遗址位于我国华南地区的广西桂林独山西南麓，1973年发掘，距今9000年。洞穴中共清理出18具人骨架，虽没有见到墓穴和葬具，但人骨上同样残存有赤铁矿红色粉末，可见这种原始宗教意识在中国大陆似乎已是一种“共识”[2]。

宗教是一种特殊的社会意识形态，其最基本的特征，无非是对超人间力量或超自然境界的崇拜。在人类的孩提时代，尽管人们已经具备了最基本的生产能力，但是人类的思维能力还相当低下，除了应对满足最低生存所需外，尚不会幻想。所以，在人类的遗物中，我们能够看到的所有东西都与其获取基本生存资料有关，比如猎取及加工猎物的成产工具、烤食或照明取暖的火堆等等。随着人类生产力水平的提高，人类的活动范围逐渐扩大，接触的对象逐渐增多，思维也愈发复杂起来。在生活和实践活动中，由于某些特殊原因，人们会朦胧地把一些事物和现象看成栩栩如生或具有神秘灵性的东西，比如在行猎过程中收到事半功倍之效的某件工具，人在饿得要死而绝望于生之际蓦然觅得一棵果实累累的果树，被猛兽追击时偶然遇见的可以藏身的洞穴，等等。于是这些看得见的事物，渐渐地被人们认为具有某种神秘魔力。然而，现实的事物终究是现实的事物，它在目击者眼中不会变成他物，它的物理属性是人们可以掌握的，那它们的灵性来自哪里，他们的喜怒哀乐又是什么样子，人们最可以比照而又赋予给那些神秘物的，就是他们自己，只不过神秘物的威力是超自然的。于是便有了宗教产生的基础与前提了。宗教信仰产生于何时？就世界范围而言，在旧石器时代中期，已经出现了模糊不清的原始宗教观念，而在晚期，已经形成了相当定型的宗教信仰以及与之相应的法术仪式。

### （二）小孤山人的小圆盘

小孤山遗址旧石器时代遗存中，有一件直径仅为2.5厘米、厚0.2厘米的小圆盘残器，发现之初曾被称为“穿孔蚌壳”，又由于其中部有孔，可以穿系，故常常被作为装饰品与该遗址出土的穿孔兽牙等装饰品相提并论。

小圆盘用兽类的骨片制成，形状像一枚硬币，两面均经过磨光处理，边缘尤为光亮，背面微凸，

1 ［日］鸟居龙藏著，张资平译：《化石人类学》，上海：商务印书馆，1951年。

2 巫惠民、阳吉昌：《广西桂林甑皮岩洞穴遗址的试掘》，《考古》1976年第3期，第175—179页。

呈"象牙白"色，腹面微凹，染有红色物质，背面边缘用锋利的器物刻出一圈放射状浅沟，浅沟的深浅和长短不一，沟内残留有红色染料，器物的中心由两面对钻穿孔，孔壁光滑，孔径0.22厘米、外径0.4厘米，孔壁也残留有红色染料[1]（图1-16）。

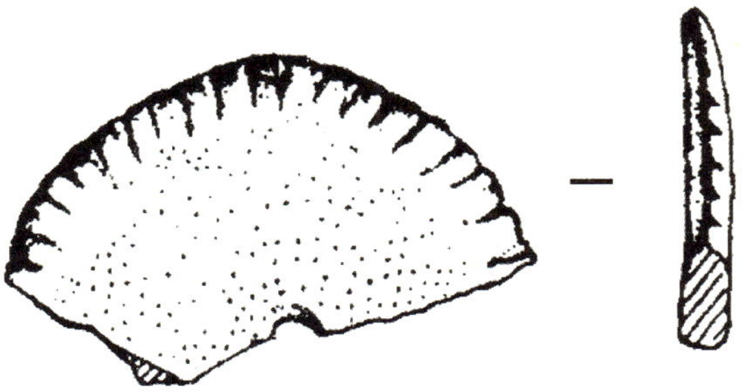

图 1-16　小孤山人小圆盘

旧石器时代小圆盘，在国内虽属孤例，但在世界范围内，它却是旧石器时代的一种极具特色的器物。尤其以欧洲大陆最突出，已知发现有旧石器时代小圆盘的遗址分布区西起法国，向东经德国、捷克、波兰等中欧和东欧国家至俄罗斯顿河流域。其中以法国最为集中，其发现的各类小圆盘标本有155件之多。亚洲出土小圆盘的遗址以贝加尔湖以西地区略多，贝加尔湖以东的东亚北部地区仅小孤山遗址一处。各地出土的小圆盘多以兽骨、兽牙（猛犸象门齿或臼齿齿板）为原料，但也有用石英、砂岩、白垩等矿物或岩石制作。小圆盘一般中心穿孔，除少数素面的以外，最引人注意之处是其上刻有图案。图案风格主要可分为两类。其一是由线条组成的。尽管线条的多少长短及组合形式各有差别，但均具备的共同特点是呈自中心孔向外周缘的放射形线条状。小孤山遗址出土的小圆盘的装饰风格属于此类。其二是描绘各种兽类图案，如原始牛、小羚羊、猛犸象、驯鹿或野牛等。其特点是由简洁的线条刻画出完整而特征明确的动物形象，占据整个小圆盘表面，圆盘中心圆孔一般在动物下腹部位。此类图案的小圆盘数量少于前者。小孤山遗址小圆盘图案属于第一类，类似图案的作品在欧洲也出现过，比如在德国的霍伦贝克遗址。

在欧洲大陆的旧石器时代晚期文化中，与小圆盘上动物纹风格相似的图案还大量见于绘画、雕刻作品。这种作品历史悠久，数量众多。比如属于奥瑞纳文化期的西班牙北部平达尔洞穴壁画，用简单的几笔就准确而生动地勾画出了动物的轮廓。法国丰德高姆洞穴壁画，在动物的北部和腹部斜画数道弧线线条，不仅显示出披毛犀身上的长毛，且表现出来其肥壮的特征，充满立体感。到马格德林文化期更是可以处理并制作出复杂的构图，法国诺克斯洞穴的野牛壁画，不但画有长着鬣毛和颈毛的牛头，在身体的侧面还画出了刺入的矛头或带有长杆的箭。西班牙阿尔塔米拉洞穴一间大厅的顶和壁上，绘制了包括成群野牛、赤鹿、马及野猪在内共150个动物个体，逼真地展示出了动物的野性威力。壁画与小件雕刻一起共同构筑起了那一时期由动物图案衬托出的人类原始思维与观念。有学者认为，这种动物图案与古人的巫术或图腾信仰有关[2]。

线条纹刻画的小圆盘在质地、做工手段及形制特征方面与动物纹小圆盘完全一致，其功用与后者不应有太大差异，也应是与远古人类的巫术活动有关的遗物。

## 二、服饰

### （一）骨针的出现

人类在脱离动物界之后的很长时间里，仍然是赤身露体的。中更新世温暖湿润的气候没有对人类提出需要衣物避寒的要求，群内的婚姻关系也使人们缺乏必须对身体的某些部位进行遮蔽的要求从而缺失羞耻感产生的条件，所以人们不知衣饰为何物。进入晚更新世之后，尽管期间存在气候的波动，个别时期气候会显得温和、湿润，但气候总体上是逐渐变冷的。大自然不再眷顾仍处在蒙昧阶段的人类。人们需要寻求外在的帮助来防御寒冷，同时族外婚姻规则的确立，也使人们愈发注重个自

1 黄慰文、张镇洪、傅仁义等：《海城小孤山的骨制品和装饰品》，《人类学学报》1986年第3期，第259—267页。

2 朱狄：《原始文化研究——对审美发生问题的思考》，北京：三联书店，1988年。

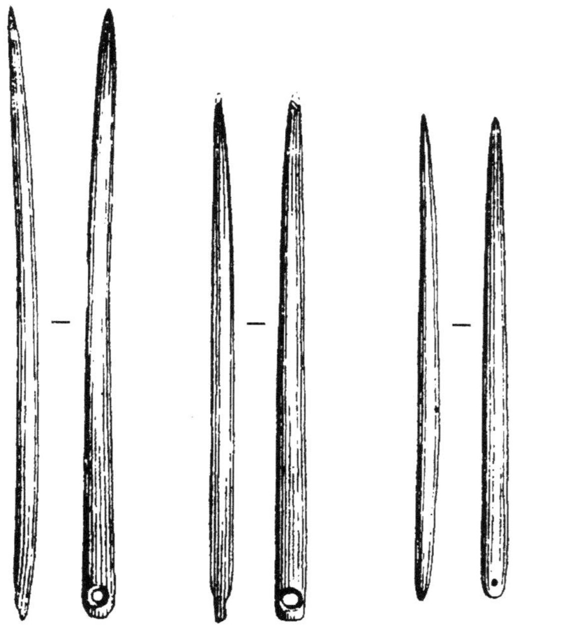

图 1-17　小孤山人骨针

的外表与行为，羞耻心理逐渐产生。随着生产力的初步发展，生活的初步改善，人类思维能力的进步，人们也出现了审美的要求。于是，服饰进入了人类生活。

山顶洞人遗址出土了一件骨针，针身保存完好，仅针孔残缺，残长8.2厘米，针身微弯，刮磨得很光滑，针孔是用小而细锐的尖状器挖成的，它是中国最早发现的旧石器时代的缝纫工具[1]。

小孤山洞穴遗址中共3枚骨针，骨针均由动物的肢骨作为原料制作而成，由于精心的打磨及后期的使用，均显得油脂光泽。标本1针身稍弯，断面大体呈圆形，针身长7.74厘米，柄部最宽处（针眼上方）宽0.45厘米。针眼是将针柄磨薄后由两面对钻而成的，眼孔圆，孔壁内径0.16厘米，外径约0.34厘米。标本2针身平直，断面大体呈圆形，长6.58厘米。针柄最宽处宽0.4厘米。针眼制作方法同标本1，针孔圆，孔壁内径0.21、外径0.32厘米。标本3是一件半成品，针身长0.69厘米，针柄最宽处0.34厘米。针孔尚未钻透，仅在一面留下一个漏斗状浅穴，其外圈直径0.07厘米[2]。可见骨针结构、形状、大小与当代人类用于制衣物，尤其是制被褥的钢针相似。用其来缝制兽皮类衣物，可谓游刃有余。从细圆柱体针身及尖锐的针头、精打的针孔，我们仿佛能够看到古人穿针引线缝纫衣物景象（图1–17）。

此外，台湾地区发现的旧石器时代晚期长滨文化，是以台东县长滨乡八仙洞的文化遗存而得名的。该文化分布于台湾东部沿海及恒春半岛沿海。在长滨文化遗址中发现了用于缝制衣物的骨针。骨针是骨片刮削成针形，而后再磨制成形，最后挖出针眼。3件骨针中有一件长9厘米、宽0.5厘米、厚0.3厘米，内孔径为0.15厘米×0.1厘米；另两件骨针两端已残，长分别为11.8厘米、12.5厘米[3]。

旧石器时代晚期人工缝制的衣服的形状样式我们已经无从知道了。但人类最早的衣服原料全部都来源于大自然，基本分两大类：一类是植物类，包括草叶、树叶、树皮；另一类是动物类，如兽皮、毛、鸟羽等等。从当时的自然状况看，最适宜的是兽皮类。而兽皮本身就具有一定的形状，可以经简单的裁割后直接披服。所以在针类缝纫工具出现之前，一定有相当一段人类直接穿兽皮的阶段，只是那时候服装的式样完全来自天然。只有待针一类工具发明之后，人们才得以按照自己的意愿，改变兽皮原有的形状，随心地设计、缝缀原本只为遮体、保暖的衣服，将自己的审美融入其中。于是，服装也正式成为了一种文化现象，这一状况在旧石器时代晚期已经开始了。

旧石器时代晚期，人类活动能力进一步扩大，可以从亚洲跨越白令海峡进入北美洲，如果没有缝纫技术来制作兽皮衣服，是无法克服寒冷的天气，完成这样的“长征”的。

## （二）装饰品

此时的人类，不仅完全摆脱了纯天然的兽皮形状的衣物，学会了制作骨针，按照自己的愿望、审美来裁制、缝纫衣物，还懂得了制作装饰品吊挂在身体的某个部位来装饰自己。装饰品的制作既展

1 张汝玫、胡晓春：《裴文中科学论文集》，北京：科学出版社，1990年。

2 黄慰文、张镇洪、傅仁义等：《海城小孤山的骨制品和装饰品》，《人类学学报》1986年第3期，第259—267页。

3 宋文薰：《长滨文化——台湾省首次发现的先陶文化》（简报），《中国民族学通讯》1969年第9期，第1—27页。

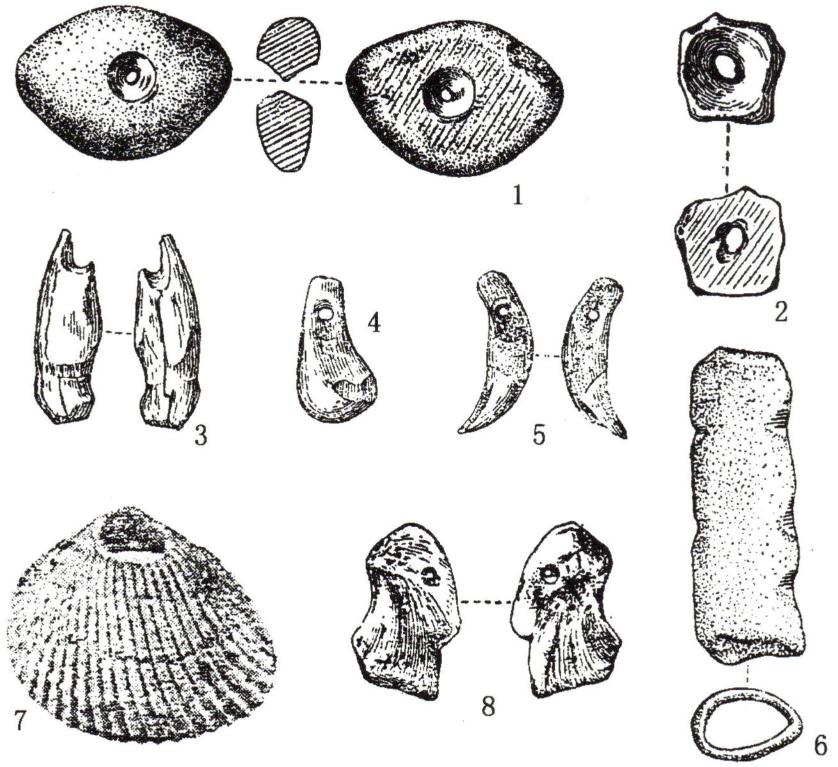


图 1-18　山顶洞人装饰品
1. 石珠　2. 钻孔砾石　3. 穿孔虎门齿　4. 穿孔鹿犬齿　5. 穿孔獾犬齿　6. 骨管 7. 穿孔蚌壳　8. 钻孔鲩鱼上眼骨

示了古人类制作工艺技术的精湛水平，也反映了其审美观念的出现。

在山顶洞人死者周围，发现的装饰品包括：1件钻孔石坠，7件穿孔石珠，3件穿孔海蚶壳，4件刻道骨管，1件钻孔鱼骨和125枚穿孔兽牙。钻孔石坠用鹅卵石制成，石坠的孔是对钻的，穿孔处微作红。穿孔石珠，是在一个女性头骨附近发现的，石珠的原料本来是白色的石灰岩，发现时表面染有红色的赤铁矿粉末。钻孔鱼骨是1件在鲩鱼的眼上骨和直径只有0.33厘米的骨针上钻细孔，表面技术已经相当熟练，制造钻孔工具的技术已经达到相当水平[1]（图1-18）。

小孤山遗址也发现了古人类的装饰品。报告提及的标本1是由貉的上犬齿制作而成的，齿根磨薄后从两面挖孔，使每一面都形成一个椭圆形、轮廓不甚规整的浅坑，之后在浅坑内钻孔，孔尚未钻穿，为1件半成品。标本2的原料是小野猫的上犬齿，齿根中部以上的齿冠缺失一半，齿根磨薄后由两面对钻穿孔，孔小而圆，孔内径0.18厘米，外径约0.36厘米。标本3是一件用鹿的上犬齿制成近端粗、远端渐薄

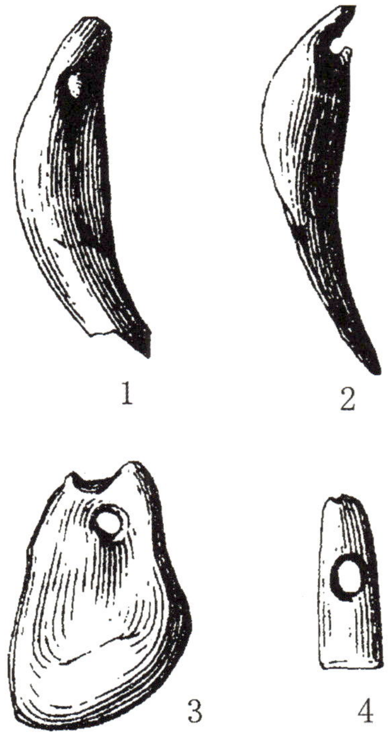


图 1-19　小孤山人装饰品
1. 穿孔貉犬齿　2. 穿孔小野猫犬齿　3. 穿孔鹿犬齿　4. 穿孔食肉动物犬齿齿根

1 张汝玫、胡晓春：《裴文中科学论文集》，北京：科学出版社，1990年。

的笛嘴状，而后在其中部穿孔。孔内径长轴方向为0.3厘米、横向为0.2厘米，外径长轴方向约0.44、横向0.3厘米。标本4是用食肉动物犬齿的齿根制成，做工精细，制作时先由牙齿截取齿根，再精心磨制成近端粗、远端渐薄的一个笛嘴状物体，然后在器身中部穿孔。上述穿孔牙齿均是穿绳后系挂于身体的某个部位作为装饰物，即可单个也可组合在一起使用[1]（图1–19）。

水洞沟、虎头梁、峙峪等地也发现了这一时期的装饰品，分别用贝壳、鸵鸟蛋皮、动物骨骼和石料制作而成，有的还用赤铁矿石或红色泥岩加以染色。

旧石器时代晚期以山顶洞人和小孤山人为代表的人类群体，不仅掌握了钻孔技术，还掌握了磨制技术。尽管这种技术只用于制造装饰品或骨器等，但为以后新石器时代磨制石器的出现打下了良好的基础。用赤铁矿粉末染色的方法，使得装饰品更加鲜艳美观。钻孔、磨制和染色技术是之前时代所没有的，这些新技术的运用显示出人类生产技能的提高，也使生活更加丰富。而装饰品的出现，则表示山顶洞人已经有了审美观念。



## 第七节　小结

中国有丰富的旧石器时代的文化遗址和人类化石，迄今已发现旧石器时代早期、中期、晚期的石器地点已接近300处，其年代从大约距今200万年至距今1万年前后，经历了漫漫的200万年之久。在这漫长的发展过程中，人类文化的进步是极其缓慢和艰辛的，尤其在旧石器时代的前两个阶段。

整个旧石器时代，人类的经济生活始终是渔猎与采集经济。渔猎获得的猎物及采集得到的自然果实一直是人类赖以生存的食物。人类靠着自己制作的简单工具，与自然斗争，并伴随着智慧的提升，不断顽强地创造着更适合这种经济劳动的必要工具，调整自己的食物结构和渔猎、采集的比重。

旧石器时代早期人类的工具主要是粗糙的石器和一些即便经过加工也极其简单以至于今天我们都难以确认的骨器。这些工具的外观造型极不稳定，根据制作与加工的特点，可以将其种类区分为砍砸器、刮削器、尖状器、雕刻器等。这时期的工具或粗笨且不够锋利仅适合敲打、砍伐，或较小却只能利用其短刃、尖刃进行分割、剔剖等活动，缺乏对野兽一击致命的武器，仅有的极少量的石球也都如蓝田人的石球那样具有球体较高、呈多面体、做工粗糙等早期形制的特征，限制了人们狩猎活动的能力。使用工具的组合显示了他们更多地是在密林中采摘果实，或捡拾大型食肉动物吃剩的残余动物骨架。

这种状况到旧石器时代中期有所改善，如许家窑、丁村出土了大量石球。许家窑人的石球系用两个打制石球对击而成正球体，大大提高了石球的投掷飞行能力，增强了人类在狩猎活动中对猎物的远投击打能力，无疑增加了猎取猎物的能力，提高了狩猎的成功率，狩猎在生活中的比重得以提高[2]。同时大三棱尖状器等工具的改进，挖掘能力的提高，也扩大了他们采集的范围。

晚期智人的智慧创造出了更多直接针对各种劳动所需要的工具种类。以石镞为标志的弓箭这种远射工具的出现，一方面不仅出现了对陆地野兽的射猎，同时还能够射杀飞禽，扩大了狩猎范围和能力。这一时期骨角器在各地遗址中普遍地被发现。此类工具的制作过程中较早地使用了锯、刮、磨、钻孔等新工艺，使工具更能依照各种具体的功用要求进行细部设计和加工。用途明确的鱼镖、鱼叉等工具的出现，说明捕鱼业可能已成为社会经济的组成部分。包括复合细石器工具、骨刀、角铲和弓箭、矛、鱼镖、鱼叉及传统的石球等在内的工具组合，显示了旧石器时代晚期采集和渔猎业的发展进入了高级阶段。江西万年吊桶环遗址中层的硅酸体的分析显示，旧石器时代末期野生稻已在江西北部地区有所分布，并且已经被当时的居民采集食用，为新石器时代栽培农业的出现提

1 黄慰文、张镇洪、付仁义等：《海城小孤山的骨质品和装饰品》，《人类学学报》1986年第3期，第259—267页。

2 贾兰坡、卫奇：《阳高许家窑旧石器时代文化遗址》，《考古》1976年第2期，第100—108页。

供了准备[1]。

从技术的角度观察，直接打击法是整个旧石器时代始终传承的石器制作方法。具体包括选料、开片、加工修理等技术流程。开片方法可以细分为锤击法、砸击法、碰砧法等，加工修理也可以细分单面打击、交互打击等。抛开原料的具体岩性，仅就以怎样的石料形式制作石器及其石器的制法、基本形制来考量，大概旧石器时代中国的石器可以分出如下一些系统、联系及发展线索。

首先，旧石器时代初期青藏高原的屏障尚未形成，东西方旧石器文化的发展在开始之初并没有很大的区别，以“石核-砍砸器”技术为特色的石器工业，在旧大陆两边广泛的流行。随着这道屏障的崛起，石器特征及其体现的制作技术的分野显现出来，并在以后的发展中愈发地强烈起来。与阿舍利技术在旧大陆西方广泛流行与发展之盛况相比，中国早更新世晚期“石核-砍砸器”技术虽有所发现，但发现的遗物大多属于地表采集，正式发掘品很少。与西方的阿舍利技术也有比较明显的区别，一般都是硬锤技术的产品，加工较厚重、粗糙，缺乏明显的软锤技术的产品，可见这种工艺没有能够在这里得到充分的发展。与此形成对比的是，在中国大陆发展了具有自身特色的石片石器工艺，在石片和以石片作为毛坯加工的各类石器在全部石制品中占主要地位。石器加工方式以单面加工为主，石器的基本类型为刮削器、尖状器、端刮器和砍砸器等，其中以刮削器、尖状器在石器组合中占主导。

其二，旧石器时代不同发展阶段，直接打击法的具体实施技术是不断发展的。旧石器时代早期出现的修理台面的技术，在中期的丁村文化中得到了广泛的运用，而在晚期的水洞沟遗址石器技术成为生产石片的重要方法，用这种方法产生的长身石核和长石片在水洞沟文化中具有重要地位。自旧石器时代中期起，石制品整体有小型化的趋势，也有原始的盘状与柱状石核存在，如泥河湾盆地的许家窑遗址的发现。华南地区在旧石器时代晚期随着打制石器技术的提高，出现了形制规整、加工程序化的石器类型，如湖北荆州鸡公山遗址发现的大量尖状器。

其三，华南地区的石器工艺与华北地区有相似之处，都以石片石器为主，但又有自己的特征，如石器大多用砾石、石核，特别是小石块制成。华南地区砍斫器在石器中的比例高于华北地区，从早期到晚期砍斫器的数量变化不大。打片方法中锐棱砸击法不见于华北地区。石器的修理方式多样，有向背面或向破裂面加工的，有错向、复向和对向修理的，但很少使用交互打击的方式。

其四，即便在某个大的区域内部，在一定共性的前提下，仍可见到不同传统或体系的差异。比如华北地区的石片石器传统中，还至少存在着两个石器体系，即以大型石器为特征的“匼河-丁村系”和以小型石器为特征的“周口店第1地点-峙峪系”。属于前一传统的有蓝田、匼河、三门峡、丁村等石器文化，属于后一传统的有周口店第1地点、周口店第15地点、许家窑、萨拉乌苏河、峙峪、小南海等石器文化。这两大传统在石器的打制技术和石器类型方面各具特征。在“匼河-丁村系”中，碰砧法在打片中占有一定的比例，也有一定数量的用交互方法打制的石器，用砾石加工的石器比较多。石器的基本类型有砍斫器、三棱大尖状器、手斧、石球和刮削器等，其中以砍斫器的数量最多。这种工具组合适应比较繁盛的森林环境，人们更多地以采集活动作为主要的生计手段。在“周口店第1地点-峙峪系”中，砸击法在打片中占有较高的比例，单面加工的石器较多，石器多用石片加工而成。石器的基本类型有刮削器、尖状器、雕刻器、砍斫器等，其中以刮削器的数量最多。这种工具组合，应该是适应草原环境的产物，生计手段中较多与加工动物肉类的活动相关。这两个文化传统至迟在旧石器时代早期的中、后阶段即已形成。西侯度文化的石器和“匼河-丁村系”的关系比较密切，可能是该传统的前身；小长梁和东谷坨的石器与“周口店第1地点-峙峪系”的特点相似，很可能是该传统的先驱。到旧石器时代中、晚期，小石器传统保持强势，属于这个传统的遗址遍布华北各地。与其相反，大型石器传统的影响在缩小，其分布范围只限于汾河流域。旧石器时代晚期的华南地区打制石器也至少可分为两个大的文化传统，一个以富林文化为代表的用小石片制成的各种器形（刮削器、尖状器）的小石

1　彭适凡、周广明：《江西万年仙人洞与吊桶环遗址——旧石器时代向新石器时代过渡模式的个案研究》，《农业考古》2004年第4期，第29—38页。

器文化传统，另一个是以百色盆地发现的用大型砾石制成的各种砍斫器和尖状器的砾石文化传统。

随着现代人的出现，人类的智力与技术支持使人类得以绕经遥远寒冷的北方草原地带，将石叶技术、细石器技术传入中国的华北地区，使晚更新世晚期华北地区出现了石叶与细石器技术的制作的工具。甚至形成了典型的“细石器文化”，即以各种间接打击法生产石叶和用压制法修理石器为特征的文化，其典型文化是下川文化和薛关文化等。但这种技术始终不曾进入华南地区，这一区域见不到明显的来自西方的技术因素，不见华北地区旧石器时代晚期所使用的间接打击法，也未见用压制法修理的石器。其中，如四川境内富林文化虽以小型石器为主，却不见用压制法及其他间接打击法修理的典型细石器。不典型的砾石石器技术与石片石器技术，构成中国南方广大地区晚更新世晚期石器工业的主体。

旧石器时代晚期，骨、角、牙器的制作技术也进入了一个新阶段。人们采用锯、切、削、磨、钻等一系列工艺技术，制作出骨针、骨锥、骨铲、骨刀、角铲、角锯等新型工具。穿孔兽牙、穿孔贝壳、带有刻槽的鸟骨管等装饰品的出现，则反映了先进的骨器工艺水平和人们日益丰富的精神生活。

骨、角、牙器的制作技术自旧石器时代早期就已经出现，但技术一直限于粗劣的打、砸、敲击，形制也未能突破具有简单刮削功能的骨片。直到旧石器时代晚期，骨、角、牙器的制作技术进入了一个新阶段，人们开始采用锯、切、削、磨、钻等一系列工艺技术，制作出骨针、骨锥、骨铲、骨刀、角铲、角锯等新型工具。这不仅提高了渔猎、采集水平，且从工艺上为新石器时代磨制石器的出现奠定了基础。

火的使用在人类发展过程中，无论是对人类文化还是对人本身，都起着巨大的作用。旧石器时代遗址中不断发现的用火遗迹是人类学会用火，并掌握了一定的控制火及保存火种的方法，学会了食用熟食的证明。从火堆到支石火塘，从巨厚的灰烬层到小堆用火遗迹，体现了旧石器时代人类控制火的能力的不断提高，反映了人类从早期学会利用自然火到中晚期人工取火及助燃、封火技术的推广的艰难历程。

洞穴是整个旧石器时代人类最主要的栖身场所。虽然我们可见到旧石器时代早期旷野遗存的存在，但直到晚期我们才看到确切的人类建造的居住址的实物。尽管那还是一些用兽骨、石块等搭建的简陋临时住所，但仍然预示着建筑技术开始萌芽了。

旧石器时代晚期，随着生产工具的进步和生产力水平的提高，人口的不断增殖和人类生存能力的加强，人类的生活区域也不断扩大。中国除新疆维吾尔自治区外，都有晚期智人化石或文化遗物发现。在华北地区，旧石器时代晚期的石器地点几乎遍布黄土高原，蒙古高原，华北平原发现的石器地点也很多。在东北地区旧石器时代晚期的石器地点则向北延伸到嫩江流域的齐齐哈尔的昂昂溪[1]、黑龙江流域的漠河和呼玛十八站[2]等地。旧石器时代晚期文化地点向西则扩展到青藏高原，在华南的分布则扩展到了台湾。进入旧石器时代晚期，晚期智人的生活内容较之前有了巨大的拓展，出现了原始的服饰，制作衣服的骨针及用以佩戴的装饰品在海城小孤山遗址和北京山顶洞等遗址都有发现。同时，穿孔兽牙、穿孔贝壳，带有刻槽的鸟骨管等装饰品反映了先进的骨器工艺水平和人们日益丰富的精神生活。在山顶洞遗址中还发现了这一时期的墓葬，死者身上及墓底被撒上了赤铁矿粉末一类的红色颜料，说明人类在满足温饱的基础上，已经有了一定程度的原始宗教观念。

1 黄慰文，张镇洪等：《黑龙江昂昂溪的旧石器》，《人类学学报》1984年第3期，第234—242页。

2 魏正一、干志耿：《呼玛十八站新发现的旧石器》，《求是学刊》1981年第1期，第118—120页。

# 第二章
# 新石器时代早中期的物质文化

## 第一节 新石器时代早中期的考古发现

### 一、新石器时代早期的考古发现

新石器时代早期大约距今12000—9000年，主要的发现有北京门头沟东胡林遗址[1]、北京怀柔转年遗址、河北阳原于家沟遗址、河北徐水南庄头遗址、江西万年仙人洞遗址[2]、江西万年吊桶环遗址[3]、湖南道县玉蟾岩遗址、广西邕宁顶蛳山遗址、广西桂林甑皮岩遗址、桂林庙岩遗址、广西临桂大岩遗址、广东英德牛栏洞遗址等。遗址分布大致可分为以华北地区为主的北方地区和华南地区为主的南方地区。

河北徐水南庄头遗址位于华北平原西北部，太行山东麓与白洋淀之间的河流冲积扇上，发掘面积300余平方米，发现了约距今1万年的灰坑和用火等遗迹，陶器、石器、骨角器、木棒与木板等遗物，以及大量的动物骨骸和植物花粉[4]。碳十四测定木炭与木头样品，年代数据为距今10500-9700年。

北京怀柔转年遗址位于燕山南麓、长城北侧的白河北岸二级阶地上，周围地貌为山谷盆地。发掘面积400平方米，出土遗物18000余件，包括石制品、少量陶片和动物骨骼等。碳十四测定的两个样品，分别为9200±100年和9800年[5]。

北京门头沟东胡林遗址位于永定河支流清水北岸的二级阶地上，经对20多个碳十四测年数据的分析，约为距今10000—9000年，发现墓葬3座、火塘10余座。火塘平面多呈不规则的圆形，直径一般0.5—1米，深0.2—0.3米。火塘内一般堆积有大小不等的石块、动物骨骼及灰烬。有的石块和兽骨

1 周国兴、万玉桂：《北京东胡林村的新石器时代墓葬》，《考古》1972年第6期，第12—15页；赵朝洪、郁金城、王涛：《北京东胡林新石器时代早期遗址获重要发现》，《中国文物报》2003年5月9日；东胡林考古队：《北京新石器早期考古的重要突破，东胡林人引起广泛关注》，《中国文物报》2003年11月7日。

2 江西省文物管理委员会：《江西万年大源仙人洞洞穴遗址试掘》，《考古学报》1963年第1期，第4—10页；江西省博物馆：《江西万年大源仙人洞洞穴遗址第二次发掘》，《文物》1976年第12期，第23—35页。

3 赵志军：《吊桶环遗址稻属植硅石研究》，《中国文物报》2000年7月5日；张驰：《江西万年早期陶器和稻属植硅石遗存》，《稻作、陶器和都市的起源》，北京：文物出版社，2000年，第43—50页。

4 保定地区文物管理所等：《河北徐水县南庄头遗址试掘简报》，《考古》1992年第11期，第961—970页。

5 郁金城：《北京市新石器时代考古发现与研究》，丁炳文主编《跋涉集》，北京：北京图书馆出版社，1998年，第39—44页；郁金城等：《北京转年新石器时代早期遗址的发现》，《北京文博》1998年第3期，彩插2—4页。

有明显的火烧痕迹。

河北阳原于家沟遗址位于泥河湾盆地桑干河支流第二级阶地，发现文化层厚达7米，分为上、中、下层三部分。其中，上层属新石器时代中晚期，下层属旧石器时代末期，中层被作为新石器时代早期。在上、中、下各层中都出土细石器，并且均以楔形石核、细石叶为主。而在中层偏下部还出土了夹砂黑褐陶陶片和夹砂黄褐陶陶片，1件大部磨光的石矛头（或称尖状器），以及用贝壳、螺壳、鸟骨制成的装饰品。其中一片平底陶器底部的热释光测年数据，为距今11000年[1]。

江西万年仙人洞遗址和吊桶环遗址位于江西省东北部的大源盆地西北部的小河山山脚下，两遗址相距约800米，为洞穴遗址。经考古采样和发掘，获得石器、骨器、穿孔蚌器、陶片等上千件及20多件人骨标本，以及数以万计的动物骨骼残片和一批孢粉分析的样品；对这两处遗址各文化层土样进行植硅石提取和分析，获得大量稻的植硅石。这两处遗址的文化层大体可分为三大层。吊桶环的下层属旧石器时代晚期。测定年代早至距今19770±360年。仙人洞的下层和吊桶环的中层属旧石器时代晚期向新石器时代过渡时期，测定年代早至距今14160±90年。仙人洞上层与吊桶环上层属新石器时代早期，测定年代的下限为距今8825±240年，上限在距今12000年以前。



湖南道县玉蟾岩遗址位于南岭北麓，附近地貌为四周高山环绕的山间盆地，为一处洞穴遗址。发现有灰堆、石器、陶器残片、骨角器、蚌器以及大量的动物残骸和包括稻在内的植物遗存。采用自然科学技术测定的绝对年代在距今15000—8000年[2]。

广西桂林甑皮岩遗址位于桂林市南郊独山西南麓，为洞穴遗址。出土的遗物可分为五个时期，其中第一期至第三期属新石器时代早期，文化遗存主要有陶器、打制石器、骨器和蚌器等。年代大约在公元前10000—前7000年[3]。

广西邕宁顶蛳山遗址位于邕江支流八尺江与清水泉交汇处的南端。文化堆积分为四期，其中第一期属新石器时代早期，遗存主要有石器和陶片，年代在公元前8000年前后[4]。顶蛳山遗址是华南地区发现的唯一一处有新石器时代早期遗存的河旁台地遗址。

广东英德牛栏洞遗址位于英德市云岭镇东南约2千米的狮子山南麓，发现有灰烬、人类牙齿与腓骨，以及石制品、骨制品、牙角制品、蚌制品和陶片，还有一批动物骨骼和水稻硅质体与植物孢粉等。文化遗存分为三期。陶片和大部分磨制石器都发现于第三期。据碳十四年代测定第一期的年代约为公元前10000—前9000年，第二期的年代约为公元前9000—前8000年，第三期前段的年代约为公元前8000—前7000年，第三期后段的年代约为公元前7000—前6000年[5]。

## 二、新石器时代中期的考古发现

新石器时代中期大约距今9000—6000年，以大致距今7000年为界分为前后两段。

属于新石器时代中期前段的主要考古学文化有老官台文化、裴李岗文化、磁山文化、后李文化、兴隆洼文化、彭头山文化、皂市下层文化、城背溪文化、跨湖桥文化、顶蛳山文化及甑皮岩遗址第五期遗存等。

---

1 泥河湾联合考古队：《泥河湾盆地考古发掘获重大成果》，《中国文物报》1998年11月5日。

2 袁家荣：《道县玉蟾岩石器时代遗址》，《中国考古学年鉴（1996）》，北京：文物出版社，1998年，第200—201页；袁家荣：《玉蟾岩遗址》，《中华人民共和国重大考古发现》，北京：文物出版社，2000年，第49—50页；袁家荣：《湖南道县玉蟾岩一万年以前的稻谷和陶器》，《稻作、陶器和都市的起源》，北京：文物出版社，2000年，第31—42页。

3 广西壮族自治区工作队、桂林市革命委员会文物管理委员会：《广西桂林甑皮岩洞穴遗址的试掘》，《考古》1976年第3期，第175—179页；北京大学历史系考古专业碳十四实验室、中国社会科学院考古研究所碳十四实验室：《石灰岩地区碳-14样品年代的可靠性与甑皮岩等遗址的年代问题》，《考古学报》1982年第2期，第243—250页。

4 中国社会科学院考古研究所广西工作队等：《广西邕宁县顶蛳山遗址的发掘》，《考古》1998年第11期，第11—33页。

5 英德市博物馆等：《英德云岭牛栏洞遗址》，《英德史前考古报告》，广州：广东人民出版社，1999年，第1—112页。

老官台文化是以陕西华县老官台遗址命名的考古学文化，年代约为公元前5900—前5000年，主要分布于关中和陇东地区，陕南也有分布。经过发掘的遗址主要有陕西临潼白家、渭南北刘、西乡李家村、何家湾、宝鸡北首岭、甘肃秦安大地湾、天水西山坪、师赵村等。

裴李岗文化是以1977年发掘的河南新郑裴李岗遗址而命名的，年代约为公元前5900—前5500年。主要分布在河南省境内，已发现遗址100余处。经发掘的20多处遗址，最重要的有新郑裴李岗、沙窝李、密县莪沟北岗、长葛石固、舞阳贾湖、临汝中山寨、郏县水泉、渑池班村等。

磁山文化以河北武安磁山遗址命名，年代约为公元前6000—前5000年，主要分布在河北省中南部的太行山东麓。发掘的重要遗址还有永年石北口、容城上坡、安新梁庄与留村、易县北福地等。

后李文化以山东临淄后李遗址命名，年代约为公元前6300—前5400年。主要分布在东起潍河、西至泰山西麓的泰沂山北侧的山前平原地带，至今发现的遗址约有10多处，其中重要的遗址除临淄后李外，还有章丘西河遗址、章丘小荆山遗址、潍坊寒亭前埠下遗址等。

兴隆洼文化以1983在内蒙古敖汉旗发现的兴隆洼遗址命名，年代约为公元前6100—前5000年，主要分布在西辽河流域，在燕山南麓局部地区也有发现。发掘的重要遗址有内蒙古敖汉旗兴隆洼、敖汉旗兴隆沟第一地点、林西白音长汗、克什克腾旗南台子、辽宁阜新查海、河北迁西东寨遗址等。

彭头山文化以湖南澧县彭头山遗址命名，年代约为公元前6500—前5500年，主要分布在湖南省北部的洞庭湖周围和湘、资、沅、澧四水下游地区及长江三峡东部至江汉平原之间的长江沿岸。经过发掘的重要遗址还有湖南澧县八十垱、湖北枝城城背溪、秭归柳林溪等。

皂市下层文化以湖南石门皂市下层命名。皂市下层文化的分布区域主要集中于洞庭湖周围，且包括湘、资、沅、澧四水的中下游。目前已发现的该文化遗址有大约30余处，遍布于洞庭湖周围八九个市县。其中较重要的遗址，除石门皂市外，还有澧县黄家岗、东坡、刁家湾、王家岗、皇山、占田岗、双庙岗，临澧县余家铺、邹家山、胡家屋场、王家祠堂、荷花台，津市市罗家台，石门县楝青坪，慈利县大坪，常德县费家嘴、炮台山，桃源县毛家村，岳阳市坟山堡，南县涂家台等遗址。其年代范围大约在公元前5900年至前5000年。

城背溪文化以湖北宜都城背溪遗址而得名。主要分布在长江三峡东部至江汉平原之间的长江沿岸，目前发现的城背溪文化遗址主要有宜都城背溪、花庙堤、枝城北、金子山、孙家河、栗树窝子，枝江青龙山，宜昌路家河下层，秭归柳林溪、朝天嘴，宜昌三斗坪、窝棚墩等。城背溪文化的年代大约在公元前6500年至前5500年，下限或可延至公元前5000年左右。

跨湖桥文化以浙江省杭州市萧山区湘湖村跨湖桥遗址命名，年代约在距今8000年至前7400年。分布范围不详。

顶蛳山文化以广西邕宁顶蛳山遗址命名，以顶蛳山遗址第二期、第三期为代表，年代约为公元前6000—前5000年，主要分布在南宁地区，典型遗址还有南宁豹子头、横县西津等。

属于新石器时代中期后段的主要考古学文化有上宅文化、北辛文化、新乐下层文化、赵宝沟文化、富河文化、昂昂溪文化、小珠山下层文化、马家浜文化、河姆渡文化、半坡文化、后冈一期文化、红山文化早期、小珠山中层文化、大溪文化等。

马家浜文化以浙江嘉兴马家浜遗址命名，年代约为公元前5000年—4000年。重要遗址还有浙江嘉兴吴家浜、吴兴邱城、余杭吴家埠、桐乡罗家角，江苏吴江梅堰、吴县草鞋山、常州圩墩、江阴祁头山、无锡彭祖墩、宜兴骆驼墩。

北辛文化以山东滕州北辛遗址命名，主要分布在鲁中南地区的汶水、泗水流域，在泰沂山区北侧、胶东半岛、苏北地区也有分布。其中胶东半岛存在一定的地域性特征。年代约在公元前5400—前4200年。经发掘的重要遗址有滕州北辛、汶上东贾柏、泰安大汶口下层、兖州王因下层、邹平苑城、临淄后李、烟台白石村、江苏邳州大墩子、连云港二涧村、灌云大伊山等。

上宅文化因北京市平谷区上宅遗址得名，重要遗址还有北京市平谷区北埝头遗址，河北省三河市孟各庄、刘白塔和天津市宝坻区牛道口遗址，其分布范围基本不出泃河流域。上宅文化碳十四测定年代值在公元前4500—前4000年前后，树轮校正的平均值约公元前5300年—4700年。

赵宝沟文化以内蒙古敖汉旗赵宝沟遗址命名，其分布范围，东面不逾医巫闾山，南临渤海，西至滦河上游一带，向北已分布到西拉木伦河上游的耗来河、嘎斯汰河流域。主要遗址除赵宝沟遗址外还有敖汉旗小山遗址、南台地遗址，克什克腾旗上店遗址，林西县水泉遗址，河北迁西县西寨遗址，等。起讫年代估计在公元前4500年—4000年前后。

富河文化因内蒙古赤峰市巴林左旗富河沟门遗址得名，重要遗址还有金龟山、南杨家营子等。目前所知富河文化仅分布在乌尔吉木伦河上游一带。该文化年代大致与赵宝沟文化相当，下限或可进入红山文化时期。

新乐下层文化以辽宁沈阳新乐遗址下层命名，文化内涵相同的遗址在辽中县的大黑北岗等处也有发现。新乐文化的碳十四测定年代数据在距今6335±95年至6145±120年之间。

小珠山遗址位于辽宁省长海县广鹿岛，该遗址依地层和遗存特征可分为上、中、下三个文化层，分别被命名为小珠山下层文化、小珠山中层文化和小珠山上层文化。其中小珠山下层文化是目前已知辽东地区年代最早的考古学文化。重要的遗址还有长海县广鹿岛柳条沟东山、大长山岛上马石，东沟县后洼遗址、大岗遗址，庄河市北吴屯等，其年代也大致在公元前4500年至前4000年。



昂昂溪文化因黑龙江省齐齐哈尔市西南25千米的昂昂溪遗址得名，类似的遗存还见于吉林省镇赉县黄家围子、黑龙江省肇源县小拉哈、昂昂溪的滕家岗子。年代估计在公元前5000年左右。

半坡文化主要分布在渭河流域的关中、甘肃东部，以及晋西南与陕南。年代约当距今6500年至6000年，重要遗址有西安半坡、宝鸡北首岭、华县元君庙、华阴横阵村、郃县下孟村、芮城东庄村、临潼姜寨、渭南史家、秦安大地湾、秦安王家阴洼、西乡何家湾、商县紫荆、南郑龙岗寺、铜川瓦窑沟等。

后冈一期文化以河南安阳后冈遗址下层命名，主要分布在豫北冀南及其附近地区。发掘的重要遗址有河南安阳后冈、濮阳西水坡，河北正定南杨庄、磁县界段营和下潘汪等。

红山文化以内蒙古赤峰红山后遗址命名，主要分布在内蒙古赤峰市和哲里木盟南部，辽宁省西部及河北省北部。其中早期年代大约距今6500年至6000年，属于新石器时代中期，重要遗址还有内蒙古敖汉旗西台、敖汉兴隆洼、赤峰西水泉、赤峰蜘蛛山、辽宁朝阳小东山等。

大溪文化以重庆市巫山县大溪遗址命名，年代大约自公元前4500年至公元前3300年。其分布范围由瞿塘峡东口向东到达武汉一带，南部到达洞庭湖周围，占据着两湖平原的主要区域。经发掘的重要遗址有巫山大溪、宜都红花套、宜昌中堡岛与杨家湾、枝江关庙山、京山屈家岭下层、湖南澧县城头山与三元宫、湖南安乡划城岗等遗址。

## 第二节　新石器时代早中期的作物、农具与农业

### 一、稻作农业的起源与发展

#### （一）新石器时代早期的稻谷、农具与稻作农业的兴起

##### 1. 稻谷的发现

新石器时代早期稻作农业遗存均发现于华南地区。

江西万年新石器时代早期遗址发现了稻谷硅酸体。仙人洞和吊桶环[1]两遗址位于江西万年大源乡

1 江西省文物管理委员会：《江西万年大源仙人洞洞穴遗址试掘》，《考古学报》1963年第1期，第4—10页；江西省博物馆：《江西万年大源仙人洞洞穴遗址第二次发掘》，《文物》1976年第12期，第23—35页；张驰：《江西万年早期陶器和稻属植硅石遗存》，《稻作、陶器和都市的起源》，北京：文物出版社，2000年，第43—50页；赵志军：《吊桶环遗址稻属植硅石研究》，《中国文物报》2000年7月5日。

石灰岩丘陵地区的一个山间小盆地。仙人洞为洞穴遗址，吊桶环为岩厦遗址。二者的上层属新石器时代早期，距今约15000—9000年。尽管两遗址目前尚没有明确的水稻种植证据被发现，但在吊桶环上层发现了栽培稻硅酸体。

湖南玉蟾岩遗址位于道县寿雁镇白石寨村，是一处洞穴遗址。洞穴较现代地面高约5米，洞口部分呈一宽敞的洞厅，朝东南，阳光充足，宽约12—15米，进深6—8米。遗址[1]发现了一万年以前的栽培稻谷实物标本。遗址堆积物主要分布在洞厅内，自然堆积层次近40层。洞前地势平坦开阔，适宜于人类生息繁衍，是旧石器文化向新石器文化过渡的全新世早期遗址。玉赡岩所在水系流域归属长江中游地区，其气候带则属于华南亚热带的南区，生态环境更接近岭南两广地区。1993年发掘的3个层位均有稻属的硅质体，1995年在文化胶结堆积的层面中发现了稻谷，谷壳出土时颜色呈灰黄色，共有2枚。其中一枚形态完整。此外还筛选出一枚稻壳残片。同时，在文化堆积土样中发现了具有双峰乳突形态特征的稻属植硅体和暂定为稻亚科的扇形、哑铃形植硅体。农学家对二次发掘出土的稻壳进行初步电镜分析，鉴定1993年出土的稻谷为野生稻，但具有人类初期干预的痕迹；1995年出土的稻谷为栽培稻，兼备野、籼、粳的特征，是一种由野生稻向栽培稻演化的古栽培稻类型。

在广东英德牛栏洞遗址[2]，发现了岭南目前唯一最早的稻植硅石遗存的线索。牛栏洞处在南岭南侧，与湖南玉蟾岩遗址直线距离约200千米左右。牛栏洞遗存划分为一、二、三期，初步判别分属于旧石器时代末期、中石器时代和新石器时代早期。在牛栏洞第二、三期文化层（约距今11000—8000年）中都发现了极少量水稻植硅石，其形态数据经计算机聚类分析属非籼非粳类型。

在长江下游的浙江浦江县上山遗址[3]出土少量稻米残粒，在夹炭陶胎中发现大量稻壳碎片。残剩的稻谷小穗轴有两种类型，一种是和现代野生稻相似的野生稻类型，另一种则是和现代栽培粳稻相似的栽培类型。遗址中夹炭陶片和木炭标本经碳十四测年为距今11000—8600年左右。

## 2. 农具

江西万年仙人洞、吊桶环遗址[4]上层文化的工具中，可用于农业活动的工具有石砍砸器、石斧、石凿、石锛、穿孔石器，梭形器、骨铲，石磨盘、磨棒和骨刀、牙刀等。石器主要是打制而成的，或局部磨制。

砍砸器，采用厚块或近长方形或呈椭圆形的砾石制作，一端打出刃部，未加修整。

石凿，略呈方柱形，全身磨制但不规整，双面刃。在凿身三面上，还遗有切割的沟槽一、二道。

石锛，扁平长方形，一面稍加磨制，一面为打击面，刃部磨制。

穿孔石器，椭圆形，周身磨制，正中对钻一孔，器边有捶击痕。

梭形器两端尖，背部隆起，剖面呈半椭圆形，似织梭，磨制精细，器形基本一致，只大小不同。

磨盘，扁平，马鞍形。

磨棒，呈柱状，断面馒头型。

骨刀，形似小刀，身厚有棱。一端有圆柄，平背利刃。

牙刀，系利用大型动物牙齿劈取半边制成，有切割和磨制痕迹。形似刀而作弧形，一端有下弯的柄部，内弧的一面有刃。

---

1 袁家荣：《玉蟾岩获水稻起源重要新物证》，《中国文物报》1996年3月3日；袁家荣：《湖南道县玉蟾岩一万年以前的稻谷和陶器》，《稻作、陶器和都市的起源》，北京：文物出版社，2000年，第31—42页。

2 金志伟等：《英德云岭牛栏洞遗址试掘简报》，《江汉考古》1998年第1期，第14—20页。

3 浙江省文物考古研究所、浦江博物馆，《浙江浦江县上山遗址发掘简报》，《考古》2007年第9期，第7—18页；盛丹平、郑云飞、蒋乐平：《浙江浦江县上山新石器时代早期遗址——长江下游万年前稻作遗存的最新发现》，《农业考古》2006年第1期，第30—32页。

4 江西省文物管理委员会：《江西万年大源仙人洞洞穴遗址试掘》，《考古学报》1963年第1期，第4—10页；江西省博物馆：《江西万年大源仙人洞洞穴遗址第二次发掘》，《文物》1976年第12期，第23—35页。

湖南玉蟾岩遗址[1]的生产工具中，还见用于砍伐的亚腰形石斧、用于挖土和平整土地的锄形石器和骨铲。

锄形石器，用扁长形砾石为原料，在一侧或两侧单面打击成器，使用部位是端刃。使用时上部可能捆绑安置弯柄。

骨铲，刃部磨制而成。

角铲，刃部打击加工而成，因使用而被磨蚀光滑。

广东英德牛栏洞遗址[2]生产工具有，可用于砍伐的石斧形器、砍砸器、凿形器，可用于挖土的石铲形器、骨铲，可用于收割的蚌刀等。

浙江浦江上山遗址[3]石器组合有，可用于谷物加工的磨盘、磨棒和用于砍伐的砍砸器。

新石器时代早期人工栽培稻的遗存仅见于长江流域及其华南地区部分，且数量极少，兼备野、籼、粳的特征，尚处于由野生稻向栽培稻演化的古栽培稻阶段。农具中一器多用的现象是较为明显的，多数工具既可用于农业活动，也可用于渔猎采集，缺乏因农事分化出来的专业农具，器型也欠规整。且农具组合中，与砍伐相关的器类如砍砸器、斧、凿等数量和种类最多，有一定数量与收割相关的器类如刀等和与谷物加工相关的磨盘、磨棒等，铲、锄等用于挖土或平整土地的器具则较少，体现了农业生产环节的原始性。作物发现数量很少，说明当时农业尚处于最初萌芽阶段，在人类生活中所占比重很小。而华北地区新石器时代早期未发现栽培农业迹象，工具组合中未见斧、刀类，其中的磨盘、磨棒类可能与加工野生植物子实有关。



### （二）新石器时代中期的作物、农具与农业的确立

#### 1. 稻谷与水田

进入新石器时代中期，稻作农业遗存广泛发现于长江流域。

分布于洞庭湖流域的彭头山文化[4]稻谷遗存有两种，炭化稻壳、稻谷和水稻花粉。在湖南澧县八十垱遗址发现的总数达1.5万粒之多的炭化稻谷、稻米，是一群籼、粳、野稻特征兼而有之的小粒种类型，是世界已知最丰富的早期稻作农业资料。

年代晚于彭头山文化的皂市下层文化中的的皂市[5]、坟山堡[6]、胡家屋场[7]等遗址都发现了少量的炭化谷物。

分布在鄂西地区的城背溪文化的陶胎中往往发现大量的炭化稻草、谷壳的残痕及包含稻谷壳的红烧土。其中宜都枝城北遗址[8]的稻谷壳印痕被鉴定为粳稻。

大溪文化大量陶器中掺和有稻草、稻谷壳，甚至在房屋建筑用料红烧土中也都普遍掺和稻草和稻谷壳。在桂花树遗址发现过厚达十几厘米的密结成层的炭化稻壳灰，在车轱山遗址[9]发现了存有

1 袁家荣：《玉蟾岩获水稻起源重要新物证》，《中国文物报》1996年3月3日；袁家荣：《湖南道县玉蟾岩一万年以前的稻谷和陶器》，《稻作、陶器和都市的起源》，北京：文物出版社，2000年，第31—42页。

2 金志伟等：《英德云岭牛栏洞遗址试掘简报》，《江汉考古》1998年第1期，第14—20页。

3 浙江省文物考古研究所、浦江博物馆，《浙江浦江县上山遗址发掘简报》，《考古》2007年第9期，第7—18页；盛丹平、郑云飞、蒋乐平：《浙江浦江县上山新石器时代早期遗址——长江下游万年前稻作遗存的最新发现》，《农业考古》2006年第1期，第30—32页。

4 湖南省文物考古研究所：《彭头山与八十垱》，北京：科学出版社，2006年。

5 湖南省博物馆：《湖南石门县皂市下层新石器遗存》，《考古》1986年第1期，第1—11页。

6 岳阳市文物工作队、钱粮湖农场文管会：《钱粮湖坟文堡新石器时代遗址试掘报告》，《湖南考古辑刊》6，1994年，第17—33页。

7 湖南省文物考古研究所：《湖南临澧县胡家屋场新石器时代遗址》，《考古学报》1993年第2期，第171—206页。

8 湖北省文物考古研究所：《宜都城背溪》，北京：文物出版社，2001年。

9 湖南省岳阳地区文物工作队：《湖南华容县车轱山遗址的原始农业遗存》，《农业考古》1985年第2期，第86—89页；湖南岳阳地区文物队：《湖南华容县试掘车轱山新石器时代遗址》，《江汉考古》1984年第1期，第68页。

成堆炭化大米的灰坑（窖穴），红花套遗址[1]烧土中的稻壳经鉴定为粳稻。在城头山遗址[2]发现了水稻田，水田是利用东南至西北略呈倾斜走向的原生凹槽地形，在凹槽两边平行垒筑田埂而成。共发现三条人工堆筑的田埂组成的长方形丘田地及与之配套的原始灌溉系统。第一条田埂清理长度30米，第二条清理13米，第三条仅5米，第一、二条田埂相距约5米。田埂之间为表面平整、厚约30厘米的纯净灰色土，显现出水田所特有的龟裂纹，其中有含量很高的水稻硅酸体和炭化稻叶及稻米，单位面积所含水稻硅质体数量已与现代稻田十分接近。水田剖面清晰可见的植物根系与现代稻田完全一致，推测当时采用的是撒播种植技术。与稻田配套的灌溉系统为3个蓄水坑和3条排水沟，蓄水坑圆形圜底，1号蓄水坑直径有1.2米，深度1.3米，有2条小排水沟与之相通。

长江下游地区的跨湖桥文化跨湖桥遗址[3]，发现有1000多粒炭化的稻米、稻谷、稻壳以及水稻硅酸体。

在河姆渡文化河姆渡遗址[4]的发掘中，几乎每个探方中都发现有稻谷遗存，并有稻谷、谷壳、稻杆稻叶混杂形成的厚达20—50厘米的堆积层。河姆渡遗址第4层发现有约400平方米的稻谷、稻壳和稻草堆积，厚度从0.1—0.4米不等，最厚可达0.7—0.8米。考虑到谷物腐朽及自然下沉因素，原来的厚度当在1米以上。据估计，这些堆积按比例换算成稻谷可达24万斤以上。河姆渡稻的品种为籼亚种中晚期稻型水稻。

在马家浜文化的罗家角[5]、崧泽[6]、草鞋山[7]及圩墩[8]等遗址中都发现有炭化的稻谷、稻米。各遗址都是既有籼稻，又有粳稻，籼稻的比例一般大于粳稻。在草鞋山发现的两个放置稻米的灰坑中，分别发现粳稻和籼稻的谷粒块，或许说明当时人们已经认识到了两个品种的区别。在草鞋山遗址和圩墩遗址发现了马家浜文化的水稻田及水沟、水塘、水井等遗迹。草鞋山遗址的水稻田遗址，东片水田位于低洼地带，由29块田块、6口水井和2条水沟相互串联构成略呈南北向的水田区。田块为椭圆形或圆角长方形，面积一般在3—5平方米的平底浅坑，深约0.2—0.5米，其间有进水口相连。水沟位于水田的边缘或端部。水井口大底小，口径约0.5米左右，深1.5—2米。部分水井中部留有台阶，可能具有蓄水功能。西片水田遗迹也由田块、水沟和水井组成，田块之间以进水口相连。唯西片田块和水沟都围绕一个大水塘呈辐射状组合分布，已发现的田块分为3组。水塘已揭露部分南北长14.5米，东西宽9米。塘边十分整齐，应系人工开挖，用途亦当与水田遗迹有关。经测定，东片田块内含有丰富的β型水稻植物蛋白石，系人工栽培稻，粒形接近于现代粳稻。同时还在田土中水选出较多的炭化米粒。

另据报道，在城头山遗址早于城址始建年代（大溪文化）的所谓汤家岗文化[9]地层堆积中，也发现有水田遗迹和相配套的灌溉设施。1996年冬解剖城头山遗址东城墙，第一期城墙和最早的文化层之下、生土之上，露出青灰色纯净的静水沉积，有很强的粘性，参与发掘的村民认为这是稻田土。将这层土表面整平，现出清楚的因一干一湿而形成的龟裂纹。挖取部分土样从中拣出稻梗和根须，和现在

---

1 红花套考古发掘队：《红花套考古遗址发掘简报》，《史前研究》1990—1991年合刊，第309—317页。

2 镇江市博物馆：《江苏句容城头山遗址试掘简报》，《考古》1985年第4期，第289—302页。

3 浙江省文物考古研究所、萧山博物馆：《跨湖桥》，北京：文物出版社，2004年。

4 浙江省文物管理委员会：《河姆渡遗址第一次发掘报告》，《考古学报》1978年第1期，第39—94页；河姆渡遗址考古队：《浙江河姆渡遗址第二期发掘的主要收获》，《文物》1980年第5期，第1—15页；浙江省文物考古研究所：《河姆渡——新石器时代遗址考古发掘报告》，北京：文物出版社，2003年。

5 罗家角考古队：《桐乡县罗家角遗址发掘报告》，《浙江省文物考古研究所学刊》，北京：文物出版社，1981年，第1—42页。

6 上海市文物保管委员会：《崧泽——新石器时代遗址发掘报告》，北京：文物出版社，1987年；上海市文物保管委员会：《1987年上海青浦崧泽遗址的发掘》，《考古》1992年第3期，第204—219页。

7 南京博物院：《江苏吴县草鞋山遗址》，《文物资料丛刊》3，北京：文物出版社，1980年，第1—24页。

8 常州市博物馆：《江苏常州圩墩村新石器时代遗址的调查和试掘》，《考古》1974年第2期，第109—115页；吴苏：《圩墩新石器时代遗址发掘简报》，《考古》1978年第4期，第223—240页。

9 湖南省文物考古研究所：《汤家岗文化初论》，《南方文物》2007年第2期，第61—69页。

农田中所拔取的比较，简直没有区别。从局部的剖面观察，可以看出一根根往下伸展的根须或留下的痕迹，可辨识出当时采用的是撒播。在土样中还拣选出炭化稻谷和蓼科、竹叶、田螺等动植物标本。为了更清楚地揭示古稻田的原貌，1997年冬，在东城墙及其内开了15个探方，这次清理出由西北向东南延伸的3条田埂。第一条田梗，实际是较高的一级原生土面向较低一级原生土面倾斜的坡面。两端均伸出发掘区，揭露长度19.5米。第二条田埂距第一条4.6—5米，露出长度13米，北面一段压在第一、二期城墙内坡下，因要保留此段城墙及墙顶栅栏遗痕，故未挖除，致使田埂有数米长度未能显露。其南部一段被大溪文化时期的环壕截断和破坏。第三条田埂距第二条2.5米，仅露出5米左右，北段被一、二期城墙所压，南段被环壕破坏。三条田埂之间形成长条形的二丘田。这二丘田均是在此发掘区西部较低的原生土面往下挖出，同时保留田埂部位。待田里耕作土积高到与原生土田埂等齐时，再用人工在原田埂上加高堆垒成新的田埂。因第一条田埂实为原生土的坡面，随田土抬高，只是田埂逐渐沿坡面后移，并不需加高垒筑。第二条田埂加筑的部分在南段并不和原生土田埂重合，而是稍向东移，原因尚不清楚。由于田埂可分两期，因此稻田也可分两期，虽然从田土剖面上很难看出土质和土色的变化。香港大学对水稻田上层两个含碳标本进行了加速器测年，经校正后年代为公元前4320—4055和公元前4230—前3985年。对稻田下层泥土用光释光方法测年，T1030和T1080的两个标本，均为距今6629±896年。1998年冬在新开的T3131的东南角，找到了第一道田埂向东的拐角，因已离发掘区东壁仅数十厘米，故未能找出其西北转角。现在已露出的第一道田埂长度已有30米，其北端尚有多长因无法扩方而不可求知。这样第一丘田面积至少有2分，远大于江苏吴县草鞋山遗址所揭示的古稻田丘块面积。还发现了与水稻田配套的原始灌溉系统，有水坑和水沟，均在高出于稻田。位于稻田之西的原生土层，已发现水坑3个，1号坑在T1028中间部位，径1.2米，深1.3米，锅底形。2号坑一半压在发掘区外，坑径在1.2米左右，未能挖到底。3号坑在T3028东南角，仅揭示出1/4，径约1.5米。1号坑底部有很浅的一层淤泥。1992年在T3028及其南的几个探方均发现原生土层面上有浅沟，当时以为是居住区之间的分界。1997年冬在T1028发现1个水坑，并发现由西南向东北注入该坑的两条小沟后，才意识到是作为灌溉用的水沟，进而挖除T3028的回填土，又新发现一条水沟，并把前两条水沟一直延伸到T3028的西壁。水坑、水沟无疑是与稻田配套的设施[1]。



新石器时代中期稻的分布还达到今天的陕西、河南和山东的部分地区。如老官台文化的李家村[2]、何家湾遗址[3]都发现有稻谷遗存。裴李岗文化的贾湖遗址[4]发现有水稻，在该遗址的十多个灰坑中，发现有较多完整的或破碎的米粒，经鉴定是带有一定野生稻特征且籼粳分化不彻底的原始栽培水稻。同时，在该遗址也发现人工栽培水稻的硅酸体。在北辛文化的二涧村遗址[5]出土的红烧土上发现有稻壳痕迹。

此时栽培稻遗存不仅发现范围较新石器时代早期广，且出土稻遗存的遗址众多。不仅有稻谷、稻壳等发现，更有相当规模的水稻田及与其配套的灌溉设施的发现。稻的品种已经开始分化，而且人们似乎也认识到这种分化。

## 2. 骨耜与耜耕农业

长江中游地区新石器时代中期的农具主要由斧、铲和刀类构成。以斧数量最多。

1 湖南省文物考古研究所：《澧县城头山古城址1997—1998年度发掘简报》，《文物》1999年第6期，第4—17页。

2 陕西省考古研究所：《陕西西乡李家村新石器时代遗址》，《考古》1961年第7期，第352—354页；陕西省社会科学院考古研究所汉水队：《陕西西乡李家村新石器时代遗址一九六一年发掘简报》，《考古》1962年第6期，第290—291、295页；陕西省考古研究所、陕西省安康水电站库区考古队：《陕南考古报告集》，西安：三秦出版社，1994年。

3 陕西省考古研究所、陕西省安康水电站库区考古队：《陕南考古报告集》，西安：三秦出版社，1994年。

4 河南省文物考古研究所：《舞阳贾湖》，北京：科学出版社，1999年。

5 江苏省文物工作队：《江苏连云港市二涧村遗址第二次发掘》，《考古》1962年第3期，第111—116页。

彭头山文化[1]农具多由骨、木器担纲，有少量石器，器类主要有牛股骨器、木耒、木铲、木杵和砍砸器、石杵等。

牛股骨器，直径6—8厘米，长约40厘米，以牛股骨为原料，制作时从中间截断，保留两端的肢骨头，并将骨管的截断处修整和磨成斜面而成斜刃，在刃部上方修整出一个阶梯状台面，似有助于横向捆缚木棍而构成复合工具，为用于取土与开沟等作业的工具。

木耒，大型翻土工具，长近90厘米，上部有斜的扶手，是利用一节树杈制成的。下部斜单刃，刃宽约10厘米。值得注意的是，有些刃的方向为纵向而非通常的横向。

木铲，利用较为粗大的树杆为原料，先砍劈成板状材料，再在其一端稍事加工成扁平刃。一般为单面加工，亦有双面加工的，个别直接利用原材，在其一端加工成扁平刃。刃部形制不规整，主要有平刃和尖刃两种。

木杵，上为长柄，下为圆头，应属食物加工工具。

石砍砸器，以扁平砾石或角砾为原料，在砾石一侧或一端剥片后形成陡刃，并以弧刃或尖凸刃为主。

石杵，长柱体砾石，一端略粗，为手握部；另一端较细，为使用面。

大溪文化农具主要以石器为主，也有骨器，种类有砍砸器、斧、铲、锄、刀等。除砍砸器外，一般都是磨制成形的，所以器型较为规整，刃部也更为锋利。

斧，长方形，横断面近圆角长方形，两侧外鼓，弧顶、弧刃。

铲，平面短梯形，平顶宽弧刃，上部穿孔。

刀，平背、平刃。

杵，扁圆柱状。

蚌镰，弧背，凹弧刃。

以跨湖桥[2]、河姆渡[3]及马家浜文化为代表的长江下游地区新石器时代中期文化的农具则以数量众多的骨耜为主体（图2-1），另有少量斧、刀等。

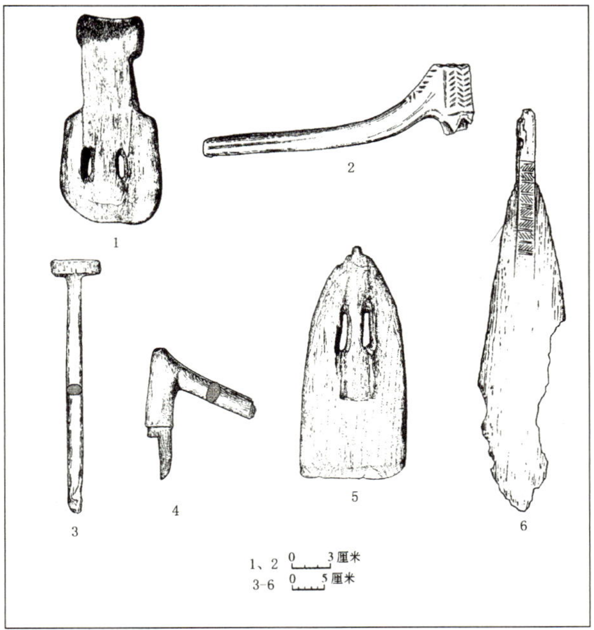

图 2-1　河姆渡遗址工具
1. 骨耜　2. 安锛鹿角柄　3. 安耜木柄　4. 安锛木柄　5. 木耜　6. 木桨

骨耜，均用大型哺乳动物的肩胛骨制成，中部有二孔用以加固柄部，边缘刃部修整平齐。此类工具适宜挖沟修渠、松田平土等农业生产活动。

牛鼻形孔木器，鲻山遗址出土，长105厘米、宽28厘米、厚18.5厘米，长方体厚板，上面距顶部15—33厘米中线处挖有一个长18厘米、深2.2厘米的牛鼻形孔，牛鼻梁长18厘米、宽4厘米、厚12厘米，可以穿过拇指般粗的绳索。下面由于与泥土摩擦比较光滑。该件木器两端平齐，如作为拖拉器，则阻力太大，可能为平田器[4]。

1 湖南省文物考古研究所：《彭头山与八十垱》，北京：科学出版社，2006年。
2 浙江省文物考古研究所：《跨湖桥》，北京：文物出版社，2004年。
3 浙江省文物考古所：《河姆渡——新石器时代遗址考古发掘报告》，北京：文物出版社，2003年。
4 河姆渡遗址博物馆：《河姆渡周边遗址原始稻作农业的研究》，《农业考古》1998年第1期，131—137页；浙江省文物考古研究所、厦门大学历史系：《浙江余姚市鲻山遗址发掘简报》，《考古》2011年第10期，第14—25页。

从水田及灌溉系统、稻谷等遗存的丰富程度、骨耜类专业从事稻作耕种的工具的出现与大量使用等情况来看，新石器时代中期的稻作农业已进入耜耕农业阶段，且其田间管理、耕作和灌溉系统已具有相当规模。

## 二、旱作农业的兴起与进步

### （一）兴隆洼文化人工栽培粟、黍与旱作农业的起源

兴隆洼文化中发现了人工栽培作物，被辨认出来的是黍和粟两种栽培作物的完整炭化谷粒。这两种植物的野生种子与栽培作物的籽粒在形态特征上和尺寸上的差异十分显著。

兴隆洼文化的炭化粟粒为近球形，直径在1.3毫米左右，略小或接近于圆球状或近球形，直径在1.5毫米左右的现代栽培粟籽粒。无论形态亦或尺寸上都已明显有别于野生籽粒呈长扁梭形，粒长一般在0.5毫米左右的狗尾草和谷莠子。



黍所归属的黍属是禾本科中的一个大属，其中的铺地黍或野糜子可能与黍的起源有关。常见的黍属野生植物的种子为长扁圆形，腹部扁平，背部微隆，长度很少有超过1毫米的，而栽培作物黍的籽粒呈圆球状，直径多在2毫米以上。兴隆沟遗址出土的黍粒是长鼓圆形，腹部和背部均高高隆起，平均粒长1.6毫米，最大的达到1.8毫米，不论在尺寸的大小上还是籽粒的饱满度上都大大超过了常见的黍属野生植物的种子。此外，观察发现兴隆沟遗址出土的近1500粒炭化黍粒的胚部均呈现爆裂状，与栽培谷物粟和黍经烧烤后会产生爆裂相一致，而与黍属野生植物种子的质地坚硬，烧烤后胚部仍保持完整不相一致[1]。

兴隆洼文化的黍、粟虽已经是栽培品种，但在籽粒的形态上仍保留了较浓厚的野生祖本的特征，如粒形较长、尺寸较小等。所以它们应属于栽培作物进化过程中的早期品种，是目前已知最早的确定无误的栽培作物粟和黍。

在兴隆洼文化中，可用于农业生产的工具仅包括极少数的锄形砍砸器、部分石锄、石刀和磨盘、磨棒等，它们都是一些与渔猎采集活动所需相通的工具类型（图2-2）。

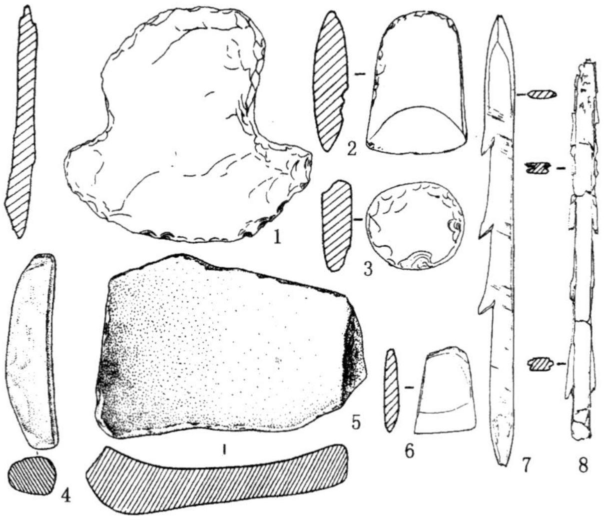


图2-2　兴隆洼文化工具
1.有肩石锄　2.石斧　3.盘状石器　4.石磨棒　5.石磨盘　6.石锛　7.骨镖　8.骨梗石刃镖

石锄，高在15厘米左右，多面刃缘，从刃缘至中腹部布满因泥土的作用而产生的光泽，有与刃缘呈垂直方向的线状痕，可作为松土、铲土器使用。

石斧，长方形，正锋刃，刃锋利，弧刃或斜刃，一般两侧隐现平棱。

锄形砍砸器，器高在10—15厘米，整体形状近正方形，其中器身与器柄的比例接近于1∶1，形成宽而扁的器身，多弧刃，见侧锋者，

1　崔岩勤、姜黎梅：《兴隆洼文化经济形态简析——从考古发掘出土的生产工具及动植物遗存谈起》，《赤峰学院学报》第2期，第1—2、28页。

适合用于砍砸。

石刀，长条状扁薄体，直刃或弧刃，截面呈三角形。

磨盘，一般选择花岗岩石料，琢磨兼制，扁体圆角长方形，磨面下凹，两端略上翘。

磨棒，呈长柱体[1]。

兴隆洼文化没有创造出专门的农业工具，且可用于农业活动的工具数量有限，不支持一定规模的刀耕火种农业活动，可用于砍伐大型树木类的工具相对缺乏，与挖地工具数量不相匹配，说明古人获得可供种植裸地能力低，不具备大面积刀耕火种的条件，农业顶多处于园艺式农业的水平，或可能处在似农非农的阶段。

兴隆洼文化农业的状况，可能体现了旱作农业起源时期的原始状态。根据年代学分析，兴隆洼文化发现的粟、黍是我国目前已知最早的旱地栽培作物。

## （二）旱作农业的进步

### 1. 旱地作物的发现

黄河流域新石器时代中期文化所体现的农业水平，均已脱离了类似兴隆洼文化时期那种原始状态。黄河流域新石器时代中期各考古学文化遗址中往往都有农业遗存发现。老官台文化、磁山文化、裴李岗文化、后李—北辛文化中，常常发现有粟作农业遗存的证据或线索，尤其前三者。进入这一时期的后段半坡文化时期，旱地作物种类趋于多元化，包括粟、黍、橡和油菜籽等。其中种植油菜的目的可能主要是获取蔬菜。而且在农作物种类较为丰富的基础上，收获量似乎也达到了相当可观的水平。

在老官台文化[2]大地湾遗址H398和H379中发现炭化黍粒（原鉴定称稷），同时还发现油菜籽，是作为蔬菜种子储存起来的一种叶用油菜。

在裴李岗文化沙窝李遗址第二层0.8—1.5平方米范围内，发现了比较密集的炭化粟粒。在许昌丁庄遗址中，也有炭化粟粒的发现。

河北武安磁山遗址发现345座长方形窖穴，其中80余座有粮食（粟）朽痕，一般厚0.5米左右，有的厚达2米。例如T79③H346，坑口长1.1米，宽0.9米，深3.65米。坑内的堆积物分为三层，上部是灰土堆积，在距坑口1.65米的深处为一层黄色硬土堆积，最下层为粮食堆积。由于粮食经过长期腐烂下沉，使现存堆积缩小，故在黄色硬土与粮食之间形成了一层0.6米厚的空隙，可见坑内当时堆放的粮食之多。这些粮食朽痕换算成新鲜粟米，重量可达10余万斤。这是中国目前已知新石器时代文化中，粮食遗迹最为丰富的一处[3]。

北辛文化的北辛遗址有些陶器的底部留有粟糠印痕，大墩子遗址下层出土有炭化粟。

在半坡文化[4]半坡遗址的几座房址中，都发现过炭化的粟，尤其在H115中也发现了大量炭化粟，在F38中的一小陶罐内储藏着芥菜或白菜籽一类的种子。半坡文化姜寨遗址[5]中在T258第4层发现炭化的橡树种籽100多粒，在M254所出的陶罐中和ZHT42第4层均发现黍，表面光泽，颗粒两端的尖芒清晰可见。

### 2. 以斧为主体的农具与刀耕火种农业

老官台文化的农具在一些遗址中都有出土，主要为石斧、石铲、石凿、石锛、石刀等生产工具，已

---

1 中国社会科学院考古研究所内蒙古工作队：《内蒙古敖汉旗兴隆洼遗址发掘简报》，《考古》1985年第10期，第868—870页。

2 郎树德、赵建龙：《关于老官台文化的新认识——兼谈大地湾一期文化遗存》，《考古与文物》1984年第6期，第56—64页。

3 佟伟华：《磁山遗址的原始农业遗存及其相关的问题》，《农业考古》1984年第1期，第194—207页。

4 中国科学院考古研究所、陕西省西安半坡博物馆：《西安半坡》，北京：文物出版社，1963年。

5 西安半坡博物馆等：《姜寨——新石器时代遗址发掘报告》，北京：文物出版社，1988年。

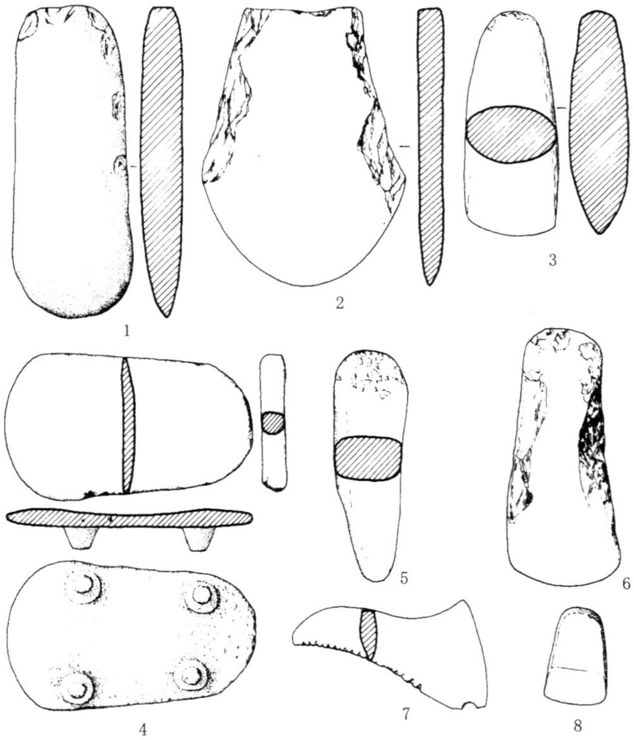

图 2-3　石固遗址（裴李岗文化）出土的生产工具
1. 长条形石铲　2. 舌形石铲　3. 石斧　4. 石磨盘　5. 石杵　6. 石铲
7. 石镰　8. 石凿

经具备了固定的器型，但是磨制技术不高。西山坪遗址[1]一期发现了特殊打制的斧形器和铲形器。前者在周边直接打出刃部，不加任何修整和磨制即行使用；后者从一面加工成锋利的刃部，并略打制成亚腰形，体形较大较长，也不加磨制。

裴李岗文化的生产工具中，由石斧、石铲、石镰、石磨盘、石磨棒等组成的完整的农具组合，呈现出了一套完整的农业生产过程，即从砍伐树木到翻土播种，从收割到脱粒，体现了一套完整的农事程序（图2-3）。

石斧，通体磨光，弧形双面刃，平面形状为长条形、长方形或梯形，横剖面椭圆形或偏椭圆形。

石铲，长条形、梯形或长条有肩，扁平体，弧形双面刃。

石镰，拱背直刃或弧刃，有齿或无齿，尾部上翘。

磨盘与磨棒，用砂石打制、琢磨而成。磨盘平板状，一端宽一端窄，下有四足。磨棒呈圆柱体[2]。

磁山文化[3]生产工具，以扁圆柱状石斧为多，扁平石斧次之。在两个文化层中，共出土打制、磨制、打磨兼施的石斧430余件。打制局部磨光和通体磨光兼备，但通体磨光的数量居多。小型凿、锛也有发现。用于开垦翻土的工具除石铲有实物被保存下来外，在磁山遗址的一些窖穴壁上还发现有可能属于“耒”的工具使用痕迹。同时，收割用石刀、骨刀及加工用磨盘、磨棒等工具也很常见。

北辛文化[4]的生产工具组合也包括斧、锛、铲、刀、镰等。

半坡文化的农具中，以用于砍伐林木的石斧占绝大多数，另有相当数量的锛和用于收割的刀，而修整土地的铲和锄等器型占有的比例很少。

从生产工具的比较来看，这一时期一直不曾改变以斧却为最主要的工具。尽管较新石器时代早期出现了形制较稳定的铲、锄等新器型，翻土、平整土地环节因铲、锄类工具在工具组合中的相对缺乏表现比较突出，体现当时农业处在刀耕火种生产方式的状况。



1 中国社会科学院考古研究所：《师赵村与西山坪》，北京：中国大百科全书出版社，1999年。

2 河南省文物管理局南水北调文物保护办公室郑州市文物考古研究院：《河南新郑市唐户遗址裴李岗文化遗存发掘简报》，《考古》2008年第5期，第12—14页。

3 河北省文物管理处、邯郸市文物保管所：《河北武安磁山遗址》，《考古学报》1981年第3期，第303—338页。

4 中国社会科学院考古研究所山东队、山东省滕县博物馆：《山东滕县北辛遗址发掘报告》，《考古学报》1984年第2期，第159—191页。

## 三、家畜、圈栏与饲养业

与栽培作物的发明同时，兴隆洼文化时期对猪的饲养也可能已经出现了。在兴隆洼遗址[1]中发现一些猪的第3臼齿，尺寸较小，这可以作为属于家猪的证据。在查海遗址[2]发现的猪的数量在全部动物骨骼中的比例似乎是最高的，比较近似家猪的特征。袁靖先生提出兴隆洼文化可能已经存在数量有限的家猪。此外，他认为，在兴隆洼遗址出土的17种哺乳动物中，以马鹿和狍子的数量较多，尤其马鹿，在该遗址中晚期出土比例略高或与猪的比例持平，然而兴隆洼遗址第118号墓葬死者用一雌一雄两头猪随葬以及兴隆沟遗址一房址中摆放的可能与宗教信仰有关的1组15个兽头中，12个为猪头，马鹿头仅3个，猪的数量多出马鹿数倍，可见，当时人们对猪具有某种特殊的情感，可能与人类存在饲养牲畜的行为有关。

新石器时代中期的很多遗址中出土的动物骨骼经科学鉴定被确认为家畜。

裴李岗文化贾湖遗址[3]发现最多并能认定的家畜有猪和狗，可能还有羊。裴李岗有发现牛骨的报道，贾湖也发现有黄牛和水牛骨，是否为家畜，尚有疑问。不过，从裴李岗文化的后继者下王岗仰韶文化遗存中已发现家养的黄牛，或可作为裴李岗文化饲养黄牛的旁证。

磁山文化[4]中的饲养业已经达到了比较发达的程度，主要表现是，在储藏粮食的窖穴底部，都发现完整或破碎的狗和猪的骨骼。经专家鉴定，狗和猪均为饲养的家畜。特别是还出现了中国目前已知最早的家鸡，还可能驯养了小型黄牛。但家畜遗骸数量较少，可能意味着饲养家畜虽已开始出现，但仍处初期的萌芽状态。

大地湾文化[5]家畜饲养业已经兴起。大地湾猪的年龄结构以13—18个月最多，占38.2%；大于24个月的仅占7.3%。而野猪的平均年龄却有10岁。因此，可以认定，大地湾猪类绝大多数应该是驯养的家猪。白家村遗址发现了猪、水牛、狗、鸡四种家养动物。其中，以猪的数量最多，下颌骨已达187块，可见当时对家猪的饲养规模较大。仅次于家猪的是水牛，从骨骼的尺寸、形状上看，与野生水牛有明显的区别，应是家养的水牛。

彭头山文化八十垱遗址[6]出土有家畜骨骼，包括牛、猪、鸡，其中以牛较为多见。皂市下层文化出土了大量动物骨骼，其中牛、羊、猪可能是人工饲养的家畜。

北辛文化东贾柏遗址[7]出土有家猪，苑城西南庄也发现了大量猪骨，北辛遗址见有鸡骨。

在上海青浦崧泽遗址[8]马家浜文化生活遗存中有许多动物遗骸。经鉴定，动物种类有家猪、麋鹿、梅花鹿、獐、水牛和鲸，说明动物仍然是先民们的重要食物来源。其中发现有两个保存基本完整的长吻型家猪骨。

大溪文化很多遗址发现有饲养的牛、羊和猪的骨骼。

半坡文化饲养的家畜主要有猪和狗两种，此外还见有饲养的鸡和黄牛。姜寨遗址出土的猪半

1 中国社会科学院考古研究所内蒙古工作队，中国科学院植物研究所：《内蒙古敖汉旗兴隆洼遗址发掘简报》，《考古》1985年第10期，第865—874页；中国社会科学院考古研究所、内蒙古工作队：《内蒙古敖汉旗兴隆洼聚落遗址1992年发掘简报》，《考古》1997年第1期，第1—26页

2 辽宁省文物考古研究所：《查海——新石器时代聚落遗址发掘报告》，北京：文物出版社，2012年

3 河南省文物考古研究所：《舞阳贾湖》，北京：科学出版社，1999年。

4 河北省文物管理处、邯郸市文物保管所：《河北武安磁山遗址》，《考古学报》1981年第3期，第303—338页。

5 甘肃省文物考古研究所：《秦安大地湾——新石器时代遗址发掘报告》，北京：文物出版社，2006年。

6 湖南省文物考古研究所：《彭头山与八十垱》，北京：科学出版社，2006年。

7 中国社会科学院考古研究所山东工作队：《山东汶上县东贾柏村新石器时代遗址发掘简报》，《考古》1993年第6期，第461—471页。

8 上海市文物保管委员会：《崧泽——新石器时代遗址发掘报告》，北京：文物出版社，1987年；上海市文物保管委员会：《1987年上海青浦崧泽遗址的发掘》，《考古》1992年第3期，第204—219页。

数的死亡年龄在1岁至1.5岁，83%的猪没有能够长到2足岁，这都是家猪的特征。元君庙墓地[1]M439、M442和M425用猪骨随葬，可能说明猪与人们生活的密切关系。北首岭遗址[2]墓葬中出土过盛装有家鸡骨架的陶罐。

牲畜圈栏及牲畜夜宿场见于半坡和姜寨遗址。姜寨遗址的牲畜圈栏位于姜寨村的北部，有编号1号圈栏的不规则形圈栏和编号2号的长圆形圈栏。1号圈栏长5米，宽3.9米。周围有不规则的小沟槽，宽13—27厘米，深8—30厘米，槽底有柱洞22个，圈栏内地表有厚3—27厘米厚的家畜粪便堆积。2号圈栏长3.64，宽3.05米，只保留下周圈宽4—10厘米，深7—22厘米的长圆形的小沟槽。其内南部尚留有1个柱洞，圈栏内部有8个较密集分布的柱洞。姜寨村落中央广场的西部和西北部分别有2处牲畜夜宿场，均为不规则形。其中的1号畜场面积约53平方米，表面有厚20厘米可能是家畜粪便堆积的灰土堆积[3]。

家禽家畜骨骼及饲养场所的发现，说明新石器时代中期起已经有了明确无误的饲养业，且饲养具有了一定的规模。当时人类饲养的家禽家畜种类主要是猪、狗、牛、鸡，可能还有羊。姜寨等遗址出土有很多鹿的骨骼，可能此时人类也开始了对鹿的驯养。



## 四、野生动植物与采集渔猎

### （一）新石器时代早期的渔猎采集品与渔猎采集工具

渔猎采集品和渔猎采集工具在新石器时代早期遗址中的发现远远多于农业遗存。

南庄头遗址[4]发现了数量较多的水、陆生动物遗骸，包括鸡、鹤、狼、狗、猪、麝、马鹿、麋鹿、斑鹿和鳖等。除狗和猪有可能为家畜外，其余均为野生动物，且多属于鹿科动物，水生动物有中华圆田螺、珠蚌、萝卜螺、扁卷螺和微细螺等。另外，还发现了较多的植物种子遗存。南庄头遗址出土的石器有石锤、磨盘、磨棒和石片等，还多见骨镞及用动物骨头和角磨成的锥状器。采集品的加工工具有磨盘和磨棒。

磨盘，长方形或弧边形板状，下底平，上面内凹，周边弧突。

磨棒，横剖面呈近圆形的柱状体。

在吊桶环遗址[5]中与栽培稻硅酸体同时被发现的还有野生稻硅酸体。

玉蟾岩遗址堆积中包含有大量的水生动物介壳，同时还发现了大量陆生动物遗骸，其中哺乳动物28种，鸟类27种。哺乳动物中数量最多的是鹿科动物，如水鹿、梅花鹿、赤麂、小麂等。食肉类动物也很丰富，如熊、鼬、水獭、猪獾、狗獾、貉、大灵猫、小灵猫、果子狸、椰子狸、野猫等，以猪、牛、竹鼠、豪猪等为常见。此外还有猴、兔、羊、鼠、食虫类等动物。可见，玉蟾岩人狩猎的对象主要是大型的食草动物和小型的食肉动物，同时鸟禽类也是一种主要的捕猎对象。生产工具主要是石制品和骨、角、牙、蚌器。石制品全部为打制，不见磨制石器，包括石核、石片、砍斫器、刮削器、切割器、石刀、锄形器、亚腰斧形器等[6]。

甑皮岩遗址出土有大量的水陆生动物遗骸，其中贝类包括中华圆田螺、放逸短沟蜷、圆顶珠

1 北京大学历史系考古教研室、中国社会科学院考古研究所：《元君庙仰韶墓地（黄河水库考古报告之四）》，北京：文物出版社，1983年。

2 中国社会科学院考古研究所：《宝鸡北首岭》，北京：文物出版社，1983年。

3 何周德：《姜寨遗址——牲畜夜宿场遗迹辨析》，《考古与文物》2003年第2期，第27—31页。

4 保定地区文物管理所等：《河北徐水县南庄头遗址试掘简报》，《考古》1992年第11期，第961—970页；李珺：《徐水南庄头遗址又有重要发现》，《中国文物报》1998年2月11日；郭瑞海、李珺：《从南庄头遗址看华北地区农业和陶器的起源》，《稻作、陶器和都市的起源》，北京：文物出版社，2000年，第51—64页。

5 赵志军：《吊桶环遗址稻属植硅石研究》，《中国文物报》2000年7月5日。

6 袁家荣：《玉蟾岩获水稻起源重要新物证》，《中国文物报》1996年3月3日；袁家荣：《湖南道县玉蟾岩一万年以前的稻谷和陶器》，《稻作、陶器和都市的起源》，北京：文物出版社，2000年，第31—42页。

蚌、短褶矛蚌、背瘤丽蚌、珍珠蚌、膨凸锐棱蚌、蚬等。脊椎动物包括，鲤科，鱼、鳖、草鹭、池鹭、鹭、鹳、天鹅、雁、鸭、雕、石鸡、白马鸡、原鸡、雉、鹤、伯劳，雀形目，鸦、沙鸡、鹦鹉科，潜水鸟类，鸟、猴、兔、白腹巨鼠、绒鼠、中华竹鼠、鼠、豪猪，啮齿类动物包括貉、犬科、狗獾、獾、水獭、鼬科、猫科；大型食肉动物、小型食肉动物；大型鹿科、中型鹿科、小型鹿科，如秀丽漓江鹿和小麂等；大型哺乳动物、中型哺乳动物、小型哺乳动物，如水牛和猪等。遗址中发现了炭化块根茎植物遗存，且在一些石器或骨器的刃部发现了附着的芋类淀粉颗粒，说明块茎类植物可能在当时人类的生活中占有比较重要的位置。甑皮岩遗址还发现了较多的十字花科花粉，十字花科包含了许多可食用或药用的蔬菜。甑皮岩遗址石质工具以砍砸器为主，仅有少量磨制石斧、石锛等，此外还有一些骨锥、骨铲、蚌刀等[1]。

采集和渔猎品种的广泛性，说明当时的经济形态是广谱的渔猎和采集经济。相对而言，华北地区渔猎对象以陆生动物为主，水生动物较少，频繁出现的磨盘、磨棒可能说明其采集对象主要是野生植物的子实；而华南地区水陆生动物均大量被发现，采集品包括野生稻、块茎植物、植物子实和野菜等。

与发现的栽培稻及农具相比，新石器时代早期各遗址出土的渔猎采集品及渔猎采集工具的数量远远大于前者，说明当时人类的经济生活仍然是以渔猎和采集为主的。渔猎采集工具种类主要是砍砸器、刀、锥类。

### （二）新石器时代中期的渔猎和采集

进入新石器时代中期，野生果实、猎物和渔猎采集工具仍然是各地遗址中主要的遗物。渔猎、采集工具无论从种类还是数量上，可能都不比农业工具逊色，特别是华南和东北等地区。

#### 1. 华南地区

华南地区从出土的动物遗骸、植物子实、花粉等看，经济形态与之前没有区别。如分布于左江、右江，邕江及其支流两岸的顶蛳山文化遗址均以人类食用后遗弃的各种水生动物遗骸为主要堆积，并包含大量的陆生动物遗骸，属于典型的贝丘遗址，未见农业迹象。其中保存相对完整的顶蛳山遗址[2]的面积达5000平方米，证明当时遗址的规模相当可观，说明当时采集和渔猎活动非常发达。从顶蛳山、甑皮岩[3]和大岩[4]几处遗址的情况看，当时的工具以石斧和石锛为主，还有骨质的斧、锛、锥、鱼镖等，蚌刀也占有相当的比例。此时华南地区渔猎采集经济地位往往高于农业，有些遗址甚至看不到明显的农业迹象。

#### 2. 长江流域和黄河流域

长江中游地区的彭头山文化遗址中出土许多野生动物和家畜骨骼，还有大量野生植物子实。如八十垱遗址[5]，出土的野生动物有鹿、麂子和鱼骨等。此外，八十垱还发现大量菱角、芡实和莲子，它们的果、茎、根均可食用，所以可能是已被利用的水生植物。菱角，一年生，八十垱发现数量最多的植物果实，大部为空壳，表明它们被食用过。如将它们折合成食物量，绝不亚于已发现的稻谷与稻米，

---

1 中国社科院考古研究所：《桂林甑皮岩》，北京：文物出版社，2003年。

2 傅宪国、李珍、张龙：《广西邕宁顶蛳山遗址发掘获丰硕成果》，《中国文物报》1997年12月4日；中国社会科学院考古研究所广西工作队、广西壮族自治区文物工作队、南宁市博物馆：《广西邕宁县顶蛳山遗址的发掘》，《考古》1998年第11期，第11—33页。

3 中国社科院考古研究所：《桂林甑皮岩》，北京：文物出版社，2003年。

4 傅宪国、贺战武、熊昭明、王浩天：《桂林地区史前文化面貌轮廓初现》，《中国文物报》2001年4月4日；中国社会科学院考古研究所：《中国考古学.新石器时代卷》，北京：中国社会科学院出版社，2010年。

5 湖南省文物考古研究所：《彭头山与八十垱》，北京：科学出版社，2006年。

它极有可能是一种与水稻同等重要的经常性食物。为了稳定这种食物的供应量，或许彭头山文化时期菱角已经被人们粗放播种了。

从皂市下层文化胡家屋场遗址[1]的孢粉分析来看，当时人们选择的生活地点多为靠近丘陵和河流的平原地带。这里有着次生带——落叶阔叶混交林和松林景观，陆地杂草茂盛，蕨类植物丰富，气候温暖湿润，靠近河道又有充足的水源，不仅是发展原始农业的适宜地带，也方便渔猎和采集。在胡家屋场发现并经鉴定的12个炭化植物子实标本中，共有莲藕、梅、山桃、樱桃、柿和花生6个品种。除花生尚不能最后确定外，其他5个品种的11个标本既有果核还有破碎的果实。同时，该遗址还出土了许多野生动物遗骸，经初步鉴定，有鹿、鼠、兔和禽鸟等陆生动物和鱼、螺、蚌等水生动物。皂市下层文化的工具主要为打制石器和细小的燧石石片，以打制的盘状器最多，磨制石器有石斧、锛、凿、刀、网坠等，或为明确的渔猎工具，或亦农亦猎。

城背溪文化城背溪遗址[2]发现的大量动物骨骸以鹿骨最多，其他还有鱼牙、鱼鳃骨、蚌壳、贝壳、鳖甲等，这些都是人们渔猎的遗存。

大溪文化遗址中见有鹿、野猪等兽骨和鱼骨，直接反应渔猎经济的工具有镞、矛、石球、网坠等。在三峡地区的大溪和欧家老屋等遗址中往往能够发现灰坑中成层的鱼骨堆积，鱼还被人们作为随葬品放置在墓葬中，可见渔猎经济之地位。



长江下游地区跨湖桥遗址[3]中出土有菱角、核桃、毛桃、梅、杏、松果、芡实、南酸枣等可食用的野生果实，还发现满坑的橡子。出土了属于34个种属的动物骨头约5000余块，许多哺乳动物骨头有经火烧烤的黑焦面，肢骨多被砸断，反映了烧烤食肉和敲骨吸髓的行为。渔猎的工具包括石、骨、木质的各种镞、镖、叉、锥、哨及那些可以一器多用的斧、锛、凿等。

石镞，略呈柳叶形或三角形，锋部呈三角形，铤扁圆。

骨镞，用骨、角锯切后磨制而成。平面多为尖长条形，有些上身呈圆锥体，横断面椭圆形，下有长铤。

骨镖，截面略呈三角形，两翼排列倒钩。

骨叉，肋骨切割精磨而成，依自然形状略有弯曲，窄端切磨出两尖刺，宽端平整。

跨湖桥遗址发现独木舟和木桨，应是先民操桨行舟、从事渔捞的一个佐证。独木舟以松木为原料，发现时已残，船头上翘，比船身窄，宽约29厘米，船头留有宽度约10厘米的“挡墙”。距船头25厘米处，船身宽度突增至52厘米，船舷仅在船头一侧保存约1.1米的长度。独木舟两侧还发现了木桨，同样以松木制成，长140厘米，柄部有一方孔。

河姆渡文化遗址[4]发现有多种植物种子，如小葫芦、榛子、菱角、酸枣、芡实等，同时还有包括哺乳类、鸟类、两栖类、鱼类和龟鳖类等多种陆生或水生野生动物骨骼，其中以水生动物骨骼占多数。渔猎工具最主要的是骨镞。整木制成的木桨也展现了古人泛舟河湖、捕鱼捉鳖的生活。

马家浜文化[5]各遗址都发现有葫芦种子、菱角、桃核、杏梅核、橡子等植物遗存。动物骨骼更是多见，在马家浜遗址1号至3号探方底部有厚达0.3米的兽骨堆积。猎获的动物有野猪、貉、象、梅花鹿、四不像鹿、獐、雁、乌龟、中华鳖、扬子鳄、鲤鱼、青鱼、鲫鱼、蛙等，可见当时渔猎范围之广泛。渔猎工具中以镞和镖最具特色。同时也发现有木橹、木桨等。

---

1 湖南省文物考古研究所：《湖南临澧县胡家屋场新石器时代遗址》，《考古学报》1993年第2期，第171—206页。

2 湖北省文物考古研究所：《宜都城背溪》，北京：文物出版社，2001年；陈振裕、杨权喜：《宜都县城背溪遗址》，《中国考古学年鉴（1984年）》，北京：文物出版社，1984年，第139页；《宜都县城背溪新石器时代早期遗址》，《中国考古学年鉴（1985年）》，北京：文物出版社，1985年，第176页；陈振裕、杨权喜：《湖北宜都城背溪遗址》，《史前研究（辑刊）》，1989年，第85—95页；湖北省文物考古研究所：《1983年湖北宜都城背溪遗址发掘简报》，《江汉考古》1996年第4期，第1—17页。

3 浙江省文物考古研究所：《跨湖桥》，北京：文物出版社，2004年。

4 浙江省文物考古所：《河姆渡——新石器时代遗址考古发掘报告》，北京：文物出版社，2003年。

5 中国社会科学院考古研究所：《中国考古学.新石器时代卷》，北京：中国社会科学院出版社，2010年。

黄河流域在发展旱作农业的同时，渔猎采集经济仍然起着重要作用。

老官台文化的西山坪遗址[1]中出土有鹿、猴等野生动物的骨骸，白家村遗址也发现有马鹿、獐、黄羊、竹鼠、貉、野猫等野生动物。此外，通过遗址中出土的数量较多的蚌器可知，当时的渔捞也有着相当重要的地位。

裴李岗文化发现有野生稻、栎果、野菱、野大豆等野生植物的炭化果核及野生动物的骨骼。如裴李岗遗址出土了梅核、酸枣核和核桃壳等。舞阳贾湖更是出土了栎果、野大豆、野生稻米粒。此外，贾湖发掘出土的动物骨骼约有数百千克，大多出于文化层和废弃的房基、窖穴、陶窑的填土中，经鉴定有20多种。属野生哺乳动物的有貉、紫貂、狗獾、豹猫、野猪、梅花鹿、四不像鹿、小麂、獐、野兔等，鸟类有天鹅、丹顶鹤、环颈雉等，鱼类有鲤鱼、青鱼等，爬行类有扬子鳄、龟、鳖等，瓣鳃动物主要有蚌类、蚬类等，腹足动物主要有螺类等，均为先民食余的弃置物。裴李岗文化中以舞阳贾湖渔猎工具最丰富多彩，数量众多，形制多样，且制作精致，有骨镞、骨镖、石矛、石球、陶弹丸等。

骨镞，镞的平面有柳叶形、棱形、等腰三角形等多种。有的镞身有血槽，多数镞身有对称的双翼，刃部锋利，形制多样，富于变化。

骨镖，平面呈长条形或圆柱锥形，中部起脊。两侧扁薄并加工出两对或十余对倒刺，倒刺或两两对称，或有规律地相错，圆铤或扁圆铤[2]。

磁山文化出土的大量动物骨骼中，野生动物的骨骼约占二分之一以上，其中包括了兽类、鱼类、龟鳖类、蚌类和鸟类。同时磁山文化还发现有胡桃、榛子、小叶朴等野生植物果核。该文化遗址中各种狩猎工具如骨镞、鱼镖、陶弹丸、石弹丸等发现较多，尤其两侧带倒刺的骨鱼镖和带铤的骨镞，制作精致，足见渔猎业在当时经济生活中的重要性。

黄河下游地区后李文化小荆山遗址[3]仅出土的各种动物遗骸就达717件之多，包括软体动物、鱼类动物、爬行动物及鸟类共计20余个种属。

北辛文化[4]骨、角、牙器中的镞、鱼镖、锥及石器中的磨盘、磨棒都是渔猎采集工具或是可能与渔猎采集活动相关的工具。

半坡文化[5]的猎获物也是包罗万象的，包括兽、鸟、鱼、龟鳖和软体动物。北首岭遗址出土的野生动物骨骼有野猪、马鹿、狍、狗獾、狐、貉、棕熊，甚至还有少量虎、豹、豺、狼。半坡遗址发现的渔猎品有斑鹿、獐、竹鼠、野兔、狸、貉、短尾兔、羚羊、獾、狐狸、雕及鲤鱼等，还有大量贝类水生物。各遗址都有当时人们采集的植物果实出土，包括榛子、栗子、松子、朴树籽等。该遗址中还曾出土过成堆或整坑的螺蛳壳，应是当时人们渔猎采集活动的产物。半坡文化渔猎工具最常见的是各种材质的镞类，还有鱼钩、渔叉、网坠等。

长江、黄河流域新石器时代中期农业在社会经济中的地位逐渐确立，但从各地遗址出土的野生动、植物遗存及渔猎采集工具看，渔猎采集仍然是人们经济生活中的不可或缺的重要组成部分，以农耕、饲养生产经济为主与渔猎采集相结合的综合经济是当时先民们普遍的经济形式。狩猎工具中以镞数量为多，说明其猎取动物的方式以远距离射杀为主。渔猎活动中，渔捞的比例或技术明显提高，尤其长江流域，独木舟和木桨的发现更说明了此点。

---

1 中国社会科学院考古研究所：《甘肃天水西山坪遗址的原始农业遗存》，《农业考古》1991年第3期，第53—59页；中国社会科学院考古研究所甘肃工作队：《甘肃省天水市西山坪早期新石器时代遗址发掘简报》，《考古》1988年第5期，第385—392页。

2 河南省文物考古研究所：《舞阳贾湖》，北京：科学出版社，1999年；中国科技技术大学科技与科技考古系、河南省文物考古研究所，舞阳县博物馆：《河南舞阳贾湖遗址2001年春发掘简报》，《华夏考古》2002年第2期，第26—29页。

3 章丘县博物馆：《山东章丘县小荆山遗址调查简报》，《考古》1994年第6期，第490—494页；山东省文物考古研究所、章丘市博物馆：《山东章丘市小荆山遗址调查、发掘报告》，《华夏考古》1996年第2期，第1—23页。

4 中国社会科学院考古研究所山东队、山东省滕县博物馆：《山东滕县北辛遗址发掘报告》，《考古学报》1984年第2期，第159—191页。

5 中国科学院考古研究所、陕西省西安半坡博物馆：《西安半坡》，北京：文物出版社，1963年。

### 3. 东北地区

尽管这一时期的初始阶段，农业和饲养业即已经萌芽了，但渔猎采集在东北地区新石器时代中期却一直起着举足轻重的作用。

距今8000年前，西辽河流域的内蒙古东南部，辽宁西部的广大地区生长着各种属于温带落叶阔叶和针叶混交林的植物树种，比如桦树、杨树、榆树、朴树等等。那时候，气候比现在湿润、温暖，地下水丰富，有众多的丘陵、低山、台地、平原、林地、草原、草甸、湖泊、河流、河谷、林带等，具有食物链长、生物金字塔基宽的特点。这种良好的古气候自然环境，为人类生存提供了重要的生存条件，是人类最满意的生境，人类在这里可渔可猎，可耕可牧。丰实的自然野生动植物资源是兴隆洼居民最主要的食物来源，采集、渔猎是他们最重要的经济活动，也是决定他们社会组织结构、形成其原始宗教心理的根本因素和基础之一。

在兴隆洼文化的遗址中，存在着大量人类通过渔猎和采集活动收获的成果，这就是大量的动物骨骼和各种炭化的野生植物的果实。它们几乎在每一座房址里面被发现，并伴出有各类加工肉食类食物的工具，如砍砸、砍切、切割、剔刮的工具及各种敲砸、碾磨野生果实的石块、敲砸器、臼、杵、磨盘、磨棒等物品。这反映了渔猎、采集活动在当时居民经济生活中的经常性和这些来自大自然其生长完全不受人类干预的动植物食品在人类食物组成中的重要地位。

比如兴隆洼遗址F171居住面东部，靠近东北壁出有陶片、石锄、鹿角、骨锥及零散的兽骨。居住面西南部，近东南壁有两堆陶片，房址南角有石锄4件，近西南壁有完整的猪头骨1个，其北侧和西北侧还有1件残罐底和1副鹿下颌骨，居住面西北部有一堆陶片和2件石刀。灶东侧壁上有1块大陶片。F176东南角有1件“陶模”，西南部有散乱的陶片，西北部发现1件石斧，南角有一堆零散的兽骨。F177出土遗物集中分布在居住面的东南部，主要有陶片、鹿角及较多残断的动物肢骨。西北部偏中出1件鹿下颌骨。近灶址西侧出1块残断的动物肢骨和一堆陶钵碎片。灶址西南侧有鹿角和残断的骨梗石刃刀各1近。F180的遗物集中分布在房址的东北半部，靠近西北、东南壁的两侧，中部及西南半部遗物较少。靠近房址东南有3件骨锥，还有碎陶片和石块。在房址的东南部灶址的正东侧出4件陶罐，还有碎陶片、骨锥、磨盘、残石器等。紧靠东南壁中部有1件陶罐及陶罐碎片，2件饼形器和1件石刀。房址北部有锄形器、磨棒、刀、凿等石器，还有鹿角和石块。在房址的西北部、灶址北侧有3件磨棒、2件鹿角，还有石器和石块。F220的遗物集中分布在房东北侧中部和西南部，其余分布较零散。东北部有4个完整的动物头骨，还有3块动物下颌骨和3件鹿角。此外，还有一堆陶罐碎片、石刀、砥石及零散的兽骨等。西部、西南部有1件陶罐、2件残磨盘、石刀及其他石器，以及两堆残断的动物肢骨和2块下颌骨。北部、西北部零散分布有石刀、骨锥、鹿角和其他动物骨骼。东南部有残陶罐、石锄、骨锥、石块等。F2的遗物以东部为多，居住面上的遗物包括陶钵1件，铲形器1件，锄形器4件，陶罐2件，角锥1件，骨梗石刃鱼镖1件及兽骨、石块等。遗址中发现的动物化石包括17种哺乳动物，其中以马鹿、狍子及猪占多数[1]。

在兴隆沟遗址[2]兴隆洼文化聚落采集样品中共发现了各种炭化植物种子达1万余粒。其中绝大多数是个体较小的草本类植物种子，以石竹科的球序卷耳和豆科的黄芪的数量最为突出。苋属和藜属植物种子的数量较多，苋属和芪属的植物也属杂草。可见兴隆沟聚落中出土的绝大数植物种子是属

1 崔岩勤、姜黎梅：《兴隆洼文化经济形态简析——从考古发掘出土的生产工具及动植物遗存谈起》，《赤峰学院学报》2007年第2期，第1—2页；中国社会科学院考古研究所内蒙古工作队：《内蒙古敖汉旗兴隆洼遗址发掘简报》，《考古》1985年第10期，第868—870页。

2 中国社会科学院考古研究所内蒙古工作队、敖汉旗博物馆：《内蒙古敖汉旗兴隆沟新石器时代遗址调查》，《考古》2000年第9期，第30—48页；中国社会科学院考古研究所内蒙古第一工作队：《内蒙古赤峰市兴隆沟聚落遗址2002—2003年的发掘》，《考古》2004年第7期，第3—8、97—98页；赤峰学院历史文化学院：《内蒙古赤峰市敖汉旗兴隆沟遗址挖掘报告》，《赤峰学院学报》2012年第11期，第1—2页。

于杂草类植物的。杂草是伴随着人类的出现而形成的。人类活动破坏了其居住地周围的原生植物，使山前坡地原本的丛林变成了杂草的领地。杂草中的一些品种如禾草类杂草既是人类可食的食物来源，生长规律一旦被人类认知，又可以成为被人类栽培的对象。但在8000年前，后者恐怕还处于刚刚发生的阶段，人类更多地直接以其为食。

查海遗址[1]所在地土壤土质成份腐蚀性较强，动物骨骼不易保存。即便如此，1992年至1994年的3次发掘中，仍发现动物标本900余件，在房址、墓葬、灰坑和地层中均有出土，如F32出土鹿角骨，F20的灶坑内清理出较为完整的猪额骨。在全部动物种属中，猪的比例是最高的，鹿次之。这些采集到的动物骨骼绝大多数是可食性的野生动物种类。查海遗址出土的炭化种子和果实种类丰富，包括山杏的内果皮和种子、胡桃属的内果皮、榛子的果壳、豆科种子、禾本科大狗尾草、狗尾草和马唐属的颖果等。还有几种未知的果实和种子，如F26活动面清理出了颗粒较为完整的山杏核，F51和F53中都出土有胡桃核残块，F49出土豆科和禾本科等炭化种子126粒。说明植物性食品的采集在古人的经济生活中是经常的和普遍的。白音长汗遗址[2]动物骨骼多数出土于房址，其次是灰坑。动物种属以鹿科为主，主要是马鹿，斑鹿和狍子次之，还有少数的野猪、野牛和个别马属，有极少量的野兔、狼、狗、狐、熊、狗獾、蛙类、鸟类共14种，隶属10科12属。虽然食肉类猛兽熊、狼、狐等骨骼的出现极为偶然，却从一个侧面体现了人类对野生动物资源的依赖性。该遗址还出土了少量软体动物贝壳类标本，共计26件。其中既有陆相溪水类型，也有海相海水类型。因出土数量及其有限，可知其不是当时人类用以充饥的食物。

兴隆洼文化居民的采集、渔猎工具在数量与种类上较当地旧石器时代明显增加，且形制稳定，表明了兴隆洼文化居民生产能力的提高。与该文化农业工具形制不够稳定，制作简单、粗糙，多打制，在全部工具中所占比例偏低不同，兴隆洼文化居民的采集、渔猎工具不仅数量多，占有比例高，且制作远比农业工具精细。这不单单表现在石器上，在骨器上更为突出。从种类上说，兴隆洼文化的采集、渔猎工具品种多样，按具体的功能打制，可以分为砍切类工具、分割类工具、挖掘类工具、投射捕捞类工具和碾磨、采摘类工具六大类。其中，在狩猎活动中可用于砍杀和分割猎物的有砍砸器、斧、刀、锄形器、复合骨柄石刃器、刮削器等，可用于挖掘植物根块或挖掘陷阱捕猎动物或剔刮兽皮的有铲、锄、三棱锥，用于投射捕捞的工具有镞、矛、标枪、鱼镖，用于采摘的有石片，用于碾磨野生谷物的工具有磨盘、磨棒，用于敲砸坚果类食物的有臼、杵、敲砸器或石块。上述工具的数量在全部工具中占到近70%，结合人工栽培作物遗存发现数量之少，及可能作为农具的工具与渔猎采集工具无大分别，尚不见专业农具，可知与采集、渔猎相关之活动在人们的全部生产活动中的经常性和重要性。

兴隆洼人使用的渔猎采集工具的形制主要是：

石锄形器，以查海遗址编号为采集：2的器物为例，通体打制，扁平体，长16.6、宽18厘米，束腰，器身扇形，弧刃，刃缘打击出较密集小凹形锋利刃，两面刃角不一致，做侧锋。

石刀，兴隆洼F171④:1，打制，平面呈扁三角形，较薄，两侧由两面交互打击而成，不齐整，单面宽刃，较锋利，长16.5厘米、宽7.3厘米。

骨刀，利用动物肩胛骨制作而成，兴隆洼F180④:18，长条形，一端残，背厚且略外凸，刃缘侧锋利，外弧，残长22.5厘米。

砍砸器，兴隆洼F180④:43，石质，打制，平面呈不规则形，两面略内凹，周边自两面交互打击而成，弧刃，长20厘米、宽14厘米。

石斧，兴隆洼M118：3，平面梯形，窄斜弧顶，宽弧刃，长11.3厘米、刃宽7.2厘米，横断面呈椭圆

1 辽宁省文物考古研究所：《查海——新石器时代聚落遗址发掘报告》，北京：文物出版社，2012年；辽宁省文物考古所：《辽宁阜新县查海遗址1987—1990年三次发掘》，《文物》1994年第11期，第4—19页。

2 郭治中、索秀芬、包青川：《内蒙古林西县白音长汗新石器时代遗址发掘简报》，《考古》1993年第7期，第89—100页；内蒙古自治区文物考古研究所：《白音长汗——新石器时代遗址发掘报告》，北京：科学出版社，2004年。

形，正锋，较锋利。

骨柄石刀，未见完整器，多为用于嵌粘在符合工具上作为刃的小石叶，有的成堆出土于房址或墓葬中。兴隆洼M118:1，共12片，其中6片呈长条形，两端锋，两侧压削成刃，背面有一道或两道凸脊，长分别为1.9、2.1、2.1、2.2、2.2、2.6厘米，宽0.35—0.55厘米。另6片呈长三角形，底部平齐，顶部呈尖状，两侧压削成斜刃或微弧刃，背面有一道或几道凸脊，长分别为1.8、2.1、2.2、2.2、2.5、2.8厘米，宽0.35—0.7厘米。兴隆洼F220③:30，骨梗刀柄，体宽扁，扁锥状锋，一侧面有刻槽，用来嵌粘小石片，系将动物肢骨劈开后磨制而成，残长12.8厘米。

石锄，兴隆洼F138②:7，高18.8厘米、身长9.6厘米、厚1.7厘米，长柄，近长方形，直刃，柄部的周边较为平直，亚腰部以下的中腹部至刃部周边有较多的打击痕，器身扁平，刃缘较平直。

石铲，白音长汗BF6①:8-1，磨制，周边有打击痕，平顶，器体扁平，向刃部过渡为斜坡状，一面斜面陡，另一面较缓，弧刃，正锋，刃部有使用痕，长18.4厘米、宽15厘米、厚2.2厘米。

骨三棱锥，呈三棱锥体，系将动物肢骨劈开后加工制成。F220③:28，长11.6厘米。一端留有骨关节便于以手把握，另一端磨成尖锋。一面光整，另一面有骨槽。

石镞，查海T0105②:3，压制呈三角形，侧刃及尖部锋利。

骨镞，白音长汗所见者，或两侧镶嵌石刃至尖锋，或两端均制成锋利的箭头状。

骨矛，白音长汗BF5①:14，残存部分呈三角形，残长7.2厘米。

标枪，兴隆洼F3④:28，通体做成圆锥体，较粗的一端略呈扁锥状，长18厘米，两端均呈尖状。

鱼镖有两种。一种做出单排的三个排刺。兴隆洼F3④:28，长17.5厘米，通体磨得扁平，尖端做扁锥状，两侧磨出较长的边刃，一侧有三个倒勾凸棘。另一种可称为骨梗石刃鱼镖，但发现的大都是残品，呈扁长条形。一侧有倒勾，数量不等；另一侧刻有浅槽，用来嵌粘小石叶。兴隆洼M118:15，扁平体两端窄，呈钝尖。一侧磨薄似刃，近中部有三个倒勾，第一、二个倒勾之间的刃缘有短道刻痕；另一侧磨平，上半部刻有浅槽的前锋略残，柄端较厚，残长16.8厘米、宽1.3厘米[1]。

碾磨工具虽不能以“精致”加以描述，却在兴隆洼居民的生活中不可或缺。查海遗址中几乎每一座房址中均可以看到磨盘、磨棒类石器。磨盘一般用较方正而薄体的自然花岗岩石块制成，周缘无修整痕迹，一面磨成中凹，查海T0402②:2，盘长30.5厘米，宽26.4厘米，厚7.1厘米；磨棒一般通体磨面，查海T0405②:1，体呈多棱状，中部稍细，长34、中经4.8厘米[2]。

尽管赵宝沟文化中大型石斧和石耜的存在，加之少量的石刀和用以镶嵌在木质或骨质柄上构成复合工具的细石叶的存在，被认为是该文化农业较为发达的证据，但是，赵宝沟遗址房址的居住面上发现的大量动物骨骼，使我们不能不相信，狩猎经济在赵宝沟文化中仍然占有着极其重要的位置。赵宝沟遗址发现的动物骨骼，可以鉴定的脊椎动物标本共538件，主要动物种类有猪、马鹿、斑鹿、狍、牛、狗、貉、獾、熊、东北鼢鼠、天鹅、雉、鱼等14种。其中猪骨的数量最多，共有标本138件，最小个体数当为9个，死亡年龄在2到3岁，当是猎获的野猪。从上述骨骼情况看，猪、马鹿、斑鹿、狍是赵宝沟文化的先民们日常主要的几种狩猎对象。根据有关动物体重的资料推算，赵宝沟遗址出土的动物骨骼原体重总计有4952.39千克，可供纯肉量2296.19千克，足见狩猎经济在赵宝沟居民生活中的重要地位。此外，赵宝沟遗址还发现有软体动物贝壳215件，已鉴定出的有7种，其中的蚌科和蓝蚬科都属于淡水动物。同时还发现有鱼的脊椎骨，说明捕捞也是赵宝沟先民们的一项重要生产活动。小山遗址胡桃楸果核的出土，说明他们也从事采集活动[3]。

纵观东北地区南部新石器时代文化的狩猎工具，用于投射的镞、矛、石球类工具相对缺乏，而大型砍切类工具相对发达，以及遗址动物骨骼遗存中以鹿、猪类大型动物为主，都暗示了该文化居民

1 中国社会科学院考古研究所内蒙古工作队：《内蒙古敖汉旗兴隆洼遗址发掘简报》，《考古》1985年第10期，第868—870页。

2 辽宁省文物考古所：《辽宁阜新县查海遗址1987—1990年三次发掘》，《文物》1994年第11期，第4—19页；辽宁省文物考古研究所：《查海——新石器时代聚落遗址发掘报告》，北京：文物出版社，2012年。

3 中国社会科学院考古研究所：《敖汉赵宝沟——新石器时代聚落》，北京：中国大百科全书出版社，1997年。

狩猎方式的特征，即以群体的作业，或集团性的围猎为主要的狩猎形式或手段。

东北地区中、北部地区新石器中期文化也以渔猎采集为最重要的经济生活。一些靠近河流、湖泊地区的文化或遗址，渔猎活动中渔捞的比例明显突出，适应其作业的工具种类也多样化且设计精致。

吉林农安元宝沟遗址[1]出土了大量动物碎骨，包括鲤鱼、鳜鱼、马口鱼、青鱼、黄鳝鱼、草鱼、鲌鱼、珍珠蚌、短褶蚌、背鱼无足蚌、鳖等水生动物及野牛、马鹿、猪、狍、狼、鼠、狐、狍獾、麝、草原鼢鼠等陆生动物，其中许多碎骨经过火烧。其可用于渔猎采集的工具材质多样，既有石器，也有骨器、蚌器，形制丰富，多采用磨制法制作完成。主要工具的有：

骨锥，用截劈好的骨料磨制成，锥尖呈圆柱形，长度都在10厘米以上。

骨镞，通体磨光，锋为圆锥形，铤为扁方形，比较薄。

骨柄，通体磨制光滑，两面均内凹，圆棱内凹的面上有用尖锐器刻划的痕迹，另一面呈直角内凹，柄端钻有一孔。

骨刀，磨制。

角矛，将鹿角从中间劈开，一端磨成尖锐，另一端保持原来形状略加工磨锐，在矛身中部又磨成二个浅槽，可能是固定系绳的痕迹。

石斧，通体磨光，弧刃。

磨盘、磨棒，用较硬的砾石磨制而成。磨盘呈长方形，断面呈梯形磨盘面上有显明的磨痕。磨棒略呈长条状，一端较薄，一端较厚。

石球，为似圆球形石块，磨制而成，通体有磨痕。

石镞，或以细石片加工而成，略呈等腰三角形，断面为梯形，两侧经过加工有琢痕或磨制而成，镞身中间起脊，断面呈多棱形。

尖状器，断面呈三角形。

刮削器，断面呈三角形，刃部孤形。

网坠，用褐赭石磨制而成，形状略呈椭圆形，上部两端各有一个系绳用的凹槽。

蚌锯形器，略呈长方形，上有磨制互相交错的4个锯齿。

蚌锥，磨制，锥尖锋利锥身呈六棱形。

## 第三节　新石器时代早中期的手工业技术的进步

新石器时代早中期，人类在制造技术水平方面较旧石器时代有了很大的提高，不仅表现在对原有传统的继承与发展，如打制石器、骨木器加工等工艺水平的进一步提高，更表现在新工艺的发明与使用，比如陶器、磨制石器、玉器、漆器的制作技术都是在这一时期发生并获得了初步发展的。

### 一、陶器与制陶工艺的兴起与初步发展

#### （一）新石器时代早期的陶器与制陶工艺

陶器的产生源于先民饮食结构中对野生谷物或栽培作物盛装或炊煮的需要，随之它又改善着人类其他食品的饮食方式。陶器是新石器时代人类最重要的生活用器之一，从新石器时代早期起人们就已经学会了制作陶器。

---

1 吉林省文物考古研究所：《吉林农安县元宝沟新石器时代遗址发掘》，《考古》1989年第12期，第1071—1075页。

华南地区以大岩遗址三期、甑皮岩遗址一期、仙人洞、吊桶桥、顶蛳山遗址一期、玉蟾岩为代表。

大岩遗址三期[1]陶器的胎夹粗大的碎石英颗粒，陶质疏松，烧成温度极低，陶胎厚2—3厘米，均为素面。3件陶器中，2件为夹砂灰褐陶，因受地层挤压变形而难辨器物原形；仅1件可复原，为圆唇、斜弧壁，圜底，器表红色，内壁呈橙黄色，器表有植物茎秆压痕三道，并有因火烧而形成的黑色烟炱。

甑皮岩遗址一期[2]陶器仅发现一件，为夹粗石英灰白陶，石英颗粒较大，最大粒径达1.5厘米，为圜底釜，敞口，圆唇，斜弧壁。制作粗糙，胎厚3.6厘米，捏制而成。烧成温度不超过250℃，胎质疏松，内、外壁及胎心同色，近口沿部分呈灰褐色，器表开裂，呈鳞片状。器表大部分为素面，仅在近口部分隐约见有纹饰痕迹，似为滚压而成的粗绳纹。

顶蛳山一期[3]未见完整陶器，仅见圜底的罐或釜形器残片，不见平底、圈足器。陶土中掺合被砸碎的小石英质砾石。大部分陶器的内壁可见手指捺窝痕迹，器壁厚薄不匀。陶色基本上属灰黄陶，胎为黑褐色，火候不高。器表均施以粗绳纹，未见素面陶；纹饰为分段滚压而成，且绳索纽结不紧，印痕较深，部分陶器的器底施纹较杂乱。器物口沿上多捺压花边，沿下见有附加堆纹，这些附加堆纹均为成器后贴附上去的。



仙人洞和吊桶环[4]遗址的陶器，全为夹砂红陶系，质地粗糙，掺合有大小不等的石英粒。石英粒最大的径长1厘米，似未经过特别的筛选。陶片厚薄也不一致，厚的达1.4厘米，薄的也有0.7厘米。即使一块陶片亦有厚有薄，器内壁凹凸不平。陶色驳杂，有褐色、暗褐色、红褐色和灰褐色等。不少陶片的胎心呈黑色，说明火候甚低，陶胎氧化不充分，质松易碎。陶片全都饰有绳纹，或交错或分段，也有平行绳纹。仅复原的一件陶釜为唇稍外侈，腹壁上部近直，下部微向内收，底残似为圜底。胎厚而且厚薄不匀，内外表面均饰绳纹。

玉蟾岩[5]遗址陶片发现较少，仅在个别层位有发现，显示出陶器尚未广泛应用的状况。玉蟾岩陶器的化学成分分析表明，其化学成分主要有钙、磷、硅、铝和镁等元素，其中硅的含量大约在49.5%以上，铝的含量为30.3%，助溶剂镁的含量为6.57%。原料属高铝质的耐火黏土。陶器制作粗糙，羼合料为石英砂，既有一定磨圆磨光的自然河砂，也有用石英砾石砸碎的颗粒。砂粒大小悬殊，大者长径达2厘米，一般的通常在0.5—1厘米。可复原的陶器仅2件，均为侈口、圆唇、斜弧壁、尖圜底的釜形器。陶胎厚薄不匀，最厚的达2厘米。陶质疏松，烧成温度很低，因火候不匀造成黑褐色、红色陶胎。陶器为泥片贴筑法制成，可见交错层理。陶片内外均饰纹样，似绳纹，实为编织印痕，有清晰的经编与纬编，外壁纹饰为右斜走向，内壁纹饰近水平走向。

华北地区发现的属这一时期的东胡林、转年、于家村、南庄头等遗址都有陶器发现。

东胡林[6]陶器均为残片，多为腹片及底片，偶有口沿残片。陶片多为红褐色，均为夹砂陶，质地疏松，火候不匀，有的陶片表面红褐色，内壁则为黑色。一般为平底器，主要为平底直腹盂，除个别饰附加堆纹外，均为素面陶。从陶片断面来看，有的采用了泥条层层盘旋加高器壁的方法，有的陶片内外

1 傅宪国等：《桂林地区史前文化面貌轮廓初现》，《中国文物报》2001年4月4日。

2 中国社科院考古研究所：《桂林甑皮岩》，北京：文物出版社，2003年。

3 傅宪国、李珍、张龙：《广西邕宁顶蛳山遗址发掘获丰硕成果》，《中国文物报》1997年12月4日；中国社会科学院考古研究所广西工作队、广西壮族自治区文物工作队、南宁市博物馆：《广西邕宁县顶蛳山遗址的发掘》，《考古》1998年第11期，第11—33页。

4 江西省文物管理委员会：《江西万年大源仙人洞洞穴遗址试掘》，《考古学报》1963年第1期，第4—10页；江西省博物馆：《江西万年大源仙人洞洞穴遗址第二次发掘》，《文物》1976年第12期，第23—35页。

5 袁家荣：《湖南道县玉蟾岩一万年以前的稻谷和陶器》，严文明、安田喜宪主编《稻作、陶器和都市的起源》，北京：文物出版社，2000年，第31—42页。

6 周国兴、万玉桂：《北京东胡林村的新石器时代墓葬》，《考古》1972年第6期，第12—15页；赵朝洪、郁金城、王涛：《北京东胡林新石器时代早期遗址获重要发现》，《中国文物报》2003年5月9日；东胡林考古队：《北京新石器早期考古的重要突破，东胡林人引起广泛关注》，《中国文物报》2003年11月7日。

呈片状脱落，似为泥片贴筑成器。

转年遗址[1]陶器以夹砂褐陶为主，胎内含大量石英颗粒，质地疏松，火候不匀，陶色驳杂，呈黄褐色、灰褐色，胎心为黑色。器表经打磨较光滑，器内壁较粗糙，多素面，个别器物口沿下饰附加堆纹或凸钮。器类单一，流行平底器，主要器形有筒形罐和平底直壁、带凸钮盂。陶器均手制，从陶片断面观察，可看出片状贴筑痕迹，有的陶片内外成片脱落，应为泥片贴筑法制成。

于家沟遗址[2]陶片质地粗糙疏松，素面，仅有制作时偶然留下的痕迹。其中最大的一片为夹砂黄褐陶平底器底部。

南庄头遗址[3]陶器均为碎片，器类比较单调，仅见罐、盂或钵等。平底。陶片内含较多大小不等的砂粒，除含一定量的石英外，还含有其他矿物，有大量大颗粒的角闪石、蛭石和少量的长石。陶器质地疏松，火候较低，胎壁厚薄不匀。陶色驳杂，同一块陶片的不同部位往往分别呈黄褐色、灰色或深灰色。从断面看，胎心常为灰褐色或黑色，器表和内壁为黄色或褐色。器表除素面外，装饰以浅细绳纹为主，部分器物的颈沿部位饰附加堆纹或在口沿外侧饰剔划纹，部分陶片上有钻孔现象。

新石器时代早期陶器制作技术还相当原始，基本不存在对原料的先期处理，全部为夹砂陶，手制成形，造型单一，器表装饰手法简单。华南与华北的陶器尽管表现出一样的原始性，但从具体的成形方法、器物造型等特征上，区别还是相当明显的，反映了各自不同的传统与起源。华南地区新石器时代早期陶器基本都是捏塑或贴片法成形的，器物基本为圜底器，以釜为大宗；华北地区除采用捏塑或泥片贴筑成形外，可能已经出现了泥条盘筑法，出土的完整器很少，多为平底器，器型主要是罐、盂类。

新石器时代早期陶窑尚未出现，陶器烧制火候很低。各地都不曾发现有新石器时代早期的陶窑。在南庄头遗址，“沟的北侧有两个用火遗迹，为近似圆形的红烧土堆，红烧土最厚处有15厘米，在其中的一个红烧土之内有10余片陶片，除了可能是灶外，也不排除是原始平地堆烧陶器之地的可能性”[4]。其所出陶片“陶色不纯，在同一陶片的不同部位，既有黄褐色，又有灰色，从断面观察，中心为灰褐色或黑色，两侧为黄色或褐色”，可能正是堆烧火候低，陶器受热不均匀等原因所致。

## （二）新石器时代中期的陶器与制陶工艺

新石器时代中期陶器已经非常普遍，工艺趋于复杂化，不同谱系的考古学文化逐渐开始形成了具有自身特色的制陶工艺及器物群体系。

### 1. 陶土及其处理

与新石器时代早期相比，此时制陶工艺越来越复杂化、多样化。首先人们开始了对陶土的先期处理，出现了泥质陶。

在裴李岗文化的贾湖遗址[5]发现了淘洗池，设在Y6西南侧约3米处，是一个灰坑（编号H288），在其底部发现一层厚约0.1—0.2米的纯净、细腻的青泥层，系经过淘洗留下的细泥。裴李岗文化陶器表

---

1 郁金城：《从北京转年遗址的发现看我国华北地区新石器时代早期文化的特征》，《北京文物与考古》第五辑，2002年，第37—43页。

2 泥河湾联合考古队：《泥河湾盆地考古发掘获重大成果》，《中国文物报》1998年11月15日。

3 保定地区文物管理所等：《河北徐水县南庄头遗址试掘简报》，《考古》1992年第11期，第961—970页；李珺：《徐水南庄头遗址又有重要发现》，《中国文物报》1998年2月11日；郭瑞海、李珺：《从南庄头遗址看华北地区农业和陶器的起源》，严文明、安田喜宪主编《稻作、陶器和都市的起源》，北京：文物出版社，2000年，第51—64页。

4 保定地区文物管理所等：《河北徐水县南庄头遗址试掘简报》，《考古》1992年第11期，第961—970页；李珺：《徐水南庄头遗址又有重要发现》，《中国文物报》1998年2月11日；郭瑞海、李珺：《从南庄头遗址看华北地区农业和陶器的起源》，严文明、安田喜宪主编《稻作、陶器和都市的起源》，北京：文物出版社，2000年，第51—64页。

5 河南省文物考古研究所：《舞阳贾湖》，北京：科学出版社，1999年。

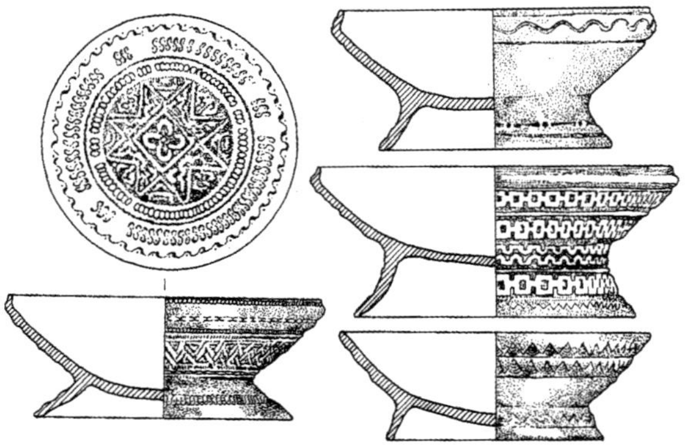

图 2-4　大溪文化白陶盘

面多涂有一层厚厚的泥浆层，推测可能也为类似的泥浆为之。

新石器时代中期的人们制作陶器主要使用普通黏土，但此时已经出现了使用瓷土制作白陶的工艺。最早的白陶发现于皂市下层文化的岳阳坟山堡遗址，主要是装饰绳纹的罐类器，另在湘西沅河流域怀化地区的一些遗址也有发现，大溪文化白陶盘非常精美（图2-4）。

## 2. 成形

新石器时代中期陶器成形技术有捏制法、贴筑法、模制法、泥条盘筑法及泥圈套接法等多种。

少部分陶器系捏制而成，限于少量小器物。

从湖北宜都市城背溪遗址[1]的陶器上观察到，泥片贴筑法是将泥料先按成泥片，再经手捏和拍打使泥片之间互相粘贴在一起筑成坯体的方法，比泥条筑成法原始。其缺点是坯体易从泥片接缝处产生纵向裂纹，只能制作形制简单的器物。属于皂市下层文化的胡家屋场出土陶器的陶胎多为黑色和灰黑色。个别器物外表留有黑色烟炱，陶器断面可见二三层泥片，也系采用泥片贴塑法成形的痕迹。

老官台文化见有模制法制作的陶器，这种制法被称为模具敷泥法成形技术。依此方法制作的容器，其器身利用内模作依托逐层敷泥形成胎心，唯独小口鼓腹壶的领部利用外模作依托逐层敷泥形成胎心。内模敷泥法与外模敷泥法可以统称为模具敷泥法。夹砂的胎心对器物的形制特征起决定性作用[2]。

在大地湾遗址[3]中圜底盆、钵、盂、碗、甑、器盖等都为内模敷泥法制成，器形浑圆而规整，胎壁较薄而均匀，内外壁较光洁平滑。大地湾墓葬中出土的钵、罐相同的则较多。由此看来，不仅钵、盆、甑等圜底器采用内模敷泥法，而且，一些小型的夹砂罐也是采用此法制作的。另外，在遗址中出土有内模具。如直筒罐内模，为泥质红陶，实心，呈圆柱形，经低温烧制，外表和内部都呈土黄色，残高11厘米、口径12厘米、残底径7.5厘米，其形状类似大地湾遗址一期的直腹平底杯。大地湾二期灰沟中出土有圆柱形器，应是直筒罐的内模。小口鼓腹壶领部的外模，共发现三块，为泥质红陶模具，经低温烧制皆弧形，断面呈三角形，每块左右两端残。外面略鼓，留有手指捏痕。内面与底面的夹角约105度，这两面都略内凹，经磨光。将三块陶模具相连后置于小口鼓腹壶领部外侧，恰好相吻合，推测三块陶模具原先连成半环形，应是壶领部的外模。

同属老官台文化的王家阴洼遗址[4]的同类遗存中，出有分层剥落的红陶钵口部残片，还有同等大小、造型一致的细泥红陶盆、钵、夹砂红陶罐等，也反映了使用“内模敷泥法”的制陶特征。陕西渭南北刘遗址[5]有的罐为三层胎，中层较厚为夹砂原胎，内外两层较薄为泥质表层，剖面有纵向贯通的缝隙，外表层和原胎都有交错绳纹。外表层是在原胎定型后立即敷上的。

1 湖北省文物考古研究所：《宜都城背溪》，北京：文物出版社，2001年。

2 俞伟超：《中国早期的“模制法”制陶术》，《文物与考古论集》，北京：文物出版社，1986年。

3 甘肃省文物考古研究所：《秦安大地湾——新石器时代遗址发掘报告》，北京：文物出版社，2006年。

4 甘肃省博物馆大地湾发掘小组：《甘肃秦安王家阴洼仰韶文化遗址的发掘》，《考古与文物》1984年第2期，第1—18页。

5 西安半坡博物馆、渭南县文管会、渭南地区文管会：《渭南北刘新石器时代早期遗址调查与试掘简报》，《史前研究》1986年第1—2期（合刊），第111—129页；西安半坡博物馆、渭南市博物馆、陕西省考古研究所：《渭南北刘遗址第二、三次发掘简报》，《考古与文物》1982年第4期，第1—10页。

早期模制法制作的陶器从剖面观察，特征明显，普遍具有分层现象。各类器物的厚度一般为0.5—0.6厘米。罐形器略厚于钵形器。夹细砂陶的胎心有两层或三层，每层厚度在0.1厘米以上，总厚度在0.35—0.45厘米。内、外表层每层厚度为0.1厘米或不足0.1厘米，内表层常比外表层略薄。若有脱落现象，皆分层脱落，各层之间的裂痕为纵向。一部分陶片没有泥质内表层，胎心之内壁为粗糙面。

泥条盘筑法陶器成形技术在新石器时代中期大量被使用。这种技术是将拌制好的黏土搓成泥条，并且一根接一根连续延长，从器底起依次盘旋上升筑成器壁直至器口。具体操作上又分倒筑法和正筑法两种。倒筑法是先筑器壁后做器底，多用于尖底器；正筑法先做器底后做器壁，多用于平底器。

大地湾遗址[1]的泥质缸、瓮、尖底瓶等，都残留有较明显的泥条盘筑痕迹。使用泥条筑法成形，由于泥条本身具有横向连续性，坯体不易产生纵向裂纹，可以制作形制复杂的器物。

老官台文化的陕西临潼白家遗址[2]夹砂褐陶三足罐，内壁磨光，但内底留有泥条盘筑痕迹，泥条宽约0.8厘米。内底中央有放射状褶皱，这是用倒筑泥条盘筑法成型的证据。用此法仿制三足罐和三足钵，泥条筑成从口部开始，将要封底时，边转动垫板边拍打或从下往上滚压近底部，使其直径逐渐缩小呈现“漏斗”状，圆洞逐渐消失成为圜底，外表滚压交错绳纹，内壁有泥条痕迹，内底中央有放射状褶皱。在钵底部安装三个略变硬但未干的圆锥形足心就成为三足钵。陕西南郑龙岗寺遗址半坡文化的小口尖底瓶用倒筑泥条盘筑法成型。

采用泥条盘筑法成形后，为使泥条接合牢固，要对陶坯进行拍打或滚压。陶拍为素面，或刻成篮纹、方格纹。将陶拍绕以麻绳进行拍打和滚压时，绳股的麦粒状凸起将泥料往两边挤压，可以有效地消除泥条缝隙，提高器壁的致密度。

泥圈套接法是先做出平底，在其上将一圈圈围起泥条叠加在一起直至想要获得的器高。上下圈泥条采用内抹或外抹的方式使其牢固接合，底与器身则采用帮包底或底包帮的方式接合。东北地区兴隆洼文化、赵宝沟文化的陶器均采用此方法制作。

在新石器时代中期的晚段，在黄河中游地区的陶器制作工艺中出现了慢轮修整技术。用于慢轮制陶的陶轮盘主要发现于陕西、甘肃等西北地区，人们往往把它认作陶盘。这种陶器最早于西安长安马王村发现两件。两件均为泥质红陶，其特点是：小平底朝上；盘口唇沿外翻，几乎与小平底平齐；盘腹向外倾斜。观其剖面，该器物放置使用时形似一顶翻沿草帽，故简称“帽式”陶转盘。器物表面光滑，里面粗糙，器壁厚而重，唇外边饰一圈压涡纹，翻沿一侧有小孔，当时尚不知此类器物的用途。在西安半坡遗址发现一件“斜腹翻唇盘”之后（图2-5），在其他遗址中又陆续发掘出一些类似的“帽式”陶转盘，如陕西郊县下孟村遗址[3]、铜川李家沟遗址[4]出土的“帽式”陶转盘，均为小平底，斜腹，宽平沿外翻、内折，其中李家沟遗址的一件为浅腹。陕西宝鸡北首

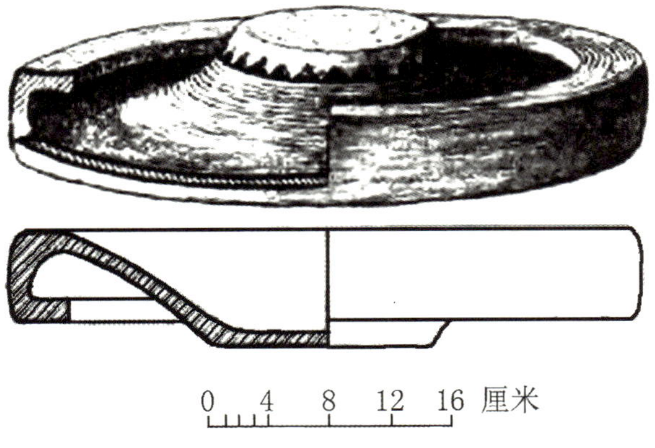

图 2-5 半坡遗址斜腹翻唇盘

1 甘肃省文物考古研究所：《秦安大地湾——新石器时代遗址发掘报告》，北京：文物出版社，2006年。

2 中国社会科学院考古研究所陕西六队：《陕西临潼白家村新石器时代遗址发掘简报》，《考古》1984年第11期，第961—970页。

3 陕西考古所泾水队：《陕西郊县下孟村遗址发掘简报》，《考古》1960年第1期，第1—4页；陕西省社会科学院考古研究所泾水队：《陕西郊县下孟村仰韶文化遗址续掘简报》，《考古》1962年第6期，第292—295页。

4 西安半坡博物馆：《铜川李家沟新石器时代遗址发掘报告》，《考古与文物》1984年第1期，第5—34页。

岭遗址[1]中也出土有盘形器，口径40厘米，也应为慢轮制陶使用的陶轮盘。

### 3. 器类与地域特点

成形技术的发展，适应了农业进步引发的人类饮食的变化，适应了各种盛装要求，新石器时代中期器物造型较早期丰富了许多。器物群中不仅包括用于食物蒸煮的炊器，还出现了盛装器、酒水器等等。常见的炊器主要有罐、盂、釜、鼎等；常见的盛装器有盆、钵、碗、盘等；常见的酒水器有壶、瓶、杯、盉等。

各地区不同考古学文化陶器的组合并不一致，同一种类器物造型上也存在一定差异，各有特色。

长江中游地区彭头山文化[2]陶器以圜底为多，主要是罐、钵、盘三类。皂市下层文化陶器器类多为圜底器、圈足器和平底器，不见三足器。器型以各种罐类最多，占全部陶器的三分之一左右。典型器类有高领罐、双耳亚腰釜、圈足盘，以及盆、钵、器盖和器座等。城背溪文化[3]器形以圜底器最发达，圈足器次之，平底器和三足器极少。主要器类有釜、罐、双耳罐、圈足盘、钵、碗、瓮、支座等。其中，侈口圜底罐、双耳罐、圈足盘、圜底钵、圈足碗和支座等，均为最常见的典型器物。此外，在枝城北遗址[4]还发现有鼎、尊、花边口盆和小口壶等。大溪文化陶器器型丰富，包括有圜底釜、鼎、豆、圈足盘、小口高领罐、壶、簋形器、圈足碗、单耳杯、曲腹杯、筒形饼、盆、钵、器盖、器座、支座等。

长江下游地区跨湖桥文化[5]陶器器类主要是釜、圜底罐、双耳罐、直口钵、圈足盘、圈足碗、支座和器盖等。河姆渡文化[6]器形有釜、罐、盆、盘、钵、盉、鼎、豆、支座、器盖等。其中口、腹出脊的釜、多边口沿釜、双耳罐、多边口沿盆、盉等，特色鲜明。马家浜文化[7]陶器器类有釜、杯、盘、盆、盉、罐、钵、鼎、豆、器盖、支座、烧烤架等。

黄河中游老官台文化[8]最有代表性的器物有钵、碗和罐等。其中，钵多为圜底，整体呈半球体，有的口沿处略内凹或磨光一周，有的施宽带红彩。有的钵略呈平底，有的圜底下附加三个尖角状足。还有一种锥足钵，口沿外和足部都施红彩。圈足碗形体也有大小之

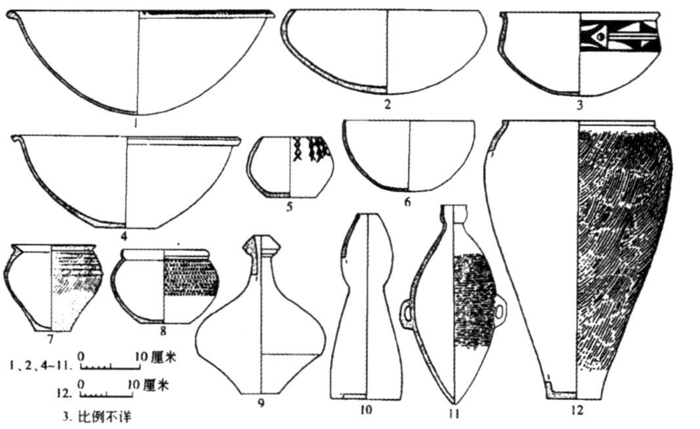

图 2-6 半坡文化陶器
1、4. 盆 2、6. 钵 3. 彩陶盆 5. 彩陶罐 7、8. 罐 9、10. 壶 11. 尖底瓶 12. 瓮



1 中国社会科学院考古研究所：《宝鸡北首岭》，北京：文物出版社，1983年。
2 湖南省文物考古研究所：《彭头山与八十垱》，北京：科学出版社，2006年。
3 湖北省文物考古研究所：《宜都城背溪》，北京：文物出版社，2001年。
4 湖北省文物考古研究所：《宜都城背溪》，北京：文物出版社，2001年。
5 浙江省文物考古研究所：《跨湖桥》，北京：文物出版社，2004年。
6 浙江省文物管理委员会：《河姆渡遗址第一次发掘报告》，《考古学报》1978年第1期，第39—94页；河姆渡遗址考古队：《浙江河姆渡遗址第二期发掘的主要收获》，《文物》1980年第5期，第1—15页；浙江省文物考古研究所：《河姆渡——新石器时代遗址考古发掘报告》，北京：文物出版社，2003年。
7 中国社会科学院考古研究所：《中国考古学·新石器时代卷》，北京：中国社会科学院出版社，2010年。
8 郎树德、赵建龙：《关于老官台文化的新认识——兼谈大地湾一期文化遗存》，《考古与文物》1984年第6期，第56—64页。

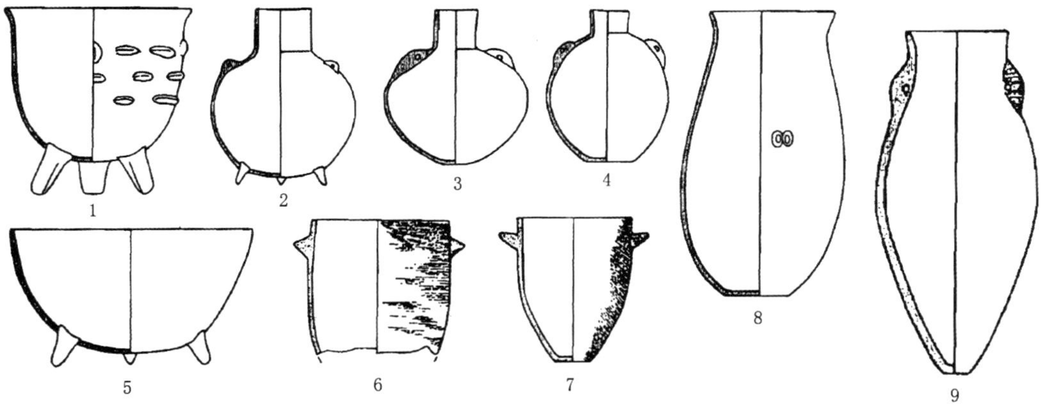

图 2-7 裴李岗文化陶器
1.鼎 2.三足壶 3、4.双耳壶 5.三足钵 6、7.角把罐 8.筒形罐 9.罐形壶

分。平底罐敞口，深腹微鼓，平底，口沿多被加工成齿状。三足罐口沿均呈锯齿状。小口鼓腹罐圆球形腹，底内凹。半坡文化时期，出现盆、壶、小口尖底瓶和罐为主体的组合（图2-6）。

黄河下游裴李岗文化[1]最富有特征的器形有壶、钵、碗、罐、鼎。双耳壶，泥质陶。器身整体呈球形，离领小口，肩部附有对称的半月形小耳，多为竖置，个别见横置，底部多为圜底或小平底。圜底钵，浅腹圜底，口外敞，器形大小不一。三足钵，器形与圜底钵近同，底部附三个锥形足。罐，喇叭口状，深腹，筒形，平底。鼎，器形如深腹圜底盆，下附三个长方形足。碗有圈足和假圈足之分（图2-7）。磁山文化[2]陶器群中以支座与陶盂组成的复合式炊具最具特色。后李文化陶器的主要器形有釜、碗、盆、壶等。其中，釜的数量最多，约占陶器总数的70%—80%，是后李文化中最具代表性的器物。北辛文化[3]器形以圜底折腹鼎、敞口或直口釜、双耳或深腹圜底罐、卷沿平底盆、红顶钵、侈口圜底碗、喇叭形或环形纽器盖、壶、实心圆形支座等为基本器物组合（图2-8）。后冈一期文化[4]流行圜底器，器形有圆腹鼎、圜底釜、

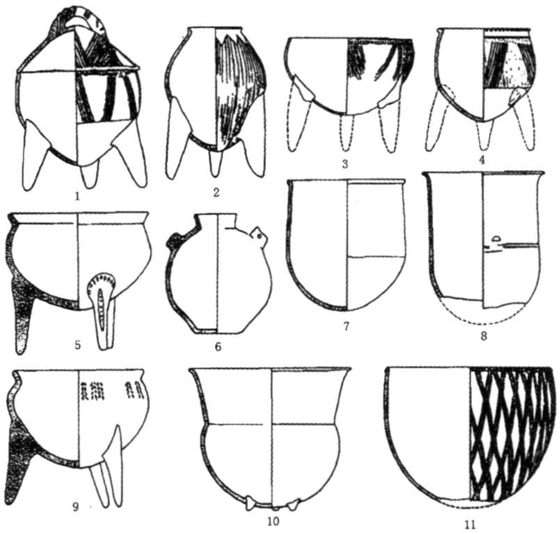

图 2-8 北辛文化陶器
1—5、9、10.鼎 6.小口双耳罐 7、8.深腹圜底罐 11.釜

1 中国社会科学院考古研究所河南一队：《1979年裴李岗遗址发掘报告》，《考古学报》1984年第1期，23—52页；河南开封地区文物管理委员会：《裴李岗文化——河南新郑县裴李岗文化遗址发掘报告》，河南开封地区文物管理委员会，1979年；郑州市文物考古研究院、河南省文物管理局南水北调文物保护办公室：《河南新郑市唐户遗址裴李岗文化遗存2007年发掘简报》，《考古》2010年第5期，第3—23页。

2 河北省文物管理处、邯郸市文物保管所：《河北武安磁山遗址》，《考古学报》1981年第3期，第303—338页。

3 中国社会科学院考古研究所山东队、山东省滕县博物馆：《山东滕县北辛遗址发掘报告》，《考古学报》1984年第2期，第159—191页。

4 张忠培、乔梁：《后冈一期文化研究》，《考古学报》1992年第3期，第261—280页。

灶、弦纹罐、深腹平底钵、红顶碗、小口细颈壶、大口圜底缸等。

东北地区的新石器时代中期文化陶器器类和造型普遍都很简单，以筒形罐为大宗。如兴隆洼文化[1]主要为筒形罐和钵。赵宝沟文化[2]时期虽然增加了圈足钵、椭圆底罐等器型，但筒形罐仍然是最主要、占比例最大的器型。

### 4. 彩陶

彩陶技术在新石器时代中期随着文化交流，得到了普遍推广。彩陶的显著特征是在坯体上用矿物颜料绘成图案。彩料的颜色有黑、红（或紫）、棕、白等，以黑彩为主，红彩次之。黑彩、棕彩的着色剂是氧化铁和氧化锰，黑彩氧化锰的含量高于棕彩。红彩的着色剂是氧化铁。含氧化铁的红色矿物有赤铁矿等。在山西襄汾县塔儿山就发现有赤铁矿，塔儿山和湖北枝江善溪窑都有含铁量高的红黏土。含氧化锰的黑色矿物有锰铁矿、铁锰结核等，湖北枝江柳林村的铁锰结核。白彩的颜料主要是高岭土，还可以用镁质黏土。

在北首岭遗址[3]发现的红颜料有的被研磨成粉末，有的又将粉末团成小块或做成锭条。研磨颜料的工具是石研磨器，可分研磨盘（或磨石、石砚）和研磨棒（或磨杵、磨锤）两类，配套使用。研磨器的研磨面上有使用磨损痕迹，多数粘附着红色颜料粉末。可能是先将颜料砸碎，再研磨成粉末装在陶容器内或团成小块，做成锭条备用。

陕西临潼姜寨遗址[4]出土整套绘画工具，包括石砚、研磨棒、石盖、红颜料和陶水杯等。

绘彩是在修整坯体后进行的。在坯体上绘彩后，为使彩料压入器表，成为器表有机组成部分，不易脱落，还需经过磨光。磨光后器表黏土与矿物颜料的晶体结合更加密致，器表产生光泽，图案光洁美观。

### 5. 晾坯

陶坯成形并经后期处理后，需要进行晾晒。贾湖遗址[5]在Y6之南，Y5之西，见有大大小小近20个烧土洞或黑土洞，占地数十平方米。这些坑或呈圆形或呈椭圆形，大的直径约0.6米，小的只有0.1米，看不出有什么规律，其间及周边没有别的遗迹存在，可能即是晾晒陶坯的场所。这些烧土洞或黑土洞应是反复多次支撑简易晾坯棚的柱子洞。

### 6. 陶窑

原始陶器平地堆烧的工艺还在继续。在裴李岗文化密县莪沟遗址[6]6号房址东侧也发现过一处红烧土面遗迹，平面呈圆形，直径在2.4—3米。烧土面上部平整而坚硬，红烧土面厚度有30厘米。在红烧土面的中部有一个口大底小不规则的圆形坑，直径1—1.6米，深20厘米，内填草木灰并含较多陶片，也很可能是平地堆烧陶器留下的痕迹。临潼白家村遗址[7]也发现类似的红烧土遗迹。

---

1 中国社会科学院考古研究所内蒙古工作队：《内蒙古敖汉旗兴隆洼遗址发掘简报》，《考古》1985年第10期，第868—870页。

2 中国社会科学院考古研究所：《敖汉赵宝沟——新石器时代聚落》，北京：中国大百科全书出版社，1997年。

3 中国社会科学院考古研究所：《宝鸡北首岭》，北京：文物出版社，1983年。

4 西安半坡博物馆等：《姜寨——新石器时代遗址发掘报告》，北京：文物出版社，1988年。

5 河南省文物考古研究所：《舞阳贾湖》，北京：科学出版社，1999年；中国科技技术大学科技与科技考古系、河南省文物考古研究所，舞阳县博物馆：《河南舞阳贾湖遗址2001年春发掘简报》，《华夏考古》2002年第2期，第26—29页。

6 河南省博物馆、密县文化馆：《河南密县莪沟北岗新石器时代遗址发掘报告》，《河南文博通讯》1979年第3期，第30—41页；河南省博物馆、密县文化馆：《河南密县莪沟北岗新石器时代遗址简报》，《文物》1979年第5期，第14—19页。

7 中国社会科学院考古研究所陕西六队：《陕西临潼白家村新石器时代遗址发掘简报》，《考古》1984年第11期，第961—970页。

在贾湖遗址[1]发现的所谓坑穴形陶窑可能是正式陶窑出现前的烧成坑遗迹。共发现7座，均为一圆形或椭圆形坑穴，圜底或平底。底部有一层厚0.1—0.2米的原生红烧土，有的较厚，有的较薄，可能因重复利用次数多少不同所致。烧烤程度从内向外由深渐浅，周边厚于底部，坑内填大量大小不等的红烧土碎块并夹大量草木灰。推测其修建和使用程序是：先挖一圜底坑穴，铺一层柴草后，在上面架一层陶坯，然后柴草陶坯层层相隔，最后在上面铺一层柴草并用泥封抹，捅出若干出烟孔，在一侧点火。Y1坑深7米，平面呈圆形，斜壁圜底，呈锅底状。壁、底为一层厚约0.1—0.3米的原生红烧土，由上而下由红褐色渐变为浅红色，较坚硬。坑内填有厚0.1米的黑灰色草木灰层，含木炭块等，填土中出土大量陶片。此类烧成坑应是竖穴式陶窑的前身。

在坑穴形陶窑基础上发展起来的陶窑，窑室和火膛共处一室，窑床位于火膛两侧，有环形火道或直向火道。从平面观察，窑室和火膛完全或近似完全重合。这种窑是裴李岗文化、老官台文化和半坡文化主要的陶窑形式，在裴李岗、贾湖、莪沟北岗、西乡李家村遗址和半坡遗址均有发现。

舞阳贾湖[2]Y8整体平面略呈椭圆形，南北长2.10米，东西宽1.8米。中间为下凹的长椭圆形火膛，形状不太规则，周围可能有坍塌，但仍较硬，呈红褐色，现存南北长1.5米，东西宽0.5—0.8米，两壁陡直，深0.48米，其内满填草木灰、木炭块、红烧土碎块和碎陶片等。火膛两侧为火台，应为架陶坯的地方，宽0.4—0.5米，保存较好的西火台南部被烧成砖红色，厚约2米。火台周围为窑壁，保存较好的西南侧红烧土窑壁高0.05—0.2米，厚0.1—0.2米。火膛的东南、西北两面各有一斜坡伸出窑室之外。西北斜坡宽0.35米，凸出壁外约0.3米；东南侧斜坡宽0.35米，向外凸出0.2米。东南侧斜坡出口地势高于西北斜坡出口0.3—0.35米，推测东南侧斜坡可能具有窑门性质。西北斜坡为火门。它是将椭圆形坑的中间下挖形成火膛，显然是较为原始的形态。

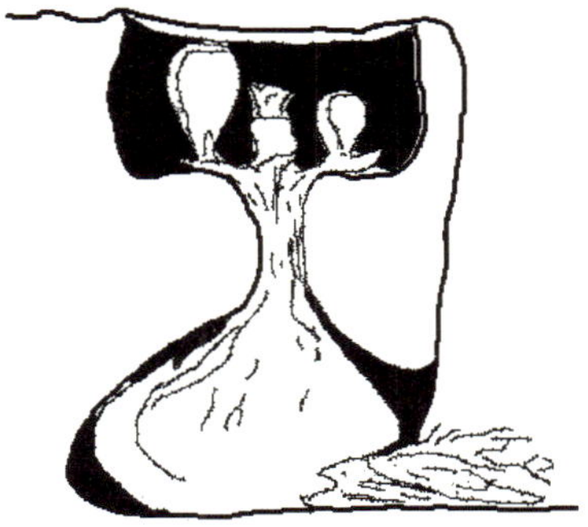
1

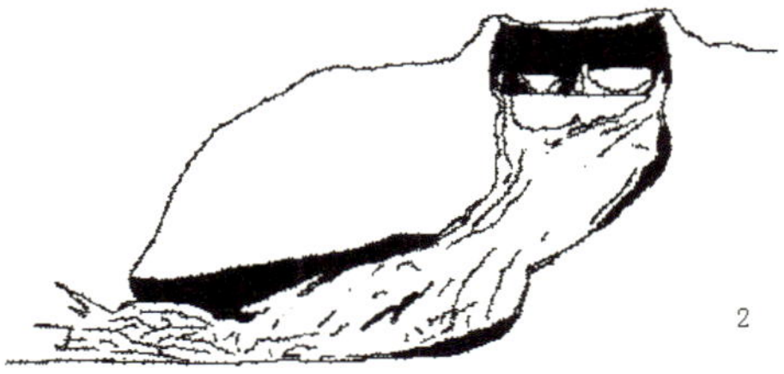
2

图2-9 半坡遗址Y2、Y3陶窑复原图

在半坡文化[3]发现了中国最早的正式陶窑。半坡遗址Y6整体略呈椭圆形，中间为下凹的火膛，深42厘米，长75厘米。火门向南。火道两条，宽约12厘米。窑床残去大部分，Y3后部有3条火道，半坡Y2为窑室在火塘正上方的竖穴式窑（图2-9）。

略晚的陶窑有所改进，火膛在窑室的前下方，火焰经倾斜的火道进至窑室底部，将陶坯加热后自窑顶排出。见有在火道之上先涂抹草拌泥再掏挖火眼的现象。这种陶窑在新石器时代中期普遍存在于半坡文化的姜寨遗址、大地湾遗址，大地湾Y800即为此类陶窑的实物。姜寨遗址[4]Y1，全长2.4米，宽0.7—1.08米，高1.28米。窑室已破损，呈圆形，窑门、火道保存完好。窑门西南向，窑门上部略向东北斜，正视呈拱形。窑底宽0.7米，高0.73米。窑门内即为火膛，上部呈拱形，下部较平整，残长0.9米，宽约0.66米，高约0.68米。火膛后紧接火道，分中央火道和环形火道两部分。中央火道呈斜坡状，

1 河南省文物考古研究所：《舞阳贾湖》，北京：科学出版社，1999年；中国科技技术大学科技与科技考古系、河南省文物考古研究所，舞阳县博物馆：《河南舞阳贾湖遗址2001年春发掘简报》，《华夏考古》2002年第2期，第26—29页。

2 河南省文物考古研究所：《舞阳贾湖》，北京：科学出版社，1999年；中国科技技术大学科技与科技考古系、河南省文物考古研究所，舞阳县博物馆：《河南舞阳贾湖遗址2001年春发掘简报》，《华夏考古》2002年第2期，第26—29页。

3 中国科学院考古研究所、陕西省西安半坡博物馆：《西安半坡》，北京：文物出版社，1963年。

4 西安半坡博物馆等：《姜寨——新石器时代遗址发掘报告》，北京：文物出版社，1988年。

与地面呈35度夹角，长1.83米，宽0.18米，深1.35米；环形火道总长4.26米。火道周壁保留有3—10厘米青灰色烧面，窑室上部全被破坏，仅余下两个对称的半椭圆形平台。南平台长径0.84米，短径0.40米；北平台长径0.86米，短径0.42米。两平台前高1.35米，后高0.24米。



## 二、磨制石器及玉器的出现与治石技术的发展



### （一）磨制石器与石器制作技术的进步

新石器时代早中期，石器作为生产工具中最重要的成分，一般包括打制石器、细石器和磨制石器。新时期时代早期打制石器的比例非常大，华南地区发现的新石器时代早期遗址，甚至全部都是打制石器，与旧石器时代的打制石器相比，工艺一致，但石器种类发生了变化，出现了器形比较规整的斧、铲、锄类器型。



鹅毛口石器加工场[1]出土了大量石料、石器半成品、废品及打制石器，为我们了解新石器时代早期石器，尤其打制石器的制作、加工、种类等内容提供了重要资料。该遗址位于山西省北部怀仁县桑干河的支流鹅毛口河附近几个相连的小山包上，山包高出现河床80—100米，山体主要由岩石构成。鹅毛口遗址中除三小块陶片外，文化遗物只有石器一种。这里石器多半比较粗糙，其中半成品、废品占了很大比例。遗址范围内分布着煌斑岩、岩床和凝灰岩层，这些都是质地坚硬的岩石，是制造石器的天然石料，发现的石器都是以此为原料制作的。在有些暴露于地表的巨大凝灰岩块四周，常可发现打击石片所留下的巨大疤痕：在有些岩块的表面还有许多坑疤，可以看出将石料垫在上面打击所产生的硌痕，显然，这是利用其作为石砧而留下的印记。

这里的石器80%以上是用凝灰岩制作的，绝大多数石器是由较厚大的石片加工而成的。当时人们除了从一般的石核上生产石片外，还经常从巨大的岩块上或岩石露头上直接打击石片。石器绝大多数是用直接打击法制作的，直接打击主要采用砸击、摔击两种方法。有些石片的劈裂面甚至呈半球状，其厚、长几乎相等。石器以厚重型的为主，一般重量有几百克，大的可达千余克。石器的种类有锄、刮削器、砍砸器、手斧、尖状器、斧、龟背状斧形器、锤、弯尖厚尖状器等。绝大部分石器的器型，如尖状器、刮削器等与旧石器时代并无大的区别，但某些品类，如锄、斧、镰的形制均基本上与新石器时代磨制的同类制品相一致。

石锄，基本为长方形，宽度是长度的二分之一稍弱，有大、小两种。大型的长近20厘米，宽在9厘米左右；小型的长约10厘米，宽在5厘米左右。石斧器身长柱形，断面椭圆形，刃口或与两侧边垂直，或向一面偏斜。实际上，后一种形式的斧，亦可称为锛。石斧中有一件的两面和顶端经过磨制，其余部分表面仍遗留砸击痕。观察这件石斧痕迹，可推测其加工程序，首先是打制毛坯，然后敲去表面因石片疤显示出的棱脊，使之成为平面，最后一道工序是磨光。此地其余的石斧，在加工程序上比磨光石斧只少一个工序。可见，新石器时代的石器制作工艺技术是在继承旧石器时代工艺技术传统的基础上发展起来的。

磨制石器的制作一般包括选料、打制或切割成形、敲琢、砥磨和穿孔等几个工艺过程。打制是旧石器时代的传统技术，琢制、磨制、穿孔技术都萌芽于旧石器时代晚期，只有切割是新石器时代发明的。在新石器时代的各文化遗址中，往往打制、琢制和磨制石器并存。打制和琢制石器，可以是一次成形投入生产领域使用，也可作为磨制石器的前期工序。先打击敲琢出毛坯，然后再磨制加工。切割既可在打成毛坯前，也可以在琢磨以后。如浙江吴兴钱山漾遗址[2]出土的长方形磨制石斧，从各种痕

1 贾兰坡、尤玉桂：《山西怀仁鹅毛口石器制造场遗址》，《考古学报》1973年第2期，第13—26页；仇玉霞、李明：《鹅毛口古石器制造场遗址新考》，《文物世界》2012年第5期，第19—20页。

2 浙江省文物管理委员会：《吴兴钱山漾遗址第一、二次发掘报告》，《考古学报》1960年第2期，第73—91页；浙江省文物考古研究所、湖州市博物馆：《浙江湖州钱山漾遗址第三次发掘简报》，《文物》2010年第7期，第4—26页。

迹看，其制作过程是：先拿一块较大的板状石料，四周敲打规整，一端磨出两面刃，再在正反两面琢磨出一条条整齐的槽，最后再一片片敲落，而分为几个石斧。作为新石器时代石器制作工艺标志的磨制和钻孔技术，最早出现在旧石器时代中晚期的骨器可能还有木器的制作上，以后才被用于石器制作，例如早在周口店遗址的第4地点就发现过磨制的骨片，在旧石器时代中晚期的遗址中多次出现磨制的骨锥，山顶洞遗址出土的骨针更反映了当时骨器生产中的砥磨、穿孔技术已达到相当的高度[1]。旧石器时代晚期的某些石质装饰品也开始使用这种新技术，例如峙峪遗址中有一件经过磨制的椭圆形两边扁平中间穿孔的装饰品[2]，山顶洞遗址也发现了7粒穿孔的石珠[3]。至于磨光穿孔技术被广泛应用于石器，特别是石生产工具的制作，是新石器时代的事。促使这种技术发展的动力，应当是农业的兴起。农业的发生和发展使森林的砍伐、土地的翻耕等成为工作量既大又需经常进行的工作。这就要求提高有关工具的工效并延长其使用期限，磨光和钻孔技术就在这种需求下产生的。经过磨制的石器提高了光洁度，更加规整锋利和适用，用钝了还可以重新磨刃，延长它的使用寿命。穿孔则主要是为更有效地加柄捆绑，制成较高效的复合工具或加绳索便于握持。前者如石斧、石锛、石镰、石锄、石铲等加柄捆绑后，无疑大大提高功效。后者如双孔刀，于两孔间系绳便于持拿操作，从而提高功效。

## （二）玉器的发现与治玉技术的发生

新石器时代早期开始出现磨制石器，到了中期，石器制作工艺更加纯熟而发达。随着人们的生产生活的需要，制作石器的技术运用到更加精美的玉器的加工中，并使这种工艺得到更进一步的张扬。

### 1. 玉器的发现

新石器时代中期玉器先后出现于辽河流域、黄河中下游和长江下游三个不同地域、不同谱系的考古学文化中。

黄河流域裴李岗文化裴李岗遗址[4]中，出土水晶石器和绿松石饰、珠等。同样的玉器也见于新郑沙窝李遗址中。

陕西临潼姜寨遗址[5]出土的玉坠，质地晶莹、磨制光滑，色泽也极鲜艳。

长江下游地区浙江余姚河姆渡遗址[6]出土的20余件作为装饰用的璜、玦、珠、管等。多用粗玉、萤石制成，形制简单，不加纹饰。

辽河流域这一时期出土玉器的考古学文化较多，工艺也最为进步。沈阳新乐下层文化遗址[7]中出

1 裴文中：《周口店山顶洞之文化》，《裴文中科学论文集》，北京：科学出版社，第115—138页。

2 中国科学院古脊椎动物与古人类研究所：《山西峙峪旧石器时代遗址发掘报告》，《考古学报》1972年第1期，第39—58页。

3 裴文中：《周口店山顶洞之文化》，《裴文中科学论文集》，北京：科学出版社，第115—138页。

4 中国社会科学院考古研究所河南一队：《1979年裴李岗遗址发掘报告》，《考古学报》1984年第1期，23—52页；河南开封地区文物管理委员会：《裴李岗文化——河南新郑县裴李岗文化遗址发掘报告》，河南开封地区文物管理委员会，1979年；郑州市文物考古研究院、河南省文物管理局南水北调文物保护办公室：《河南新郑市唐户遗址裴李岗文化遗存2007年发掘简报》，《考古》2010年第5期，第3—23页。

5 西安半坡博物馆等：《姜寨——新石器时代遗址发掘报告》，北京：文物出版社，1988年。

6 浙江省文物管理委员会：《河姆渡遗址第一次发掘报告》，《考古学报》1978年第1期，第39—94页；河姆渡遗址考古队：《浙江河姆渡遗址第二期发掘的主要收获》，《文物》1980年第5期，第1—15页；浙江省文物考古研究所：《河姆渡——新石器时代遗址考古发掘报告》，北京：文物出版社，2003年。

7 沈阳市文物管理办公室：《沈阳新乐遗址试掘报告》，《考古学报》1978年第4期，第449—466页；沈阳市文物管理办公室、沈阳市故宫博物馆：《沈阳新乐遗址第二次发掘报告》，《考古学报》1985年第2期，第209—222页；李晓钟：《沈阳新乐遗址1982—1988年发掘报告》，《辽海文物学刊》1990年第1期，第7—24页；沈阳新乐遗址博物馆、沈阳市文物管理办公室：《辽宁沈阳新乐遗址抢救清理发掘简报》，《考古》1990年第11期，第969—980页。

土有墨玉、青玉、碧玉、玛瑙质小形雕刻器、鼓形珠和镞，还有大量用煤玉制成的泡形饰、铛形饰等。煤玉耳铛，长3—3.5厘米，呈束腰圆锥形，有如现代跳棋的棋子。制作此种形态的煤玉制品，需要很高的工艺要求。在辽宁广鹿岛小珠山遗址[1]也出土有碧绿色的岫岩玉斧。

兴隆洼文化兴隆洼[2]、兴隆沟[3]、白音长汗[4]、盆瓦窑[5]和查海这五处遗址都出土了一些玉器。查海遗址[6]出土的玉器最多，有30件左右。从造型上区分，查海的玉器主要有两类。一类为与日常制作和使用的石质工具相近的器型，如小型锛形器、玉凿和较大的玉斧等，它们磨制较为精工，形体也较为规整；另一类则与平常使用的物品均相去甚远，类似装饰品类可以悬挂或佩戴在身上或者身体的某个部位，种类主要有玉玦和玉匕形器的组合。另外还有一种类似玉管的东西，它们的制作较前一类更为精细，制作难度也更大，是兴隆洼文化玉器的主要代表。

玉匕形器是一种形体甚长而匀称的扁条状玉器。其头端平而末端圆弧，近于头端有钻孔，体中部内凹，向周边逐渐趋薄，边缘外翘呈有刃而不锋利状，通体被磨制得均匀而表面光泽。匕形器的长度大小不一，最长者长度可达10厘米，而最短者长度只有5厘米左右。匕形器是佩挂在人身上的，但佩挂的部位和数量却不像玉玦那样固定，从随葬品的出土情况看，可以分别在颈部、腰部或其他部位，数量少者1件，多者7件。



玉管是一种管状玉器。体长，管中部有外鼓使整体器形呈两端细、中间粗，两端斜口。外表磨制光滑。玉管个体一般都较小，长度在2—4厘米。

玉玦是一种扁平面接近正圆形，但圆周上有玦口的玉器。兴隆洼文化的玉玦直径在2.5厘米左右，圆周上用线切割法切割出玦口，通体打磨得光泽而圆润。如果细分，可以看出一些细部处理上的不同，比如有的玉玦玦体肥厚，玦环体与玦孔的比例近于相等，而另外一些则玦体较细，玦孔较大。更有一种整体做成柱状的玦，玦体和玦口都较高。使用时，玉玦被佩戴在巫师类人物的耳部，将玦穿于耳孔，就像在墓葬中它们都是被成对地出土于死者的头部两侧双耳下方的位置，玦口朝下。

新石器时代中期发现的玉器在年代上略有先后之分，玉器内涵上可能也有相互的影响，但无承袭关系，基本上是各自独立发展的。这一时段多数遗址中均出现过玉石或彩石制的凿、斧等生产工具，有的带有使用痕迹。这说明玉器或彩石还未从石制生产工具中分化出来，但多作为装饰品，则有逐步脱离一般石器而独立存在的趋势。

### 2. 用料

这一时期，玉器的用材并无严格要求，主要以颜色艳丽为主，即选“石之美者”。辽河流域使用的玉材最为丰富，有墨玉、青玉、玉髓、玛瑙、岫岩玉、煤玉等，其中以深浅不同的绿岫岩玉（蛇锌石）最为常见。黄河中下游地区所见玉材较为单一，只有绿松石和水晶、粗玉数种。长江下游地区，早期的

---

1 金英熙、贾笑冰：《辽宁长海县小珠山新石器时代遗址发掘简报》，《考古》2009年第5期，第16—25页；傅兵兵、金英熙：《辽宁长海县广鹿岛小珠山贝丘遗址发掘与收获》，《中国文物报》2010年3月12日。

2 中国社会科学院考古研究所内蒙古工作队，中国科学院植物研究所：《内蒙古敖汉旗兴隆洼遗址发掘简报》，《考古》1985年第10期，第865—874页；中国社会科学院考古研究所、内蒙古工作队：《内蒙古敖汉旗兴隆洼聚落遗址1992年发掘简报》，《考古》1997年第1期，第1—26页。

3 中国社会科学院考古研究所内蒙古工作队、敖汉旗博物馆：《内蒙古敖汉旗兴隆沟新石器时代遗址调查》，《考古》2000年第9期，第30—48页；中国社会科学院考古研究所内蒙古第一工作队：《内蒙古赤峰市兴隆沟聚落遗址2002—2003年的发掘》，《考古》2004年第7期，第3—8、97—98页；赤峰学院历史文化学院：《内蒙古赤峰市敖汉旗兴隆沟遗址挖掘报告》，《赤峰学院学报》2012年第11期，第1—2页。

4 郭治中、索秀芬、包青川：《内蒙古林西县白音长汗新石器时代遗址发掘简报》，《考古》1993年第7期，第89—100页；内蒙古自治区文物考古研究所：《白音长汗——新石器时代遗址发掘报告》，北京：科学出版社，2004年。

5 郭治中：《克什克腾旗盆瓦窑新石器时代遗址》，《中国考古学年鉴（1992）》，北京：文物出版社，1994年，第169—170页。

6 辽宁省文物考古所：《辽宁阜新县查海遗址1987—1990年三次发掘》，《文物》1994年第11期，第4—19页；辽宁省文物考古研究所：《查海——新石器时代聚落遗址发掘报告》，北京：文物出版社，2012年。

河姆渡文化[1]玉器常使用多色的茎石、粗玉等；稍晚的马家浜文化所用玉材多为透闪石、阳起石和蛇纹石等，质地较为细润，颜色以绿为主，或泛青，或透黄。但兴隆洼文化居民对玉有着准确的把握，查海遗址[2]发现玉器，经鉴定全部为透闪石软玉，选料相当严格而准确。这是迄今我国所见年代最早的一批真玉器，也被认为是世界上已发现的最早一批真玉器。这说明查海人对玉的识别能力很强。

### 3. 工艺

在玉器制作之初，琢玉工具尚不完备，加之人们艺术欣赏能力的低下，当时所成之器，多数工艺仅采用琢打磨光，器形简单，周身不施纹饰，以小形头饰珠、管、坠、玦等最常见，兼有环、璜、镯等佩饰。生产工具多是一些实用性强而不成形的细石器、尖状器、刮削器等，只有少量成形而规整的玉斧、凿、铲、镞、雕刻器。

相对而言，东北地区兴隆洼文化的玉器选料与加工制作均已经达到非常专业化的程度。从规整的器型看，查海人对玉器已经有了一定的制作规则，受到一定的观念形态制约。他们能够根据玉质的硬度、色泽，对玉精心选择、设计和加工使用，确定其制作对象。查海玉器[3]的切割痕迹十分明显，当时应当已经掌握了采用玉砂加水为介质切割开料的加工技术。从玦口切割表面保留有弧状切割线痕，可以确认线切割技术的存在。由于玦口线切割方向不同，线切割还可以细分出几种不同的方式。玉器加工成型过程中的琢磨、钻孔、抛光技术也已经相当成熟。钻孔方法采用对钻法，既规整，成功率又高，对玉器表面进行的抛光，使整件玉器光洁明晰。

兴隆洼文化玉器的出土地点虽然很分散，但这自成特色的玉器群却有着固定的器类，特别是同种器类往往依循着统一的制作规格。目前所知，兴隆洼文化的玉器均是小件器物，多呈白色或绿色，从采料、成形到琢磨，直至最后精细的抛光，所经多道工序，代表了当时玉器制作最高水平[4]。非专门的玉匠不能胜任。使用者身份特殊。

## 第四节　新石器时代早中期的房屋、村落与建筑技术

### 一、房址结构

新石器时代早期在长江流域及其以南的华南地区，有一部分古人继续利用天然洞穴、岩厦，过着相对稳定的生活。洞穴遗址都位于石灰岩丘陵地区的一些较为宽阔的山间盆地或谷地，居住洞穴多在盆地或谷地北部的石灰岩残丘或孤峰的下部，洞口朝南，洞前有宽阔的旷野，附近则有长流不断的小溪河流。这样的环境显然对新石器时代早期人类的长期定居和多样性的经济活动是十分有利的。其中，万年仙人洞和吊桶环是比较有代表性的两处遗址。两址位于山间大源小盆地外缘的山上，相距约800米[5]。仙人洞是盆地北部小河山脚下的一处洞穴遗址，吊桶环位于盆地西部的小山顶上，是

---

1 浙江省文物管理委员会：《河姆渡遗址第一次发掘报告》，《考古学报》1978年第1期，第39—94页；河姆渡遗址考古队：《浙江河姆渡遗址第二期发掘的主要收获》，《文物》1980年第5期，第1—15页；浙江省文物考古研究所：《河姆渡——新石器时代遗址考古发掘报告》，北京：文物出版社，2003年。

2 辽宁省文物考古所：《辽宁阜新县查海遗址1987—1990年三次发掘》，《文物》1994年第11期，第4—19页；辽宁省文物考古研究所：《查海——新石器时代聚落遗址发掘报告》，北京：文物出版社，2012年。

3 辽宁省文物考古所：《辽宁阜新县查海遗址1987—1990年三次发掘》，《文物》1994年第11期，第4—19页；辽宁省文物考古研究所：《查海——新石器时代聚落遗址发掘报告》，北京：文物出版社，2012年。

4 杨虎、刘国祥、邓聪：《玉器起源探索——兴隆洼文化玉器研究及图录》，中国考古艺术研究中心，2006年。

5 江西省文物管理委员会：《江西万年大源仙人洞洞穴遗址试掘》，《考古学报》1963年第1期，第1—2页；江西省博物馆：《江西万年大源仙人洞洞穴遗址第二次发掘》，《文物》1976年第12期，第23—26页。

一处岩棚遗址。仙人洞洞口朝东南，前面不远有一条小河自东南向西北流过，是盆地中最适合居住的一个洞穴。它的洞口很开阔，颇似岩厦，滴水线以内的开阔部分至少有200平方米，发现的文化堆积主要就在这一片地方。在不同的层面上都发现过烧火堆，有的烧火堆紧靠大石，有的则围以石块，烧火堆中有炭屑、灰烬、烧骨和石块等，在有限的发掘单位中同一层面上最多达6处以上，可见这里同时存在有多个不同的消费单位。吊桶环的位置不适合人类的长期居住，与仙人洞同时期的层位中虽也有炭屑等用火的遗存，但未发现有确切的用火遗迹，可能是仙人洞聚落中与仙人洞这样的居址功能不同的聚落单位。仙人洞聚落的形态大致表现出其居民中有多个不同的消费单位，可能属于某种较小的血亲亲族公社。

在利用天然洞穴的同时，人们也学会了建造简单的露天营地居住，广西邕宁发现的顶蛳山第一期遗存就是这一时期的露天居住址[1]。

华北地区在南庄头遗址发现有灰沟和红烧土，可能与古人的居住活动有关[2]。

新石器时代中期房屋不仅发现数量多，且结构形式多种多样，不仅表现在不同地区有着不同的房屋建筑传统，即便在同一地区，甚至同一遗址，仍可见到不同结构形式的房址。

新石器时代中期考古发现的房址结构有地穴式、半地穴式、地面式、台基式和干栏式等。

地穴式房址深度一般大于成人高度，多在1.5米以上，平面多见圆形，为筒状或袋状竖穴，面积一般较小。山西芮城东庄村F204，系一大口小底的竖穴，残高1.8米，南北最大径5.4米，东西最大径5.5米。居住面呈椭圆形，平坦，径3.8—4.8米，其上有厚约2厘米的坚硬踩踏面，为长期踩踏形成。穴壁不甚规整，巨大部分由上而下向内倾斜，壁面没有经过涂抹修整。穴东南有斜坡状出入口，斜坡上宽0.4米，其上见有踩踏面。在穴内东北部，有一个椭圆形袋状窖穴。房址内未见柱洞、草泥土和灶坑等遗迹。

半地穴式房屋是各地普遍存在的早期建筑形式，尤其是黄河流域及其以北地区这一时期房屋建筑的主流。老官台文化、裴李岗文化、磁山文化、半坡文化、后李文化、北辛文化、后冈一期文化、兴隆洼文化、赵宝沟文化、早期红山文化等等都是如此。这其中不同阶段、不同地域也还存在区别，黄河流域地区新石器时代中期早段以圆形为主，后段出现方形半地穴式建筑，而东北地区则始终流行圆角方形者。半地穴式房址深度一般小于1.5米，大多数小于1米，平面有圆形和方形，其墙壁部分为坑穴的穴壁，部分为穴口四周筑起的矮墙，以增加房屋空间的高度。有的房址一面开有门道，有的筑有门槛，有的设有门棚。

老官台文化房屋均为圆形半地穴式的窝棚建筑，室内很少再做加工，居住面也是人们居住时自然踏出的硬面。白家村遗址F1，平面呈不规则圆形，现存直径为1.7—2米，门向西北，从居住面到门口呈斜坡状，未发现柱洞与灶址，属于一种简单的建筑形式。F2形状与F1近同，直径为1.9—2.6米，由于遭到破坏，门道不清，室外发现四个柱洞，室内设有灶坑，并有生活用具遗留于室内外。从发现的房基看，当时的建筑形式还处在较原始的状态，尽管当时已经过上了定居生活，但还不十分稳固[3]。

大地湾遗址不同时期半地穴式房址建筑，体现了此类建筑技术的发展。一期房址均为圆形半地穴房基，穴口直径2.5—2.6米，穴底径略大于穴口，系先在原地挖一地穴，居住面和墙壁略经修整而成。穴壁为土质紧密且较硬的灰黄色黏土，在房基一侧有一斜坡状旋转式门道，其中个别穴壁上端



---

1 傅宪国、李珍、张龙：《广西邕宁顶蛳山遗址发掘获丰硕成果》，《中国文物报》1997年12月4日；中国社会科学院考古研究所广西工作队、广西壮族自治区文物工作队、南宁市博物馆：《广西邕宁县顶蛳山遗址的发掘》，《考古》1998年第11期，第11—33页。

2 保定地区文物管理所、徐水县文物管理所、北京大学考古系、河北大学历史系：《河北徐水县南庄头遗址试掘简报》，《考古》1992年第11期，第961—970页；李珺：《徐水南庄头遗址又有重要发现》，《中国文物报》1998年2月11日。

3 中国社会科学院考古研究所陕西六队：《陕西临潼白家村新石器时代遗址发掘简报》，《考古》1984年第11期，第961—970页。

都有红烧土痕迹，当为生火所致。大地湾二期半地穴式建筑，穴室较一期变浅，居住面与部分房址穴壁以草拌泥涂抹，居住面上多涂抹一层褐红色颜料，建筑形式有无墙柱和有墙柱两种，房屋建筑有大、中、小型之区别，灶坑有瓢形、方形、圆形之别，还有在灶前设泥圈土坎者。有的房址门道内设有门栏，个别房址室内设有窖穴[1]。

裴李岗文化舞阳贾湖发现半地穴式房址42座。其中F1是该遗址最大的一座房子，呈不规则圆形，面积约40平方米，单间式，周围墙已不存，斜壁凹底，门道呈台阶状，房内中间设一大柱，其南有一个附属性小柱。F4平面为鞍形，长径2.7米，短径1.7米，深0.4米，斜直壁，平底，边缘外围有5个圆形柱洞。F14平面呈椭圆形，长径2.05米，短径1.85米，深0.75米，门道向东南，呈三层台阶状，门道两侧各有一长椭圆形柱洞，可能有承重柱或门棚柱的性质。坑底北侧有三个柱洞，可能是护围柱。贾湖F21为多间式半地穴式建筑，分三个部分。东半部为主室，呈南北向椭圆形；中部亦呈椭圆形；西部为一长方形门道。三部分均为平底，呈台阶状，在中、东部之间有一道挖坑时预留的生土隔墙。房址周围未见柱洞类附属遗迹[2]。

后李文化的小荆山遗址发现的半地穴式房址，面积多在30平方米以上，有的达40—50平方米，皆为半地穴式，有的平面呈圆角方形或矩形，地穴四壁多经过火烧，门道设在南部拐角处，呈两级台阶状，四周有大小不一、排列欠规整的十个柱洞，室内遗放有各种器物[3]。

姜寨F127为圆形半地穴式房址，直径3.06米，面积10平方米左右。以坑壁为墙，壁高0.48米。门向北偏西，门道为斜坡状。门槛南有一长1米、宽0.32米的凹坑，与灶坑相连，灶坑圆形，有灶圈，灶面、墙壁面和居住面均抹草泥土，经火烤呈青灰色硬面，居住面中部有一个柱洞。

姜寨F86为一座方形半地穴式房址，东西长4.14米，南北长6.32米，面积为38.8平方米。门向南，门道呈缓坡状。门道长2.28米，北端宽1.40，南端宽0.50米。门道北端深入室内的一段，东西长1.40米，南北宽0.92米，低于居住面8厘米，并设有小隔墙，隔墙中间为门槛。浅穴灶四周有凸脊灶圈，地面平整，房东南角有面积约4平方米，高8厘米的平台，居住面和台面均抹3厘米厚的草泥一层，火烤后成为红烧土硬面。

姜寨F29亦为方形半地穴式房址，东西长4.86米，南北长4.84米，面积23.53平方米。门道及灶坑处理与F86一致。居住面用草泥涂抹，厚2厘米，房屋以坑壁为墙，墙高25—32厘米，墙面用草泥涂抹，经火烤成硬面，平整光滑，厚2—3厘米。房屋中间有四个直径20—26厘米的柱洞[4]。

东北地区兴隆洼文化的半地穴式住房结构与中原地区相比存在特色。比如查海遗址选择在风化岩层甚浅的地层上劈凿房基，房址平面呈圆角方形、方形、近椭圆形，以圆角方形最多，居室的门道不详，有些房址的南面东端有向外突出的半圆体，疑似进出门道的位置，居室活动面踏土厚约5—10厘米，呈黑灰色，坚硬起层，个别房址居住面上有二层台，未见室壁经加工或抹泥等处理的记录，每座房址内一般有两圈柱洞，外圈柱洞沿穴壁排列，内圈柱洞排列在灶址的外围，个别四圈柱洞。房址的正中设有灶址，一般一到两个，为在基岩上凿出的原形或椭圆形的浅坑穴。一般抹一层薄泥，使灶壁坚硬光滑。有的底部用石块和石器铺垫。此外，尚有少量的地面支石灶，为在居住面摆放了1—5块大石块为灶。

查海第40号房址呈东西5.6米、南北5.4米的近圆角方形，中心垂直深度0.7米。居住面设有二层台，二层台面较平，宽0.5—0.9米，高0.17—0.27米。二层台下中心活动区近圆形，有2—5厘米的黑灰

1 甘肃省博物馆、秦安县文化馆：《甘肃秦安大地湾新石器时代早期遗存》，《文物》1981年第4期，第1—8页；甘肃省博物馆文物工作队：《甘肃秦安大地湾遗址1978—1982年发掘的主要收获》，《文物》1983年第11期，第21—30页；甘肃省文物考古研究所：《秦安大地湾——新石器时代遗址发掘报告》，北京：文物出版社，2006年。

2 河南省文物考古研究所：《舞阳贾湖》，北京：科学出版社，1999年。

3 章丘县博物馆：《山东章丘县小荆山遗址调查简报》，《考古》1994年第6期，第490—494页；山东省文物考古研究所、章丘市博物馆：《山东章丘市小荆山遗址调查、发掘报告》，《华夏考古》1996年第2期，第1—23页。

4 中国科学院考古研究所、陕西省西安半坡博物馆：《西安半坡》，北京：文物出版社，1963年。

色坚硬垫踏土层。房址内共有32个柱洞，分四圈分布，其中台面上两圈，外圈紧靠穴壁12个，内圈8个；台下两圈，外圈紧靠二层台壁8个，内圈4个布置在灶外四角。柱洞多呈圆形，深浅大小不一，最大者口径0.48米，深0.7米，最小者口径0.2米，深0.2米。室内中心偏北处有一灶，呈不规则圆形，底部抹5—6厘米厚泥[1]。

兴隆洼遗址的房址多建在黄褐色生土中，结构与查海遗址相仿。穴壁最深者达1米，最浅的不足0.1米。房址的居住面多系生土底砸实而成，少数的经过抹泥处理，平整而坚硬。灶址为圆形的土坑，位于居住面的中部，底部较平，个别的铺有石块。柱洞均在地穴内，布局分为两类：一类为双重分布，柱洞有两圈，外圈沿四壁里侧排列，内圈排列在灶的外圈，数量10余个至20多个不等；另一类仅有4个或6个柱洞，匀称地分布在灶址与穴壁之间[2]。

可见，尽管都是半地穴式，各地、各文化，甚至同一个聚落，具体的建筑形式还存在一些差异。

根据对贾湖遗址半地穴式房屋，发掘者将这类房屋的建筑流程归纳为测量选址、挖坑、挖柱洞、筑墙体、搭盖房顶、铺垫居住面和修筑房内设施等几个步骤。中期最晚阶段则在搭盖房顶之间还应有一个对墙体、居住面的涂抹草拌泥和烧烤的过程。



地面建筑是直接在地表筑基、立柱、起墙和盖顶的房屋建筑形式。此类房址面积也有大小之别，平面形状有方形和圆形之分，小型者一般从地面直接立柱、筑墙、盖顶，而面积较大者则会先在地面挖墙基槽，然后在基槽内立柱、起墙。新石器时代中期的地面式建筑墙体为木骨泥墙。

贾湖F39平面呈椭圆形，长径4.3米，短径3.1米。墙基已不存，仅留一红烧土地面，为草拌泥铺成，表面烧成红褐色。烧土面中间有3个柱洞，为地面烧好后挖埋的支撑屋顶的立柱洞。灶坑位于烧土面西侧偏南，为方形凹坑[3]。

半坡文化姜寨遗址F48平面呈圆形，长径6.5米，面积在20平方米左右。门向南，无门槛，仅留有宽约0.6米的出入口。室内中部有一灶面，与居住面平。居住面较硬，室中部有两个支撑房顶的木柱柱洞，房屋四周保存墙内附壁柱洞六十个[4]。

南方地区为防潮起见，存在对居住面进行进一步处理的现象。如马家浜文化梅堰遗址发现的地面式建筑有以蛤蜊壳铺垫的居住面。有的在蛤蜊壳层上还铺垫有草木灰和排列整齐的芦苇层，一般厚0.07—0.33米。这种居住面面积较大的有390平方米，小的有18平方米。在居住面上还发现有长方形和椭圆形的木桩。在邱城遗址揭露了一片长36米、面积265平方米平整硬土面。硬土面大致分为3层，每层厚0.1—0.18米，用小碎石、陶片、沙、蛤蜊壳和黏土相掺筑成，上面再铺一层沙泥。在第二层硬土面上发现有间距为3.5米的两排整齐的方形柱洞，洞间距0.87米，洞底垫有两块厚木板，柱径一般0.2米。这样的建筑平面是长方形的，四周还发现有排水沟[5]。

台基式建筑是将房屋建在高于地面的台基之上的一种建筑形式，其起源应与防潮、排水的考虑有关。

八十垱遗址F1分台体和坑基两部分。先在地面挖一基坑，再在坑内夯筑黄褐色黏土，与原地面基本持平，再在其上堆筑一个土台，最后在土台面及其周围立柱。台面略呈圆角长方形，南北长3.7米，东西宽3.2米，台面距地表1米，台面高出原地面0.3—0.45米。台面四周坡短而陡。台基形状呈海星形。该建筑发现柱洞7个[6]。

---

1 辽宁省文物考古研究所：《查海——新石器时代聚落遗址发掘报告》，北京：文物出版社，2012年。

2 中国社会科学院考古研究所内蒙古工作队：《内蒙古敖汉旗兴隆洼遗址发掘简报》，《考古》1985年第10期，第865—867页。

3 河南省文物考古研究所：《舞阳贾湖》，北京：科学出版社，1999年。

4 中国科学院考古研究所、陕西省西安半坡博物馆：《西安半坡》，北京：文物出版社，1963年。

5 苏州博物馆、吴江市文物管理委员会：《吴江梅堰龙南新时期时代村落遗址第三、四次发掘简报》，《东南文化》1999年第3期，第14—23页；苏州博物馆、吴江县文物管理委员会：《江苏吴江龙南新石器时代村落遗址第一、二次发掘简报》，《文物》1990年第7期，第1—27页。

6 湖南省文物考古研究所：《彭头山与八十垱》，北京：科学出版社，2006年。

大溪文化朱家台遗址台基呈圆角方形，台基高0.5—1米，用一种近似膏泥的灰白土垫筑而成。资料发表较多的F1台基底部近圆形，直径8.5—10米，高0.4—0.5米，外周以红烧土堆筑，中部用较纯净的灰白土填平，四周呈坡状，以利散水，西部2米外还发现有排水沟。台基上房屋为圆角长方形，南北长近8米，东西宽6米。室内除东南角有一较大的柱洞外，其他柱洞都在东、北、西三面的墙基处，间距多在2米左右，洞径0.2—0.25米，深0.12—0.3米。倒塌的残墙中有木棍、竹片的印痕。南面无柱洞，亦无残墙痕迹，似为门道所在。室内有的地方残留有居住面，中间部位稍偏北一些有一近椭圆形坑状火塘，坑口长径1.7米，宽深0.05—0.12米[1]。

干栏式建筑是在木柱底架上建筑的高出地面的房屋，有利于防水、防虫，所以在长江流域及其以南地区较为多见，在黄河流域地区也有少量发现。

河姆渡遗址发现了千余件的建筑木构件，主要包括长圆木、桩木和木板等。其中能看出一些规律的是那些构成这里建筑基础、仍保留在原位置的木桩。这里的木桩分为圆木桩、方木桩和木板桩三种，都是一头削尖打入地下的。其中方木桩较大，打得也比较深（一般打入生土部分在1米以上），应该是建筑主要的承重桩。圆木桩与方木桩一般相间分布，紧密排列，成排地发现于遗址中。在第一次发掘区的中部和西部这样的排桩有13排，并且可以看出有三组相互平行，各应为同一建筑的基桩，因此这里至少就有3栋建筑。但由于它们都是长房，走向虽大致为西北至东南向，又略有不同，而且距离很近，故应分属不同的时期。其中有一组4排平行木桩构成的建筑面阔在23米以上，进深7米左右，还有一道1.3米宽的前廊。第二次发掘发现这样的排桩有16排，其中有4排可以同第一次发掘的这栋23米长的房屋相连接，因此这栋房屋实际上要长达百米。根据钻探得知在这些建筑的东北面当时是一片湖沼，建筑本身是取背山面水的位置布置的。由于这里地势低洼，没有发现加工过的建筑居住面，建筑的室内部分发现有大量的日常生活垃圾，如成堆的橡子壳、菱壳、兽骨、鱼骨、龟鳖甲和破损陶器等，故可认定它们是架空的全木构干栏式建筑，上面住人，下面堆放什物或抛弃垃圾。从桩木残留的一些迹象来看，有的排桩高出地面0.8—1米，在这个部位架设大、小梁（龙骨）以承托地板，地板以上的梁柱有的高达2.63米。随建筑一起出土的木构件中有几十件带榫卯的建筑构件，包括平身

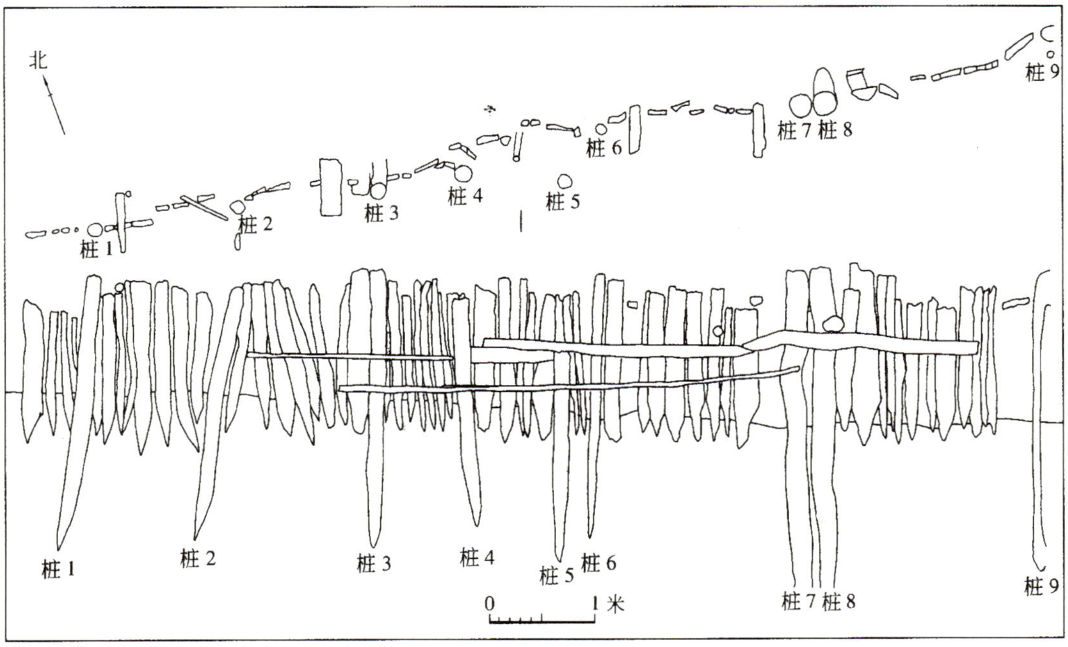


图 2-10　河姆渡遗址干栏式建筑

1 中国社会科学院考古研究所长江工作队：《湖北均县朱家台遗址》，《考古学报》1989年第1期，第27—29页。

柱、转角柱、大梁、企口板和窗棂等，还有刻花的木构件，反映了这种干栏式建筑的各个细节部位的构成情况和建筑技术（图2-10）[1]。

贾湖遗址F38，7个圆形柱洞呈椭圆形分布，以柱洞内侧计，长径2.15米，短径1.1米。这些柱洞周围和底部填塞红烧土和碎陶片。柱洞分布的平面上未见居住面、路土等居住迹象，立柱后其上应建置有离开地面的干栏式建筑。

据对贾湖遗址干栏建筑的观察，发掘者认为此类房屋的建造过程首先应当是测量选址、挖洞栽柱，这类房屋柱洞一般较粗大，尤其是承重柱，如F40D2，直径25厘米，深30厘米，周围和底部有5—8厘米厚的黄胶泥夹碎陶片，砸得很坚硬，洞中间应是柱子的直径，约15厘米。柱上设置应与干栏式建筑同，推测至少应有搭筑居住面、搭盖房顶、搭掩墙体三道工序[2]。

一个考古学文化或一个聚落遗址，一般会主要选择一种建筑形式来营建居民住房，但也会有一些聚落同时有多种不同的建筑形式存在，比如八十垱遗址同时存在半地穴式、地面式、干栏式、台基式四种建筑形式，贾湖聚落同时存在半地穴式、地面式和干栏式三种建筑。此种聚落，不同的结构形式的建筑可能存在一定的功能差异，比如贾湖的F38可能做高架仓储设施或哨棚类设施来使用。

## 二、村落布局

新石器时代早期的遗址，目前发现的很少，更未发现由多座完整房屋建筑等构成的全貌较清晰的聚落。

新石器时代中期，随着农业在经济成分中由小到大逐步占据支配地位，古人具有了在一处地点较长时间定居的能力与可能性，较大的聚落渐次形成。这一时期聚落的发展大致可以以距今7000年左右为界，区分为前后两个阶段。

新石器时代中期前段聚落面积相对较小，从几千平方米到数万平方米。聚落内部不同功能区域有一定的规划，居住形式以单体居室为主，连间房初步出现，居住区房屋布局相对散漫者居多。墓葬以单人葬为主，公共氏族墓地和家族墓地出现。环壕聚落已经出现，但尚不普遍。

长江流域彭头山文化遗址的面积有的几百平方米，有的数千平方米，大一点的万余平方米，最大的如八十垱也只有3万平方米，总的来说都比较小。八十垱遗址位于澧阳平原东北边缘，北距丘陵岗地3千米。遗址原来坐落在一条宽约百米的古河曲，这条小河环绕聚落北西南三面向东流入不远的湖沼区。聚落以北紧邻北部河道南岸，其余西南东三面则修筑有环壕和土围墙。河道和环壕土围墙围护起来的聚落南北长200米，东西宽160米，总面积约3万平方米。壕沟与土围墙是逐渐修筑而成的，最先开凿的是南部和东部的壕沟，以后又开挖了西部的壕沟，并在壕沟的不断疏浚和拓宽中将壕沟取土堆筑于沟的内侧，从而形成了土围墙，围沟全形呈不规则长方形。壕沟一般上宽4米，底宽和深约2米，土围墙底宽5米，顶宽2米，高近2米。在西墙上还发现了一个豁口，豁口处地面铺有阶梯状鹅卵石，可见此处应为出入聚落的寨门。八十垱遗址的发现证明长江中游地区有围沟有土围的聚落早在彭头山文化时期就已开始形成，推测人们修筑围沟和土围的目的主要是用于防护和排水，而且当时的聚落已初具规模。八十垱聚落环壕土围墙以内，北部地势较高处为居住区，房屋均集中于此，大多为长方形和方形的单间地面建筑，仅有一座为有灶坑的半地穴式窝棚，这些房屋一般都成排分布。可见应是聚落的居址。在居住区北面是常年倾倒生活垃圾的地方。在聚落西部200平方米的范围内发现有层层叠压打破关系复杂的大小柱洞600余个，却不见普通房址具有的居住面或活动面，可能是干栏式建筑留下的遗迹，但在干栏式建筑区内不见垃圾，因此不会是通常的居住房屋，而很可能是集中分布的高架仓房，是聚落中长期存在的功能区域。聚落中的墓葬有百余座，大多分布在居住区的周

1 浙江省文物考古研究所：《河姆渡——新石器时代遗址考古发掘报告》，北京：文物出版社，2003年。

2 河南省文物考古研究所：《舞阳贾湖》，北京：科学出版社，1999年。

围，也有个别的见于壕沟内。墓葬的坑穴都很小，以0.6米见方或直径1米左右的方坑或圆坑为最多，也有少量长1.2米、宽0.4米左右的长方形坑穴[1]。

黄河流域裴李岗文化莪沟北岗聚落自东向西主要由三个部分组成。遗址东部现存H24等3个灰坑，在T53内似有一建筑残迹，其余为大片空地，此处或为公共活动的场所。遗址中部现存6座房基和若干窖穴，窖穴有的集中分布在东南角，有的散布在房基之间。这里有房基，还有窖穴，或许应是居住区所在。需要说明的是这里发掘出来的房基相当小，室内面积大多不足10平方米。再除去灶坑所占而积，室内面积就更显得十分狭窄了。遗址的西部为墓葬区[2]。唐户遗址三面环水，处于河旁台地上。居住区位于遗址东部，手工业作坊区位于西南部。聚落外围有一条壕沟与河流相通[3]。贾湖遗址居住区在遗址的中部和东部，西部为墓葬区。居住区周围发现很多灰窖，可能为手工业区。聚落遗址外围西南角和东北角发现长约9米的壕沟各一处，壕沟现深约1米。

这一时段在东北地区发现的兴隆洼文化聚落多处经过全面揭露，整体面貌较为清晰。

兴隆洼文化聚落的规模大多数属于小型聚落。以赤峰和通辽地区调查发现的122处遗址中的26处单纯兴隆洼文化遗址为例，除2处面积不详之外，大型聚落仅1处，面积有14万平方米，中型聚落2处，面积均在6万平方米左右，而小型遗址达21处。蚌河下游发现的5处兴隆洼文化遗址，也均属小型遗址。聚落的组成有多单元和单个单元之分。多单元聚落可由环壕或空地将聚落分成不同的单元[4]。

白音长汗聚落是由两座带有环壕的居住单元构成的聚落遗址。两个单元内部各自自行布局房址，其中北部单元内29座房址大致呈东南至西北向分6排排列，南部单元同期25座房址则大致南至北成7排分布。各单元分别由自己对应的公共墓地[5]。

20世纪末发现的北城子聚落也可以算作双单元聚落的一种。该聚落也分南北两个单元，分别都有环壕围绕，隔河相邻。其中北部单元面积达6万余平方米，南部单元约1万平方米，总面积约7万平方米[6]。

兴隆沟聚落虽尚未发掘完毕，但根据暴露于地表的房址遗迹“灰土圈”的疏密及微地貌的变化情况，145个灰土圈明显地被分成三个单元：第一单元位于遗址的东北部，其内52座灰土圈均沿东北至西南方向分10排排列；第二单元位于聚落中部，东北侧与第一单元相连，西侧与第三单元相连，房址灰圈67座，沿东北至西南方向分成12排分布；第三单元位于聚落的西部，其西侧部分已遭破坏，残留房址灰圈26座，均沿东北至西南方向成10排分布[7]。

兴隆洼遗址、南台地遗址和查海遗址均为单一单元的聚落，聚落内房址成排分布。

每一个聚落单元作为一个整体，各类功能建筑被有机地规划、建造在一起，集中了起居、加工、窖穴储藏、墓葬、宗教祭祀等等多种活动，使之形成了一个相对独立的经济和精神文化单元。比如查海遗址主体部分大约南北和东西各100米，面积约1万平方米。聚落外围筑有沟壕，巨大的石堆龙舒展地横卧在聚落中心，其下方有公共墓地和祭祀坑，而聚落内从早到晚大小不同的半地穴式房址密集而又有序地排列、分布在它们的四周。它们之间少有叠压和打破关系，反映了聚落形成的规划性（图2-11）。位于山坡上的白音长汗聚落，东坡为居住区，每个单元内房址均按照同一规划分排分布，而山顶发现的两处墓葬区可能就是分别与两个单元对应的公共墓地。盆瓦窑遗址东邻碧柳河，西靠一列

1 湖南省文物考古研究所：《彭头山与八十垱》，北京：科学出版社，2006年，第228—250页。

2 河南省博物馆、密县文化馆：《河南密县莪沟北岗新石器时代遗址发掘简报》，《文物》1979年第5期，第14—19页。

3 郑州市文物考古研究院、河南省文物管理局南水北调文物保护办公室：《河南新郑市唐户遗址裴李岗文化遗存2007年发掘简报》，《考古》2010年第5期，第3—23页。

4 索秀芬、李少兵：《兴隆洼文化聚落形态》，《边疆考古研究》第8辑，2009年，第14—33页。

5 索秀芬、李少兵：《兴隆洼文化聚落形态》，《边疆考古研究》第8辑，2009年，第14—33页。

6 杨虎、刘国祥、邵国田：《敖汉旗发现一大型兴隆洼文化环壕聚落》，《中国文物报》1998年7月26日。

7 中国社会科学院考古研究所内蒙古工作队：《内蒙古敖汉旗兴隆洼聚落遗址1992年发掘简报》，《考古》1997年第1期，第1—52页。

南北向山岗，居住区分布在山前台地上，山顶上为墓葬区，临河的台地边缘为烧窑区。兴隆洼遗址环壕内为成排有序的房址，在房址之间及环壕外西北侧还专门设有窖藏坑区，在环壕西南段环壕的外侧曾发现2座平行排列的墓葬，可能是墓地。

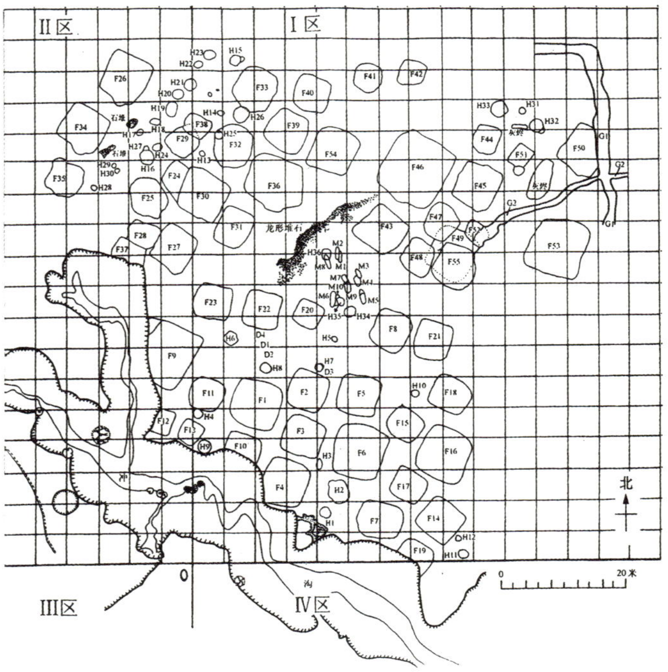


图 2-11　查海遗址平面图

聚落单元可以分为有环壕和无环壕两种。兴隆洼遗址早期聚落、北城子聚落、白音长汗遗址二期乙类聚落、查海聚落均为有环壕环绕的聚落，无环壕聚落有南台子遗址和兴隆沟聚落等。白音长汗二期乙类聚落的环壕平面近圆形，横剖面呈倒梯形。依西高东低的坡势，越向西保存得越深，向东部渐浅，现存环壕保存好的地段宽而深，保存差的地段窄而浅。横剖面呈倒梯形。其中北部单元的环壕保存完整，东南至西北最长132.5米，西南至东北最长123.75米，周长约为427米。沟口宽0.8—2.3米，底宽0.5—2米，深0.2—1.05米。环壕一周贯通，没有中断地段，其门址位置和形制不详。南部单元的环壕近椭圆形，因断崖自然塌陷，致使环壕东南段缺失。现存环壕长224.5米，南北最大间距132.5米，东西间距92.5米。沟口宽0.95—2.2米，沟底宽0.9—1.65米，深0.3—0.9米。环壕环绕至东侧接近断崖处出现一个缺口，这里有一片踩踏坚实的路土，地处坡下，面临西拉木伦河古河道，应为门道之所在[1]。兴隆洼遗址早期聚落的环壕整体近椭圆形，东北至西南最大径183米，西北至东南最小径166米，现存壕宽1.5—2米，深0.5—1米，西北最高处有一“寨门”式建筑。北城子聚落北、东、南三面环绕以围壕，西面临河，地表高出河床约30米[2]。

兴隆洼文化聚落环壕的宽度一般在2米以下，或略超过2米，深度也仅1米左右，其防御功能应当是极其有限的。环壕虽也能一定程度上起到保护村落居民不受野兽等侵袭的作用，还可能便于整个聚落的排水，但更重要的功能可能还是起到区分的作用，包括对不同聚落单元的区分，对聚落居住区与墓葬区等其他区域的区分等。

房址是聚落中最多见的建筑，它们在聚落中全部都是按照一定规则成排成行地排列的。

南台子聚落33座房址，按西南至东北方向分4排布局，房屋门道普遍朝向东南。第1排9座，第2排6座，第3排3座，第4排15座[3]。

白音长汗遗址兴隆洼文化乙类聚落北部单元内有4排29座房址，每排房址分别为9座、8座、7座、5座；南部单元25座房址分3排排列，坡上2排经过发掘，坡下1排部分经发掘，部分房址没有清理，后



1 内蒙古自治区文物考古研究所：《内蒙古林西县白音长汗新石器时代遗址发掘简报》，《考古》1993年第7期，第577—586页；郭治中、包青川、索秀芬：《林西县白音长汗遗址发掘述要》，《内蒙古东部区考古学文化研究文集》，1990年，第15—23页；内蒙古自治区文物考古研究所：《白音长汗——新石器时代遗址发掘报告》，北京：科学出版社，2004年。

2 中国社会科学院考古研究所内蒙古工作队：《内蒙古敖汉旗兴隆洼聚落遗址1992年发掘简报》，《考古》1997年第1期，第1—52页。

3 中国社会科学院考古研究所：《中国考古学·新石器时代卷》，北京：中国社会科学出版社，2010年。

排10座、中排11座、前排4座。房址的室内面积20—80平方米不等[1]。

兴隆洼聚落经发掘的房址170座，呈东北至西南方向成排排列，共计10排，每排约10余座。排与排之间的距离大于同排房址与房址之间的距离。聚落最大的两座房址面积超过了140平方米，并位于聚落的中心位置，并且每排房址中尚都有1座较其他房址规模较大的房址。普通房址的面积早期在60平方米左右，中期开始明显减小，一般在30—50平方米，晚期则更缩小至15—30平方米。

兴隆沟聚落东部单元52座房址沿东北至西南方向分排排列。分11排，每排1—8座不等。第1排2座，房址间距3米；第2排5座，与第1排相距6米左右，房址间距2—6米；第3排5座，与第2排相距5—8米，房址间距为5.5—9.5米；第4排7座，与第三排相距3—12.5米，房址间距为3—8米；第5排6座，与第4排相距5—11米，房址间距2.5—11米；第6排8座，与第5排相距6.5—13米，房址间距2—8米；第7排仅1座，在本单元东北侧边缘部位，与第6排相距5米；第8排有7座，与第7排相距4米，房址间距为2—12米；第9排5座，与第8排相距2—13米，房址间距2—9米；第10排有5座，与第9排相距3—9米，房址间距2.5—18米；第11排也仅1座。分布在该单元的东南端，与第10排相距7.5米。2001年发掘了这一单元的12座房址，其中以5号房址面积最大，有86.24平方米，位于该单元的中部。

兴隆沟聚落中部单元67座沿东北至西南方向成排分布，分12排，每排数量1—8座不等。第1排有l座；第2排2座，与第1排相距2—6米，房址间距8米；第3排4座，与第2排相距3.5—5.5米，房址间距为3.5—6.5米；第4排8座，与第3排相距6—16米，房址间距2—10米；第5排5座.与第4排相距5—12米，房址间距3—8米；第6六排9座，与第5排相距6—8米，房址间距4—7.5米；第7排有8座，与第6排相距6—9米，房址间距3—18米；第8排8座，与第7排相距10—18米，房址间距为3—11.5米；第9排4座，与第8排相距5—13米，房址间距3.5—5米；第10排5座，与第9排相距6—12米，房址间距l3—28米；第11排7座，与第10排相距5—11米，房址间距为3—15.5米；第12排6座，与第11排相距4—15米，房址间距6—19米。

兴隆沟聚落西部单元残存的26座房址沿东北至西南方向排列，分10排。第1排2座，房址间距3米；第2排2座，与第1排相距3—4米，房址间距3米；第3排4座，与第2排相距4.5—7.5米，房址间距为3—11.5米；第4排2座，与第3排相距2—3米，房址间距4米；第5排3座，与第4排相距4—7.5米，房址间距7米；第6排4座，与第5排相距10—12米，房址间距为6—17米；第7排2座，与第6排相距7—8米，房址间距31米；第8排2座，与第7排相距7米，房址间距为10.5米；第9排2座，与第8排相距11米左右，房址间距为10.5米；第10排3座，与第9排相距8—11米，房址间距为6—9.5米[2]。

北城子聚落北部单元南北长约400米，东西宽150米，总面积达6万余平方米。在遗址表面可以见到成行排列的灰土圈，有的呈灰黑色，轮廓十分清楚；有的呈灰黄色，不太明显。每一个灰土圈基本代表一座半地穴式房址，地表所见的灰土或灰黑土实为房址内的第一层堆积。整个遗址共有房址灰圈214座，均沿南北向成排分布，自东向西共分11排。一般每排房址有十几至二十几座不等，最短的1排仅4座，最长的1排有31座房址[3]。

查海聚落中发现房址共计55座，虽然这些并非全部属于同一个时期，但是兴盛时期查海人至少同时拥有三四十座房子。它们相互间排列密集有序，方向大体在190度至250度，南北成行，东西成排。聚落中心南北两侧有2座特大型房址，面积分别为157平方米和107平方米。

---

1 内蒙古自治区文物考古研究所：《内蒙古林西县白音长汗新石器时代遗址发掘简报》，《考古》1993年第7期，第577—586页；郭治中、包青川、索秀芬：《林西县白音长汗遗址发掘述要》，《内蒙古东部区考古学文化研究文集》，1990年，第15—23页；内蒙古自治区文物考古研究所：《白音长汗——新石器时代遗址发掘报告》，北京：科学出版社，2004年。

2 中国社会科学院考古研究所内蒙古工作队、敖汉旗博物馆：《内蒙古敖汉旗兴隆沟新石器时代遗址调查》，《考古》2000年第9期，第30—48页；中国社会科学院考古研究所内蒙古第一工作队：《内蒙古赤峰市兴隆沟聚落遗址2002—2003年的发掘》，《考古》2004年第7期，第3—8、97—98页；赤峰学院历史文化学院：《内蒙古赤峰市敖汉旗兴隆沟遗址挖掘报告》，《赤峰学院学报》2012年第11期，第1—2页。

3 杨虎、刘国祥、邵国田：《敖汉旗发现一大型兴隆洼文化环壕聚落》，《中国文物报》1998年7月26日。

有一种现象看来在各遗址中都是一样的，即新房的建设总是在老屋的位置上的翻盖。以兴隆洼聚落的第220号房址和第180号房址为例，后者完全建造在前者的位置之上，地层上打破前者。两座房址的穴壁基本上是平行的，东北、东南、西北、西南壁的最大间距分别为2.56米、1.56米、2.70米和1.88米。查海遗址第49号房址被第55号房址叠压，可能也是遵守同样法则的结果[1]。

储藏窖穴区也是聚落的一个重要组成部分。聚落中的窖穴从位置上看主要分两种，一种是房址内的窖穴，一种是室外窖穴，后者往往是集中分布在某些房址的外围或聚落的某个部位。在兴隆洼聚落室内窖穴较少，大部分窖穴被安置成排的房址之间或集中在环壕外西北侧。查海聚落的窖穴主要分布在房址的周围，少数位于室内，在聚落区西北部发现一组集中成群的窖穴，位于两排房址之间的宽敞地带，基本南北排列成一行，应是有意识地规划修建的。

生者同聚落，死者同墓地，这种观点是史前居民共有的观念。这种观念在兴隆洼文化居民意识中同样是有效的，只是相比之下该文化对同群体的认识似乎更加强烈一些，以至于他们除了有聚落公共墓地外，对某些生前共同生活的成员采取居室葬的方式，将他们埋葬在曾经生活过的房址里。公共墓地有在环壕之内和环壕之外两种。同一墓地死者墓向、葬式、埋葬习俗相似。



白音长汗遗址二期乙类聚落两个单元，分别在环壕围绕的居址外山顶上安置公共墓地。与北部单元相对应的北区墓地称Ⅰ号墓地，位于遗址西北部山顶，有8座墓葬；与南部单元相对的南区墓地称Ⅱ号墓地，位于遗址西南部山的顶部，有7座墓葬。绝大多数墓葬均为土坑竖穴墓，且大部分地表见有积石，仅Ⅰ号墓地有1座是石板墓，墓顶有椭圆形石圈包围墓葬。除1座二次葬墓外，其余均为一次葬，采取仰身葬式，儿童也在墓地中埋葬。半数以上的墓葬有随葬品，多以小件装饰品随葬。而查海聚落的墓地却被安排在聚落的中部，共10座墓葬，除1座合葬外，余均为单人葬。死者头北脚南，仰身直肢，大部分墓葬没有随葬品。

聚落内的宗教祭祀遗迹主要与对死者的追记及祭祀、祈求活动有关。所以，在公共墓地附近会有统一的祭祀坑和具有沟通生者与祖先两个世界能力的龙形象的堆塑，居室葬则只有在墓葬中埋葬龙的原型猪的头骨，或在居住面集中堆积原型动物猪或鹿类兽头的现象。显然龙的信仰虽然已经比较普遍了，但这种宗教祭祀区域在聚落中却不是必备的，而且形式也是多种多样的，这或许与聚落的等级有关。白音长汗遗址AF19中部灶的西侧，距灶西壁0.3米处有栽立石雕人1具。再向西，距西壁0.95米处有1具蛙形石雕卧于居住面上，正对着石雕。骨针和嵌刃骨箭头也分置在中心居住面的后部，居住面上没有陶器，也不见石器，也应是聚落内具有宗教祭祀性质的场所。查海村落可能具有兴隆洼文化中心聚落的性质，这突出表现在这个村落中部大规模的祭祀中心的存在。查海村子的中心部位有一个广场，广场内用较均等的红褐色石块摆塑出一条巨大的龙形堆石，龙就位于从遗址中央穿过的基岩石脉之上，龙头朝西南，龙尾朝东北，全长19.7米，身宽1.8—2米，方向为215度，基本与村子内房址建筑的方向一致。龙头、龙身处石块的堆摆尤为厚密，而尾部石块则较松散，龙昂首张口，弯身弓背，尾部若隐若现，给人以一种巨龙腾飞之感。

兴隆洼文化聚落结构为我们了解当时居民的社会组织结构提供了丰富的资料。就上文提到的聚落群、多单元或单体单元聚落、各单元聚落的统一规划以及不同排的房址数目不相一致，房址数量多的行列并不可以占据数量少、密度相对低的行列的位置等等迹象，可知当时人们的社会组织结构以及行为既要受到自然因素的调节，又要受到社会法则的制约。比如聚落群的大小、聚落群中聚落数目的多少、聚落采取多单元形式亦或单体聚落形式、直至每排房屋数量的多少，看不出有社会约束或权力调控的因素，而应当是受到自然因素调节的，比如人口及其繁衍、可供维持人类活动的自然资源等等；同时，聚落之间的组合、不同单元之间的组合与布局的相对独立、房址的排与排之间在位置上的相对确定及不可逾越，显然又是受着不同社会关系引发的某种社会法则约束的。

同单元公共事务的统一安排，如公共房间、公共墓地、公共祭祀场所、共同的生产活动等，同行

1 辽宁省文物考古研究所：《查海——新石器时代聚落遗址发掘报告》，北京：文物出版社，2012年。

列房址共同利益或共同的身份约束，如公共房间、公共窖藏、确定的房址位置等，显示了兴隆洼文化居民以聚落的一个单元为一个主要活动群体的普遍性和凝聚性。这应当是与史前社会的氏族制度相一致的，一个单元即是一个氏族，而单元中同行列房址中的居民则构成了氏族集体中的同一家族，它既是一个血缘单位，同时又是当时社会中基本的经济活动单位。

新石器时代中期后段聚落的规模比前段有所扩大，一般在5万平方米左右，环壕聚落增加，聚落内部布局更加严谨，居住区内房址或围绕一个中心，或被聚为若干群共同环绕着某一中心，尤其黄河流域地区表现得最为典型。聚落功能性分区明确，一般分为居住区、制陶区、墓葬区等等，体现聚落经济是在相当程度上封闭的自给自足的经济。

长江流域大溪文化早期聚落遗址发掘很少，在几处经过发掘的遗址中，聚落的居住区与墓地是严格分开的。城头山遗址是一处由壕沟环绕的聚落，环壕基本为圆形，宽约10米，深4米，围住的范围直径约330米，面积在9万平方米左右。1995年在试掘解剖明湘城遗址屈家岭文化时期土城时，于土城垣下也发现了大溪文化中期的一段聚落环壕。发掘处壕沟宽6米，深2米左右。在城头山环壕南段的发掘中发现有用整面芦席和木桩加固的护坡设施，壕沟中还出土了木桨、木舵及其他有榫卯的木板等舟楫构件，说明壕沟中可以行船，而壕沟本身则很可能是与附近的澧水支流相连的。这样，壕沟和土围墙显然不仅能起到很好的防护作用，而且壕沟本身还可作水上交通的通道。

在聚落正东的土围墙内侧发现了一处祭坛遗迹，这座祭坛是用纯净的黄土夯筑而成的，平面大致为圆形，直径15—16米，面积200多平方米，中部最高0.8米，逐渐向四周倾斜。祭坛上的遗迹有圆形浅坑、瓮棺葬、土坑墓和大灰坑4种。其中，圆形浅坑有3座同样大小的沿西北至东南方向直线等距排列，另2座与前面3座中中间的一座呈等腰三角形排列，因此圆坑的分布是与祭坛相整合的；瓮棺葬清理了10座，均打破祭坛，以釜、钵为葬具；土坑墓发现了10座左右，呈弧线布列于祭坛的高处，墓葬中人骨葬式为屈肢葬，无随葬品；大灰坑中最大的面积有10平方米，略呈方形，坑内堆满大块红烧土。在祭坛之外的东南和南部还分布有40多个长方形、方形和圆形深坑，深度都在1米以上，坑内填充物有几种：一是满坑草木灰；二是满坑的倒置陶釜、钵、罐等器物，多无底；三是置放大型动物的骨头，不知当初是否带肉；四是成坑的大米；五是满坑的红烧土，但多数坑底都放有一块大砾石。这些坑显然不是一般的储藏坑或垃圾坑，而应是与祭坛密切相关的祭祀坑。因此，聚落东部的这一片地方应当属于整个聚落的祭祀活动区。在城头山遗址环壕聚落的东部400平方米的发掘范围内发现了大溪文化时期的房屋基址。在西北部400平方米的发掘范围内发现了大溪时期的墓葬区，在聚落中心略偏西400平方米的发掘范围内发现了至少8座集中分布的陶窑，每座陶窑旁边都有制陶时用的和泥坑和贮水坑，附近还发现了多条取土坑道和多座简陋的工棚。

临潼姜寨遗址总面积5万平方米，发掘面积1.7万平方米。其仰韶一期即半坡文化聚落是我国新石器时代已揭露聚落中布局最为完整和清晰的一处，由居住区、烧陶窑场和墓地三大部分组成。居住区范围呈椭圆形，包括5000平方米左右的中央广场在内，总面积约2.5万平方米，有壕沟和一段小河相环绕以作护卫屏障。共发现120座房子，平面呈方形或圆形，均单室结构，有地穴式（只限于圆形房）、半地穴式和地面起建三种。同期并存的房子约六七十座，分为5组呈环形分布，每组屋群有方形大房子、方形中型房子、圆形或方形小房子共10多座配置组成，门向都朝着中央广场，形成围绕中心的分组环列式布局。每组房屋附近分布着成群的窖穴和先后埋葬的约150座儿童瓮棺葬。大房子附近设有牲畜圈栏和牲畜夜宿场各两处。村西河旁原有陶窑群，发掘出3座。壕沟外东部、东北部和东南部专设三片公共墓地，发现170多座土坑墓和50多座儿童瓮棺葬（图2-12）[1]。

西安半坡遗址约5万平方米，保存较好的是半坡文化的半坡遗址早期聚落。已发掘的部分居住区内，有一小沟，把40座以上的方形或圆形房子分为北南两小区，各有大中小型房址和一处圈栏，房子门向基本朝南或西南。还有70多座儿童瓮棺葬多成群分布在住房周围。整个居住区的东北部发现一

1 西安半坡博物馆等：《姜寨——新石器时代遗址发掘报告》，北京：文物出版社，1988年。

图 2-12　姜寨遗址半坡文化村落

段大壕沟，沟外东边是公共窑场，发现6座陶窑；北边为公共墓地，已发现170余座成人墓。半坡早期聚落当系两个氏族公社所组成[1]。

宝鸡北首岭遗址面积约6万平方米，呈长椭圆形。保存较好的聚落属半坡文化偏晚阶段，没有发现环壕。遗址北半部为居住区，中心为6000平方米左右的大广场，广场的北、西、南三边分布3组方形或长方形半地穴式房子，共40多座，东边因靠断崖仅存1座，各房子的门向基本都朝中央广场。广场上有的地方路面被烧成硬面，其上散布有一些柱洞和遗留大量烧过的兽骨，可能是举行祭祀活动的遗迹。另在住区和墓区分散建有陶窑共3座。遗址南半部为主要的墓葬区，集中有成人和儿童墓葬约400座，其中相当数量的墓葬与上述房址群同期并存。与姜寨、半坡不同的是，北首岭居住区内基本不埋儿童瓮棺。北首岭聚落至少存在3个氏族公社[2]。

东北地区此一阶段聚落更多地保留与前段的联系性。赵宝沟文化的先民过着定居的生活。聚落点房屋成排，房址面积大小不一，却井然有序。聚落周围尚未发现围沟遗迹。赵宝沟遗址位于敖汉旗新惠镇东北约25千米高家窝棚乡赵宝沟村西北，属西辽河的教来河流域，这里是由南部山地向北部丘陵的过渡地带，为起伏低缓的低山丘陵，四周环山，聚落遗址就座落在山脚东南平缓开阔的坡地上。聚落向阳背风，土壤层厚而肥沃，其西南有一条通向教来河的泉水沟，常年水流不断，适于人类居住。遗址面积约9万平方米，表面可见房址的轮廓“灰土圈”上百个，分上下两区，各自成行排列，已发掘的18座房址都为方形或长方形，面积一般在20平方米左右。一般在居住面中部挖一方形灶坑，围绕灶坑布置两个或4个柱子洞，也有无柱洞或灶址设在居住面低处一侧的。居住面近边缘或中部常散布有陶器和石器，有的房址一侧设有窖穴。赵宝沟遗址的房址可明显分出功能和等级不同的类型，其中5座等级高的房址居住面作成阶梯式。这类高等级房址一般面积较大，屋内布局规整。居住面局部加工或夯实，或火烤为红烧土面，墙壁或抹以草拌泥。个别柱洞内并设础石。出土器物不仅数量多，而且质量高。个体大、造型纹饰复杂的陶器如尊形器和饰神化动物纹的陶器大都出在这类房内。发掘者推测，这种阶梯状房子，可能有头人的住所，其中位于北区中部的第9号房址，面积达100平方米，是该聚落中规模最大的一座房址，出土器物多而复杂，推测为氏族公共场所。等级较低的房子都为平地状居住面，一般面积较小，所存器物也较少，且都为一般生活用器和生产工具。房屋结构和规模的分化以及具备特殊功能的房屋的多次出现，是当时社会组织分化普遍性的反映。赵宝沟遗址的房址还可以依据房址的分区、分行排列和房内所出纹饰不同的陶器划分为若干组房址群，每组房址群是独立的整体，每个房址群内部又可分为对等的两组，而每座房址则是最基本的生活和生产单位。这反映出赵宝沟文化时期已经在氏族内部形成比较严密的社会组织[3]。小山遗址未经全面发掘，但试掘的两座房址都等级较高。其中较大的第2号房址，面积约33平方米，屋内遗留有鸟兽图尊形陶器和刻画人首的斧型石器等，后者长、宽、厚分别为18.2厘米、5.5厘米和2.4厘米，是特地选取的一种可显示

1 中国科学院考古研究所、陕西省西安半坡博物馆：《西安半坡》，北京：文物出版社，1963年。

2 中国社会科学院考古研究所：《宝鸡北首岭》，北京：文物出版社，1983年。

3 中国社会科学院考古研究所：《敖汉赵宝沟——新石器时代聚落》，北京：中国大百科全书出版社，1997年。

斑点状花纹的凝灰碎石岩，经通体精磨，在近顶端以管钻一孔，近顶端一侧靠管状孔旁，尚可看出与斧形器长轴方向垂直的按柄痕迹。此斧形器刃部十分纯厚，且无任何摩擦和使用痕迹，可知它并非一般实用器。尤其是这件磨光斧形石器磨光的表面，在灰色杂有黑斑点的中间，有一大片红色斑块，犹如镶嵌一般，更在斧的一端面，刻划一人面，人面系正视象，线条简单，只有面部轮廓和用短线表示的目、鼻、口，若使人头正视，则必须保持斧形石器在上，木柄尾端朝下的状态，据此可知，这件斧形器应是常被其主人高举着的"斧杖"，系房主人特殊身份和权力的标志物。从而推测这座房址应为村落内等级最高的一处头人住所或具有氏族成员活动中心性质的场所[1]。

红山文化前期敖汉西台聚落[2]，整体略呈"凸"字形，由两条围壕将东南部和西北部大小两个长方形区块紧连一起，后者的东南边即为前者西北边壕沟的一段。东南部大区块的围壕周长600米。房址均为长方形半地穴式。这种双体聚落形制结构，与兴隆洼文化白音长汗聚落可能有一定渊源关系。

## 第五节　新石器时代早中期的墓葬

### 一、墓葬形制

新石器时代早期的江西万年仙人洞、广东封开黄岩洞、广西桂林庙岩等遗址发现有岩洞墓，尤其桂林甑皮岩等遗址墓地和住所同处一洞，显然是旧石器时代晚期葬俗的延续。

在华北地区的东胡林遗址发现的墓葬则多为无墓穴墓，没有墓坑。无墓穴墓可能首先是进入平原的居民墓穴出现前的一种埋葬形式。

土坑竖穴墓在新石器时代早期也已经出现，甑皮岩墓葬均先挖不规则竖穴土坑，葬式采用蹲踞式，无随葬品，但在人骨上放置大小不等的自然石块，其中BT2M9死者的头部还被覆以大蚌壳，说明当时已经形成了一定的埋葬习俗[3]。

进入新石器时代中期，墓葬形制开始多样化。这一时期能够见到的墓葬形制除早期即有的无墓穴墓、土坑竖穴墓外，还出现了土洞墓、积石墓等，并且土坑竖穴墓也还可以区分出很多不同的具体形制。

无墓穴墓在新石器时代中期仍可见到，黄河流域较少。老官台文化零口遗址M22为一座无墓穴墓，将死者抬至野外用土掩埋[4]。长江流域如马家浜文化、河姆渡文化也有此类墓葬形式出现，可能与地势潮湿，不适合挖坑埋葬等因素有关。河姆渡第二期墓葬M18，身躯骨架保存完好，直接放置地面埋葬，侧身葬，无下肢，无随葬品。马家浜遗址墓地发现30具人骨，这批墓葬都没有发现墓圹[6]。

土坑竖穴墓是新石器时代中期最为流行、数量最多的墓型，广泛分布于黄河流域及华北、东北、西北各地，长江流域及华南的某些地区也有发现。竖穴土坑墓自地表向下挖一个竖穴，将死者埋葬其内。但不同文化具体的形状、大小、深浅上存在一定的区别。其平面形状有长方形、方形、圆形、椭圆形、三角形、不规则形多种，其中以长方形墓最为多见。

黄河流域秦安大地湾遗址老官台文化墓葬皆为长方形竖穴土坑墓，墓坑四壁较为规整。大多数墓坑都挖在生土层，墓坑现存深度在0.2—0.7米。大地湾半坡文化时期的墓葬虽也都是竖穴土坑墓，但除长方形方角或圆角这种基本形状外，有一部分墓葬在墓坑左侧扩出一个长方形的小坑以安

1 中国社会科学院考古研究所内蒙古工作队：《内蒙古敖汉旗小山遗址》，《考古》1987年第6期，第481—506页。

2 杨虎：《敖汉旗西台新石器时代及青铜时代遗址》，见《中国考古学年鉴（1988）》，北京：文物出版社，1989年，第134页。

3 广西壮族自治区文物工作队：《广西桂林甑皮岩洞穴遗址的试掘》，《考古》1976年第3期；第175—179页。

4 陕西省考古研究所：《临潼零口村》，西安：三秦出版社，2004年。

5 浙江省文物考古研究所：《河姆渡——新石器时代遗址考古发掘报告》，北京：文物出版社，2003年。

放随葬品。大地湾M16长方形圆角竖穴墓。坑长1.8米，宽0.8米，深0.2米，方向30度；墓坑左侧中部开设一放置器物的小坑，长0.82米，宽0.56米，深0.35米，墓主人为男性，25岁左右，仰身直肢，腰部以下骨骼保存不好。小坑内放置器物7件，其中红陶钵4件，夹砂罐2件，葫芦瓶1件。M222墓坑为长方形，长1.84米，宽0.8米，深0.3米，方向10度。东侧向外挖有一长方形小坑，长0.9米，宽0.6米，深0.3米。墓主人骨骼零乱堆放于墓坑中部，经初步鉴定为一成年男性。小坑内放置随葬器物6件，细颈壶1件，彩陶钵3件，夹砂罐2件。在附近的王家阴洼、张家川、龙山镇大阳村遗址等也见有相同的墓葬结构[1]。

在某些半坡文化墓地中，见有土坑竖穴设二层台者。M457墓口东西长2.7米，南北宽2.2米。墓口至墓底深0.6米。二层台由墓壁至小坑口方向呈斜坡形，宽窄不等，约为30—40厘米。二层台至墓底深0.25米。在二层台的西南处放置着许多砾石。二层台南边的东头，呈不规则形向外扩展，致使这里的二层台变得特别狭窄，宽仅10厘米。位于此处的随葬陶器，相应地被置于外方一些。联系这部分二层台向外扩展和陶器放置情况观察，可明显地看出造成这种状况的原因——要在这里放置陶器。M458墓口东西长2.8米，南北宽2.1米，墓深0.4—0.44米。二层台内口东西长1.7米，南北宽0.9—1米，二层台高0.32米。二层台下部为黄土，高约0.1米，其上铺砌砾石，厚约0.2米，形若"石椁"[2]。



在半坡文化出土合葬墓较多的元君庙、姜寨等遗址中，单人或合葬人数少的墓葬，仍然主要为长方形土坑竖穴，但随着墓葬中埋葬人数的增多，人们会选择将墓穴挖成方形或圆形的竖穴。姜寨M75为69人合葬墓，墓圹呈方形，南北长2.8米，东西宽2.6米，深0.26米。M358为84人二次合葬墓，墓圹呈椭圆形竖穴，长径3.8米，短径2.7米，深0.8米。有些墓葬还呈现大竖穴坑套小竖穴坑的情况。姜寨M208为74人二次合葬墓，墓圹为方形竖穴，边长2.35米，深0.20米，大坑内有大小两个长方形竖穴小坑，其中西小坑长1.75米，宽0.8米，深0.54米，东小坑长1.2米，宽0.73米，深0.54米。每个小坑内各有四层人骨叠压埋葬[3]。

长江流域的彭头山文化墓坑都小而浅，有方形、长方形、圆形、不规则形等数种。八十垱遗址墓葬的坑穴很小，以0.6米见方或直径1米左右的方形或圆形坑为最多，也有少量长1.2米、宽0.4米左右的长方形坑穴。

土洞墓是先挖一竖穴式土坑（墓道），然后在坑底部一侧壁挖一横穴式墓室而成的墓葬形制。后李遗址M111先挖土坑竖穴，在竖穴的近底部，分别向前端和一侧掏挖侧室，人骨架放置于侧室之中。此类墓葬在新石器时代中期仅为个例被发现[4]。

积石墓在兴隆洼文化中发现，白音长汗遗址大部土坑墓的地表见有积石，该遗址丘顶存留了数处直径达7—9米的石圆圈，石板墓位于石圈内。盆瓦窑遗址主体部分位于一低山的东坡上，此山顶部相互紧邻的3个山头上都遗留了用自然石块砌成的石围圈，经过清理的一个石围圈内有7座土坑墓。

## 二、葬具

新石器时代早中期，绝大多数考古学文化的墓葬基本不见葬具，有葬具的墓葬极其之少。但总体而言，葬具的种类呈多样化。

木棺在新石器时代中期开始萌芽，墓底垫木板的现象，可能是木棺的前身。在跨湖桥见有儿童仰身在木板之上；马家浜遗址墓地发现两座墓葬有由木板做成的长方形葬具；河姆渡遗址第四期M5，

1 甘肃省博物馆、秦安县文化馆：《甘肃秦安大地湾新石器时代早期遗址》，《文物》1981年第4期，第1—3页。

2 中国科学院考古研究所、陕西省西安半坡博物馆：《西安半坡》，北京：文物出版社，1963年。

3 西安半坡博物馆等：《姜寨——新石器时代遗址发掘报告》，北京：文物出版社，1988年；中国科学院考古研究所、陕西省西安半坡博物馆：《西安半坡》，北京：文物出版社，1963年。

4 济青公路文物考古队：《山东临淄后李遗址第一、二次发掘简报》，《考古》1992年第11期，第987—996页；济青公路文物考古队：《山东临淄后李遗址第三、四次发掘简报》，《考古》1994年第2期，第97—112页。

无墓坑墓，木棺为剖整木一半做成的独木棺[1]。

石棺是先挖土坑竖穴，之后在墓坑四壁贴立石板的墓葬。兴隆洼文化白音长汗遗址见有3座此类墓葬，其中两墓墓底有石板，其余一墓墓底无石板，但上均盖有墓顶石。北辛文化大伊山遗址也发现石棺墓葬，也是先挖长方形浅穴，底部略作修整，再把薄石板嵌入泥土中形成墓葬的四壁，上面铺石板作为棺盖。顶蛳山遗址M55则发现有在人体下铺石块[2]。

红烧土椁，是一种较为特殊的形式，发现于半坡文化元君庙墓地，M429红烧土椁墓用大小不等的红烧土块铺砌墓底。在骨架下方的红烧土块，铺砌得尤为整齐、平坦。更引人注意的是墓穴亦用红烧土块填塞，形成墓主人被红烧土块包裹着的状况。半坡文化时期，红烧土块往往和房屋遗存有联系。在M429旁侧，未见任何建筑遗存。因而不能设想掘造M429时去毁坏早先时候的建筑遗存，而把红烧土块顺便作为建造墓葬的材料，只能认为使用红烧土块建造M429墓葬是有意识的。其用途可能与棺相似[3]。

新石器时代中期最为流行的葬具当属瓮棺，以瓮或罐、钵等相扣作为葬具，也见少量缸、尖底瓶、盆、鼎类，主要用于埋葬儿童，但个别也用于成人。老官台文化、裴李岗文化、后冈一期文化、彭头山文化、大溪文化等都有发现。以中原地区的半坡文化、庙底沟文化最为典型。老官台文化白家村遗址发现的瓮棺葬是目前已知最早的瓮棺葬资料。大地湾半坡文化墓葬中，瓮棺葬以瓮（罐）、盆、钵为葬具，出土时葬具多倾斜。半坡文化姜寨遗址瓮棺葬墓棺多用瓮、罐，还有缸、大型尖底瓶和钵等，盖多用钵、盆和器盖，绝大多数是瓮与钵、罐与钵、瓮与盆组合而成。瓮棺葬具取自日常生活用器，与遗址中同时代生活用器是一样的。在一部分作为瓮棺盖的钵底部中央有一个小孔，它们或为用钻钻成的规则的圆形，或为敲击而成的不规则型，孔径在1.5—2厘米之间，个别的还在小孔上加盖小陶片。姜寨W279系用罐和钵为葬具，内葬婴儿。W277长方形土坑，东西长1.3米，南北宽0.7米，残深0.66米，葬具为一平躺着的彩陶尖底瓶，盖为以泥质红陶钵，内葬一具二次葬成年男性骨骼[4]。

## 三、葬法

按照墓穴埋葬人数的不同葬法可以分为单人葬和合葬两种。无论哪一种葬法，又可以具体区分一次葬和二次葬。所谓一次葬，即是对死者遗体一次性埋葬的方式，是死者死后即埋入墓穴，在揭露时，其骨骼基本按照死后的模样呈现出来，这种葬法是中国史前最主要的埋葬方式或葬法。二次葬是对死者的遗体或遗骨进行两次甚至两次以上处理的埋葬形式，此葬法更多地被应用于合葬墓中，但也有少数的单人葬采用二次葬。二次葬是死者死后不被直接埋入墓穴，而是在别处存放一段时间，再行举行安葬时，只能将其骨骼与其他死者一并埋进合葬墓或单独地放置于墓穴。故在发掘时，所见到的这类死者骨骼往往聚成一堆，或经人为摆布而非一次葬者的那种“正常”状态。这可能与原始人某种信仰或习俗有关。

单人葬即为墓穴中仅埋置一人的墓葬。这是新石器时代早中期几乎所有考古学文化占主导地位的埋葬方式，自旧石器时代晚期起开始出现，单人葬主要为一次葬，但也存在个别的单人二次葬的墓葬。半坡文化的宝鸡北首岭和西安半坡遗址都曾有所发现，一般将骨骼大体按照人体相应的部位进行摆放，也有的是将骨骼杂乱地堆放在一起。有很少的文化是以单人二次葬作为主要埋葬方式的，比如彭头山墓地葬式多为二次葬，也有一次葬。

---

1 浙江省文物考古研究所：《河姆渡——新石器时代遗址考古发掘报告》，北京：文物出版社，2003年。

2 中国社会科学院考古研究所广西工作队、广西壮族自治区文物工作队、南宁市博物馆：《广西邕宁顶蛳山遗址的发掘》，《考古》1998年第11期，第11—34页。

3 中国科学院考古研究所、陕西省西安半坡博物馆：《西安半坡》，北京：文物出版社，1963年。

4 西安半坡博物馆等：《姜寨——新石器时代遗址发掘报告》，北京：文物出版社，1988年。

合葬墓是容纳两人或以上的多人之墓葬。自新石器时代中期前段即已可见到合葬墓的踪迹。比如老官台文化白家村遗址发现过一座7人合葬墓。合葬墓有的是一次同时下葬多人，也有的是迁葬形成的合葬墓。比如白家村合葬墓中死者即都为一次葬，裴李岗文化贾湖遗址见到的合葬墓则即有一次葬，也有二次葬。合葬墓的人数有2人、3人，直至数十人的，新石器时代中期前段合葬墓人数相对较少，都在10人一下，以两三人为多，半坡文化晚期合葬墓盛行，有些合葬墓人数多达数十人。

尽管新石器时代中期不同考古学文化合葬墓的多少、墓葬形制、葬式葬法各有特点，但仍然有一些因素是共性的。

这一时期，凡是一位成年人与孩子的合葬，其中的成年人都是女性。

兴隆洼文化查海墓葬中未成年人仅见与母亲的合葬，而未见过有成年男性单独与孩子的合葬墓。如查海遗址7号墓为一成年女性与两个小孩合葬在一起[1]。

裴李岗文化见于报道的三座合葬墓分别为新郑县裴李岗[2]38号墓、密县莪沟北岗[3]61号墓和新郑县沙窝李[4]3号墓，均有一位是成年女性。其中新郑县裴李岗38号墓，东面一具人骨随葬石磨盘，西面一具随葬石铲、石斧、石镰。后者似为未成年。可知这是一女性成年和一男性小孩的合葬墓。密县莪沟北岗61号墓的两具人骨都只剩下痕迹。随葬品中有石磨盘、石磨棒和陶勺，这些用具属于一位死者，是为成年女性。在她身旁的另一位死者是其近亲。新郑县沙窝李3号墓中两人骨均已腐朽，所剩无几，但可看出她（他）们分别以磨盘和石铲作为随葬工具，同时，随葬磨盘者拥有的随葬品是该墓地被揭露的所有墓葬中最多的。显然，这也是一位成年女性及其男性近亲的合葬墓。

半坡文化墓地[5]成年人与小孩合穴的墓葬情况比裴李岗文化复杂，但凡成年人与小孩的合葬墓中如果只有一位成年，也一般都是女性。如王家阴洼45号墓，小孩尸骨紧挨在女性成年身旁，体现了母亲和她的孩子密不可分的骨肉之情。王家阴洼8号墓也是母子（女）合穴。元君庙420号墓，成年女性为一次葬，其他两个小孩系二次葬，这两个小孩的头顶位置大体平列，而与成年女性的肩部齐平，其中一个小孩还紧挨在成年女性左侧，并部分地被压在后者左臂之下，这些现象表现了一种晚辈与长辈间应有的秩序和亲近关系。所以应判断这是一位母亲和她的两个孩子的合葬墓。两个孩子早夭，待母亲死后，特地将她们迁来与之合葬。

合葬墓内所有成员之间的关系要比他们与该墓以外同一墓地其他成员的关系来得亲密，这是将他们合葬于一穴的主要原因。因此，正常的合葬墓中的死者其实是某级亲属体（或其一部分）在一定时间内死亡的成员集合。而亲属体内成员的构成总是要受到它所存在的那个社会的制度制约的，所以，通过这些合葬墓，也可从一个侧面来透视当时社会制度的情况。而子女随母亲埋葬，表明当时的亲属单位是以妇女为本位的，在亲属及财产关系上依女系传递。

到半坡文化晚期阶段，合葬墓人数基本上是4人以上，多达25人，甚至达到50人的合葬墓。墓中成员有男有女，又属不同辈分。

半坡文化元君庙遗址的51座墓葬中，合葬墓占大多数。这类墓合葬人数多寡不一，少者二三人，最多的可达25人，但绝大部分合葬人数在5人以上。此外，这些墓中死者的入葬方式也不尽相同。



1 辽宁省文物考古所：《辽宁阜新县查海遗址1987—1990年三次发掘》，《文物》1994年第11期，第4—19页；辽宁省文物考古研究所：《查海——新石器时代聚落遗址发掘报告》，北京：文物出版社，2012年，第23—53页。

2 中国社会科学院考古研究所河南一队：《1979年裴李岗遗址发掘报告》，《考古学报》1984年第1期，23—53页；河南开封地区文物管理委员会：《裴李岗文化——河南新郑县裴李岗文化遗址发掘报告》，河南开封地区文物管理委员会，1979年；郑州市文物考古研究院、河南省文物管理局南水北调文物保护办公室：《河南新郑市唐户遗址裴李岗文化遗存2007年发掘简报》，《考古》2010年第5期，第3—23页。

3 河南省博物馆、密县文化馆：《河南密县莪沟北岗新石器时代遗址发掘简报》，《文物》1979年第5期，第14—19页。

4 中国社会科学院考古研究所河南一队：《河南新郑沙窝李新石器时代遗址》，《考古》1983年第12期，第1057—1065页。

5 中国科学院考古研究所、陕西省西安半坡博物馆：《西安半坡》，北京：文物出版社，1963年。

在元君庙的合葬墓中，绝大多数死者采用二次葬。这里既有一次葬者和二次葬者共见一墓的，也有全部都是二次葬的，只有极个别的合葬墓所埋死者均采用一次葬的方式。

元君庙405号墓合葬12人。12号人骨是10岁左右的小孩，为一次葬，其他成员都是二次葬。这里只有2号是7岁左右的小孩，其他的年龄都大于12号。故而12号应死于除2号以外的墓内其他成员之后，亦即他（她）和墓内其他成员之间（不包括2号）生时的实际岁差，要大于他（她）们之间亡龄的差别。鉴定其他10位成员的亡龄为50岁左右者一、40岁及其以上者二、30岁左右者四、15—18岁者二，还有一位是未能确定具体亡龄的成年人。由此可见，这墓中有4个人生前要比12号至少大20岁，有两人生前比12号至少大30岁，另有一人生前至少比他（她）要大40岁。如果考虑到6000多年前的原始居民寿命普遍较低，且两性关系可能较自由而会影响妇女晚期生育力的话，当把岁差在20岁左右的人们视作两个不同的辈分。同样道理，岁差在40岁左右者即应是隔代的人们了。因此，405号墓中不但可能有较12号长一辈的人，而且应该有长出两辈者，甚至还可能存在辈分更高的长者。也就是说405号是一座至少包含了三代人的合穴墓葬。

440号墓和453号墓分别合葬了11人和10人。每墓都有两人是一次葬，余皆二次葬。一次葬者与同墓穴其他死者的亡龄均有差出至少一辈的。这表明这两座墓都包含了不同辈分的亲族成员。

此外，在全部采用一次葬的合葬墓中，由于死者去世的时间大致相同，所以墓内成员亡龄之差应当较接近他（她）们生时实际岁差，故这类例数极少的墓却最有可能直接说明墓内死者的辈分，如404号墓合葬6人，均为一次葬。除一成年者外，有10岁左右者一人，30岁左右者二人，40岁左右和50岁左右者各一人。显然，30岁以上的这4个人应较10岁左右者分别长出一辈和两辈，404号墓当是一座包含了三代人的合葬墓。

同属于一个亲属体的成员，生前活动常在一起，相互之间联系密切，这样，才会产生死后也合葬在一起的要求。因此，像元君庙这样的一般包含5人以上的合葬墓应是最小一级亲属体在一定时间内死亡的成员集合。显然，这里由合葬墓所表述的死者生前所属亲属单位，大于仅由夫妻及其子女组成的个体家庭。上述这些墓例，反映了当时社会上实际存在的一种普遍现象，即半坡文化先民内部往往分成许多这样的亲属共同体，它通常包含三代有直接关系的亲族成员，人数一般在十几到二十几人以内，是最小一级的社会组织。

包括几代人的合葬墓在元君庙墓地是一个较为普遍的现象。而对元君庙合葬墓的性别统计结果是，含有异性成年的合葬墓共有18座。其中可以确知男性成年多于女性成年的墓计有11座，女性成年多于男性成年的墓有3座，只有1座男性成年和女性成年的人数相等。男性成年较多的墓，既有比女性成年仅多出1人的，也有多出3人甚至更多的，女性成年较多的墓亦如是，3座墓的女性成年分别较男性成年多出1人、2人、3人。可见，无论是男性成年较多还是女性成年较多，都不存在一定之规。如果这种亲属体的成年男女之间是姻亲关系的话，就会出现平时生活中男女成年人数大体均等的现象。如若设想其时还可能存在一夫多妻的情况，那也只能是女性成年多于男性成年，而不大会有男性成年多于女性成年的情形。这反映在合葬墓上，也就会相应地出现成年男女均等或成年女性多于成年男性的现象。而元君庙成年男性较多的合葬墓占了不小的比重。可见，元君庙合葬墓内成员间的亲属关系不应作姻亲来理解。如果最小级亲属体的成员之间仅以血亲关系相联系，这时，女子的“丈夫”和男子的“妻子”都不包括在这个亲属体内，他（她）们分别属于另外的亲属体。这样，亲属体中成年男女的数量，也如小孩一样，其多少完全受自然规律支配，而不会因缔结婚姻得到平衡。就某个这样的亲属体而言，男子可能多一些，或女子可能多一些，这本身是没有定规的。此类情况与元君庙合葬墓反映的现象比较接近，所以，可将以合葬墓表述的最小级亲属体理解为血亲集团。既然亲属体以血亲成员构成，那么，以元君庙墓地反映的半坡文化原始居民也就极有可能处在母系氏族社会了。

## 四、葬式

新石器时代早中期，墓葬中死者的摆放姿势可以区分为仰身、侧身、俯身、直肢、屈肢等多种。一般以仰身直肢者最为多见，即将死者的躯体面部向上，以身体仰卧伸直的形式安置，仅对一些特殊的死亡案例会采用区别于正常葬式的特殊方式安葬。但也有一些文化葬式较为特殊，采用屈肢葬，即将死者的身躯安置为肢体弯曲的形式；或俯身葬，即将死者的身体摆放成面向下、躯干俯卧的形式等葬式作为主要葬式。

甑皮岩遗址发现的两座墓葬墓坑均为不规则圆形土坑竖穴，而葬式采用屈肢极甚的蹲踞形式。

顶蛳山文化也盛行屈肢葬，包括仰身屈肢、侧身屈肢、俯身屈肢、蹲踞葬多种等。

大溪文化大溪墓地也是一个屈肢葬较为盛行的地点，且具体形式多样。仰身屈肢葬中，有的两腿并拢弯向左边或右边，双手交叉放置于腹部；有的呈蹲踞状，器盖弯曲及胸部，双手在臀部或抱住臀部；有的呈跪坐式，双脚交叉压在臀部下，双手伸直放置于腹部[1]。

马家浜文化的葬式有着鲜明的特色，土坑竖穴墓中，死者采用俯身直肢的形式安置。

黄河流域地区流行仰身直肢葬，比如半坡文化的北首岭墓地，俯身葬仅占全部墓葬的3%，所以后者在当地可能是对非正常死亡的一种特殊处理方式。



## 五、随葬品

新石器时代早中期，在墓葬中可以见到的随葬品主要可以区分为日常生活用品、明器、特殊用器、动物等。

为死者准备的随葬品，同他生前的社会生活不无联系。新石器时代早中期的墓葬许多是有日常生活器具作为随葬品的，这些随葬品大致不外乎以下几种：工具、装饰品和以容器为主体的日用陶器，另外有的还包括一些反映宗教意义和特殊事件的物品。其中陶器比较稳定，品种一般是炊器、水器、盛器三类。同一文化的墓地中随葬的陶器规范趋同，风格一致。各考古学文化传统的不同，选择随葬用日常器具的种类和数量也会有所区别。

大地湾文化时期的墓葬多数都有随葬品，多者一二件，个别十余件。从大多数墓葬来看，随葬生产工具和生活用具的数量基本相等。

裴李岗文化绝大多数死者有随葬品，其中劳动生产工具有石铲、石斧、石镰和石磨盘、石磨棒；生活用具有陶鼎、罐、壶、体、碗等，个别有绿松石珠和骨笄等装饰品。随葬品少者一件，一般四五件。

半坡文化的随葬品种类是实用陶器，少见生产工具和装饰品。出陶器的墓也大体是瓶（或壶）、罐、钵三类，有小口尖底瓶的墓，一般也只出一件这样的水器。

彭头山文化彭头山遗址墓葬随葬着死者生前使用的陶器和装饰品。随葬陶器有完整的，也有用残破者充数的，一般每墓出1—4件不等，均为实用器，器类有支座、釜、双大耳高领罐等。汨罗黄家园遗址随葬器物有罐和钵。

顶蛳山多数墓葬中未见随葬品，少数墓葬中随葬一二件石器、骨器或蚌器，不见陶器随葬。

马家浜文化墓葬随葬品很少甚至没有。有随葬品的墓葬随葬品种类为陶器、工具和装饰品。陶器主要为釜、鼎、钵、盆和豆等。

随葬品中，多数是实用生活用具，死者生前使用，死后则随之葬于墓中，为其在另一个世界中使用。但新石器时代中期，已经出现了用明器随葬，所谓明器即专门为随葬而模仿生活用具做成的器具。如下王岗二期墓葬，尤其二次葬墓葬中即以随葬陶质明器为主，器型有罐、钵、碗、豆、鼎、器座

1 中国社会科学院考古研究所：《中国考古学·新石器时代卷》，北京：中国社会科学出版社，2010年。

等，种类与实用器相似，但个体小，制作较粗糙。

动物骨骼也是新石器时代早中期墓葬中多见的随葬品之一。老官台文化大地湾遗址一期中有用猪下颌骨随葬的现象。白家村墓葬中也有用兽下颌骨随葬并有手握獐牙的现象。兴隆洼文化居室葬中随葬品以兽骨为主，还有一些骨、石、蚌质的小件器具和陶片等。兴隆沟遗址[1]M118死者的身旁两侧分别埋葬有雌雄整猪各一。马家浜文化也发现有使用猪下颌骨随葬。新开流文化有用鱼、野猪牙和鹿角随葬。下王岗墓葬中发现有用狗、龟随葬。大溪文化墓葬中有用鱼随葬的，且把鱼放在死者身上，或用两条鱼分别垫在两臂之下，有的甚至含在口中。还有使用龟和狗随葬的情况。

有一些用途不详的特殊随葬品也已经在新石器时代中期墓葬中开始出现，并对后世产生重要的影响，比如獐牙器。在老官台文化白家村墓葬中发现死者手握獐牙的现象。

新石器时代中期墓葬随葬品的情况，显示了这一时期社会中已经出现了性别的分工。以裴李岗文化墓葬为例，裴李岗文化墓葬中随葬石铲或石斧、石镰的墓，基本上不再随葬石磨盘、石磨棒和陶勺，反之亦然。在这些墓中，凡能看出性别的死者，均有以下的对应关系，即男性随葬石铲、石斧、石镰，女性随葬石磨盘和石磨棒或陶勺。虽然能鉴定性别的墓例不是很多，但因有上述两类用具不同见一墓的前提，仍可将分别采用这两类工具随葬的原因，归之于性别间的差异。也就是说，可以认为随葬石铲等工具的死者皆为男性，而随葬磨盘、磨棒和陶勺者皆为女性。

新石器时代早中期墓葬中随葬品的数量与质量分化都不明显。同一墓地中随葬品种类趋于一致，数量接近，看不出有明显的贫富分化。相对而言，此时女性墓葬随葬品略多于男性，尤其到了中期的后段，多数墓地女性享有较高的埋葬礼遇。

裴李岗文化随葬石磨盘、石磨棒的墓葬，一般都有着较为丰富的陶器随葬，从而埋葬礼遇显得比较优厚。根据前面提到的情况，随葬磨盘、磨棒的墓主可视为成年女性，这样，我们看到，在七千多年前的黄河流域，至少是部分女性的地位比较优越，这一点竟通过葬仪顽强地表现出来，说明这个观念在当时是根深蒂固的。

半坡文化甘肃秦安县王家阴洼墓地60座墓共出随葬陶器214件，平均每墓出3—4件。实际情况是，确定为男性的墓葬共14座。其中随葬陶器达到平均水平的墓有3座，在这个水平之下的墓有2座，其余9座是在此水平之上的墓。被鉴定为女性的墓葬共15座，其中1座达到平均水平，有3座随葬陶器不足2件，其余11座皆出5件以上的陶器。可以看出随葬陶器超过平均水平的这部分墓葬，是女性多于男性。

半坡文化临潼县姜寨遗址墓葬中，“第一期文化”以单人葬为主，共发掘土坑竖穴墓154座，随葬陶器总计355件，平均每墓随葬陶器1.4件。统计结果显示，可确定的男性墓共71座，达到平均水平的墓19座，在平均水平以下的达36座，超出平均水平的16座墓。确定为女性的墓葬共有54座，其中随葬陶器达到平均水平的有14座，未达平均水平的有16座墓，超出此水平之上的共24座墓。两类性别墓葬相比，随葬陶器达到平均水平的这部分墓的比例基本相当，而居于平均水平以下的墓和超出平均水平的墓所占比重的情况，则恰好相反，即在前者中，男性多于女性，在后者中，女性多于男性。显而易见，女性墓一般拥有数量较多的陶器，只有一小部分是无陶器的，而男性墓无陶器者竟到一半以上。如果再将男、女占有的陶器分别做一统计，就会发现，男性的71座墓共出107件陶器，平均每墓随葬1.5件，而54座女性墓随葬陶器总计134件，平均每墓出2.5件。

元君庙墓地的成年女性单人墓、成年女性合葬墓、成年女性带小孩的合葬墓和女性小孩合葬墓共有10座，男性的单人墓和合葬墓一共也有10座。在以性别区分的这两类墓葬中，随葬陶器确实显出相当的差异。前一类墓葬随葬6件陶器以上的有9座，占其绝大部分，只一座墓所出陶器在4件以下。而后一类墓葬拥有6件以上陶器者仅4座，其余6座墓的陶器均在4件以下。

一般地说，母系氏族社会的女性，应较男性受到更多的社会尊重。而且，随着这一社会的发展，对女性的尊重会愈演愈烈，直至极盛阶段。而一旦达到这极盛时期，社会生活的许多方面都会对女

1 杨虎、刘国祥：《兴隆洼文化居室葬俗及相关问题探讨》，《考古》1997年第1期，第27—37页。

性至尊情况有所体现。因此，新石器时代中期，由于在备置随葬品上表现出的“重女”倾向，使我们得以了解，其时原始居民的实际生活中尊重女性以及女性的地位一般高于男性的情况，无疑只是处在母系氏族社会的先民中，才能出现并遵循的社会原则。

这一时期的后段墓葬随葬品，体现了对女孩的厚葬。如元君庙墓地的429号墓，是两位女孩的二次合葬墓。该墓底部用红烧土块铺就，随葬6件陶器，其中年龄较长的一位还拥有785颗骨珠，受厚葬之礼遇不言自明。同一墓地中其他小孩都是和成年人合穴埋葬，唯此墓是小孩独具墓穴，这是最突出的享用成人葬习之例。元君庙405号和420号墓，是两座成人带小孩的合葬墓。405号墓中的12号人骨仅10岁左右，虽和其他成年者合穴，却是这座墓葬内唯一采用一次葬的死者，且有骨珠、骨笄及蚌刀随葬。420号墓的3号人骨为小孩，也使用骨笄和多达1147颗的骨珠随葬。骨笄和蚌刀一般是成年女性使用的器物和工具，可见这两位女孩也受到与成年女性同样的礼遇，骨珠则是她们获得厚葬的例证。半坡152号墓的墓主是一约三四岁的女孩，享用了半坡文化中罕见的木“棺”葬具，随葬陶器达6件之多，其中的两件钵还盛着粟粒。入葬时，这女孩佩戴着一件青白色玉坠，还有138颗骨珠和3个石球。这也是女孩得到厚葬的突出例子。在埋葬小孩的习俗上，特别突出了女孩的地位，这应不仅是反映了母系社会的重女原则，而且更与母权制所实行的母女继承制有关。



## 六、葬俗

### （一）氏族公共墓地

居住在一个村落中的居民，死后也共同地被埋葬在一个公共墓地之中。在同一墓地，墓葬按着一定规律排列，死者有相同的头向，随葬品的基本组合和随葬习俗，比如随葬品种类、数量以及摆放也基本相同。在六千年以前的新石器时代，墓地分区在黄河流域乃至更为广阔的地区中是十分普遍的现象。根据黄河流域等地区发现的墓葬排列较为清晰的墓地情况看，同一墓地中墓葬还要按照死者生前血缘关系的远近，区分在不同的墓区、不同的行列，甚至不同的合葬墓内，一如人们生前在村落中生活所处的不同亲属体。人们在埋葬之前对他们的葬身之地事先做过一番筹划。这无非是当时人们生时分成不同规模的群体，死后仍然要维持这种秩序，所以才做出这样的筹划。可见，不同层次的墓地反映了现实生活中不同规模而具有从属关系的人群之存在。这不同规模的人群，当然也可称作不同级别的社会组织。

后李文化的墓葬资料报道不多。在小荆山遗址南部偏东处，发现了可分为三排的20余座墓葬，呈东西方向排列，布局整齐，应是一处氏族墓地。墓葬为长方形竖穴土坑，头向北，均为单人仰身直肢葬，多数墓内无随葬品，但有较多的蚌壳，有的还握在死者手中。

裴李岗文化公共墓地在裴李岗、沙窝李、莪沟、贾湖、石固、水泉等遗址都有发现，墓地中墓葬分布密集，排列有一定的规律，同一墓地葬制一致。裴李岗墓地分为东西两大区，基本成为3个组，每一组分布着30—40座左右。一般为单人葬，个别墓有双人葬，死者绝大多数为成年人。墓坑方向基本一致，均南北向，死者头南脚北，仰身直肢。绝大多数死者有随葬品，其中生产工具有石铲、石斧、石镰和石磨盘、石磨棒等，生活用具有陶鼎等（图2-13）；莪沟北岗遗址墓葬区内部至少可以划分出3个墓区，均按东西成行、南北成排的顺序安排墓葬位置，墓葬均为南北向，头向南；水泉遗址也能看出共有18排墓葬分布，头向西；贾湖遗址的早期阶段墓葬分为南北两个墓群，中、晚期墓葬分为6个墓群，头向一致，头向西。

元君庙墓地现存51座半坡文化墓葬。绝大部分墓葬保存情况较好，事先划定了东西相邻的两个墓区。在每个墓区内都由东北角开始，按时间顺序依次向南设置墓穴，当头一排达到一定限度时，再向西另起一排，并依此顺序逐次排列。两个墓区从开始到最后安置墓葬所经历的时间几乎是相同的，因此，它们是平行并存的两个墓区。各墓区均含有单人墓和多人合葬墓，而合葬墓明显占多数。两墓区墓葬的数量也相差不大。元君庙墓地实际上有着三个不同层次的单元，最小一级的单元是

图 2-13 裴李岗遗址墓地墓葬分布图

墓葬，由若干墓葬构成第二级单元——墓区，两个墓区又组成统一的墓地，这是最大的一个单元。既然元君庙等墓地分成三个层次，那么就可以进而认为，当时社会上至少存在着由低到高的三级组织。

依对墓地的分析，至少在黄河流域半坡文化晚期，这里由合葬墓组成的亲属单位组成墓区，又由墓区组成墓地。如果把合葬墓为代表的亲属单位视为一级组织的话，那么墓区则为二级组织，墓地则为三级组织。

长江流域这一时期也发现集中的氏族墓地，只是合葬墓不如黄河流域发达，墓地分区布局等也不像黄河流域那样清晰。

彭头山文化墓葬分布较集中，有些成行成排，可能已有公共墓地。彭头山遗址与居住址同时的墓地也在村落周围。

马家浜文化墓葬的葬制在大范围内高度一致，墓地的规模都很大，各处墓葬所表现的社会分化基本不见，个别可能为凝聚集体的核心人物也表现得不是十分特殊，体现的是氏族制高度发达时期的葬制。草鞋山遗址第9层和第8层发现墓葬106座，墓葬的分布情况不明，也不知这片墓地是否已被完全揭露。墓葬中除5座为双人同性合葬墓和1座单人二次葬墓外，余均为单人一次葬，能看出头向的94座墓中向北的有86座，能看出葬式的72座墓中俯身葬有50例。多数墓葬有随葬品1—4件，仅有1座随葬9件，有26座墓无随葬品。有的墓葬中人头部用釜、钵、豆、盆等陶器覆盖。随葬品中出单件者多为豆、钵、罐、盆、杯等盛装器，出多件者还与釜、鼎等炊器相配，工具类和装饰品类随葬品较少，个别墓葬中出小石斧、砺石、玉玦、玉环和玉镯[1]。

下王岗遗址一、二期墓葬则表现出更多与黄河流域同时代墓葬的一致性。下王岗遗址一、二期墓葬分别集中在发掘区西部、中部和东北部的3片墓区，从墓葬的分布、层位和随葬器物的情况来看，下王岗墓地的形成是一个基本上连续的过程，但由于墓地使用的时间很长，墓地的布局及埋葬的习俗都发生过一些变化。从墓葬平面图上看，这个墓地发掘部位的西部、中部和东北部3片墓区间各有二三十米的空地，各墓区内的墓葬相对集中，其中以东北部墓区的墓葬分布最为密集打破关系较为复杂，中部墓区面积最大但较为分散，西部墓区规模最小，分布比较整齐。东北部墓区仅见二期墓

1 浙江省文物管理委员会：《浙江嘉兴马家浜新石器时代遗址的发掘》，《考古》1961年第7期，第345—355页。

葬，而一期的中部墓区还可被划分为“中部墓葬”和“东部墓葬”，这样一期的墓地实际分为西中东三片墓区，三片墓区中的墓葬数量依次分别为34、44和46座，如果这三片墓区的墓葬大部分已被发掘出来的话，那么三片墓区的规模是差不多的。从墓葬分布图上还可以看到，一期三片墓区内的墓葬排列尽管有紧密与松散之分，但都是很整齐地成排分布的。其中，西部墓区可以看出有4排或5排，中部墓区大致有5排，东部墓区不那么清楚，但似乎也在5排以上，每排墓葬的数量多不超过10座，三片墓区中所葬人口的年龄和性别结构也没有大的差异，都是一定规模的继嗣群体在一定时期内人口自然死亡的结果。下王岗二期墓葬在早期阶段，总体布局情况似仍延续了一期的格局，中、晚期阶段时墓地的分区发生了很大的变化。在西部、中部和东北部三片墓区内的分布则很不均衡。与中原地区半坡文化一样，下王岗墓地中从二期开始逐渐流行二次葬和二次合葬，而且合葬人数越晚越多[1]。

在新石器时代中期的一些考古学文化中，实行成年人与婴幼儿分别埋葬，比如在半坡文化中婴幼儿死后使用瓮棺作葬具，埋葬在居住区内的房屋附近，而不进入氏族墓地。



### （二）居室葬与居址葬

与氏族公共墓地和居住区分明确现象不同，居室葬是将死去的亲人安葬在生者居室内的一种墓葬，而居址葬是将死者埋葬在居住区内的墓葬。这两种埋葬方式仅在东北地区的兴隆洼文化中可见。

居室葬在兴隆洼遗址、查海遗址及兴隆沟遗址都有发现。居室葬都位于房内的一侧或一角，为土坑竖穴墓，单人葬，有儿童，也有成年人，多仰身直肢，大多数有随葬品，有的随葬品还较为丰富。这种居室葬，有的是埋葬了死者后即将房屋废弃掉，有的则是埋葬后生者继续在其中居住，反映了生者与死者之间的一种特殊亲情关系。在居室葬中出现的随葬器物相对比较丰富。

居址葬是查海人的一个特色，在查海村落的中心部位一条巨型堆塑龙的下方，与3个祭坑一起，密集地分布着10座土坑竖穴式墓。这批墓葬是先后数次埋葬（而成）的，它们之间有相互叠压或打破的现象，所有墓都为南北方向，死者皆头北足南，墓葬均为土坑竖穴式墓，墓葬的规模一般长1.8—3.3米，宽0.5—0.9米，葬式为单人葬，死者尸骨的摆放为仰身直肢，面向西。仅7号墓为一成年女性及2个小孩葬在一起。一般无随葬器物，只有2号墓、8号墓内有随葬品，且8号墓随葬品达23件，填土中还有猪骨[2]。

### （三）其他葬俗

在新石器时代早中期的一些考古学文化墓葬中，可以看到一些特殊的葬俗，包括拔牙、割体、涂朱、毁器等等，可能与古人的某些信仰或仪式有关。

#### 1. 拔牙

北辛文化墓地[3]中发现有拔除侧门齿的习俗。东贾柏墓地发现有10个个体拔去侧门齿，年龄均在20岁以上。马家浜文化墓葬中也发现极少的墓葬死者有拔牙习俗。

#### 2. 割体葬

割体葬是对凶死者的一种特殊埋葬方式，或是死者生前因着某种信仰或礼仪割去部分肢骨或指

---

1 河南省博物馆、长江流域规划办公室、文物考古队河南分队：《河南淅川下王岗遗址的试掘》，《文物》1972年第10期，第6—21页。

2 杨虎、刘国祥：《兴隆洼文化居室葬俗及相关问题探讨》，《考古》1997年第1期，第27—37页。

3 中国社会科学院考古研究所山东队、山东省滕县博物馆：《山东滕县北辛遗址发掘报告》，《考古学报》1984年第2期，第159—191页；栾丰实：《北辛文化研究》，《考古学报》1998年第3期，第265—288页。

骨的一种葬法。

在半坡文化的半坡、北首岭和姜寨遗址中均发现了一些死者的指骨或肢骨不全的现象，残失部分有时可以在墓葬填土或随葬的陶器中被发现。北首岭墓地有肢体残缺现象的个体达到40余具。新开流文化中也发现过肢骨或指骨残缺的现象。

### 3. 涂朱葬

涂朱葬即将死者的身体某些部位涂以红色的现象。老官台文化李家村墓地[1]死者头部多见涂朱砂现象。半坡文化何家湾墓地[2]也有不少死者人骨上发现有红色物质。元君庙[3]M429女童的额前也染有红色。北首岭[4]一具无头的墓葬，死者头部的位置被放置了一个绘有黑彩的尖底陶器，陶器的一侧撒有红色颜料，可能也与涂朱习俗有关。

### 4. 毁器

马家浜文化多见有意将陶器打碎后放置在头部下面。大溪文化墓葬中也见有随葬打碎的日用陶器或在陶器底部打孔。

## 第六节　新石器时代早中期的宗教

宗教信仰自旧石器时代晚期萌芽，到新石器时代中期，史前宗教中所有的宗教形式，即通过特殊渠道实现与神的直接沟通，龟卦、占卜等几乎都已经出现了。

### 一、变体动物形象与龙的初创

迄今所知国内发现的最早的龙形象，出自辽宁省阜新市区东北约20千米沙拉乡查海遗址[5]，属于兴隆洼文化。根据碳十四年代测定的方法，获知查海遗址中期的年代约在距今8000年。

堆塑龙形象出土于查海遗址的中心广场。在大约10000多平方米的居住区中，排列着50余座房址，外围挖有壕沟。在排列有序的房址中央，有一个广场，一条由红褐色大小均匀的石块堆塑而成的巨龙就横卧其间。

这条堆塑石龙正好在遗址中部穿过的一条西南至东北走向的裸露的红褐色花岗岩石脉上，全长19.7米，身宽1.8—2米，龙头朝西南，龙尾朝东北，基本与房址的方向是一致的。龙头、龙身处石块的堆塑较为厚密，而尾部石块相对松散。可以分辨出龙的头、尾，龙的昂首张口，弯身弓背状态，龙的尾部不够清晰，若隐若现，总体给人以一种巨龙腾飞之感。龙的腿和足部也隐约可见。虽然此大型堆塑龙的龙体因所用石块色彩与所在地面石脉相近，形象显得不够明确，但可以确定是人工

1 陕西省考古研究所：《陕西西乡李家村新石器时代遗址》，《考古》1961年第7期，第352—354页；陕西省社会科学院考古研究所汉水队：《陕西西乡李家村新石器时代遗址一九六一年发掘简报》，《考古》1962年第6期，第290—291、295页；陕西省考古研究所、陕西省安康水电站库区考古队：《陕南考古报告集》，西安：三秦出版社，1994年。

2 陕西省考古研究所、陕西省安康水电站库区考古队：《陕南考古报告集》，西安：三秦出版社，1994年。

3 北京大学历史系考古教研室、中国社会科学院考古研究所：《元君庙仰韶墓地》，北京：文物出版社，1983年。

4 中国社会科学院考古研究所：《宝鸡北首岭》，北京：文物出版社，1983年。

5 辽宁省文物考古所：《辽宁阜新县查海遗址1987—1990年三次发掘》，《文物》1994年第11期，第4—19页；辽宁省文物考古研究所：《查海——新石器时代聚落遗址发掘报告》，北京：文物出版社，2012年。

图 2-14　查海遗址龙形堆石

作品（图2-14）[1]。

除石块堆塑龙外，在查海遗址还有一种浮雕龙形象，这种龙形象属于陶器上的浮雕装饰。龙形浮雕装饰在该遗址常见的一种夹砂褐陶质的筒形陶罐的表面。其中一块陶片上的浮雕是为向内盘卷状的龙身，可见其内盘的一端为圆端；另一块陶片上的浮雕为龙尾，作外卷状，尾端部较尖。它们都采用压印窝纹的方式表现龙身体的鳞状纹，已经具备了龙的基本特征。查海遗址的浮雕龙形象虽已发现多例，可惜都为残陶片上的局部形象，缺少龙的首部。有幸的是考古工作者在该遗址还发现了与龙形纹有关的蛇蛙纹等类龙纹样，蛇蛙纹有单独的蛙纹和蛇蛙纹两类，其中蛙纹的形象更似蟾蜍，而蛇蛙纹则作蛇衔蟾蜍状，蛙作向上爬行，蛇身弯曲，蛇衔蛙的后足。查海遗址F39：39，就在器表上半部装饰窝点纹，下半部浮雕出对衬的蛙纹和蛇衔娃造像。

堆塑龙不仅身处居住村落的中央，四周为房址所环绕，龙身腹部下方，还紧邻一片墓地，尾部又与遗址中最大的一座房址紧相连接，更是突显其在当时的至尊地位。它具有的神秘性显然是与祭祀有关的，是查海人祭祀崇拜已有较高发展水平的反映。堆塑龙尾端指向的大型房址，是整个遗址最大的一座房址，房址内出土了一对特大石铲，其体量比其他房址中出土石铲最大者还要大将近一倍，且刃部没有使用痕迹，其重量也明显不能用于实际生产活动，所以这件石铲应当是在举行某种仪式时使用的特殊器具，是该房址主人特殊身份的象征。

但是这类龙当时尚没有形成被少数人的完全独占，因为查海遗址浮雕龙纹还见于房址内的陶器上，似并未完全从生活用具中分化出来。

在属于新乐下层文化的沈阳新乐遗址也有龙形象被发现[2]。

新乐遗址位于沈阳市的北郊，碳十四标本测定其年代约距今7300年。这个遗址发现成行排列的房址30余座，炭化的龙形木雕器就出土被编号为第2号，也是遗址中最大的一座房址的室内西北边缘，这座房址可能是新乐遗址头人经常活动的地方。这件木雕器为前部扁平后部尖的长条形，可以分辨出头与尾，尾端趋向尖锐，靠近头端的本体，似还可分辨出嘴、头、眼、鼻、尾和饰几何菱形纹式的

1　吉成名：《查海龙纹陶体和龙形堆塑研究》，《辽宁师范大学学报（社科版）》1998年第3期，第86—88页。

2　沈阳市文物管理办公室：《沈阳新乐遗址试掘报告》，《考古学报》1978年第4期，第449—466页。

龙鳞纹体等几个部分，皆为浮雕，两面纹饰基本相同，部分镂空[1]。根据民族学资料考证，这件木雕有可能是一件发笄，笄体较为光滑，笄顶端雕以龙形纹为装饰，末端趋尖便于插入发髻。发笄在古代也是一种表示等级地位的礼器，龙纹装饰和个体特大的发笄，只有首领一类人物才有资格配用，是代表等级身分的标志物，而高等级的发笄，只有在举行重大礼仪时才能使用。

龙纹还见于赵宝沟文化小山遗址[2]，第2号房址中出土龙纹陶尊（或称“四灵”陶尊）。龙纹陶尊的装饰画面可以分出4个单元，是在陶器的泥胎表面用阴线压划而成的，分别表现4种身躯被高度神化了的龙形象。它们呈带状展开，环器一周，衔接紧密，形成一幅整体性很强的线雕画。与身躯部分形成鲜明对照的是，这4种龙的首部都具高度写实性，包括漫漶不清的动物清晰的双角，可分辨出具体原型动物形象，它们由大到小依次为鸟龙、鹿龙和猪龙，还有一形状已漫漶不清的双角动物，似为牛。龙的神性则主要是通过变化无穷的身躯部分体现出来的。它直观地为我们诠释了早期龙形象的特征，即是具有相同功能的不同原型动物的变体，具体表现在对龙头部与身躯部分的不同处理上。鸟龙占据了整个画面大约一半的空间，它是4种龙形象中形体最大者。鸟首位置在画带的中央部位，大圆睛，以粗而长的颈部托起鸟首，从长而呈弯勾状的鸟喙看，属鹰一类猛禽，有羽状冠，以右侧展翅显示飞翔状，体躯的翅尾和其他部分则大幅度变化，加大了飞翔的意境。鹿龙大小次于鸟龙，头部位置偏于画带的中上部位，较凤鸟首明显偏上，有长颈、细目，立耳和长角，以前伸的腿和蹄足显示奔跑状，身躯则时隐时现，曲折流动，渲染了奔跑、飘逸的状态。猪龙的头部大小虽与鹿首相近，但因鹿首有长颈，立耳和长角，鹿的体躯也长于猪，所以猪首仍显最小。猪在画面的位置也明显地偏于画带的上方，头部较鹿和鸟的头部都要偏上，猪的上唇翘起，唇端起尖，并有高而弯的獠牙，具有野猪特征。猪的其他部分都为以龙鳞纹表现的体躯所掩盖，显示的似一种游动状态；猪首的前部和鸟龙尾的后部有大约2厘米宽的间隔，间隔处已大部分残缺。残缺处上方有另一龙形象，可分辨出对称的角，角内填弧状斜短线，很具立体感，似表现牛类动物头部的正面形象而不显示体躯。以写实的头部表述龙的动物原型，当然这种写实性并不排除在不同程度上对动物某种特征的夸大。比如鸟的上喙长而下弯，喙尖尤呈大勾状，圆睛甚大及鹿的长角修长飘举等等。在强调了每种原型动物各自的个性的同时，又增加形神兼备的效果。在保留动物原型局部体躯特征的基础上，以婉转、修长、装饰龙鳞纹的飘逸身躯取代其大部分身躯。以鳞纹装饰的龙的身躯，各组鳞纹或不同段的鳞纹是可以自由分解亦或组合在一起的，古人采用这种方式表现龙由现实世界奔向神的世界过程中那种脱离了现实凡胎回归到原始本体的飘逸、自由状态，就像蚕作茧化生回归到生命初始一样。所以龙鳞龙躯对不同的动物身躯的取代的部分可以不完全相同，比如猪是全部猪身，鸟是颈下，鹿是后半个身躯，因为它们所处的转化阶段不完全一致，但都在这一过程之中。他们身躯上由龙鳞纹表现出的一致性，则愈加体现各种不同原型动物龙在另一个世界中的一致性和相互可沟通性，这正是后世出现以同体同时兼具不同动物特征龙形象出现的基础（图2–15）。

小山遗址出土前述龙纹陶尊的第2号房址靠近西南壁的西段，侧置有一件制作极为精美的穿孔石钺[3]。石钺通体精磨，平整而有光泽，是特地选取的一种可显示斑点状花纹的凝灰石岩作料。在灰色杂有黑斑点的中间，有一大片红色斑块，犹如镶嵌一般。在斧的一端面，刻划一人面，人面系正视形象，线条简单而浅，只有面部轮廓和用短线表示的目、鼻、口，若使人头正视，则必须保持石钺在上，木柄尾端朝下的状态。这件石钺应是常被其主人高举着的“斧杖”，是可与龙纹陶尊媲美的房主人特殊身份和高尚权力的标志物。

属于后冈一期文化的河南濮阳西水坡遗址出土有蚌壳堆塑龙[4]。西水坡M45墓室的结构为竖穴土坑，东西宽3.10米，南北长4.10米，深0.50米，方向178度，墓底平坦，周壁修筑规整，墓室的东、西、

1 沈阳市文物管理办公室、沈阳故宫博物馆：《沈阳新乐遗址第二次发掘报告》，《考古学报》1985年第2期，第209—222页。

2 中国社会科学院考古研究所内蒙工作队：《内蒙古敖汉旗小山遗址》，《考古》1987年第6期，第481—506页。

3 杨虎、朱延平：《内蒙古敖汉旗小山遗址》，《考古》1987年第6期，第481—506页。

4 孙德萱：《濮阳西水坡遗址试掘简报》，《中原文物》1988年第1期，第3—4页。

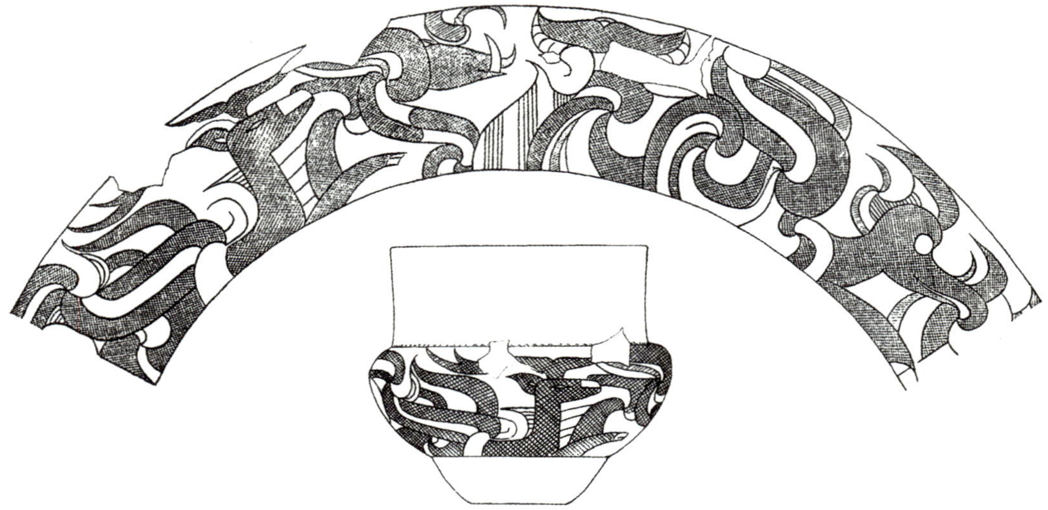


图 2-15　小山遗址陶尊形器及纹饰展开图

北三面各有一个小龛，东、西两面的小龛为弧形，北面的小龛为长方形。东西的小龛向外伸0.60米，西面的小龛向外伸0.80米，北面的小龛长2.05米，深1.1米。墓内埋葬4人，其中有一壮年男性，身长1.84米，头南足北，仰身直肢，埋于墓室的下中部，另外三人，年龄较小，分别埋于墓室东、西、北三面向外突出的小龛内。东部龛内的人骨，头朝东南，足向西北，葬式仰身直肢，骨架保存得不好，性别未经鉴定。西面龛内的人骨，年龄在12岁左右，头向西南，足向东北，身长1.15米，葬式为仰身直肢，面向上，两手压于盆骨下，性别为女性。头部有刀砍的痕迹，显然是非正常死亡。北面龛内的人骨，身长约1.65米，头朝东南，足向西北，年龄在16岁左右，骨骼粗壮，为男性。葬式仰身直肢，面向上，两手压于盆骨下。墓中没有发现生活用具和生产工具，但在墓室中部壮年男性人骨架的左右两侧，用蚌壳精心的摆塑着龙虎图案，其中龙的图案，摆在人骨架的右侧，头朝北，背朝西，身长1.78米，昂首拱背，身子弯曲，前爪扒，后爪蹬，尾尖摆动，犹遨游状；其虎，摆在人骨架的左侧，头朝北，背向东，身长1.39米，高0.63米，头微低，如行走状。蚌壳摆塑的动物图案，除M45之外，还有两组。第一组距M45约20米处，位于遗址TH6第四层下的一个灰坑中，其动物图案有虎、鹿、龙和蜘蛛。其虎头朝北，面向西，背朝东，其龙头朝南，龙虎为一体，鹿头朝北，背朝东，卧于虎的身上。蜘蛛位于龙的头顶，另外在蜘蛛与鹿之间还有一件石器。正对龙口的地方用蚌壳摆塑一球状物体。第二组蚌塑距第一组图案约20余米，由龙和虎两种动物组成，其虎头朝西，背朝南，呈奔跑状，其龙位于虎的南面，头朝东，尾朝西，其上骑有一人。这两组动物图案基本上与第45号墓在一条南北的直线上，间距也大体相同，并且位于同一层位的平面上。可能是埋葬第45号大墓主人时进行祭祀而留下的遗迹。

彩陶龙纹是红山文化[1]早期陶器表面装饰的一种龙纹图案，它是在陶器上绘制的彩色龙图案。主要有两种形式：第一种是在陶器的腹部绘制以带状横盘绕于器腹的龙体图案，红地黑彩，两道或三道，龙体上饰以成排黑彩红地相间的龙鳞，龙鳞线条规正，形状固定，间隔等距；第二种则无龙体而只有放大的龙鳞纹。这种纹饰在红山文化早期一般单片的鳞纹较小，由横向多片鳞纹共同构成陶器表面花纹，鳞纹为黑彩，图案规整，似先勾边，内填彩。

在大约距今9000—4000年的考古学文化遗存中，发现了丰富的龙的形象，其起始年代早，各阶段相互衔接、演化序列明确，无论造型与观念，既不失质朴，又极具原创性。作为人与神沟通的引领者，新石器时代中期的龙，形象差异较大，表现形式各异，其原型动物的特征明显，尤其保留在头部，至红山文化早期，龙的躯体部分的表现手法，已经趋于定型化，突出表现在对龙体、龙鳞形态表

1 陈国庆：《红山文化研究》，《华夏考古》2008年第3期，第73—80页。

现形式的定型上，龙体以修长、环转、一体来表现，龙鳞以重环来表现，已与后世的龙无本质的区别。龙文化也经历了兴隆洼文化时期可以在普通陶器上表现龙题材，尚未完全从生活用具中分化出来，到新乐、赵宝沟文化文化时期只在特殊器物上使用，进入后冈一期文化和红山文化早期阶段，已成为特殊人物墓葬中的特殊形象，主要地与部族中特殊权力的拥有者有关了。

## 二、丧葬用龟与龟灵、卦卜的起源

裴李岗文化舞阳贾湖遗址[1]出土的龟甲，是目前我国发现的年代最早的丧葬用龟。

贾湖遗址发现墓葬349座，共有23座墓随葬龟甲，共90副。龟甲为背、腹甲共出或龟甲碎片两种形式，并且伴有石子，可能与卦卜有关。

成组龟甲同时随葬者较多见，其中有8龟一组者6座，6龟一组者2座，4龟一组者2座，3龟1鳖一组者1座，2龟一组者2座，共13座。出土时皆背、腹甲扣合整置，成组堆放于墓中。放置位置主要有头骨的周围、腿骨两侧和二次葬人骨堆上三种情况。随葬1龟的墓葬仅1座。此外，还见有9座墓葬随葬龟甲碎片。

贾湖人对龟甲进行一定的修整，其中对背甲的修治，多表现在将首尾两端的缘板边缘的边棱磨平，磨的轻重程度不同，有的轻磨，有的较甚。个别还在缘板边缘刻一缺口；腹甲的修治较简单，一般仅在前后叶连接处的两侧磨平，可能为便于缀合而为。另外，墓葬出土的龟，大多背甲的边缘均因长期使用把握而变得圆钝光滑，仅有少数保留较锐的边棱。并且，只有随葬闭壳龟的墓，龟甲大多磨边修沿，随葬其他小个体种属的龟多无修治痕，只个别有磨边现象。

贾湖出土的龟甲穿孔现象比较常见，往往背甲和腹甲穿孔位置相对应，最多者为背甲的颈盾和腹甲前叶前端各一孔，腹、背甲两侧各穿一至二孔者次之，中间穿孔者较为少见。另外，腹甲前后叶中间对应穿孔也较常见，这应与闭壳龟前后叶分离有关。从穿孔位置分析，穿孔目的主要是为了缀合，但亦有不少未见穿孔，可能系用易腐烂不能保存的物体缠裹代替缀合，否则无法使龟的腹、背甲扣合在一起。穿孔均采用单向钻法，由外向内钻，钻孔很圆，多呈漏斗状，只有较薄的位置才呈直壁状，钻孔技术相当娴熟，孔径一般孔口5—8毫米，孔底3—6毫米。

有的龟甲器契刻有符号，有9例，分别刻在8个龟甲上，其中腹甲7例，背甲1例。刻划痕较多，大体可分为两类：一类刻痕较深，也较为成形，发掘者认为是当时人们有意契刻而成，其中蕴含有契刻者一定的含义，属于符号类；另一类痕迹较浅，多不成形，可能系无意所致。可见此时龟甲可能已经作为人类记事的物质载体了，且这些符号可能与祭祀有关。

墓主皆为成年人，且大都为男性。23座墓中龟和骨叉形器共出的有9座，龟和骨笛共出的有8座，而龟、骨叉形器和骨笛三者共出的墓有3座。所以墓主人应当属于社会中身份比较特殊的人群。

大多数完整龟甲和部分龟甲碎片均伴出有石子，成组置于墓葬之中的龟甲，其内大多装有数量不等的石子。从这些石子的形状看，应是随意从河滩上拣来的，颜色有深有浅，其形状颜色均看不出有什么规律。数量的多少，可精确到个体的只有M233、M327、M363三座。从数量来看，最多的是M94，8个龟共出173枚石子，其次是M327，8个龟共出169枚；最少的是M55，2个龟只有8个石子。一般来讲，龟个体较大者，内装的石子也较大，反之亦然。M253随葬的2个龟个体很小，内装的石子直径大约只有5毫米左右。个体较大的龟一般石子都在1厘米左右。但也有例外，M327随葬的18龟个体虽较小，但内装石子不仅多达30个，石子的直径也均达1厘米左右。从龟甲保存较好的3座墓来看，M327一组8龟中均装有石子，多者30枚，少者8枚。M233有1龟无石子，余5龟多者18枚，少者仅3枚。M363有2龟无石子，余6龟装石子多者30枚，少者6枚（图2-16）。M387因墓被扰，仅存3枚石子，不应

1 河南省文物考古研究所：《舞阳贾湖》，北京：科学出版社，1999年。

图 2-16 贾湖遗址 M363 出土龟甲与石子

代表其原始状态。M344中8龟共出石子47枚，可惜已无法精确至每个个体。随葬龟甲碎片的也有2墓伴出石子，其中M282石子和龟甲片分置两处，虽相距不远，但不是扣合置入。M277中一片腹甲与3枚石子亦不在一起。

在贾湖除了丧葬用龟外还发现了为数不多的奠基和祭祀用龟，可见龟灵观念已广泛流行于贾湖先民的生活当中。在贾湖F187南，立柱部位坑底生土之上的垛墙泥下，发现压有一个完整的龟壳；H37F3D8底部发现有鳖一个，背、腹甲及骨骼具全；H107坑底出土较完整的一龟二鳖。H120、H92、H336和H112均出土有较为完整的鳖甲。

用龟现象在新石器时代中期其他的一些遗址中也有零星发现，如汉水流域的淅川下王岗遗址，汉中盆地的南郑龙岗寺遗址，四川巫山的大溪遗址，江苏圩墩遗址等等。

属于后冈一期文化的淅川下王岗遗址的123座墓葬中，出土龟甲的墓葬有6座，其中2龟一组者3座，共有9副龟甲。墓主大都为中老年男性，只有一墓为女性。随葬品数量不是太多，一般都在1—3件，个别墓为8件。其中有一座墓是龟狗共出[1]。

半坡文化龙岗寺遗址[2]发掘有423座墓葬，其中有4座墓葬随葬龟甲各一副。

江苏圩墩遗址[3]的86座马家浜文化墓葬中，也有一座墓随葬龟甲一副。

另外邓家湾[4]出土的陶龟和北京平谷上宅的石龟等，可能也与龟灵崇拜有一定关系。其中，北京

1 河南省博物馆长江流域规划办公室、河南省博物馆文物考古队河南分队：《河南淅川下王岗遗址的试掘》，《文物》1972年第10期，第6—15页。

2 陕西省考古研究所：《龙岗寺》，北京：文物出版社，1990年。

3 陈晶：《江苏常州圩墩村新石器时代遗址的调查和试掘》，《考古》1974年第2期，第109—115页；江苏省圩墩遗址发掘队：《常州圩墩遗址第五次发掘报告》，《东南文化》1995年第4期，第69—94页；吴苏：《圩墩新石器时代遗址发掘简报》，《考古》1978年第4期，第223—240页。

4 孟华平、李文森、胡文春：《湖北天门市邓家湾遗址1992年发掘简报》，《文物》1994年第4期，第32—41页。

平谷上宅出土的石龟也是众多石制动物造型中的一种[1]。

湖北邓家湾出土了上千件动物形象的陶塑制品，陶龟是其中之一。







## 三、富河文化中的卜骨

20世纪60年代，在乌尔吉木伦河上游的富河沟门、金龟山等遗址发现的富河文化[2]，文化面貌与赵宝沟文化有一定可比性，估计二者年代接近。

富河文化的陶器保留较多原始性，基本上都是夹砂陶，质地疏松，烧成火候不高。器表陶色不匀，多呈灰褐或黄褐色。器类主要是形体较为瘦长的弧壁筒形罐，亦见少量的陶钵和斜口器。器表主体纹饰为“之”字形压印纹，横压竖排的“之”字纹最为常见，也可见以篦齿状印纹工具压印的篦点“之”字纹。有的筒形罐口沿外表还加贴一周附加堆纹。该文化大型石器的制法绝大多数是打制的，大都经过第二步加工。石器种类不多，打制的有肩锄形器和石锛特征明显，前者体大，厚重，较典型的宽、高在20厘米和18厘米左右；后者呈扁长方体状，有的刃部略经磨过，器长一般在10厘米以上。细石器数量相当可观，除一部分用长石片压削制成的石镞外，大量的是未经再次加工或仅一侧边略有压削痕的各种长石片，背面往往留有1—3条石片脊。这些石片的长度以6—8厘米者较为多见，最长的有13厘米。此外，石刃骨刀柄、骨鱼镖、多齿骨片等骨器也颇具特色。从大量长石片的使用痕迹观察，可能用于刮、割，有一些可能是复合工具的石刃。镞呈柳叶形，形状颇具特色。它们主要在“劈裂面”的一端加工，制成镞尖，有些底部也加工呈凹底镞。骨器多见，种类锥、镞、刀柄、针、有齿骨条、匕、鱼钩、鱼镖，骨饰等。制作较粗糙，多是用劈开的动物肢骨，在一端做出尖部。镞、刀柄、针、鱼钩、鱼镖等经过细致的磨制。富河沟门还出土了大量的兽骨，以鹿科的狍、麇、麝等占绝对多数，显示出该文化发达的渔猎经济。

富河文化富河沟门遗址出土一批卜骨，均利用鹿或羊的肩胛骨，未经修整，无凿、钻，仅在肩胛骨的一面有灼痕。这是目前已知我国最早的卜骨。

## 四、其他祭祀遗迹

### （一）磁山文化祭祀场

磁山文化的祭祀场见于磁山遗址和北福地遗址[3]。

磁山遗址的遗迹以众多的灰坑为特色。灰坑中，长方形坑占大多数，一般长1—1.5米，宽0.5—1米，深多数在1—2米之间，最深的达5米多，坑壁规整，形状较短较深，此外也有圆形坑和椭圆形坑。灰坑中堆积最明显的特征是出土包括石磨盘、石磨棒、陶盂、陶支座等在内的器物较完整的工具组合和成套生活用具，它们或与粮食堆积共存，或不堆放粮食。例如磁山H63出土粮食及深腹盂和椭圆形盂各1件，H32出土粮食及陶盂3件，陶支座2件，H453坑内分两堆堆放包括石磨盘、磨棒、斧、铲、陶盂、小陶盂、三足钵、支座等共计21件器物[4]。在一些坑中出土有没有实用价值的微型陶器和石器，更说明这处遗址是在与某种原始宗教意识指导下形成的特殊活动场所。

有些灰坑内出土有完整的猪、狗骨架。骨架一般摆放在粮食堆积的底部。如H5有两具猪骨架分

---

1 北京市文物研究所：《北京平谷上宅新石器时代遗址发掘简报》，《文物》1998年第8期，第1—8页。

2 中国科学院考古研究所内蒙古工作队：《内蒙古巴林左旗富河沟门遗址发掘简报》，《考古》1964年第1期，第1—5页；朱延平：《富河文化的若干问题》，《内蒙古文物考古文集》第一辑，北京：中国大百科全书出版社，1994年。

3 拒马河考古队：《河北易县涞水古遗址试掘报告》，《考古学报》1988年第4期，第421—454页。

4 河北省文物管理处，邯郸市文物保管所：《河北武安磁山遗址》，《考古学报》，1981年第3期，第303—338页。

置三堆，H12、H14、H265在粮食堆积层底部各出猪骨架1具，H107出土狗骨架1具[1]。说明这些灰坑绝非普通粮食窖穴，而应属于一种特殊的宗教行为的遗迹，或许可能是以“瘗埋”方式祭地祈年的祭祀场。

北福地遗址祭祀场平面近长方形[2]，东西长10.8米，南北宽8.4米，总面积约90余平方米。其结构自上而下分三层。最上层为覆盖土，大部分地区厚度在20—35厘米，土质较硬，土色为深褐色杂含灰白色。第二层为祭祀场的活动面，分三部分：其一为祭祀场的中央部位，略高于附近地面，呈深褐色堆积，最厚处有40厘米；其二为较平坦的活动地面，系生土地面平整而成，比较平坦，呈深褐色；其三为活动面上所见之9处小型浅坑，平面有近圆形、椭圆形、长方形或不规则形等，一般圜底，深在10—30厘米。第三层为祭祀活动面上的深坑，系一处人工按某种方式特意建造的专门场所。

祭祀场内遗物的构成内容主要是各种不同类型祭器的堆积，器物个体基本完整无破损，使用程度较小，使用痕迹细微，包括中小型陶盂、各种磨制石器、玉器、小石雕、水晶等91件，以中小型陶盂和各种不同类型的精制石器为主，小型陶盂中有些器形个体细小，实际上属陶杯类。遗物似经选择，磨制石器中发现一件通体磨光的大细石耜，长达46厘米，可能是迄今为止所发现的形体最大者，制作非常精致。玉器、水晶数量较少，但代表了当时的高端技术产品。玉器仅发现玦、匕两种器型。



祭祀遗物的埋藏位置均在祭祀活动面上，又可分成埋藏于深褐色土堆积的表面或之内、埋藏于活动地面上和埋藏于浅坑填土表面或之内或底部等不同形式。祭祀遗物的堆放方式以平面铺排为主。但在中央部位深褐色土堆积表面上的器物，则放置在顶部或缓坡上，与周围的器物群形成约10—40厘米的高度落差。这个矮小的堆积土丘，不仅位置正处于祭祀场的中心，似乎也是整个祭祀场的功能核心。器物无论以何种方式放置，都很少见到叠压现象。

从祭祀场出土遗物的平面整体上观察，祭祀遗物在平面布局上似乎是人为意识之结果，遗物似乎有几个集聚成小群组的现象。全部遗物可大致分为11个组合。其中位于中央部位的两组因堆积有褐色土而地势较周围略高，并以陶盂堆积为主，而环绕其周围的边缘地带的器物组则大致以石器内容的群组为主。

上述埋藏现象背后的动因可能与宗教信仰有关，石器、陶器、玉器等应为祭器。

### （二）元宝沟遗址的祭祀遗迹

元宝沟遗址位于吉林省中部地区的农安县[3]，遗址东1千米有一个较大的泡——泊敖宝图泡，泡的东、西、北三面均被高出泡面30—50米的土岗环绕，遗址即分布在土岗的缓坡上，为5座灰坑遗迹，有的灰坑附近还发现红烧土的痕迹。

灰坑呈不规则形，残留深度在0.25—0.7米之间，最大的近20平方米。出土的遗物也比较丰富。出土的遗物包括陶器、骨器、角器、石器、蚌器等。最引人注目的是在灰坑中集中出土了许多动物碎骨，包括鲤鱼、鳜鱼、马口鱼、青鱼、黄鳝鱼、草鱼、鲌鱼、珍珠蚌、短褶蚌、背鱼无足蚌、鳖等水生动物及野牛、马鹿、猪、狍、狼、鼠、狐、狍獾、麝、草原鼢鼠等陆生动物，其中许多碎骨经过火烧。

该遗址出土了一批较为特殊的遗物，如彩陶、赤铁矿、玛瑙石料和人形石刻等。彩陶主要为泥质陶钵，比夹砂褐陶火候低，在器物口沿外施一道朱色条带状彩，有些口沿内表也施一道朱彩。赤铁矿呈片状或条状，有红色和褐色两种。玛瑙石料4块，乳白色或暗红色，石料表面光滑，有明显磨痕，3块乳白色玛瑙石料中有1块呈刀状，其余2块略呈圆形，暗红色玛瑙石呈椭圆形。人像石刻系采用砂岩磨制而成，磨制痕迹明显，为人体下半身裸体像，制作粗糙，两腿一粗一细，属于男性，高8厘米，宽5厘米，厚3.5厘米。上述特殊器物的存在及遗址所处的围绕着水泡的土岗坡地环境，可能说明其并非古

1 河北省文物管理处，邯郸市文物保管所：《河北武安磁山遗址》，《考古学报》1981年第3期，第303—338页。

2 河北省文物研究所：《北福地——易水流域史前遗址》，北京：文物出版社，2007年。

3 吉林省文物考古研究所：《吉林农安县元宝沟新石器时代遗址发掘》，《考古》1989年第12期，第1067—1075页。

人普通的生活遗址，而应与祭祀活动有关。



### （三）大溪文化的祭坛

大溪文化祭坛见于澧县城头山遗址[1]。

在澧县城头山发现呈椭圆形、面积达250平方米的祭坛和大量祭祀坑，里面发现了大量的殉葬品。祭坛建造于大溪文化一期，不晚于距今6000年，之后一直沿用，直到大约距今5800年。

整个祭坛大体呈不规整的椭圆形，中间部位最高，向周边倾斜，南北长径约26米，东西短径约15米，最厚处0.8米。

祭坛上发现的遗迹有四类。一是圆形浅坑，有H011、H343、H344、H345、H346。其中H011、H346、H345从西北向东南一条直线排列，两坑之间距离均为4.6米，H011距祭坛北沿、H345距祭坛南沿距离均为8米，三坑大小深浅均十分接近。而H343和H344较小，径约0.7米，与H346呈等腰三角形排列。这5个形制特殊的坑应是一组与祭坛有密切关系的遗迹，但其功能，尚不能最后认定。二是一批瓮棺葬，均以釜和钵为葬具。三是一批土坑墓，骨架均保存甚好。它们呈一圆弧线从南围绕着祭坛的最高部分，均为屈肢葬，无随葬品。M774规模较大，人骨葬于一方形坑底部的右侧，骨架下有板灰痕迹，可能为简单的葬具，骨架上有2颗鹿牙，坑底左侧有一牛下颚骨。四是几个大的灰坑，都略近方形的坑，打破祭坛，有较直的边，内堆满大块红烧土。坑堆满后，红烧土又漫过坑边。

在祭坛之外，东南和南部分布有40多个坑，深度多在1米以上，边直，底平，大多长方形，也有圆形、方形的，极少不规则形状。坑内包含物有几种：第一种是满坑草木灰，如H334、H333；第二种为满坑倒置陶釜、钵、罐等器物，多无底，如H314、H337、H348、H369、H357等；第三种放置大型动物骨头，甚至在坑底留下土台置放动物骨骼，如H326、H358、H360等；第四种是平铺满坑红烧土，如H369、H363、H377等。其他则为含大量草木灰的灰黑色土，内夹陶片。但多数坑在坑底均可见到一块大砾石。而H315则更为奇特，为一深1米余的圆坑，坑口下为十来件倒置陶器，其下为满坑含大量经过烧灼的炭化米的草木灰，应是与祭坛密切相关的祭祀坑[2]。

至于祭坛祭祀对象是天地神灵还是祖先，或者是墓祭，尚需更多材料才能说明。

## 第七节　新石器时代早中期的服饰

### 一、装饰品

由于与人形相关的彩陶、雕塑等的缺乏，我们对新石器时代早中期人类的衣着情况几乎一无所知，但从各地发现的一些织物及与之相关的纺织工具等可知，其时人类已经穿着衣服。

新石器时代早中期的装饰品由于其材质便于保存，各地都有很多发现，为我们了解当时人们的装饰提供了可能。新石器时代早中期的装饰品可分为头饰（发饰、耳饰）、项饰、臂饰、佩饰。

### （一）头饰

头饰包括发饰、额饰和耳饰等。其中发饰有笄子、梳子、束发器、串珠形发饰等。

**发饰**

笄子骨、陶、石质，以圆锥形断面为特征，有两端尖的、顶端呈钉帽形的、带关节的，还有顶端带

1 湖南省文物考古研究所：《澧县城头山古城址1997—1998年度发掘简报》，《文物》1999年第6期，第4—17页。

2 湖南省文物考古研究所：《澧县城头山古城址1997—1998年度发掘简报》，《文物》1999年第6期，第4—17页。

雕刻纹的、有刻槽的、空芯三菱形的、顶端呈勺状的，河姆渡、马家浜、大地湾、姜寨、半坡等遗址均有出土。马家浜文化的常州圩墩遗址中发现了64件骨笄，其中21件为带有笄帽的细长圆管形，而43件无笄帽的则为长条或两头尖的针形[1]。赵宝沟、白音长汗等遗址发现过骨笄。

梳子，河姆渡、马家浜嘉兴吴家浜出土象牙梳呈竖式。

束发器在大地湾、半坡、姜寨等遗址都有出土，陶质或牙质，角形。

**额饰**

串珠形等额饰装饰。

在甑皮岩婴儿墓人骨头部发现有蚌壳覆盖，在元君庙墓地发现一件由圆蚌饰组成的串形发饰，置于M470女性的头部[2]。

**耳饰**

耳坠

在大地湾、半坡等遗址发现玉石质、蚌质和骨牙质耳坠。以玉石质最多，其形状以长方形和上小下大的梯形为普遍。

耳坠在北方地区也有许多发现，虽然也是以玉石质为多，但是蚌质、陶质、骨质和青铜质耳坠也很丰富。这一点与其他地区略有不同，充分显示耳部装饰品在材质选择上的多样化倾向。

玦

东北地区流行耳玦，特别是兴隆洼文化迄今已经发现30余件玉玦，不仅数量多，而且大多发现在人骨的两耳边或是单耳边。比如在兴隆洼遗址M117、M118、F43内居室墓葬发现的玉玦均位于墓主人的两耳边，锡本包楞墓地的单耳玦位于人骨一侧耳部[3]。河姆渡文化、马家滨文化耳饰的一个特征就是玉石耳玦比较发达。河姆渡文化河姆渡、奉化名山后和象山塔山遗址都发现了石、骨、玉耳玦。江苏江阴祁头山和嘉兴马家滨文化早期遗址出土的玉器中出土有玦饰，其形状分别为环形、管形、贝形、腰鼓形和台形等几类[4]。大溪文化墓葬中则见有耳坠与耳玦同时佩带的实例，玦不仅有玉石质的，还有蚌玦。

## （二）项饰

项饰主要做成串链状。在贾湖遗址M41出土数百枚小骨环呈串状放置，一串10枚左右，显然是一种串饰[5]。半坡、姜寨、北首岭、元君庙也有出土。在姜寨一期10座出土骨质串珠的墓葬，串珠全部佩带在女性和小孩的头部和颈部[6]；元君庙4例骨质串珠出土时分别佩带在4位女性的颈部。河姆渡有4管珠出土，常州圩墩遗址发现骨管41件和1件玉珠，在徐家湾H531的马家滨文化层中发现有3件圆形佩。赵宝沟文化、兴隆洼文化、红山文化、庙子沟文化、小珠山文化、雪山文化及仰韶文化等遗址中都发现了较多带孔的玉石质管珠和蚌饰、螺壳饰、蚌珠、海贝等水产原材料的串形饰品。兴隆洼文化未见玉管但是发现石质管饰较多，M118内发现9枚石管散落在墓主人颈部周围，应该是穿串在一起佩带于颈部的项饰。白音长汗遗址二期乙类发现石珠19件和玉石管珠6件，还出土大量带孔的不同形

---

1 常州市博物馆：《江苏常州圩墩村新石器时代遗址的调查与试掘》，《考古》1974年第2期，第109—117页；吴苏：《圩墩村新石器时代遗址发掘简报》，《考古》1978年第4期，第223—244页。

2 北京大学历史系考古教研室：《元君庙仰韶墓地》，北京：文物出版社，1983年。

3 杨虎、刘国祥：《兴隆洼文化居室葬俗及相关问题探讨》，《考古》1997年第1期，第27—37页。

4 浙江省文物管理委员会：《浙江嘉兴马家浜新石器时代遗址的发掘》，《考古》1961年第7期，第345—355页。

5 河南省文物考古研究所：《舞阳贾湖》，北京：科学出版社，1999年。

6 西安半坡博物馆等：《姜寨——新石器时代遗址发掘报告》，北京：文物出版社，1988年。

式的蚌饰分别出土于不同的墓葬，其中M7出土亚腰形蚌饰111件和蚌珠1件[1]，大溪文化墓有一定比例的墓葬发现了蚌质串珠和石质串珠。

## （三）臂饰与手饰

臂饰和手饰主要被做成环状，不仅存在大小的差异，也存在厚度的区别。

北京东胡林遗址一个由多个骨片组成的链形骨环发现时佩带在人骨的手腕部。河姆渡二期见有石环。老官台文化不见陶质环，在北首岭、大地湾有石或骨质环，半坡中期后段、姜寨开始出现大量陶质环，多为灰褐色或灰黑色。呈圆环形或圆筒形。其中圆环形的断面以圆形、半圆形和方形为多，也有多角形的。大溪墓地中有21例佩带环饰，包括石环、骨环、蚌环、象牙环等[2]。

在枣园、贾湖、裴李岗和磁山等遗址有似指环一样的陶质环出土。

## （四）胸饰

### 牌饰

在玉蟾岩遗址[3]中发现有在犬齿的根端刻一周凹槽用以系绳佩戴的牙饰。在半坡发现的牌饰多为骨牙蚌或陶质，石或玉质较少。长方形、梯形、长条形和半月形等牌坠形胸佩较多，少量璜形佩饰。在大地湾遗址[4]中发现上百件带孔蚌，有的边缘略加修整，有的则将宽大的蚌壳磨成细长条形以适于佩带，而另外一些则完全加工成圆环形、三角形或方形、长方形佩饰。

### 璜

贾湖、下王岗遗址发现有玉石璜，河姆渡遗址有石璜，马家浜文化草鞋山、圩堆、桐乡新桥等遗址都出土过玉石璜。

### 匕

兴隆洼文化遗址中出土有匕形玉佩。

从以上发现可知，自新石器时代早期装饰品已经开始较多地被使用，主要是项饰、腕饰和胸佩类，头饰仅见蚌形饰，发笄、梳子、束发器、耳饰等均未出现，装饰品尚未形成体系。进入新石器时代中期以后，装饰品迅速发展，大多数地区都发现了成系列的装饰品品种，不同地区不同文化背景下的居民，不仅

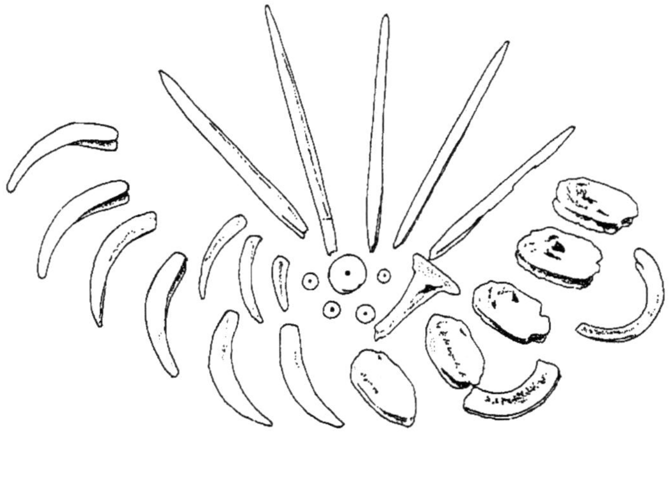

图 2-17　半坡文化装饰品

1 内蒙古自治区文物考古研究所：《白音长汗——新石器时代遗址发掘报告》，北京：科学出版社，2004年。

2 中国社会科学院考古研究所：《中国考古学·新石器时代卷》，北京：中国社会科学出版社，2010年。

3 袁家荣：《湖南道县玉蟾岩一万年以前的稻谷和陶器》，严文明、安田喜宪主编《稻作、陶器和都市的起源》，北京：文物出版社，2000年，第31—42页。

4 甘肃省文物考古研究所：《秦安大地湾——新石器时代遗址发掘报告》，北京：文物出版社，2006年。

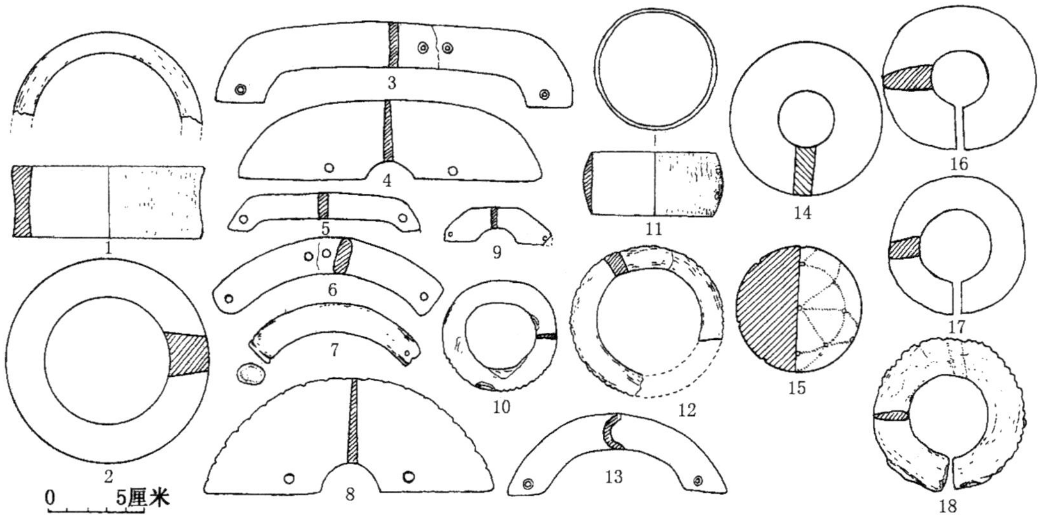


图2-18 大溪遗址装饰品
1、12.骨镯 2.石镯 3—5、8.玉璜 6、7.玉饰 9.蚌璜 10.蚌镯 11.象牙镯 13.陶璜 14.玉璧 15.陶球 16、17.玉玦 18.蚌玦

由于占有资源、喜好的不同，装饰品的材质有区别，装饰取向、装饰重点也存在一定差异。从东西方的差别来看，西部文化装饰品中陶质装饰品较多，耳饰多为牌坠形，梳子少见（图2-17），而东部文化较早且较多利用玉石，流行梳子、耳饰，尤其耳玦类，而从南北的角度来观察，南部文化项饰不发达，头饰除耳饰外也较少见，流行臂环（图2-18）。至于华南地区，甚至新石器时代中期，装饰品几乎还没有广泛流行起来。不同的装饰品反映了人们不同的外观装束，如黄河流域人们为束发盘髻，东部地区可能还在发髻之上插梳子等增加装饰度，颈项佩戴串珠项链，而长江流域以南可能多更多是披发，注重臂饰。

## 二、服装

### （一）织物与痕迹

在新石器时代中期若干文化遗址内，发现有编织物及其大量编织物印痕或与纺织品相关的痕迹遗存。

河北磁山文化遗址内，出土的陶器上印有明显的纺织品花纹。同时，在一座灰坑底部还出现有苇席的痕迹，从苇席的编织图案看，与现在的编织方法很相似。这说明当时的编织技术已达到了较高的程度[1]。西安半坡陶器底部印有麻布或编织物痕迹的陶器有百余件之多，已经有平纹、斜纹、一纹一纱罗式绞组织法与绕环混合织法等[2]，反映了当时编织技艺的高超。

跨湖桥发现有陶纺轮和线轮，在滑轮形的陶线轮上有的还附着纤维质线头[3]。

在河姆渡文化遗址中出土了带有编织纹饰的骨匕，并曾发现苘麻的双股线痕迹。在出土的牙雕盅上发现刻划蚕纹四条[4]。葛麻类植物的茎皮分表皮层和韧皮层两部分。韧皮层含有纤维屑、木质素、果胶质和其他杂质，可用于纺纱的纤维均位于韧皮层内，由果胶黏合一起。在旧石器时代，人

1 河北省文物管理处、邯郸市文物保管所：《河北武安磁山遗址》，《考古学报》1981年第3期，第303—347页。
2 中国科学院考古研究所、陕西省西安半坡博物馆：《西安半坡》，北京：文物出版社，1963年。
3 浙江省文物考古研究所、萧山博物馆：《跨湖桥》，北京：文物出版社，2004年。
4 浙江省文物考古研究所：《河姆渡——新石器时代遗址考古发掘报告》，北京：文物出版社，2003年。

们为了拧制绳索，大概采取直接剥取的方法，用手或石器剥落植物枝莲的表皮，揭去韧皮，粗略整理，不经脱胶直接利用。进入新石器时代，制作较粗的绳索，可能仍沿用这种不脱胶的植物纤维。浙江余姚河姆渡出土的一部分绳头，在显微镜下观察，其所用纤维均是片状，可能就是用这种方法取得的。

江苏吴县草鞋山遗址距今约6000年的马家浜文化层中，出土了3块炭化纺织物残片，经鉴定此纤维原料可能是野生葛，是迄今发现最早的葛纤维纺织品，织物为纬起花的罗纹织物，经密每厘米10根，纬密每厘米13至14根，罗文部26至28根。纱与纱之间距离较为疏朗[1]。陕西西安半坡遗址[2]和华县泉护村遗址[3]出土的一些底部印有葛麻类布纹的陶器上显示，布的密度每厘米约有经、纬线各10根左右，花纹为山形斜纹和菱形斜纹。织物组织结构是绞纱罗纹，嵌入绕环斜纹，还有罗纹边组织。

### （二）纺织工具

对植物纤维的加工使纺轮这一工具应运而生。在我国新石器时代中期遗址中普遍发现有纺轮，以陶质的最多，石质其次，骨质及木质的也偶有发现。陶、石纺轮的形状一般俯视呈圆形，中央有圆孔，纵剖面呈矩形、梯形、半圆形、六角形等。在距今7000余年，属裴李岗文化的河南莪沟遗址[4]和河北磁山文化遗址[5]中出土有我国新石器时代最早的陶纺轮。稍晚的浙江河姆渡遗址[6]中出土有70多件陶纺轮，陕西半坡遗址、姜寨遗址，出土数量、种类则更多。纺轮质地多种多样，不仅有陶质的，也有石质的和木制的，甚至还有骨质的。从形制上看有扁圆形的，算珠形的，截头形的等等；在重量上也有较大区别，并且有大、中、小之分。河姆渡文化遗址中，发掘出两件“工”字形纺轮，它是一种与捻丝关系密切的纺锭，其形状大小均与后世手摇的锭盘相似。

我国各地很多新石器时代中期遗址中都还发现有骨针、骨梭和骨匕，且有的数量还不少。如浙江河姆渡遗址第一期就出土骨针15件，系用粗大的兽骨裁成细条磨制而成，体形精巧，针眼一般不太圆。另有管状针12件，用鸟类肢骨制成，中空，一端磨成锋，尾端多有穿孔。还有各类骨匕33件，梭形器4件，这些都是很理想的编织工具。

经过长期的生产实践和总结经验，人们对编织生产过程逐步改进，产生了原始织机。编织的经向纱，变成织机上的经纱；骨针和骨针上穿引的纱线，变成为织机上的杼子和纬纱，骨匕改进为织机的打纬刀，并增设了综杆、分经棍等。用改进了的这些简单的织作工具，在织作时能完成开口、引纬、打纬三项主要织作运动，使原始织机具有机械的功能。大概平铺式编制方式，改进为原始腰机和综版式织机，新石器时代中期的织机主要就是原始腰机。

河姆渡遗址出土有原始织机的零件，全部都是用木制的，包括机刀、卷布轴、梭子和分经木等。经初步复原可以肯定其属于水平式的踞织机范畴。

1973年浙江河姆渡遗址第一期发掘中，出土较大硬木刀一件，残长39厘米，背部平直，厚8毫米，刃部较薄，呈圆弧形。同时还出土有近两端处有一周凹槽的木棒四件。标本T18：47一端修成圆球形，内有一个规则的凹槽，另一端已残，残长17厘米，直径1.5厘米。还出土尖头小木棒18件，器身断面圆形，有两端做成一端削尖，一端磨平或修圆，有的两端均削尖，一般长25厘米左右，最长的达40厘米[7]。1977年该遗址第二期发掘中又出土可能是卷布轴的小圆木棒，两端削成四方形状，并在同一水

---

1 南京博物院：《江苏吴县草鞋山遗址》，《文物资料丛刊》3，北京：文物出版社，1980年。

2 中国科学院考古研究所、陕西省西安半坡博物馆：《西安半坡》，北京：文物出版社，1963年。

3 北京大学考古学系、中国社会科学院考古研究所：《华县泉护村》，北京：科学出版社，2003年。

4 河南省博物馆、密县文化馆：《河南密县莪沟北岗新石器时代遗址发掘报告》，《河南文博通讯》1979年第3期，第30—41页；河南省博物馆、密县文化馆：《河南密县莪沟北岗新石器时代遗址发掘简报》，《文物》1979年第5期，第14—19页。

5 河北省文物管理处、邯郸市文物保管所：《河北武安磁山遗址》，《考古学报》1981年第3期，第303—338页。

6 浙江省文物考古研究所：《河姆渡——新石器时代遗址考古发掘报告》，北京：文物出版社，2003年。

7 浙江省文物考古研究所：《河姆渡——新石器时代遗址考古发掘报告》，北京：文物出版社，2003年。

平方向削有斜向缺口。长24.55厘米，直径1.78厘米，另出骨机刀一件，横断面呈月牙形，一端穿有两个小圆孔，一孔已残，磨制光滑。长31.7厘米，宽3.7厘米。上述工具与我国云南、广东等地少数民族目前仍在使用的腰机上的卷布轴、打纬刀和提综杆等均相似，很可能都是腰机上的织造工具部件，是我国在距今6700年左右发明和使用了原始腰机的佐证。

原始织机腰机的结构非常简单，实际组成部件仅为几根木棍，前后两根相当于现代织机上的卷布辊和经轴的横木，一根兼具开口和打纬，薄而光滑形似刀的木棍，一个引纬的抒子，一根直径稍粗的分经棍，一根直径稍细的综杆。织造前，织工席地而坐，先将整好经线的织机上身，把卷布轴系于腹前，再用双脚踏住经轴，靠腰和脚的力量控制经线张力，使织机上经线基本平齐。织造时，先利用分经辊形成一个自然梭口，将木刀放入梭口，竖起，用抒子把纬纱从梭口引过，再用木刀将引过的纬纱打紧后抽出。织下一梭时，提起综杆，形成前一梭的下层经纱变为上层经纱的梭口，再重复固定梭口、杼子引纬、木刀打纬的工作。待织完一定长度后，翻转经轴放出若干长度的经纱。从河姆渡打纬刀残长的长度来看，当时的织品不会很宽，约30厘米左右。早期的腰机由于结构简单，织物一般比较粗疏。在距今6006年左右的西安半坡、姜寨遗址中，发现陶器底部有布纹印痕，织物都是平纹，纱线较粗，反映当时的织品比较原始。



从编织发展到腰机织造是一个较长的历史过程，其间有一段时期大概是两种织法结合使用。即使已经完成了腰机织造技术的改进，在相当长的时期可能还是手工编织与腰机生产并存。江苏吴县草鞋山遗址[1]出土的3块炭化纺织物残片，很像是编织和腰机织造技术结合而形成的。葛织品残片的一头，除山形和菱形花纹外，纬纱弯曲变化，无疑是用骨针穿引织成的。罗纹部纬纱是上下有规则的扭纹。织造时，起综后把打纬刀放人梭口立起，张开梭口，然后用骨针上下穿引织制，以形成原始的绞纬织物。这种织造方法的特点，不是引通纬，而是在原始腰机上采用骨针系上纬纱穿引的织物。

#### （三）有槽石拍与树皮布

以珠江三角洲为中心分布区的以大湾遗址一期为代表的文化遗存中，出土有拍制树皮布的有槽石拍[2]。树皮布是一种无纺织布，是以植物的树皮为原料，经过拍打技术加工制成的布料，其与纺织属于两个不同的传统。而有槽石拍就是拍制树皮布的特殊工具，其发现说明当时居民已经能够制造并穿用树皮布做的衣服了。

## 第八节　新石器时代早中期的文化艺术

### 一、音乐

尽管目前还不能准确判断新石器时代中期音乐的社会意义，但是乐器出土的数量已比较可观。功能明确的乐器的出土，说明其时人们已经开始了解音乐是不争的事实。其时存在的主要为吹奏乐器，打击乐器者只有陶响铃一种，但数量较大，分布较广。乐器大多为陶质，手制，制作工艺较粗糙，种类主要有笛、埙和响铃等。

#### （一）笛

笛见于裴李岗文化、兴隆洼文化和河姆渡文化等。

---

1 南京博物院：《江苏吴县草鞋山遗址》，《文物资料丛刊》3，北京：文物出版社，1980年，第1—24页。

2 安志敏：《香港考古的回顾与展望》，《考古》1997年第6期，第1—10页。

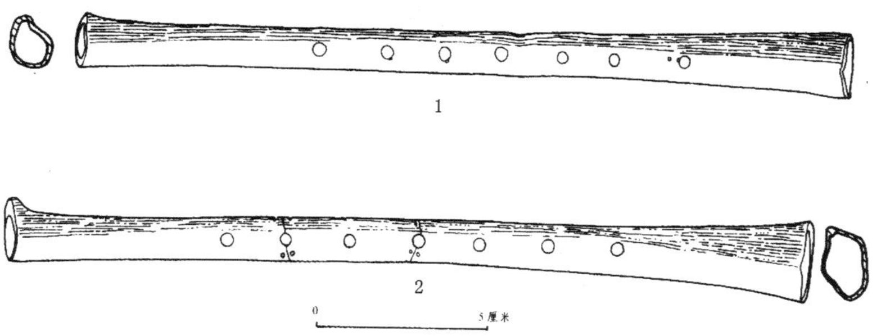


图 2-19 贾湖遗址出土的骨笛

裴李岗文化骨笛在贾湖[1]和中山寨遗址[2]都有出土，真实地再现了史前人类对文化生活的追求。骨笛的发现，对中国音乐起源和新石器时代音乐状况的研究提出了新的课题。

舞阳贾湖出土骨笛25件，其中完整器17件，残器6件，半成品2件。17件完整器中，因埋藏状况不好，在起取时过于破碎而无法复原的有6件，完整或基本完整或可大部分复原的有11件。

出土的25支骨笛均系丹顶鹤的尺骨所制，长短、孔的数量有所不同。其中五孔、六孔、八孔各1支，七孔14支，半成品2支，残断者6支。据对完整器的统计，最短者为17.3厘米，最长者24.6厘米。

五孔笛全长20.9厘米，两端骨关节被完全锯掉，锯前似经设计，两端近切割面处均见有刻痕，通体光滑。第四、五孔一侧见有刻痕，第一、二、三孔旁边有划痕，可知钻孔前经过设计。音孔均很圆，孔壁稍有倾斜，上大下小，外径0.45厘米，内径0.32厘米。音孔排列基本上呈一直线，但第二、四孔稍向一侧偏半孔，可能为便于把握有意所为。

六孔笛全长17.3厘米，两端骨关节被锯掉，通体光滑。第一孔和第六孔一侧或背面见有刻痕，其他音孔未见刻划痕。音孔细、孔壁倾斜。孔径很圆，外径0.3厘米，内径0.2厘米。音孔排列基本呈一条直线。

七孔笛长在21.3—24.6厘米之间，制作精致，通体光滑。

八孔笛长22.7厘米，两端骨关节被锯掉，器身光滑。音孔圆且较小。孔壁稍斜，上大下小，上径0.45厘米，下径0.3厘米。第一、二、三、四、五、八孔一侧有刻痕，六、七孔则有两侧对应的刻痕，音孔列较直。

贾湖骨笛是以一端管口作为吹口，以气流激发管端边棱发音，骨笛的发昔并不十分规整，但它的音列具有六声徵调倾向，其音阶甚至比商周时期某些乐器还要复杂[3]。

通过专家的鉴定，可以分三个不同的类型，代表了早、中、晚三个发展演化阶段，能吹奏出四声五声音阶、六声七声音阶到七声音阶以外的一些变化音（图2-19）[4]。

骨笛多出自墓葬之中，且多数随葬品较丰富，最多者随葬品达60件，最少的亦有6件。随葬品中均有骨、陶器，大部有石器，部分共出有成组龟甲或叉形骨器，其中笛与龟、叉形器共出有3例，与龟共出有6座，与叉形器共出有2例，余皆为普通生产和生活用具。墓主人多为成年男性。

中山寨遗址出土的骨笛也采用鹤的尺骨制作而成，两端虽都已残破，但上端仍可辨认保留着原

1 河南省文物考古研究所：《舞阳贾湖》，北京：科学出版社，1999年。

2 临汝县博物馆：《河南临汝中山寨遗址调查简报》，《考古》1986年第6期，第481—484页；中国社会科学院考古所河南一队：《河南汝州中山寨遗址》，《考古学报》1991年第1期，第57—89页；中国社会科学院考古研究所河南一队：《河南临汝中山寨遗址试掘》，《考古》1986年第7期，第577—585页；方孝廉：《河南临汝中山寨新石器时代遗址》，《考古》1978年第2期，第138页。

3 黄翔鹂：《舞阳贾湖骨笛的测音研究》，《文物》1989年第1期，第15—18页。

4 河南省文物考古研究所：《舞阳贾湖》，北京：科学出版社，1999年。

长度的痕迹，残存长度15.5厘米。骨管上开有两排相互交错的10个按音孔，音孔孔径大多在0.3厘米左右，音孔之间的最大距离为0.7厘米。由于音孔排列密集，两手手指无法同时按住全部音孔。经测音研究，发现这支骨笛已经具备小二度、大二度、小三度、大三度、增三度、纯四度、增四度、五度、增五度和增六度[1]等音阶。

兴隆洼[2]骨笛出土于兴隆沟遗址。骨笛残长17厘米，由动物的管状骨制成，两端已残破。骨笛通体磨光，上有5个圆形穿孔，其中左侧4个孔为等距的一组，右侧1个与这4个略远，背部还有供贴笛膜之钻孔。骨笛的结构特征，说明兴隆洼人已经掌握了相当的乐理知识，并学会了三分损益法制作管乐器。

兴隆沟遗址[3]F166，为长方形半地穴式建筑，室内面积52.21平方米，房址居住面出土大量陶片及包括骨锥46件、骨匕7件、骨镖6件、骨刀3件、骨针2件、骨笛1件的大量骨器，且有大量动物骨骼，可见骨笛与音乐的产生与使用，可能与古人的渔猎经济生活有着密切的关系。

新石器时代中期的骨笛以动物，如鸟类的肢骨制成，一般保留动物肢骨的自然状态，除截断骨管管端并开孔外，其余加工不是很多。笛孔多呈直线形开设，孔数1—10个不等，古人对音的最小距离的排列已经有了初步的概念。



从骨笛的出土情况看，其起源可能与渔猎活动中用作诱捕禽兽时的信号器具有关，而其时的音乐又或许多在宗教活动中使用。

骨笛在河姆渡文化的河姆渡遗址出土多件。采用鸟禽类的肢骨中段制作而成，管长6—10余厘米，器身略弯曲，在凸弧一侧剖圆或椭圆孔，一般一至三个，有的内腔另插一根肢骨。部分骨哨尚可吹出简单的音调。河姆渡骨哨可用手指堵住一端管口横吹或竖吹其发音不规整，不能构成谐和的音调[4]。

## （二）埙

新石器时代中期陶埙见于半坡、姜寨、后洼、河姆渡等遗址。

后洼遗址陶埙出土于该遗址下层，为夹砂红褐陶，手制，平底，呈卵圆形，器高8厘米，底径6厘米。顶部凸起有乳头状小孔，孔径5毫米，为吹孔，肩部有一圆形大孔，孔径12毫米，为音孔[5]。

河姆渡出土陶埙形似鸡蛋，仅一端有一个椭圆形孔[6]。

姜寨出土陶埙3件，泥质，捏制而成，高5—7厘米。其中2件形如橄榄，素面，中空，上端尖，下端圆钝，一端有小孔，轻吹发声；另一件蒜头形，圆鼓腹，表面饰不规则绳纹，中空，一端尖，另一端平，尖端有一小孔，上腹部还有左右相距约1.5厘米高低略有不同的两个小孔，轻吹上部小孔，腹部小孔或全压或不压或压其中之一，可吹出4个不同音[7]。

---

1 萧兴华、张居中、王长燧：《七千年前的骨管定音器——河南省汝州市中山寨十孔骨笛测音研究》，《音乐研究》2001年第2期，第37—41页。

2 中国社会科学院考古研究所内蒙古工作队：《内蒙古敖汉旗兴隆洼聚落遗址1992年发掘简报》，《考古》1997年第1期，第1—52页；中国社会科学院考古研究所内蒙古工作队：《内蒙古敖汉旗兴隆洼遗址发掘简报》，《考古》1985年第10期，第865—877页。

3 中国社会科学院考古研究所内蒙古工作队、敖汉旗博物馆：《内蒙古敖汉旗兴隆沟新石器时代遗址调查》，《考古》2000年第9期，第30—48页；中国社会科学院考古研究所内蒙古第一工作队：《内蒙古赤峰市兴隆沟聚落遗址2002—2003年的发掘》，《考古》2004年第7期，第3—8、97—98页；赤峰学院历史文化学院：《内蒙古赤峰市敖汉旗兴隆沟遗址挖掘报告》，《赤峰学院学报》2012年第11期，第1—2页。

4 浙江省文物考古研究所：《河姆渡——新石器时代遗址考古发掘报告》，北京：文物出版社，2003年。

5 许玉莲：《后洼遗址发现东北最原始吹乐器——陶埙》，《北方文物》1994年第4期，第51页。

6 浙江省文物考古研究所：《河姆渡——新石器时代遗址考古发掘报告》，北京：文物出版社，2003年。

7 西安半坡博物馆等：《姜寨——新石器时代遗址发掘报告》，北京：文物出版社，1988年。

半坡遗址出土的陶埙形制不甚规整，按孔在两个以内，发音为一个小三度音程关系[1]。

新石器时代埙的按孔多在两个以内，音列为二声或三声。

### （三）响铃

新石器时代中期陶响铃多见，无论长江流域还是黄河流域地区都有出土，而以长江流域更丰富。

姜寨出土响铃2件，泥质红陶。其中一件高7厘米，径11厘米，形似两个对扣在一起的圜底浅腹盆，中空，内有颗粒状物，轻轻摇动可发出清脆响声；另一件长5.8厘米，径3厘米，形似橄榄，两端尖圆，鼓腹，外表凹凸不平，中空，内有颗粒状物，轻轻摇动可发出沉重响声[2]。

大溪文化响铃在大溪、清水滩、毛家山、桂花树、关庙山等遗址都有出土，呈球形，有的则呈执柄球形，内装小石子或泥丸，外表有多个镂孔和规则的刻花纹装饰[3]。

## 二、雕塑

在漫长的人类历史中，雕塑几乎与人类文明相伴而生，打制的石头工具已经具有雕塑的特性。然而，真正意义的雕塑则开始于人类利用雕刻、塑造等手段来表达他们主观的思想意识和审美观念，此类产品在我国自旧石器时代晚期新时期时代早期开始萌芽，新石器时代中期才较大量地出现。

新石器时代中期雕塑按使用材料可分为石雕、玉雕、木雕、骨雕、牙雕、蚌塑、陶塑等。

兴隆洼文化的白音长汗遗址A区19号房址灶后栽立一尊石雕人像[4]，胸阔10.8厘米，腹背轴长15.7厘米，高36.6厘米。头部呈上削下阔的三角形，约占整体比例的三分之一。颅顶尖削，前额突出，双眼大而深陷，外眼角向上斜吊，鼻翼较宽，颧骨丰隆，下颌后缩，吻部略突，鼻下磨出一条浅痕，用以标示口形。胸部平坦无乳，体侧依稀可见贴身垂下的双臂，腹部正中亦可观察到一处微微隆起的圆形突起。背面的颈项部位加工出一条凹带，使头与躯干形成明显的两段，背脊前曲，似做弓身跪踞状。下端打制加工成楔形以便安置时栽立。

白音长汗遗址M7：4，白色，磨制平整，立耳尖嘴熊首，钻浅圆凹槽表示眼睛。头部长2厘米，宽1.9厘米，高2.5厘米。整件雕塑形态生动写实，熊首底端有圆形凹槽，似为铆接在其他材质之上使用。

大溪遗址[5]出土的双面人面石雕佩饰，双面分别雕出较瘦削和略丰腴的人面形，形成有趣的对比。

见于吉林农安县元宝沟遗址的石雕人像用砂岩磨制而成，石像的各个部位均可见磨制痕迹，已残，残高8厘米，宽5厘米，厚3.5厘米，仅存人体的下半身，裸体男性，两腿一粗一细[6]。

白音长汗遗址还出土有圆雕玉蝉M7：1，磨制精细光滑，器表上有自然裂隙纹理。弧背，头前部顶上有一浅凹槽，头前部底下有两个竖向凹槽，呈八字形，两侧各有一个横向凹槽。向下有两道横凹槽，之下内凹，腹部有四道凹槽。头部有一个横向圆形钻孔，两面对钻。长3.55厘米，头宽1厘米，尾宽

1 中国科学院考古研究所、陕西省西安半坡博物馆：《西安半坡》，北京：文物出版社，1963年。

2 西安半坡博物馆等：《姜寨——新石器时代遗址发掘报告》，北京：文物出版社，1988年。

3 四川省博物馆：《巫山大溪遗址第三次发掘》，《考古学报》1981年第4期，第461—499页；四川省长江流域文物保护委员会文物考古队：《四川巫山大溪新石器时代遗址发掘纪略》，《文物》1961年第11期，第15—24页。

4 郭治中、包青川、索秀芬：《林西县白音长汗遗址发掘述要》，《内蒙古东部区考古学文化研究文集》，1990年，第15—23页；内蒙古自治区文物考古研究所：《白音长汗——新石器时代遗址发掘报告》，北京：科学出版社，2004年。

5 四川省博物馆：《巫山大溪遗址第三次发掘》，《考古学报》1981年第4期，第461—499页；四川省长江流域文物保护委员会文物考古队：《四川巫山大溪新石器时代遗址发掘纪略》，《文物》1961年第11期，第15—24页。

6 吉林省文物考古研究所：《吉林农安县元宝沟新石器时代遗址发掘》，《考古》1989年第12期，1067—1077页。

1.2厘米，厚1.1厘米、孔径0.3—0.5厘米。后洼遗址出土过玉鸟形雕塑。

小珠山下层文化和后洼遗址下层也出土了可观的石质雕塑，包括人头像、猪、虎、鸟、虫等多种形象。

新石器时代中期人类还掌握了用摆塑的方法来塑造动物形象。兴隆洼文化查海遗址[1]的龙形堆石，采用较为均等的石块摆塑出长达19.7米的长龙，龙头朝西南，尾朝东北，龙头、龙身的石块摆得较厚密，而龙尾却用疏散的石块予以表现，给人若隐若现之感，巨龙张口昂首，弯身弓背，似欲腾飞状，完美的造型足以显示数千年前兴隆洼人的艺术表现力。兴隆洼人还以猪的头骨与石块、陶片摆塑的身躯相组合，表现龙的形象，在兴隆沟遗址的H35中，相对放置2个猪头，并用陶片、石块和残石器摆塑出龙的躯体，西侧的猪头骨已破损，由陶片和石块摆放出略为弯曲的身体，通长0.72米，东侧的猪头骨及躯体都较完整，猪头平置，朝西南，吻部朝西北，额顶正中有一个圆孔，躯体采用陶片、碎石块及残石器摆放出呈S形状，颈部叠压放置，身躯和尾部则单层摆放，尾部逐渐变细且上翘，朝向东北，显示出龙的游动状，其表现手法与查海龙形堆石异曲同工，将兴隆洼人心目中的龙形象表现得淋漓尽致，以艺术形式体现了他们的宗教情感。



后冈一期文化的濮阳西水坡遗址[2]则使用蚌壳作为原料来堆塑出动物的形象。西水坡M45墓主人两侧，用蚌壳精心的摆塑着龙虎图案，其中龙的图案，摆在人骨架的右侧，呈昂首拱背状，身子弯曲，前爪扒，后爪蹬，尾尖摆动，犹遨游状；虎摆在人骨架的左侧，头微低，如行走状。在该遗址TH6第四层下的一个灰坑中，还堆塑出两组图像，一组为虎、鹿、龙和蜘蛛的形象，其中虎头朝北，龙头朝南，龙虎为一体，鹿头朝北，背朝东，卧于虎的身上，蜘蛛位于龙的头顶，另外在蜘蛛与鹿之间还有一件石器。正对龙口的地方用蚌壳摆塑一球状物体。另一组由龙和虎两种动物组成，其虎头朝西，呈奔跑状，龙位于虎的南面，头朝东，其上骑有一人。

新乐下层文化的新乐遗址[3]出土的龙形木雕器呈前部扁平后端尖的长条形，长40厘米，残宽4.5厘米，可以分出头、尾，靠近上端的本体似可分辨出头、嘴、眼、鼻、尾及几何菱形纹的龙鳞纹躯体几个不同的部分，皆为浮雕，两面纹饰基本相同，部分镂空。

牙雕和骨雕在河姆渡文化中都有见到。河姆渡遗址出土的刻划纹骨片T212（4A）：53，原形似长方形，两侧边已破损，正面精磨后阴刻一走兽，兽身修长，双耳斜宽，尾巴细而短，腹部微下垂，四肢弯曲，作奔走觅食状，非常形象。蝶形器以象牙质为多，但有少量为骨质。蝶形器T226（3B）79象牙质，上刻连体双鸟太阳纹。其正面磨光后阴线刻图案一组，中心钻小圆窝一个为圆心，外刻同心圆纹五周，圆外上半部刻火焰纹，似烈日火焰，两侧各刻对称的回头望顾的鹰嘴形鸟一只，鸟头中心钻有小圆窝为睛。蝶形器背面加工粗糙[4]。

陕西西乡县何家湾遗址[5]出土的线刻人面骨筒，以动物肢骨制成，外壁用细线雕刻三个紧密相连的人面像，三个分别呈现了哭、怒、笑不同的面部表情。哭脸人面，头外形仅用一阴刻圆形线表现，眉毛和鼻子用双线构成的“T”表示，双眼呈扁椭圆形，睛以一小圆圈表示，下眼睑下垂似布袋状，中间各刻划一条斜竖线，扁形大口内以竖线表示牙齿，一副哭得十分伤心的样子；怒脸与笑脸人物头外形均用椭圆形阴线表现，鼻梁高大，上宽下窄并有鼻孔，怒脸者眼圆睁，眼中刻有小圆点以表示睛，扁口龇牙，表现了怒目而视的面貌；笑者人面两眼作下弯的月牙形，眼中亦用一条向下弯的短弧线表示合

---

1 辽宁省文物考古研究所：《查海——新石器时代聚落遗址发掘报告》，北京：文物出版社，2012年。

2 濮阳市文物管理委员会等：《河南濮阳西水坡遗址发掘简报》，《文物》1988年第3期，第1—6页。

3 沈阳市文物管理办公室：《沈阳新乐遗址试掘报告》，《考古学报》1978年第4期，第449—466页；沈阳市文物管理办公室、沈阳市故宫博物馆：《沈阳新乐遗址第二次发掘报告》，《考古学报》1985年第2期，第209—222页；李晓钟：《沈阳新乐遗址1982—1988年发掘报告》，《辽海文物学刊》1990年第1期，第7—24页；沈阳新乐遗址博物馆、沈阳市文物管理办公室：《辽宁沈阳新乐遗址抢救清理发掘简报》，《考古》1990年第11期，第969—980页。

4 浙江省文物考古研究所：《河姆渡——新石器时代遗址考古发掘报告》，北京：文物出版社，2003年。

5 陕西省考古研究所、陕西省安康水电站库区考古队：《陕南考古报告集》，西安：三秦出版社，1994年。

缝眼，扁口，牙齿显露，一副笑面孔。三个人物既表现了生活中喜怒哀乐的真实，又不乏艺术性的夸张，将写实、写意和夸张手法完美地结合在一起。

陶塑是新石器时代中期最重要的雕塑品，形式多样。

作为陶器装饰部分的雕塑，或以表面浮雕等形式出现。查海遗址[1]F39：39是兴隆洼文化唯一一件可完整复原浮雕形象的陶器，其采用贴塑的做法在陶器的颈腹部浮雕出某种动物题材的图案，兴隆洼文化的匠人以写实的手法在陶罐的一侧雕塑出一只大小若真实动物的蟾蜍形象，蟾蜍鼓着肚子，四肢叉开作移动状，以压印窝点表现蟾蜍皮肤上的疙瘩，将整个蟾蜍表现得活灵活现，在陶罐的另一侧雕塑出蛇衔蟾蜍的形象，为适应陶罐尺寸，巧妙地将动物形象作了等比例缩小，蟾蜍四肢展开，作扑状，蛇衔其右下肢，尾部下甩，以窝点纹拟其背鳞，而西侧的腹鳞则用压划断弦纹予以表现，制作细腻，形象生动，整幅图像唯妙唯肖，充满美感，充分体现了匠人对动物的精确观察与把握，以及精湛的表现力。半坡文化前卯遗址壁虎纹陶罐与其可谓异曲同工，在罐的一侧肩部有一人首壁虎身的半浮雕塑像，身躯、四肢及尾部用泥条捏成，贴塑在罐的肩部，人首是加塑上去的，四肢和尾部还压印了方格纹。

半坡文化半坡、姜寨及何家湾等遗址也都出土有作为陶器装饰部分的雕塑，但却是附着与陶器之上的器耳、盖钮一类。何家湾T46④：3，器耳的两面分别用手指按压出两个圆窝作为眼睛，眼下再用指甲压印出半月形的嘴巴，造型简洁古朴。

小型捏塑的动物或人物形象，是新石器时代中期各文化都常见的陶质雕塑品。工匠凭自己对对象的观察与理解信手捏制，形体小巧，个性强。

河姆渡文化河姆渡遗址[2]出土的陶塑个体一般都较小，长一般在8厘米以下，高不足5厘米，制作手法简单，但特点把握准确，以至于各类动物的形象都非常生动。如编号T21（4）:24的陶猪长6.3，高4.5厘米，头前伸，长吻，小眼，腹下垂，作行走状。编号T16（4）:59的陶羊长7.8厘米，高4.5厘米，昂首，匍匐。虽粗糙但特征突出，表现对象一目了然。

裴李岗文化裴李岗遗址[3]出土陶塑猪头和羊头，猪头陶塑小眼，长鼻，张口；羊头陶塑短角。贾湖遗址[4]出土的11件陶塑产品，制作粗糙，火候都不高，以泥质红陶为主，也有个别夹砂红陶。其雕塑形象形状很不固定，随意性很强，有的可能象征动物，有的可能象征人，有的过于抽象，寓意不详。比如H28：59，泥质红陶泥块，近长椭圆形，在其一端雕出眼睛、鼻子和嘴巴，不知表现的何种动物。

后洼遗址[5]下层出土有多件陶舟形器，手制，口呈椭圆形，直口，斜直壁，圜底或平底，是新石器时代中期为数不多的模型类雕塑。

后李文化、半坡文化、后冈一期文化和大溪文化等也都有此类陶塑出土。

新石器时代中期，在陶器上还可见很多刻划的纹饰，不失为一种艺术品。其中最值得一提的当属赵宝沟文化陶尊用阴线刻划而成的龙纹了。

新石器时代中期的雕塑内容丰富，包括石雕、玉雕、木雕、骨雕、牙雕、蚌塑、陶塑等多种。其中以陶塑数量最多，所占比例最大，且在大多数地区的考古学文化中较为普遍被发现。各地陶塑除小型者均较粗糙、随意外，工艺较为复杂的作为陶器装饰部分的雕塑仅见于黄河流域中游和东北地区。各类雕塑类别较为齐全的地区首属东北地区，其次为黄河流域和长江流域，而西南、华南地区雕塑品缺乏。雕塑题材主要为动物和人物形象，其他类别基本都属于个案。从雕塑技艺看，新石器时代中期存在雕刻、贴塑和堆塑、摆塑等多种技法。

---

1 辽宁省文物考古研究所：《查海——新石器时代聚落遗址发掘报告》，北京：文物出版社，2012年。

2 浙江省文物考古研究所：《河姆渡——新石器时代遗址考古发掘报告》，北京：文物出版社，2003年。

3 河南省文物管理局南水北调文物保护办公室郑州市文物考古研究院：《河南新郑市唐户遗址裴李岗文化遗存发掘简报》，《考古》2008年第5期，第3—20页。

4 河南省文物考古研究所：《舞阳贾湖》，北京：科学出版社，1999年。

5 许玉林、傅仁义、王传普：《辽宁东沟县后洼遗址发掘概要》，《文物》1989年第12期，第1—22页。

## 三、绘画

目前已知中国最早的与绘画有关的材料均不早于新石器时代中期。对新石器时代中期绘画的了解，最丰富的材料就是彩陶。

老官台文化[1]中发现的彩陶，是中国黄河流域及北方地区目前已知最早的彩陶。老官台文化的彩陶，在大地湾、白家村、西山坪等遗址中均有发现。彩陶的器形比较简单，有三足或圜底钵，还有少量的深腹圈足碗。主要是在上述器物口沿部以红色绘成的宽带纹、条带纹，还有少量的波折纹。彩纹的色泽一般都比较暗淡，呈紫红色，比陶器地色略深一些，显得不甚醒目。表现出此时彩陶艺术的原始性，正处在萌芽阶段。

河北武安磁山遗址[2]H172中也曾出土过一片模糊的红色曲折纹彩陶片，但仅为孤例，或许是受老官台文化影响的产物。

如果我们将点、线、面这些造型手段都看作是绘画发展的重要因素和组成部分，那么以老官台文化彩陶为代表的这种简单的彩陶纹饰，可以代表中国早期绘画的特点和卓越成就。

距今6500左右，随着半坡文化崛起及其彩陶的发展及该文化的东进，彩陶这门艺术在大江南北迅速风靡，在后冈一期文化、红山文化、大溪文化、马家浜文化都发现有彩陶遗存。各地彩陶题材、构图取向略有不同，形成了不同的区域特色，各地的彩陶都有自己的特点与精彩之处。

黄河流域中上游地区出土的彩陶代表了中国新石器时代中期彩陶的最高水平，并较为完整地展现了彩陶由简单到具象，再由具象发展成图案纹饰的较为完整的过程。

半坡文化的彩陶纹饰以红地黑彩为主，彩陶图案的题材有动物纹、人面纹和几何纹，尽管前两类在该文化全部彩陶中的比例远少于后者，但其栩栩如生、惟妙惟肖的形象却给人以更为深刻的印象（图2-20）[3]。

动物纹和人面纹包括有鱼、鹿、蛙、鸟、人面等。

鱼纹为鱼的侧视图，多单独使用，绘于盆类器物的上腹部，也有与人面、蛙纹等组合绘于大盆的内壁。半坡文化早期的鱼纹写实性强，对各部位形象进行具体描绘，鱼头上的眼、牙齿、须，身体上的鳍、尾都有所表现。到半坡文化的中期鱼纹逐渐趋向于图案化、装饰化，淡化了具象中鱼各部分的特点，强调对称性、格式化。鱼头被概括为三角形，鱼头上的外方唇、牙齿等均不再表现，仅保留鱼眼，上、下颚被简化为两边略呈弧线的长三角形；鱼身被概括为内凹边长方形，其末端因内凹形成的分叉正好表现鱼尾；而原本大小各异、

图 2-20 半坡文化彩陶纹饰

1 郎树德、赵建龙：《关于老官台文化的新认识——兼谈大地湾一期文化遗存》，《考古与文物》1984年第6期，第56—64页。
2 河北省文物管理处、邯郸市文物保管所：《河北武安磁山遗址》，《考古学报》1981年第3期，第303—338页。
3 中国科学院考古研究所、陕西省西安半坡博物馆：《西安半坡》，北京：文物出版社，1963年。

位置交错的鱼鳍也变得大小一致、位置上下对称。到半坡文化晚期，鱼纹不再以完整的鱼形象出现，而是直接使用不同部位鱼身简化形成的几何纹饰。

鱼纹的发展序列体现的各阶段由写实的鱼形、图案化的鱼形、分解为几何图案鱼局部纹的演化历程，或许可以说明一些几何形图案花纹可能是由动物图案演化而来的。

最富有神秘色彩的是人面鱼纹。这种纹饰目前只在陕西省的四个地方发现，即西安半坡、临潼姜寨、宝鸡北首岭和秦岭以南的西乡县何家湾，共出土有13例人面鱼纹（半坡7例、姜寨5例、北首岭1例、何家湾1例），大都绘在陶盆内，形式上大同小异，基本结构和手法大致相同。正面，脸面大体为圆形，双眼居中，各为一短横线。鼻子为倒“T”形，鼻头为三角形。嘴形不涂黑，留出底色，为两个相对的三角形，而两颊涂黑，左右横向各绘一鱼形，似人面衔鱼。头顶有三角形装饰物，似为高冠，绘有短线，似为羽毛。前额涂黑，在其中留有三角形（正中）或弧形区域（右边），无耳朵，一般亦无眉。在两鬓处各有一鱼或上翘的装饰物，其鱼形颇为具体。与人面纹匹配的图像是鱼纹或鱼网纹，绘在人面纹的两侧。此种纹样，可能是在一定原始宗教仪式中经“化装”变形的人的头面形象留给原始人类的主要印象。

半坡文化的几何纹主要由直线、三角形、横条、波折等构成。

后冈一期文化与早期红山文化这两个具有亲缘关系的文化彩陶风格极其相似。图案多施于泥质盆、钵或壶的上腹部，多见红或紫红色彩，也有黑彩。以直线条、平行线构图的几何纹为主，如平行竖线、平行斜线组成的正倒相间的三角纹、三角形斜线或网线纹等。花纹布局疏朗，以平行线的疏密、不同方向线条的穿插来形成节奏的变化，具有整齐、明快的风格。彩陶纹饰中不见完整的写实动物纹，但却可见龙鳞纹，由半环形或数周重环半圆形线条组成。以红山文化龙鳞纹彩陶为例，一种是在陶器的腹部绘制以带状横向盘绕于器腹的龙体图案，红地黑彩，两道或三道，龙体上施以成排红地黑彩相间的半环形鳞片，还有一种则只有放大的龙鳞，由横向排列多片数周重环半圆形鳞片组成。

马家浜文化彩陶在吴县草鞋山[1]、常州圩墩[2]等遗址有发现，数量很少，普遍使用红色陶衣，图案呈几何形。

大溪文化[3]彩陶也不多，图案施于红或橙黄色的泥质带圈足的罐、单耳杯等器身上，以黑、褐和红色单彩或复彩绘图，彩陶图案简单，主要为平行线、条纹、点纹和连环纹等。

显然，无论从占有比例还是分布地域看，新石器时代中期彩陶纹饰的题材以几何纹占绝对的主体地位。早段的彩陶色彩以红地黑彩或紫彩为多，晚段开始出现陶衣和复彩。

线描法是新石器时代中期彩陶绘画的最主要手法，另有少量以平涂法加以体现。陶器的圆形外观制约了彩陶图案的构成。陶器不同于一般的绘画载体，它不是平面而是近于球面的圆弧面，人们观察陶器纹饰时，没有一个特定的视角，四周都是相等的，这就使工匠在绘彩时也会考虑到陶器四面的等同性。所以任何繁缛、千变万化的彩陶纹样，都必须表现为某种图案的重复与连续，也就是说，连续性是彩陶纹饰的主要表现形式。

在半坡、姜寨和北首岭的一些遗址中，曾出土有制作彩陶所用的颜料、磨砚和磨锤。从一些图像的笔痕上推测，新石器时代中期彩陶图像的绘制工具有可能已经使用了毛笔一类工具。涂绘彩陶的颜料主要是矿物质原料，黑色的元素是铁和锰，可能使用了既含铁又含锰的原料，也可能是在赭石中加入了含锰的其他原料混合而成。红色的主要着色剂是铁，可能以赭石为原料。矿物质颜料的特点是经久不褪，所以今之出土彩陶多有能鲜艳如新者。

1 南京博物院：《江苏吴县草鞋山遗址》，《文物资料丛刊》3，北京：文物出版社，1980年。

2 常州市博物馆：《江苏常州圩墩村新石器时代遗址的调查与试掘》，《考古》1974年第2期，第109—117页；吴苏：《圩墩村新石器时代遗址发掘简报》，《考古》1978年第4期，第223—244页。

3 四川省博物馆：《巫山大溪遗址第三次发掘》，《考古学报》1981年第4期，第461—490页；四川省长江流域文物保护委员会文物考古队：《四川巫山大溪新石器时代遗址发掘记略》，《文物》1961年第11期，第15—21页。

## 四、刻划符号

最早的刻划符号可能可以追溯到河北兴隆出土的一段鹿角上刻划的一组特殊符号式划纹，时代大约为旧石器时代末期，距今约一万年，为鹿角残段，上面刻划有三组图案，第一组由直线、斜线和连弧纹构成，第二组由平行的密集的曲线构成8字形状，第三组由四组密集的曲线构成，形成对称的图案。这三组图案都染成红色。但相似遗存在同时代其他遗址均不见，为一孤例[1]。

大量的刻划符号自新石器时代中期开始出现。属于这一时期的出土刻划符号的考古学文化主要有裴李岗文化、跨湖桥文化、双墩文化和半坡文化。

裴李岗文化刻划符号见于舞阳贾湖遗址。目前掌握的契刻符号有16例，分别刻于14件甲、骨、石、陶器上，共同特点均是刻划而成。龟甲上的刻划痕较多，大体可分为两类，一类刻痕较深，也较为成形，肯定是当时的人们有意契刻而成，其中蕴含有契刻者一定的含义，属于符号类。另一类痕迹较浅，多不成形，可能系无意所致。骨器刻符中，“一”形直道很多，主要刻在骨笛上，作为制笛时设计孔位用。有一例刻于一牛肋骨上，可能具有记事的功能。这些均系人工有意所为。石器刻符或刻在长条形颜料块磨平的一面上，为阴刻，刻痕深且宽。因颜料应为陶工所用，故此器及符可能用作陶工的戳印。另一例为刻在柄形石器上的一组符号。这组符号较为复杂，有些可能系在使用过程中无意碰撞、划伤留下的，但大多系有意契刻而成。陶器刻符虽仅有3例，但其刻划手法各有不相同。戳刺在H198:7深腹盆外口沿部位，呈点状，系陶坯尚未完全干透时所刺，可能具有记号的作用；刻于H190:2卷沿罐的口沿下，为光芒四射的太阳状；刻于T1083B:2陶坠之端面，刻痕较深，近端处还刻有一周凹槽，因此，如果此器为一测量用的垂球，此端面中间的“十”字刻痕可作找中心点之用，同时此器也可作戳记之用。

贾湖的刻划符号既有象形的也有几何形的。其中象形符号表意形较强，如M387:4背甲上的符号似为古人手拿武器进行狩猎或者进行战斗之意；M344:3叉形骨器上的符号似是个人在弯腰吹笛之意。

发掘报告编写者认为刻划符号从功能上可分为三大类，其一符号从其形状看都具有多笔组成的组合结构，应承载着契刻者一定的意图，因之应具有原始文字的性质；其二则可做戳印之用；其三可能具有记数的性质。

从共出情况观察，贾湖出土刻划符号，尤其龟甲契刻的墓葬墓主人身份均相对特殊。M344墓主人是一壮年男性，仰身直肢一次葬，但头骨仅存少许碎片，随葬陶、石、骨、牙器20余件，其中有叉形骨器1件及完整龟甲8个。M335墓为一次葬与二次葬的二人合葬墓，一次葬者为仰身直肢的壮年男性，随葬各类器物20余件。M387出土8个龟甲。M330为一老年妇女二次葬，出石柄形器，另有陶壶及獐牙削各1件。墓主人似乎都具有一定宗教特权[2]。

跨湖桥遗址[3]所出符号包括T0410⑤A:24肩部对称双耳的正面各有一个“田”字形符号，T0409⑤A:1正反面的“元”和“ミ”符号，T0512湖IV:7器身刻有数道由条、角形线组成的6个刻划符号。

双墩文化[4]的蚌埠双墩遗址出土了607件刻划符号陶器，出土数量如此之多，在中国新石器时代遗址是罕见的。双墩刻划符号不仅数量多，内容丰富，而且形体结构也比较复杂。

双墩符号均刻划在陶器上，其中绝大多数符号是刻划或压划在碗的外底部圈足内，仅有少数符号刻划在豆圈足内或其他平底器的底部等不同部位。符号载体碗的形制比较大，是一种实用器物。

1 尤玉柱、王峰：《记河北兴隆发现的纹饰鹿角》，周国兴、甄朔南、段瑞华：《北京人第一个头盖骨发现六十周年文集》，北京：北京科学技术出版社，1992年，第38—41页。

2 河南省文物考古研究所：《舞阳贾湖》，北京：科学出版社，1999年。

3 浙江省文物考古研究所：《跨湖桥》，北京：文物出版社，2004年。

4 阚绪杭、周群：《安徽蚌埠双墩新石器时代遗址发掘》，《考古学报》2007年第1期，第97—125页。

从部分复原的器形看，有敞口、敛口和折沿碗，腹部内收，矮圈足或假圈足平底内凹。多数器外表施红色陶衣，内表为黑色，底外表红褐色，不施陶衣。少数胎表为黑色的黑陶，胎呈黑色夹炭。有刻划符号碗的外腹部大多数有2—4道放射状刻道，刻道划破器物表面的红色陶衣，这说明腹部的放射状刻道是在器物施红色陶衣后（烧前或烧后）刻上去的，或是在使用过程中为了表达某种意思而刻上去的，否则，不会将施有红色陶衣器物的外表划破。从这个角度讲，碗底的刻划符号与腹部放射状刻道似有一定的关系。这些刻有符号的陶器就出土在这样的文化堆积层中，与当时人们的生活废弃物堆积在一起。

符号的刻道多为刻划或压划的阴文，还有一些似用剔刻或拍印或模印方法形成的阳文符号。

双墩遗址刻划符号不仅数量多，而且符号的结构本身也非常复杂，有单体、两个或两个以上的重体符号，还有两个或两个以上不同的符号构成的组合形符号等。双墩刻划符号中的象形、会意、指事含义特征比较明显。根据符号的形体结构、形态及完整残缺情况将符号分为象形、几何和其他三类。象形类符号，其中包括动物形、植物形和建筑等。动物见有鱼形、猪形、鹿形和蚕形等，以鱼形、猪形最多。鱼形有单线鱼形、重线鱼形和组合鱼形等，以交叉的两道弧线条就勾勒出鱼身和鱼尾。猪形符号形象生动逼真，以简单的刻划线条勾勒出各种猪的形态。植物形符号数量较少，有阴文和阳文，符号所表现的是一些低矮类植物，还有叶脉形和花瓣形等，因植物特征不明显，无法辨认其种类。建筑主要是房屋；几何类符号有三角形、方框形、十字形、网格形、数字形、半框形、圆圈形、弧线形、叉形等。其他类符号，有两种情况：一是符号虽然比较完整，但其形状不好界定，在双墩符号中都属个例，不能归人上述分类中，暂称为特殊形；二是符号皆为残件，基本都是不能做出完整符号形状判断的残体符号。

半坡文化中刻划符号主要发现在陶器上，出土刻划符号的遗址有陕西西安半坡[1]、临潼的姜寨[2]、零口[3]和垣头[4]、长安五楼蝎子岭[5]、郃阳莘野村[6]、铜川李家沟[7]、宝鸡北首岭[8]和甘肃秦安大地

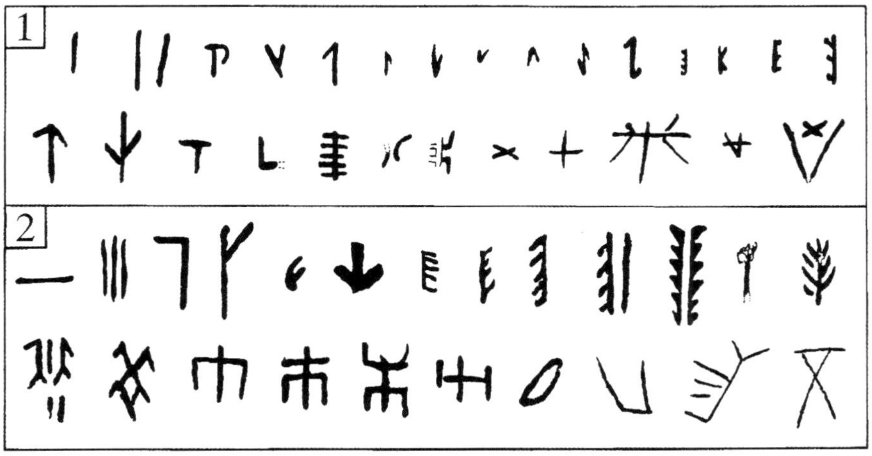


图 2-21　半坡文化刻划符号

1 中国科学院考古研究所、陕西省西安半坡博物馆：《西安半坡》，北京：文物出版社，1963年。

2 西安半坡博物馆等：《姜寨——新石器时代遗址发掘报告》，北京：文物出版社，1988年。

3 陕西省考古研究所：《临潼零口村》，西安：三秦出版社，2004年。

4 赵康民：《临潼原头、邓家庄遗址勘查记》，《考古与文物》1982年第1期，第1—8页。

5 考古研究所陕西调查发掘队：《丰镐一带考古调查简报》，《考古通讯》1955年第1期，第28—31页。

6 安志敏：《黄河三门峡水库考古调查简报》，《考古通讯》1956年第5期，第1—12页。

7 西安半坡博物馆：《铜川李家沟新石器时代遗址发掘报告》，《考古与文物》1984年第1期，第5—34页。

8 中国社会科学院考古研究所：《宝鸡北首岭》，北京：文物出版社，1983年。

湾[1]等。其中以姜寨和半坡两处遗址中发现得较多，李家沟和大地湾次之，其他几处都很少。

据统计，半坡文化共发现陶器刻划符号接近300个单符，几乎都是几何形的。分析这些符号的结构，大致可分为竖、钩、刺、串、特殊符号和复合符号6类。其中以竖类、钩类数量最多，而从结构与逻辑的角度考虑，前四类应是半坡类型的主体符号，占全部刻划符号的84%（图2-21）。

大溪文化也存在一定数量的刻画符号（图2-22）。

图 2-22　大溪文化刻划符号

纵观新石器时代中期的刻划符号，从刻划符号的类型看，主要为几何形符号和象形符号两大类。若以地域的角度来观察，面向内陆的半坡文化几乎只有几何形符号，而面向海洋的裴李岗文化、跨湖桥文化和双墩文化等东部文化则二者兼而有之。



刻划符号在某种程度上具有重复性、规律性，如载体、刻划手法、形象等，可能在一定范围内已经通行。比如半坡文化出土刻划符号的遗址的位置基本上都在渭河流域，其分布范围遍及半坡文化的大部分地域。有刻划记号的遗址之间一般相距数十千米，最远的有三四百千米，而它们的符号不但有许多完全相同，而且刻法和所刻部位也基本相同，即绝大多数都是在钵口沿的黑色宽带上，在坯体已经晾干而又尚未入窑时用钝尖工具刻出来的，只有很少是在烧成后才刻的。所以其中一些符号应当已经具有了相对确定的意义。

刻划符号的创造和使用者可能主要是工匠和宗教人物。以半坡文化为例，出土的符号都是在陶坯上绘制的，这种符号只能出自陶器制作者之手。而裴李岗文化贾湖遗址出土龟甲契刻的墓葬均共出含石子的龟壳、獐牙器、石柄形器等特殊用具，显示了墓主人与宗教的联系。

## 第九节　小结

进入全新世，无论在中国的南方和北方，人类文化都出现了一些飞跃性的变化，标志了与旧石器文化截然不同的新技术和生产方式的出现，比如陶器、磨制石器和农业等等，人类进入了新石器时代。受考古发现的局限，还不足以全面描述这种变化，同时已有的成果显示，南北方的面貌也还存在一定的差异。

属于新石器时代早期的遗址主要包括北方地区北京东胡林、转年遗址，河北于家沟、南庄头遗址和南方地区的江西万年仙人洞和吊桶环遗存、湖南道县玉蟾岩遗存，广西桂林甑皮岩一期遗存、临桂大岩三期遗存等，年代起自大约距今11000年。

上述遗址都普遍存在制作粗糙的陶器，制作方法有捏制、泥片贴筑法和泥条盘筑法等，陶器的胎壁较厚，制作粗糙，烧制温度不高，掺合料大小悬殊等显示了其原始性。

1 甘肃省文物考古研究所：《秦安大地湾——新石器时代遗址发掘报告》，北京：文物出版社，2006年。

生产工具以石器为主。石器以打制石器为主，但少部分石器进行了局部磨光，不见通体磨制的石器，南方地区一些遗址甚至不见磨制技术的痕迹；北方地区遗址以石片石器为主，普遍存在石磨盘和石磨棒，而南方地区多以河砾石为原材料，制作粗糙，技术单一，有少量的穿孔石器，其工业风格基本上继承了本地区旧石器时代砾石石器传统；骨器的存在较为普遍，多磨制。

在南方地区的玉蟾岩[1]、仙人洞和吊桶环[2]三处遗址均发现了少量栽培稻与陶器共存，同时出土的野生稻遗存可能反映了原始稻作农业尚处于最初的萌芽阶段。根据发现的动植物资料看，南方地区新石器时代早期人类的生业模式以广谱性的渔猎、捕捞和采集经济为主，当时人类摄取的肉食资源主要为水陆生动物。至于非肉食资源，在当时人类的日常生活中所占的比重还很小。甑皮岩和大岩遗址中尽管没有发现稻作农业的证据，但是却发现了炭化块茎类植物遗存，暗示在华南地区亚热带气候的环境中，富含淀粉的块茎类植物也是当时人类的食物来源之一。北方地区尚未发现农业经济的痕迹，当时的人类仍然遵循着自然经济模式。以渔猎和采集为生，至于非肉食食物，从各遗址普遍发现的石磨盘、石磨棒来看，可能主要是野生植物的子实。

新技术一经出现，即引发了人类社会的飞速发展，与旧石器时代技术进步之缓慢需以几万、几十万甚至上百万年才得以显现相比较，新石器时代的进步是突飞猛进的，在距今9000年左右，人类文化就进化到了新石器时代中期阶段。新石器时代中期物质文化体现的进步性主要表现在三个方面：其一技术的提高及其引发的男女分工和社会分工的萌芽；其二生活内容的多样化，宗教的发展；其三不同地域不同谱系文化花样纷呈，其间的交流频繁而广阔，突出表现在彩陶方面。

农业的综合发展程度，使其已经在当时黄河和长江流域的主要地区的文化中成为经济的主要部门，为后来新石器时代文化的发展奠定了基础。考古发现这一时期农作物实物资料有粮食作物和栽培蔬菜两类。粮食作物在北方地区发现的主要是粟和黍，在南方地区主要是水稻。稻谷、稻田、沟渠乃至稻作工具都显示水稻的种植技术已经达到相当高的水平，不仅南方地区种植，且在北方邻近的部分地区也有少量种植，稻米已然成为了南方人的主食。原始饲养业已有鸡、狗、猪、牛等家畜家禽，成为原始农业经济的重要补充。

手工业技术中，传统的制陶与石器制造工业取得了巨大进步。陶器采用泥条盘筑法和泥片贴塑法成形，随着种植业的发展、食物结构的变化，不同传统的居民已经能够按照自己的需要，制作各种大小不同、有颈、有耳、平底、圜底、带圈足亦或有三足的形制较复杂的陶器，懂得陶土的处理制成耐火的夹砂陶或细腻的泥质，并出现了专门烧造陶器的陶窑，以横穴式窑多见，受封窑技术的制约，这一时期的陶器多呈红色。制陶工业最主要的两个成就是彩陶和白陶的出现。彩陶以关中地区出现最早，数量也较丰富，并很快在黄河流域及北方和长江流域地区传播与流行，就黄河流域而言，愈向东，出现彩陶愈晚。白陶是制陶技术发展的一个重要新工艺。它较早出现于长江中游地区的皂市下层文化，数量虽然很少，但其胎土和工艺颇具鲜明特色。作为新石器时代石器制作技术标志的是磨制和钻孔技术，而治玉的发生则是这项工艺在此时期的最高水平。兴隆洼文化玉器不仅用料准确、器形规整、形制富于特色，且玉玦类玉器影响深远、沿用时期很长、发展自成系列，在公元前5000至前3000多年东亚的几支新石器时代文化中，都广泛使用。新的手工技术主要表现在漆器制造和纺织技术方面。漆器的发明是长江下游的一大成就，河姆渡遗址[3]出土的木碗，表面所涂红彩的

1 袁家荣：《玉蟾岩获水稻起源重要新物证》，《中国文物报》1996年3月3日；袁家荣：《湖南道县玉蟾岩一万年以前的稻谷和陶器》，严文明、安田喜宪主编《稻作、陶器和都市的起源》，北京：文物出版社，2000年，第31—42页。

2 江西省文物管理委员会：《江西万年大源仙人洞洞穴遗址试掘》，《考古学报》1963年第1期，第4—10页；江西省博物馆：《江西万年大源仙人洞洞穴遗址第二次发掘》，《文物》1976年第12期，第23—35页；张驰：《江西万年早期陶器和稻属植硅石遗存》，严文明、安田喜宪主编《稻作、陶器和都市的起源》，北京：文物出版社，2000年，第43—50页；赵志军：《吊桶环遗址稻属植硅石研究》，《中国文物报》2000年7月5日。

3 浙江省文物管理委员会：《河姆渡遗址第一次发掘报告》，《考古学报》1978年第1期，第39—94页；河姆渡遗址考古队：《浙江河姆渡遗址第二期发掘的主要收获》，《文物》1980年第5期，第1—15页；浙江省文物考古研究所：《河姆渡——新石器时代遗址考古发掘报告》，北京：文物出版社，2003年。

物理性能与漆相同，是迄今所知中国最早的漆器，马家浜文化圩墩遗址[1]和大溪文化荆州阴湘城[2]也有漆器出土。纺织品与织机部件的发现，说明纺织业也取得了长足的进步。农业的发展和手工业技术的提高，尤其玉器、丝织业及彩陶工艺，在原料、技艺及工具上的要求极高，不同程度上要提出专业化生产的要求，促进着男女分工的形成和专业工匠的萌芽。

新石器时代中期的居民，除了从事满足日常生活所必须的生产活动之外，其生活内容大大增加了，这主要表现在在满足物质生活要求的同时，古人开始具有了对精神生活的追求，在音乐、绘画、雕塑上取得了不菲的艺术成就，创造了笛、埙等乐器、采用平涂、线描等多种技法绘制出鱼、鹿等生动的动物及不同的几何图案，采用石、陶、骨等不同材质从事雕塑。宗教方面，这一时期创造了史前三种最主要的宗教形式，即龙的信仰、龟灵崇拜和占卜，龙的信仰最早出现在东北地区的兴隆洼文化[3]，龟灵崇拜起源于属于黄河下游文化谱系的裴李岗文化，而占卜就目前情况看以富河文化的卜骨年代最早，但该文化年代问题目前尚未得到最终的解决。

种植业的起源与发展、不同生业重点的形成，促进了自旧石器时代即已开始的不同传统的文化进一步分化与发展，新石器时代中期至少表现出黄河中上游、黄河下游、长江中游、长江下游、华南地区及东北地区等不同的区域特征，不同地域不同谱系的文化除有着因发展阶段相同而形成的一些共性外，各有所长，花样纷呈，在整个的新石器时代中期你来我往，互有进退。以黄河流域为例，面向海洋的陶器以圜底器、支架或鼎、壶、素面陶为基本组合和面向内陆的陶器以罐、小口尖底瓶、彩陶、绳纹陶为基本特征的两个大的体系，各自在豫中及泰沂地区、陇东及关中地区形成并初步发展着，形成东西对峙态势。前者在后冈一期文化时期势力强盛并向外扩张，最远到达内蒙古中南部和东北地区，后者则顽强地发展着，最终将前者赶回其老家，并将自身的彩陶工艺推广到同时代相邻或有关联的各个考古学文化中。这种文化上的联系、传播与吸收的深度与广度为旧石器时代无法所及。

如果说由于资料的缺乏，尚不足以体现新石器时代早期之前古人的社会组织生活的话，新石器时代中期大量村落、房址，尤其墓葬资料首次为我们展现了那个时期人们的社会组织状况。它们大致表现了这样几个方面的内容。其一，新石器时代中期发现了大量完整的村落遗址和墓地，以黄河流域或东北地区资料最为完整。此时的文化依赖农业或稳定的渔猎采集经济，已经具有一定规模的聚落。环壕聚落是这一时期聚落的主要特点，环壕作为分界的用途远大于防御。黄河流域在这一时期的前段村落内部的房址布局不太规整，但后段流行向心式布局；东北地区房址流行成排成行分布。无论如何，一个村落的居民形成了全村落、同排或同群房址以及单个房址这样至少三层组织。与此相对应，墓地实际上也有着三个不同层次的单元，最小一级的单元是单个墓葬，由若干墓葬构成的墓区成为第二级单元，两个或两个以上墓区又组成统一的墓地，这是最大的一个单元。其二，孩子与成人的合葬墓都表现为母子合葬，如裴李岗文化的密县莪沟北岗[4]61号墓、新郑县沙窝李3号墓及半坡文化王家阴洼[5]45号、元君庙[6]42墓，都为母子合葬；女性享有较高的埋葬礼遇，无论王家阴洼墓地还是姜寨第一期文化的墓地，女性墓一般拥有数量较多的陶器，只有一小部分是无陶器的，而男性墓无陶器者竟到一半以上。女性死者随葬陶器的规格也要优于男性。说明当时社会应处于发达的母系社会。其三，存在多人合葬墓，墓内人数多寡不一，既有一次葬，更多的死者二次葬，死者通常包含三代有

1 常州市博物馆：《江苏常州圩墩村新石器时代遗址的调查和试掘》，《考古》1974年第2期，第109—115页；吴苏：《圩墩新石器时代遗址发掘简报》，《考古》1978年第4期，第223—240页。

2 院文清：《湖北荆州市阴湘城遗址1995年发掘简报》，《考古》1998年第1期，第17—29页。

3 中国社会科学院考古研究所内蒙古工作队：《内蒙古敖汉旗兴隆洼聚落遗址1992年发掘简报》，《考古》1997年第1期，第1—52页。

4 河南省博物馆、密县文化馆：《河南密县莪沟北岗新石器时代遗址发掘报告》，《河南文博通讯》1979年第3期，第30—41页；河南省博物馆、密县文化馆：《河南密县莪沟北岗新石器时代遗址发掘简报》，《文物》1979年第5期，第14—19页。

5 甘肃省博物馆大地湾发掘小组：《甘肃秦安王家阴洼仰韶文化遗址的发掘》，《考古与文物》1984年第2期，第1—18页。

6 北京大学历史系考古教研室、中国社会科学院考古研究所：《元君庙仰韶墓地》，北京：文物出版社，1983年。

直接关系的亲族成员，人数一般在十几到二十几人以内，无论是男性成年较多还是女性成年较多，都不存在一定之规；这是当时最小一级的社会组织。母系社会往往存在着属于一个氏族的公共墓地。据此则应将墓地中的每一墓区理解为氏族的公共墓地。也就是说墓地反映的最高级亲属体或它们的墓区反映的中间一级亲属体应被看做是氏族一类的组织。那么，低于氏族的最小级亲属体自然就可认为是家族了。当时每一个氏族中都应包含着若干个这样的母系大家族。其四，元君庙墓地[1]的429号墓、元君庙405号和420号墓，半坡[2]152号墓都是女孩得到厚葬的墓例，这些母亲不仅确认亲女，且利用她的地位，为自己的女儿获取成人之名分和权益。而这样一来，那些获得厚葬的特殊女孩就以此形式表露出她们从自己的母亲那里继承到比别人较多的东西。也就是说，当时的社会上已出现了女儿继承母亲的个人继承制。体现了新石器时代中期的后段，母权的存在，社会已经进入了母系社会的后期。

在此之前母系社会当存在着发生、发展乃至达到这样水平等一系列相对独立的阶段，这必定经历了一个很长的时期。

1 北京大学历史系考古教研室、中国社会科学院考古研究所：《元君庙仰韶墓地》，北京：文物出版社，1983年。

2 中国科学院考古研究所、陕西省西安半坡博物馆：《西安半坡》，北京：文物出版社，1963年。

# 第三章 新石器时代晚期的物质文化

## 第一节 新石器时代晚期的考古发现

新石器时代晚期大约距今6000—5000年。属于这个时期的考古学文化主要有庙底沟文化、半坡四期文化、大司空村文化、秦王寨文化、大汶口文化、红山文化中晚期、小河沿文化、小珠山中层文化、偏堡文化、新开流文化、海生不浪文化、阿善文化、屈家岭文化、崧泽文化、北阴阳营文化、薛家岗文化、凌家滩文化、咸头岭文化、顶蛳山四期文化、大坌坑文化等。

庙底沟文化以河南陕县庙底沟遗址命名，重要遗址有河南陕县庙底沟、洛阳王湾灵宝西坡，陕西华县泉护村，山西夏县西阴村、洪洞耿壁，甘肃秦安大地湾等。该文化的分布中心是渭河流域、豫西和晋南地区，但它传播的范围广大，西到甘肃的洮河流域和青海东部，东达黄河下游地区，北抵内蒙古南部，南到汉水上游和西汉水流域。其年代跨度大约在公元前4000—3500年前。

半坡四期文化以陕西西安半坡遗址第四期遗存命名。重要遗址还有芮城西王村、秦安大地湾、宝鸡福临堡、扶风案板、蓝田泄湖等。该文化主要分布在渭河中、下游，河南、陕西和山西交界的黄河两岸，以及豫西三门峡地区。其绝对年代大约在公元前3500—前3000年。

屈家岭文化以湖北京山屈家岭遗址命名，其分布以长江中游江汉平原为中心，向北越过桐柏山达豫西南的南阳盆地，影响可达豫中甚至黄河沿岸，西北顺汉水到达武当山地区；向西直抵三峡，目前在西陵峡内已发现了不少屈家岭文化的遗址，而西陵峡以西尚未见报道，很可能其西界在西陵峡的西端；南界止于洞庭湖南岸，影响可及湘中地区；东界到了黄冈和黄石一带，东北以大别山为界。这一范围直线距离东西长约430余千米，南北宽530多千米，地跨鄂、湘、豫三省。目前属于屈家岭文化的遗址已有近千处。其中较重要的遗址除屈家岭外，还有：湖北京山毛家岭、朱家嘴，天门石家河镇的谭家岭、邓家湾、肖家屋脊、罗家柏岭，荆门马家垸、荆家城，江陵阴湘城，钟祥六合，公安王家岗、鸡鸣城，石首走马岭，应城门板湾、陶家湖，武昌放鹰台，枝江关庙山，宜都红花套，秭归朝天嘴，宜昌中堡岛、清水滩，房县羊鼻岭，郧县青龙泉、大寺，丹江口（原均县）观音坪，襄阳三步二道桥，随县西花园，麻城栗山岗；湖南澧县三元宫、城头山、鸡叫城，安乡划城岗，华容车轱山，怀化高坎垅；河南淅川下王岗、下集、黄楝树，唐河砦茨岗，邓州八里岗；等等。该文化大致的年代范围在公元前3400—前2500年。

秦王寨文化主要分布在以嵩山为中心的豫中地区，重要遗址有郑州大河村，郑州林山寨、长葛石固、荥阳青台与点军台、禹县谷水河、洛阳王湾、汝州中山寨、大张、洪山庙与阎村等。

大司空村文化以安阳大司空遗址得名。经发掘的重要遗址还有安阳大正集老磨冈、安阳鲍家堂、大寒南岗、河北磁县下潘汪、界段营、邯郸百家村等。此外，在河南新乡络丝潭、河北容城午方等遗址亦发现了大司空文化的遗存，大体表明了其分布区域的南线与北线。

海生不浪文化以内蒙古托克托县（该县今属呼和浩特市）中滩乡海生不浪村遗址命名，内涵相同的遗存在黄河两侧的托克托县、清水河县和准格尔旗都有分布，主要遗址有包头市阿善、西园、伊金霍洛旗朱开沟Ⅷ区、察哈尔右翼前旗庙子沟、大坝沟，此外还有岱海附近的红台坡上、东滩、狐子山、王墓山坡中、王墓山坡上、丰镇市的黄土沟、清水河县的白泥窑子、准格尔旗的张家圪旦、周家壕、寨子上、白草塔、南壕、二里半、鲁家坡，达拉特旗的瓦窑，伊金霍洛旗的架子圪旦遗址等。海生不浪文化分布地域很广，除鄂尔多斯高原以外，至少大青山以南的包头市、呼和浩特市和乌兰察布盟都是它的范围，东北方面可达与河北省交界处的察干淖一带。海生不浪文化的年代约略处于公元前3300—前2800年。.

阿善文化是以包头市阿善遗址第三期为代表的文化遗存，除阿善遗址外，经过发掘的遗址还有包头市的西园，清水河县的白泥窑子、后城嘴、庄窝坪，伊金霍洛旗的朱开沟、架子圪旦，准格尔旗的官地、白草塔、寨子塔和小沙湾等十多处。阿善文化的分布范围主要包括内蒙古境内大青山西段以南的黄河两岸附近地带和鄂尔多斯高原，沿长城一线的陕西省府谷、神木、榆林、横山、靖边等地亦有分布。阿善文化的存续年代推测在公元前2800—前2500年。

大汶口文化主要分布在山东及江苏、安徽北部，时而到达豫东，年代约为公元前4200—前2600年。经大规模发掘的重要遗址有山东泰安大汶口、兖州王因、曲阜西夏侯、邹县野店、枣庄建新、茌平尚庄、胶县三里河、诸城呈子、莒县陵阳河与大朱家村、长岛北庄，江苏邳县大墩子与刘林、新沂花厅，安徽蒙城尉迟寺等。大汶口文化的年代大致在公元前4200—前2600年之间。

红山文化以内蒙古赤峰红山后遗址命名，主要分布在内蒙古赤峰市和哲里木盟南部，辽宁省西部及河北省北部，红山文化中晚期的年代约为公元前4000—前3000年。重要遗址有辽宁建平牛河梁、喀左东山嘴、辽宁阜新胡头沟、内蒙古敖汉旗兴隆沟、内蒙古林西白音长汗等。

小河沿文化以赤峰市敖汉旗小河沿乡白斯朗营子遗址的发掘而得名，经过发掘的该文化较重要遗址还有敖汉旗的石羊石虎山、翁牛特旗的大南沟、锦西县沙锅屯洞穴遗址、赤峰哈拉海沟遗址等。小河沿文化的分布范围北逾西拉木伦河，南抵大、小凌河上游之间一带，东以医巫闾山为界，向西可至西拉木伦河源头以西的地带。小河沿文化经历的时间范围至少应包括公元前3500—前2500年前的阶段。

偏堡子文化以沈阳新民县偏堡村遗址命名，主要遗址还有沈阳肇工街、新乐、高台山、大连市石灰窑村蜊碴台、瓦房店市长兴岛的三堂村、交流岛的蛤皮地等遗址。三堂遗址贝壳所测的碳十四数据为距今4250±50年。

与小珠山中层文化内涵相同的遗存见于吴家村、大连市郭家村、大连市王家屯、瓦房店市交流岛蛤皮地等遗址，年代大约在公元前3500—3000年前。

新开流文化以黑龙江省密山县新开流遗址命名，属于新开流文化的遗址在中国境内发现尚少，黑龙江省鸡西市刀背山、桦川县万里霍通、富锦市高台子村南、鹿林村狼豁子遗址见有该文化遗存，因此，完达山两侧和三江平原应是新开流文化分布区之一。安达市青肯泡也曾发现与新开流文化近似的陶片，这种文化向西或许还有一定的分布。该文化年代估计在公元前4000—前3000年间。

崧泽文化以上海市青浦崧泽遗址命名，主要分布在太湖周围地区，其晚期影响力增强，北过长江，南跨钱塘江，西入茅山地区。主要遗址有上海市青浦崧泽、福泉山；江苏省常州圩墩，张家港徐家湾，常熟钱底巷，吴县草鞋山，武进寺墩，潘家塘、海安青墩；浙江省嘉兴双桥、南河浜遗址等。崧泽文化的绝对年代约为公元前4000—3300年前。

北阴阳营文化以南京市北阴阳营遗址命名，目前较为明确的北阴阳营文化遗址只有南京北阴阳营、高淳薛城墓地、南京西善桥太岗寺和江宁县昝庙等几处。推测其中心分布区大致为茅山以西的今南京市和镇江地区，可能还包括长江右岸的安徽省马鞍山市、芜湖市和宣城地区。其年代应大致与崧泽文化相当。

薛家岗文化以安徽省潜山县薛家岗遗址命名，主要有安徽省潜山薛家岗、天宁寨、望江汪洋庙、怀宁黄龙、太湖王家墩、安庆夫子城、枞阳小柏墩和湖北黄梅塞墩、武穴鼓山、江西省靖安县郑家坳遗址等。其中心地区在皖水流域，估计分布范围在大别山、巢湖和长江之间的狭长河湖平原地带，影响力可达长江以南。年代约为公元前3500—前2800年。

凌家滩文化因安徽含山凌家滩遗址得名。凌家滩文化遗存，还见于江苏浦口营盘山、南京北阴阳营，以及安徽巢湖以西地区。绝对年代在公元前3600—前3300年。

咸头岭文化以深圳咸头岭遗址命名，重要遗址有深圳大黄沙第4层、珠海后沙湾第一期，中山龙穴、高要蚬壳洲、增城金兰寺下层、香港南丫岛大湾、澳门黑沙岛等。年代约在公元前5000—前3000年。

顶蛳山四期类文化遗存以广西邕宁顶蛳山遗址第四期为代表，主要遗址还包括武鸣蜡烛山、平南石脚山遗址、那坡感驮岩遗址第一期等。该类遗存的年代大约在公元前4500—前2000年之间。



大坌坑文化因台湾台北县八里乡旧城村大坌坑而得名，该文化主要分布在北部淡水河下游沿岸地区，在西海岸南部的台南八甲村（又称“八角村”）和高雄凤鼻头遗址以及东海岸的卑南遗址也有发现。大坌坑文化的年代大致在公元前4000—前3500年间。

## 第二节　新石器时代晚期的农业

### 一、作物

新石器晚期的粮食作物主要包括稻、粟、黍等，此外还发现了麻、菜籽、豆类等作物的遗存。

#### 稻

水稻依然主要发现于长江流域及其以南地区，但已经开始向北扩展。

在城头山遗址的古城墙南墙下压的环壕中，发现了炭化稻谷。从稻田底部原生土表层、稻田土、压着稻田的夹大量草木灰的土层、一般文化层以及城墙筑土各取土样进行水稻硅质体检测，结果是：城墙中含稻叶硅质体3个，不见稻谷硅质体。一般文化层的不同层次中含稻叶硅质体的数量分别为13个、5个、5个、2个和0个，含稻谷硅质体分别为47个、39个、46个、20个和55个。水稻田之上的几层草木灰层含稻叶硅质体分别为5个、21个、6个和4个，含稻谷硅质体分别为215个、234个、223个和207个。水稻田中含稻叶硅质体11个，稻谷硅质体180个。稻田底、原生土层表面含稻叶硅质体2个，稻谷硅质体18个。除极个别为籼型或籼粳型外，95%以上稻叶硅质体为粳型[1]。

屈家岭文化的人们主要从事原始稻作农业生产。在许多遗址的建筑物遗迹红烧土中都发现羼杂大量稻谷壳或稻谷茎叶。屈家岭、石家河、放鹰台、黄楝树遗址的红烧土中的稻谷壳经鉴定为粳稻。

屈家岭遗址晚期有一大片红烧土，不具形制，不成结构，面积约500平方米，体积约200立方米左右，可能是一种建筑物倒坍后的堆积。它是由泥土羼稻谷壳和作物的茎做成的，为一种经火烧成的坚硬的草拌泥。泥土中羼入稻谷壳的数量相当多，在发掘的200立方米左右的烧土中，不论大块或小块烧土里面都有，而且密结成层。稻谷壳的发现，不仅说明当时人们用它来拌泥土作为建筑材料，更重要的是反映了当时的农业生产和社会经济情况。这种稻谷壳，据鉴定，属粳型，与现在江汉平原普遍种植的稻种相同[2]。

在武昌放鹰台遗址红烧土块中发现有稻壳和稻草，如标本97WFH28：40，内羼杂许多稻壳和稻

1 湖南省文物考古研究所：《澧县城头山古城址1997—1998年度发掘简报》，《文物》1999年第6期，第4—17页。
2 中国科学院考古研究所：《京山屈家岭》，北京：科学出版社，1965年。

草，一面凸凹不平，一面留有一根边长7厘米的矩形木柱的印迹，可能属木骨泥墙或具有相似功能的建筑部件[1]。

在阴湘城发现的屈家岭文化的灰坑中发现大量炭化稻米和稻谷，其中90、113、128、156号灰坑中出土炭化稻米最多，总数达3000粒。有的稻谷在出土时还可清晰地看见稻芒。116号灰坑出土一批呈长条形集中排列的稻米，可以明显地看出是整穗稻谷腐烂后散落的。阴湘城所出大溪文化和屈家岭文化稻米为典型的栽培稻，形状可分瘦长型和肥胖型两种。瘦长型出土数量较少，但粒均较大，一般长0.5—0.53厘米，最长0.67厘米；肥胖型小颗粒稻数量最多，一般长0.45—0.5厘米，宽0.25—0.3厘米[2]。在灰坑中发现这样多被丢弃的稻谷和稻米，说明在屈家岭文化时期稻谷已被普遍种植。

崧泽文化许多遗址都出土有水稻遗迹，主要是印在红烧土块、泥块上的稻谷痕迹和夹砂陶中的稻草屑，包括粳稻和籼稻。

新石器晚期的水稻主要分布在长江流域，在黄河流域下游也有发现。

下王岗遗址长屋墙壁所抹的火烧过的草拌泥中，鉴定出有稻的残留，其时代虽比浙江余姚河姆渡遗址所出的稻谷偏晚，但在丹江流域却是一个重要的发现[3]。西高崖遗址陶杯坯T2H18：18，草拌泥制成，未烧，上有稻谷印痕[4]。在南交口遗址97SNH21、97SNH25等单位中检选出数粒已炭化的完整和破碎的稻米籽实。这些稻米为扁椭圆形，质脆呈黑色，在米粒的每面都具二条突起的纵棱和其旁的浅沟，在米粒的基部尚可见到呈缺口状的胚区，米粒的长、宽之比在2以下[5]。在泉护村房址中也发现过稻壳[6]。大汶口文化的王因、尉迟寺等遗址也有过水稻遗存，王因遗址77sywT4016孢粉分析发现数粒禾本科植物的花粉，这种花粉具有微弱的颗粒状纹饰，明显单孔，大小为48微米左右。通过与现生小麦、水稻、粟、薏米、玉米等栽培作物的花粉比较，其有可能属于稻[7]。在尉迟寺遗址大汶口文化晚期排房基址的墙体红烧土中，发现了稻壳和植物茎叶痕迹，稻壳印痕的形态与现代稻基本相同[8]。

上述发现表明当时的水稻种植区域已向北扩展，这一方面和生产技术的传播有关，另一方面更主要的原因可能是当时整体气候偏暖，黄河流域下游的气候条件和地理环境也可以适应水稻生长。新石器晚期的稻作农业生产水平有了大幅度的提高，稻谷品种不断得到改良，一些地区正由粳、籼稻并举逐渐过渡到以粳稻为主。与籼稻相比，粳稻具有茎杆强壮而少倒伏，籽粒紧实而不易脱落，对光照条件要求不高和耐寒等显著特点，因此有利于普及到更为广泛的地区。从这个意义上说，本阶段长江流域的原始居民可能已具备了按照某种要求培育稻种的能力。

**粟、黍（稷）**

粟、黍继续作为主要的粮食作物广泛种植于北方地区，主要在黄河流域。在泉护村遗址F201及

1 湖北省文物考古研究所：《武昌放鹰台》，北京：文物出版社，2003年。

2 荆州博物馆、福冈教育委员会：《湖北荆州市阴湘城遗址东城墙发掘简报》，《考古》1997年第5期，第1—10、24页；荆州博物馆：《湖北荆州市阴湘城遗址1995年发掘简报》，《考古》1998年第1期，第17—28、71页。

3 河南省文物研究所、长江流域规划办公室考古队河南分队：《淅川下王岗》，北京：文物出版社，1989年。

4 洛阳博物馆：《洛阳西高崖遗址试掘简报》，《文物》1981年第7期，第39—52页。

5 河南省文物考古研究所、中国科学院植物研究所：《三门峡南交口遗址仰韶文化稻作遗存的发现及其意义》，《农业考古》2000年第3期，第77—79页。

6 北京大学考古学系著，中国社会科学院考古研究所：《华县泉护村——黄河水库考古报告之六》，北京：科学出版社，2003年。

7 高广仁、胡秉华：《王因遗址形成时期的生态环境》，《庆祝苏秉琦考古五十五年论文集》，北京：文物出版社，1989年，第165—171页；孔昭宸、杜乃秋：《山东兖州王因遗址77sywT4016探方孢粉分析报告》，中国社会科学院考古研究所编著《山东王因——新石器时代遗址发掘报告》，北京：科学出版社，2000年，第452—453页。

8 王增林、吴家安：《尉迟寺遗址硅酸体分析——简论尉迟寺遗址史前农业经济特点》，《考古》1998年第4期，第87—93页。

窖穴中，见到烧焦的或腐朽的粟粒[1]。在下孟村遗址的个别圆袋形和长方形灰坑中发现了可能是粟壳的残迹[2]。龙岗寺遗址也出土过数量不多的粟的遗骸[3]。在王湾遗址的3件夹砂罐中发现有粟粒痕迹[4]。青台遗址W142的骨架周围及下部散有炭化粟粒状物；W164的骨架四周有灰白色炭化粟粒状物；W486的骨架下与骨架周围有粟粒状炭化物和纺织物碎片[5]。柳子镇遗址属于庙底沟文化的F201灶坑中发现的草灰中夹杂有小米的外壳[6]。泉护村遗址房址中发现过小米与稻壳[7]。

大汶口文化中粮食作物在山东胶县三里河、莱阳于家店、广饶傅家、枣庄建新、长岛北庄都有发现。三里河遗址F201内西北部发现一个椭圆形窖穴（H203），窖穴内遗留有1.2平方米的已炭化的粮食颗粒，经中国科学院植物研究所鉴定是粟[8]。于家店遗址第5号探沟第3层的红烧土堆积中发现了许多粟壳的痕迹[9]。在傅家遗址的一件鼎（1:03）中发现小米颗粒[10]。在建新遗址H135、H218和F1内，采集到一定数量腐殖质较多的灰土，用水洗法筛选出60粒轻度炭化的植物籽实颗粒，经鉴定，确认为粟，与胶县三里河遗址出土的粟是一致的[11]。在北庄遗址已成为红烧土的墙皮中发现掺有许多黍子的皮壳[12]。



屈家岭文化黄楝树遗址同时发现炭化稻米和粟[13]，表明稻作农业生产在屈家岭文化中已相当普及的同时，在豫西南等地还兼种有粟。

粟和黍是耐旱的作物，自从它们被黄河流域的先民广泛种植开发后，就迅速地向周围传播。东北方面本阶段初期至少在辽河平原已存在农业，尽管促成这项传播的直接动力可能是燕山地带的原始文化，但与此时黄河流域粟作文化传播的背景可能仍有着密切的关系。

### 高粱

大河村遗址第三期F2出土一瓮炭化粮食和两枚莲子。粮食标本经鉴定，是为高粱米。现在一般栽培高粱的籽实形状为圆形或卵圆形，胚部长度占籽实一半以上，下有花柄迹，上有花柱迹。大河村炭化粮食大多数破损不全，其中有些较完整的，形状为圆形或卵圆形，与高粱形状近似，但比高粱体积小得多，绝大多数籽实看不见胚部和其他特征，只有个别籽实隐约能看出胚部，有可能是去皮后的高粱米，所以看不出它们的胚部和花柱迹的特征。用现代高粱籽实和炭化粮食各10粒，分别测定它们的长度和幅度作比较，现代高粱籽实长幅比值为1.17，炭化粮食的长幅比值为1.18。这种炭化粮食显然比一般粟稷都要大，不可能是粟稷。古代的高粱籽实显然比现在的高粱改良品种

1 北京大学考古学系著，中国社会科学院考古研究所：《华县泉护村——黄河水库考古报告之六》，北京：科学出版社，2003年。

2 陕西省社会科学院考古研究所泾水队：《陕西邠县下孟村仰韶文化遗址续掘简报》，《考古》1962年第6期，第292—295页。

3 陕西省考古研究所：《龙岗寺——新石器时代遗址发掘报告》，北京：文物出版社，1990年。

4 北京大学考古文博学院：《洛阳王湾》，北京：北京大学出版社，2002年。

5 郑州市文物考古研究所：《荥阳青台遗址出土纺织物的报告》，《中原文物》1999年第3期，第4—9页。

6 黄河水库考古队华县队：《陕西华县柳子镇考古发掘简报》，《考古》1959年第2期，第71—75页；黄河水库考古队华县队：《陕西华县柳子镇第二次发掘的主要收获》，《考古》1959年第11期，第585—587、591页。

7 北京大学考古学系著，中国社会科学院考古研究所：《华县泉护村——黄河水库考古报告之六》，北京：科学出版社，2003年。

8 中国社会科学院考古研究所：《胶县三里河》，北京：文物出版社，1988年。

9 北京大学考古实习队、山东省文物考古研究所：《莱阳于家店的小发掘》，北京大学考古学系、烟台市博物馆《胶东考古》，北京：文物出版社，2000年，第207—219页。

10 山东省文物考古研究所、广饶县博物馆：《山东广饶新石器时代遗址调查》，《考古》1985年第9期，第769—781、865页。

11 山东省文物考古研究所、枣庄市文化局：《枣庄建新——新石器时代遗址发掘报告》，北京：科学出版社，1996年。

12 北京大学考古实习队、烟台地区文管会、长岛县博物馆：《山东长岛北庄遗址发掘简报》，《考古》1987年第5期，第385—394、428页。

13 长江流域规划办公室考古队河南分队：《河南淅川黄楝树遗址发掘报告》，《华夏考古》1990年第3期，第1—69页。

要小得多[1]。

### 麦

新石器时代晚期有少量种植麦的线索，但材料尚不确定。

淮河中游安徽定远侯家寨遗址早期的红烧土块中夹有炭化小麦，但未经专业鉴定[2]。山东莒县杭头遗址大汶口文化晚期的遗存曾发现疑似炭化小麦1粒[3]。

### 其他作物

青台遗址W142，出土时发现骨架与瓮棺内壁下侧均粘附有褐灰色网状炭化纺织物；W164，乳白色骨架上与头骨上均粘附有褐灰色网状炭化纺织物，其头骨上粘附的纺织物多为结块状；W217，骨架上粘附有一层灰褐色纱状炭化纺织物；W486，腿骨和脚骨上粘附有灰褐色纱状炭化纺织物，骨架下与骨架周围有纺织物碎片；H163，椭圆形袋状，在清理坑内第三层填充物时，在坑底发现一段长6厘米、直径约1厘米的呈深黑色已炭化的麻绳残存，其一端尚保留有经过燃烧的银灰色灰烬[4]。上述遗物的发现，证明了有麻的种植。

在建新遗址的一件鼎（F1:7）内，发现有豆科植物的外皮，这种植物在大汶口文化遗址中尚属首次发现，说明当时大汶口文化的先民已经食用豆类食品[5]。

在上海青浦县崧泽遗址J5填土中出土的过一颗果核，根据它的外形轮廓和果壳纹样鉴定属典型的梅子（Prunsmume）[6]。

## 二、农具

从种类上看，新石器时代晚期黄河流域和长江流域的大部分地区，农具与中期区分不大，但制作工艺较中期精致，通体磨光者比例较大，大大提高了生产效率，农具在全部工具中占有的比例也较中期为高，铲、锄类农具在全部农具中的占有的比例也呈上升趋势，说明不仅农业经济在社会经济中比重提高了，且耕种方式也发生了一定的变化，农业生产中翻土环节加强了，刀和镰类收割工具比例的增加，可能预示了收获量的增大。

最主要的农具种类有斧、刀、铲、镰、锄及磨盘、磨棒等，在各文化各个遗址中都有相当数量的出土。

庙底沟遗址的主要农具形制大致为：

石斧，两面刃。制法系先将石料打成一定的形状，然后再行磨光。仅有个别的穿孔。在磨制石斧中，有几件是利用天然的扁平小砾石磨成的。石斧平刃，横剖面略呈长方形；或弧刃，横剖面呈椭圆形。

石铲，小者长13.4厘米，大者长29厘米以上。有的在近背部的中间，一面有琢打的痕迹，似为用来装柄的；或平背，锋刃由两侧向前聚成尖形；或近椭圆形或矩形，凹背，铲身较宽，两侧向前磨成圆刃，在铲身上部的两侧，微微打成缺口；或长体、圆刃，原来器身相当长，顶部作弧形。

石刀，有打制及磨制两种，前者比较粗糙，后者多钻有单孔，仅有个别的标本是双孔的，也有少

---

1 郑州市文物考古研究所：《郑州大河村》，北京：科学出版社，2001年。

2 杨德标：《安徽江淮地区新石器时代文化》，《文物研究》1991年第7期，第134—146页。

3 山东省文物考古研究所、莒县博物馆：《山东莒县杭头遗址》，《考古》1988年第12期，第1057—1071页。

4 郑州市文物考古研究所：《荥阳青台遗址出土纺织物的报告》，《中原文物》1999年第3期，第4—9页。

5 山东省文物考古研究所、枣庄市文化局：《枣庄建新——新石器时代遗址发掘报告》，北京：科学出版社，1996年。

6 上海市文物管理委员会、浙江农业大学农史室：《1987年上海青浦县崧泽遗址的发掘》，《考古》1992年第3期，第204—219页。

数先在两面划成一道长槽，然后再行穿孔。长方形，平刃或略成弧刃，有的两侧带缺口，一面保留原来的岩面，缺口多在两侧的中部，也有个别靠近刃部的。

陶刀，刀绝大多数系由陶片改制，仅个别直接用陶土制成。陶质以细泥红陶为最多，泥质灰陶较少见。形制基本上有两侧带缺口和穿孔两种。缺口多在两侧的中部，也有少数在上部的。孔多由两面对穿，也有少数直穿或由两面挖成的，皆单孔，绝大多数都位于近背部的中间，仅有个别位于中央的。刃部多由两面磨成，单面者较少见，少数陶刀的刃部也有打制未磨的。此外，还有个别两侧不带缺口亦不穿孔的，也有穿孔未透又在两侧打成缺口的陶刀。前一种可能尚未完全制好，后一种当为原想用穿孔而后来放弃又改为在两侧打成缺口[1]。

大汶口遗址农具与庙底沟相类似，主要有：

石斧，呈舌状或长方形，体形一般较厚而窄长，断面多作椭圆形，穿孔为两面琢穿。

石铲，椭圆形、梯形或长方形，刃部锋利，通体光泽明亮。断面为厚薄不等的梭形或两端有棱的梭形，上部穿孔，长度在15厘米左右。

石刀，主要为长方形和斜三角形，一般长度不过12厘米，宽度不过7厘米。

牙刀，利用猪獠牙削磨而成。一般都有极为尖锐的尖和锋利的刃。

镰，质料有牙、蚌、骨三种。其中牙镰为月牙形，系将猪獠牙劈成薄片，在牙弧一侧磨出锋利的刃；蚌镰，用蚌壳制成，有的背部有穿孔；骨镰，用近矩形骨片磨制，两端有尖，双面刃，相当锋利，一端穿孔，可绑扎装柄[2]。

农具从一个方面反映出新石器时代晚期种植农业较新石器时代中期又有所进步与发展，其在生产经济中的地位相应增强。庙底沟文化生产工具较半坡文化的变化，可以从一个侧面反映上述事实。据研究，半坡及北首岭两处半坡文化遗址中，发现的石、骨、角及陶质的渔猎工具，是石质的斧、铲、锄、刀及陶刀的1.94倍；庙底沟遗址见到的用于农业生产的石质的斧、铲、刀及陶刀，则是同址用于渔猎的石、骨、陶质的工具的1.19倍。这说明庙底沟文化种植农业在食物生产中的比重，较半坡文化提高了；收割农具在农业工具总量中的比例，庙底沟文化较半坡文化也增加了。半坡遗址及北首岭遗址半坡文化遗存发现的用于收割谷物的刀，分别的比例，都是1∶1。半坡文化石铲为圆角长方形或矩形，石铲最长者仅21厘米；庙底沟文化石铲多为桃形或舌形，体型均扁薄，有很多基本通体磨光，大的残长则达30厘米。后者造型及使用效率，均优于前者。更需注意的是，半坡及北首岭所见用于砍伐的石斧，是翻土用的石质铲、锄的5.78倍，庙底沟文化的庙底沟及土家咀出土的石铲，则是石斧的4.4倍。两者的比例关系，完全颠倒。铲、锄只能用于翻土，石斧除用于木作外，也是砍倒烧光农业中必不可少的工具。因此，它们的比例关系的变化，或许是耕种方式演进的反映，即半坡文化基本上仍处在砍倒烧光的农业阶段，而庙底沟文化时期则已基本进入锄耕农业阶段了[3]。

新石器晚期长江流域用于稻作生产的农具表现出一定的进步特征，出有大量的骨耜、木耜等工具。其中不同的类型可能针对水田中不同的地方而区别使用。耜体上的穿孔、横銎可牢固地绑缚耜柄，这些较先进的水田农具表明当时的稻作生产是相当成熟的。

东北地区可确认的农具主要是石耜和石刀，在红山文化俱有发现。石耜系一种近似鞋底状的尖刃石器，打制或磨制而成，柄端窄而下部宽，尖刃正锋，刃端常见与石器长轴平行的磨蚀痕。如那斯台出土的一件石耜，长、宽分别为42.6厘米和13.5厘米[4]。石刀有长方形、半月形和梭形几种，在靠近刀背一侧多有系绳用的两个穿孔，可能系作为收割谷穗的镰来使用的。

1 中国科学院考古研究所：《庙底沟与三里桥——黄河水库考古报告之二》，北京：科学出版社，1959年。

2 山东省文物管理处、济南市博物馆：《大汶口——新石器时代墓葬发掘报告》，北京：文物出版社，1974年。

3 张忠培：《仰韶时代——史前社会的繁荣与向文明时代的转变》，《文物季刊》1991年第1期，第1—25页。

4 巴林右旗博物馆：《内蒙古巴林右旗那斯台遗址调查》，《考古》1987年第6期，第507—518页。

## 三、家畜与饲养业

新石器晚期的饲养对象主要包括猪、狗、牛、羊、鸡等，有研究者认为当时的某些地区可能也饲养鹿作为家畜。

家猪骨骼是姜寨遗址中个体数量最多的一种兽骨。姜寨人已经把野猪驯化成家畜，但这些家猪被驯化的程度远不能与现代家猪相比。特别是家猪中那些年龄偏大的个体，它们在形态和大小方面与野猪很难区分。从个体数量看，梅花鹿仅次于家猪而位居第二，姜寨遗址的梅花鹿群体年龄是偏小的，以二岁半至三岁的个体所占百分比最高（40%），这表明当时梅花鹿也可能已被畜养或者至少已为人类所控制。此外，姜寨遗址还发现有狗的骨骼标本，具有一般所谓的体型小、吻部短、额缘高、颅部圆及牙齿小等家畜狗应有的特征，从其数量来看，主要是人类生产和生活的助手[1]。

庙底沟遗址家畜骨骼多出自灰坑，总的数量不多，都破碎不堪，难以统计。可识别者有猪、狗两种，猪骨较多[2]。

下王岗遗址发现狗的骨骼，在M112一具人骨架的下肢左侧还发现了一具狗的完整骨架。与狼的骨骼构造相比，下王岗的狗骨骼头骨小，吻短，脑颅较大而圆，沿着额缝有较深的纵沟，枕骨嵴比较强，牙齿拥挤，和狼的差别已经很大。在此之前，必然经过了一个长时期的饲养阶段，才能达到这种程度[3]。

大汶口文化时期家畜饲养业就已经相当发达，当时饲养的家畜种类主要是猪和狗，还有牛和羊。刘林遗址第二次发掘的一条灰沟北段底部有20个猪牙床堆放在一起，在文化层内出土的猪牙床计有171件、牛牙床及牛牙30件、狗牙床12件和羊牙床8件[4]。野店遗址曾发现两座猪坑，每坑埋有一猪[5]。大汶口遗址发现的猪骨，经鉴定成年母猪所占比例较高[6]，大墩子遗址还发现有饲养至两年的大猪遗骨。从大墩子遗址发现的一件陶畜圈模型分析，猪的圈养技术在这一时期可能已经产生[7]。此外，三里河遗址一座完整的袋状灰坑中，在上下不到30厘米的空间内出土了五具完整的幼猪骨骼，或认为这就是一座猪圈[8]。发现一个袋形坑H227，在坑内距口深0.6—0.86米处，掩埋着五头完整的幼猪。1号猪骨架在坑的西南部距坑口深0.60米处发现，是最上层的一头幼猪，头向北，躯干向左侧卧，四肢向东，体长约0.65米。2号猪骨架，在坑的西北部距坑口深0.80米处发现，头向西南，躯干向右侧卧，四肢向东，体长约0.60米。3号猪骨架，在坑的东南郭，距坑口深0.70米处发现，头向东，躯干向右侧卧，四肢向东南，体长约0.65米。4号猪骨架，在坑的西部，距坑口深0.81米处发现，头向北，躯干向右侧卧，四肢向西，骨骼稍零乱，体长约0.40米。5号猪骨架，在坑的中部，距坑口深0.85米处发现，头向东，躯干向左侧卧，四肢向东南，体长0.45米，从幼猪的掩埋情况推测，这个袋状坑可能是一个猪圈[9]。

大汶口文化时期，家畜饲养不仅成为当时人们生活中肉食的重要来源，而且猪、狗等家畜已升华为财富的象征，在大汶口文化的墓葬中用完整猪和狗来殉葬就是其真实的反映。刘林和大墩子遗址

1 西安半坡村博物馆等：《姜寨——新石器时代遗址发掘报告》，北京：文物出版社，1988年。
2 中国科学院考古研究所：《庙底沟与三里桥——黄河水库考古报告之二》，北京：科学出版社，1959年。
3 河南省文物研究所、长江流域规划办公室考古队河南分队：《淅川下王岗》，北京：文物出版社，1989年。
4 南京博物院：《江苏邳县刘林新石器时代遗址第二次发掘》，《考古学报》1965年第2期，第9—47页。
5 山东省博物馆、山东省文物考古研究所：《邹县野店》，北京：文物出版社，1985年。
6 山东省文物管理处、济南市博物馆：《大汶口——新石器时代墓葬发掘报告》，北京：文物出版社，1974年。
7 南京博物院：《江苏邳县四户镇大墩子遗址探掘报告》，《考古学报》1964年第2期，第9—56页；南京博物院：《江苏邳县大墩子遗址第二次发掘》，《考古学集刊》1，北京：中国社会科学出版社，1981年，第27—81页。
8 中国社会科学院考古研究所编：《胶县三里河》，北京：文物出版社，1988年。
9 中国社会科学院考古研究所编：《胶县三里河》，北京：文物出版社，1988年。

早期墓葬中还有用整狗随葬的现象[1]。

三里河遗址墓葬中，用猪下颚骨随葬的墓有18座，共有143块，其中M302用37块猪下颚骨随葬，是数量最多的一墓。

大汶口遗址有三分之一以上的墓葬用猪骨随葬，有的用半只猪架（60号墓），有的用猪下颌骨，也有的把猪蹄放置在鼎中（35号墓），最多的是用完整的猪头随葬。猪头骨96个，出土于43座墓中。幼猪和一两年以上大猪都有。成年母猪占一定比例，也有少量公猪。发现猪下颌骨3对，出土于三座墓中。此外还发现有鸡骨。经过中国科学院古脊椎动物与古人类研究所的鉴定，大汶口墓群的猪头骨，是人工饲养的家畜，而且成年母畜占有一定的比例[2]。这种现象在花厅、陵阳河、前寨、尚庄等遗址都可以见到。这一时期的各种家畜中，猪明显是非常重要的畜类，各地常可见到以猪陪葬的现象，表明饲养业的规模是较大的。

此外，大汶口文化还发现许多模仿家畜的器物和雕刻艺术品，如花厅遗址的猪形罐[3]、三里河遗址的猪形鬶[4]、大汶口遗址的狗鬶（或认为是猪鬶）[5]等等。这些造型特殊的器物间接证明了大汶口文化中晚期阶段家畜饲养业的兴旺发达。

屈家岭文化有关家庭饲养业的资料比较零星，饲养的畜禽品种主要有狗、猪，也可能还包括羊、鸡等。狗骨见于下王岗[6]、青龙泉[7]和屈家岭遗址[8]，青龙泉和屈家岭遗址都发现过完整的狗骨架。几乎在屈家岭文化的每一处遗址中，都可见家猪的牙齿和碎骨。在天门石家河遗址屈家岭文化层中，家猪牙齿和碎骨出土的数量非常之多，说明家猪的饲养已很普遍[9]。青龙泉遗址房址的墙基下曾发现有一具完整的家猪骨架，可能是建房前作奠基仪式之用的[10]。虽然未曾见到过羊和鸡的骨骼，但在屈家岭遗址中却发现有陶羊和陶鸡的模型，其中鸡的形象较清楚，一看就能判别是母鸡[11]。这些可以作为当时已经饲养了羊和鸡的证据。

## 四、酒器与农业

粮食生产的发展为酿酒提供了原料上的准备，是酿酒产生与发展的基础。新石器时代晚期大量酒器的出现，可以从一个侧面说明当时农业的发展程度。

酿酒用的陶缸主要发现于我国东部地区。在茌平尚庄、胶州三里河、莒县大朱家村、莒县杭头村等山东以及江苏、安徽北部的大汶口文化墓地中，发现有一种大型陶缸，其中部分陶缸的内壁有因长期盛放粮食酒类液体所沉积的白色粉末。莒县杭头村第84号墓出土1件夹砂的红色陶缸，口部稍向外敞，腹部很深，腹壁缓慢向内收成小平底。腹部有锄形刻划符号。口径33.5厘米，深43厘米，

---

1 江苏省文物工作队：《江苏邳县刘林新石器时代遗址第一次发掘》，《考古学报》1962年第1期，第81—102页；南京博物院：《江苏邳县刘林新石器时代遗址第二次发掘》，《考古学报》1965年第2期，第9—47页；南京博物院：《江苏邳县四户镇大墩子遗址探掘报告》，《考古学报》1964年第2期，第9—56、205—222页；南京博物院：《江苏邳县大墩子遗址第二次发掘》，《考古学集刊》1，北京：中国社会科学出版社，1981年，第27—81页。

2 山东省文物管理处、济南市博物馆：《大汶口——新石器时代墓葬发掘报告》，北京：文物出版社，1974年。

3 南京博物院：《花厅——新石器时代墓地发掘报告》，北京：文物出版社，2003年。

4 中国社会科学院考古研究所：《胶县三里河》，北京：文物出版社，1988年。

5 山东省文物管理处、济南市博物馆：《大汶口——新石器时代墓葬发掘报告》，北京：文物出版社，1974年。

6 河南省文物研究所、长江流域规划办公室考古队河南分队：《淅川下王岗》，北京：文物出版社，1989年。

7 中国社会科学院考古研究所：《青龙泉与大寺》，北京：科学出版社，1991年。

8 中国科学院考古研究所：《京山屈家岭》，北京：科学出版社，1965年。

9 石河联合考古队：《石河遗址群1987年考古发掘的主要收获》，《江汉考古》1989年第2期，第1—4页；石河考古队：《湖北省石河遗址群1987年发掘简报》，《文物》1990年第8期，第1—17页。

10 中国社会科学院考古研究所：《青龙泉与大寺》，北京：科学出版社，1991年。

11 中国科学院考古研究所：《京山屈家岭》，北京：科学出版社，1965年。

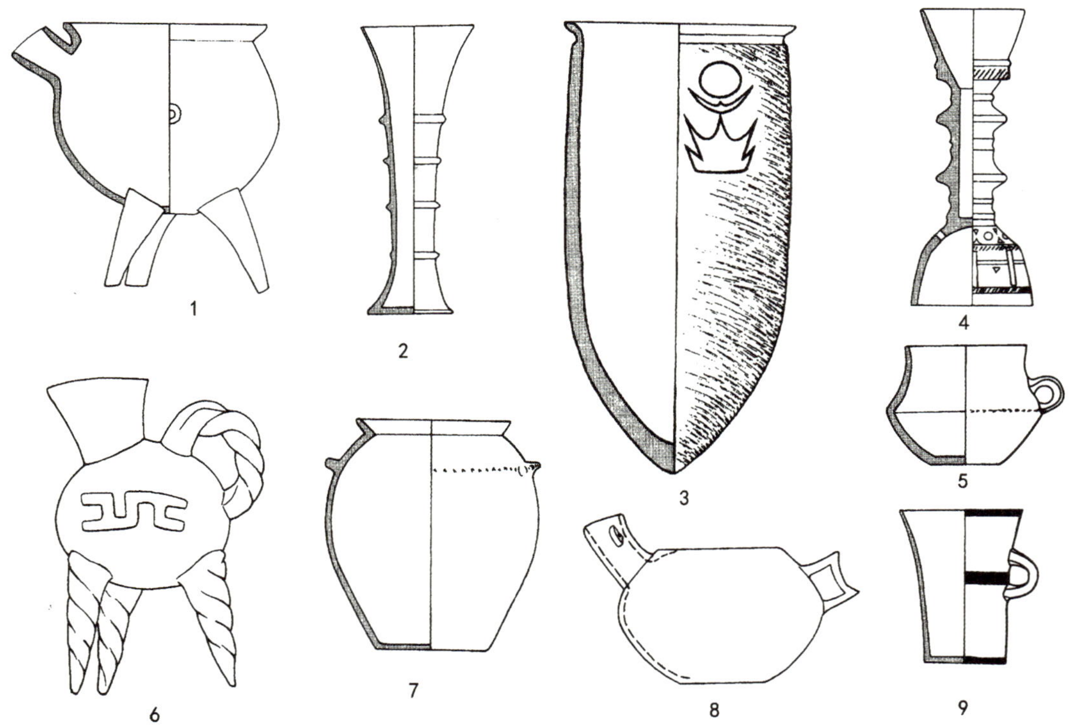


图 3-1　大汶口文化酒器
1. 盉（野店 M47：54）　2. 觚形杯（野店 M62：20）　3. 大口尊（尉迟寺 M96：2）　4. 觚形杯（野店 M15：1）
5. 罐（大汶口 M121：12）　6. 鬶（野店 M47：56）　7. 罐（大汶口 M98：25）　8. 盉（大汶口 M26：4）
9. 朱绘单耳杯（大汶口 M98：12）

胎厚0.7厘米[1]。大朱家村第17号墓出土的1件夹砂灰色陶缸，敞口，上腹部较直，下部向内收成尖底，上部刻有刻划图案。口径33.8厘米，高66.5厘米[2]。相类似的器物还见于黄河中游东部地区和长江流域。

在大汶口文化中，用作盛酒的器物很多，盛酒器包括尊、罐、壶、瓶等（图3-1）。

这些器物腹部一般较深，有的腹部外鼓，以尽可能增加容积；为了防止酒放置时间过长导致变质或挥发，这些器物一般都把口部设计成易于加盖的样式。

尊，有圈足和平底之分。圈足尊，素面，折沿，口微敛，深鼓腹，下有圈足；平底尊，上身与圈足尊接近，弧收平底。

壶，有双鼻壶、无鼻壶和宽肩壶之分。双鼻壶颈部装有对称横鼻一对，个别的装在肩部，长颈，圆鼓腹；无鼻壶，斜直颈，鼓腹；宽肩壶，侈口，高颈，宽圆肩或折肩，肩腹往往施加凸弦纹，多数器型较大，制作规整。

罐，有圆腹、折腹、深腹之分。

屈家岭文化盛酒的器皿也包括壶、瓶、尊、罐等几种。

屈家岭文化壶的样式较多，有的做成大喇叭形口、细长颈、扁球形鼓腹，上面带一个小盖，下面加一个高圈足；有的则敞口细长颈，圆球形鼓腹的下部急收成圜底，并加一个矮圈足。

瓶的样式也较多，有的做成大喇叭口，直筒形腹。

1 山东省文物考古研究所、莒县博物馆：《山东莒县杭头遗址》，《考古》1988年第12期，第1057—1071页。

2 山东省文物考古研究所、莒县博物馆：《莒县大朱家村大汶口文化墓葬》，《考古学报》1991年第2期，第167—206页。

罐一般斜口弧形腹连平底。

崧泽文化的盛酒器为微敞口、深鼓腹，腹部外表以瓦棱纹装饰的壶，底部一般有圈足，有的圈足还做成花瓣状。

史前的酒大多是低度的粮食酒，由于酒精含量低，饮用时给人的热量就不如白酒有立竿见影的效果，所以冬天饮用前往往要加温。温酒器主要有陶鬶和陶盉。

陶鬶，起源于大汶口文化早期，其造型为流平着向外伸出，基本不高出口沿部位，颈部较为细矮，腹部略呈圆球形，足作柱状或锥状。山东以外的地区也发现不少陶鬶，它们的造型受山东地区的影响而略有区别，如南京北阴阳营遗址出土者[1]。

陶盉是一种具有管状流的器物。

饮酒用的酒杯以大汶口文化最为形制多样，有觚形杯、筒形杯、单耳杯、高柄杯和高柄蛋壳杯等等。

觚形杯，上部呈喇叭状，中部细长，总高度一般超过20厘米。觚形杯又分两种，一种平底，通体无装饰；另一种于平底下附加上3个矮足，周身做成竹节状。

筒形杯，口部微敞，杯的主体作圆筒状，腹壁缓慢内收成圜底，下附一矮圈足。

单耳杯，敞口，束腰，腹部有一耳。平底或下部有圈足。

高柄杯，口微侈，杯壁下部折收，喇叭形高圈足，大部分上有圆形镂孔装饰。

高柄蛋壳杯，杯的胎体薄如蛋壳，器表多抹一层乌黑发亮的陶衣。陶杯的造型充分展示了曲线的魅力。如山东莒县大朱家村出土的高柄蛋壳杯，杯身敞口，上腹部呈“风”字形，下部折收成圜底，杯柄上部很细，往下开始缓慢鼓起，近中部偏下的位置又开始收缩，紧接着又向外折出，形成一个高台式的圈足。柄部很有规律地装饰着圆形和三角形镂孔，既减轻了杯子的重量，又起到很好的装饰作用[2]。

屈家岭文化有曲腹杯、敞口杯和高圈足杯。其中的高圈足杯，口沿向外平折，直或斜直腹，下腹部明显向内折收，下面附一喇叭状高圈足。

崧泽文化的陶杯多流行宽带状及菱形彩绘纹饰。江苏吴县草鞋山遗址出土的直筒状陶杯，器物外表有3道彩绘的宽带纹和一圈由3个菱形组成的彩绘纹饰[3]。吴县张陵山出土的1件陶杯上有4道彩绘的宽带纹饰，下面有1个葵花瓣式的矮圈足[4]。

新石器时代人们酿酒使用的原料大多数是粮食。大量酒器的存在，至少证明了新石器时代晚期农业的发达程度已经达到了相当可观的地步。

## 五、采集、渔猎

尽管农业在古人经济生活中的地位不断提高，但渔猎、采集经济始终是他们重要的食物补充，在某些地区的考古学文化中，甚至依然占据着最为主要的地位。

在黄河中上游地区，各种文化遗址中均发现一定数量的野生动物骨骼。姜寨遗址出土的动物共有29种，野生动物中，麝、獐、鹿以及软体动物和鱼类等都是人类为了食用而狩猎或捕捞来的[5]。何家湾遗址出土的野生动物骨骼非常丰富，有岩松鼠、黑熊、犀、野猪、林麝、獐、小鹿、水鹿、马鹿、狍、

1 南京博物院：《南京市北阴阳营第一、二次的发掘》，《考古学报》1958年第1期，第7—25页；南京博物院：《北阴阳营——新石器时代及商周时期遗址发掘报告》，北京：文物出版社，1993年。

2 山东省文物考古研究所、莒县博物馆：《莒县大朱家村大汶口文化墓葬》，《考古学报》1991年第2期，第167—206页。

3 南京博物院：《江苏吴县草鞋山遗址》，《文物资料丛刊》3，北京：文物出版社，1980年，第1—24页。

4 南京博物院：《江苏吴县张陵山遗址发掘简报》，《文物资料丛刊》6，北京：文物出版社，1982年，第25—36页。

5 西安半坡村博物馆等：《姜寨——新石器时代遗址发掘报告》，北京：文物出版社，1988年。

羚羊、苏门羚、野牛等[1]。龙岗寺遗址出土动物遗骸22种，其中野生动物骨骼包括野猪（数量最多）、水鹿、小麂、野牛、华丽黑鹿、林麝、狍、豺、狼、猪獾、豪猪、岩鸽、白枕鹤、大白鹭以及鱼类、龟类、蚌壳、螺壳等[2]。

与此伴生，还存在着大量的渔猎采集工具。在姜寨遗址第四期文化遗存中，共发现石、骨、陶等质料的各种生产工具962件，用于渔猎的有石、骨质的箭镞，石球、陶球等，约占生产工具总数的9.7%。在第四期文化遗存中，共发现石、骨、陶质的生产工具100件，其中用于渔猎的有石球、骨镞等，约占生产工具总数的13.4%[3]。半坡出土的渔猎工具共644件，其中包括石、角制的矛头6件，石骨制的箭头288件，骨鱼叉21件，骨鱼钩9件，石网坠320件。遗址中发现的石球很多，其中大而粗糙的可能即作为飞球或投弹以捕打野兽[4]。在庙底沟遗址，发现石网坠5件，石球45件，骨镞71件[5]。

黄河下游地区有着得天独厚的地理环境。北部和东部分别有辽阔的渤海和黄海，海岸线长达3000千米，中西部则有众多的湖泊和河流，各种水产资源十分丰富。所以咸、淡水域的各种捕捞活动一直是大汶口文化居民的重要经济生活内容，形成了以捕捞业为主要副业的原始农业经济。捕捞对象主要是鱼类和蚌、贝类。在东部沿海及其周围岛屿，各种鱼类和贝类资源极为丰富。在胶东半岛地区多个遗址中，发现大量鱼类和贝类遗存，经鉴定，贝类以牡蛎的数量最多，还有蚬、泥蚶、毛蚶、脉红螺、多形滩栖螺、文蛤、青蛤等；鱼类有红鳍东方鲀、真鲷、黑鲷等。在近海的河流中，往往有咸、淡水（俗称两合水）共生的鱼类和贝类资源。如广饶五村遗址发现的鱼类和蚌类甚多，经鉴定的就有毛蚶、文蛤、牡蛎、青鱼及珠蚌、丽蚌等9种河蚌[6]。胶州三里河遗址还发现大片的鱼鳞堆积，如H118内出土的大量鱼鳞和贝壳，经鉴定就有海生的疣荔枝螺、锈凹螺、脉红螺、朝鲜花冠小月螺、珠带拟蟹守螺、纵带滩栖螺、毛蚶、青蛤、文蛤、蛤仔、近江牡蛎、四角蛤蜊、亚克棱蛤等，还有少量乌贼骨；淡水生的有圆顶珠蚌、剑状矛蚌等。鱼类有黑鲷等[7]。在黄河下游地区黄淮冲积平原一带，许多遗址都发现了大量水生动物遗存，包括各种蚌壳和鱼类骨骼以及其他种类的喜水动物遗骸等。如王因遗址垃圾中发现的成千上万件动物标本，水生或喜水的动物有水獭、水鹿、乌龟、鳖、扬子鳄、7种硬骨鱼、8种淡水蚌和2种螺。这些动物残骼，除蚌壳外多数破碎较甚，有的还被烧成黑色，是人类吃剩的动物残骸。进一步鉴定发现，这里的水生动物，仅贝类就有10个属26个种。捕捞的工具主要有网坠、鱼镖、鱼钩等，从大量的石、陶网坠及彩陶纹样中网状纹的较多出现观察，用网捕鱼应是当时最重要的捕捞手段。同时，也使用垂钓和用鱼镖刺鱼的方法进行捕鱼[8]。

狩猎和采集也是大汶口文化居民重要的食物补充途径。狩猎的主要对象是鹿类动物。如蒙城尉迟寺遗址，发现的动物骨骼经鉴定，有脊椎动物16种，其中梅花鹿、麋鹿、獐、鹿、野猪、虎、兔属于野生，为人们的狩猎活动的收获[9]。相对而言丘陵山区地带，狩猎比重较大，捕捞活动相对次要一些。而无论在什么地区，采集可供食用的各类植物都应该是十分重要的经济活动。

即使长江流域稻作农业已经占据主导地位，渔猎经济也始终具有辅助意义。在屈家岭文化遗址中出土有石镞、骨镞、鱼叉、鱼钩和网坠等渔猎工具，以及鱼形、龟形等玉饰品，说明渔猎在生活中占有辅助地位。在淅川下王岗墓葬中，有39座墓随葬镞、网坠、石球或殉葬狗。有的墓既有

1 陕西省考古研究所、陕西省安康水电站库区考古队：《陕南考古报告集》，西安：三秦出版社，1994年。

2 陕西省考古研究所：《龙岗寺——新石器时代遗址发掘报告》，北京：文物出版社，1990年。

3 西安半坡村博物馆等：《姜寨——新石器时代遗址发掘报告》，北京：文物出版社，1988年。

4 西安半坡博物馆：《西安半坡》，北京：文物出版社，1982年。

5 中国科学院考古研究所：《庙底沟与三里桥——黄河水库考古报告之二》，北京：科学出版社，1959年。

6 山东省文物考古研究所、广饶县博物馆：《广饶县五村遗址发掘报告》，张学海主编《海岱考古》第1辑，济南：山东大学出版社，1989年，第61—120页。

7 中国社会科学院考古研究所：《胶县三里河》，北京：文物出版社，1988年。

8 中国社会科学院考古研究所：《山东王因——新石器时代遗址发掘报告》，北京：科学出版社，2000年。

9 中国社会科学院考古研究所：《蒙城尉迟寺——皖北新石器时代聚落遗存的发掘与研究》，北京：科学出版社，2001年。

镞，又有殉狗。经过鉴定，殉狗墓中的死者全都是男性。这些情况可能说明，渔猎在当时仍是男子日常的重要经济活动，而狗和镞则是他们最为重要的帮手和工具。下王岗遗址中发现大量野生动物的牙齿和骨骼，其中主要有斑鹿、猪獾、狍、龟等[1]，斑鹿是屈家岭文化居民主要猎获对象。崧泽文化各遗址发现的动物种类有麂、獐、梅花鹿、麋鹿及各种鱼类，但动物骨骼及骨器在全部遗物中占有比例较马家浜文化时期大大下降，表现出猎取较大型的食草动物在经济生活中已退居次要地位。大量网坠的发现，说明渔捞成为日常的经济活动，是对狩猎收获不足的重要补充。骨镞是重要的狩猎工具。海安青墩M46为一座成年男子墓，出土10余件骨镞，并伴出4件三叉鹿角器，其三端均磨出扁刃，可能是特殊的猎具[2]。各遗址发现的植物遗存有葫芦、橡树的种子等，可能为采集品遗存。

东北地区以红山文化为代表的考古学文化，受环境影响，渔猎采集经济在人们的经济生活中始终占据最重要地位，而农业发展不显著。在兴隆沟遗址第二地点（属红山文化晚期）出土有很少的植物种子，且以硬果类和鲜果类的植物遗存比较突出，而属于栽培作物的黍和粟的数量很少[3]。结合其他考古发现，可知红山文化晚期居民的原始农业生产活动在其经济生活中的分量是相当有限的，其农业发展水平可能仍处于园艺栽培阶段。而当地良好的自然条件给人们提供了相对充裕的渔猎、采集资源。



黑龙江省密山县新开流遗址位于一处湖岗之上，湖岗上林木繁茂，湖区水面辽阔，水草茂盛，生长各种鱼类和水禽。草木丰茂的沃野和水产丰富的水域，正是原始居民居住和渔猎的良好处所。在该遗址发现的10座鱼窖，鱼窖有圆形和椭圆形两种，堆积着大量的鱼骨，是当时居民贮藏鱼产品的窖穴。以编号Y10的鱼窖为例，其为平面呈椭圆形，直径南北0.85米、东西1米、深0.65米。窖内上部填生黄土和第三层的黑黏土，含有少量鱼刺和陶片，下部堆满了鱼骨，有的可清晰看出完整的鱼骨和成片相连的鱼鳞。同时还出土有陶罐和石核各1件。编号Y2的鱼窖平面为圆形，直径1.6米，深0.6米。窖内上半部填一厚黄砂土，下半部是层层相压的鱼骨，保存较完整，有数十条之多。可知当时人们把鲜鱼存放在窖穴里，上面覆土加以贮藏。

遗址中出土大量与渔捞活动直接相关的工具，制作精细，专门化程度高，可见当时渔捞在人们生活中的重要。

石镞，平底、凹底、圆底或带铤等多种形制。

石投枪头，横剖面菱形或近椭圆形，底弧形或缓收成宽铤。

石矛，器身扁平，横剖面略呈三角形或菱形，有棱形尖锋。

骨鱼镖，椭圆柱体或半圆柱体，圆锥形尖锋，与器身相连处外凸，圆柱形短身，楔形短尾，应装嵌在柄上使用，两端尖。

骨鱼卡，将短条骨料底面两端做出尖，其上系细绳放人水中。鱼吞食后即横卡其嘴中或顺鳃而出横于鳃外，即可捕获。

骨鱼钩，有倒刺，柄端外凸出棱。

角鱼叉，有双排倒刺，尖锋呈三角形，两侧各存四个倒刺。

角梭形器，将扁平的角料两端磨成三角形尖，两尖略翘起，器身中段两侧削磨。

长期的经常性的渔捞生活，使新开流人得以将对鱼类的观察提升到艺术创作的高度。在该文化遗存中，很多是与鱼类有关的。角雕鱼形制品就是其中之一。其首先将鹿角纵劈一半，两侧磨光，前端斜收似鱼头形，后段上翘，由两侧削窄，末端稍宽，中有缺口，似鱼尾鳍，全形像一条在水中浮游

1 河南省文物研究所、长江流域规划办公室考古队河南分队：《淅川下王岗》，北京：文物出版社，1989年。

2 南京博物院：《江苏海安青墩遗址》，《考古学报》1983年第2期，第147—190页。

3 中国社会科学院考古研究所内蒙古工作队、敖汉旗博物馆：《内蒙古敖汉旗兴隆沟新石器时代遗址调查》，《考古》2000年第9期，第30—48页；中国社会科学院考古研究所内蒙古第一工作队：《内蒙古赤峰市兴隆沟聚落遗址2002—2003年的发掘》，《考古》2004年第7期，第1—8页。

的鱼。陶器表面最多见的装饰之一鱼鳞纹也应是仿鱼鳞形状而作，为戳按或刻划成的下凹的鱼鳞形轮廓，鳞纹相连成片或上下相接成斜行，鳞纹大小不一，形状有半圆形、椭圆形之别。有的惟妙惟肖，个别的相对潦草。无论如何，都是古人生活的一种真实写照或反映[1]。

## 第三节　新石器时代晚期的手工业技术

### 一、玉器工艺的发展

#### (一)工艺

新石器时代晚期石器制造技术发展迅速，尽管石器的种类可能没有明显的增加，但大量经过抛光处理、通体磨光，施有钻孔、刃部锋利、造型规整的石器出土，并在黄河、长江流域的许多考古学文化中成为石器的主流。比如黄河下游的大汶口文化，石器制作工艺基本已经普遍使用磨制技术，只有一些大件石器中还采用打制和琢制技术，而在小件石器上的钻孔和抛光技术已经相当熟练。钻孔技法往往根据石器的种类和用途的不同而采用两面钻法和管钻法来完成。通体磨光技术逐渐得到普遍使用，石器的器形越来越规整。长江流域的北阴阳营文化石器制作技术相当之高超，不同用途的器物选择不同的石料，其中七孔石刀、薄体穿孔石钺都极为精致。薛家岗文化中穿孔石刀和穿孔石钺的工艺均十分精湛，成形、穿孔和磨光都达到了很高的水平，并在部分石器上绘制精美的朱绘，美轮美奂。

石器制作技术的积累为玉器加工奠定了基础，新石器时代晚期形成了辽河流域与长江下游两个最重要的玉器中心。

**选料**

新石器时代晚期玉器原料一般来自于文化分布区就近的玉矿。当时的玉匠已经具备识别各种石料的能力，并能够根据所要制作玉件的大小、用途、功能对玉料有所选择。比如红山文化玉器的玉质料以透闪石软玉为主，也使用蛇纹岩甚至滑石类。前者玉色多呈淡绿和深绿，后者多呈乳白和牙白色。对玉料硬度、颜色以及质地优劣，红山人已有严格的标准。有的根据器物制作难度，有的则依据使用级别进行选择。例如，女神头像镶嵌在眼眶内形如“图钉”的眼球，要求做出深嵌于内的长钉状，制作难度甚大，所以，虽是很高级别的玉件，仍然选用了硬度较软的滑石，不过，从半圆而光滑发亮的球面来看，同样是以玉来对待的。依据使用级别选择玉料则是红山玉的主流，如大墓中造型复杂的玉器，所用玉料的硬度大都较高。

崧泽遗址的石器材料主要为沉凝灰岩类，玉器原料为火山作用晚期和其后的喷气及热液作用交替蚀变产生的岩类，石料多与遗址周围3—12千米的低山露出的基岩一致。该遗址发现有一片面积约4平方米的制造石器场地遗迹，说明当时的石、玉器可能是就地取材并制造的[2]。

**切割**

玉比一般的石料要坚硬，在未发明金属器具之前，只有用略硬于玉的石英才能对玉进行采掘加工。因此至少在这一时期中段，我国大部分地区，尤其辽河流域和长江下游地区居民已经普遍掌握了石英解玉的技术。

在开料作业中，以片状硬件物体直线切割运动为特征的锯切割法和以筋、丝、麻等作弧形台阶

1 黑龙江文物考古工作队：《密山县新开流遗址》，《考古学报》1979年第4期，第491—518页。
2 黄宣佩、张明华：《崧泽——新石器时代遗址发掘报告》，北京：文物出版社，1987年。

运动为特征的线切割法在当时都已在玉料的切割中得到运用。红山文化斜口筒形玉器虽没有很复杂的造型和花纹，但个体一般较大，所耗费的玉料也要大大高于其他类玉器，同时也说明当时对大块玉料的处理已较成熟。以扁圆体为主的形体和掏挖筒形大孔，其切割和成孔难度都较大，成孔则采用了桯钻与线割相结合的方法，而大量片状玉器的开料则可能是采用锯切割方法的。

砣切割在器物表面会留下圆凹弧形的痕迹。因为砣在使用时，因用力点偏移便会使玉器表面形成凹弧痕，有时会形成多道圆凹弧。这种凹弧痕在凹弧的弧顶处最深，由顶端向凹弧两端渐浅。线切割在器表上会留下凸弧形台阶痕，不可能形成向下的凹弧痕，因为线两端不用力就没有拉力，也不可能在圆凹弧的弧顶处向下用力，只有砣才能形成半圆弧顶端向下的凹弧痕。通过对玉勺、玉喇叭形饰、玉人像以及玉、石器表面的弧形凹痕的观察分析推测，凌家滩人可能已经使用了琢玉的专用工具砣，即安装在“水凳”横轴上可以旋转使用的工具，用砣切割和打磨抛光。

**钻孔**

锥钻法即用锥形石质钻具，在玉器表面的一面或两面钻孔。锥钻是最原始的钻孔工具之一，它多用于较薄的片形玉器上。单面锥钻的特点是孔径较小，一般在0.1—0.3厘米之间，孔洞呈漏斗状。安徽含山凌家滩29号墓出土的玉鹰，器形宽扁，鹰作展翅飞翔状，在鹰的中部有两圈阴刻圆纹，在内圈的中心有一对钻小孔，器长8.4厘米，高3.5厘米，厚0.3厘米[1]。两面钻进大部分钻孔对位欠准确，因而在交接部位出现不同程度的错缝痕迹。新石器时代晚期的石质锥形钻头，在考古发掘中也有发现，如安徽含山凌家滩23号墓出土的螺丝纹石钻头。其柄部呈不规则梯形，全长6.3厘米，一端为粗钻头，一端为细钻头，其中细钻头长0.5厘米、直径0.3厘米，粗钻头长0.3厘米、直径0.6厘米[2]。这是江淮地区首次发现的新石器时代螺丝纹钻头。斜面形钻头钻孔时，比一般锥钻接触玉料面积相对地小而压入力大，这样的钻具钻孔时能相对地省时省力，提高劳动效率。石钻的一面磨有两道细凹槽，可能用以固定。钻头的发明，展现了凌家滩人的高度聪明才智和琢玉工艺的先进水平。

有一些较特殊的锥钻钻孔法，一是先琢后钻，一是先磨后钻。这两种方法都是在管钻和桯钻不是很发达的情况下使用的方法，先在需要钻孔的部位，以坚硬的尖状工具用啄击或槽磨的方法琢磨出圆形的凹窝（一面或两面），然后在凹窝中央的最深处，再用锥钻钻孔。哈民遗址出土的玉璧类器即多采用此法钻孔[3]。

使用桯钻钻孔和使用管钻钻孔在这一时期的玉器加工中都可见到。使用桯钻钻孔，分为单面钻与双面对钻两种。单面钻因受钻面用钻时间较长而孔径要大于对面者，其孔形似上大下小的漏斗状，而孔壁稍显凹弧形。而管钻法是用圆管形钻具钻孔，其孔形特点是两端孔径大小基本相同，孔壁平直、光滑。新石器时代管钻钻孔方法分单面钻和双面对钻两种。双面对钻时，常常会因两次用钻，钻具取位有差距，其圆心不在一条直线上，出现错位而在孔壁上留下凸起的台痕。凌家滩遗址就出土了上百件单面或对钻留下的玉芯[4]。

用锥钻在玉料两面对钻钻孔，所得的孔形为两端大、中间小的斜形孔道，犹如隧道，故名为“隧孔”。红山文化勾云形玉佩上就多见此类钻孔。

红山人和凌家滩人对施钻工艺的把握是极为精确的。凌家滩玉器的钻孔技术，十分高超，在工艺技术上可能使用了一系列机械复合用具，如在厚度0.7厘米的玉髓上对钻制管，对钻准确，在没有高速旋转工具的情况下，用手工钻完成是难以想象的。



---

1 安徽省文物考古研究所：《凌家滩——田野考古发掘报告之一》，北京：文物出版社，2006年。

2 安徽省文物考古研究所：《凌家滩——田野考古发掘报告之一》，北京：文物出版社，2006年。

3 内蒙古文物考古研究所、科左中旗文物管理所：《内蒙古科左中旗哈民忙哈新石器时代遗址2010年发掘简报》，《考古》2012年第3期，第3—19页；内蒙古文物考古研究所、吉林大学边疆考古研究中心、吉林大学边疆考古中心：《内蒙古科左中旗哈民忙哈新石器时代遗址2011年的发掘》，《考古》2012年第7期，第14—30页。

4 安徽省文物考古研究所：《凌家滩——田野考古发掘报告之一》，北京：文物出版社，2006年。

红山文化中以圆厚的环形体成形的玉器，包括环、镯、箍，以及雕出首部的玉雕龙等的钻孔除仍经常使用桯钻法以外，也已开始使用进步的管钻法。牛河梁积石冢出土的玉钻芯，为两面对钻形成，且钻痕等距，显示当时人们已掌握了同时从两面对钻的管钻法。这种对钻的管钻只有将钻体固定后，同时起动两侧钻具才能完成。这种方法已经是原始的机械装置了。红山人还掌握了钻大孔的技术。牛河梁遗址第二地点一号冢第1号墓随葬了一件玉环。这件玉环外缘直径12.1厘米，内缘直径10厘米，从内缘保留的明显旋转痕迹分析，应为管钻成孔[1]。

**雕刻**

阳线雕，就是在玉器表面磨出凸起的线纹，是用减地起线的办法把起阳线以外的地子磨减下去，凸显出阳线。阳线雕刻十分耗费工时，不仅要磨减地子，还要将地子琢磨得平整光洁，然后再将阳线线条修整得圆滑整齐。如辽宁喀左东山嘴红山文化玉鸽双翅上的羽毛纹，是迄今所见最早的阳线纹，线条刚直有力[2]。再如安徽潜山薛家岗文化遗址出土的小玉琮，残高2.15厘米，宽1.77厘米，孔径0.9厘米，在琮每面的中部用一根阳线将面分为左右两部分，阳线两侧留有琢磨的痕迹[3]。在新石器时代不少玉器的阳线纹两侧，可见细细的阴线划痕，即是修整线条时留下的磨迹。阳线雕需要极娴熟的技巧，特别是线纹的拐弯处，要圆柔而不露琢痕，琢磨技术的难度很高。琢制阳线的工具，应该是硬石质的窄而扁平状磨具，既方便于减磨玉地子和修磨线形，也便于手持和运用。

阴线雕，是在玉器表面刻划出各种凹下的线纹。红山文化玉器的阴线纹已较成熟，如内蒙古牛河梁第二地点21号墓出土的玉龟，长5.3厘米，宽4.1厘米，高2.7厘米，运用的是窄阴线雕，线条宽短粗犷有力[4]；三星他拉遗址出土的玉龙，圆雕，高26厘米，长21厘米，体成勾形，梭形眼睛，上额上翘，闭口，额头至颈后披长鬃，尖尾向内弯曲，体中部穿一孔，在玉龙嘴的底部雕网状细阴线纹，属窄阴线，线形匀细圆曲[5]；安徽凌家滩遗址出土的虎头璜，残长14.7厘米，宽1.5厘米，厚0.6厘米，用单阴线刻画虎面部和前爪，线条上留有较多的毛刺[6]。

红山人也已掌握了在玉器上刻划复杂花纹的技术。但他们对在玉器上刻划装饰却极为慎重，一般除了对动物的头部和鸟类的羽翅等进行必要的刻划外，皆通体抛光，并不另加任何额外装饰。就是仅见的装饰中也很有特点，如以浅圆雕的技法表现动物头部五官，各部位皆准确却甚不显露。在薄板式玉件的表面，磨出宽窄深浅都十分均匀规矩的瓦沟纹。这些纹饰制作难度甚大，触之有感，直观却只有随着光线照射角度的变化而时隐时现，从而最大限度地突出了以玉质本身来表现的一些特殊效果，如立体感、层次感和神秘感，也使玉器自身的特性，如通体圆润、富有光泽得以充分表现。

红山文化玉器上的线雕，虽不如良渚文化玉器那样精细，却采用了十分概略的手法表达各种形象，线条均匀而流畅。由于阴线、减地凸起与槽磨法经常结合使用，红山文化玉器往往取得更佳的艺术效果。由于多样制玉技术结合施用，红山文化玉器的形制甚为繁多，常在基本类型的基础上加以变化，如玉璧中的双联璧和三联璧，取勾云形玉器一角的玉勾形器以及三孔器等。红山文化玉器造型中最富特征的动物形玉，无论题材的选用、造型的写实与神化相结合，还是同类型的多变化等方面，都因多种制玉技术的有机结合而得到十分巧妙和成熟的表达。

浮雕在红山文化时期就已经是比较成熟的技术。如辽宁牛河梁遗址第二地点一号冢17号墓出土

1 辽宁省文物考古研究所：《牛河梁红山文化遗址发掘报告（1983—2003年度）》，北京：文物出版社，2012年。

2 郭大顺、张克举：《辽宁省喀左县东山嘴红山文化建筑群址发掘简报》，《文物》1984年第11期，第1—11页。

3 安徽省文物工作队：《潜山薛家岗新石器时代遗址》，《考古学报》1982年第3期，第283—324页；安徽省文物考古研究所：《潜山薛家岗》，北京：文物出版社，2004年。

4 辽宁省文物考古研究所：《牛河梁红山文化遗址发掘报告（1983—2003年度）》，北京：文物出版社，2012年。

5 翁牛特旗文化馆：《内蒙古翁牛特旗三星他拉村发现玉龙》，《文物》1984年第6期，第6—7页。

6 安徽省文物考古研究所：《凌家滩——田野考古发掘报告之一》，北京：文物出版社，2006年。

的双人首三环形玉器，长6.5厘米，厚0.6厘米，在器的两端各浮雕一人首，双目和鼻子均成圆形[1]。

圆雕玉器是指不附着在任何背景上、完全立体的玉器。红山文化的玉人就应该属于圆雕作品，辽宁牛河梁第十六地点4号墓出土的玉人，高18.5厘米、体宽4.5厘米、厚2.4厘米。玉人表面抛光光洁，工艺规整（图3-2）[2]；玉雕龙是红山文化中最常见的圆雕作品之一。其头部是雕刻的重点部位，所用质料一般较精，硬度自然也较高，制作难度虽较大，仍有不少精品。特别是三星他拉所出脊饰卷体大玉龙和建平县出土的大型白色玉雕熊龙[3]，体形和线条都十分规整，造型则高度神化，富于动感。在红山文化玉器圆雕作品中，尤其要提到的是牛河梁第十六地点所出双熊首三孔玉饰件。此玉件用料硬度高，熊首仅高2厘米，立置的双短耳、浑圆的额头、尖而微上翘的嘴部都表现得十分逼真，是一件不可多得的圆雕作品[4]。这种环形体成形的玉雕龙等，代表着红山文化玉器的最高工艺水平。



透雕技术在当时也很普遍了。这种技术是直接用坚硬石片形带刃工具，在器表上用手工推拉研磨，可以是一面磨，也可以两面对磨，把玉雕件磨透而出现孔洞。内蒙古那斯台遗址出土的红山文化勾云形佩，器体扁薄，呈长方形，中心部位镂空，作勾云状卷角，该器长18.2厘米，宽10.58厘米，厚0.64—0.7厘米[5]。这两件镂空玉器基本是由两面对磨出来，在镂空处的边缘一般呈刃状。安徽含山凌家滩镂孔玉件和透雕玉饰，先用管钻法，然后从圆孔内穿线进行切割，形成透雕和镂孔玉件。凌家滩遗址出土的玉人头像饰，呈长方形，中部两面镂雕出凹孔，器高8.9厘米，宽3.1—4.2厘米，厚0.3厘米[6]。

砣也可以被运用在减地浅浮雕玉器的加工上。用砣具生产玉器，不但生产效率高，更主要的是工艺水平大大提高。玉喇叭坠饰突出表现了凌家滩玉匠们的创造智慧和高度成熟的制玉技术。如此精细的作品，不使用机械砣具，是很难办到的。

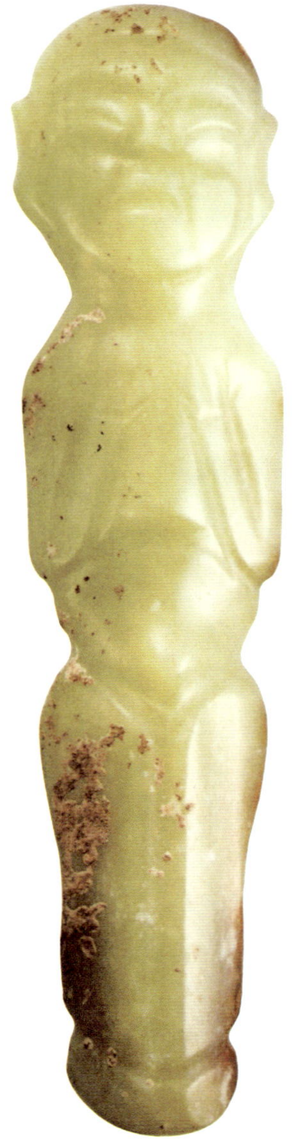

图3-2　牛河梁第十六地点4号墓出土的玉人

**琢磨**

红山文化玉器的磨光技术无处不在。除外表打磨以外，内壁和棱角部分也都施用打磨工艺，一般没有切割和钻孔留下的痕迹。尤其是在红山文化玉器中，常见一种以槽磨法做成的瓦沟纹。这是在玉器表面特意用槽磨手法制作出来的一种极为特殊的纹饰。这种瓦沟纹宽而浅，曲折勾连，有时是在不规则的弯面上进行，宽度和深度却都十分匀称。如牛河梁第三地点第9号墓所出玉臂饰，有近于半圆形弧度较大的弯面，表面的五道凸棱和其间的六条瓦沟纹却都十分规整而均匀。有的在极薄的玉体表面打磨，凹凸部分都给予清楚的交代，如牛河梁第二地点一号冢第27号墓所出勾云形大玉佩[7]。有的则与雕线相互配合，使雕面富于

1 辽宁省文物考古研究所：《牛河梁红山文化遗址发掘报告（1983—2003年度）》，北京：文物出版社，2012年。
2 辽宁省文物考古研究所：《牛河梁红山文化遗址发掘报告（1983—2003年度）》，北京：文物出版社，2012年。
3 孙守道、郭大顺：《论辽河流域的原始文明与龙的起源》，《文物》1984年第6期，第11—18页。
4 辽宁省文物考古研究所：《牛河梁红山文化遗址发掘报告（1983—2003年度）》，北京：文物出版社，2012年。
5 巴林右旗博物馆：《内蒙古巴林右旗那斯台遗址调查》，《考古》1987年第6期，第507—518页。
6 安徽省文物考古研究所：《凌家滩——田野考古发掘报告之一》，北京：文物出版社，2006年。
7 辽宁省文物考古研究所：《牛河梁红山文化遗址发掘报告（1983—2003年度）》，北京：文物出版社，2012年。

变化，如建平县征集的大型白色玉雕熊龙，体现出红山人的玉器磨光技术已经高度成熟。这种瓦沟纹也是红山文化玉器独具特征的一种装饰纹样。

薄胎是将玉器胎壁琢磨得很薄的专门技术。安徽含山凌家滩遗址16号墓出土的喇叭形饰，器表润亮，高1.3厘米，口径1.7厘米，口壁厚0.09厘米[1]，这件玉器尽管体积不大，但其玉胎壁的厚度还不到一毫米，现在将这件玉器定为薄胎器还有争议，但用来证明薄胎技术的产生当无疑义。

技术上能用砣切割，也可用砣打磨抛光。凌家滩可能就已经出现了用砣打磨抛光的工艺，该遗址出土的水晶耳铛，制作十分精致，半球面的圆弧体显示加工球面工艺技术达到了极高的成熟程度。水晶硬度高，易脆，而且菌形状球体制作技术难度很大，特别是球面下的细圆柱和底平面，琢磨得细腻而又精巧，即便使用现代加工技术亦极为不易。

新石器时代解玉砂的发明利用，为玉器抛光创造了有利条件。但在新石器时代晚期玉器抛光技术可能尚不精湛，器表有高度光泽者为数不多。红山文化时代的玉器，抛光技术有了一定发展，但光泽并不是很亮，说明这时的抛光工艺仍只是初步的。

**镶嵌**

在玉器的某个部位嵌入其他材质或者是将玉器嵌入不同材质器物的技术也已经出现了。镶嵌技术的应用，丰富了玉器的装饰内容和色彩效果，提高了其工艺价值和审美价值。山东宁阳大汶口文化遗址4号墓出土的镶嵌绿松石的骨雕筒，剔地起突，上下和中间有三周弦纹带。弦纹带之间各嵌松绿石圆饼五个，一侧穿四孔，器壁较薄，刮磨光滑，高7.7厘米，是玉与骨的镶嵌代表，开创了我国珠宝首饰镶嵌之先河[2]。

玉器业生产包括采矿、选矿、开坯、设计、琢磨、抛光等多项工艺，需要有掌握一定技术的人员统一协调指挥，不可能只作为家庭副业而存在。在凌家滩M145中，24件随葬品都是玉石器，其中包括成品、半成品和石芯等，墓主可能是专业的玉石制作工匠[3]。红山文化的斜口箍形器，整体略作椭圆筒状，中空，一端平口，另一端斜口。斜口的一端口径较大，外面形如马路箍，以黄、绿色为基调，一般在靠近平口一端钻有一对小孔或打出一对缺口，器长多为8—14厘米。其中牛河梁遗址第二地点1号冢M4出土的一件箍形器较为特殊，长达18.6厘米[4]，在开采和加工各方面都有很大难度，需要有掌握精湛技艺的工匠经过施钻、剔挖、锉磨等多道工序方可制成。当时应该已经出现了制作玉器的专门作坊，并且有了分工作业。

## （二）器类及其地域特点

新石器时代晚期各地玉器种类、造型及特征各有不同，表现了各地域、各考古学文化不同的精神生活和工艺、文化传统。

红山文化流行的器类主要是璧、环类和各种动物形象的玉制品和筒形玉。其中动物形玉以龙形玉、龟形玉、鸟形玉和玉蚕为最主要的形象，还见有少量的鱼、虎等。勾云形玉佩也是红山玉器中最具特征性的器型之一。玉璧有单璧、双联璧、三联璧等。此外，共同组成红山文化玉器群的还有玉梳背、玉管、玉珠、玉坠、丫形器、棒形器等。

长江下游地区玉器主要集中在凌家滩、薛家岗、北阴阳营和崧泽等文化。凌家滩遗址所出玉器以玉礼器为主，玉器种类繁多，质地多种多样，制作工艺先进。器物造型突出表现了人和动物的神韵，充分展示了原始艺术的风采；特别是在器形所表现的“神”气上，体现出凌家滩玉器独特风格，

1 安徽省文物考古研究所：《凌家滩——田野考古发掘报告之一》，北京：文物出版社，2006年。

2 山东省文物管理处、济南市博物馆：《大汶口——新石器时代墓葬发掘报告》，北京：文物出版社，1974年；山东省文物考古研究所：《大汶口续集——大汶口遗址第二、三次发掘报告》，北京：科学出版社，1997年。

3 安徽省文物考古研究所：《凌家滩——田野考古发掘报告之一》，北京：文物出版社，2006年。

4 辽宁省文物考古研究所：《牛河梁红山文化遗址发掘报告（1983—2003年度）》，北京：文物出版社，2012年。

尤具特色。凌家滩遗址出土的玉器，数量众多，品种丰富，有斧、钺、戈、镯、璜、环、玦、璧、管、勺、笄、扣形饰、菌形饰、装饰片，以及玉人、玉龙、玉龟、玉版、双翅猪首和八角星纹的玉鹰等[1]。崧泽、北阴阳营及薛家岗文化的玉器种类则都以装饰性挂件为主，并有一定数量的钺。其中崧泽文化主要有玉璜、玉环和玉琀等；北阴阳营文化的玉器有玉璜、玉玦、玉管、玉珠等；而薛家岗主要为玉璜、玉镯、玉环、玉管、琮形器及玉坠等。

与北方地区的玉器相比，南方地区的玉器的种类和形制有着自身的地域特色。一个较突出的表现是，璜或类似璜形的的玉器颇为常见，钺的比重也较大，同时在个别钺等玉石器上有朱绘纹饰。这些玉器在制作工艺上也表现出一定的特点，比如玉钺等较大的玉器中有相当部分呈现为鸡骨白色，而这类泛白的玉器往往缺乏光泽，质地也稍欠佳。总之，从制作工艺和造型特点的角度来看，南方地区的玉器也是自成系统的。

大汶口文化的玉器兼具南北玉器的特征，并存在一定的自身特点。大汶口文化早期的玉器不多，除钺之外，还有一些小件装饰，如环、坠饰等。中晚期起，玉器的种类和数量均大幅攀升，许多遗址都有玉器发现。玉器的种类既有大件的钺、璧、琮、佩、牙璧、瑗、环、连环、镯、璜等，也有小件的玦、管、珠、片、镞形器（或称锥形器）、坠等装饰品。其中只见于大汶口文化南部分布区的琮、琮形管、璜、各种佩饰等，显然与来自南方良渚文化的影响有关，而其他玉器的存在则表明，大汶口文化确实存在着自身的玉器工业。



## 二、铜器冶炼

考古发现最早的铜器见于半坡文化的姜寨遗址，在这里见到了铜片及铜竹状物，前者已残成半圆形，直径4.8厘米，厚0.1厘米，含铜66.54%、锌25.56%、铅5.92%，还有少量的铁、锡、硫，系铸造而成；后者为铜片卷成，已压扁，残长5厘米、直径0.4厘米，含铜69%、锌32%。二者均为一种杂质较多的黄铜，其原料可能是铜锌共生矿中的天然铜。铜竹状物发现于T259的第二层，黄铜片紧贴方形半地穴F29的已被烧成红色的坚硬居住面，嵌入居住面表面[2]。

新石器时代晚期的铜器集中发现于黄河流域和辽西这两个地区。

北刘遗址发现一件黄铜的铜笄，表明当地的居民也已开始了金属冶炼的尝试[3]。

1942年在山西榆次源涡镇发现过一块陶片上附有铜渣，后经化验知其含铜47.67%、硅26.81%、钙12.39%、铁8%，应是冶铜剩下的炼渣[4]。源涡镇遗址的年代约在公元前3000年。

在山东泰安大汶口一号墓随葬的一件小骨凿上发现有附着的铜绿，含铜率为99%，也许是铜器加工的残留[5]。

在牛河梁遗址第二地点4号积石冢一号墓出土一件小铜环，经鉴定含铜量达99%，系铸造的纯铜制品[6]。

西台遗址F202堆积中出土了两组外形呈长方体的完整合范。第一组每扇长5厘米，宽3.5厘米，厚2厘米，上面留有浇口，范腔为一鸟首或钩形物，为铸造铜器的模具；第二组相对第一组略小，每扇长2.5厘米，宽2.1厘米，也留有浇口。同时在F4及南部围壕内还出土了6件单扇的陶范。这在目前中国乃

1 安徽省文物考古研究所：《凌家滩——田野考古发掘报告之一》，北京：文物出版社，2006年。

2 西安半坡村博物馆等：《姜寨——新石器时代遗址发掘报告》，北京：文物出版社，1988年。

3 西安半坡博物馆、渭南市博物馆、陕西省考古研究所：《渭南北刘遗址第二、三次发掘简报》，《史前研究》1986年第1—2期合刊，第111—129页。

4 安志敏：《中国早期铜器的几个问题》，《考古学报》1981年第3期，第269—286页。

5 山东省文物管理处、济南市博物馆：《大汶口——新石器时代墓葬发掘报告》，北京：文物出版社，1974年。

6 辽宁省文物考古研究所：《牛河梁红山文化遗址发掘报告（1983—2003年度）》，北京：文物出版社，2012年。

至东亚范围内都是很早的冶铸实例[1]。

黄河中游的陕甘一带和辽西的努鲁儿虎山均是铜矿的富集区域，中国最早的铜器在这些地方出现，说明铜器的发明与自然环境所提供的条件息息相关。以当时人类的认知水平而言，发现铜矿并不困难，但要掌握冶铸的知识，则非易事。前提是至少具备冶铜所需要的高温技术和耐火材料，自然铜的熔点在1000℃以上，只有加入一定量的锡，才能降低熔点而便于冶铸，但锡矿品位低，不易开采，虽然可以用铅代替，但铜铅合金性脆，所以铜锡合金的冶铸技术表现出当时人类在实践和认识上都达到了一个很高的水平。上述铜器或与冶铜有关的遗物，尽管个体很小，器形简单，但源涡镇的铜渣明显是坩埚内残剩的炼渣，西台遗址更是出土了明确的范，表明当时的人们已经学会了炼铜，和仅知用天然铜锻打而制成小件铜器的新石器时代中期情况有很大的不同。

## 三、制陶技术的进步

### （一）陶土及其处理

新石器时代晚期古人对陶土的加工处理随着对日用泥质容器使用的增加、和陶器成形中轮制技术的应用，有了更高的要求。以长江中游地区的屈家岭文化为例，其陶器按照陶质可分为泥质陶和夹砂陶两大类，在此前已流行数千年的夹炭陶被淘汰了。泥质陶在数量上占绝大多数，有些遗址如肖家屋脊、邓家湾等，泥质陶的比例高达90%左右。屈家岭文化的陶器除用于炊事的鼎、甑、罐等外，大量日用容器如各式杯、豆、盘、碟、壶均为泥质陶。屈家岭文化时期，轮制技术已经普及，而轮制对于泥料的选择和加工是有很高要求的，在快轮上拉坯所用的泥料，不仅选料要精细，而且还要长时间地浸润揉练，只有这样，才能增强泥料的柔韧性和可塑性，使拉坯成型成为可能。屈家岭文化中薄胎陶器很多，仅屈家岭遗址的第二次发掘，就发现蛋壳彩陶片8275片。这些薄胎陶器均属于细泥陶。如果不对陶土原料预先进行细致的淘洗和加工，要大量制作这样薄的陶器是很困难的。与之相对应，对炊器，屈家岭人则采用夹砂陶土加以制作，夹砂陶器中的缸、鼎等的器胎中还被羼加有碎陶末，其作用大概和沙子相同。

新石器时代晚期人们还制作白陶。白陶是采用含铁量较一般黏土明显偏低的高岭土为原料制作的陶器。高岭土粘性较差，耐高温，制作的工艺技术要求较高，其烧成温度可高达1200℃以上。白陶器皿的器壁多数薄而均匀，质地坚硬，色泽明丽，扣之声音清脆。这一时期的白陶主要见于大汶口文化和屈家岭文化。白陶出现于大汶口文化晚期阶段，分泥质和夹砂两大类，质地细腻、坚硬，色泽为纯白或淡粉红色。出土的白陶器型较为规整，泥质白陶主要有有豆、壶、罐、杯、盉等；夹砂白陶有鬶、鼎。屈家岭文化的白陶器物多属圈足盘，尽管其数量在整个陶器中所占比例不大，但它的胎质细腻，颜色纯白，造型规整，尤其是通体戳复杂图案，凹凸不平，层次分明，具有浅浮雕的风格。珠江三角洲地区的陶器，以夹砂陶为主，泥质陶次之，也有一些白陶存在，一般为泥质或夹细砂。

### （二）制法

各种手制成形的方法在新石器时代晚期仍然存在，比如黄河上游地区此时的陶器成形仍以泥条盘筑法为主，但多经慢轮修整，制造的器形对称规整。器表多进行抹、压、磨、刮等修整工序。小件器物直接手捏而成，如各种动物形的小工艺品，形象生动，技艺高超。

黄河中游地区在慢轮修整的基础上发明了快轮制陶技术。考古发现有慢轮修整的轮盘，在甘肃省宁县阳坬遗址、秦安大地湾遗址和合水县孟桥遗址中均出土有“锣式”陶转盘，陶盘口径30—40厘米不等。值得注意的是，宁县阳坬遗址和大地湾遗址出土的“锣式”陶转盘的内底还另加一圈凸

1 杨虎、林秀贞：《内蒙古敖汉旗红山文化西台类型遗址简述》，《北方文物》2010年第3期，第13—17页。

棱，也许是与制陶技术有一定关系。另外，阳坬遗址F5也发现有不施棱的陶转盘，这两种“锣式”陶转盘可能晚于“帽式”陶转盘[1]。以上各地发现的陶转盘，尽管其外形、大小不同，或陶质、陶色不同，但它们的共同特征都是浅斜腹、方唇、宽沿面、小平底、直口或侈口、器壁厚而重，一般多素面，或仅在器表有一些平行弦纹等。在这一时期的遗址中发现有快轮制陶的线索，如甘肃省秦安王家阴洼遗址的墓葬中，曾出土一件编号M61:2的泥质红陶束腰葫芦形器，其底部有明显的偏心圆纹，这是用线绳从陶轮上割离陶器的工艺痕迹，这种工艺产生于快轮制陶之前，是后来快轮制陶的重要工艺程序之一[2]。还有陕西华县柳子镇泉护村遗址，在泥质红陶和灰陶的陶杯、陶碟底部，也发现有快轮制陶遗留下的偏旋纹痕迹[3]。从这个时期的陶器观察，大量的陶器是慢轮制作的，快轮制陶仅限于一些小型陶器。慢轮制作的器物口沿往往都用布条蘸水在转盘上修整过，是新石器时代陶器中普遍遗留下的痕迹。

黄河下游地区在这一时期早段以手制加慢轮修整技术为主，大汶口文化中段的轮制技术还不成熟，往往只应用在一些小件器物上，在西夏侯遗址下层的墓葬中发现有这类器物。晚段的轮制技术已日渐成熟并得到了广泛应用，能够生产出罐、壶一类的大型陶器。由于轮制技术的巨大效益，即可以数倍数十倍地提高生产效率，并且这种新技术成型的陶器器壁厚薄均匀，规整性也有了极大的提高。所以，在不太长的时间内，快轮拉坯成型技术就得到了迅速的推广和普及。到大汶口文化晚期，采用快轮拉坯成型技术生产陶器已经成为比较普遍的现象。时代约在大汶口文化中晚期的西夏侯遗址出土的小陶豆的底部，已见到线绳勒割的轮制痕迹[4]。

屈家岭文化制陶工艺中普遍使用快轮。在关庙山大溪文化第四期的细泥黑陶中，有些豆、细颈壶、曲腹杯和平底杯上留有螺旋式拉坯指印[5]。红花套遗址H76出土的一件细泥黑陶矮圈足细颈壶，肩部和近底部内壁也有明显的螺旋式拉坯指印，按顺时针方向旋转[6]。据对邓家湾、六合、肖家屋脊、走马岭、阴湘城遗址等屈家岭文化陶器的观察，喇叭形薄胎小杯、壶形器、双腹豆、双腹碗、双腹鼎、高圈足杯等器形，绝大多数都是用快轮成形的。比如六合遗址出土的喇叭形薄胎杯，泥质红陶，器底和内壁都留有逆时针方向的螺旋形拉坯指印，底外有线割坯留下的偏心涡纹[7]；邓家湾M71所出壶形器，泥质橙黄陶，圈足残，口径9.5厘米，残高11.8厘米。领内表有逆时针方向的螺旋形拉坯指印；邓家湾T606③：10高圈足杯，泥质橙黄陶，表面饰多组竖划纹，口径7.2厘米，高12厘米，在壁内表和底部都有逆时针方向的螺旋形拉坯指印[8]。在快轮成型的陶器中，有的是一次成型，也有的是各部分分别成型后再接合在一起的。除快轮成型外，泥条盘筑法仍在屈家岭文化居民的制陶中继续使用，特别是一些体量比较大的陶器，还只能用泥条盘筑法成形。此外，少数不很规则的小陶器也仍然是用手直接捏制的。

相比而言，以手制为主，器口部采用慢轮修整，是这一时期较为普遍的陶器成形方式。长江三角洲地区的陶器主要为手制轮修，较晚阶段出现了少量的轮制陶器。器形规整，尤其是泥质陶器胎壁均



---

1 庆阳地区博物馆：《甘肃省宁县阳坬遗址试掘简报》，《考古》1983年第10期，第869—876页；甘肃文物考古研究所：《秦安大地湾——新石器时代遗址发掘报告》，北京：文物出版社，2006年；李红雄等：《甘肃庆阳地区南四县新石器时代文化遗址调查与试掘简报》，《考古与文物》1988年第3期，第7—17页。

2 甘肃省博物馆大地湾发掘小组：《甘肃秦安王家阴洼仰韶文化遗址的发掘》，《考古与文物》1984年第2期，第1—18页。

3 黄河水库考古队华县队：《陕西华县柳子镇考古发掘简报》，《考古》1959年第2期，第71—75页；黄河水库考古队华县队：《陕西华县柳子镇第二次发掘的主要收获》，《考古》1959年第11期，第585—587、591页。

4 中国科学院考古研究所山东队：《山东曲阜西夏侯遗址第一次发掘报告》，《考古学报》1964年第2期，第57—106页；中国社会科学院考古所山东工作队：《西夏侯遗址第二次发掘报告》，《考古学报》1986年第3期，第307—339页。

5 中国社会科学院考古研究所湖北工作队：《湖北枝江关庙山遗址第二次发掘》，《考古》1983年第1期，第17—29页。

6 红花套考古发掘队：《红花套考古遗址发掘简报》，《史前研究（辑刊）》1990—1991年，第309—317页。

7 荆州地区博物馆、钟祥县博物馆：《钟祥六合遗址》，《江汉考古》1987年第2期，第1—31页。

8 湖北省文物考古研究所石家河考古队、北京大学考古学系石家河考古队、湖北省荆州博物馆石家河考古队：《邓家湾——天门石家河考古报告之二》，北京：文物出版社，2003年。

匀，造型规范，表明慢轮修整时轮速提高，手法更加熟练。许多器物都采用分段制作、捏合成形的方法，捏合处巧妙地用附加堆纹、弦纹等纹饰装饰。有些特别细高的豆把，还使用交叉泥条在内壁支撑加固的办法。福建沿海地区的陶器多为手制，口部有轮修痕迹，器内壁常留有许多凹凸不平的垫窝。东北地区的陶器制作工艺较为保守，比如小河沿文化大南沟墓地出土的陶器，全部采用手制法成形，部分经慢轮修整[1]。无论如何，轮制技术都影响着各地制陶业，并逐渐地为各地文化所引进吸收，包括在广西地区发现的部分陶器，器形规整，器表留有明显的轮制痕迹，说明轮制技术也已开始应用到陶器制作当中了。

黑陶是在强还原焰气氛中进行渗炭而烧制成的。烧窑后期，温度控制在400℃—500℃的，由于胎体的温度逐渐下降，胎体上的空隙具有吸附作用，这时封闭陶窑的排烟孔造成窑室内通风不良、氧气供应不足，而木柴炭化后在窑内产生大量的黑烟，这黑烟实际上就是许多微小炭粒，陶胎的空隙吸附炭粒，并逐渐向陶胎内部深处扩散，直到吸附作用停止，渗入陶胎的炭粒便沉积在孔隙里，黑陶就烧制成功了。新石器时代晚期的居民显然已经很好地掌握了这一技术，在大汶口文化和屈家岭文化中都可见黑陶，由于窑温较高，渗炭比较彻底，这些黑陶器大多表里一色，坚实耐用。

### （三）造型与彩陶

新石器时代晚期陶器造型丰富多彩，与新石器时代中期相比出现了很多新的器型，且不同地域不同文化的器物，形态选择与制作工艺各有特色。黄河中上游地区器类有盆、钵、杯、盘、勺、瓶、壶、罐、甑、缸、瓮、带嘴锅等多种，部分的盆、钵、壶、带嘴锅的上部为泥质陶、外表饰彩纹，下部为夹砂陶、外表饰绳纹，集两种陶质和装饰于一身。

黄河下游地区陶器的造型和种类异常丰富多彩并富于变化。主要的陶器种类有鼎、豆、觚形杯、三足钵、壶、高柄杯、鬶、盉和背壶等，一类器物还可分为多种不同的型，如鼎又可区分出罐形、盆形、釜形、盂形、壶形和带柄等各种造型。大汶口文化陶器制作工艺的进步不仅是器类的增加，还表现在器物造型的日趋复杂上，如三足器、圈足器的数量明显增多，许多器物出现了各种附件，如耳、鼻、饼、突、流、把等，这种现象在大汶口之前的文化中极为少见，此时还出现在豆一类器物的圈足上流行镂孔的装饰手法。在器物造型方面更加追求实用性和艺术性的结合，出现了以动物形象为主题的陶器，如三里河遗址出土的狗形陶鬶等[2]。

长江三角洲地区的陶器装饰技术也达到了相当高的水平，特别是镂孔、刻划和彩绘，图案精美，只有经过长期学习和实践的专业人员才能完成。镂孔主要用于豆和壶的圈足，由圆形、弧边三角形和长方形等元素组成丰富的图案；刻划纹主要饰于罐、壶的肩、腹部，为各种形式的纺织纹。这些都表明当时陶器生产的专业化程度已经很高。

珠江三角洲地区流行圜底器和圈足器，少平底器。夹砂陶多饰细绳纹并在器身上半部和口沿刻划凹弦纹、条纹、波浪纹、贝印纹等。泥质陶多施彩绘，是特征性器物之一，以彩陶圈足盘最有特色，施彩前器表一般经过打磨，并且带刻划纹、镂孔等。白陶陶器器表压印凹弦纹、波浪纹。饰圆点和短弧线的圈足盘也很有特点，纹样包括戳印的“S”字形、“X”字形、圆圈、圆窝、篦点等，单个纹样往往首尾相接，形成一周或数周简练的花纹条带。

广西地区的陶器流行圈足器和圜底器，较晚阶段出现三足器。器表装饰以细绳纹为主，并有数量较多的复线水波纹、短线纹、“S”字形纹、戳印篦点纹和菱形镂孔等。

福建沿海地区的陶器以圜底器居多，次为圈足器。器表装饰方法主要有拍印、压印、刻划和戳点四类，还有少量抹光施红陶衣。其中拍印纹饰都经湿手轻抹而使纹路显得浅淡模糊。压印纹主要是利用贝壳边缘的自然纹络直接在陶坯上压印而成，称之为“贝齿纹”，一般都较深刻清晰而多有

1 辽宁省文物考古研究所、赤峰市博物馆：《大南沟——后红山文化墓地发掘报告》，北京：科学出版社，1998年。

2 中国社会科学院考古研究所：《胶县三里河》，北京：文物出版社，1988年。

间断。刻划纹多为双线或多线平行，或转折交叉组成纹样。戳点多是连续成排的，其形状有方形、圆形、椭圆形、三角形等。

台湾地区的陶器形制简单，以圜底器和平底器为主，圈足器较少，缺乏三足器。器类单调，主要有罐、钵两种。大部分陶器器表饰绳纹，另有篦划纹、波折纹、交叉纹、贝纹等，口沿部分常见单线或双线的刻划纹，还有少量的红色条带彩饰。

彩陶在这一时期进入顶峰，以黄河流域和长江中游地区最为发达，周边的长江下游、北方地区也有发现。

黄河中上游地区泥质陶器上多有彩绘，彩有红、黑、白三种，以黑色为主。彩绘的部位除在陶器的口、颈、肩和腹上部外，也见在内壁施彩或全身遍施彩绘。彩陶的纹饰都在陶器入窑之前画上，纹饰附着牢固，彩色浓郁，漆黑发亮。以鸟、龟等为代表的动物纹和以玫瑰花为主题的花卉图案是其彩陶纹饰的主体。

大汶口文化的彩陶可能是受庙底沟文化影响发展起来的。彩陶的颜色以黑、红两彩为主，也有白、黄、褐色，用彩手法有单彩和复彩之分。花纹以使用地色的两层和三层图案最具特色，技法十分娴熟，其中以白地绘黑、红两色纹样和红地绘黑、白两色纹样所构成的图案最具代表性，构成彩陶纹样母题元素的图案种类繁多，如弦带、三角、垂弧、圆点、圆圈、勾叶、折线、菱形、八角星、连山、网格、涡纹等，把这些元素加以组合形成比较复杂的各种纹样。



长江中游的屈家岭文化彩陶可分为两类：一类为薄胎彩陶，或称为蛋壳彩陶；另一类为厚胎彩陶，也就是普通彩陶。薄胎彩陶的厚度仅0.2厘米，有的厚度只有0.05厘米。薄胎彩陶是屈家岭文化中最有特色的陶器，仅限于两种器形，即彩陶杯和彩陶碗。而彩陶杯的数量远远多于彩陶碗。薄胎彩陶上的色衣和彩纹颜色往往浓淡相间，具有晕染风格，特别精美。这种用彩的特点在其他地区少见，成为长江中游薄胎彩陶的一大特征。较晚阶段的薄胎彩陶多为平底的小杯，同时新出现喇叭形小杯，均施橙红、灰色或黑色的陶衣，陶衣单色的少，多数是两三色兼施，还有的是两层陶衣重叠。彩纹多用黑色，少数为橙黄色和红色。其上彩方法是用小刷蘸取深浅不同的色料，在器表横刷，从而形成云彩一般的效果。有的学者称这种彩绘为晕染，是屈家岭文化特有的一种彩陶纹饰，极具装饰效果。其他纹饰多绘在杯内面的中上部，或外表的口部。纹饰的基本元素有直线、弧线、篦点、方格纹及彩面五种。最常见的内彩图案是在杯内口沿上绘两道平行线，中上部等距离绘三个不规则的圆形或心形彩面，下面再绘两道平行弧线。厚胎彩陶大部分见于壶形器，少数见于盆、鼎、器盖等。陶衣大多为红色，极少数为白色，色彩以黑、红为主，也有褐色的。彩绘图案主要有网格纹、棋盘格子纹和漩涡纹三种。网格纹主要流行于屈家岭类型，漩涡纹常见于青龙泉类型。壶形器上的花纹图案主要绘于颈部和上腹，鼎多见于扁条形足上。器盖则满饰于表面的每一部分。屈家岭文化彩陶色彩浓艳。彩陶配色以黑、红为主，显得庄重而热烈，注重装饰效果。薄胎彩陶的晕染法，主要是通过不同的浓淡层次强调抽象的色彩美。厚胎彩陶的网格纹、漩涡纹、棋盘格子纹，则是通过对称或多方连续，把简单的几何纹组合成具有装饰性的图案。

### （四）陶窑

这一时期北方地区普遍出现陶窑，以横穴式陶窑为多，火膛和窑室严格区分，窑室内通常有窑柱和窑箅，形成火道和火眼而使火力均匀。陶窑的发展趋势是火膛的位置向窑室下方移动，不断提高燃料的效率，朝着节约能源的方向前进了。同时陶窑体积扩大，既提高了陶窑单位烧制陶器的数量，又能烧制更大型的陶器。这种结构完整的陶窑应该是与陶器成批生产相适应的，也为制造大型陶器提供了必要条件。在这一时期的较晚阶段，因流行用密闭式陶窑烧制陶器，许多地区的陶器在还原焰的作用下呈现出均匀一致的灰色或黑色，这和以往在缺乏封闭环境的陶窑中以氧化焰烧成的红陶有着截然不同的风格。这种灰、黑陶火候高，吸水性弱，质地坚硬，无论是用于盛储还是炊煮都更加坚固。

黄河中游地区的陶窑主要分为横穴窑和竖穴窑两种，盛行横穴窑，结构比较原始。横穴窑由火口、火膛、火道、窑箅组成，火膛的两端分别接连火口和窑室。随着烧窑技术的提高，火膛长度缩短，使火力得到了充分利用，并且在火道上增设了箅子和火眼，加强了对火力的控制。之后横穴窑进一步改进，设有多股火道，火眼均匀分布在窑底，使窑室各部位的火力均匀。郑州林山砦遗址发现的陶窑可分前、后两部分。前部完整，后部上口已残，呈圆形。直径1.3米，残高0.4米。窑壁为青灰色，厚1厘米，下部完整，窑底是当时地面下挖成一圆形土坑，窑门向西，窑底部又有下挖1厘米深对称的沟槽成叶脉状，作为火道。这两条对称的东西向的火道，恰将窑底中部分割出一长0.9米、宽0.2米的长方形平台。在窑底的前部，有一个椭圆形瓮状、底部平坦的火坑，南北长1.1米，东西宽0.7米，并在北上口有一小圆形孔眼，与火坑前部连接，中间隔有宽0.3米、长0.7米、厚0.15米的隔梁，隔梁以下又有和火坑相通的火门，上口齐地面，两侧呈弧形，底部由外向内为斜坡状，深0.9米、宽0.6米、高0.65米。另外在距火门两侧1米左右处，还有两个似乎与烧窑有关的对称的椭圆形坑[1]。

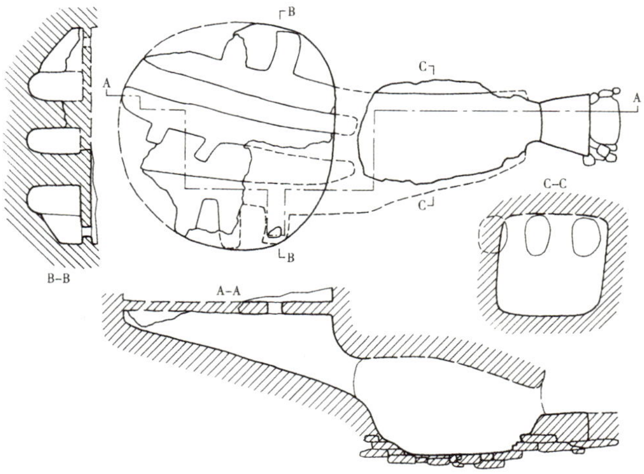

图 3-3 大汶口遗址陶窑

黄河下游大汶口文化的陶窑，见于野店遗址、西夏侯遗址、大汶口遗址和建新遗址等，其中以大汶口遗址的陶窑保存最为完好。该陶窑由窑室、窑箅、火道和火膛四部分组成，为马鞍形横穴窑，窑室近圆形，由三条长火道直通火膛，火道进入窑室后又向一侧分出二三条短火道。火膛近似圆角长方形，后端有火门[2]（图3-3）。

东北地区也发现有陶窑。内蒙古敖汉旗白斯朗营子村四棱山遗址，发现了六座陶窑，这些窑址均为在生土上挖成的横穴窑，由掏洞式火膛和方形或长方形的地穴式窑室组成，窑室内设若干窑柱，窑柱之间形成分火道，窑柱系用石或土、石砌成，窑室四周的壁面往往抹泥或砌石加固，窑址内都残留了不少的陶器。窑址在整体形制上分作单火膛和双火膛两种，单火膛的窑室长、宽在1.3米左右，火膛前面接有一个存深在1米以上的大坑。双火膛连室窑的做法比较先进，为两个火膛的终端共同连接一个长方形窑室，如6号窑址，窑室平面长方形，长2.6米，宽1米，室内置有八个土、石砌成的窑柱，窑柱间形成“十”字状火道。东西并列的两个掏洞式火膛分设于窑室的两边，火膛底为斜坡状，火膛与窑室相接处的通火口则比较低矮，这样有利于向窑室提供密集的火力。这些窑址皆建在山坡上，而火膛一律设在下坡的位置，火膛的添薪口一端朝向西或西北，推测这样做的目的可能是为了迎风，以起到助燃的作用[3]（图3-4）。

屈家岭文化的陶窑保存下来的很少，即便有所发现，也是不完整的。青龙泉Y2分窑室与火膛两部分。窑室在火膛以西，仅存圆盘形底部，西半部已残破，直径约1米。底部有三条火道，两条围绕窑边缘呈弧形，一条居中。这种窑箅结构便于火力集中，能提高窑温。后部与火膛相接处呈陡坡状，便于火力上升。火道之间残留一些陶片。火膛平面略呈椭圆形，底部东高西低呈斜坡状，长1.2米，宽约0.6米，深0.3—0.5米。窑内残留一些木炭、炭化竹片和烧土块等。火膛与窑室相接处有弧形顶盖，已塌

1 河南省文化局文物工作队第一队：《郑州西郊仰韶文化遗址发掘简报》，《考古通讯》1958年第2期，第1—5页。

2 山东省文物管理处、济南市博物馆：《大汶口——新石器时代墓葬发掘报告》，北京：文物出版社，1974年；山东省文物考古研究所：《大汶口续集——大汶口遗址第二、三次发掘报告》，北京：科学出版社，1997年。

3 李恭笃、高美璇：《内蒙古敖汉旗四棱山红山文化窑址》，《史前研究》1988年第4期，第52—66页。

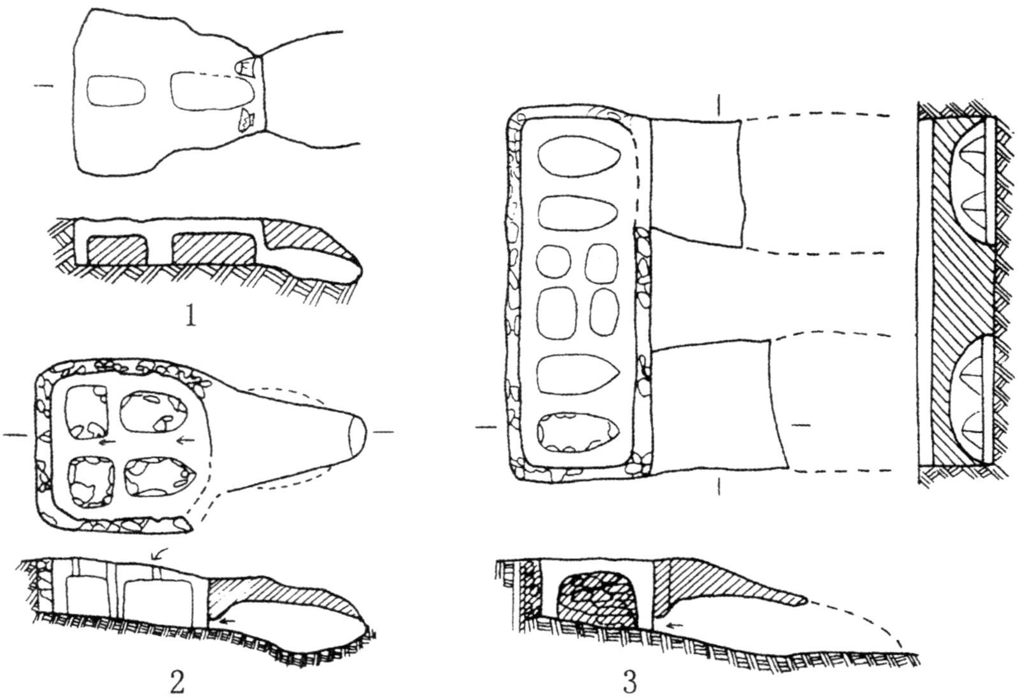


图 3-4 四棱山遗址陶窑
1. Y3 平剖面图 2. Y1 平剖面图 3. Y6 平剖面图

落。窑室底部因经长期火烤，表面形成一层青灰色硬面，厚6厘米。Y1与Y2的结构基本相同，窑室直径约1.2米，其上有三条火道，火道后部与火膛相接处的顶已塌落。火膛东段已残缺，残长0.6米、宽0.77米，残存深0.3米，窑内堆积草灰和烧土块。这两座窑由于破坏严重，窑室的上部结构已不可知[1]。从火膛与窑室之间有弧形顶盖来看，其窑室周壁和顶部也可能呈弧形。这种形状的窑室显然是比较科学的，因为它更加牢固，也更容易密封。封闭的陶窑使窑内形成还原焰，使陶胎内的氧化铁大部分还原成氧化亚铁，从而使陶胎变成灰色。屈家岭文化的陶器以灰色为主，黑色其次，红色占第三位。灰陶的大量烧制说明陶窑的结构比过去更加合理。屈家岭文化的灰陶绝大多数呈浅灰色，颜色比较纯正一致，说明当时窑工已能准确控制火候。

新石器时代晚期陶器生产的专业化趋势已经形成，农业的发展，饮食的多样化和生活内容的丰富，以及厚葬之风的盛行和随葬品中大量使用陶明器的现象，都促进了陶器需求量的增加，推动着陶器生产的迅速发展，在一定程度上加大了陶器生产的专业化的需求。因陶器生产中快轮技术得到发明和推广，尤其是轮制术得到广泛运用，出现了作为工艺品的薄胎陶器。这种陶器制作精致，陶泥要经过多次沉练，在轮旋过程中加以切削成形，要求轮盘转速很高并且有足够的稳定性，烧制时需要对火候有严格的控制，没用专门的陶窑和经验丰富的工匠是不可能达到这种水平的。此时，陶器装饰技术也达到了相当高的水平，特别是镂孔、刻划和彩绘，图案精美繁缛，只有经过长期学习和实践的专业人员才能完成。所以，这一时期至少是在局部地区陶器生产的专业化应该已经出现。大汶口文化大墩子遗址发现一座墓主为50多岁的老年男性的墓葬，其随葬品中陶器较多，并且还有5块绘制彩陶用的颜料石，经鉴定为天然赭石，蘸水研磨所得颜料与彩陶上所画的红彩相同[2]。推测此人应是专事

1 中国社会科学院考古研究所：《青龙泉与大寺》，北京：科学出版社，1991年。

2 南京博物院：《江苏邳县四户镇大墩子遗址探掘报告》，《考古学报》1964年第2期，第9—56页；南京博物院：《江苏邳县大墩子遗址第二次发掘》，《考古学集刊》1，北京：中国社会科学出版社，1981年，第27—81页。

陶器生产的陶匠，很可能就是一名技艺高超专业彩陶画师。



## 第四节　新石器时代晚期的房址、村落与建筑技术

### 一、房址结构

传统的半地穴式建筑在黄河流域及其以北地区仍然是普通居住型建筑的主流。该时期晚段，黄河中游地区的房屋逐渐发展成地面式建筑，以单室为主，方形建筑占据了主导地位，晚期出现多室，且有不同功能房屋组合。在建筑技术上，不仅对墙壁、地面等修筑得更加精细，而且对一些特殊功能的房屋采用了新的装饰工艺，出现了壁画等。

新石器时代晚期的半地穴式建筑主要为圆形或方形单间，以方形或长方形的较为多见。

庙底沟遗址的301号房子，方向206度，门道长2.84米、宽0.6—0.72米，成11度的斜坡，两壁残高0.43—0.76米，斜坡路面均敷有一层厚7—14厘米的草拌泥。进门便是居住面，略呈长方形，南边长7.42米，北边长6.8米，东边长6.18米，西边长6.27米，系用厚7—14厘米的草拌泥敷成，呈灰白色，质极坚实。火塘在屋内南部的正中，恰与门道相对，圆形竖穴。浅竖穴的四壁，均敷有一层厚6—8厘米的草拌泥，残存坑壁最高为0.68米，最低为0.34米。柱洞残存共37个，屋内中部4个，对称作方形，用以支撑屋顶，下面置有石柱础，系用两面平整的天然砾石。四壁33个，排列甚整齐，有的露出于壁外，有的则隐存在壁内。洞有直立，也有斜的，斜度最大者为16.5度。洞径最大为24厘米，最小则仅14厘米。木柱埋下时，这些柱洞均于空隙处填塞草拌泥以使其稳固。从剖面上看，有的柱洞原系直的，而所埋置的木柱痕迹却成为倾斜的形状。在洞内填土中，常发现有少量木灰，当为木柱腐朽后的遗迹。屋顶及墙壁均已塌陷，堆积于屋内及其周围，呈黄色，上部较松，下部较硬，内含有较多的草茎。从这些堆积来看，可知当时屋顶及墙壁上敷有草拌泥[1]。

大河村遗址的16号房址，长方形半地穴式，南北长约3.7米，东西宽1.7米，东墙残高30—36厘米，西墙残高6厘米，墙宽30—40厘米，房内地势北高南低，面积6.29平方米。在紧靠东墙的中部偏北处有一个正方形的烧火台，边长78厘米，高出地面5厘米。在烧火台的北侧边有一道东西长84厘米、厚6厘米、残高4—15厘米的挡火墙。烧火台和挡火墙均被烧成棕红色。另外，房内西北角有一个梯形土台，东西长96厘米，南北宽64—74厘米，高出地面4厘米。房内中部偏北有三个排列不大规则的柱洞。柱洞直径为15—20厘米，深18—35厘米。柱洞可能与支撑房顶有关。此房基的建筑方法，是先在地面上挖一长方形土坑，以坑壁作为房基下半部的墙壁，地面以上再沿坑壁用红烧土块垒砌成上半部墙壁。坑底略加平整后，抹一层厚2厘米的砂质细泥做地坪，并沿四周坑壁继续向上涂抹砂质细泥做墙皮。地坪和墙皮均未经烧烤。门向不详，但由于东、西、北三面都未发现有门道迹象，南墙又被H26全部打破，因此推测房门可能开在南面[2]。

铜川李家沟遗址的1号房址，平面呈前大后小的梯形，系半地穴式套间建筑。外间南壁长6.3米，北壁长5.46米，南北进深8.35米。门开在南壁正中部。内间建在北壁中部，系利用北壁做后墙，东西宽2.35米，南北进深2.20米，门宽1.16米。内间的门与外间的正相对。居住面的筑法是在原来不平整的地面上铺垫一层厚4—20厘米的细黄土使地基平整，然后，再均匀地铺垫一层厚约20厘米的料姜石碎块，表面和墙壁上用料姜石末抹光，经火烧烤成厚约4厘米，并且相当坚硬的青褐色硬面。室内中央有一灶坑，圆形深穴，口径1.3米，深0.9米，周壁及底面用料姜石末抹光，厚4—6厘米，由于长期烧烤，相

---

1 中国科学院考古研究所：《庙底沟与三里桥——黄河水库考古报告之二》，北京：科学出版社，1959年。

2 郑州市文物考古研究所：《郑州大河村》，北京：科学出版社，2001年。

当坚硬[1]。

黄河下游的房址发现较少，王因遗址清理房址14座，基本为半地穴式，平面分圆形、椭圆形和长方形三种，门开在南侧，房址周围分布有数量不等的柱洞。其中的2号房址保存较好，平面近方形，东西长5.6米，南北宽5.3米，面积29.6平方米。门道开在南侧，留有三级台阶，室内有九个柱洞，柱洞底部铺垫红烧填土渣，推测应是两面坡式建筑[2]。

大汶口遗址发现3座房址，均为方形，分地面和半地穴式两种，面积较小，一般在4—5平方米之间。门道分别开在南面和北面。墙为木骨泥墙，木骨的数量不一。地面式房屋的建筑形式是先挖基槽，然后栽柱并内外垛泥形成墙体，复原后为四角覆斗式尖顶房屋。半地穴式房屋在穴壁周围立一周木柱，转角处木柱较粗，推测屋顶应是两面坡式[3]。

长岛北庄遗址共发现房址16座，形状皆为圆角方形和长方形半地穴式，面积在15—20平方米，一般由居住面、墙基、灶、门道、柱洞等组成，居住面低于当时的地面，系用灰黄土铺垫而成，部分地方经火焙烧而形成红烧土硬面。房内设“箕形灶”，包括灶面、灶坑和灶圈三部分。门道开在南或东南面，呈斜坡状。房基周围分布有数量不等的柱洞，居住面上一般有1或2个柱洞[4]。



诸城呈子遗址发现房基1座，方形，东西长4.65米，南北宽4.55米，面积近20平方米，墙基由平地挖槽起建，槽内填黄灰土并经砸实。基槽内发现50个柱洞，排列相当密集，似为木骨泥墙。门朝西南，室内有4个柱洞，均经过特殊处理。依据这种房址的形状、结构分析，这类房址应为攒尖顶四面坡式，顶部的重量主要由分布在四周和居室中的木柱来支撑。门道处应有门棚，起遮风挡雨的作用。从建筑结构和布局观察，其建筑技术已相当进步[5]。

枣庄建新遗址发现27座属于这一时期的房址，均为浅穴式建筑，平面形状分为长方形、方形和圆形，以长方形和方形居多。除两座为双间建筑外，均单间建筑，建筑面积一般为10—20平方米之间，大者20—30平方米。房址四周挖有基槽、柱坑或柱洞，在一些较大的房址里还有一排东西或南北向柱洞，与房基两侧的柱洞平行排列。这批房址多数没有发现门道，根据柱洞的排列判断，门应以西向为主，个别向南或向北。保存较好的居住面一般比较平整光滑，房内没有发现灶址。遗址中还清理出一座近方口的水井[6]。

内蒙古中南部地区包括大青山以南的呼和浩特市、包头市、乌兰察布盟、鄂尔多斯市等处，经过发掘的遗址多数都发现房址，基本上都是半地穴或建筑，多数为长方形或方形。长方形的房址开间大于进深的居多，面积大约有10—15平方米。门道开在一侧的中部，多成斜坡状，少数存有台阶。较规整的房址中柱洞一般位于沿穴壁四周的屋内地面和门道两侧。居住面基本不做太多的处理。灶址普遍设在房址中轴线上，与门道相对，多数作浅坑状，有单灶与双连灶之分。

白草塔遗址共发掘25座房址，基本上都是双连灶的半地穴建筑。以28号房址为例，平面近长方形，开间3.4米，进深3.16米，居住面坚硬平整，其下垫有一层黄沙土。穴壁保存高度0.3—0.5米。屋内对称地分布着4个灶坑。北壁下还有一个圆形地臼，口径0.18米，深0.2米，周壁及底贴敷一层碎陶片和小石子。门道凸出在东壁中部，为铺以石板的两级台阶[7]。

---

1 北京大学考古文博学院、郑州市文物考古研究院：《河南新密市李家沟遗址发掘简报》，《考古》2011年第4期，第3—9、115页。

2 中国社会科学院考古研究所：《山东王因——新石器时代遗址发掘报告》，北京：科学出版社，2000年。

3 山东省文物管理处、济南市博物馆：《大汶口——新石器时代墓葬发掘报告》，北京：文物出版社，1974年。

4 北京大学考古实习队、烟台地区文管会、长岛县博物馆：《山东长岛北庄遗址发掘简报》，《考古》1987年第5期，第385—394、428页。

5 昌潍地区文物管理组、诸城县博物馆：《山东诸城呈子遗址发掘报告》，《考古学报》1980年第3期，第329—386页。

6 山东省文物考古研究所、枣庄市文化局：《枣庄建新——新石器时代遗址发掘报告》，北京：科学出版社，1996年。

7 内蒙古文物考古研究所：《准格尔旗白草塔遗址》，《内蒙古文物考古文集》第1辑，北京：中国大百科全书出版社，1994年，第183—204页。

后城嘴遗址10号房址，门道开设在东侧穴壁的中间，居住面垫土夯实，中部有一略鼓起的圆形地面灶，灶址附近存留一个柱洞，屋内四角各有一块烧烤面[1]。

白泥窑子遗址D地点3号房址，平面略呈圆角方形，长4.6米，宽4.3米，贴四壁建有一周厚泥墙，灶址略居中部，东南壁设有门道，门两侧各筑一道小泥墙，在居住面上和墙体内残存3个柱洞[2]。

东北地区赵宝沟遗址的房址在室内设施上并没有太大差别，一些面积较大，位置比较重要的房屋，则显现出特殊的设置。如6号房址和9号房址，屋内地面分成上、下两级，上级位于西北部，高出下级地面10—40厘米，房址东南壁的中部向外掏有一穴，方形灶坑设在上级地面，上、下两级地面各有一对柱坑。6号房址的下级地面还有两个直径约1.5米左右的圆形浅凹。灶址与东南壁的坑穴连成房屋的中轴线，两对柱坑和一对浅凹对称地置于中轴线两侧。这种具有复杂设施的房屋恐怕未必是一般居所，而可能有着某种特殊的功能[3]。

敖汉旗西台红山文化遗址清理出的17座房址皆为长方形半地穴式，房址的长边和短边分别在4—7米和3—5米之间[4]。

巴林左旗二道梁遗址位于乌尔吉木伦河西侧的坡岗上，发现的15座房址皆为长方形半地穴式。除一例外，其余14座房址斜坡门道均偏于一角，以至形成所谓“刀把形”平面。门向均朝东南。房址面积最大的有35平方米，小的仅9平方米左右。屋内中部挖有椭圆形灶坑，有的房址还以草拌泥敷抹四壁[5]。

辽东半岛地区的房址几乎全是圆角方形的半地穴式，面积很大，建筑边长一般在4米左右，柱洞分布在沿地穴四壁处和室内中部，中央设有灶址。

红山文化晚期女神庙是一座结构较为复杂的半地穴式建筑。庙平面呈窄长形状，南北最长22米，东西最窄处2米、最宽处9米，方向南偏西20度。庙现保存的地下部分深0.8—1米，从地下部分与地上部分交界处保留的向上弧起的墙面观察，墙壁地下部分竖直，从地面以上呈拱形升起。庙分主体和单体两个单元，主体部分为多室相连，主室为圆形，左右各一圆形侧室。北部为一长方形室，南部从平面看似为二圆形室与一东西横置的长方形室相接。这样，庙的主体部分为7室相连的布局，南北总长18.4米。主体部分以南横置一单室，横长6米、最宽2.65米，主体与南单室间隔2.05米。庙为土木结构，全不用石料。从南单室四边成排分布的炭化木柱痕分析，地上原立有木柱，柱内侧贴成束的禾草，再涂抹草拌泥，形成墙面。墙面上做出多种规格的仿木条带，多为方形带，宽4—8厘米不等，已有标本为方横木与圆立木相交接。墙面为多层，为便于层层粘合，内层墙面上常做出密集的圆洞，这些圆洞密布如蜂窝状，又似一种墙壁装饰。而墙面上真正的装饰是壁画，已发现的几个残块都为朱、白两色绘出的几何形勾连回字纹图案，是为国内目前所见时代最早的壁画[6]。

地面式建筑数量呈上升趋势，尤其在长江流域和晚段的黄河中游地区更是当时房屋建筑的主流。到晚期成排联间式房屋及院落式建筑出现，既表现出建筑技术的提高，也显示出人们社会生活的新变化。

黄河流域地面式建筑，平面为圆形、方形或长方形，由地面起筑。这类房子在豫中地区发现较多。

---

1 内蒙古文物考古研究所、清水河县文物管理所：《清水河县后城嘴遗址》，《内蒙古文物考古文集》第2辑，北京：中国大百科全书出版社，1997年，第151—164页。

2 内蒙古社会科学院历史研究所考古研究室：《清水河县白泥窑子遗址D点发掘报告》《内蒙古文物考古文集》第2辑，北京：中国大百科全书出版社，1997年，第211—237页。

3 中国社会科学院考古研究所：《敖汉赵宝沟——新石器时代聚落》，北京：中国大百科全书出版社，1997年。

4 杨虎、林秀贞：《内蒙古敖汉旗红山文化西台类型遗址简述》，《北方文物》2010年第3期，第13—17页。

5 内蒙古文物考古研究所：《巴林左旗友好村二道梁红山文化遗址发掘简报》，《内蒙古文物考古文集》第1辑，北京：中国大百科全书出版社，1994年，第96—113页。

6 辽宁省文物考古研究所：《牛河梁红山文化遗址发掘报告（1983—2003年度）》，北京：文物出版社，2012年。

洛阳王湾遗址11号房址，平面呈方形，南北、东西各长4米，方向为北偏东5度，房子的东面、南面和北面各有一段墙基，北基长约4米，平均厚30厘米、高24—30厘米，东基残长2.6米，厚15—30厘米。南基残长2米，厚25厘米，填土均为松散的红烧土块。西基全部被晚期灰坑破坏。根据房子的残存遗迹观察，房门应设在西边。房子的东南角有一块土面烧得很硬，红褐色，上有黑炭屑，可能是一个烧灶面。共发现20个柱洞，房子北面的柱洞分两排，4个在墙基内，4个在墙基外侧；东面有6个，2个在墙基内，4个在墙基外侧；南面有6个，1个在房子里面，其余5个均在墙基外侧排成一行。墙基内的柱子是为了加固墙壁，墙基外侧的柱子也有辅助作用，可分担房顶的重量[1]。

王湾遗址的15号房址，位于遗址的东边中部，为近方形的地上建筑，包括墙基在内，东西宽7米，南北长7.4米，方向北偏东2度。

居住面平整光滑，只中部有两处凹坑，呈东西之椭圆形状。值得注意的是房子西北部分为一隆起台面，高出居住面6厘米，其边沿光滑，南北长1.8—2.75米，东西宽约1米左右。台面和居住面都有一层经火烧而成的龟裂草拌泥，台面南边并有一段较窄的小隔墙，长约1米，厚16厘米，保留残墙高13厘米。解剖居住面，可知房基结构自上而下共分5层，其中上面三层，结构、厚度、颜色大体相同，均为烧制而成，可能是当时的人逐年修建房子形成的。



墙基为大块平整的天然砾石铺成，除被后期遗迹破坏外，四面都有保留，东西南北各排成单行，个别小石块排成双行。基石形状多不规则，有近似圆形、方形、椭圆形等，最大石块长约45厘米，宽25厘米，厚10厘米。最小石块长8厘米，宽6厘米，一般长宽各30厘米左右。基石相连结保存较好的部分为南墙基一段，长达5.5米。北部西端保存也较好，基石直接置于一层黑土之上（厚约25厘米，下为生土），墙内柱洞只在北墙中部及台面隔墙西端发现2个，从基石残留之墙基堆积看，此基石上可直接堆墙或在中间夹立木柱。

共发现19个柱洞，分布在房内、边沿及墙基内，最大者口径35厘米、底径20厘米、深104厘米；最小者口径11厘米、底径10厘米、深7厘米，平均口径在15—20厘米之间，底径15厘米，深约15—40厘米不等。其中10号柱洞较浅，下有石柱础。发现的柱洞四周，往往有5—10厘米厚的红烧土块硬壁，这是栽柱子时先挖一坑穴，将木柱置其中，再填土砸硬而成。矿洞填土为褐色土块、红烧土块及房顶塌下的堆积，内含木炭屑和木炭块，柱洞分布规律不明显，大致可看出东西有两排成行。

根据居住面上堆积的烧土块和墙基上残存的墙壁情况分析，房子的墙壁结构是于基石上直接垒泥土，其上涂有一层层草拌泥，烧土块可能是房子被火烧毁所致。居住面东边中部的堆积中有一很大泥块，中有并排两个柱洞痕迹，外边也有木头痕迹，一边抹得很圆滑，似为墙壁之边，在靠中间的位置有约1米长、5厘米高的凸棱，似为一台面的边沿。结合西北部台面的位置观察，其房门可能设在东边。

依据以上情况15号房址或可被复原为房子的顶部可能为三层木结构，用柱子支撑木梁，梁左右分别架以木椽，基上横放木板、树枝，上再覆盖草拌泥而成。房内大块烧土壁上有东西向木痕和柱洞东西成排的布局可资参考，房椽和木梁已被烧毁或腐朽，因上不涂泥，未留痕迹，只保留靠泥之横木。另外，房子西边距西墙1.5—2米地方，有4个柱洞，内外各二。从南北两边看，北墙和南墙的石头墙基还伸到西边，但西墙外没有发现成行基石和残墙存在，上边也无堆积，只有成群的几块砾石。这一部分也没有发现居住面，房基结构与房内居住面下部相同，据此估计这部分为房子的附属建筑部分，建造比较简陋，只在西边竖以木柱，东边利用房子的西墙，上盖斜坡草棚而成[2]。

大河村遗址的14号房址，平面呈方形，南北长5.6米，东西宽5.5米，面积30.8平方米。房门向东87度，位于东墙的中部略偏北，宽0.7米，门前有条用碎红烧土块铺垫的与房内地坪相连的通道。

在地坪四周以外13—20厘米处尚存一周柱洞，北面12个，南面16个，东面15个，西面18个，共计61个。除西面柱洞排列不规整外，其他三面均排列成整齐的一行。大的直径为12—18厘米，深10—30厘

1 北京大学考古文博学院：《洛阳王湾》，北京：北京大学出版社，2002年。

2 北京大学考古文博学院：《洛阳王湾》，北京：北京大学出版社，2002年。

米，小的直径4—10厘米，深4—18厘米。

房内地坪中部的烧火台已被破坏，仅保留一片方形的火烧痕迹，长、宽各1.27米。在烧火台四个角外各约1米的地方，有4个较大的柱洞，直径20厘米，深约30厘米。房内地坪共铺设10层，上面8层均用黏土、大砂和料礓石粉铺垫，每层厚4—5厘米，均经火烧烤，多数呈坚硬的青灰色，与现在水泥地坪相似。因受热程度不同，颜色有深浅之分。在由上至下的第2层、第4层和第5层三层的中部都有一个方形烧火台，上下和第1层的烧火台痕迹基本相对应或略有错位，大小也基本相同，高出地坪2—3厘米，被烧烤的程度明显比四周地坪的火候高。第9层用红黏土铺垫，略经砸实，厚20厘米，它的上部约8—10厘米厚，火候较高，颜色较深。第10层用碎红烧土块铺垫，厚2—15厘米不等。这座房址的地坪铺设较好，使用时间也较长。

房基的建筑方法：首先在地面上挖一个长、宽各5.5米，深0.73米的方形坑。坑底砸实后铺垫地坪，在坑壁外四周栽埋木柱一周，房内栽4根较大的木柱。四周以木柱为骨干用树枝纺织木骨，或用篱笆固定在木柱上成为木骨，然后在木骨内外两侧用草拌泥涂抹成墙壁，房顶有四周和房内的木柱共同支撑。最后铺草成为草房。经解剖获悉，地坪至少有四层的中部筑有烧火台。因此，推测该房基地坪最少分四次铺垫使用[1]。

长江中游地区，遗址分布比较密集。遗址中发现有红烧土房屋建筑遗迹，一般为方形或长方形的地面建筑，有大、中、小的区别。居住面和四周墙壁经火烧烤过，居住面下还铺垫有红烧土。有的房屋四周还有红烧土铺成的散水，推测屋顶为四面坡的形式。

枝江关庙山遗址发现10座保存较好的红烧土房屋，其中遗址第三期的22号房址是一座地面方形建筑，面积约35平方米。四周墙基经火烧烤过，系木或竹骨泥墙，门向西。居住面也经火烧烤过，基下铺垫有红烧土层。室内有16个柱洞，系支撑屋顶的支柱，正中有方形火塘一个。火塘和北墙之间也有隔墙一道，似乎把室内分成了不同的空间。房屋四周还有红烧土铺成的散水。推测为一座四面坡顶的建筑。30号房址是一座长方形的建筑，面积约52平方米，门向朝东，屋内有三个方形火塘。关庙山遗址还发现一些口小底大的袋形灶，有各自单独使用的四个灶并联在一起的，也有三个灶的灶坑壁有孔洞相通串联在一起形成一个窜火三联灶，可能为公共活动的大型建筑里的生活设施或单独存在于室外的公共灶址[2]。

从关庙山遗址的房屋可以看出长江中游地区建筑的几个特点：修筑房屋之前，人们先平整地坪，对房屋建筑已有一个总体考虑和安排；有一定的防雨防潮和加固措施，如用火烧烤地面和墙壁，并用红烧土铺垫居住面和散水，有的还在门道上架设护棚，还有的发现了撑檐柱洞或专门的檐廊；大量使用当地盛产的竹料作为建筑材料。这些都表明当时的建筑技术已达到了较成熟的水平。

雕龙碑遗址二、三期房屋的建筑形式也与上述遗址所见基本相同，只有F15和F19两座多室建筑样式稍有特殊，它们的房屋分间没有安排成排房的形式，但分间的做法则并无二致，其中F15是一座长方形的多室建筑，南北长11.5米，东西宽8.8米，总建筑面积101平方米。内部房间共有7间，由最南边角上一间开始顺时针顺次编为Ⅰ至Ⅶ号。这些房间大小不同，大的如Ⅵ号有13.5平方米，小间如Ⅳ号仅5平方米，但各室均有灶，有的灶边有放什物的小隔间。其中东南角两间和西南角两间皆有门相通，故整栋建筑中有2套双间套房和3间单室共5套房间。各间房屋中都保留很多器物。所以大都是独立起火做饭的单位[3]。

左湖遗址位于长江阶地之上，面积3万平方米，发掘面积365平方米，发现了一座面积较大的房屋基址。这座房址坐北朝南，平面形状像一只水瓢，南北长12.75米，东西宽4—7.75米，面积60多平方米。房址四周有一圈柱洞，中部南北有两个中心主柱，其中最大的一个洞径0.65米、深0.3米，一边还各有一个耳柱，柱洞中多有石础，这些柱子组成房子的承重结构。房屋因火焚毁，留下了带有苇、

1 郑州市文物考古研究所：《郑州大河村》，北京：科学出版社，2001年。

2 中国社会科学院考古研究所湖北工作队：《湖北枝江关庙山遗址第二次发掘》，《考古》1983年第1期，第17—29页。

3 中国社会科学院考古研究所：《枣阳雕龙碑》，北京：科学出版社，2005年。

竹、木棍痕迹的烧土块，可知此房屋大约为木骨泥墙的棚屋。房内前部、中部和后部还有连串的柱洞，是室内隔墙的柱子洞，隔墙将室内又分为4个空间，由外向内分别为门廊、外间和内间，内间以里又分出了一小间。其中，外间和内大间各设一瓢形灶，外间的较大，长径约1.83米、深0.5米，内间灶的长径为0.75米，两灶坑内都有灶灰。内外间都留下了一些器物，计有石斧2件、石锛4件、石刀1件、陶纺轮2件及罐、钵、盖各1件，出于内间隔墙下的器物较多，外间器物只有斧、锛、盖等4件，可能外间有一些器物在失火时已被移走了。尽管如此，室内的器物还是有基本成套的生产和生活用具，看来这样一座房屋即是一个比较完整的生产和消费单位，只是房内又有分间和分灶，表明房屋内的家庭成员在生活上有分隔，因此这个家庭单位肯定要比父母带孩子的核心家庭要大[1]。

内蒙古中南部石砌围墙的地面式建筑比较有特色。阿善文化有许多地面砌石的房址，多数呈方形或长方形。朱开沟遗址F7006四周的墙体以石块砌成，东边留有一个豁口作为房门，近门处设置有方形的地面灶，灶的前部铺设有三块石板，灶后面有两个对称分布的柱洞[2]。

新石器时代晚期的后段，长排联间式地面建筑开始出现。以长江中游地区较为多见。

淅川下王岗新石器时代晚期的遗存中，便见相连的29间房屋组成的长屋。这长屋的门向南，东西呈条形，面阔约78米，进深约7.9米，分为17个带门厅的单元。其中12套为双室一厅，5套为一室一厅。单室面积最小的为6.40平方米，最大者是17.48平方米；厅间面积最小的为3.48平方米，最大者是13.97平方米。一室一厅单元内室最小的面积为11平方米，最大者16.8平方米；双室一厅单元中的两室总面积，最小者仅13.6平方米，最大者是31.6平方米。单元面积大小，基本上只适宜当时存在的单偶制家庭居住。发掘时，在六个单元中发现了灶，在无灶的单元中，例如F25及F15、F23及F2、F1及F18等双室一厅建筑和F16、F35及F19一室一厅建筑中，均发现了陶器、石器或骨器，反映单偶制家庭是一自有经济的单位[3]。

值得注意的是，这长屋的F38内室另砌与F51相邻的东墙，而其外厅却同其东邻的F51外厅共墙，说明F38是为长屋的增殖单位后来增建的房屋外，余下的16间单元居室，乃是统筹规划一次建成的，并依一定程序与规定实行分配与管理的整体建筑。这长屋诸单元的相互分割和诸单元的联系乃至连结成一体，形象地表述单偶制家庭具相对独立性的同时又不能脱离家族，且需凝聚起来，增强家族的力量，以保护和扩充自身利益（图3-5）。

类似的建筑在石家河遗址群也有发现。谭家岭遗址的1号房址为长方形单间建筑，面积约16平方米，土墙厚30—40厘米，门向东，室内中部有近圆形火塘一个，居住面下垫有红烧土，表面经火烧烤过，南侧铺一层竹席[4]。肖家屋脊遗址15号房址是一座长方形大型建筑，面积近40平方米，室内中部有一圆形灶坑，四周有28个柱洞。1号房址为一座分间建筑，平面呈长方形，面积约30平方米，中间有隔墙分为一大一小二居室，大室开有朝南的门，墙基上发现103个柱洞，墙体应为木骨泥墙[5]。

郧县青龙泉遗址也有两种形式的房屋，发现3座长方形的小房南北依次排列在同一平面上。其中一座长方形双间大房南北长14米，东西宽5.6米，面积近80平方米。这座大房外墙未挖墙基槽，系用黏土羼和烧土块筑起约半米厚的土墙，壁面内外涂草拌泥，南北两室都在东墙各开一门，中间隔墙上也开一门互通，室内地面下垫烧土块，表面涂细泥，两间居住面上各有三个柱洞，南北排成一线，室内中部各修筑一个烧灶，并在附近各埋有一个保存火种的陶罐[6]。



1 南京博物院、镇江博物馆：《江苏镇江市左湖遗址发掘简报》，《考古》2000年第4期，第12—31页。

2 田广金：《内蒙古伊金霍洛旗朱开沟遗址Ⅶ区考古纪略》，《考古》1988年第6期，第481—489页。

3 河南省文物研究所、长江流域规划办公室考古队河南分队：《淅川下王岗》，北京：文物出版社，1989年。

4 石河联合考古队：《石河遗址群1987年考古发掘的主要收获》，《江汉考古》1989年第2期，第1—4页；石河考古队：《湖北省石河遗址群1987年发掘简报》，《文物》1990年第8期，第1—17页。

5 湖北省荆州博物馆、湖北省文物考古研究所、北京大学考古学系石家河考古队：《肖家屋脊》上、下册，北京：文物出版社，1999年。

6 中国社会科学院考古研究所：《青龙泉与大寺》，北京：科学出版社，1991年。

图 3-5 淅川下王岗遗址长房平面图、结构图和复原图

枣阳雕龙碑遗址第三期遗存中发现10座长方形地面建筑，有单间、双间、四间，甚至七间等多种形式。其中15号房址和19号房址是两座有七间房屋的大型建筑，建筑面积分别为101.2平方米和110平方米，如此大型聚合式的多间房屋建筑在中国新石器时代十分罕见。这些房屋不仅都用火烧烤过，防潮防虫且坚固耐用，而且其居住面的修建是在厚厚的红烧土基层上铺垫着单层或多层石灰，单层者厚达5厘米，多层者每层厚1—2厘米，均涂抹得十分平整光滑，再经火烧烤，有的变成光亮的青绿色，看起来就像现代的水泥地面一样。此外，在两座房址的屋门上还发现有已炭化的木质门框和推拉式屋门建筑结构的遗迹，这也是中国史前考古中的重要发现。大型多间建筑的发现，对研究当时的社会形态和史前建筑提供了不可多得的珍贵实物资料[1]。

荆州阴湘城屈家岭文化房址保存较好，且最具特色。10号房址为一大型分间房屋，是平地起建的地面式建筑，平面呈长方形，东西长10米，南北宽7米，由一间大房子、两间小房子和走廊组成。大房子位于西端，室内长6.3米，宽4.2米。两间小房子位于大房子东端，走廊位于西南角，走廊与西南角小房子之间有一门道相通。房子四周均挖有基槽，基槽宽40—60厘米，深30—60厘米。基槽内发现大量柱洞，推测为木骨泥墙[2]。

应城门板湾遗址发现房址3座，均为长方形排房建筑。以1号房址保存最好最完整，为设有院墙的建筑。其北面和东面各有一道院墙和一个院门，组成一个完整的院落。院落中间的房址是一座东西向的4间排房，坐南朝北，其东西总长16.2米，南北宽7米。墙体为土坯垒砌，保存最高处达2.2米，厚0.38—0.55米，内外墙面抹有细黄泥。每间房屋都有门相通，共有房门6个，门宽0.8—0.9米。中间较大的两间房屋各有一个朝北开大门，南墙上各有两个近方形的落地窗，宽0.88米，高0.9米，窗框虽腐烂但印痕清楚，仍能看出横梁和边框的榫卯结构。每间房内都有火塘。排房北侧有一条夹道式内走廊，走廊上有门与院落相通。另一间房址在北院墙门内侧，似为门房[3]。这是长江中游地区首次发现保存如此完好的房屋建筑及院落。

在黄楝树遗址也有院落发现，在900平方米范围内的25座房址分布极有规律，组成平面略呈长方形的庭院式布局。院中似乎还有南北两排房。虽然整座院子的西部和南部已无存，但院子北排东头

1 中国社会科学院考古研究所：《枣阳雕龙碑》，北京：科学出版社，2005年。

2 荆州博物馆：《湖北荆州市阴湘城遗址1995年发掘报告》，《考古》1998年第1期，第17—28、71页；荆州博物馆、福冈教育委员会：《湖北荆州市阴湘城遗址东城墙发掘简报》，《考古》1997年第5期，第1—10页。

3 李桃元：《应城门板湾遗址大型房屋建筑》，《江汉考古》2000年第1期，第96—71页。

的5座房址和东排房的17座都保存较为完整，院子的东北角和东南角的房址清晰可见，因此可窥见整个院落的粗略轮廓。庭院南北长约30米，东西不详。房址平面基本上分两种形式，一种是单间建筑，另一种是两间或连间套房，面积从十几平方米到几十平方米不等，木骨泥墙，室内居住面用黄砂土铺垫并经夯打，有的还抹有白灰面。各间都在墙角或靠近墙壁处设一火塘，个别有三个火坑。少数房子的门外残存有白灰地坪。其中的7号房址和11号房址为一座规整的双间建筑[1]。

典型的方形地面多间式房址，也较多见于黄河中下游地区。大河村遗址发现有三组共12间连间的建筑，房基保存完好，墙壁残高有的达1米。三组连间建筑的结构及营造工艺大体相同。以1—4号房址为例，四间房基均为南北长方形，作东西并列相连。F1、F2为同时建成，两间有共用的一面墙壁，F3利用F1东壁接筑，F4又利用F3东壁接筑。最西端的F2门向南，F1、F3、F4门均向北。中间的F1面积最大，有灶台，放置20多件陶器，内有小型套间，套间内也有土台。F2房址内有三个土台，台面上放置日用器物及粮食。F3房址内也有一方形土台。F4面积最小，仅2平方米左右。这三组连间建筑的营造方式大体是：首先平整地基，铺垫厚约10厘米的砂质草拌泥，开挖墙壁基槽，同时在南部挖好窖穴。然后沿房基或基槽四周栽立木柱，立柱间加工居住面，铺设数层砂质地面，最后一层白灰粗砂硬面涂抹在墙壁或室内土台之上，然后都经大火长时间烘烤，呈红色或青灰色，坚硬光滑[2]。

长屋的建筑过程是：首先，平整地面；第二步，根据房址建筑范围，在筑墙部位挖墙基沟槽，在沟槽内再立木柱，以作为墙的骨架，然后在墙沟槽内用红烧土块填实，木柱间绑以小木棍相连，后涂抹草拌泥；第三步，在屋内铺垫一至三层垫土，作为居住面，居住面上普遍铺有竹编物，部分房址的居住面上置灶，最多的一个单元房内有6个灶；第四步，用火烘烤草拌泥墙和居住面；第五步，盖房顶。由于墙壁及地面经过烘烤，比较坚固，防潮性能也比较好。

单偶制家庭与家族之间的关系，也可从大河村F1—F4这座寄墙相连的排房建筑得到说明。除F4是储藏室外，其他三间当是住着自起炉灶而又有一定经济条件的单偶制家庭。据房屋形态、结构等情况，可看到这些单偶制家庭的联系或构成一体，即增殖、分裂与统一以及存在主次之分的情况。讲其联系或构成一体，一是寄墙，二是共一储藏室。如下的情况，可形象地见到单偶制家庭的增殖、分裂与统一。最初建成的房屋，只有F1和F2，后来为扩大F2的面积，才建F3，F3原以门和F1沟通，是F1的附室。经过若干年后，才封堵沟通F1、F3之门，并在其东侧建一灶台，同时在F3的北墙开门，F3便脱离了F1而成一相对独立的单位。在改建F3的同时，建成了F4。居住于这组建筑的单偶家庭存在主次之分，一是F1—F3三居室之中，F1的面积最大，且带一小套间；二是在这房内发现的陶器最多，又有精美的彩陶；三是F3是用原属F1的附室改建而成的，F1无疑是F3的母体建筑。可见，居住于F3的主人是从F1拆居出去的，F1的主人，当是住在F3的人的长辈，同时，也是住居在这组建筑内的家庭的家长。

蒙城尉迟寺遗址发现房址11排13组，合计52间，这批房址之间没有打破关系，虽然可能存在有建房时间早晚的差异，但不存在时代上的区别，所以可认为是经过周密计划、精心设计、统一布局、统一营建的一处完整的聚落遗址。

红烧土房址52间，均为浅穴式，不论房间大小都有自己独立的门，根据房址排列组合的不同，可将房址分成三种类型。第一种为多组长排，每组又由五六间房址构成。主要由大、小间构成。大间的平面呈方形或长方形，面积一般在10—15平方米左右，由主墙、隔墙、门道、室内柱及灶等组成，室内散布在大量的日用陶器及少量的生产工具；小间的房址一般面积在4—6平方米，均为长方形，虽单独有门，但无灶，日用陶器也相对较少，且地面加工粗糙，这类小间房址应是具有储藏功用的大间的附属建筑。第二种为多间短排，由两大间两小间和三大间两小间两种形式构成，房址的结构与长排房址无明显差异。第三种则由两间一排构成，两间房址的面积基本相同，面积均在20平方米左右，虽无储藏室，但因面积较大，室内又存在有大量日用陶器，尤以陶制容器居多，表明这类房址应具有生活、储藏双重功能。在建筑技术方面也与其他两种排房有所不同，出现了立四根室内柱及对居住面

1 长江流域规划办公室考古队河南分队：《河南淅川黄楝树遗址发掘报告》，《华夏考古》1990年第3期，第1—69页。
2 郑州市文物考古研究所：《郑州大河村》，北京：科学出版社，2001年。

和墙面加工更加精细的现象。

这批房址保存较好，为研究其建筑技术提供了比较完整的资料。尉迟寺红烧土排房的建造，大致经过了挖槽、立柱、抹泥、烧烤等几道工序，以木为骨，以泥成墙，最后把房子烧制成一个坚硬的硬壳，起到冬暖夏凉的作用。房址一般选择地势较高的地方依地势而建，均挖出浅基穴，地势高的地方挖得深些，地势低的地方则浅些，以使居住面基本保持水平。在挖好的基穴周围再挖墙基槽，基槽内栽立木骨并用红烧土拌泥填平。然后用直径3—5厘米的红烧土块拌泥堆砌主墙，主墙的木骨直径一般在10—15厘米，木柱间距不等，但普遍较稀。木骨之间可能捆绑上一些芦苇束等作为填充物，待将两侧墙体抹好后经火烧烤。由于主墙体应具有陌功能，上述抹砌过程往往要重复几次，形成比较厚重的墙体。主墙体一般厚25—35厘米。隔墙采用先密集立木骨，用绳索将木骨捆扎牢固，再用红烧土拌泥抹砌而成，最后抹一层草拌泥，上述步骤完成后均经火烧烤。

居住面的加工需要三步程序，首先将地面砸实，然后在其上铺5—8厘米厚的黄色五花土，内含少量的红烧土颗粒，经砸实后再铺一层厚5厘米左右的红烧土块，经砸实后抹一层厚2厘米的草拌泥，经火烧烤。这样既可以防潮，又使得居住面变得坚固。由于不断地使用和维修，居住面往往呈现出被多次加工的现象。

每间房址都有自已独立的门，门下缘内侧铺以长方形条状木质槛，门槛外侧用泥抹成斜坡状护坡，略经烧烤。在门的两侧镶嵌木柱为框，门宽多在60厘米左右，大间在一侧墙上往往开两个门，但位于排房两端的则往往只开一个门，这可能是从实用性和保暖的角度考虑。灶均位于房址的里侧，在室内柱与墙间形成的方形空间中，抹砌出一高出居住面2—5厘米的红烧土矮台，即为灶址。各房址结构上无明显差异，每间房址一般有二条门道。与门相对的后墙附近立两根立柱，该柱直连屋顶，起支撑作用。大的房址往往立四根室内柱，柱子间距离相等，形成一正方形，在此间砌出一高台。在部分房址的前面发现有活动场地，系用红烧土颗粒掺黄土经人工砸实而成，表面十分平整坚硬，北部与房址南墙相连形成统一体，并呈扇形分布，此类活动场地应是排房建筑的有机组成部分[1]。

在扶风案板遗址发现的3号房址是一座由主室和前廊构成的方形大房址，坐北朝南，门向191度，整体平面呈凹字形。经实测，南北中轴线全长14米，东西宽11.8米，总建筑面积约为165.2平方米。

主室平面呈圆角方形，南北中轴线长11.4米，东西两墙基间宽11.8米，建筑面积约134.5平方米。墙基系基槽与其内填土构成，一般宽约0.7—0.9米，构筑方法是：先在原地面上挖口大底小、深0.8米左右的基槽；然后在基槽内按砌构需要立柱；再填以由黄土、料姜石、红烧土碎块、细碎陶片掺和成的混合土，颜色呈紫红色，与周围的土质有明显区别。基槽内的填土虽然看不出层次和夯打的痕迹，但非常坚硬，或为踩踏压实而成。在主室南墙基正中发现一门道遗迹，宽0.75米。门道地面与主室地面平齐，可能由于长期踩踏之故，十分坚硬。其余三面墙基上均未发现门道，估计主室仅开南面一门。地面系用黄土与料姜石混合敷设，残厚0.1—0.15米，较坚硬平整，但表面并不光滑，其上是否还曾敷设其他材料，不甚清楚。由于地面多被破坏，未发现灶或火烧烤等痕迹。

前廊位于主室之前，主室东、西两墙基向南延伸，成为前廊的东、西两侧墙基。前廊南北进深约2.6米，东西面阔11.5米，面积约30平方米。墙基上部被削去一层，破坏较为严重。墙基槽内的填土与主室基槽完全相同。地面破坏也较严重，仅在主室门外附近尚保存很小面积的料姜石与黄土混合地面，其构造应与主室相同。

在残存的墙基内、主室及前廊地面共清出柱洞99个，其中主室地面10个，前廊地面3个，墙基内86个。这些柱洞所代表的柱子，从其位置与功能方面看，可分为梁柱、辅柱和墙柱三类。梁柱在主室内近四角处，为对称分布的4个直径达0.4—0.5米的大柱洞。洞内木柱已腐朽无存，填土多为松软的杂有木炭黑灰色填土，洞壁较硬。这4个柱洞所代表的4根大柱应为主室屋顶梁架的最主要承重柱。由此推测，梁架结构可能为“口”字形或“井”字形，主室屋顶可能为四面坡的覆斗状。辅柱在主室内各

1 中国社会科学院考古研究所：《蒙城尉迟寺——皖北新石器时代聚落遗存的发掘与研究》，北京：科学出版社，2001年。

角靠近梁柱处，直径稍小，这些柱洞所代表的柱子的功能可能是为了防止梁柱负荷过重而外倾，起辅助支撑作用。另外还有分布在南北中轴线上的柱洞，应该是用于安置支撑辅梁的柱子而设置的。墙柱密集分布在主室四周及前廊两侧的墙基内，多为一排，洞径大多数在0.1—0.2米之间，相邻两柱洞中心点间距多在0.3米左右。柱洞深浅不一，大部分未超出墙基槽的深度。洞内土多为松软的黑灰色土或灰褐色土，与墙基填土形成鲜明的对比。墙柱应该是在挖好基槽之后，填土埋设的。墙柱的主要功能是作为泥墙的木骨[1]。

像案板遗址3号房址这样的大型类似殿堂式的建筑，显然不是一般民居建筑，从其位置来看，位于整个遗址中心最高处，居高临下，坐北朝南，应该是聚落居民日常活动的中心所在，或许是用于集会、议事、祭祀及举行某种重要仪式的场所。类似的建筑在秦安大地湾遗址也有发现，901号房址就是一座由前殿、后室和东西两个厢房构成的多间式原始殿堂建筑，将在后面单独做详细介绍。

中国北方特有的土木结构在本阶段得以充分地发展，之所以采用这种独特的营造方式，与黄河流域及其以北的地区广为分布的黄土环境有着天然的联系，中国传统的木构建筑的特点就在于以木骨架承重，墙本身只是起到围蔽作用，屋顶的重量依次通过椽、檩、梁、柱传递到基础上，如此营造的木构建筑，既有利于整体上的扩充与减缩，又便于内部空间的划分和门窗的设置，并有相当的抗震作用。而这种长盛不衰的东方式木建架构，在这一时期的木骨泥墙等土木建筑中已初步奠定了基础。



长江三角洲地区的人们选择地势高，近水源处居住。青浦崧泽、福泉山、张家港徐家湾、常熟钱底巷、嘉兴南河浜等遗址发现有少量的房屋建筑残迹。这些房屋都是地面起建，徐家湾遗址3号房址保存稍好，原来可能是方形，残存面积约36平方米，北部和西部有大量连续的呈曲尺状分布的红烧土块堆积，是倒塌的墙体。由红烧土块上的痕迹分析，墙体应是以竹木条为经、芦苇为纬编结，再涂泥的竹木骨泥墙[2]。钱底巷遗址发现有残居住面一处，略呈圆形，系用黄土掺和大量砂粒铺垫而成，并经拍打和焙烧，十分坚实，其东侧边缘有两个相距0.8米的柱础[3]。

此时新的建筑材料和房屋装饰工艺用于档次较高的房屋或特殊功能性建筑。屈家岭文化出现了土坯砖墙房址，比黄河流域要早，这种土坯是一种新型的建筑材料。如天门石家河遗址屈家岭文化时期的1号房址，平面为长方形，长4.76米，宽3.34米，墙厚35—40厘米，东、北两面各有一个门道。室内灶塘位于中间偏南，平面近似圆形，居住面经火烧烤，呈紫红色。南侧残存一片炭化竹席。室内地面残存有陶器[4]。

大地湾遗址的F901，是一座占地420平方米，保存较完整的多间复合式建筑，它不仅是大地湾遗址面积最大、结构最为复杂的房址，而且也是我国新石器时代考古发现中迄今所见规模最大的宏伟建筑[5]（图3-6）。

F901以长方形主室为中心，两侧扩展为与主室相通的东西侧室，左右对称；主室后面设单独的后室，前面有附属建筑，前后呼应。布局井然有序、主次分明，形成一个结构复杂、布局严谨的建筑群体。整个建筑位于台地前缘，背后是宽阔的河谷，前面是平缓的山地，坐北面南，主室正门向南偏西30度。

主室房基保存基本完整，留有部分墙体和柱体以及灶台。平面大体呈长方形，以内径计算，前墙长16.7米、后墙长15.2米、西墙长8.36米、东墙长7.84米、东西中轴线长16米、南北中轴线长8米。居住面表层坚硬平整，色泽光亮，呈青黑色，裂纹很少。仔细观察面上遗留有加工居住面形成的细微摩擦

1 西北大学文博学院考古专业：《扶风案板遗址发掘报告》，北京：科学出版社，2000年。

2 苏州博物馆、张家港市文物管理委员会：《江苏张家港徐家湾新石器时代遗址》，《考古学报》1995年第3期，第313—363页。

3 南京大学历史系考古专业、常熟博物馆：《江苏常熟钱底巷遗址发掘报告》，《考古学报》1996年第4期，第443—472页。

4 石河联合考古队：《石河遗址群1987年考古发掘的主要收获》，《江汉考古》1989年第2期，第1—4页；石河考古队：《湖北省石河遗址群1987年发掘简报》，《文物》1990年第8期，第1—17页。

5 甘肃省文物考古研究所：《秦安大地湾——新石器时代遗址发掘报告》，北京：文物出版社，2006年。

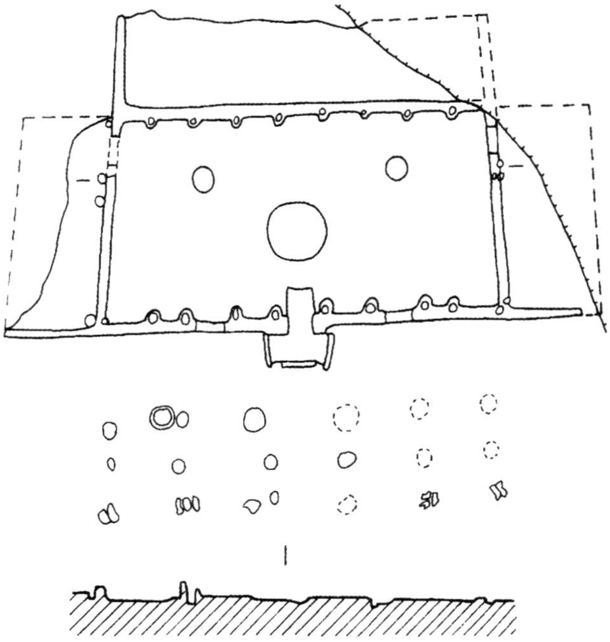

图 3-6　大地湾遗址 F901

痕，此层与下面的混合层并无明显的分层现象，可见做工相当考究，推测应是反复摩擦而析出的浆面。从剖面看，表层光面下是15—20厘米厚的砂粒、小石子和人造轻骨料组成的混合层。混合层之下是烧土块层，厚10—15厘米，烧土块大小有如核桃，较为均匀，既有红色，也有黄色，均为草拌泥制成。再往下即为坚硬的夯筑黄土地基。墙体厚0.4—0.45米，分内、中、外三大层，内、外层一般分为2小层，中层分为4小层，整个墙体是分层筑造的。内、外层各厚10厘米左右，皆为颜色均匀的红烧土，内含不多的草茎秆痕。中层厚约25厘米，内插木骨，草拌泥颜色不一，以红褐色居多，有的呈灰白色，外侧发黑，含大量的草茎秆痕，因此粘结力和强度大于内、外层。每小层之间夹有整齐密集的竖向排列的泥槽状痕迹，痕宽1.5—2厘米、深0.5厘米左右，痕槽基本笔直。中层墙体以小木柱作为骨架，四周墙体内共留有142个柱洞，分布较均匀，间距一般在0.2—0.3米之间。前墙计有33个木骨柱洞、后墙52个、西墙30个、东墙27个，柱径一般在0.05—0.15米之间，柱洞壁皆为青灰色的硬壁，有的柱洞内残留有木炭。洞内填土松软，杂花土，个别柱洞还出有陶片。四周墙壁的走向基本呈直线。墙体的内表皮平整光滑，质地坚硬，颜色青灰，厚0.2—0.4厘米。所有的室内柱草泥防护屋外表皮、灶台外表皮与此相同，均为相同材料的硬质光面。经取样化验，其主要成分仍为料姜石粉，与居住面所用胶结材料相同。室内有2个大柱即顶梁柱、16个附墙柱、7个室外柱、2个角柱，原木柱烧毁无存，但大多仍保留有一定高度的外表皮以及草拌泥防火保护层等遗迹。灶台位于室内中部偏前，与正门相对并与正门同处于南北中轴线上，中心点距前墙3.4米、后墙4.6米、西墙7.84米、东墙8.2米。由泥圈围成圆形，高于居住面之上，泥圈系坚硬的红褐色烧土，厚0.33—0.43米，其构筑的灶台底部外径南北达2.51米、东西达2.67米。由基底部往上，泥圈外表部逐渐内收，与居住面形成的夹角为105度。泥圈内外表皮均为料姜石质的坚硬光面，厚0.4—1厘米。灶台在使用过程中，灶底不断维修并增高，另外多层灶底和泥圈，以及大量草木灰均表示房屋使用时期较长。正门位于前墙（南墙）正中，第14、15号附墙柱之间，宽1.05—1.1米.内窄外宽。两侧墙壁加厚达0.75米，两侧形成敦厚而突出的门墙。西段门墙长0.98，东段门墙残长0.58、残高0.35米，分别向左右两侧略为倾斜，墙体与门道地面夹角为92度。门道两旁的墙面同室内墙面一样抹有料姜石质坚硬光面。其细部结构由门道、门蓬、门槛三部分组成，从室外向室内看，门道和门蓬的形状恰似一“凸”字形，上部为嵌入室内的条形门道，下部为横置门前遮挡风雨的长方形门蓬，门蓬前为门槛。门道与门蓬的地面结构与室内居住面相同，光亮而平整，但低于居住面0.03—0.04米。门道凹槽与居住面相接处抹成圆弧状，美观而规整。门蓬两侧有0.16—012米厚的草拌泥墙，墙内发现11个支撑门蓬顶盖的直壁柱洞，直径在0.07—0.13米之间，深0.22—0.28米。门蓬的正前方是东西长1.43米、南北宽0.25米的黄褐色硬烧土面，高出门蓬地面0.07米，在平整的烧土面上发现一薄层木炭灰及木板印痕，当为木质门槛。烧土面低于室外路土0.03—0.05米并与路土相连，如铺上木质门槛，则至少与路土面持平或略高。有2个旁门，分别位于前墙12、13号和16、17号附墙柱之间，两旁门中心点与正门中心点以及前墙两端的距离均为4米左右，大体相等。东旁门保存较好，宽1.2米。东侧墙残高0.7米，西侧墙残高0.75米。门旁墙面呈圆弧状。门槛宽0.28—0.3米，垂直高出居住面0.08米。西旁门保存较差，因东侧墙体无存，门宽难以准确判定，门槛宽0.32—0.36米，垂直高于居住面0.06米。有2个侧门，分别位于东西墙的近北端，是主室通向东西侧室的必要通道。东侧门两边墙体已损坏，无法确知门的宽度，现存木门槛印痕长1.05米、宽0.46米，垂直高于居住面0.05—0.07米。西侧门北端距主室西北角0.76米，残存北侧墙靠室内的圆弧拐角，门槛内侧残长0.42、外侧残长0.2、残宽0.06米，高于居住面0.02米。在前墙两端各有一段墙体无木骨柱洞，东段长1.14米、西段长1.88米。西段墙体上近拐角处有一块比墙体厚度稍小的大烧土块，近11号附墙柱旁放置一块青石，似为原来镇嵌在墙体内的。根据上述现象推侧前墙两端可能安放了诸如窗户等采光设施。在居住面上发现有大量的烧土块，其中多数应属于屋顶的塌落堆积。这些烧土块内含大量的草茎秆痕，并且印有清晰的椽柱痕。椽痕宽5—10厘米，以6—8厘米最为常见，间距一般在3—5厘米之间。据估算，如以每椽径0.08米、间距0.04米计，前后坡屋顶约需300根木椽。个别的椽痕内发现有横向的1厘米深的绳索绑扎痕，可能用植物藤条、麻绳等物将椽固定在梁架上。烧土块多数是红色，但有的是黄色，有的甚至泛白，据此推测屋顶草拌泥原应为黄色草拌泥，因火废弃时多数靠近木椽等火源处，所以烧成今日所见的红色烧土。



主室两侧随着主室前墙向左右的直线延伸，构成了相互对称的西侧室和东侧室。侧室均受到不同程度地破坏，仅发现前墙，并与主室共用东、西墙，据残存居住面推测，原平面呈长方形。主室和侧室不是同时修建，主室早于侧室，侧室是续建的。侧室居住面是经夯实的较平整的黄土硬面，比主室居住面高。

主室的后面，尚有后室，共用主室的后墙，主室西侧墙向后延长构成后室的西墙。后室的东部已塌落成断崖，估计原来也有由主室东侧墙延伸而成的后室东墙。后室西北角发现长0.4米、厚0.6米的北墙，与主室墙体结构大体相同。室内东西残长9.2—14.2米，南北宽3.6米，复原长度应等同主室长度。居住面是黄色夯土硬面，有的部位异常坚硬，比主室居住面低。居住面上发现27个小柱洞，直径在0.08—0.16米之间，深0.2米左右。

主室前墙外是平整而较硬的路土，路土面上发现一排青石块、两排柱洞和一个小灶台，它们均是与F901不可分离的附属建筑。

这样技术复杂、用料讲究的大型建筑的建设，不仅需用大量人力和财力，且要专门设计和有组织的施工。F901的坪、前堂、后室和左右侧室的格局，颇具后世宫殿的规模。

黄河流域的建筑形式基本上因循了一条十分明确的主线。即方形或长方形为主的平面轮廓、门—灶连线所体现的中轴观念、前堂后室的内部格局。从开始的方形半地穴式建筑到大地湾遗址的F901，莫不是对这种建筑思想的生动表述。事实上，方形轮廓、中轴为主、左右对称、前堂后室，这些体现在布局上的特点正是后世中国传统建筑美学中的重要组成部分。因此，本阶段的建筑形式或可视作中国传统建筑的滥觞。

大地湾遗址属于半坡四期文化的F411为一处宗教性祭祀建筑。F411是座平地起建的方形单室建筑，其地面绘有地画。地画位于室内近后壁的中部地面上，长约1.2米，南北宽1.1米，用炭黑绘成，画面上站立的2人，均两脚交叉，左手抚头，右手下垂执棒，右一人胸部突出，似为女性。两人左右侧尚保存一些模糊墨迹，像是另有两人。人像下方有一长方框，似条案或木槽，也有人推测为木棺，内画的动物难以确认，或为青蛙，或为鲵鱼，或为尸体。此画很像是几个人面对难以辨认之物跳舞，宗教色彩鲜明，内容可能与行巫祭祀有关（图3-7）[1]。

此时还出现窑洞式建筑，受自然环境所限，主要集中在黄河中上游地区。

窑洞式建筑在宁县阳坬、合水县曹家沟、合水牛头山等遗址都有发现。宁县阳坬F10顶部距地表1.5米，建在生黄土里。门洞偏西南，进深1米、高1.6米、宽1.5米，顶部微拱。门洞连接住室的西壁底

1 甘肃省文物考古研究所：《秦安大地湾——新石器时代遗址发掘报告》，北京：文物出版社，2006年。

图 3-7　大地湾遗址 F411 地画（摹本）

部亦有一个椭圆形小坑，尺寸较小。住室空间似一半球体，球体半径为2.3米，整个底面均有一层厚3毫米的白灰面，涂抹均匀，保存完整，未发现柱洞或其他支承物的基础痕迹。在周壁20厘米处也涂抹了同样厚度的白灰面，整个住室的周壁和顶部烟炱痕迹很明显，这是住室的主人在此久居所致。灶台位于住室的前中部，和门洞相对，圆形，前方微凹进，高15厘米，直径90厘米。在灶台的西侧有一条与住室西壁相连的隔梁，高6厘米、宽7厘米、长90厘米，横切面呈半圆形。从这个隔梁的西端沿住室西壁向里1.3米处有一个口径为30厘米、深30厘米，底部微小的小坑，有火烧痕迹，似为保存火种之用[1]。

台基式建筑数量有限，多见于一些规格相对较高的聚落。城头山屈家岭文化古城城内西南区近中心部位为一片长方形夯土台基。夯土台基呈凹字形，坐西朝东，东西宽约20米，南北长约60米。城内一共发现10多座夯土台基式的房屋建筑[2]。

## 二、聚落与中心聚落

### （一）聚落内部结构的变化

新石器时代晚期，聚落数量大幅增加，规模也明显扩大。大规模特级和一级聚落的出现和增加，是最突出的变化。作为中心聚落，河南陕县庙底沟遗址有24万平方米[3]，河南灵宝市阳平镇北阳平遗址有95万平方米[4]，郑州大河村遗址有30多万平方米[5]。聚落结构也逐渐出现一定规律。其中之一是环壕聚落的增加。陕县庙底沟是仰韶文化中期的典型遗址，近年就发现了可能是环绕聚落的壕沟。遗址西部的壕沟呈东南—西北走向，口宽底窄，底部多填碎石块，最深处距地表近8米，现已清理长度

1 庆阳地区博物馆：《甘肃省宁县阳坬遗址试掘报告》，《考古》1983年第10期，第869—876页。

2 湖南省文物考古研究所：《澧县城头山——新石器时代遗址发掘报告》，北京：文物出版社，2007年。

3 中国科学院考古研究所：《庙底沟与三里桥——黄河水库考古报告之二》，北京：科学出版社，1959年。

4 中国社会科学院考古研究所河南第一工作队等：《河南灵宝市北阳平遗址调查》，《考古》1999年第2期，第1—15页；中国社会科学院考古研究所河南第一工作队等：《河南灵宝市北阳平遗址试掘简报》，《考古》2001年第7期，第3—20页。

5 郑州市文物考古研究所：《郑州大河村》，北京：科学出版社，2001年。

近100米[1]。同样的环壕在灵宝西坡遗址[2]、濮阳西水坡[3]周围都已经发现。从清理的情况看，壕沟的深浅程度依地势而变，具有十分明显的防御功能。

新石器时代晚期前段聚落内部布局还相对规整有序，到了晚段，聚落形态则明显有了新的变化。一方面，全聚落统一布局规划的房屋减少了，尤其是出现了以家族为中心布局理念的成排联间长屋为特征的房址；另一方面，出现了城。

妯娌遗址聚落由居住区、仓窖区、墓葬区和石器制作场所组成。居住区位于遗址的北半部，共发掘出房基15座，房基均为圆形或椭圆形的半地穴式，大的直径4米余，小的直径2米余。门道处多设有台阶，室内地面用料姜石粉或粗砂铺垫面成，地面平整，室内设有烧灶，其中F7内发现3个壁灶。房基附近分布有窖穴，窖穴多为圆形袋状，也有少量椭圆形或不规则形灰坑。从房屋分布来看，这15座房屋约略可以分为3至4组。第1组位于遗址的东北部，包括F1、F3、F5、F12四座房屋，其中F1面积校大，其余几座较小。在这些房屋的附近分布着H39等8个窖穴。第2组在第1组以南约10米开外，包括F2、F4、F7、F14四座房屋，其中F2面积较大，另外3座面积较小，在这组房屋南面分布着密集的窖穴。第3组在第2组房屋西北10米以外，由F8、F9、F13、F15组成，其中F9面积较大，其他三座较小，房屋附近分布着H65等6—7个窖穴。在第2组房屋以西15米左右有F10打破F11。这两座房屋周围也分布着不少窖穴，是否构成另外一组暂不能确定。

居住区西南有一条深4米余的壕沟，呈西北—东南走向。壕沟以西发现50多个灰坑，但不见房基，是为仓窖区。仓窖区的灰坑分布密度及形制结构与居住区的灰坑大体相同。其中包括少量灰坑葬，同时发掘出4座大圆形袋状坑，其底部又向下挖一个较小的圆形坑。

加工石器的工场位于仓窖区的南部，这里共有四个灰坑，出土了大批石器和石料，其中H141出土石器和石料500余件，石料多为黄河岸边的砾石，石器以石网坠较多，另有刀、镰、铲、斧、凿、矛等，此外还有半成品及废石料。

墓葬区位于仓窖区之南，共清理出墓葬56座。墓葬由西北向东南分布，至遗址东南部的断崖处被现代沟破坏掉了。这批墓葬除了西北边缘的M3为四人合葬外，余皆为长方形竖穴土坑单人葬[4]。

妯娌遗址的布局与新石器时代中期聚落有一定相似性，但居住区内房屋一律是由一座较大的房屋、若干座小房屋和一些窖穴组成。由数量不多的房址组成的每组房屋构成一个具有独立的经济职能的社会单元，这样的社会单元有可能是一家族。3至4个房屋组说明在妯娌遗址存在3至4个家族，整个聚落是由3至4个家族组成的社会集团。

郑州大河村遗址位于郑州市东北郊贾鲁河南约2.5千米的漫坡土岗上，遗址南北长600多米，东西宽500米，面积30多万平方米，平面略呈椭圆形，遗址中部偏西有一条东北—西南走向的古河道，把遗址分为东西两部分。大河村三、四期遗址至少有两组聚落所组成。第一组，位于古河道以东，从已发掘的情况看，北为墓地，南为房屋。居住区的房屋东西排列，南北第一排即最北边一排的年代属大河村三期，发掘出具有打破关系的双间房，即F19—F20打破F17—F18。约略与该排房屋同时，在其北边不远处有一座瓮棺葬。第2排房屋北距第1排房屋约20米，年代属大河村四期，它的西边好像还有一座房屋残迹，两者之间有数个窖穴。第3排房屋在第2排房屋以南约5米属大河村四期，先有东西并列的F13和F15两座，其中，F15是整个遗址最大的一座房屋，南北长13米，东西宽9.4米，面积达122.2平方米，后来在F15上续建了F14，在F13上先后续建了F12和F11，仍然是东西并列。

1 樊温泉等：《庙底沟遗址两次发掘又有重要发现》，《中国文物报》2003年2月14日。

2 河南省文物考古研究所等：《河南灵宝市西坡遗址2001年春发掘简报》，《华夏考古》2002年第2期，第31—52页。

3 濮阳市文物管理委员会、濮阳市博物馆、濮阳市文物工作队：《河南濮阳西水坡遗址发掘简报》，《文物》1988年第3期，第1—6页；濮阳西水坡遗址考古队：《1988年河南濮阳西水坡遗址发掘简报》，《考古》1989年第2期，第1057—1066页。

4 叶万松等：《孟津县妯娌遗址》，河南省文物管理局等《黄河小浪底水库文物考古报告集》，郑州：黄河水利出版社，1998年，第23—25页。

河东聚落的墓地主要分布在居住区以北约50米，共有24座土坑墓和46座瓮棺葬。在居住区以东约65米的T10内也有零星分布，这些墓葬的年代均属大河村四期。土坑墓似成行排列，除2座墓葬头朝西、1座头朝东外，其余头向均为南偏西。

第2组聚落位于河道以西，有南北两排房屋。北排房屋在大河村三期时是多间房F1至F4，到大河村四期时先在它的西边盖了F5和F7，后来又在之上叠盖了F10，在之上修建F7双间房F8、F9，最后在F8、F9的东壁继续向东连接盖了F6。南排房屋北距北排房屋约50米左右，这里在大河村三期时建有单间房F42，到了大河村四期先在原F42的东南角续建F41，然后在F41之上再续建F40，在原F42的西北角另建F38，接着又在F42东南续建F39，位置稍向F42东南偏移。这5座房屋虽然时间有先后，但大体仍遵照东南—西北一排的分布格局。第2排房屋所属的墓地位于房屋的东南，均属大河村四期，土坑墓的头向均向东，即与河西第1排房屋所属墓葬的头向一致[1]。

在大河村三期时，河东聚落分布一排房屋，而河西也分布南北两排房屋。到了大河村四期，河东与河西均分布着2排房屋，无论是河东、河西均有自己的墓地，而且墓葬头向正好相反，墓地相对于房屋的位置也正好相反，因此，由河东河西数组房屋组成的整个村落有可能不属于同一个氏族公社的居民。

淅川黄楝树遗址中期和晚期聚落面积约14万平方米，属于屈家岭文化时期的聚落遗存集中见于发掘的东区，遗迹有房屋基址、露天灶、灰坑和墓葬等，房屋基址共31座，分为长方形或方形的单间、双间和三间套三种形式，它们大体组成了一座“凹”字形的庭院式建筑群落。这个院落31座房屋中，单间最大者F31，面积近30平方米，最小者如F17、F20、F30等，面积不过5—6平方米，一般则在10平方米左右；双间套房差别不大，一般单室面积在10—20平方米之间；两座三间套房单室面积均在10平方米左右。房屋的建筑方法基本相同，一般是先挖基槽栽木柱起草泥墙，柱间距多为1米，墙厚半米左右，柱子包于墙中，柱洞多不很深而墙较厚，看来墙本身似也起一定的承重作用，不少的房屋室内也有柱子洞，但分布多不规则，可能也是承重柱。有的火塘边有柱洞，可能是为支撑屋顶排烟设施而设的。室内地坪一般先铺垫黄沙土，夯实，再抹白灰面。火塘多设在墙角或靠墙壁，皆为浅坑式，形状有圆形、箕形、方形和长方形多种。房门室外两侧各有一柱洞，因此可能还搭有门棚，门道地面也铺了白灰面。房屋中除F28残破过甚不清楚外，其余室内均设有火塘，个别的还有二三个火塘。有的房内地面上铺有竹席。有三分之二的房屋室内残留有器物，说明绝大多数房屋都是日常起居生活用房[2]。

双间套或三间套房屋中有成套的生产工具和日常用器，但各间又能单独消费，有的各间连通还单独出入。单间房屋虽无材料证明是一个独立的生产单位，但也出各种生产工具，也能单独消费，并有自己的储藏坑。小一些的单间房只有5—6平方米，最多住2个人，应该是稳定的对偶家庭使用的房屋。只是这些房屋单独消费的程度是有限的，储藏粮食的窖穴成群分布，不与某一具体的房屋相联系，并有不止一个这样的窖穴群，热天使用的露天灶有多个灶口，供不止一个房间的人使用，因此即便单间房屋属于一个十分稳定的对偶家庭，它也一定附属于一个更大的社群，如扩大式家庭或家族，由它来统一管理生产和定期分配。这样一个大家族公社处于不断的变动之中，各时期人口有多有少，院落中的房屋时多时少，院落的规模也随之有时扩大有时缩小，但其总体结构形式在较长时期内变动不大。这说明此时家族组织的功能不断加强，同时氏族公社的观念已开始淡薄了。

## （二）中心聚落的出现

新石器时代晚期聚落分布密集度大于中期，不仅单个的聚落突出了防御功能，而且聚落间布局也逐渐突出防御意识。聚落群出现，往往出现一个大规模的中心聚落，而周围数千米范围内，出现几

1 郑州市文物考古研究所：《郑州大河村》，北京：科学出版社，2001年。

2 长江流域规划办公室考古队河南分队：《河南淅川黄楝树遗址发掘报告》，《华夏考古》1990年第3期，第1—69页。

个、十几个大小不一的小聚落，形成典型的中心聚落群。聚落内涵、结构、规模呈现出重大差别，聚落分化了。

渭河流域是遗址分布的中心地区，这里的遗址多位于发育较好的马兰黄土阶地上，特别是河流交汇处。遗址分布较为密集，在沣河中游沿岸其密度大体与现代村落相等，沿河岸10千米的范围内发现遗址十多处。遗址面积一般在数万或十数万平方米，大的几十万乃至上百万平方米，最大的如华阴西关堡[1]和咸阳尹家村[2]遗址可达100万平方米左右。文化堆积厚度一般为1—6米。各遗址往往保存着房基、灰坑、陶窑、墓葬或大片墓地。这些大型遗址由较早阶段的中心聚落逐渐发展为较晚阶段的原始城市。

秦安大地湾遗址第四期的聚落，坐落在背山面河的山坡上，两侧以沟壑为天然屏障，山坡中部为大型原始殿堂式建筑作为公共活动中心，周围分布着数个房址密集的居住区，形成众星捧月的格局。这个时期的聚落遗址达到了大地湾史前聚落的鼎盛阶段。半山腰以下是它的密集分布区，面积达50万平方米，仅发掘了其中的一小部分，虽然无法获知全貌，但可以看出聚落巧妙地利用黄土高原沟壑梁峁的自然地貌，主体坐落在背山面河的山坡上，两侧分别以阎家沟、冯家沟为天然屏障，显露了先民的规划设计才能。在遗址主体中轴线上，建有F901等原始殿堂式建筑，举行祭祀、议事等大型公共活动。在大型公共建筑周围，存在若干部落和氏族，如遗址的Ⅴ区、Ⅸ区以及未发掘但已暴露在断崖的若干居住区，形成众星捧月的格局。发现56座房址，其中保存较好和大体可知长宽尺寸的房址27座，可分大、中、小三类，其功能也有所不同。大地湾四期聚落的宏大气势显示出大地湾极有可能成为清水河沿岸的中心遗址，它已逐渐脱离史前聚落的窠臼，孕育着更高一级的文明因素，或许将之视为城址的前身更为妥当。它的出现标志着当时的社会正处在向文明社会转折过渡的重要阶段[3]。

属于大汶口文化的蒙城尉迟寺遗址是一处南北230米、东西220米的圆形环壕聚落，发现成排成组的红烧土房子50余间，房内常有数量不等的生活用具和生产用具，最多的达80多件。在建筑遗址的周围，有一条南北跨度230米、东西跨度220米、宽25—28米、深4.5米的椭圆形围沟，把聚落遗存团团围住，使聚落显得完整而严谨[4]。

多年来，在敖汉旗境内进行的数次调查，发现红山文化遗址数百个[5]。在这里发现红山文化遗址具有以河流为纽带成群分布的特征，而河与河之间的分水岭很少能见到该文化遗址，从而形成了大小不等的条状空白隔离带。红山文化在敖汉旗呈南北纵向分布的遗址群有大凌河支流组、牤牛河组、教来河组、孟克河组、蚌河组和老哈河组六个大的群系，每一组又可分成若干个不同的聚落群体，而每一个群中包括相邻的遗址3—5个，最多的可达20余个。不同组除了地理位置的区外，尚存在有一些其他的差异。孟克河组由10余个聚落群组成。其中的份子地聚落群处于中心位置的份子地遗址面积达6万平方米的大遗址，其周围分布有面积3万平方米左右的较小遗址5个，它们共同构成了一个占据孟克河下游南岸东西长10余千米，南北宽4千米的平缓台地上的古代先民聚落群。中心大遗址本身又由若干个区域组成，区与区之间有一条宽10米左右的空白带加以分隔。牤牛河组占地面积约700平方千米，大体由11个聚落群组成。其中的兴隆洼聚落群有单个聚落4个，最大的2万平方米，内部有房址40余座。小的只有0.3万平方米，有房址20余座。小东龙沟聚落群也分布有4个遗址点，面积均在0.5万平方米左右，房址20余座。同一组中的风水山聚落群则相对而言规模大的多。风

---

1 中国社会科学院考古研究所陕西工作队：《陕西华阴西关堡新石器时代遗址发掘》，《考古学集刊》6，北京：中国社会科学出版社，1989年，第52—62页。

2 陕西省文物管理委员会：《陕西咸阳尹家村新石器时代遗址的发现》，《文物》1958年第4期，第55—56页。

3 甘肃省文物考古研究所：《秦安大地湾——新石器时代遗址发掘报告》，北京：文物出版社，2006年。

4 中国社会科学院考古研究所：《蒙城尉迟寺——皖北新石器时代聚落遗存的发掘与研究》，北京：科学出版社，2001年。

5 邵国田：《概述敖汉旗的红山文化遗址分布》，苏赫主编《中国北方古代文化国际学术研讨会论文集》，北京：中国文史出版社，1995年；中国社会科学院考古研究所内蒙古工作队、内蒙古自治区敖汉旗博物馆：《内蒙古敖汉旗蚌河、老虎山河流域新石器时代遗址调查简报》，《考古》2005年第3期，第7—20页。

水山聚落群包括单个聚落9个。其中最大的聚落面积超过10万平方米，一般的也在1万—3万平方米，最小的一处有0.4万平方米。每个聚落中一般有房址40余座，而最大的遗址达100座之多。蚌河组有23个红山文化聚落，分成南北两组聚落群其间有约3千米的空白地带。北群中部编号为6375H的遗址面积21万平方米，是该群中最大的遗址。南群中编号为6211H的遗址面积16.8万平方米，是南群中最大的遗址。

这一地区还在老虎山河上游发现红山文化单有冢、坛或冢坛结合的祭祀性遗址7处，地表见灰土圈遗址1处，并确认了祭祀遗址附近少有居住性遗址是红山文化重要特征。在锡伯河、半支箭河、阴河流域同样发现了若干遗址集结成群分布的现象。“而分布在锡伯河、半支箭河以及阴河这些大河岸边的遗址，往往还呈现出沿河一线排列的态势。这种成排出现的遗址群，规模较小的和赵宝沟文化类似，一般三四个遗址，但多数往往聚集了七八处甚至更多的遗址，如阴河沿岸自西向东就分布着三个这样规模较大的遗址群”[1]。

赤峰地区考古调查发现红山文化遗址不仅集中在河流沿岸的坡岗地带，甚至有些遗址位于山丘或山顶。这些位于山丘或山顶的遗址与坡岗上的遗址有所不同，其面积一般较小，地表散布的遗物数量也较少，有些遗址可见石块堆砌成的石围圈或其残段，而在这些遗址附近的坡岗上，大都分布有红山文化遗址[2]。

红山文化聚落分布具有这样一些特征：聚落之间的分化已经出现。在单体房址、由单个房址组成的成排的房址、由若干排房址组成的聚落之上，已经出现了聚落群。同一群落中的聚落彼此地理位置接近，又与其他群落有着较为明确的分隔带加以区分，形成了一个相对紧密的团体。这种团体内部各聚落在赤峰地区尚看不到明显的分化，而在敖汉聚落群中一般都会有一个面积较大、人口相对众多、居于聚落群较中心位置的中心聚落存在。尽管由于没有正式的考古发掘，使我们无从了解当时中心聚落与普通聚落在功用上是否已经有了差别，但是在风水山、份子地和千斤营子等中心遗址中采集到筒形玉器、石钺、玉斧等器物，更是说明这些地点居住有可以拥有礼器的特殊人物，该遗址在整个群落中可能处于中心地位，该遗址中居住的人当中可能已经出现可以对整个聚落群发号施令的人；聚落群与聚落群之间的分化大概也已经出现了。同处在牤牛河组的聚落群，风水山聚落群中最大的聚落面积超过10万平方米，一般的也在1万—3万平方米。而兴隆洼聚落群、小东龙沟聚落群等普通聚落群中聚落面积一般都不到1万平方米。这反映了不同群落中人口的集中和经济的发展的不平衡性。祭祀区最早脱离一般生活区域，表明以祭祀权为特征的公共权力的发生。红山文化那些位于山丘或山顶的遗址与普通居住遗址不同，其面积一般较小，地表散布的遗物数量也较少，有些遗址可见石块堆砌成的石围圈或其残段，其功用应当是祭祀场所。而在这些遗址附近的坡冈的红山文化居住址内缺乏可供全体聚落成员进行祭祀等活动的大房子或中心广场。所以，这些山顶上的祭祀遗址应当是坡冈上某一聚落或某一聚落群的祭祀场所。这一场所的独立存在，表明组织这种公共信仰祭祀事务的聚落或聚落群的公共权力也一定是存在的。这个力量或与聚落或聚落群的日常生产、生活管理合二为一，或已经由于他们与人们共同信仰的神灵们的特殊关系而处在更高的地位，可以组织人们离开他们正常的生产活动，去进行更为神圣的祭祀场所的修建及祭祀。大型的、集中的、远离居住区的专用祭祀区的形成，表明普通聚落或聚落群已经没有了这项功能，出现了群落内部的最高权力和完全脱离一般聚落或聚落群而又靠后者来养活的特殊群体。在老虎山河上游发现的编号为X17的遗址，可能就是上述人物的居住地或他们管理社会事务的府所。

内蒙古中南部新石器晚期的遗址多建于坡地，背靠高山的大河沿岸或高原湖泊的附近，往往是遗址比较集中的地方。如西园遗址和阿善等遗址，坐落在大青山南麓，向南俯瞰东流的黄河。庙子沟遗址和大坝沟遗址，均位于北倾之坡地，直视北面的黄旗海。其中黄旗海南面的庙子沟遗址是发掘规模最大的一处，遗址坐落于东濒河沟的坡地上，遗址面积至少有30000平方米。在已发掘的10000

1 张忠培等：《内蒙古东部（赤峰）区域考古调查阶段性报告》，北京：科学出版社，2003年。

2 张忠培等：《内蒙古东部（赤峰）区域考古调查阶段性报告》，北京：科学出版社，2003年。

多平方米的范围内，共有52座房址、100多座灰坑和42座墓葬。房址约略南北成排，灰坑和墓葬往往出现在某些房址附近，有的房址内也有灰坑[1]。红台坡、东滩、王墓山、大坡和黄土坡等遗址都建在马头山向北伸展的坡地上，脚下即是岱海。这些遗址多数也都具有十分可观的规模，东滩遗址甚至达到70万平方米[2]，由此可见，岱海周边的这群遗址非同寻常，或许曾扮演过中心地带的角色。

黄河南流段的沿岸，出现不少建有砌石围墙的遗址。

白草塔遗址，坐落于东临黄河的一处坡地上，西面为较高的山梁，南、北两侧亦为河沟所断。石墙建于遗址东南侧，西南—东北走向，长240米，两端与沟边断崖相接，墙体土石混筑，现存宽、高均在0.8—0.9米左右。这是目前所知北方地区最早的聚落外的砌石围墙[3]。

寨子塔遗址，处于北高南低的坡地上，东边断崖下即是黄河干流，西、南两侧亦濒临流入黄河的深沟，唯北面与身后更高的山梁相通。整个遗址现存面积5万平方米，遗址四周均建有石墙，东、西、南三侧的石墙临近陡坡断崖，目前所见只是一些不相接续的残段。遗址北侧的石墙保存较为完整，有内、外两道，皆建于土墙基之上，以片状岩石逐层叠砌。内墙存长137米，外墙存长142米，墙体保存最高处有1米。两墙均于西部留有门址。内墙的西部在内侧又加砌一段40米长的石墙，两端均与内墙相接，在此墙与内墙之间填以土、石，形成一个正对外墙门址处的高台。外墙的外侧和内、外墙之间均挖以深壕，壕宽15—25米[4]。



此外，在准格尔旗的小沙湾遗址和清水河县的马路塔遗址也发现了石围墙遗迹。关于这些遗址外围石墙的性质，多数研究者认为是一种防御的设施。

## （三）城址的出现与初步发展

聚落的分化已初具城乡分野的规模，有一部分中心聚落出现了围墙，形成早期的城。在黄河流域部分地区，尤其是长江中游出现了相当数量的城址，以屈家岭文化发现城址较多，但其中一些城址的规模基本相似，说明这些城址的性质还都只是各自区域内的聚落中心，除拥有城墙外，它们与其他中心聚落差别不大。

**城头山**[5]

长江中游地区是城址出现最早的地区。湖南澧县城头山遗址，城垣平面圆形，外圆直径325米，内圆直径约310米，墙周长约1000米，城内面积约7.6万平方米。筑基起墙，保存较好处高出现地面4—5米。四个方向各开一城门，基本对称。经发掘的东门，发现以红烧土块夹杂灰土垫基，上层铺筑约15米宽的卵石路面。北门地势最低，可能是水门。北门内有大水堰塘，通过北门水道与护城河通连。城外环绕的护城河，部分为人工开凿，部分利用了自然河道，两者结合，现在护城河最宽处达35米，深约4米。今城内地势高于城外四周一般约4米。最高点在城内中央部位，发现成片夯土台基，有的在高达1米多的夯土台基上建房屋，显示出较高规格。城内还发现道路和制陶区，密集的土坑墓和瓮棺葬构成的墓地位于城区偏西部分。城墙约从公元前4000年开始到公元前2800年左右经过数次筑造。城头山遗址为我国目前所知最早的史前城址（图3-8）。

城内以四门通道的交点为中心，将城分为大体相等的四区。西北、东北和东南区基本在同一水平面上，唯西南区比其他各区高出约1米左右。城内西南区近中心部位为一片夯土台基。夯土台基呈

1 内蒙古文物考古研究所：《庙子沟与大坝沟——新石器时代遗址发掘报告》，北京：中国大百科全书出版社，2003年。

2 内蒙古文物考古研究所等：《岱海考古（三）——仰韶文化遗址发掘报告集》，北京：科学出版社，2003年。

3 内蒙古文物考古研究所：《准格尔旗白草塔遗址》，《内蒙古文物考古文集》第1辑，北京：中国大百科全书出版社，1994年，第183—204页。

4 内蒙古文物考古研究所：《准格尔旗寨子塔遗址》，《内蒙古文物考古文集》第2辑，北京：中国大百科全书出版社，1997年，第280—362页。

5 湖南省文物考古研究所：《澧县城头山——新石器时代遗址发掘报告》，北京：文物出版社，2007年。

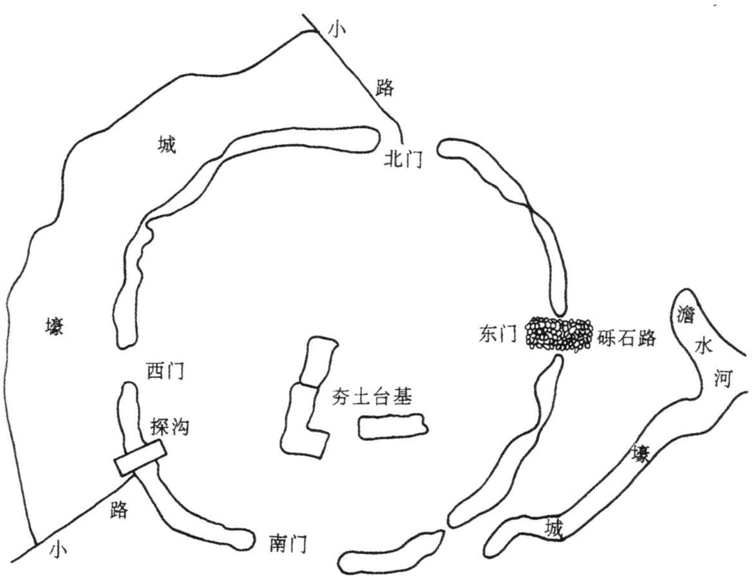


图 3-8 澧县城头山城址（屈家岭文化）

凹字形，坐西朝东，东西宽约20米，南北长约60米。城内一共发现10多座大溪和屈家岭文化夯土台基式的房屋建筑。此外，还清理了200多座大溪文化墓葬和500多座屈家岭文化墓葬，发现一个范围达数百平方米，包括有取土坑道、和泥坑、贮水坑、多座陶窑和大量工棚的大溪文化时期的完整陶器作坊区。

**鸡叫城**[1]

鸡叫城遗址位于湖南省澧县北约10千米的涔南乡复兴村，坐落在洞庭湖西北岸澧阳平原中部。城址平面略呈圆角长方形，东西长400米，南北宽370米，面积15万平方米，方向约10度。城中地势高出周围2—3米，突兀的城垣更是高出城外水田达4米多。城墙遭到损毁，仅西、北二垣保存较为完整，东垣南段及南垣已被破坏殆尽。城垣外有宽阔的洼地或水域环绕，尤以西、北、南三面最为明显，宽约40—70米。环形洼地与涔水支流（现已为古河道）在城西北汇合，并与北垣中部缺口遥相呼应，东、西、南面城垣缺口，也是城门遗存。

鸡叫城城垣先后经过两次修筑。屈家岭文化中期始筑的城垣为一期城墙，石家河文化早期所筑城垣为二期城墙。一期城墙直接修筑于地势较高的生土面上，剖面近似三角形，底宽30米，高4.5米。夯层清晰，厚约20—30厘米。二期城墙规模较大，墙体附筑于一期城垣内侧，剖面形状类似平行四边形，宽约60米，残高2—2.5米。从整个墙体的结构来看，城内坡度缓，便于防守，城外坡度陡，使攻城者难以攀登。

城垣与城外水域之间有城壕环绕。西垣一期城墙外坡底部约8米处，发现了与之同时的城壕东岸斜坡，城壕宽约45米，与城外水域相连，壕内填黑色淤土，出土大量屈家岭文化中晚期陶片。

在西垣二期城墙中部之下，发现一处直径近10米的“圆锥形”土台，四周被二期墙体所环覆，坐落于屈家岭晚期地层之上。台中心有一直径约2.5米、厚约1米的红烧土堆，大多土块因多次烧灼而成炭黑色，内含少量碎陶片。该土台可能与修筑二期城墙这一大型动土活动有关，属于某种祭祀遗迹。

1 曹传松：《湘西北楚城调查与探讨——兼谈有关楚史几个问题》，楚文化研究会《楚文化研究论集》第2集，武汉：湖北人民出版社，1991年，第177—190页；尹检顺：《澧县鸡叫城新石器时代晚期遗址又有新发现》，《中国文物报》1999年6月23日。

鸡叫城南约14千米处，为著名的城头山古城。鸡叫城始建年代虽然晚于城头山古城，但在规模上城头山却又远逊于鸡叫城。屈家岭文化时期，二城南北骈峙，屹立于洞庭湖之滨，成为湘西北的两个重要城邑。

**走马岭**[1]

走马岭遗址位于湖北省石首市焦山河乡走马岭村与滑家挡镇屯子山村交界处，是一座屈家岭文化城址。走马岭城址平面略呈不规则椭圆形，东西长，南北短。东西最大长度为370米，南北最大宽度为300米，城垣周长约1200米，总面积约7.8万平方米。城垣高4—5米，宽20—27米。夯层一般厚10—30厘米，夯土黄灰相间，厚薄不均。城外有壕沟环绕，沟宽20—30米。城垣上有数处缺口，其中有的应为城门遗迹。缺口两边，有的保存着圆形土台，可能是城门附属的防御性建筑物台基。城内的地势为东北高，西南低。房屋建筑主要发现于东北部，西南垣以外不远是石首市最大的湖泊上津湖，城内积水可顺地势从西南水门直接排入湖中（图3-9）。



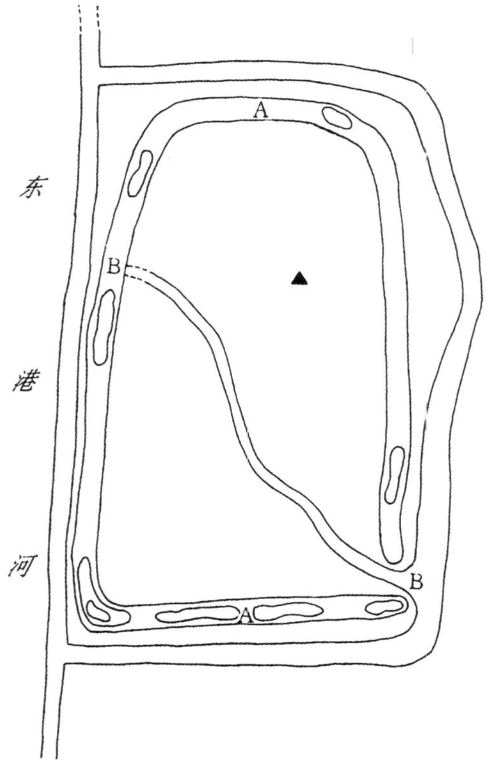

图 3-9　石首走马岭城址（屈家岭文化）
A. 土城门　B. 水城门

走马岭城内发现的屈家岭文化遗存，主要有房址、墓葬和灰坑。4号房址为一曲尺形多间式地面建筑，方向202度，木骨泥墙。西面为一间大房，东面为两间或两间以上的小房，在大房与小房之间，有一宽85厘米的门道。大房长约8米，宽3.5米。墙基存高4—8厘米，厚10—25厘米。东墙南端留有宽60厘米的出口。小房位于门道东面，东西长3米，南北宽2.6米。北墙继续向东延伸，因距现代住宅太近，无法进行发掘。房内西北角发现豆、罐、碗、杯等4件倒扣在居住面上的陶器，陶器的东西两边有2块灰烬层。推测小房是厨房和饮食之地。门道在大房与小房之间分别用厚10—15厘米的泥墙隔开，门道出口处发现有3块经过加工的石条，这些石条显然起到门槛的作用。

墓葬集中在砖厂取土区一带，均为土坑竖穴墓，大部分墓坑有二层台，墓底有葬具的腐烂痕迹，全为单人二次葬。每座墓内都有随葬品，一般10件左右，有的竟达30件之多。结合对人骨架的分析，男性一般随葬有石器，女性随葬有陶纺轮，但陶纺轮与石器绝不同出一墓。纺轮一般放在陶器比较集中的位置，石器则多放在二层台中部的内侧。这种现象说明，男女两性已有明显分工，“男耕女织”成为典型的社会生产方式构成。

灰坑有两种，一种为不规则形灰坑，另一种为长方形灰坑。后者分布比较集中，排列有序，均为人工挖成，十分规整，一般长70—100厘米，宽50—60厘米。坑内填土中多掺杂草木灰、木炭、红烧土块，使整个灰坑填土成为黑色。灰坑都很浅，一般深度为15—30厘米。包含物中有较多的动物骨渣，

1　徐承太、陈官涛：《石首市走马岭新石器时代遗址》，《中国考古学年鉴（1992）》，北京：文物出版社，1994年，第266—267页；张绪球、陈官涛：《石首市走马岭屈家岭文化城址》，《中国考古学年鉴（1993）》，北京：文物出版社，1995年，第203—204页；荆州市博物馆、石首市博物馆、武汉大学历史系考古专业：《湖北石首市走马岭新石器时代遗址发掘简报》，《考古》1998年第4期，第16—38页。

陶片很少，有些坑内放置完整的陶器。这种小长方形灰坑已不是简单的垃圾坑，可能与祭祀等宗教活动有关。

城内出土的屈家岭文化遗物，主要有锛、刀、镞等石器，以及细颈壶、三锥状足釜形小鼎、簋形器、泥质磨光黑陶鼎、圈足豆、绳纹罐、直筒形缸、圈足碗、鼓肩壶形器等陶器。陶器中以泥质灰陶居多，夹砂红陶与泥质黑陶次之。从遗物特征上可知，走马岭城早期为典型屈家岭文化，到了晚期，一种新的文化因素开始冲击这里，在类型划分上既有划城岗类型的因素，也有屈家岭类型的因素。

**阴湘城**[1]

荆州阴湘城遗址位于湖北省荆州市荆州区马山镇阳城村。阴湘城是一座屈家岭—石家河文化古城。阴湘城遗址在大溪文化时期已是一处规模很大的聚落遗址。屈家岭文化早期，开始修筑起颇具规模的城垣，成为方圆数十里区域内的一个中心聚落。

阴湘城城址平面略呈圆角长方形，东西长580米，南北残宽350米，面积约20万平方米。东、西、南三面城垣保存完好，南垣与东垣转角处略外凸，遗址北侧被湖水冲毁，北垣已无存。现存城垣全长约900米，高出城内地面1—2米，高出城外城壕约5—6米，存宽10—25米，夯层一般厚5—20厘米，东垣墙基最宽处约为46米。

阴湘城城垣分两期修筑。前期修整时间为屈家岭文化晚期，而后期修整则已到了商周时期。第一期城墙横断面呈梯形，高约7米，由墙体和护坡组成。顶部宽约6.5米，底部宽约30米。其构筑情况是先在生土上填平基脚，再在基脚上层层堆垒，似经夯打，但夯层并不明显。墙体下部坡度平缓，形状不太规整，上部坡度较为陡急，形状规整，似采用了挡土堆筑的方法。城垣内侧的护坡是在墙体建成后再堆筑而成，以加固墙体，它与城墙顶部的高差约为3米，其作为城墙构造的一部分，与城墙时代相一致，均属屈家岭文化时期。

城垣外面有城壕环绕，西、北两面城壕已被湖水淹没，东、南两面城壕保存较好，宽约30—40米。城垣四面的缺口，应是城门遗迹。南垣稍偏东处有一突出城墙之外的土台，东西50米，南北宽10米，通过钻探可以确认为是原来南垣的一部分，土台前面地势较高，可能为通向城内的道路，而土台则应为城门所在地。北垣缺口处最低，并与余家湖相通，当为水门。阴湘城城址中部为一条宽约50米、深约4.5米的南北低洼地，可能是一条古河道，向北与城外古河道相通，成为城内与城外的水上通道。此处地层中包含有大量的稻谷硅酸体，推测可能存在较为丰富的原始稻作遗迹，属于稻作农业区。城东部与西部地势较高，文化堆积厚度在2—3米，似为房屋遗迹比较集中的居住区。西部偏南，文化堆积相对较为稀疏，可能为墓葬区。

城内发现的房址中，以屈家岭文化房址保存较好，且最具特色。10号房址为一大型分间房屋，是平地起建的地面式建筑，平面呈长方形，东西长10米，南北宽7米，由一间大房子、两间小房子和走廊组成，大房子位于西端，室内长6.3米，宽4.2米，两间小房子位于大房子东端，走廊位于西南角，走廊与西南角小房子之间有一门道相通。房子四周均挖有基槽，基槽宽40—60厘米，深30—60厘米。基槽内发现大量柱洞，推测为木骨泥墙。屈家岭文化的灰坑多为圆形或椭圆形灰坑。许多灰坑内发现大量炭化稻米和稻谷，其中90、113、128、156号灰坑中出土炭化稻米最多，总数达3000多粒。有的稻谷在出土时还可清晰地看见稻芒。116号灰坑出土一呈长条形集中排列的稻米，可以明显地看出是整穗稻谷腐烂后散落的。阴湘城所出大溪文化和屈家岭文化稻米为典型的栽培稻，形状可分瘦长型和肥胖型两种。瘦长型出土数量较少，但粒均较大，一般长0.5—0.53厘米，最长0.67厘米。肥胖型小颗粒稻数量最多，一般长0.45—0.5厘米，宽0.25—0.3厘米。在灰坑中发现这样多被丢弃的稻谷和稻米，说明在屈家岭文化时期已普遍种植稻谷。

1 荆州博物馆、福冈教育委员会：《湖北荆州市阴湘城遗址东城墙发掘简报》，《考古》1997年第5期，第1—10页；荆州博物馆：《湖北荆州市阴湘城遗址1995年发掘简报》，《考古》1998年第1期，第17—29页。

**鸡鸣城**[1]

鸡鸣城遗址位于湖北省公安县城西南约30千米的狮子镇双到乡龙船嘴村。坐落在一个狭小的平原上，东北不远处为低矮的缓丘，南距涴水河约2千米。城址略呈不规则的椭圆形，东北—西南向，东南和西南角有明显的转折，属屈家岭文化古城。南北城墙最大间距约500米，东西约400米，面积约15万平方米。一条水渠和简易公路横贯城址北部，将城址分割成南北两部分。城垣大部保存较好，仅东北部缺失。城垣周长约1100米，顶宽约15米，底宽约30米，一般高出城内外2—3米，西北部城垣更高出城垣其他部位1米左右。城垣外面有城壕环绕。城内中部的沈家大山，是一处高出周围约1米的台地，面积约4万平方米。

此外始建于屈家岭文化的城址还有石家河、马家垸等。

**西山**[2]

郑州西山遗址尚存的北半部圆弧形走向，城垣总长约300米，北墙东端有一城门，南半部城墙被河水冲毁，全形估计略近于圆形。墙宽约5—6米，存高约3米。外侧有沟壕，有一段宽5—7.5米、深4米左右。从东、西城墙间约200米的最长距离估算，原城内总面积约3万平方米左右。城内发现大量房址，面积多数为三四十平方米，最大的一座100平方米左右。有的房基下埋置小孩、牲畜的尸骨或放有粮食的陶罐作为奠基。还发现死者被弃葬于灰坑里的现象，有的尸骨不全，身首异处。

城垣建筑方法采用所谓“小板块夯筑法”，即在拟建城垣的地段，将原有的地层挖去，成为墙基槽，基底较平，就在槽内用小板块逐层逐块依次夯筑，局部地段采用中间立柱固定夹板，四面同时逐块夯筑，在此板块夯筑完成后，即将立柱和夹板取出，依此法依次逐块夯筑，向前推进同时向高发展。

城内中部和东南部为居住区，为地面建筑。建筑程序是先平整地面、挖墙基槽，在基槽内埋设柱子构成木骨泥墙。房基内设瓢形火塘。在居住区及其附近分布着密集的窖穴和灰坑，在H57等10多座灰坑中，均发现有扔弃的完整或散乱的人骨架。有的与兽骨架同埋灰坑底部，有的四肢作挣扎状，系活埋所致。城内东南部边缘地带红烧土较多，个别断崖上暴露与陶窑有关的火道痕迹，陶窑分布密集，多横穴窑，看来此处应是陶窑区。在西城垣外的西侧和北城垣的东部内侧为墓葬区，已发掘100多座该时期墓葬。这些墓葬均为土坑竖穴墓，葬式为仰身直肢，头向西，稍偏南，无葬具，几乎不随葬任何随葬品。在这些墓葬当中发现一座成年男女合葬墓和一座成年男性与幼儿瓮棺葬的合葬墓，表明男性主体较为突出，反映了家庭结构和男性较高的社会地位。

**西康留**[3]

西康留大汶口文化遗址位于山东省滕州市官桥镇西康留村北，南临薛河故道，西邻小魏河，处在两河交汇的河旁高地上，整个遗址东西长约450米，南北宽约440米，面积约20万平方米。城址平面近圆角方形，东垣长约180米，南垣长约175米，西垣南段残长约45米，北垣东段残长约76米。西垣大部、西北角虽已严重破坏，但城的平面轮廓尚较清楚，南北最长约195米，东西最宽185米，估计面积约3.5万平方米，从东北角城垣夯土结构来看，系用黄褐、灰褐两种土夯筑而成。夯层厚薄不一，厚者约25厘米，薄者不足5厘米。夯窝不明显，个别地方可隐约显现直径约3厘米的小平底夯窝。夯土厚薄不一致，质量明显不均。薄者砸结实，厚者除层面部分外，以下则较松散。这种情况的出现，我们推测可能系其使用的夯具重量较轻，产生的压力不足以穿透所填土层。从夯窝不明显，层面上很不容易留下

1 贾汉清：《湖北公安鸡鸣城遗址的调查》，《文物》1998年第6期，第25—30页。

2 国家文物局考古领队培训班：《郑州西山仰韶时代城址的发掘》，《文物》1999年第7期，第4—15页。

3 山东省文物考古研究所鲁中南考古队、滕州市博物馆：《山东滕州市西康留遗址调查发掘简报》，《考古》1995年第3期，第193—202页。

夯窝痕迹，或可说明之。显示出夯筑技术在初始阶段的原始性。也表明城垣内侧系堆筑而成。

城内建筑布局情况，目前尚不清楚。但在发掘区西部发现较高规格的大墓。这些大墓的主人也是城内规格较高的居住者。

**王家庄**[1]

王家庄遗址位于山东省阳谷县阿城镇王家庄村西，在此发现一座大汶口文化城址。城址平面呈圆角扁长方形，东北—西南向，南北长约360米，东西宽约120米以上，面积约4万平方米，夯土城垣宽10—25米，夯窝细小密集，可能是用束棍夯筑。城址始建于大汶口文化时期，到龙山早期仍在继续沿用，因而或可称之为大汶口—龙山文化城址。城内的布局情况无从得知。通过对东南城垣的解剖，获知夯层规整匀称，厚约6—8厘米，说明王家庄城址可能已使用版筑技术了。王家庄城址位于泰山西支的山前平原，古济水的西岸，应是一个大汶口文化的中心聚落。

**丹土**[2]

丹土遗址位于山东省五莲县潮河镇丹土村，遗址面积为33万平方米，在此发现大汶口文化晚期、龙山文化早期和龙山文化中期三个连续扩展的史前城址。

大汶口文化城址平面略呈椭圆形，东西长400余米，南北宽近300米，城内面积约9.5万平方米。城壕宽约10米，口至底深约2.5米，城垣仅存墙基部分，墙体存宽约5米，存高约1米，分层堆筑，夯层较平整，每层厚10—20厘米。

渭河流域，长江中、下游和燕山南北及西辽河流域等广大地区内的诸考古学文化的先民，于半坡四期文化时期，已跨入了文明门槛，生活在初期阶段的国家组织中。中国文明的起源与形成是多元而无中心的，而且，一个考古学文化也可以被权贵割据为多个地域政权，尚未形成统一的权力中心。

## 第五节　新石器时代晚期的墓葬

### 一、墓地

新石器时代晚期的公共墓地有较多的揭露，反映在埋葬习俗方面的某些现象往往以缩影的形式折射着社会上已然发生的变化。其中，最重要的一点即是墓地中的墓区赋予的社会意义。墓地被分成若干墓区的现象，在上一时期就有明确的表现，这一时期各地发现的氏族墓地中对墓区的划分更为严格。

划城岗墓地分南、北两区，墓区内墓葬东西成排，分布密集，但没有叠压打破，显然是经过精心布置的，而且必有标志，只是后来标记已不存。所以虽然墓葬形成经年，各排稍有错位，但大体还能分得清楚。在这个墓地中，墓葬安排有统一规划，丧葬习俗十分一致，随葬品多用明器且规范化，如此整齐划一的葬制体现的是同一血亲继嗣集团集体墓地的制度。其中南区至少有四排，北区至少有五排，每排年代相近的墓葬排列很整齐，有的每排南部墓葬和北部墓葬还各自成组，其间留有一些空地。两区各排墓葬都有早有晚。由于这两排的北面有较大的一片空地，可以看出这里下葬的顺序是从南往北安排的。当然，由于墓葬的分段并不十分准确，要完全弄清墓地的安葬规划是不可能的，但两区墓葬各自成排，有的一排还可以分成不同的墓组却是可以大致肯定的。实际上，每排的分组与

1 张学海：《浅说中国早期城的发现》，湖南省文物考古研究所《长江中游史前文化暨第二届亚洲文明学术讨论会论文集》，长沙：岳麓书社，1996年，第243—251页。

2 中美两城地区联合考古队：《山东日照市两城地区的考古调查》，《考古》1997年第4期，第1—15页；山东省考古研究所：《五莲丹土发现大汶口文化城址》，《中国文物报》2001年1月17日。

不能分组的一排意义是一样的，都应该是墓区中最小的规划单位。这样，划城岗聚落的墓地不仅分成两个以上的墓区，而且每个墓区中还可以分为多个不同的墓组，这样的墓地规划自然反映了聚落中人们群体的社会组织结构[1]。

翁牛特旗大南沟遗址小河沿文化墓地分为两片。大南沟村南面的石棚山之南坡为第一墓地，所有墓葬基本得到全面的清理；村西南老鹞窝山的南坡为第二墓地，共发掘6座墓葬。第一墓地的墓葬，由上而下分作三处相对独立的墓区，各区的墓葬都有着该区固定的排列方向。地势最高的B区，存有32座墓葬；在其西侧的C区，分成高、低两块，分别有17座和11座墓葬；C区南面是处于最低地段的A区，共见17座墓葬。墓葬多为土坑竖穴墓，长、宽一般在100—150厘米和60—80厘米；还有至少19座竖穴洞室墓，即在竖穴的长边一侧向内掏洞置尸。大多数墓穴都有经过焚烧的迹象，甚至有的人骨也被烧成黑色。单人曲肢葬为主，死者上身仰直，下肢折屈，随葬品往往出在人体旁侧或首、足两端。有3座墓实行双人合葬，皆为成对的成年男女，同穴中两人头向相反，下肢交错或叠压。经过人骨鉴定的37座墓，死者均系成人，其中男性22例，女性13例。还出现了个别的无头骨之墓或无人墓。各墓区的墓葬或沿墓穴长向排成墓列，或相邻几座自成一组[2]。总之，透过大南沟墓地，可以看出由合葬墓、墓列（或墓组）、墓区、墓地，以及由若干墓地组成的更大的集葬区所构成的由低到高的几个层次。



崧泽遗址属于这一时期的中段的墓大致分为三组，由西南向东北排列，晚段的墓分为四组，其中三组也是由西南向东北排列，与中段的墓地范围基本重合，另一组则位于偏南部，因此，当时至少存在分别以整个墓地和每组墓为代表的两级社会组织[3]。

北阴阳营有这一时期墓葬271座，其中258座集中位于遗址的西北部的9个探方内，其东、南两面经发掘已出现大片空地，西、北两边墓葬稀疏，应该也已到了墓地的边缘，因此这一处墓地的揭露还是很完整的。另13座墓零散分布在偏东的几个探方内，接近聚落的居住区。发掘报告认为前者年代相当于崧泽文化早期，后者相当于崧泽文化晚期。这里所有的墓葬都没有发现明显的墓坑，葬式大多为仰身直肢葬，也有少量俯身葬、二次葬和屈肢葬，还有3座双人合葬墓。人骨头向朝北者占绝大多数，向东、南、西者仅9座。各墓随葬品多为数件或十数件，个别的达30余件。随葬品中石器的数量很多，甚至超过了陶容器的数量，是这个墓地的一大特色，种类主要有穿孔斧、锛、凿、纺轮和多孔刀等；陶容器有鼎、豆、壶、罐、钵、碗、盆、簋、杯等；玉器的数量也不少，约占以上两类器物总和的三分之一，种类有璜、玦、环、管、坠、泡等；还有一些陶纺轮、球和雨花石等。从发表的早期258座墓葬分布图上看，在墓地的边缘部位有不少成组分布的墓葬，如T43内一组约17座、T44与T54之交处一组约10座、T45内一组约19座、T33西部一组约11座等。墓地中部的墓葬分布过于密集，难以划分出确切的墓组。但这个墓地分组下葬的现象是很明显的，如以上述明显的墓组每组10余座墓的数量计，整个墓地大致就有10余个这样的墓组。由于墓葬随葬品中陶容器所占的比例不大，而且又基本都是明器，个体差异较大，很难据此对墓葬分期排序。如按发掘报告根据墓葬叠压关系并联系墓葬出现区分出的早晚4个墓层的排序来看，各墓组基本都有不同时期的墓葬，因此这些墓群大体应该是同时共存的[4]。

高要蚬壳洲遗址的墓地墓葬可以分为三组，各组均围成一个近乎封闭的圈。三组中以遗址的Ⅰ区西南的一组规模最大，埋葬人数最多，有双人合葬和成人与儿童三人合葬墓。墓地可能为氏族公共

1 湖南省博物馆：《湖南安乡划城岗新石器时代遗址》，《考古学报》1983年第4期，第427—470页；湖南省文物考古研究所：《湖南湖南安乡划城岗遗址第二次发掘简报》，《考古》2001年第4期，第13—26页；湖南省文物考古研究所、常德市文物处、安乡县文物管理所：《湖南安乡划城岗遗址第二次发掘报告》，《考古学报》2005年第1期，第55—108页。

2 辽宁省文物考古研究所、赤峰市博物馆：《大南沟——后红山文化墓地发掘报告》，北京：科学出版社，1998年。

3 黄宣佩、张明华主编：《崧泽——新石器时代遗址发掘报告》，北京：文物出版社，1987年。

4 南京博物院：《南京市北阴阳营第一、二次的发掘》，《考古学报》1958年第1期，第7—25页；南京博物院：《北阴阳营——新石器时代及商周时期遗址发掘报告》，北京：文物出版社，1993年。

墓地，不同的组可能代表着氏族内不同的家庭[1]。

新石器时代晚期，同一墓地的各墓区之间的区分除表现在墓葬的排列分布上外，及至较晚阶段，随葬品的种类及数量之多寡，在表现各墓区间的差异上也成为了一项重要指标，这一点在那些属于中心遗址的墓地中，尤其有着突出的表现。

大汶口遗址所分的三组墓地，是为三个家族墓地。各墓地之间有明显的地域区分，相互间基本没有打破关系，它们分别由19座、17座和8座墓葬构成。其中，A组墓地墓葬的规模和随葬品的数量、质量方面都较B、C组墓地高，而同一遗址其他组墓地的墓葬一般规模较小，随葬遗物较少，有的则空无一物[2]。

莒县陵阳河墓地，经发掘的40多座墓葬明显地分成四个相对独立的墓区，而位于北部的墓区无论是墓葬大小还是随葬品的富有程度都赫然超越其他各区，其中6号墓和17号墓更是占据了整个墓地的显贵地位[3]。墓地中存在个别富有之墓，这在此前的时期虽已是屡见不鲜的现象，但像这样普遍享有高规格礼遇的特殊墓区，却是这一时期较晚阶段的新生事物。当然，陵阳河墓地中的这类特殊墓区在本时期的北方地区尚不多见，然而却与下一时期及其之后的文明社会的贵族墓地渐趋接近，至少可以说明，当时的一些地区已存在着凌驾一般社会之上的特殊阶层。

宗教发展的结果，巫师阶层形成了，而且还产生了执掌神权的领袖。同时，钺作为武器，是军队指挥权或王权的标志物。由于械斗乃至战争的日益频繁，和各群体内部纠纷的愈益复杂，军事领袖攫取了王权。我们从这些人留下的墓葬看到了他们在当时社会中的显赫地位。显然，世俗的，尤其宗教的上层集团已经形成，甚至出现了专门供埋葬此类特殊人物修建的墓地，与氏族社会中其他成员的墓葬区分开来。

东北地区的红山文化牛河梁墓地和长江下游地区凌家滩墓地都应该属于此类性质的墓地。

牛河梁墓地墓葬分别归属于若干个积石冢。经发掘并报道的积石冢主要有牛河梁第二、第三、第五和第十六地点4个地点。

牛河梁第三地点为占据山顶的一个圆形积石冢，周围环绕一圈黑土带，积石冢中心是一个长方形浅坑，坑壁砌石，坑上亦有石墙，坑旁有伴出较多玉器的成年男性单人墓M7，冢内尚有6座石棺墓，皆围绕在中心坑与M7的周围。

第五地点也在山丘顶部，其主体部分为西南—东北向排列的3座积石冢。东西两侧为圆形积石冢，其下各有一层碎石块，中间的3号冢为长方形坛式建筑。各冢均含墓葬，东北2号积石冢内有数座石棺墓和1座以红陶筒形器残片围成的墓葬，石棺墓有的开在基岩中，墓内伴出玉器，该冢并出有1尊缺损头和右下肢的裸妇陶塑。

规模最大的积石冢类遗址是牛河梁第二地点，该地点位于牛河梁中梁的顶部，地势比较开阔，在东西长150米、南北宽80米的范围内，共设置了五冢一坛的六个单元的建筑。1号冢位于第二地点的最西端，2—5号冢依次向东排列，6号冢在3号冢的正北。第二地点的布局情况基本清楚，圆形祭坛的3号冢地处中央，东、西各有两个以墓葬为主要遗迹现象的积石冢，从而构成了以祭坛为中心的大型积石冢群（图3-10）。

1号冢为形制规整的长方形，北、东两边现存长度分别是26.8米和19.5米，北边尚存砌石台阶。发掘墓葬27座。

2号冢在1号冢以东2米处，整体近方形，东西长17.5米，南北长18.7米。北、东、西三面各存有2—3

1 广东省博物馆、高要县文化局：《广东高要县蚬壳洲发现新石器时代贝丘遗址》，《考古》1990年第6期，第565—568页；广东省博物馆肇庆地区文化局、高要县博物馆：《高要县龙一乡蚬壳洲贝丘遗址》，《文物》1991年第11期，第8—13页。

2 山东省文物管理处、济南市博物馆：《大汶口——新石器时代墓葬发掘报告》，北京：文物出版社，1974年；山东省文物考古研究所：《大汶口续集——大汶口遗址第二、三次发掘报告》，北京：科学出版社，1997年。

3 山东省文物考古研究所、山东省博物馆、莒县文管所：《山东莒县陵阳河大汶口文化墓葬发掘简报》，《史前研究》1987年第3期，第62—82页。

米宽的石墙，南面是一条碎石夹杂彩陶筒形残片的堆积带。被石墙包围着的是个边长3.6米方台状石椁，椁顶盖石板，椁内仅见少量人骨、兽骨和红陶片。此外南侧还发现3座墓。

4号冢形制比较复杂，南北长36米，东西宽约20米，其北半部为东、西两个并列或相套的圆形积石冢，南半部似一长方形建筑。在4号冢下层墓葬周围密集地分布着大量的彩陶筒形器残片，墓葬东西成行，从北至南大约可分出3排。

5号冢处于第二地点的最东端，其平面略呈东西向长的长方形，长和宽各是15米和10米，在中部砌成一道东西走向的石墙，将这个冢分成南、北两部分，此冢未见明确的墓葬。

6号冢位于3号冢北1米处，因后世扰动过多，形制不甚明确[1]。

图 3-10　牛河梁第二地点

上述积石冢从单体冢的墓葬数量看，从几座至二十余座不等，与已知氏族社会公共墓地动辄百余座墓的情况明显有别，应该不是普通的氏族墓地。且墓葬中一般只随葬功能与宗教活动有关的玉器，应当是当时原始人类集团中某些具有特殊身份，即掌握宗教权力集团成员的专门墓地。值得一提的是，红山文化此类墓葬还采用封土积石的方式，即在埋葬好的墓地上用土及石块堆起高台。

凌家滩墓葬，均位于人工建筑的祭坛及其侧边，随葬器物相当丰富，且绝大多数墓葬，以玉质的随葬品为主。可见，葬于此地的墓主人，当非等闲之辈，是在亲族及社会中有相当地位的人。凌家滩墓葬有一定的分布规律，有的紧挨祭坛，有的打破祭坛，几乎所有墓葬的长轴方向都是正南北的，而祭坛大致作长方形，长轴方向也是正南北，可见墓葬与祭坛之间的关系是整合的，也就是说它们大体同时，有结构与功能上的联系。墓葬的分布大体可分为三组，南侧一组成东西一排，分布在祭坛外，是所谓“大墓”，墓坑较大，随葬品较多；西侧一组大都也在祭坛之外，这些墓从墓坑看也比较大；其余一些墓葬均分布在祭坛之上，打破祭坛，墓坑大都比较小。其中，南边一排年代较早，西侧年代稍晚。祭坛上墓葬有个别的或与西侧墓葬同时或稍晚。祭坛建造的年代大约应在南面一排墓葬与祭坛之上墓葬的年代之间。考虑到祭坛与墓葬整合的情况，可以认为祭坛的功能是作为墓祭之用的，特别是为了祭奠南边一排“大墓”。

凌家滩墓葬布局是几座（大致不超过10座）分成一组的，已发掘出来的墓葬同时存在的墓组不多，不会超过两组。因此，从墓组延续的年代和规模看，它所代表的社会群体不大，应当是当时社会组织中级别最小的单位，或许就是小的家族，而整个墓地则可能是一二个家族的墓地。

凌家滩墓地的规格主要还是体现在墓葬的内容上。已经发表的三座大型墓葬墓坑长度在2.5—2.75米之间，宽一般为1.4—1.5米，深0.2—0.3米，这不会是原来的深度。44座墓共出随葬器物1200

1 辽宁省文物考古研究所：《牛河梁红山文化遗址发掘报告（1983—2003年度）》，北京：文物出版社，2012年。

余件，其中大多为玉器和石器，仅玉器一项就有600余件，占总数的50%，表现出墓主人身份上的特殊性。尤其是其中三座大型墓葬，分别出土随葬品131件（玉器96件、石器27件）、123件（玉器90件、石器16件）和80件（玉器51件、石器17件）。玉器中数量最多的是钺、璜、玦、环、管、坠、镯、璧等，这些器物在其他一些小型墓地的墓葬中也可以见到，只是数量要少一些。但这里还有一些数量不多、其他墓地中见不到的玉器，如人物、龙、虎、鹰、猪、龟等，这些器物上都有穿孔，应为佩件，其它还有牌、笄、勺、冠饰等。石器主要有钺、锛、凿等，虽是常见的器物，但数量也比其他小型墓地所出为多。还有一些墓葬中随葬了较多的玉石边角料，如M120出玉（石）芯111个、碎玉料数十块，M18出玉（石）芯10个、碎玉块十余件等等。玉料上多留有切割和打磨的痕迹。说明死者很可能还是制作玉石器的匠人[1]。

## 二、墓葬形制与葬具

土坑竖穴墓仍然是最普遍的墓葬形制，同时还出现了灰坑葬和火葬。

长江中游地区这一时期晚段的墓葬有土坑墓和瓮棺葬两种，共发现六七百座。土坑墓多为长方形竖穴单人葬，葬式以仰身直肢为主，少数为二次葬和屈肢葬，大多数墓没有随葬品或仅有少量随葬品，少数墓用大量陶器随葬。

天门肖家屋脊遗址发现土坑墓37座，可分为3个墓区，墓葬排列有序，墓坑大小有别，有的还在墓坑一端挖一个方形或圆形小浅穴，有的留有二层台。如M47，死者为二次葬，墓坑一侧留有二层台，共随葬陶器24件。M56，死者为单人仰身直肢葬，足端有二层台，并集中放置陶器23件。不仅成人，儿童有的也用土坑墓埋葬。瓮棺葬也有儿童和成人两种，大多数用一釜一碗作葬具，少数用两个釜作葬具。儿童一般和成人同葬于一个墓地。此外，还发现有将人弃置于灰坑中的乱葬坑[2]。

灰坑葬在很多遗址都有发现，采用废弃的灰坑埋葬死者，一般都处于居住区。每个地点的灰坑葬一般只有一二座，少者一坑仅葬一人，有时一坑埋葬多人。死者的葬式，多数不规则，常为屈肢或俯身，有的骨骼不全。灰坑葬中的死者，可能具有特别的死因，所以采取了特别的葬法，他们绝大多数都没有随葬品。

淅川下王岗遗址M704即为葬有4人的乱葬坑，包括成年男女和儿童各2人，坑内骨架凌乱[3]。类似现象在邓州八里岗遗址的灰坑也可见到[4]。

这一时期木棺葬具已经较普遍地被使用，还有一定数量瓮棺，在黄河上游及东北地区石棺流行。

河南灵宝西坡庙底沟文化墓葬大部分有木质葬具，即用木板作为盖板封盖墓室，其上覆以麻布，并用泥封墓室[5]。

大汶口文化木质葬具数量较多。有些为棺，有些仅为盖板，也有的规模较大，接近木椁。以大汶口遗址墓地为例，见到的木质葬具主要有三种。一种仅在坑口搭放原木，盖住尸体，然后覆土掩埋。如M53墓口至墓底深1米，有高0.3米的二层台。葬具木灰即盖在二层台所构成的坑口上，东

---

1 安徽省文物考古研究所：《凌家滩——田野考古发掘报告之一》，北京：文物出版社，2006年。

2 湖北省荆州博物馆、湖北省文物考古研究所、北京大学考古学系石家河考古队：《肖家屋脊》上、下册，北京：文物出版社，1999年。

3 河南省文物研究所、长江流域规划办公室考古队河南分队：《淅川下王岗》，北京：文物出版社，1989年。

4 北京大学考古学系、南阳地区文物研究所：《河南邓州市八里岗遗址1992年的发掘与收获》，《考古》1997年第2期，第1—7页；北京大学考古实习队；河南省南阳市文物研究所：《河南邓州八里岗遗址发掘简报》，《文物》1998年第9期，第31—45页；北京大学考古文博院、南阳地区文物研究所：《河南邓州八里岗遗址1998年度发掘简报》，《文物》2000年第11期，第23—31页。

5 河南省文物考古研究所等：《河南灵宝市西坡遗址2001年春发掘简报》，《华夏考古》2002年第2期，第31—52页。

西总长1.6米，南北宽1.45米，正中一根南北方向的原木把它分为两段，各有东西向并排放置的原木四根，各宽0.1米以上。揭去木灰，其下为安葬一具人骨的长方形坑。第二种有顶、底和四壁，用原木构筑，为后世木棺祖型。如M94，长1.75米，宽0.75米，有二层台。人架置台下坑内，坑长1.3米，宽0.45~0.5米。北壁一条木灰，直径1.05米，两端搭于东西台上，当中折垂至墓底，这显然是被填土压折造成的。东西两端贴近坑壁处木灰厚达0.04米。人架身下铺三根原木，各长1.15米，宽0.12米。第三种为有顶及四壁，有的底部有排列稀疏的枕木。四壁由原木卧叠构成，四角交叉，俯视作“井”字形，顶部亦用原木搭铺。整个形状接近后来的木椁，有这种葬具的都是大型墓葬。葬具四周和坑壁保持一定的距离，其间放置随葬器物[1]。

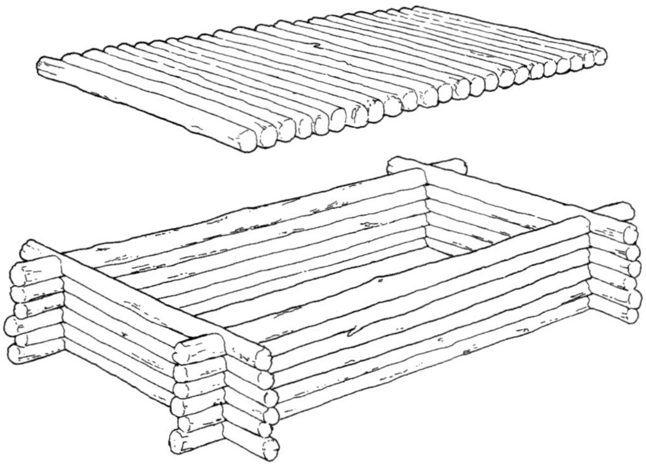

图3-11　大汶口墓地葬具（木椁）复原示意图

山东邹县野店大汶口文化墓葬M51不仅有棺，棺外还有“井”字形椁[2]（图3-11）。

孟津妯娌遗址西南边缘的一座墓葬内置木棺，该墓长5.15米，宽4.05米，面积20.86平方米，底部有生土二层台。墓主为一青年男性，死者手臂套有象牙箍[3]。

石棺在黄河上游及东北地区比较流行。

东北地区的红山文化流行石棺。其石棺的砌筑方法主要有三种：一种为石板垒砌，棺壁用石板层层平铺垒筑而成；第二种为石板立置形成棺壁；第三种则是用石块或较厚的石板叠砌棺壁。石棺一般无底，但有盖。

新石器时代晚期瓮棺葬仍然发现较多，尤其在豫中地区，发现了许多儿童瓮棺葬，在洛阳王湾遗址、郑州大河村遗址都发现过较大的瓮棺葬群，常用大型小口尖底瓶为葬具，其他还使用鼎、豆、罐、盆、缸等，一般用两件扣合为棺[4]。同时在汝州阎村、鲁山和伊川等遗址还有一定数量的成人瓮棺葬，均为二次葬，葬具是高达四五十厘米的特制大陶缸，它的口沿外有泥突，底部有孔洞，有的有彩绘，被研究者称为“伊川缸”[5]。瓮棺葬最重要的发现是汝州洪山庙遗址瓮棺葬群，在一座合葬墓中出土了136件瓮棺。瓮棺排列比较整齐，分为13排，每排最多葬17具。这个墓地局部有破坏，估计原来埋进的瓮棺应当有200具以上，死者多数为成人，少数为儿童。瓮棺的缸与盖部有泥突，缸底有穿孔，全部都有彩绘纹饰[6]。

1 山东省文物管理处、济南市博物馆：《大汶口——新石器时代墓葬发掘报告》，北京：文物出版社，1974年；山东省文物考古研究所：《大汶口续集——大汶口遗址第二、三次发掘报告》，北京：科学出版社，1997年。

2 山东省博物馆、山东省文物考古研究所：《邹县野店》，北京：文物出版社，1985年。

3 叶万松等：《孟津县妯娌遗址》，河南省文物管理局等《黄河小浪底水库文物考古报告集》，郑州：黄河水利出版社，1998年，第23—25页。

4 北京大学考古文博学院：《洛阳王湾》，北京：北京大学出版社，2002年；郑州市文物考古研究所：《郑州大河村》，北京：科学出版社，2001年。

5 严文明：《〈鹳鱼石斧图〉跋》，《文物》1981年第12期，第79—82页。

6 河南省文物考古研究所：《汝州洪山庙》，郑州：中州古籍出版社，1995年。

火葬可能已经出现了。在小河沿文化大南沟墓地中，大多数墓穴都有经过焚烧的迹象，有些人骨被烧成了黑色[1]。

## 三、葬法与葬式

新石器时代晚期，葬法依然秉承中期的传统，以仰身直肢的单人一次葬占绝大多数，如庙底沟文化、大汶口文化、崧泽文化等均是如此；仅对特殊死者采取区别于大多数的特殊葬法或葬式。但也有少数地区或文化比较多地流行二次葬、屈肢葬等，比如北阴阳营就有一定数量的墓葬采取单人二次葬。

新石器时代中期就有的合葬，在这一时期发生了较大的变化，即不见成年同性的多人合葬，而流行成年男女夫妻合葬。早段男女在墓葬中地位比较接近，还可见到女性与孩子的合葬。到此期的晚段，男性地位明显高于女性，甚至出现了殉葬的女性。

大汶口文化的刘林、大汶口、邹县野店、邳县大墩子等墓地，都存在相当数量的一对成年男女或一对成年男女带小孩的合葬墓，且不同墓地反映了男性主导地位的形成与发展历程。大汶口文化早期的刘林墓地成年男女合葬墓中，男女在墓穴中的位置，尚无一定规矩，既有男左女右的情况，也有女左男右的现象[2]。而大汶口文化中期的男女合葬墓基本上都是男左女右，可知男左女右已成为这一时期成年男女合葬墓的定制；在刘林墓地中的成年男女合葬墓尚看不出男性随葬品偏多的现象。而大汶口文化中期的这类墓葬，凡能看出随葬品归属某一个体的，往往是男性的随葬品明显多于女性；刘林墓地成年男女合葬墓，一般是男女平分墓穴，并列安置墓室之中，基本分不出尊卑。到大汶口文化中期时，成年男女合葬墓中男女的位置发生了一些变化，许多墓葬的男子占据着墓穴中央或墓穴大部分面积，而将同墓中的女子被挤于一旁，甚至还发现有的女子被压在男子腿骨之下的实例。比如大汶口1号墓坑长2.5米，宽1.4米，深0.4米。北壁有一向外扩出的小坑，长1.8米，宽0.2米，底部略高，男性处于坑的中央，女性则葬于小坑内，两具人架相距10厘米。随葬品集中男性一边，女性仅颈部佩一玉管，右腰间放一龟甲。男的右腰部也佩一龟甲，头左侧有石笄、骨笄、鼎和豆各一件，附近有包括斧、锛、砺石在内的一组石器和骨镞、兽牙等物混放一起。由肩至大腿左侧，有杯一件，下压一石笄，其余为小石锛、石矛、石刀、砺石、骨锥、骨凿、骨镞、箭尾、骨钩、穿孔长方骨板和一些牙料。脚部放有高柄、单把和筒形杯。大汶口第35号墓坑长2.21米，宽1.31米，深0.4米。埋葬成人骨架两具，小孩一具。成人为一男一女，男左女右。小孩为女性，紧倚在成年女性右侧，下肢斜搭在大人的股骨上。均为仰身葬。男性面部向左，双手抚于盆骨处，执

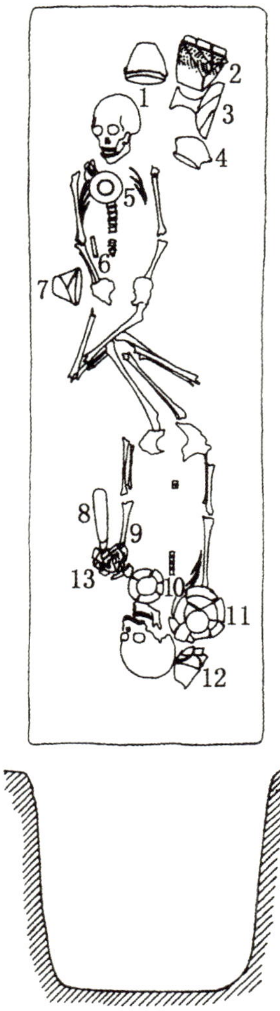


图3-12 小河沿文化男女合葬墓（大南沟第一墓地28号墓平、剖面图）
1、2、9.筒形罐 3.钵式盘豆 4.侈口盆 5.石璧 6.骨针 7.深腹盆 8.石锤 10.石环 11.浅腹盆 12.灰陶钵 13.石锛

1 辽宁省文物考古研究所、赤峰市博物馆：《大南沟——后红山文化墓地发掘报告》，北京：科学出版社，1998年。

2 江苏省文物工作队：《江苏邳县刘林新石器时代遗址第一次发掘》，《考古学报》1962年第1期，第81—102页；南京博物院：《江苏邳县刘林新石器时代遗址第二次发掘》，《考古学报》1965年第2期，第9—47页。

璋牙。左手佩一骨指环。女性右臂搂住女孩，左手放于盆骨处，头佩束发器。随葬器物多靠近男性一边。人骨架头上方有一大背壶。背壶右边两壶、一杯，左边有砺石、牙料、蚌片、零星兽骨和陶杯。男性身左侧，自肩至足有鼎（内放猪骨两块）、豆、壶、罐、砺石、猪头及陶器碎片，右脚附近一鼎[1]。合葬墓中，男子占据墓室中央，享有多数随葬品，妇女则被置于他的右侧卑位，这一切都无不在渲染男子的突出地位。这一切反映了父系社会进入父权制社会历程。

崧泽文化草鞋山遗址有2例男女合葬墓，都按照男左女右的习俗埋葬，其中M85男性仰身直肢，女性侧身[2]。青浦福泉山遗址的一座男女合葬墓中，也是如此。该遗址的另一座合葬墓中，男性居中，左右各有一儿童。似乎男性在社会中占据了主导地位[3]。

小河沿文化也拥有成年男女合葬墓（图3-12）。

## 四、随葬品



如果说新石器时代中期墓葬随葬品在一个文化或一个墓地中，除了少量的对女性的厚葬外，更多地表现为种类、组合、数量的一致性的话，新石器时代晚期随葬制度发生了一定的变化，随葬品的种类、组合及数量都在某种程度上反映了当时社会的特征[4]。

### （一）工具种类与男女分工

随葬工具往往和死者生前从事的工作紧密相关。一般来说，用某种工具随葬，即反映了墓主生前曾进行过与之有关的活动。

大汶口文化刘林墓地第一次发掘的52座墓葬中，有8座墓的墓主被鉴定了性别和年龄。3座女性墓，除见有用途不明的獐牙钩状器外，别无其他任何工具随葬。4座男性墓中，除1座墓随葬獐牙钩状器，其余3座有两座随葬了石斧和砺石，1座随葬石锛。其中一位随葬石斧和砺石者还随葬了枪头和狗。另外1座墓是少年男女的合葬，随葬工具有獐牙钩状器、纺轮和弹丸，但不知它们具体属于哪一个体[5]。石斧、石锛都是可用于木作的手工业生产工具。枪和猎狗无疑为狩猎者所掌握，因而可以说这批资料反映了男性是当时手工业和狩猎业的主要担当者。

刘林墓地第二次发掘的145座墓中，有男性成年单人墓66座，女性成年单人墓51座，少年墓2座，儿童墓14座，二人合葬墓3座，余为性别不明的9座单人墓。14座儿童墓中只有1座有獐牙钩状器，余皆无工具随葬。确定性别的117座成年单人墓中，有52座随葬了工具，包括石斧、石锛、石凿、砺石、网坠、弹丸、小刀、獐牙钩状器、锥和针。这里有35座是男性，占男性成年单人墓的53%；17座是女性，占女性成年单人墓的33%。可见用工具随葬的比例以男性较高。同时，男子随葬工具的数量多于女子，二者随葬工具的种类也存在区别。拥有锛、凿等手工业工具的基本上都是男性，随葬了弹丸、网坠等渔猎工具的也只有男性，反之，纺轮仅为妇女所有。斧可能是手工业工具，也可能是农业工具，男性具有石斧的也明显多于女性[6]。这和第一次发掘的情况基本相同，反映手工业和渔猎生产已基本是男子的劳动部门，而农业也主要由男子担任，女子则主要从事纺织等家务劳动，同时也部分地涉足农事。

---

1 山东省文物管理处、济南市博物馆：《大汶口——新石器时代墓葬发掘报告》，北京：文物出版社，1974年；山东省文物考古研究所：《大汶口续集——大汶口遗址第二、三次发掘报告》，北京：科学出版社，1997年。

2 南京博物院：《江苏吴县草鞋山遗址》，《文物资料丛刊》3，北京：文物出版社，1980年，第1—24页。

3 上海市文物管理委员会：《青浦福泉山遗址崧泽文化遗存》，《考古学报》1990年第3期，第307—337页。

4 张忠培：《中国父系氏族制发展阶段的考古学考察——对含男性居本位的合葬墓墓地的若干分析》，《吉林大学社会科学学报》1987年第1期，第1—14页。

5 江苏省文物工作队：《江苏邳县刘林新石器时代遗址第一次发掘》，《考古学报》1962年第1期，第81—102页。

6 南京博物院：《江苏邳县刘林新石器时代遗址第二次发掘》，《考古学报》1965年第2期，第9—47页。

大墩子墓地第一次发掘的情况与刘林类似。这里只在男性墓葬中才见到镞、鱼镖一类的渔猎生产工具，而绝大多数的纺轮却发现于妇女墓葬中，被鉴定为女性成年的墓葬只有两座分别随葬了石斧和石锛，而确定为男性之墓随葬石斧、石锛者各有三例。作为农业工具的石铲和手工业工具的石凿则仅为男性所有。另外，在4号和32号墓这两座男性成年墓葬中，均随葬石斧、石锛、石凿这样的成套手工业工具，同时还都出土了碎石片、石块、牙料和较多的骨、牙制品，这和手工业已成为男性专职显然有着不可分割的联系。说明当时社会中主要生产职能普遍由男性控制[1]。

崧泽文化徐家湾遗址鉴定过性别的14座墓葬中，男性墓6座，5座有石器，均无纺轮；女性墓8座，3座有纺轮，只有2座有石器[2]。

## （二）随葬品数量、种类与贫富分化

新石器时代晚期墓葬中随葬品的数量出现了较大差异。以墓葬发现较多的黄河下游地区表现最为明显。

花厅墓地墓葬出现了大、中、小型差别，在一些大型墓葬使用木质葬具，并流行用猪头随葬及死者手握獐牙的现象，还出现了殉人的现象。在随葬品数量的多寡和质量的优劣方面出现了很大的差别，多的有50—60件，少的仅有五六件。一些高等级的墓葬中还出现了大量的装饰品。其中8座大型墓有殉人，一般殉1人，但也有殉3—5人的。有的墓葬的规模相当大，长达5米，宽3米，随葬有上百件器物，其中有各类玉器二三十件之多并有整猪和整狗随葬。如M20墓长4.98米，宽2.98米，墓主人为男性，殉葬两个少年，随葬品共计66件，其中有两串玉饰，双手套有玉瑗、玉环，头和腰部各置一石钺，还随葬大量的玉器、陶器、彩绘木器、猪头和猪的下颌骨8个。而同一墓地的一些小墓则空无一物[3]。

在大汶口墓地中，经鉴定的成年死者的单人墓共108座，计出陶器819件（指陶容器和器盖）[4]。平均每人占有陶器6—7件。除7座无陶器之墓外，其余墓葬随葬陶器的数量与死者人数，基本呈明显的反比结构，由下至上，人数递减，而每座墓的陶器件数却随之递增。如果将随葬5—10件陶器者视作生前占有财富达到社会平均水平，而视出4件以下陶器者为占有财富不足平均水平的话，则这两类墓葬的数量已占了上述108座的绝大部分，暂以四类墓和三类墓名之。余下的这少部分墓仍可将随葬11—21件陶器者和随葬28件以上者分归两类，是为二类墓和一类墓。似此，随葬陶器数量与死者人数间的反比现象更容易看得清楚了，各类墓的人数恰好排成一个底大上小的塔形序列。即出4件以下（包括无陶器之墓）陶器的四类墓数量可观，几近成年单人墓总数的一半，他（她）们拥有的陶器却极少，其总量仅及所有成年单人墓随葬陶器的八分之一。而一、二两类墓高高在上，特别是一类墓虽仅四座，但随葬陶器却多达225件，超过成年单人墓所有陶器的四分之一。

特殊身份的死者，即掌握有宗教或军事权力的人，往往占有更多的随葬品。大墩子和大汶口随葬龟甲的墓葬，其规模及随葬器物多寡均存在特殊性，说明担任着祭祀或军事职责的人，成为凌驾于社会之上并控制着社会的权贵。花厅见到的两例，其一墓主人为性别不明的成年人，除随葬标志其为巫师的龟甲外，还有包括大、中、小石锛一套和象牙琮、象牙梳这类珍贵物品；其二墓主人为成年男性，墓葬规模大，具有熟土二层台，在墓主人脚下，躺着两具殉人，均为少年。随葬品极为丰富，除整只的狗、猪外，尚有玉、石、骨、陶器70余件，其中包括标志墓主人身份的石钺两件[5]。大汶口M10

1 南京博物院：《江苏邳县四户镇大墩子遗址探掘报告》，《考古学报》1964年第2期，第9—56页。

2 苏州市博物馆、张家港市文物管理委员会：《江苏张家港徐家湾新石器时代遗址》，《考古学报》1995年第3期，第313—363页。

3 南京博物院：《花厅——新石器时代墓地发掘报告》，北京：文物出版社，2003年。

4 山东省文物管理处、济南市博物馆：《大汶口——新石器时代墓葬发掘报告》，北京：文物出版社，1974年；山东省文物考古研究所：《大汶口续集——大汶口遗址第二、三次发掘报告》，北京：科学出版社，1997年。

5 南京博物院：《花厅——新石器时代墓地发掘报告》，北京：文物出版社，2003年。

图 3-13 大汶口遗址 M10 随葬品
1、2. 空足鬶 3、4、11、12. 单把杯 6. 空足鬶 7. 石斧 8. 臂环 9. 石铲 10. 指环 13. 彩陶背壶 14. 有穿长方石片饰 15、16. 笄 17. 管状石珠 18、19、20. 高柄杯 21. 背壶 22. 象牙片 23. 鳄鱼鳞板 24. 骨雕筒 25. 象牙梳 26. 象牙雕筒 27. 罐 28. 器盖 29、34. 细柄豆 30. 平底盉 31. 三足盉 32. 空足鬶 33. 无鼻壶 35、36. 宽肩壶 37. 罐 38. 鼎 39. 折腹鼎

长4.2米，宽3.2米，出土各类遗物达180多件，随葬有精美的象牙雕筒和象牙梳，玉环和铲，陶器有白陶、磨光黑陶和彩陶等；而一般墓葬的随葬品不超过10件。这种现象表明氏族社会内部已经脱离了财产分配的公平原则[1]（图3-13）。

1 山东省文物管理处、济南市博物馆：《大汶口——新石器时代墓葬发掘报告》，北京：文物出版社，1974年；山东省文物考古研究所：《大汶口续集——大汶口遗址第二、三次发掘报告》，北京：科学出版社，1997年。

南方地区也是如此，崧泽遗址较晚阶段墓葬中随葬品数量存在明显差别。在92座墓中，没有随葬品的7座，有1—5件的47座，6—10件的27座，10件以上的11座[1]。张家港徐家湾遗址的M13等大墓随葬品在20件以上[2]。反映出社会成员之间的贫富差异。

这个阶段出现了一些重要变化，主要表现在贫富分化的进一步加剧，家族私有制进一步壮大，而一些比较发达的区域加快了文明化进程。

大汶口遗址A组墓地M2005长3.6米，宽2.45米，设熟土二层台，随葬各类遗物达104件，另有猪下颌骨和猪头随葬。M2019长2.9米，宽1.25米，随葬器物96件，此外还有獐牙、猪下颌骨、猪牙等。而同一遗址其他组墓地的墓葬一般规模较小，随葬遗物较少，有的则空无一物[3]。

花厅墓地墓葬86座分南、北两个墓地，相距500米，南区24座，北区62座。两区的墓葬在等级和规模上均有一定差别[4]。

野店遗址发现的9座大、中型墓葬，分布比较集中，排列也较整齐，出土了大量的陶器、精美的玉器、精湛的骨雕饰品和绚丽的彩陶等，显然是一处富有的家族墓地，他们应是氏族内权力的拥有者和财富的占有者[5]。

陵阳河墓地发现45座墓葬，共分四组，出现了贫富墓葬分区域埋葬的现象，大、中型墓葬均集中在第一组，其他组则为小型墓。这表明家族间的贫富分化已经相当严重。如第一组的M6，长4.45米，宽3.8米，随葬品达180多件，并有33件猪下颌骨随葬；而同时期其他组的小墓则面积较小，有些仅能容身，随葬品也只有3—5件陶器。富墓不仅有大量随葬品，还有木椁，如木椁墓M17有各类随葬品160余件[6]。

崧泽遗址墓地各组之间也有差别，属于这一时期的晚段的墓中，有8座随葬品在10件以上，其中的5座集中在东北部的一组中，反映出在社会组织之间也存在贫富差异[7]。

划城岗墓地可以看出墓葬间的差别，主要表现在随葬品的质量、数量和某些特殊种类的器物上。最突出的是南区中并排的M63、M74、M88三座。它们排列十分整齐，是南区最靠西的一组墓葬，分别随葬有77件、50件和65件器物，是整个墓地中随葬器物最多的三座墓，而且随葬陶器中有很多明器都有彩绘。而墓地中其他墓葬的随葬品一般在10件左右，最多的一座有33件，最少的一座才3件，彩绘陶器也不多见。另外，在M63和M74中还各出有一件“风”字形大石钺，这样的石钺在整个墓地中只有这2件，M63的那件穿孔以上部位还有朱绘斜线卷云纹，显然不是一般的实用器，而是象征某种特权的仪仗用具[8]。可见，M63、M74和M88与其他墓葬的区别主要表现在财富、华贵和权力等方面，而且在整个墓地中是以组的级别表现出来的。它的财富比其他墓组要多一些，地位要显要一些，应当是凝聚南墓区甚至整个聚落的社会核心单位。这表现出当时社会组织中以这样一个墓组为单位的社会分化现象久已出现。

1 黄宣佩、张明华主编：《崧泽——新石器时代遗址发掘报告》，北京：文物出版社，1987年。

2 苏州市博物馆、张家港市文物管理委员会：《江苏张家港徐家湾新石器时代遗址》，《考古学报》1995年第3期，第313—363页。

3 山东省文物管理处、济南市博物馆：《大汶口——新石器时代墓葬发掘报告》，北京：文物出版社，1974年；山东省文物考古研究所：《大汶口续集——大汶口遗址第二、三次发掘报告》，北京：科学出版社，1997年。

4 南京博物院：《花厅——新石器时代墓地发掘报告》，北京：文物出版社，2003年。

5 山东省博物馆、山东省文物考古研究所：《邹县野店》，北京：文物出版社，1985年。

6 山东省文物考古研究所、山东省博物馆、莒县文管所：《山东莒县陵阳河大汶口文化墓葬发掘简报》，《史前研究》1987年第3期，第62—82页。

7 黄宣佩、张明华主编：《崧泽——新石器时代遗址发掘报告》，北京：文物出版社，1987年。

8 湖南省博物馆：《湖南安乡划城岗新石器时代遗址》，《考古学报》1983年第4期，第427—470页；湖南省文物考古研究所：《湖南湖南安乡划城岗遗址第二次发掘简报》，《考古》2001年第4期，第13—26页；湖南省文物考古研究所、常德市文物处、安乡县文物管理所：《湖南安乡划城岗遗址第二次发掘报告》，《考古学报》2005年第1期，第55—108页。

## （三）特殊随葬品与礼器的出现

新石器时代晚期宗教发展使巫师阶层形成了，而且还产生了执掌神权的领袖。同时，钺成为军队指挥权或王权的标志物。墓葬随葬品中出现了显示墓主人特殊身份的器具——礼器。

红山文化玉器大都是墓葬中的随葬品。一个值得注意的现象是红山文化墓葬随葬品中，虽以玉器的随葬为主，随葬玉器的数量却很少。据牛河梁积石冢已发掘的近百座墓葬统计，大墓不超过十件，一般仅三五件。这种“少而精”的现象，更显示出红山文化玉器之含义深刻。红山文化的墓葬里极少见有陶器以及石器随葬，而只葬玉器。据1997年统计，在牛河梁已发掘的61座红山文化墓葬中有随葬品的墓31座，其中有玉器随葬的墓26座，占有随葬品墓葬的80%以上。中心大墓和其他较大型的墓葬都只葬玉器，个别有陶、石器随葬的都是较小型的墓，并且主要见于下层积石冢，表明只葬玉器是牛河梁积石冢埋葬的一种特定制度。本来红山文化已具备相当发达的制石和制陶工艺，大型打制石器、磨制石器、细石器三大类石器并用和石犁耜的大量使用，为同时期其他史前文化所不及。细石器更讲究选料的硬度、色泽、纹理和通体精细加工，有的已是精致的工艺品。红山文化的制陶业，有以压印“之”字纹陶和彩陶器为代表的南北文化融为一体的陶器群，积石冢成百上千个使用的大型陶筒形器已属批量生产的产品，尤其是在东山嘴和牛河梁遗址都发现了一批与祭祀有关的特异型陶器，如牛河梁女神庙出土的大型彩陶镂孔器、薰炉器盖和彩陶方器都是烧制技术甚高的祭礼器[1]。但在红山文化墓葬中，却极少有这些高等级的陶、石器随葬，而只葬玉器。红山文化正处于由原始社会向文明社会过渡的社会大分化大变革时期，墓葬规模及随葬品的数量、质量是反映人与人等级差别最主要的标准，该文化却以非实用的玉器作为几乎唯一的随葬品而“排斥”陶、石器等与生产生活有关的器物。这种极其特殊而又特定的现象说明，红山人在表达人与人关系时表现出一种十分强烈的精神重于物质的思维观念。玉器是具有通神功能的神器，唯玉为葬也就是唯玉才能通神。这是红山人的一个取要思想观念。王国维释“禮”为“像二玉示神之器”，表明玉与礼的特殊密切的关系，以玉作为“禮”字创意时的依据，红山文化的“惟玉为葬”与之最为吻合[2]。



大汶口M26和花厅M20，是大汶口文化特权人物的墓葬。前者墓主人为性别不明的成年人，除随葬标志其为巫师的龟甲外，还有器物60余件，其中包括大、中、小石锛一套和象牙琮、象牙梳这类珍贵物品[3]；后者墓主人为成年男性，墓葬规模大，约近15平方米，具有熟土二层台，在墓主人脚下，躺着两具殉人，均为少年。该墓随葬品极为丰富，除整只的狗、猪外，尚有玉、石、骨、陶器70余件，其中包括标志墓主人身份的石钺两件[4]。

含山凌家滩M4是迄今在江淮地区见到的随葬器物最丰富的大型墓。该墓面积为3.85平方米，随葬器物铺满墓底，十分丰富。以玉器为大宗，达96件；次为石器，27件；陶器数量最少，仅4件。石器计有斧、锛、凿、钺和镯，玉器则是斧、镯、璧、璜、管、饰件、笄、勺和用于卜卦的长方形玉版及玉龟。随葬器物的品位极高[5]。

属于屈家岭文化早期的划城岗中一期墓地的M4和M63两墓，是该墓地南区东边一排的第二、三座墓葬。两墓随葬陶器几乎铺满墓坑，分别为50件和77件，都随葬非实用的石钺。M63那件石钺的孔以上部位，朱绘斜线及卷云纹构成的图案，显示它们都是墓主人身份的象征物[6]。

---

1 辽宁省文物考古研究所：《牛河梁红山文化遗址发掘报告（1983—2003年度）》，北京：文物出版社，2012年。

2 郭大顺：《红山文化》，北京：文物出版社，2004年。

3 山东省文物管理处、济南市博物馆：《大汶口——新石器时代墓葬发掘报告》，北京：文物出版社，1974年；山东省文物考古研究所：《大汶口续集——大汶口遗址第二、三次发掘报告》，北京：科学出版社，1997年。

4 南京博物院：《花厅——新石器时代墓地发掘报告》，北京：文物出版社，2003年。

5 安徽省文物考古研究所：《凌家滩——田野考古发掘报告之一》，北京：文物出版社，2006年。

6 湖南省博物馆：《湖南安乡划城岗新石器时代遗址》，《考古学报》1983年第4期，第427—470页；湖南省文物考古研究所：《湖南湖南安乡划城岗遗址第二次发掘简报》，《考古》2001年第4期，第13—26页；湖南省文物考古研究所、常德市文物处、安乡县文物管理所：《湖南安乡划城岗遗址第二次发掘报告》，《考古学报》2005年第1期，第55—108页。

## 五、其他与墓葬相关的习俗

### 獐牙勾状器

在大汶口文化墓葬中，还有一类随葬品富有特色，却与礼器无关，这就是獐牙及形制奇特的复合器具——獐牙勾形器。獐牙勾形器是由木质或骨角质的柄和两枚雄性獐的犬齿合成。其器柄的长度一般在11—20厘米之间，柄之前端相对的两侧各挖一个长方形的槽，将经过加工的獐牙嵌人槽内，然后用细绳捆缚扎紧，为了防止獐牙脱落，往往还将獐牙的根部刻出多个齿牙。器柄的尾端多数穿有一圆孔，或刻一周凹槽，用来穿系绳索等物，以便随身携带（图3-14）。大汶口文化时期的墓葬中十分流行墓主手握獐牙的习俗，最盛时其所占比例高达三分之二，这种习俗一直持续到龙山文化时期。有一些墓葬则随葬獐牙勾形器。这种器具主要见于墓葬之中，居住址的文化堆积内也有少量发现。所谓“獐牙”，指的是雄性獐之犬齿，许多獐牙的齿根部经过磨制加工，有的则保持原貌。墓主手握獐牙的习俗，遍及大汶口文化分布区，但各区域分布得并不十分均衡，其中以汶、泗流域地区最为盛行。大汶口文化大汶口遗址中、晚期的133座墓葬中，有88座墓葬的主人手握獐牙。獐牙勾形器的数量一般为一墓一件，少数有两件，个别的可多达三件。出土獐牙的墓葬之中，既有墓室较大、棺椁齐备和使用大量精美随葬品的大、中型墓，也有墓室狭小、一贫如洗、仅有一或数枚獐牙的小墓。反之，不使用獐牙的墓葬，既有小墓、贫墓，也有大墓、富墓。因此，墓葬内死者手握獐牙或獐牙勾形器的现象，是一种具有悠久历史的传统习俗，不具有表示身份、地位标志的作用。其功能和用途主要是辟邪厌胜，而其最初或许也有财富象征的含义，这从不少大汶口文化墓葬同时还使用猪牙可以得到佐证。

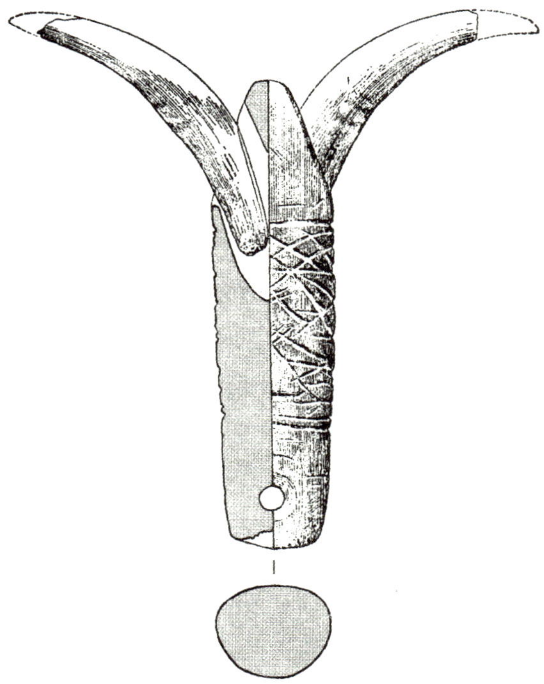
图3-14　大汶口文化獐牙勾形器

### 拔牙习俗

拔牙风俗自北辛文化兴起，到大汶口文化时期进入盛行期[1]。

兖州王因遗址先后发现899座墓及1280具人骨，在可供观察的366具头骨中，发现拔牙个体281个，占76.8%，其中男性205个，女性76个。拔牙的形态主要是拔除一对上颌侧门齿，共计275例，占各种拔牙齿种的98%左右。这表明拔除一对上颌侧门齿，是当时流行的拔牙形态。拔牙个体的最小年龄是14—15岁，或说15—20岁[2]。

泰安大汶口遗址在早期墓葬26个男女个体中，发现有拔牙的19个，拔牙率占73%，最小年龄在

1 韩康信、潘其风：《我国拔牙风俗的源流及其意义》，《考古》1981年第1期，第64—76页；陈星灿：《中国新石器时代拔牙风俗新探》，《考古》1996年第4期，第59—62页。

2 中国社会科学院考古研究所：《山东王因》，北京：科学出版社，2001年。

17—25岁。属于晚期墓葬的31个男女人骨中拔牙的23个，占74.2%，最小年龄在12—13岁[1]。

曲阜西夏侯遗址在20个男女人骨中，拔牙的10个，占50%[2]。

诸城呈子遗址[3]在16个男女人骨中，拔牙的15个，占93.8%。年龄最小的25岁。

安徽亳县富庄遗址14个男女人骨中，拔牙的13个，占可观察个体的92.9%，其中男性9个均为拔牙，女性5个有4个拔牙个体。拔牙个体的最小年龄在16—18岁[4]。

以人骨鉴定的年龄而言的，拔牙年龄可能在12岁左右，这个年龄段施行拔牙仪式，是与男女个体发育进入成年期或性成熟期是密切相关的，拔牙风俗上似乎也不存在性别之间的明显差异，男女都有较高的拔牙出现率。

珠江三角洲地区的墓葬，均为长方形竖穴土坑墓，葬式以侧身屈肢葬为主，还有蹲踞葬和俯身葬。大部分为单人葬，但也有双人合葬和三人合葬墓，有少量的个体存在拔牙现象。

**含石、陶球习俗**



大汶口文化的居民存在有一种奇异的在口腔内长期含石或陶质小球而导致颊齿异常磨蚀的现象。这种习俗，目前只发现于兖州王因和邳州大墩子遗址，均分布在鲁中南和苏北的汶、泗河流域。口内所含小球，为石质或陶质，直径一般在15—20毫米之间，其中石球的数量明显多于陶球。从墓葬发现的含有石或陶球的人骨观察，其表现为，上下颌骨的左右两侧颊齿（主要是位于口腔内后面的臼齿）的外侧面出现轻重程度不等的磨蚀现象。轻者，一般只是在齿冠的颊面留下比较小的光滑磨面；重者，从齿冠到齿根都会留下明显的磨蚀痕迹，甚至影响到齿槽骨的明显萎缩，形成近似半圆形的凹陷；最严重者臼齿位的齿槽骨极度萎缩，齿极全部暴露并会导致臼齿过早脱落。这种现象显然不会是正常的咬合运动所形成，而是由于某种硬度较高的球状物体在颊齿外侧长期磨蚀的结果。

存在此习俗的墓葬从总量上看，比例不高，含球习俗与年龄、性别的关系具有明显的倾向性，即以女性和成年人为主。如王因遗址21例可以鉴定性别的含球者，其中18例为女性，只有3例为男性[5]；大墩子的13例中，女性占到10例[6]。所以，可以认为这种习俗主要施行于女性，且多为成年人。

## 第六节 新石器时代晚期的宗教

新石器时代晚期，宗教得到了进一步发展，并进而成为公共权力集中的一个重要途径，出现了属于由若干个聚落群组成的古国的中心祭祀址。史前宗教信仰的各种形式，如龙信仰、龟卦和占卜都存在，并显示出不同地区的差异，还大量存在各种与宗教有关的遗址。

---

1 山东省文物管理处、济南市博物馆：《大汶口——新石器时代墓葬发掘报告》，北京：文物出版社，1974年；山东省文物考古研究所：《大汶口续集——大汶口遗址第二、三次发掘报告》，北京：科学出版社，1997年。

2 中国科学院考古研究所山东队：《山东曲阜西夏侯遗址第一次发掘报告》，《考古学报》1964年第2期，第57—106页；中国社会科学院考古所山东工作队：《西夏侯遗址第二次发掘报告》，《考古学报》1986年第3期，第307—339页。

3 昌潍地区文物管理组、诸城县博物馆：《山东诸城呈子遗址发掘报告》，《考古学报》1980年第3期，第329—385页。

4 韩康信：《亳县富庄新石器时代墓葬人骨的观察》，安徽省考古学会《安徽省考古学会会刊》第6辑，1982年；安徽省文物考古研究所：《十年来安徽省的文物考古工作》，《文物考古工作十年（1979—1989）》，北京：文物出版社，1991年，第127—137页。

5 中国社会科学院考古研究所：《山东王因——新石器时代遗址发掘报告》，北京：科学出版社，2000年。

6 南京博物院：《江苏邳县四户镇大墩子遗址探掘报告》，《考古学报》1964年第2期，第9—56页；南京博物院：《江苏邳县大墩子遗址第二次发掘》，《考古学集刊》1，北京：中国社会科学出版社，1981年，第27—81页。

## 一、龙信仰的发展与龙形象的定型

红山文化可以说是新石器时代晚期龙形象最丰富的考古学文化，尤其随着该文化文明化的脚步加快，龙文化在这一过程中更起着不可替代的重要作用，同时龙形象也趋于定型。

在红山文化中，龙的形象就类型而言，具有多样性的特点，包括彩陶龙、玉雕龙、泥塑龙等。

彩陶龙纹是红山文化早期即已经出现的一种龙纹图案，它是在陶器上绘制的彩色龙图案，主要有两种形式。一种是在陶器的腹部绘制以带状横盘绕于器腹的龙体图案，红地黑彩，两道或三道。龙体上饰以成排黑彩红地相间的龙鳞，龙鳞线条规整，形状固定，间隔等距。第二种则无龙体而只有放大的龙鳞纹。这种纹饰在红山文化早期一般单片的鳞纹较小，由横向多片鳞纹共同构成陶器表面花纹，鳞纹为黑彩，图案规整，似先勾边，内填彩。到红山文化晚期，单体鳞片形体则变得较大，甚至通体只布置一组鳞片。比如在阜新县胡头沟和牛河梁这两个积石冢遗址出土的筒形器上多见的就是这种龙纹，鳞纹图案规整，彩道甚宽，还常常与勾连纹、三角纹等几何形图案配合使用。

玉雕龙和泥塑龙这两种龙形象仅见于红山文化晚期。

经正式发掘获得的玉雕龙，主要见于辽宁朝阳的牛河梁遗址[1]。它们的特征是，头部硕大，环体肥厚，双短立耳，大圆睛，吻部刻划多道皱纹，最初将这类龙鉴定为红山文化时，曾同猪首形象产生联想，但经过仔细观察，这类龙除吻部有多道皱纹外，都非猪的特征，其短立耳、圆睛却与熊的一些特征相似，结合牛河梁积石冢中还多次出土过完整的熊下颚骨，故推断此类龙应为熊龙。在红山文化分布区内，尚有另外一种玉雕龙形象被发现，其长吻，端面截平，有双鼻孔，细梭形目，首后部起片状的长脊，板状长脊上举飘扬，端部起尖，龙体细而弯曲如“C”字形，与牛河梁出土的玉雕龙差异明显。由于这类龙首部甚长，长板状飘起的脊可能与鹿角有关，其原形可能与鹿有关。但有一件出自三星他拉者，因其吻部端面截平有双鼻孔，接近猪的特征，有学者视其为猪龙[2]。此类玉龙至今尚无正式发掘出土的实例，已知有正式出土地点的两件遗物都在赤峰以北地区。

泥塑龙形象见于牛河梁女神庙内，共2例。一例位于南单室，为彩塑动物的下颚部分，下颚前部长而尖，犬齿宽而上弯，且涂以白彩，其形象似为熊；另一例位于主室的枯顶部，所见残件为一前吻端部和兽的双足，吻部的形状圆而上卷，有双鼻孔，双足都突出表现兽爪，也为熊的特征[3]。受发掘的限制，尽管目前对这两件泥塑体躯部分形态尚不了解，但结合玉雕熊龙的情况看，这两例当都为泥塑的熊龙。

进入红山文化时期，龙的形象已经趋于定型，突出表现在对龙体、龙鳞形态表现形式的定型上，龙体以修长、环转、一体来表现，龙鳞以重环来表现，已与后世的龙无本质的区别，所不同的是仍然在龙头保留部分原型动物特征。

龙是红山人宗教祭祀活动中不可或缺的参与者，是负责人神沟通的使者。泥塑龙形象出土于红山文化牛河梁女神庙内，因出土陶塑女性神像得名。女神庙是牛河梁红山文化遗址群的中心建筑，为半地穴式土木结构的组合式建筑，范围南北最长25米，东西最窄处2米、最宽处9米，深0.8—1米，方向南偏西20度。庙分主体和单体两个单元，主体部分为多室相连，主室为圆形，左右各一圆形侧室，北部为一长方形室，南部从平面看似为二圆形室与一东西横置的长方形室相接。这样，庙的主体部分为7室相连的布局，南北总长18.4米。主体部分以南横置一单室，横长6米，最宽2.65米，主体与南单室间隔2.05米。庙的半地穴室内部分堆满遗物，其中除多种塌落的墙面、屋顶等建筑物残件外，主要有人物塑像、动物塑像和陶祭器。其中陶祭器已知有四种。一为镂孔彩陶“祖”形器，已出土部分残片，为泥质红陶，胎质甚为纯正，而质地十分坚硬，壁厚更达2厘米，外表为红地，绘黑彩，

---

1 辽宁省文物考古研究所：《牛河梁红山文化遗址发掘报告（1983—2003年度）》，北京：文物出版社，2012年。

2 翁牛特旗文化馆：《内蒙古翁牛特旗三星他拉村发现玉龙》，《文物》1984年第6期，第6—7页。

3 辽宁省文物考古研究所：《牛河梁红山文化遗址发掘报告（1983—2003年度）》，北京：文物出版社，2012年。

图案为宽条带组成的几何形状，条带十分规整，从残片看，该器有饰窝点纹和饰长方形镂孔的腹部。此彩陶镂孔祭器形制特异，规格特大，从腹壁弧度推测，其腹径可达1米以上，堪称“彩陶王”。这类镂孔器，从其他地点同类器的复原情况看，有瓶形口，饰窝点纹的上腹部，腹下以饰大长方形镂孔的束腰与复盆式底座相接，瓶口两侧附椭圆形竖鋬，上下贯通，可称“祖”形器。二为熏炉器盖，为细泥红褐陶质，形似倒置的豆，盖体作折盆式，大宽沿，折腹处起直而锐的折棱，盖面饰细密的之字形压印纹五周，间有四组长条状镂孔，每组5个，间距相等，中心孔甚长。盖柄显细长，有大喇叭状把端。此器盖陶胎细腻，质地坚硬，形体规整，由于盖面布满镂孔，可知为熏炉一类器物的盖，又因盖面满饰之字纹，其红山文化的特点也是十分明显的。三为敛口盆，其形制具有红山文化敛口盆的一般特征，如有短圆唇，鼓肩，表面施加压印条纹和“之”字纹等，唯器壁甚厚，形体特大。四为一种小型圆形盖式器，形如覆钵，其功能尚不明确。从这些祭祀用器的出土看，女神庙内必供奉有该文化崇拜之神灵无疑。

然而，泥塑龙形象显然不是女神庙内的被祭祀主体，人物塑像才是庙内的主要部分。该神庙已经出土了大约分属于7个个体的、富于女性特征的人物塑像，它们均为粗泥胎，外表抹细泥，打磨光滑，有的表面还涂朱或绘彩，可以辨认出形状的有上臂、腿部、肩部、乳房、手部、眼球等。其中最大的复原后大小相当于真人的3倍，处于女神庙主室的中央部位。同时主室内侧位还发现相当与真人2倍或大小与真人相仿的女神像。观察女神庙中发现的那颗最著名的女性头像，虽然其头的后半部断缺了，但从较平齐的局部仍然可知，当初其应为贴附于墙壁之上的，这样，她完全就是一个高高在上、居高临下的姿态，显然是被崇拜的对象。与女神群像同出自女神庙内的泥塑龙形象，一例位于南单室，另一例位于主室的枯顶部，结合庙内禽爪和禽翅塑像的情况，其地位与女神绝对不可同日而语，但一定与祭祀有关是无疑的[1]。

彩陶龙纹和龙纹玉雕见于红山文化诸多遗址中，从正式出土的牛河梁遗址看，应都为墓葬的随葬品或祭祀遗址中的专用陶器。无论哪一种都只在该文化的祭祀遗址或墓葬中出现，而少见于居住遗址，尤其是红山文化晚期。而发现龙纹的这类墓地又非一般氏族墓地，而是与祭祀遗址密切相关的，或者说是祭祀遗址之一部分的积石冢。冢内埋葬人数远远要少于中原地区典型氏族公共墓地，结合大中型墓不仅位置处于积石冢的中心，而且墓室规模较大，随葬品丰富，与周围小型墓，尤其二次葬的墓葬形成鲜明对比等情况看，积石冢的墓主人只能是当时集团权贵的代表。而龙纹玉雕挂饰物状悬挂于死者的前胸，可能显示着墓主人拥有某种特殊的权力，确切地讲应当是其掌握一定宗教神权的标志。装饰着龙鳞纹的陶质筒形器围绕积石冢成排摆放，或数以百计集中地在灰坑里埋藏，所以龙本身并不是红山人崇拜的神，人们无须像对待女神那样去供奉它、朝拜它。作为祭祀礼仪重要组成部分的神化了的动物——龙，是一种通神的工具，是上古宗教仪式中沟通人与神的使者，人们相信神的旨意只有通过它才能传递到人间，凡间的愿望也只有通过它才会为神灵知晓。

长江流域的凌家滩遗址也出土有玉雕龙。其玉龙扁圆形，首尾相连。吻部突出，头上雕出两角，脑门上阴刻的线条呈现皱纹，龙须、嘴、鼻、眼都雕刻得清清楚楚。脊背上阴刻的弧线表现龙为圆体，龙体上阴刻17道线条代表鳞片[2]。

龙无论是在红山文化还是凌家滩遗址，均见于祭祀遗址或墓葬，往往与其他祭祀用器及礼仪用器同出；见于墓葬的又均为所在墓地之大墓的墓主人所有。装饰着龙纹的无底筒形器在早期还可以被积石冢中的几乎每一位墓主人使用，但进入晚期以后，它们统一地被放置在冢的外围，只有极少数大墓的主人才有权独占它。所以，龙应该是墓主人或集团中特殊人物所拥有的神权的象征，是这些人物在主持巫术等宗教活动时的工具，是帮助其沟通天地的神化了的动物。

---

1 辽宁省文物考古研究所：《牛河梁红山文化遗址发掘报告（1983—2003年度）》，北京：文物出版社，2012年。

2 安徽省文物考古研究所：《凌家滩——田野考古发掘报告之一》，北京：文物出版社，2006年。

## 二、龟卦与龟灵崇拜

新石器时代晚期用龟包括实物龟和玉龟。

这一时期发现实物龟最多的当属大汶口文化。该文化许多遗址出现丧葬用龟。这些龟背甲或腹甲有穿孔，并且腹装石子等物。遗址包括大汶口[1]、大墩子[2]、刘林[3]、花厅[4]、王因[5]、野店[6]、尚庄[7]等。

大汶口遗址发现的133座墓葬中有11座墓葬出土龟甲20副，单墓出土龟甲数量最多为3个，最少为1个。

兖州王因遗址发现的899座墓葬中有3座墓共出土3副龟甲。3副龟甲当中皆放有骨锥。

野店遗址发现的89座墓中有2座墓出土2副龟甲，仅M188出土龟甲为完整的。

尚庄遗址15座墓葬中仅有1座墓葬出土1副龟甲。

大汶口文化龟甲中发现有石子等物。大汶口遗址M147随葬的甲壳内，包含有砂粒数十颗，小的如豆，大的如樱桃；刘林遗址M82墓两副龟甲内皆盛有小石子；大墩子M1出土的1副，内装小石子。大墩子第二次发掘发现有的龟甲内装小石子四颗或六颗。较为特殊的是兖州王因遗址出土的3副龟甲当中皆放有骨锥。

大汶口文化随葬龟甲的墓葬以男性墓为多。如刘林遗址9座出土龟甲的墓葬中除去性别不明的3例，男性墓葬4座，女性墓葬2座；大墩子共有15座龟甲随葬墓，除去3例性别不明者，男性有10例，女性仅2例；王因3例随葬龟甲的墓葬皆为男性；野店的2例，1例为中年男性，另一例合葬墓，龟甲虽放置在两者之间，但更偏向女性；尚庄的1例为男性。

大汶口文化随葬的龟甲上有明显的人工痕迹，有的穿孔，有的涂朱，有的内装石子或是骨锥。它们在墓葬中被摆放的位置也不尽一致，头部、臂部、腰部、腿部、脚部等均有，墓主人性别上则以男性为主。大汶口遗址随葬龟甲的墓葬随葬品数量较为丰富，随葬品43—8件的墓葬有6座，8—4件的墓葬有5座，其中M6最为突出，包括陶、石、玉、猪头、骨、龟甲等78件随葬品。在大汶口遗址当中未见龟狗同葬的墓，但11座中却有8座龟猪同葬的墓；王因随葬品数量最多的M514达33件，最少的M151也有14件。

玉龟主要发现于红山文化和凌家滩遗址[8]。

凌家滩的玉龟造型细腻严谨。玉龟分背甲和腹甲两部分，玉龟背甲的龟纹磨得十分逼真，龟腹内有一个长方形刻图玉版。玉版周边刻有23个圆孔，中部偏左雕刻有一小圆圈，圈内雕刻方心八角星纹；圈外雕一大椭圆形，两圆以直线平分八等份，每等份雕刻一圭形纹饰；在大圆外沿圈边对着长方形玉版的四角各雕刻一圭形纹饰。凌家滩遗址的另一件玉龟，内置玉卦签，明显具有占卜的功能。

凌家滩第五次发掘又出土了一件玉龟、两件玉龟状扁圆形器和六件玉签。玉龟较完整，内腔中空，上腹甲呈半圆弧状，甲壳中部较厚，前端口为较薄的弧形，后端口平直；下腹甲雕刻呈龟甲状，甲壳较平而薄；上腹甲尾部两边各对钻一圆孔，下腹甲尾部中间对钻一圆孔。腹腔内放置两枚玉签，一

1 山东省文物管理处、济南市博物馆：《大汶口——新石器时代墓葬发掘报告》，北京：文物出版社，1974年；山东省文物考古研究所：《大汶口续集——大汶口遗址第二、三次发掘报告》，北京：科学出版社，1997年。

2 南京博物院：《江苏邳县四户镇大墩子遗址探掘报告》，《考古学报》1964年第2期，第9—56、205—222页；南京博物院：《江苏邳县大墩子遗址第二次发掘》，《考古学集刊》1，北京：中国社会科学出版社，1981年，第27—81页。

3 江苏省文物工作队：《江苏邳县刘林新石器时代遗址第一次发掘》，《考古学报》1962年第1期，第81—102页；南京博物院：《江苏邳县刘林新石器时代遗址第二次发掘》，《考古学报》1965年第2期，第9—47页。

4 南京博物院：《花厅——新石器时代墓地发掘报告》，北京：文物出版社，2003年。

5 中国社会科学院考古研究所：《山东王因——新石器时代遗址发掘报告》，北京：科学出版社，2000年。

6 山东省博物馆、山东省文物考古研究所：《邹县野店》，北京：文物出版社，1985年。

7 山东省文物考古研究所：《茌平尚庄新石器时代遗址》，《考古学报》1985年第4期，第465—505页。

8 安徽省文物考古研究所：《凌家滩——田野考古发掘报告之一》，北京：文物出版社，2006年。

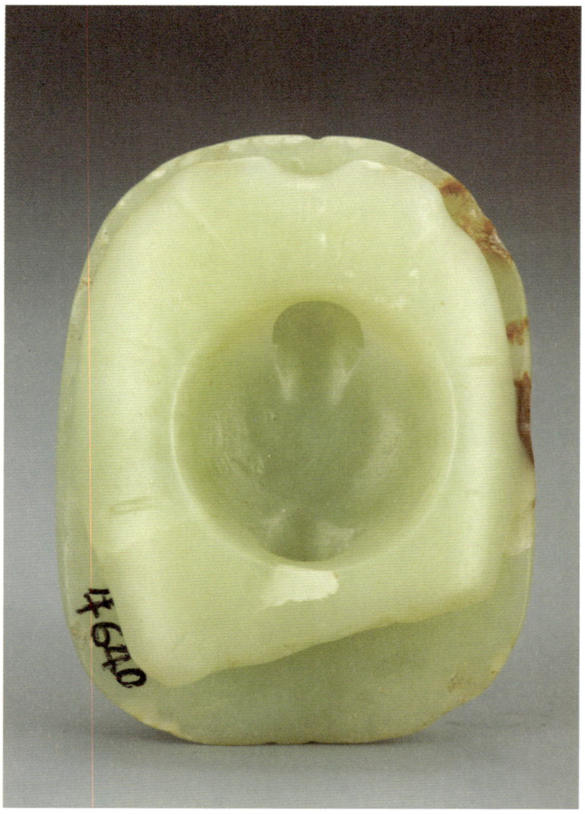

图 3-15　牛河梁遗址 M1 出土红山文化玉龟

枚已残断。玉龟状扁圆形器较完整，内腔中空，上腹面呈半圆弧形，下腹面较平，器体一端为平口，另一端为斜口，整体厚度较均匀；上腹面平口一端两边及中间各有一个对钻圆孔。腹腔内放置2枚玉签。单独出土的玉签器体似圭体，一端为三角形，另一端略呈圆弧形，中间有一对钻圆孔，为单面管钻。玉龟状扁圆形器亦为阳起石，内腔中空，上腹面呈半圆弧形，下腹面较平，器体一端为平口，另一端为斜口，整体厚度较均匀；上腹面平口一端两边及中间各有一个对钻圆孔。其中一件腹腔内有1枚玉签，另一件有2枚玉签。

红山文化的玉器大都以动物形和圆形玉器为主，通体多为素面，制作手法简练，“神似”是其最显著的特色。这样的特征也反映在玉龟的造型上，胡头沟墓葬出土的玉龟，一件颈前伸，龟背近椭圆，无其他细部表现；另一件头部微缩，雕出目、口、爪等细部，龟背略鼓起，近六角形，无纹[1]。牛河梁遗址第二地点一号积石冢21号墓出土一个玉龟；另第五地点一号冢中心大墓M1出土有两个玉龟，一雄一雌，均呈黄绿色[2]（图3-15）。

红山文化玉器中尚有一种被称为马蹄形玉箍的器型。从形状上来看，玉箍形器呈长筒形，一端斜口，一端平口。斜口的口沿往往薄而有刃，而平口的一或两侧往往都钻有一孔。从平口正视玉箍形器，它不是一个正圆，而是一个扁圆；而较长的筒壁并非与平面垂直，而是在上面三分之一处有一个略向内弯的弧度。比较凌家滩玉龟状扁圆形器可知，所谓马蹄形玉箍实则也是玉龟的一种表现形式。

自新石器时代晚期开始，龟甲也成为以灼烧为特征的热占卜的载体之一。这可能是龟灵崇拜的另一种形式。

## 三、占卜

在武山傅家门遗址属马家窑文化早期的房址和窖穴内发现带有阴刻符号的卜骨共5件。卜

1 方殿春、刘葆华：《辽宁阜新县胡头沟红山文化玉器墓的发现》，《文物》1984年第6期，第1—5页。

2 辽宁省文物考古研究所：《牛河梁红山文化遗址发掘报告（1983—2003年度）》，北京：文物出版社，2012年。

骨以羊、猪和牛的肩胛骨为材料，器身不加修饰，无钻无凿，骨面留有灼痕和阴刻符号，符号呈“|”“=”“S”等形式。其中F11:12为羊肩胛骨，一面留有圆形灼痕。F11:6为猪肩胛骨，骨面上阴刻有“=”形符号。F11:8为牛肩胛骨，不仅遗有灼痕，在骨的背面阴刻有“S”符号。T25H1:25为羊肩胛骨，一面留有焦黑的圆形灼痕，并刻划有“|”符号。这组卜骨比较原始简陋，火灼前不钻、凿。

卜骨出于F11的居住面上。该房址呈长方形，长4.31米，宽3.24米，有朝南的门道，房内中间设有一个圆形灶面。这组卜骨即在圆灶附近，上下错叠放置在一起，排列不甚整齐。在居住面上同出的器物，除石斧、石锛与石刀等生产工具外，还有彩陶盆、陶环等生活用具与装饰品。彩陶盆系宽沿深腹平底，泥质红陶，表面磨光，制造精致。在口沿部位画有流畅的波浪纹与齿带纹黑彩图案[1]。

在内蒙古准格尔寨子塔遗址属于阿善文化的灰坑及地层中，也发现有卜骨，多已残破，以牛或其他食草类动物的肩胛骨制成，一侧或凿或灼[2]。

从仰韶时代末期开始，除动物肩胛骨外，龟甲可能也正式被用作以灼烧为特征的热占卜的载体之一，在郑州大河村[3]、山东禹县邢寨汪[4]以及河北邯郸涧沟遗址[5]零星出现。加工技术和卜法都相对原始，此时的龟甲都未经过修治，并未同时具备灼、凿、钻三种特征，且数量很少。



## 四、祭祀遗址

新石器时代晚期各地发现的祭祀遗址众多，尤其是公众性祭祀得到了显著发展，较大规模的祭祀性遗址往往处于远离居住址的地方，享有独立的地位，如牛河梁祭祀遗址群涵盖的面积可达50平方千米，大青山南麓的阿善—纳太遗址群涉及的范围更为可观，说明此时对公众性祭祀场所建设的投入十分巨大。这类祭祀遗址或祭祀遗址群已非某个聚落或聚落群的附属物，而是联合了若干聚落群的某个地域内所有居民的共同的祭祀圣地，因此其相对独立的位置虽显示出与一般聚落的分离，但更显示出它在各聚落群内的中心地位。同时，中心性祭祀遗址，往往还与代表当时最高技术水平的遗存相伴随，如大规模砌石遗迹、成倍于真人的泥塑人像、成批的精美玉器以及罕见的纯铜制品等。原始宗教设施和道具应用了当时的物质技术成果，而其不断上升的需求又成为刺激技术水平提高的一种反作用力。

### （一）凌家滩祭坛[6]

祭坛建筑在凌家滩墓地中心最高处，呈不规则的圆角长方形，面积为600多平方米。其南部、西部、北部是一平台，在中部开始向东倾斜呈缓坡状，落差约1米。对祭坛局部解剖得知，祭坛自上而下分三层，可能为两次建成。第一层表面平整，由大小不一的小鹅卵石、小石英碎块与黏土搅拌铺垫而成，中间夹杂有红烧土颗粒和少量的碎陶片。该层结构紧密坚硬，似现在的三合土面，是祭坛的主体部分。第二层是由较大的石块和大量的长约1厘米的石英、大粒黄沙及硅质岩类小石子搅拌夯筑，厚20—50厘米。石子之间不含任何陶片，但夹杂有类似胶土的灰白色粘合物，使这层结构极为紧密坚硬。第三层是一层纯净细腻的黄斑土，厚10—20厘米，系建造祭坛时铺底之用。

1 中国社会科学院考古研究所甘青工作队：《甘肃武山傅家门史前文化遗址发掘简报》，《考古》1995年第4期，第289—296、304页。

2 内蒙古文物考古研究所：《准格尔旗寨子塔遗址》，《内蒙古文物考古文集》第2辑，北京：中国大百科全书出版社，1997年，第280—362页。

3 郑州市文物考古研究所：《郑州大河村》，北京：科学出版社，2001年。

4 德州地区文物工作队：《山东禹城县邢寨汪遗址的调查与试掘》，《考古》1983年第11期，第966—972页。

5 河北省文化局文物工作队：《河北邯郸涧沟村古遗址发掘简报》，《考古》1961年第4期，第197—202页。

6 安徽省文物考古研究所：《凌家滩——田野考古发掘报告之一》，北京：文物出版社，2006年。

在祭坛的第一层表面，发现有3处祭祀坑和4处积石圈。

祭祀坑平面形状均为长方形，其中1号祭祀坑长170厘米、宽40厘米、深20厘米；3号祭祀坑长175厘米、宽85厘米、深20厘米。坑壁旁均有数块较大的石块，并嵌贴有小石子，坑底也用小石子铺成，较平整，与祭坛表面浑为一体，显然是与祭坛第一层同时建筑完成的。在1号祭祀坑内发现有泥质灰陶豆2件、夹砂灰陶盆1件和夹砂红陶器盖1件及一小段较细的禽骨，当为祭祀时所用之物。

积石圈均用石块围成一圈，与祭坛表面建筑区别明显。其中两处平面形状近圆形，直径50—110厘米；另两处平面形状近长方形，长140—160厘米。

另外，还有若干块无明显分布规律的大石块散布在祭坛的表面。在祭坛表面可能还存在一些建筑，但因距地表太近，局部祭坛第一层距地表只有15厘米，被晚期地层破坏严重，复原较为困难。

在祭坛的东南方，发现有一片约40平方米的红烧土遗迹，与祭坛相邻且无叠压打破关系，中间包含有较多的红烧土块和颗粒。红烧土遗迹的局部地方土质较软，颜色灰暗，经太阳一晒似长期焚烧所遗之灰土。这些情况反映出该遗迹应与祭坛有密切的关系，可能是埋葬或祭祀时用火的地方。



这些特殊玉器、祭坛以及该遗址大型墓葬的发现，表明一种较成熟的宇宙观及与之相关的宗教观念已经形成，天地之间的沟通在这种宗教中占有特别重要的地位，而神圣的沟通权已被特殊阶层所垄断。

### （二）红山文化祭祀遗址[1]

牛河梁遗址所在的辽西努鲁儿虎山谷，处于红山文化分布区中央部位而偏向于靠近华北平原的西南一侧，这一带既属于大凌河流域，又距老哈河的河源不远，向北沿老哈河河川可通往内蒙古赤峰并继续向其以北的广大蒙古草原深入；向南顺大凌河南部支流，可抵达渤海海滨；向东沿大凌河通向朝阳和阜新地区，更可直达辽河西岸；向东北，沿努鲁儿虎山谷可通达内蒙古敖汉旗及周围的教来河和孟克河流域；向西沿大凌河西部支流经河北省承德地区，并越燕山山脉直下华北平原，以上这些地区都是红山文化所及地区，大多数是红山文化遗址分布的密集区。可见，牛河梁遗址就处于红山文化分布区四通八达的中心地带。牛河梁遗址选择在于有这种地理优势的位置，显然与充分发挥和延伸最高层次中心邑落的汇聚力和控制力有很大关系。

牛河梁遗址，是一个在占地50平方千米范围内包括了坛（祭坛）、庙（宗庙）、冢（陵墓）三位一体的一个大遗址群，它们的分布也并不是随意而设，而是大有规律可寻。牛河梁地区绵延十多千米的多道山梁，天然形成了一种高低起伏，间有平川，有分有合，既自成一体，又有延伸余地的地势，在裸露的山岩间又有大面积发育的黄土堆积，诸山冈的高度都在海拔550—650米之间，也相近相适，有的山冈间距离竟也十分相近。显然，红山先民是有意识地精心选择了这块"风水宝地"，巧妙地顺山势，定方向，按南北轴线进行规划布置，使诸多遗址之间既有主次，又彼此照应，形成一个大范围的有机整体。作为遗址群主体建筑的女神庙和庙北大型山台的走向完全相同，都呈南北方向，又顺山势有近20度的偏角，由此轴线向南远眺，有一形似猪或熊首的山峰与女神庙遥相对应，几个大型积石冢都处在女神庙和山台以南与猪（熊）山之间的中轴线上或两侧，再向南则是那座范围在直径100米的巨型土石结构的金字塔式建筑址和两侧的积石冢，它们组成又一组建筑，形成了庙台、冢坛、猪（熊）山南北联成一线的格局，共同构成为红山先民祭祀祖先的最高层次场所。这是红山文化最高层次的中心遗址，是红山文化这一文化共同体共同使用的崇拜先祖的圣地（图3-16）。

牛河梁积石冢所具有的座落在山冈之巅、以大墓为中心的山陵景观，在同时期诸史前文化中，是最为接近后世帝王陵墓的基本形制的。虽然冢内还普遍置有成排中小型墓葬，同一山冈的主冢也往

1 辽宁省文物考古研究所：《牛河梁红山文化遗址发掘报告（1983—2003年度）》，北京：文物出版社，2012年。

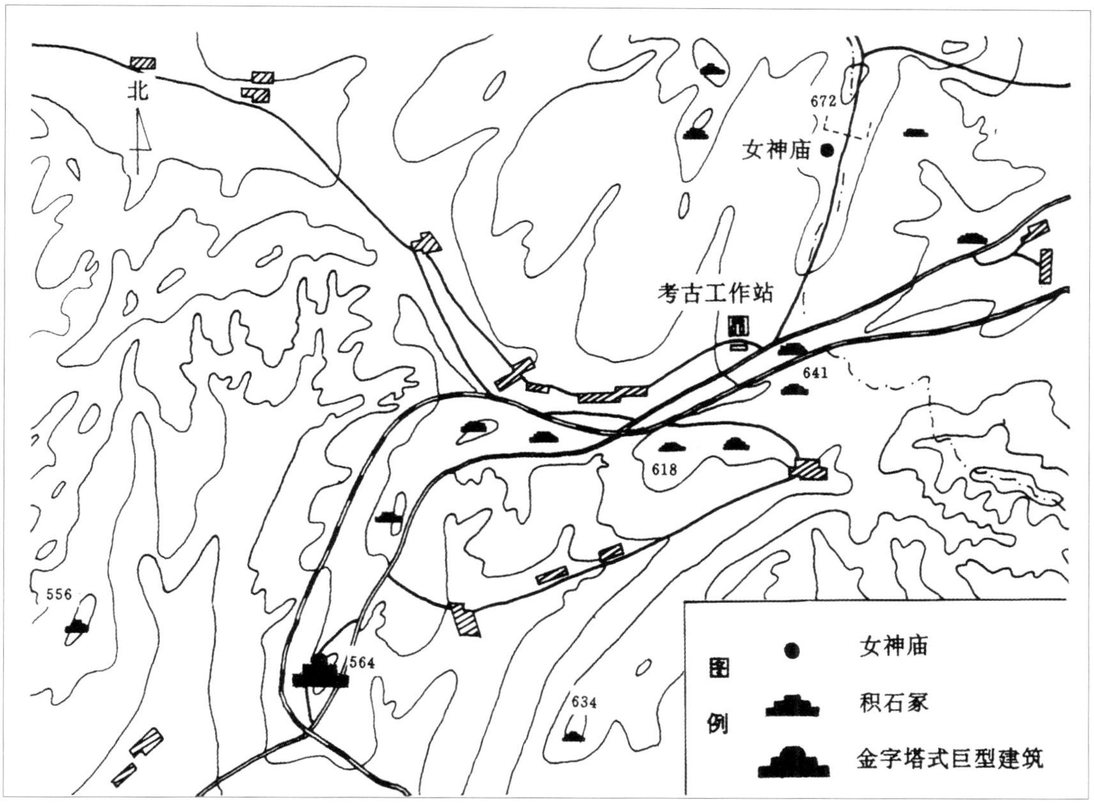


图 3-16　牛河梁遗迹分布图

往与两侧其他冢相并列，说明它还深深保留了氏族社会墓地那种以血缘关系相维系的众多特点；不过，红山文化积石冢中的每一群和每群中的各冢，都自成独立单元，围绕中心大墓布置的各种设施，包括围绕其间的众多中小型墓，都显示出以一人独尊为主的等级制已经制度化。

红山文化女神庙遗址位于牛河梁的第二道梁即主梁的近于梁顶处，在牛河梁诸山冈上积石冢群所围绕的中心部位，海拔高度为671.3米。这是一个包括女神庙在内的大范围的建筑群体，可以分作主体和附属两部分。主体部分除女神庙以外，还包括庙北的山台和台北侧外的“上庙”遗址，附属部分包括主体周围已发现的窖穴多处。山台南距女神庙北墙仅8米，它主要由南部东西并列的两座台址和北部的一座台址组成，南北、东西各约200米，总范围约4万平方米。台址周边以人工砌筑石墙，方向与女神庙完全一致，台面则要高出女神庙的地面近2米，山台性质有待进一步探究。在山台址的北墙外，散布有大面积红烧土堆积，出有人塑像残件、陶祭器和各类建筑构件，其中建筑构件的规格、形式与女神庙有所不同，应有另一座庙址。考虑到庙内堆积不会远距离搬运，推测此庙址就在山台以北。这样庙区的主体部分是由大型山台和南北各一座庙组成。

主体建筑周围有附属的窖坑。坑内有部分特异形陶器，尤其是一种陶方器，其中还有彩陶方器。另一窖穴内堆积有上百片筒形陶器残片，说明这些窖坑都非一般生活居所，而都是与祭祀有关的遗迹。

女神庙是庙区建筑群址中保存较好的一座主体建筑。庙平面呈窄长形状，南北最长22米，东西最窄处2米、最宽处9米，方向南偏西20度。庙为半地穴式建筑，现保存的地下部分深0.8—1米，从地下部分与地上部分交界处保留的向上弧起的墙面观察，墙壁地下部分竖直，从地面以上呈拱形升起。庙分主体和单体两个单元，主体部分为多室相连，主室为圆形，左右各一圆形侧室。北部为一长方形室，南部从平面看似为二圆形室与一东西横置的长方形室相接。这样，庙的主体部分为7室相连的布局，南北总长18.4米。主体部分以南横置一单室，横长6米，最宽2.65米，主体与南单室间隔2.05

图 3-17　红山文化女神庙遗址



米。庙为土木结构，全不用石料。从南单室四边成排分布的炭化木柱痕分析，地上原立有木柱，柱内侧贴成束的禾草，再涂抹草拌泥土，形成墙面。墙面上做出多种规格的仿木条带，多为方形带，宽4—8厘米不等，已有标本为方横木与圆立木相交接。墙面为多层，为便于层层粘合，内层墙面上常做出密集的圆洞，这些圆洞密布如蜂窝状，又似一种墙壁装饰。而墙面上真正的装饰是壁画，已发现的几个残块都为朱、白两色绘出的几何形勾连回字纹图案，是为国内目前所见时代最早的壁画（图3-17）。

庙的半地穴部分堆满遗物，除多种塌落的墙面、屋顶等建筑物残件外，主要有人物塑像、动物塑像和陶祭器。

庙内遗物主要是人物塑像，已在主室、东西侧室和南单室发现一些人像残件，都为粗泥胎，外表细泥质，打磨光滑，有的表面涂朱或有彩绘，可辨认出形状的有上臂部、腿部、肩部、乳房、手部、眼球，大约分属于7个个体，他们都不同程度表现出女性特征。并依规模大小可分为3类：第一类为主室中央发现的一残鼻头和一大耳，从质地、大小看，它们属同一个个体，大小相当于真人的3倍；第二类为在西侧室清理出的手臂和腿部，均相当于真人的2倍；第三类为在主室发现的相当于真人原大的人塑像残件，有右肩部、肩臂部、乳房和左手。

女神庙内最为重大的发现是出土了一尊较完整的女性头像（图3-18）。这尊头像出土时平卧于圆形主室的西侧，头向东北，面略向西。头除发顶部分、左耳、下唇有残缺外，面部整体得以完整保留。头像现存高度22.5厘米，通耳宽23.5厘米。塑泥为黄土质，掺草禾一类，未经烧制。内胎泥质较粗，捏塑的各部位则用细泥，外皮并打磨光滑，颜面呈鲜红色，唇部涂朱。头的后半部分断缺，但较平齐，似为贴附于墙壁所致。在头后断裂面的中部可见一竖立的木柱痕，直径4厘米，由颈部直通到头顶部，上有包扎禾草的痕迹，此即塑像时所用“骨架”。头像为方圆形扁脸，颧骨突起，眼斜立，上眼皮特别是眼内角有较发达的赘皮的细腻表现，眉弓不显，鼻梁低而短，圆鼻头，鼻低平，无鼻钩，上唇长而薄，这些都具有蒙古人

图 3-18　红山文化女神庙出土的女神头像

种特征。头额部隆起，额面陡直，耳较小而纤细。面部表面圆润，面颊丰满，下颏尖而圆，这些都又具有女性特征。此头像除写实外，更有相当丰富而微妙的表情流露。上唇外呲富有动感，嘴角圆而上翘，唇缘肌肉掀动欲语，流露出一种神秘感，面颊则随嘴部的掀动而起伏变化，具有节奏感。尤其是眼球的处理，在眼眶内深深嵌入圆形玉片为睛，使得目光炯炯有神，不愧为神来之笔。整个头像的塑造在写实基础上适当夸大，把传神、表情、动态融合一体，以追求人的精神状态和内在情感，从而塑造出一个极富生命力并予以高度神化的女性头像。以这尊头像为代表的塑像群，规模宏大，形象逼真而神化，雕塑艺术水平甚高，同时以各类鸟兽动物神陪衬，并陈设造型考究的陶祭器。它们置于富丽堂皇的庙宇之内，为以往长期缺少考古实物的上古时期的宗教研究提供了一批极为珍贵的资料。

从牛河梁女神庙祭祀对象看，既有神化了的人的塑像，也有神化了的动物塑像，但以人形偶像——女神的祭祀为主要对象，动物神处于从属地位，这样的女神塑像，应是被神化了的祖先形象。

女神像在塑造技术和造型上已经完全摆脱了原始性。当时人们创造并已熟练地掌握了泥塑人体艺术的基本工序和技法，尤其是注重写实，如人体各部位比例讲究协调，面部形象与神态追求逼真，在高度写实基础上加以神化。将它与西亚一带史前已知标本的比较只能是初步的，突出的一点差别是，西亚一带史前女神像有一个共同特征，那就是为了充分体现对女性的崇拜，特意夸大了具有女性特征的一些部位，致使整个体态变形而造成比例不协调，这同牛河梁那种写实与神化相结合的女神像形成强烈对比。后者已不是随意而作，而是以对真人的模仿为基础。崇拜偶像的这种区别应与崇拜内容的变化有关，即牛河梁的神像虽然也是女性，却已不以对女性及有关的生育等内容为主，而是转向对先人的崇拜为主。也就是说，已从对自然力的崇拜中超脱出来，具备了以对祖先崇拜为主的内容。而且，围绕主神的群神崇拜，已非祖先崇拜的初级阶段。女神庙现已辨认出的7个个体的人像残件，只是庙中神像的一部分，即便如此也已显示出，崇拜的偶像并非一尊，也不只是几尊，而是由多尊神像组成的群神，是多神崇拜。现在我们还不能推测这群神各有什么特定的含义，甚至各有什么具体称谓，但是，显而易见，这群神的地位并不是完全等同的，而是分层次的。从规模大小看，相当于真人3倍的只见一尊，相当于真人2倍的至少为一尊，其余多数相当于真人原大，似已可分出依次的三个等级规格。与此相对应，从它们的出土位置看，它们之间在女神庙内的排列也是有秩序可寻的，而且是有主有次的。相当于真人2倍的一尊出土于庙的西侧室，相当于真人原大的各尊则出土于主室四周和其他各室，唯有相当于真人3倍的大鼻、大耳出土于主室中央。这表明，在多层次的众神中有一尊主神，这尊主神个体最大，位置在庙的中心部位，是整个神庙所要突出的主要对象，也是被崇拜的偶像群中的最主要的崇拜对象。所以，这座女神庙具有围绕主神的多神崇拜性质，这也同积石冢所反映的以一人独尊观念为主的等级分化相对应，说明当时已进入相当成熟的祖先崇拜阶段。

不过，红山文化遗址不断有小型孕妇塑像出现，就是大型神像群，也都为女性，在积石冢遗址，也经常是方形的冢与圆形的坛结合，说明红山文化的祭祀形式和内容，可能是多样的。为此，从生育、丰收、大地母神崇拜来解释红山文化女神庙的观点也是很值得重视的。

以祭祀祖先为主要内容的女神庙已具宗庙雏形，这在庙的结构布局上也得以充分表现。女神庙虽座落在牛河梁梁顶，但本身并不建在高台上，甚至也未完全建在地面以上，而是典型的半地穴式土木结构建筑，庙的地下部分远远超过一般所见同时期聚落房址的深度。庙与聚落房址在结构上的这种一致性，应不只是建筑技术上的局限，主要应理解为以“人居之所”作为“神居之所”，这同诸神像的塑造追求写实相吻合，都是将神人格化的体现，当然这种半地穴式具有居住址特征的建筑基本结构也表现出一定的原始性。同时，庙的规模也显得狭窄，尤其庙的狭小规模与庙内丰富的内容，特别是女神群像的宏大规模很不适应，以至引起对女神庙祭祀功能的怀疑。其实，这恰恰是祭祖仪式封闭性、神秘性的表现，也是一种与神沟通的神权专一性和垄断性的表现，因为在这样狭小空间里进行祭祖活动只能是极少数人甚至是“一人”的事。

庙的结构虽具有原始性，规模也不大；但在布局组合上却要复杂多了。它已不是一个单体建筑，在主体南侧意外地布置了一个横长的单室，虽然它们只是两个单元的简单组合，然而它们之间一主一次，以南北轴线布局的建筑群体所具有的基本格局已经形成。主体建筑本身更非单一的单体建筑，而是已可明确分出主、侧、前后室俱全的多室，形成一种多室组合尚未完全分化出来的建筑群体。女神庙的这种主次分明、左右对称、前后呼应的复杂结构和布局，其规模和等级都远非史前时期一般居住址单间、双间甚至多间房屋所能相比，而是已开后世殿堂和宗庙布局的先河，这正如《礼记·曲礼下》所记："君子将营宫室，宗庙为先，厩库为次，居室为后。" 史前时期有一种呈"吕"字形的双间房址曾被建筑史界作为后世"前堂后室"的前身，牛河梁女神庙不仅前后室间有了主次之分，而且已具备左右侧室，这又正符合"室有东西厢曰庙"。

在牛河梁遗址梁间山谷绵延10余千米的黄土山梁，山梁多道，东北至西南走向，梁上冈峦起伏，红山文化积石冢的位置就选择在高度适中的冈丘顶部，一般一冈一冢（如牛河梁第三、第十六地点、胡头沟），也有一冈双冢（如牛河梁第五地点）、一冈多冢（如牛河梁第二地点）的情况。其间设有独立的祭坛，如东山嘴南部的圆形祭坛、第五地点双冢间的方坛和第二地点的圆形坛体等。第二地点圆形坛体，直径达20米，三重圆形台面层层叠起，选用的不同于积石冢白色石灰岩的红色花岗岩石料和不同于积石冢石块平砌法的立置"石栅"式方法建造，而且该石坛处在诸冢的中心，位置十分显要。可见，这座祭坛既与该冢结合一体，相互衬托，又显示出其有高于诸积石冢的地位。

在牛河梁遗址群中，与积石冢有关的是位于牛河梁地区南部有一个名叫"转山子"的山冈顶部的一座"金字塔"式巨型建筑址，编号为牛河梁第十三地点。这座土石结构的正圆丘形，直径在60—100米之间，总面积达1万平方米，是迄今发现的中国史前时期规模最大的一座单体建筑。该建筑址中央部分为土丘，直径40米，从山冈基岩面到现存土丘顶，残高7米余。中央土丘以夯土筑起，每层水平夯土以黄土、灰黑土、风化基岩土各一小层组成，每层厚8—15厘米，夯层时有间断，边缘夯土呈斜坡状。夯台中段出现一道横贯台体的水平界限，将夯台分成上下两块，表明整个夯台是分阶段筑成的。夯台顶部似有建筑迹象，顶部中心部位散布有大片被扰动的炼铜坩埚片层。这座建筑址的中心夯土台以外包砌积石，全部为白色硅质石灰岩，与诸积石冢所用石料相同，但规格较大，每块石料一般长40厘米，宽、高约30厘米，积石范围直径约100米。保存较好的是围绕夯土台的一圈石台阶，为直径60米的正圆形状。这座巨型建筑在结构形状以至建筑石料的使用上，都同积石冢墓群十分相近，但规模之大甚至结构之复杂，却远在诸积石冢之上。前述诸积石冢范围，直径或每边长一般在20米左右，最大的长30余米，这在同时期考古学文化中已属规模最大之列。然而这座巨型建筑址，其范围直径在100米上下，总面积达1万平方米，在同时期诸考古学文化中，还没有见过这样的大型建筑。它所动用的土方和石方量，都可以上万立方米计算，其建造又十分精心规范，内夯土与外砌石既是界限清晰的两部分，又相互结合为一体，尤其是直径达60米的石台阶，砌成正圆形状，一丝不苟。台阶顶的建筑迹象和炼铜遗迹如能进一步确定，将能证明这座"金字塔"式巨型建筑的复杂内涵和特殊功能[1]。

辽宁朝阳喀左东山嘴遗址坐落在三面环山的梁冈上，东南濒临大凌河，高出河床50多米。遗址分作南、北两部分，北面中心部位是一个砌石方形基址，东西长11.8米，南北宽9.5米，内有3处石堆，靠南端最大的一个由密集排列的立置长条石组成。方形基址的东西两侧各有一些砌石墙基。南面在距方形基址15米处为一个直径2.5米的砌石圆圈台址，其东北有一具用红烧土掩埋的人骨架，石圆圈以南4米处又有三个相互紧贴的圆形石堆。遗址内出土陶器有钵、盆、瓮、小口罐、筒形罐、筒形器等，石器有磨盘、磨棒、锛、凿、镞和类似石铲的石器坯，而双龙首玉璜和玉鸮这两件玉器以及20余件陶塑制品尤其引人注目，后者多为人身肢体部位的残块，其中有2件是缺损头和右臂的裸

1 郭大顺：《红山文化》，北京：文物出版社，2004年。

体孕妇塑像，皆出自上述石圆圈的东北侧。遗址还存留大量的猪和其他兽类的遗骨[1]。像这样建于山冈上的南圆北方的坛式基址，显然是诸如祭坛之类的重要祭祀场所，大量兽骨当是祭祀用牲的写照。

### （三）新开流文化的祭祀遗址

新开流文化的祭祀遗迹见于鸡西刀背山遗址。刀背山位于穆棱河谷右岸的二级台地上，其山西坡脚下有一条东西宽100米左右、南北长200米左右的狭长带，就在这狭长地带地势较为平坦的南部地区，纵向排列着4个由碎石堆积而成的土石包。狭长地带西部有一道石墙，石墙以东是一个陡起的三级台地。

土石包堆积以石为主，4个石包势如一体，似封堆分明，以编号B3的封堆最高，高约3米，B4最矮，高1米，Bl和B2高均在2米左右。

石墙筑在黑土上，平面呈蝌蚪状，南北向，两端相对低矮，中间部分内高约1米，外高约4米。墙的横断面基本呈梯形，上宽1米，下宽3—5米。

在刀背山遗址周围采集到的遗物包括陶器、石器、玉器等。其中陶器器形单一，仅见罐和钵两种，多为捏制成形，且器形较小，无实用价值。玉器有璧、瑗及装饰品等。在该遗址中还曾收集到人体的肢骨、下颚骨、头盖骨及牙齿等遗物。可见这里不是一般性遗址，而应当具有某种特殊意义，可能与祭祀活动有关[2]。

### （四）大青山南麓的祭祀遗址

在包头以东至土默特右旗美岱召镇60千米长的黄河北岸，发现坐落于大青山南麓坡地上的阿善、西园、莎木佳、黑麻板、威俊、纳太等六处遗址。它们都存在地面砌石的房屋基址，除纳太以外的其他五处还都发现了砌石围墙。阿善、莎木佳、黑麻板和威俊遗址发现的许多石砌建筑遗迹被认为是祭坛。

阿善遗址位于包头市区东15千米的阿善沟门东边，北依大青山，南临黄河。遗址分东西两个台地，平面均呈南北长东西窄的不规则形。石墙在东西两台地上均环绕整个居住区。在西台地南端有一组南北向的垒砌石堆，石堆位于一道南北长80米、东西宽30米的高冈上。岗梁的东、西、南三面边缘都保留有石砌墙址，均呈垄状堆积。东、西墙各筑一道，南墙共发现三道，外围两道用作护坡，呈阶梯状排列。墙内石堆由石块垒砌成圆锥形，共18座，南北一线排列，全长51米，平面略呈弧线形。以最南端的一座规模最大，底径8.8米，存高2.1米；其后的16座规模基本相等，底径在1.4—1.6米之间，存高35—55厘米；第18座石堆在最北端两座石堆间空档的西侧，底径1.1米，存高20多厘米。这组石堆所用石块形体比较规整，石基基底埋在现地表20厘米下，筑于生土之上，推测为一处祭坛遗址[3]。

莎木佳遗址属包头市东园乡莎木佳村，位于包头市东20千米的大青山脚下。遗址坐落在莎木佳沟东西两侧的台地上，东西两台地都保留有石围墙基址，台地内都有一座“大房子”遗迹，西台地西南角还有一组土丘建筑遗迹。东台地的“大房子”基址位于台地东南部，石砌的墙基存高30厘米，基宽60厘米，平面圆角方形，进深等于间宽，门向东南，居住面系黄土拌细砂筑成，质地坚硬，发现一些饰篮纹的泥质灰陶片。西台地的“大房子”基址在遗址中部，存高20—35厘米，宽50厘米，平面圆角方形，门向南，进深小于间宽，依北墙筑有一间内室，西北角又向后伸出一小间。西台地西南角的土丘

---

1 郭大顺、张克举：《辽宁省喀左县东山嘴红山文化建筑群址发掘简报》，《文物》1984年第11期，第1—11页。

2 武威克、刘焕新、常志强：《黑龙江省刀背山新石器时代遗存》，《北方文物》1987年第3期，第4—7页。

3 内蒙古社会科学院蒙古史研究所、包头市文物管理所：《内蒙古包头市阿善遗址发掘简报》，《考古》1984年第2期，第97—108页。

遗迹位于一道南北向冈梁上，由三座圆形土丘组成，作南北中轴排列，由北向南依次渐小，间隔1米左右。北端土丘高1.2米，绕土丘基部和腰部各砌有一个正方形石圈，四角均呈弧形，基部石圈边长7.4米，腰部石圈边长3.3米，二者均宽40厘米；土丘顶部平铺一层石块。中间的土丘高0.8米，绕土丘基部砌有一个长方形石圈，东西长3.8米，南北宽3米，四角弧形，宽40厘米；土丘顶部发现两件磨制石斧。南端土丘略高出地面，绕基部砌有一个圆形石圈，直径1.5米。这组土丘遗迹很有可能是祭坛遗址[4]。

黑麻板遗址属包头市东园乡黑麻板村，遗址坐落在大青山南坡第二级台地上。遗址分东西两部分，中间为一条南北向水沟。西部为一狭长台地，北高南低，分布有房址。东部地形平坦，东西长110米，南北宽70米，保留有石砌围墙基址，并有一座大型建筑物台基。遗址总面积约2万平方米。大型建筑物台基在北墙附近，平面呈不规则长方形，东西52米，南北25米，存高2.2米；台基叠压在相当于阿善遗址第三期早段的地层之上，土筑，未发现夯筑痕迹；台基上中心处有两个石圈呈“回”字形，拐角呈弧形，基宽40厘米，石圈正中还平铺几块石头；台基西侧还发现一个正方形石圈，边长3.2米，基宽40厘米左右，存高0.3米。这组建筑的形制与莎木佳遗址的祭坛基本相同。

威俊遗址属包头市土默特右旗沟门乡威俊村，坐落在大青山南麓台地上。其间有两道沟将遗址分为三部分，从东至西编号为W1至W3，总面积约为4万平方米。其中W1和W2上发现有石砌祭坛类遗迹。W1面积约1.8万平方米，平面呈不规则长方形，有石围墙、祭坛和房址分布。祭坛遗址位于台地东半部，由三座成南北直线排列的建筑物组成，由北向南编号为J1至J3。J1为呈“回”字形的两个正方形石框，位于一处经人工平整过的山丘顶部，外框边长5米，内框边长3米，内框正中还有一处直径1米的石铺圆形面；J2主体是一座底径22米的圆形土丘，高约3米，顶部为一6米见方的平台，绕平台和土丘腰部各砌有一正方形石框，边长各为6米和9米，均宽45厘米；J3是一座石砌长方形台基，南北长2.8米，东西宽1.6米，高0.7米，外侧选用大型石料砌筑，里面塞以不规则的碎石。W2平面呈扇形，地形北高南低，面积约为8千平方米，有石围墙、祭坛分布。祭坛遗址位于台地西南部，主体是一座人工修筑的圆形土丘，底径12米，高1.5米，顶部和腰部各砌有正方形石框，顶部正中为石块铺砌的圆形面，形制与W1的J2完全相同[5]。

以上这些砌石建筑说明这几处遗址都存在较大规模的祭祀性遗迹，表明大青山南麓是内蒙古中南部一个十分重要的地带，这里很可能曾是该地区先民最为集中的祭祀圣地。

### （五）大地湾F411

大地湾遗址半坡四期文化聚落中的F411为一处宗教性祭祀建筑。F411是一座平地起建的方形单室建筑，前带门垛。房屋进深约5.8米，面阔4.7米，近门中部设有灶台，地面绘有地画。地画位于室内近后壁的中部地面上，长约1.2米，南北宽1.1米，用炭黑绘成，画面上站立的2人，均两脚交叉，左手抚头，右手下垂执棒，右一人胸部突出，似为女性。两人左右侧尚保存一些模糊墨迹，像是另有两人。人像下方有一长方框，似条案或似木槽，也有人推测为木棺，内画的动物难以确认，或为青蛙，或为鲵鱼，或为尸体。此画很像是几个人面对难以辨认之物跳舞，宗教色彩鲜明，内容可能与行巫祭祀有关[6]。

4 包头市文物管理所：《内蒙古大青山西段新石器时代遗址》，《考古》1986年第6期，第485—496页。

5 刘幻真：《内蒙古包头威俊新石器时代建筑群址》，《史前研究》1988年（陕西省考古研究所、西安半坡博物馆成立三十周年纪），1988年，第212—217页。

6 甘肃省文物考古研究所：《秦安大地湾——新石器时代遗址发掘报告》，北京：文物出版社，2006年。

# 第七节　新石器时代晚期的服饰

## 一、服装

### （一）织物及其痕迹

这一时期的居民应该已经掌握了纺织和缝制衣物的技术。从各遗址大量存在的骨针与陶质或石质的各类纺轮、织机构件等来看，当时对纺织物的加工已经是非常普遍的一种手工业，但由于纺织物不易保留，现在所能见到的实物遗存非常稀少，主要有麻和丝两类。

在华县柳子镇的灰坑H180填土中，发现清晰的纺织物残迹，类似麻布的遗痕[1]。在荥阳青台遗址的4座儿童瓮棺墓葬中也出土了一批纤维纺织遗物，窖穴内还出土有绳索遗存。W142出土时发现骨架与瓮棺内壁下侧均粘附有褐灰色网状炭化纺织物；W164中乳白色骨架上与头骨上均粘附有褐灰色网状炭化纺织物，其头骨上粘附的纺织物多为结块状；W217的骨架上粘附有一层灰褐色纱状炭化纺织物；W486中人骨的腿骨和脚骨上粘附有灰褐色纱状炭化纺织物，骨架下与骨架周围有纺织物碎片；在清理椭圆形袋状窖穴H163的第三层填土时，在坑底发现一段长6厘米、直径约1厘米的呈深黑色已炭化的麻绳残存，其一端尚保留有经过燃烧的银灰色灰烬[2]。经过鉴定，这批织物不仅有用麻织的布，而且还有用蚕丝织的帛和罗，这是目前我国史前北方地区发现的最早的丝织品的遗存。

丝织品的发现表明当时的人们已经在进行蚕的饲养，或者至少对蚕这种动物有了一定的认识。这一时期考古发掘中确实发现有蚕的实物或古人制作的蚕的形象，间接表明史前先民对蚕已经有了一定的认识。夏县西阴遗址发现过被切割留有刀痕的半颗蚕茧壳化石，茧壳长约1.36厘米，宽约1厘米[3]。在其他遗址中发现有蚕的形象。芮城西王村出土过一个蛹形的陶饰，长1.8厘米、径0.8厘米，呈圆杆形而两端略细，饰横划纹，状略似蚕蛹，可能是一种装饰品[4]。辽宁沙锅屯遗址出土有长数英寸，用大理石制作而成的石蚕[5]。江西清江筑卫城遗址有蚕蛾和蚕形的纹饰陶[6]。

新石器时代晚期居民在制作陶器过程中，会把陶器坯胎放在由纺织物制成的器垫上，这样纺织物的纹路就会印在还未完全干燥的陶器底部。这一时期的陶器底部普遍印有细密的布纹，说明那时的布料已经不是珍奇之物。例如在陕县庙底沟遗址和华县泉护村遗址都发现过这样的印痕，印痕为每平方厘米经纬线各10根[7]。

### （二）纺轮与纺织技术

新石器时代晚期各文化都出土了大量纺轮，即便在黑龙江地区的考古学文化遗址中也屡见不

1 黄河水库考古队华县队：《陕西华县柳子镇考古发掘简报》，《考古》1959年第2期，第71—75页；黄河水库考古队华县队：《陕西华县柳子镇第二次发掘的主要收获》，《考古》1959年第11期，第585—587、591页。

2 郑州市文物考古研究所：《荥阳青台遗址出土纺织物的报告》，《中原文物》1999年第3期，第4—9页。

3 李济：《西阴村史前的遗存》，清华学校研究院，1927年。

4 中国科学院考古研究所山西工作队：《山西芮城东庄村和西王村遗址的发掘》，《考古学报》1973年第1期，第1—63页。

5 [瑞典]安特生（J.G.Andersson）著，袁复礼译：《奉天锦西县沙锅屯洞穴层》，农商部地质调查所，1923年。

6 江西省博物馆、北京大学历史系考古专业、清江县博物馆：《清江筑卫城遗址发掘简报》，《考古》1976年第6期，第383—397页；江西省博物馆、清江县博物馆、厦门大学历史系考古专业：《江西清江筑卫城遗址第二次发掘》，《考古》1982年第2期，第130—138页。

7 中国科学院考古研究所：《庙底沟与三里桥》，北京：科学出版社，1959年；北京大学考古学系著、中国社会科学院考古研究所：《华县泉护村》，北京：科学出版社，2003年。

图 3-19　屈家岭文化彩陶纺轮
1. 屈家岭 T97:4（4）　2. 邓家湾 AT1 ⑤:17　3. 屈家岭 T132:3D（7）　4. 屈家岭 T107:4B（1）
5. 屈家岭 T83:4G（1）　6. 邓家湾 AT306 ⑨:7　7. 屈家岭 T81:4（1）　8. 屈家岭 T116:3（2）
9. 屈家岭 T98:4A（3）　10. 屈家岭 T97:4（3）　11. 屈家岭 T90:3（3）　12. 屈家岭 T89:3D（1）
13. 屈家岭 T106:4A（3）　14. 屈家岭 T133:2（32）　15. 屈家岭 T92:2（1）　16. 屈家岭 T105:4（1）

鲜，比如远在密山县兴凯湖畔的新开流墓葬也曾发现过陶纺轮[1]。与之前的考古学文化的纺轮相比，纺轮形制更加多样化，个体变小。以屈家岭文化为例，该文化有大量的纺轮，一般直径为3—4厘米，厚0.5厘米左右，形状有两面均平或一面平一面弧凸两种。除了泥质黑陶、灰陶和红陶纺轮外，彩陶纺轮在当时很流行，纹饰丰富多彩，花纹线条流畅多变，色彩有橙黄、橙红、黑褐和红褐色，图案以圆孔为中心，布局匀称。有直线垂直四分纹、弧线垂直五分纹、扇叶纹、漩涡纹、麻点纹、麻点对三角纹、十字含麻点纹、同心弧线纹等等。纺轮穿上捻杆组成纺坠，纺轮的直径和重量是决定纺坠转动惯量的主要因素。纺轮直径大小和厚重程度的变化应与捻纺原料纤维的粗细有直接的和必然的联系。屈家岭文化以前流行大而厚重的纺轮，转动惯量大，适用于纺粗硬的纤维，成纱较粗。屈家岭文化时期纺轮的直径明显变小，重量明显变轻，转动惯量也随之变小。据测算，屈家岭遗址纺轮的平均重量，早期为38.2克，晚期第一阶段为21.7克，晚期第二阶段为14.7克；平均转动惯量，早期为107.2克/平方厘米，晚期第一阶段为49克/平方厘米，晚期第二阶段为32.2克/平方厘米。因此，屈家岭文化的纺

1　黑龙江省文物考古工作队：《密山县新开流遗址》，《考古学报》1979年第4期，第491—518页。

轮适于纺经过加工处理的植物纤维，成纱较细[1]（图3-19）。

### （三）服装式样

由于新石器时代晚期的服装没有能够保留下来，今天只能通过当时的雕塑遗存或保留在器物上的某些纹饰中表现的先民形象去搜寻有关当时的服装的线索了。

其时人们的服装中已经出现了帽装。在密山县新开流遗址采集到一件陶塑人首，头部为圆角三角形，有研究者认为是当时人所戴尖顶皮帽的写照[2]。临潼邓家庄遗址出土一件陶塑半身人像，其前胸后背各有两个突出的小孔，头戴一顶厚实的圆帽，有齐耳的鬓发，五官端庄，比例恰当，冠帽为平顶，前端上翘，帽口内束，头发敛于帽内[3]。

秦安大地湾出土的人头形器口彩陶瓶，圆雕头像，前额短发齐眉，向后披发至颈[4]。

喀左东山嘴遗址出土的陶塑人像残块中有一块为人体腰部装饰残块，陶塑呈横长形，上下均残缺，高6厘米，宽12—14厘米，厚1—3.5厘米。一残边正中有一缺口。两侧中部形成束腰。一面塑纹饰，间有黑彩痕。左右两侧各贴塑两条并在一起的皮索。中部较两侧突起，突起部位也贴塑皮索状，为并列的三段，折曲相连，呈S形，三段在中间又以短宽带相连，形成似束在腰部的带状皮索形象。背面平整，有贴痕。有可能是贴在人体塑像腰部的衣带类装束[5]。

牛河梁第五地点发现的陶塑人像左脚穿着短腰靴，说明当时人们也已经学会做鞋[6]。

含山凌家滩遗址出土有几件玉人，为我们提供了古人较为完整的外观装束。其中一件（M1:1），通高9.6厘米，最宽2.2厘米，最厚0.8厘米。灰白色，方脸，长眼粗眉，蒜头鼻，两大耳穿孔，大嘴，上唇留短须。头戴扁冠，冠上饰两排方格纹，冠中间有三角形小尖顶，脑后刻四条横线，似与冠饰有关。两臂弯曲，十指张开置于胸前。腕部饰弦纹，可能表示戴有环。腰部饰一周宽3毫米的斜线纹，似表示腰带。背部钻一对隧孔。直立，赤双足，左右脚均刻五趾。另一件（M29:14），高8.1厘米，肩宽2.3厘米，腿长2.5厘米，厚0.5厘米，灰白色。长方脸，头戴圆冠，冠饰方格纹，冠上中间有一尖顶，顶上饰三小圆孔。浓眉大眼，双眼皮，宽鼻头，大耳，耳下部各钻一孔。大嘴，上唇饰有八字胡须。两臂弯曲，五指张开放在胸前，两臂各佩八个玉环。腰间饰斜条纹的腰带，脚趾张开，臀部宽大，表明应是坐姿[7]。

当时有些衣物上可能还连缀有一些珠形饰物，在山东莒县杭头M4出土的4颗石珠位于人骨的两股之间，也许就是镶嵌在衣裤上的装饰品[8]。

## 二、装饰品

这一时期的先民们利用陶、石、玉、骨、牙、蚌等质料制作出了大量精美的装饰品，这些做工精细的装饰品表明当时的人们对各种材料的认识与加工水平已经达到了一个较高的程度，同时也表现了他们对生活的态度及对美的认识与追求，展示了新石器时代晚期人类精神领域的扩大与审美能力的发展。

这一时期的装饰品按所装饰的人体位置可分为发饰、额饰、耳饰、颈饰、佩饰、臂饰、手饰、腰饰

1 中国科学院考古研究所：《京山屈家岭》，北京：科学出版社，1965年。
2 黑龙江省文物考古工作队：《密山县新开流遗址》，《考古学报》1979年第4期，第491—518页。
3 赵康民：《临潼原头、邓家庄遗址勘查记》，《考古与文物》1982年第1期，第1—8页。
4 甘肃省文物考古研究所：《秦安大地湾——新石器时代遗址发掘报告》，北京：文物出版社，2006年。
5 郭大顺、张克举：《辽宁省喀左县东山嘴红山文化建筑群址发掘简报》，《文物》1984年第11期，第1—11页。
6 辽宁省文物考古研究所：《牛河梁红山文化遗址发掘报告（1983—2003年度）》，北京：文物出版社，2012年。
7 安徽省文物考古研究所编著：《凌家滩——田野考古发掘报告之一》，北京：文物出版社，2006年。
8 山东省文物考古研究所、莒县博物馆：《山东莒县杭头遗址》，《考古》1988年第12期，第1057—1071页。

及衣饰等。不同地域、不同考古学文化的居民装饰品无论材质、式样都存在一定的区别。

## （一）装饰品的种类

### 发饰

先民从散发到梳理头发，并将头发挽成发髻，需要用笄来固定或用束发器加以束卡，用梳子来梳理，并且在一些地方居民的帽子上也还加饰其他装饰品。所以发饰种类较多而且分布广泛，尤其是笄，几乎遍布这一时期各个区域的文化之中。

#### 笄

黄河上游地区骨笄大都以圆锥形断面为特征，利用鸟骨或羊和鹿的小肢骨稍加磨制而成。有的两端都加以磨制，使骨笄的两头都带尖。有的则是将较大的兽骨劈开加以磨制，其断面以扁平形为特征的。还有一些利用骨关节，仅对另一段加以磨制做出尖部。还有的在骨笄尾端做出像短铤或是像圆钉帽形的装饰。西北地区的骨笄除圆锥形断面笄之外，也发现扁平、两头尖以及其他断面笄形式，但是数量都比较少。玉石笄和陶质笄在大地湾有发现。玉石笄和陶笄与骨笄相比，形状比较单一，基本上都是圆锥状平顶。黄河中游庙底沟遗址出土1件蚌笄，近菱形，形如镞头而无锋刃[1]。陶笄在黄河中游不多见，在西王村遗址曾发现1件[2]。

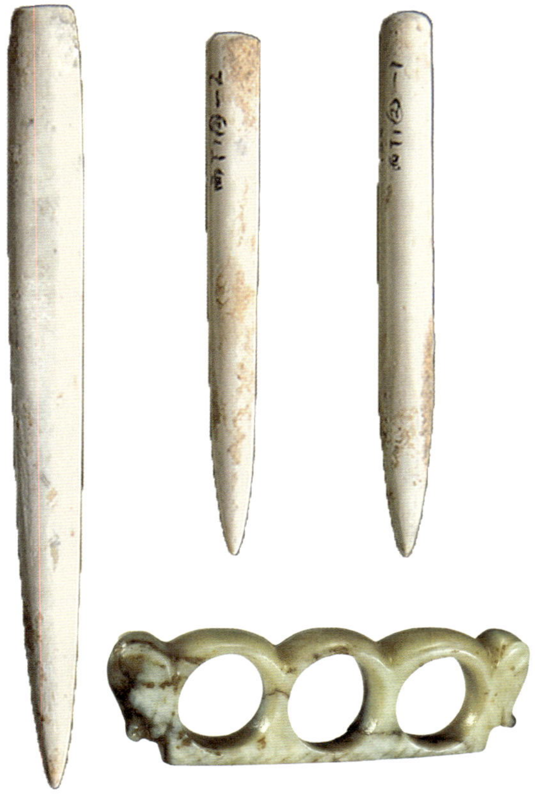
图 3-20　红山文化玉笄与玉梳背

黄河下游地区大汶口、王因和野店等遗址也出土了大量骨笄，其形态多样，其中以扁圆锥形最多，整体造型不仅有两端尖的、顶端呈钉帽形的、带关节的，还有顶端带雕刻纹的、有刻槽的、空芯三菱形的、顶端呈勺状的等等。在大汶口、枣庄建新等地发现有石笄。

长江流域笄也以骨质的为多，崧泽下层、福泉山崧泽文化层和北阴阳营等遗址中都发现有较多骨笄，屈家岭文化也见有骨笄。在青龙泉遗址屈家岭文化遗存中发现的骨笄，完整的有3件，器形大小悬殊，多数为细圆条形，一端钝尖，通体磨光[3]。下王岗遗址出土的骨笄，有两种形式，一种上端尚保留小动物肢骨的关节，下端磨成圆钝的尖头。另一种为圆柱状，上下两端均磨成笄头[4]。在凌家滩发现玉笄。

北方的赵宝沟遗址也发现过骨笄，呈圆柱体，利用鹿角制成[5]。在大连郭家村、邯郸涧沟也都出土了骨笄。特别是郭

1 中国科学院考古研究所：《庙底沟与三里桥》，北京：科学出版社，1959年。
2 中国科学院考古研究所山西工作队：《山西芮城东庄村和西王村遗址的发掘》，《考古学报》1973年第1期，第1—63页。
3 中国社会科学院考古研究所：《青龙泉与大寺》，北京：科学出版社，1991年。
4 河南省文物研究所、长江流域规划办公室考古队河南分队著：《淅川下王岗》，北京：文物出版社，1989年。
5 中国社会科学院考古研究所：《敖汉赵宝沟——新石器时代聚落》，北京：中国大百科全书出版社，1997年。

家村的骨笄形式多样、制作精细[1]。庙子沟文化遗址中，骨笄多利用牛骨加工而成，断面成扁长形两头尖或是尾端平齐或是成圆钉形。有的骨笄利用骨关节作尾端，而有的骨笄则在尾端雕刻纹饰或有立体雕刻花纹，有的骨笄则利用动物肢骨的自然形状成弯曲形。红山文化一端尖另一端平的玉棒可能也属笄类（图3-20）。

### 梳

梳不像笄那样普遍，此时期已发现的梳以象牙质为多。

大汶口墓地出土的象牙梳，为竖式，有16个梳齿，其背部还有华丽的雕刻图案[2]。野店墓地出土3件骨梳，形状与大汶口的象牙梳相似，为竖式15齿[3]。陵阳河墓地发现的2件骨梳，虽然梳齿都有12齿，但是梳背呈横平长方形，并明显宽于梳齿，整个发梳的形状呈T字形[4]。

青龙泉遗址屈家岭文化遗存中也发现一件象牙梳，发梳呈长方形，有23个梳齿，梳背略呈倒梯形，近梳齿处有一道凸弦纹，梳背中轴线上有两个对称的圆孔，梳齿占到整个发梳的三分之二。此梳制作精细，表面光滑，径7厘米，宽4厘米，厚0.2厘米[5]。

玉梳背发现于牛河梁、三官甸子等遗址中，通常称为三孔器。

### 束发器

束发器在黄河、长江及北方地区都有发现，不仅使用的材质不太相同，从墓葬中出土数量观察，不同地区的使用方法似乎也是有所区别的。大地湾遗址发现了许多陶质束发器，出土于地层或灰坑，仿牛、羊等动物犄角做成，颜色有黑、灰褐、橙黄等[6]。牙质束发器在山东地区发现较多，且都有墓葬佩带实例，尤其王因墓地，发现了64件束发器，均出土于墓葬中人骨头部，有的在前额，有的在脑后部，大多一人一件，少数两件[7]。福泉山崧泽文化墓葬中牙质束发器，4件，均带孔，为一组，发现于人骨头部[8]。大南沟红山文化墓地发现两件蚌质束发器出土于人头骨附近，另有一组12件骨质束发器位于已经腐朽的人头骨附近，12件均呈长条形弯曲，分两排放置在人头附近。此外还发现一件骨发卡位于人骨的头部。该遗址还同时出土有蚌质束发器[9]。

### 冠形饰

在凌家滩出土透雕玉冠形饰，器物中部透雕“人”字直角三角形，“人”字两边向上卷成流畅的圆圈。底部为长方牙形，两端略收腰成弧形，长方形底部上刻三道凹槽，靠近两端各对钻一圆孔。整体造型优美新颖，线条流畅。冠形饰出土于墓坑的南端，人头的顶部位置[10]。

## 额饰

额饰是戴在头上从前额绕过后脑的一种串饰件。

1 辽宁省博物馆、旅顺博物馆：《大连市郭家村新石器时代遗址》，《考古学报》1984年第3期，第287—329页。

2 山东省文物管理处、济南市博物馆：《大汶口——新石器时代墓葬发掘报告》，北京：文物出版社，1974年。

3 山东省博物馆、山东省文物考古研究所编：《邹县野店》，北京：文物出版社，1985年。

4 山东省文物考古研究所、山东省博物馆、莒县文管所：《山东莒县陵阳河大汶口文化墓葬发掘简报》，《史前研究》1987年第3期，第62—82页。

5 中国社会科学院考古研究所：《青龙泉与大寺》，北京：科学出版社，1991年。

6 甘肃省文物考古研究所：《秦安大地湾——新石器时代遗址发掘报告》，北京：文物出版社，2006年。

7 中国社会科学院考古研究所：《山东王因——新石器时代遗址发掘报告》，北京：科学出版社，2000年。

8 上海市文物管理委员会：《青浦福泉山遗址崧泽文化遗存》，《考古学报》1990年第3期，第307—337页。

9 辽宁省文物考古研究所、赤峰市博物馆：《大南沟——后红山文化墓地发掘报告》，北京：科学出版社，1998年。

10 安徽省文物考古研究所：《凌家滩——田野考古发掘报告之一》，北京：文物出版社，2006年。

### 串饰

在大汶口墓地发现过两例佩带串饰形额饰的实例。其一串饰由25片石薄片与2件牙饰组合而成，出土于墓内人骨前额头部；另一例串饰由31件石管组成，出土时见于人骨头部左后侧[1]。邹县野店墓地发现51件玉石质小环位于人骨的头部[2]。在凌家滩串饰形式多样，主要以管、珠、坠为主。管的玉质有透闪石、阳起石、玉髓等，形制以扁圆束腰形为主，也有长圆形的。以玉髓制作的玉管每件都琢磨几道凸凹弦纹；透闪石的玉管以素面为主。坠饰制作十分精巧，有菱形、鸡心形、多边形。通体琢磨润亮，小巧玲珑[3]。

## 耳饰

世界上许多民族都有在耳朵上垂挂装饰品的习惯，新石器时代晚期的耳饰主要是耳坠、耳环和耳玦。

### 耳坠

耳部装饰品中耳坠发现的较多，在黄河流域的庙底沟文化、西王村文化和大汶口文化都有发现。比如在庙底沟遗址发现的坠饰较多，皆系绿松石制成，均有穿孔[4]。在邹县野店墓地发现的8件石质耳坠为我们提供了判断耳坠的资料。野店的耳坠以梯形和长方形为主，还有一些棒状耳饰[5]。与此相似的坠饰在大汶口墓地、王因墓地、枣庄建新、章丘焦家、安丘景芝镇、诸城呈子、牟平照格庄等遗址和墓地均有发现。除了其他地区常见的长方形和梯形耳坠外，山东地区比较特别的是棒状耳坠较多见，尤其是在景芝镇、焦家和王因墓地都有一定数量的发现。

长江流域的凌家滩见有耳坠，玉喇叭坠饰。喇叭高1.3厘米，口径1.7厘米，底径0.9厘米。喇叭壁规整圆滑，壁厚0.09厘米，底厚0.1厘米。墓中还出有1件水晶菌形球，上部为半球形，中间细圆柱，柱底为扁圆形座，应为耳铛。用扁圆形铛从耳孔穿过，前面是半圆球面挂在耳孔内是细圆柱，后面是扁圆形铛[6]。在屈家岭遗址还发现了璜形耳坠[7]。

北方地区的左家山遗址发现的蚌耳坠是利用蚌壳的轮廓和海螺的原形加工而成的[8]。红山文化遗址发现一定数量的绿松石耳坠。喀左东山嘴遗址的1件带孔绿松石饰没有佩带例子，但是从其宽2.8厘米、高2.4厘米较小的体型来看应该为耳饰[9]。胡头沟出土2件鱼形绿松坠，1件位于人骨身体边，另1件则出土于耳部[10]。在小珠山文化的郭家村遗址有绿松坠3件[11]。小南山遗址的耳坠为骨质，椭圆形坠形[12]。

### 耳环

在王因、呈子和三里河墓地都发现有小型耳环，特别是三里河和王因，耳环发现于人骨的头部，

1 山东省文物管理处、济南市博物馆：《大汶口——新石器时代墓葬发掘报告》，北京：文物出版社，1974年。

2 山东省博物馆、山东省文物考古研究所：《邹县野店》，北京：文物出版社，1985年。

3 安徽省文物考古研究所：《凌家滩——田野考古发掘报告之一》，北京：文物出版社，2006年。

4 中国科学院考古研究所：《庙底沟与三里桥》，北京：科学出版社，1959年。

5 山东省博物馆、山东省文物考古研究所：《邹县野店》，北京：文物出版社，1985年。

6 安徽省文物考古研究所：《凌家滩——田野考古发掘报告之一》，北京：文物出版社，2006年。

7 中国科学院考古研究所：《京山屈家岭》，北京：科学出版社，1965年。

8 吉林大学考古教研室：《农安左家山新石器时代遗址》，《考古学报》1989年第2期，第187—212页。

9 郭大顺、张克举：《辽宁省喀左县东山嘴红山文化建筑群址发掘简报》，《文物》1984年第11期，第1—11页。

10 方殿春、刘葆华：《辽宁阜新县胡头沟红山文化玉器墓的发现》，《文物》1984年第6期，第1—5页。

11 辽宁省博物馆、旅顺博物馆：《大连市郭家村新石器时代遗址》，《考古学报》1984年第3期，第287—329页。

12 黑龙江省博物馆：《黑龙江饶河小南山遗址试掘简报》，《考古》1972年第2期，第32—34页。

应是佩带在耳部的装饰品无疑。

**玦**

新石器时代晚期的玦形耳饰主要见于长江流域，多为玉质。凌家滩遗址出土34件玉石玦。玉质有玉髓和透闪石。其中1件在使用过程中发生过断裂，古人在断口处两边各对钻1个孔，孔与孔之间有暗槽相通，可用绳缀合后继续使用[1]。在北阴阳营出土了46件玉石玦，是迄今为止最丰富的玦饰出土遗址，这里的玦饰往往成组出土，如M40出土10件，M74出土27件[2]。崧泽文化的南河滨墓、崧泽遗址、龙虬庄墓地、好川墓地和江阴南楼遗址也都出土过玉玦。

## 项饰

颈部是人体装饰最醒目的部位，新石器时代晚期见有出土于人骨架颈、胸部的饰品，制作精美，从分布位置与摆放形式分析应是成串的项饰。

**串饰**

黄河中游地区项饰串珠饰品有一定的发现。庙底沟遗址出土穿孔牙饰、穿孔牙状石饰、石珠，大河村遗址出土过骨管串饰。下王岗M426出土一串由382件骨珠组成的串饰，佩带在年轻女性的颈部[3]。黄河下游地区的大汶口文化的串饰并不普遍，除在大汶口墓地和朱封的龙山文化墓地发现一些佩带在颈部和手腕部的串饰之外，其他墓地如王因、野店、任平尚庄等墓地也出土了大量的装饰品，但是却少见玉石质和骨质的串饰，仅有少量蚌质串饰佩带在头部或颈部，

在长江流域的崧泽文化南河浜墓地出土有22颗陶质珠组成的串饰，位于人骨颈胸部[4]。凌家滩出土有玉项链（图3-21）。

图 3-21　凌家滩遗址玉项链

北方地区一般遗址都有串饰出土，赵宝沟文化、兴隆洼文化、红山文化、庙子沟文化、小珠山文化、雪山文化及仰韶文化等遗址中都发现了较多带孔的玉石质管珠和畔饰、螺壳饰、蚌珠、海贝等水产原材料的串形饰品。庙子沟遗址一件由26件组成的螺壳项链直接佩带在一女性的颈部[5]。吴家村遗址出土一组由15件贝饰组穿在一起的串饰[6]。

## 佩饰

佩饰一般指可能用绳子穿过其孔作为向上挂佩的装饰品，其中包括各种牌饰、一些带有原始宗教内涵或观赏性的象生型工艺雕刻牌饰、璜等。

1 安徽省文物考古研究所：《凌家滩——田野考古发掘报告之一》，北京：文物出版社，2006年。

2 南京博物院：《南京市北阴阳营第一、二次的发掘》，《考古学报》1958年第1期，第7—25页；南京博物院：《北阴阳营——新石器时代及商周时期遗址发掘报告》，北京：文物出版社，1993年。

3 河南省文物研究所、长江流域规划办公室考古队河南分队：《淅川下王岗》，北京：文物出版社，1989年。

4 浙江省文物考古研究所：《南河浜——崧泽文化遗址发掘报告》，北京：文物出版社，2005年。

5 内蒙古文物考古研究所：《庙子沟与大坝沟——新石器时代遗址发掘报告》，北京：中国大百科全书出版社，2003年。

6 辽宁省博物馆、旅顺博物馆、长海县文化馆：《长海县广鹿岛大长山岛贝丘遗址》，《考古学报》1981年第1期，第63—111页。

### 人面或动物形牌饰

在案板遗址发现多件陶人面雕像，其中一件带孔，有可能是用于佩带的[1]。在三里河遗址发现4件鸟形佩饰[2]，在焦家遗址还出土了1件龙头形佩饰[3]。

凌家滩遗址出土神面佩饰、鹰形佩饰、卷龙佩饰等各种佩饰。玉鹰呈展翅飞翔状。鹰首侧视，眼睛以对钻孔眼表现。胸腹部饰以八角星为主体的纹饰。双翼展翅呈猪首形。器物上有6个穿孔，器形以圆雕和阴线刻表现，显示对称、和谐、神秘的审美意识，在五千年前极为可贵。整体上突出表现鹰首和两翼的造型，重点突出了腹部八角星纹。八角星纹饰，星内画一圆，象征太阳，代表太阳光芒四射。玉龙扁圆形，首尾相连。吻部突出，头上雕出两角，脑门上阴刻的线条呈现皱纹，龙须、嘴、鼻、眼都雕刻得清清楚楚。脊背上阴刻的弧线表现龙为圆体，龙体上阴刻17道线条代表鳞片[4]。

北方地区的红山文化流行动物形牌饰，均为玉质。翁牛特旗三星他拉遗址出土有C形玉龙佩饰[5]，牛河梁积石冢墓葬中更是出土鸟形佩、鸮形佩、凤形佩、兽面丫形佩、猪龙形佩、兽面形佩等多种型式佩饰[6]。同属该地区的左家山遗址也曾发现过石质龙佩[7]。新开流遗址的骨佩为雕刻精细的鸟兽形[8]。

### 几何形牌饰

黄河中上游见有几何形佩饰，比如陶质的梯形、长条形和半月形佩饰等，在大地湾遗址还曾发现2件陶坠饰制作非常规整，应该也是用于佩带的，该遗址还发现上百件带孔蚌饰[9]。庙底沟遗址也有蚌饰出土。

野店和大汶口遗址发现的牌形佩饰，为2孔、3孔或甚至4孔的长方形牌饰，即有的报告所称的双连璧或三联璧等[10]。骨牙质佩饰在王因遗址发现较多，这里的骨佩多是棒形和长条形的，多用动物骨片制成，有的带孔，有的仅有系结绳子的凹槽。这里还有2件骨饰表面雕刻网状或斜纹花纹的牌饰[11]。

凌家滩出土的带纹饰三角饰也应当用于配挂。

北方地区，尤其东北地区流行几何形牌饰，如红山文化。该文化除动物形牌饰外，也出土了一定数量的璧、双联璧、勾云形佩等几何形牌饰。

### 璜

黄河流域璜发现较少。在黄河中游的半坡遗址晚期和大河村发现过玉石璜。大汶口文化璜发现要甚少，目前仅在焦家、姚官庄、建新和大汶口发现9件弧形璜。另外还在王因和尹家城各发现一件骨质璜饰和2件蚌质璜。

相对而言长江流域此类器形发现较多。凌家滩遗址出土了大量玉石璜，玉璜数量大，种类繁多，玉质多样，有透闪石、阳起石、石英、玛瑙、玉髓等。璜的个体较大，制作精致。有半璧形、桥形、弧

---

1 西北大学文博学院考古专业：《扶风案板遗址发掘报告》，北京：科学出版社，2000年。

2 中国社会科学院考古研究所：《胶县三里河》，北京：文物出版社，1988年。

3 章丘市博物馆：《山东章丘市焦家遗址调查》，《考古》1998年第6期，第20—38页。

4 安徽省文物考古研究所：《凌家滩——田野考古发掘报告之一》，北京：文物出版社，2006年。

5 翁牛特旗文化馆：《内蒙古翁牛特旗三星他拉村发现玉龙》，《文物》1984年第6期，第6—7页。

6 辽宁省文物考古研究所：《牛河梁红山文化遗址发掘报告（1983—2003年度）》，北京：文物出版社，2012年。

7 吉林大学考古教研室：《农安左家山新石器时代遗址》，《考古学报》1989年第2期，第187—212页。

8 黑龙江省文物考古工作队：《密山县新开流遗址》，《考古学报》1979年第4期，第491—518页。

9 甘肃省文物考古研究所：《秦安大地湾——新石器时代遗址发掘报告》，北京：文物出版社，2006年。

10 山东省博物馆、山东省文物考古研究所：《邹县野店》，北京：文物出版社，1985年；山东省文物管理处、济南市博物馆：《大汶口——新石器时代墓葬发掘报告》，北京：文物出版社，1974年。

11 中国社会科学院考古研究所：《山东王因——新石器时代遗址发掘报告》，北京：科学出版社，2000年。

形等。有的制成两截，缀合而成，缀合部有孔和暗槽相连。有的璜两端各琢磨龙、凤、虎等圆雕形态，有的在外弧边上琢磨多种齿牙，有的璜顶部刻成牙状或伞状等，有的在璜的两端的端顶对钻2个弯孔，一个弯到璜的圆弧内侧，一个弯到璜的面上，在正面不见孔眼，显示了凌家滩人对审美的追求[1]。璜大多数为素面。玉璜一般都随葬在大墓里，五、六个璜上下排列置于胸前。薛家岗遗址发现过火焰状璜。北阴阳营文化也出土了玉石璜100件，主要为条形折角璜，少量为两段相连而成的璜[2]。崧泽文化也多有出土璜的报道，比如草鞋山遗址出土5件、福泉山1件、徐家湾10件、龙虬庄2件、南河滨10件等等，这些璜大多出土于人骨的胸部或颈间。在屈家岭时期也有玉石璜发现。

属于北方地区的大南沟墓地出土过石璜、蚌璜。

## 臂饰与手饰

臂饰与手饰指套在腕间或臂上及手指的饰物，主要包括各种大小的环或镯一类饰物，也有串饰。

### 环

陶质环饰是黄河中上游地区新石器时代晚期腕臂环饰的主流。陶质环饰在庙底沟类型与西王村类型时期大量流行，无论是从数量上还是从种类上都显示了陶质环饰的兴盛和繁荣。庙底沟遗址发现大量陶环，灰陶占大多数，红陶较少，陶质细腻，有圆形、五角形、六角形、七角形、齿轮形等，剖面多呈圆形或椭圆形，少数为三角形、半圆形或长方形。圆形者有环状和筒状之分。除素面磨光者外，尚有施加划纹、斜方格纹、辫形纹及乳丁纹等纹饰者，个别绘红黑两种颜色彩绘[3]。大河村、西阴等遗址也有极少量的陶环表面饰彩绘。大汶口文化也盛行陶环，在大汶口、王因、野店、枣庄建新等墓地不仅出土陶环，还出土有玉石环。陶环的颜色以灰色或灰黑色为主，其断面形态呈现多种多样的形式，以长方形或方形为多，三角形、圆或半圆形相对较少。随葬于墓葬内的陶环以多件组合式出土，比如在大汶口和野店、王因墓地都出土了多件陶环共出于同一墓葬或佩带在死者的两手腕部的情况。

长江下游地区以玉石环为特色。北阴阳营墓地发现的玉石环均为扁平形圆环。凌家滩出土了大量的玉石圆环形环，几乎看不到圆筒形环。玉环是凌家滩玉器中数量最多的玉器（图3-22），以透闪石、阳起石、叶蛇纹石为主，截面有圆形、二角形、扁方形和扁形。玉环以素面为主，环上钻三孔，呈等腰三角形布局的较多。有的玉环琢磨得较薄，表面抛光度极高，温润照人。有的玉环可分两半，断面切割平滑，断口两边各对钻一圆孔，两孔处有暗槽相连，用绳拴着成整环。器身较高的玉环或镯出土较多，断面呈三角形，可分为几种类型，一种是将圆筒横截而成的镯，一种是分成两半缀合而成的镯，一种较宽者为箍形器，还有一种筒形器。镯、箍形器和筒形器都光素无纹。两半合缀的镯，在两半的接合处各对钻两孔，孔与孔之间用凹

图 3-22　凌家滩遗址的两组石环

1 安徽省文物考古研究所：《凌家滩——田野考古发掘报告之一》，北京：文物出版社，2006年。

2 南京博物院：《南京市北阴阳营第一、二次的发掘》，《考古学报》1958年第1期，第7—25页；南京博物院：《北阴阳营——新石器时代及商周时期遗址发掘报告》，北京：文物出版社，1993年。

3 中国科学院考古研究所：《庙底沟与三里桥》，北京：科学出版社，1959年。

槽相通，可用绳穿孔按入凹槽拴紧而成完整的镯。M18随葬玉环两堆，每堆有8个叠压在一起，在玉人臂上雕刻玉环也有的是8个，显示了当时人们在手臂上佩带环的情形[1]。

长江中游的屈家岭文化的屈家岭、青龙泉、走马岭、划城岗等遗址均出土了一定数量的陶环和玉石环。大多数遗址所出陶环都以圆环形素面环为主流。此时陶质环饰盛行。

北方地区的大南沟墓地出土的环也有这种若干个成组佩带形式。大南沟M43出土1组骨环饰共40枚，出土时相互叠摞，位于右臂处[2]。东北地区也是玉石环出土较多的地区，如牛河梁、东山嘴祭祀遗址、黑龙江饶河小南山墓地、大南沟后墓地等都有出土。牛河梁遗址出土玉环形制均呈圆形、磨光素面、横断面呈三角形。环径在7.3~8.5厘米之间，发现时大多佩带在墓主人的左右手腕部[3]。庙底沟遗址出土一件蚌指环，圆形，出土时套在一具人骨的左手无名指上[4]。

北方地区除红山系玉器分布区外，在大连郭家村、大城山等遗址仍然以陶质环饰为主流，或表现为陶环与石环共同流行趋势。

**串饰**

新石器时代晚期也存在将串饰装饰于手臂或手腕部的现象。邹县野店墓地M48发现过9件一组的角坠式串饰，穿戴在人骨的左臂上[5]。诸城呈子墓地M45发现两组40件圆蚌穿串在一起佩带在人骨的手臂部[6]。

## （二）装饰品的地域特色

上述各类装饰品在这一时期的各个区域都有发现，不同的区域出土的各类装饰品的数量与材质有所不同，体现出不同区域的先民在审美乃至装饰传统上的地域性差别，这种差别同时也是由所处区域自然环境与资源的制约造成的。

黄河中上游地区装饰品多以陶或骨为原料制作，佩带陶质环饰、骨质发饰甚至还有陶质串珠和骨质串珠，而且即便这些单一的饰品，也不甚丰富，在一些遗址中甚至连一件饰品也见不到。玉石类装饰品数量少。

黄河下游地区装饰品除陶、骨和蚌质外，玉石类较为发达，象牙质等材质的装饰品也多有发现，且流行施加雕刻工艺，比如在骨牙梳子和骨笄的柄部或背部雕刻有复杂而精美的图案，充分发挥了实用器具笄梳类的装饰功能。蚌贝螺类装饰品在这一区域少见。大汶口文化时期装饰品比较流行，但是串饰并不发达，特别是同时期黄河上游地区常见的骨质串饰在这里很少见到，相反石质和蚌质串饰相对而言较多。从佩带部位来看头部串形发饰比颈部项链和手腕部的装饰更多见。石质串珠中许多并不是圆珠串，而是石片或管形串珠。与其大量的装饰品相比串饰所占的比例很小，因此可以推测大汶口文化时期山东地区的人们与佩带串饰相比更喜欢佩带在手腕臂部和头部的装饰品。

长江中游地区装饰品不发达，尤其串饰较少，流行环、璜类。以屈家岭文化为例，该文化遗存中发现的装饰品较少，有玉、石和骨、牙器。屈家岭文化的玉石类饰品，主要见于城头山遗址、屈家岭、青龙泉、中堡岛和高坎垅等遗址。骨质和牙质装饰品可能较多，但有保存的主要出于青龙泉、黄楝树和下王岗等遗址。城头山M591出土的玉环，颜色为鸡骨白，直径6.7厘米，上下平，内外边较圆，玉环出于左手位置。T3125④出玉坠，以绿松石制成的，上端有孔，一侧保留明显的切割痕迹，长2.2厘

1 安徽省文物考古研究所：《凌家滩——田野考古发掘报告之一》，北京：文物出版社，2006年。

2 辽宁省文物考古研究所、赤峰市博物馆：《大南沟——后红山文化墓地发掘报告》，北京：科学出版社，1998年。

3 辽宁省文物考古研究所：《牛河梁红山文化遗址发掘报告（1983—2003年度）》，北京：文物出版社，2012年。

4 中国科学院考古研究所：《庙底沟与三里桥》，北京：科学出版社，1959年。

5 山东省博物馆、山东省文物考古研究所：《邹县野店》，北京：文物出版社，1985年。

6 昌潍地区文物管理组、诸城县博物馆：《山东诸城呈子遗址发掘报告》，《考古学报》1980年第3期，第329—386页。

米[1]。中堡岛屈家岭文化祭祀坑和地层中出土的玉饰品略多。其中13号和20号祭祀坑各出土一件玉璜，均为白色，弧形，截面呈椭圆形，两端对钻小孔，经抛光。13号坑出土的玉璜残长7.4厘米，宽1.2厘米，厚0.3—0.5厘米。20号坑出土的玉璜长9.8厘米，宽1.2—1.3厘米，厚0.2—1厘米。15号坑出土一件青灰色残玉镯，截面为椭圆形，残处有修补钻孔，以90度角对钻而成，外径6.5厘米、内径5厘米，宽2.3—2.6厘米，厚0.9—1厘米[2]。青龙泉屈家岭文化遗存中，发现一件玉质装饰品、19件石质装饰品，其中有璜、环、珠等。璜均残，形式有弧形、半璧形等。珠为圆管形。骨类装饰品包括笄、环、管及象牙梳[3]。黄楝树出土三十余件石质装饰品，品种主要有环、璜、镯、珠等[4]。

长江下游玉石质装饰品发达。北阴阳营玉器主要表现为装饰性挂件，有玉璜、玉玦、玉管、玉珠等。薛家岗也主要表现为装饰性玉器，其器形和工艺技术都有相似之处，装饰品种类中几乎不见发饰类。在这两个文化区之间的凌家滩遗址则有玉笄、串形额饰、冠饰等出土，且玉器具有玉礼器特性，玉器种类繁多，质地多种多样，制作工艺先进。器物造型突出表现了人和动物的神韵，特别是在器形所表现的“神”气上，体现出凌家滩玉器独特风格。

北方地区大多考古学文化出土的装饰品是以石质、蚌质、骨质和少量陶质为主，其中蚌质装饰品较有特色，这里的蚌饰不像其他地区那样大多是利用蚌壳、螺壳等自然形状加以钻孔，或对其边缘略加修整的装饰品，而是利用大型蚌壳、螺壳等经过切割，制作出自己想要的方形、长方形、圆形等各种形制，许多造型与形态与玉石质装饰品相似，因此可以说他们充分了解蚌质原材料的特性，并在技术上加以利用，制作出许多精美的蚌质装饰品。在大南沟遗址、郭家村遗址、庙子沟遗址和白音长汗遗址等地都出土了制作精良的蚌质饰品。而在一些比较特殊的文化和特殊的遗址，则盛行玉石装饰品。比如红山文化流行玉器，出土的玉器装饰品中，环类和各种配挂类器型较多见，各种发饰、耳饰则少见，串饰也相对较少。

一些当时的人物塑像为我们更形象地展示了那个时代古人佩戴装饰品的样子。秦安寺嘴出土一件人头形器口红陶瓶，为泥质红陶，器表施一层橙黄色陶衣，表面略加打磨，高26厘米，底径8.8厘米，口径6.5厘米。器口为陶塑人头，雕塑手法比较简朴，造型单纯。额头上部有堆起的横置泥条，条上作出断痕，表现一种发饰。耳垂穿孔，表示垂系饰物。发迹有珠、管类的串饰[5]。

## 第八节　新石器时代晚期的艺术

### 一、音乐

新石器时代晚期乐器从种类上说，与新石器时代中期相似，仅号角一种为中期所未见，主要为吹奏乐器，均为陶质。

#### 陶号

在山东省莒县陵阳河遗址大汶口文化晚期墓中出土2件，陶土塑成，经焙烧。形似牛角，中空，两端有孔，吹孔在尖端，吹之声音很响，且有韵律。其中的79M19:25，圆唇，窄平沿，喇叭口，外表饰瓦

1 湖南省文物考古研究所：《澧县城头山——新石器时代遗址发掘报告》，北京：文物出版社，2007年。

2 湖北省宜昌地区博物馆、四川大学历史系：《宜昌中堡岛新石器时代遗址》，《考古学报》1987年第1期，第45—97页；国家文物局三峡考古队：《朝天嘴与中堡岛》，北京：文物出版社，2001年。

3 中国社会科学院考古研究所：《青龙泉与大寺》，北京：科学出版社，1991年。

4 长江流域规划办公室考古队河南分队：《河南淅川黄楝树遗址发掘报告》，《华夏考古》1990年第3期，第1—69页。

5 张朋川：《甘肃出土的几件仰韶文化人像陶塑》，《文物》1979年第11期，第52—56页。

纹，中部间饰篮纹。口径5厘米，通长39厘米[1]。

华县井家堡遗址发现的一件仿牛角的陶号，全器呈弯角状，长42厘米[2]。

**陶埙**

江苏邳县大墩子大汶口文化遗址出土2件，其中的T102:19，呈兽形，中空，一端作兽头，一端作兽尾，两端各穿一孔，长12.6厘米[3]。在山西万泉荆村新石器时代遗址中也曾出土3件，造型各异：一件呈管形，仅顶端有一吹孔；另一件呈椭圆形，顶端有一吹孔，埙体一侧有一个音孔；第三件呈球形，顶端有一吹孔，埙体一侧有两个并列的音孔[4]。

**陶哨**

甘肃泾川县刘家沟出土1件既可摇响又可吹响的红陶兽形哨铃，塑半胸式像，兽头上部已残，尚存鼓出的双眼的下半部，宽嘴大张，露牙吐舌，造型生动有趣，似坐狮像。平底处及背后各有一孔，腹空，内装石子，摇之作响，吹按小孔，则可发声[5]。



**四孔器**

在河南临汝大张遗址出土1件（T3:23）四孔器，陶土塑成，外形呈船形，中空，四面有孔，长14.1厘米，宽2厘米，高8.1厘米。疑是吹奏乐器的一种[6]。

新石器时代晚期也存在大量的陶响器，以长江中游的屈家岭文化最为多见。

湖北京山屈家岭出土陶响器数十件。有大中小之别，大者直径4厘米以上，中者直径为3—4厘米，小的直径在3厘米以下，皆有镂孔[7]。

京山朱家嘴遗址出土20件陶响器，呈球状，分大小两种。小的直径为3.5厘米，大的直径达8.5厘米。中空，有黑、灰两色，周身有对称的6个镂孔，孔径0.3—0.4厘米，有的球内装有15枚或更多的陶弹丸，摇动时有声响[8]。

湖南澧县三元宫遗址出土7件陶响器，泥质红陶，中空，内有数枚弹丸，摇之有声，外表尚有纹饰[9]。

湖北蕲春易家山遗址出土19件陶响器，球内挖空，内装砂粒或弹丸[10]。

安徽潜山薛家岗遗址出土72件陶响器，直径4.6—8.8厘米，中空，贮弹丸。器表镂孔多少不一，少的仅1孔，多的达36孔[11]。

---

1 山东省文物考古研究所、山东省博物馆、莒县文管所：《山东莒县陵阳河大汶口文化墓葬发掘简报》，《史前研究》1987年第3期，第62—82页。

2 戴彤心：《记华县井家堡仰韶文化角状陶号》，《考古与文物》1988年第4期，第31—33页。

3 南京博物院：《江苏邳县四户镇大墩子遗址探掘报告》，《考古学报》1964年第2期，第9—56、205—222页；南京博物院：《江苏邳县大墩子遗址第二次发掘》，《考古学集刊》1，北京：中国社会科学出版社，1981年，第27—81页。

4 李纯一：《原始时代和商代的陶埙》，《考古学报》1964年第1期，第51—54、150页；吕骥：《从原始氏族社会到殷代的几种陶埙探索我国五声音阶的形成年代》，《文物》1978年第10期，第54—62页。

5 张朋川：《甘青地区新石器时代陶塑》，《中国文物世界》（香港）总58期，1990年。

6 河南省文化局文物工作队：《河南临汝大张新石器时代遗址发掘简报》，《考古》1960年第6期，第1—4页。

7 中国科学院考古研究所：《京山屈家岭》，北京：科学出版社，1965年。

8 湖北省文物管理委员会：《湖北京山朱家咀新石器遗址第一次发掘》，《考古》1964年第5期，第215—219页。

9 湖南省博物馆：《澧县梦溪三元宫遗址》，《考古学报》1979年第4期，第461—490页。

10 湖北省文物管理委员会：《湖北圻春易家山新石器时代遗址调查简报》，《考古通讯》1956年第3期，第21—112页。

11 安徽省文物工作队：《潜山薛家岗新石器时代遗址》，《考古学报》1982年第3期，第283—324、387—398页；安徽省文物考古研究所：《潜山薛家岗》，北京：文物出版社，2004年。

在安徽汪家庙遗址陶响器与陶埙共出，有可能佐证此类器物是为奏乐或舞蹈中的节拍器[1]。

江苏圩墩遗址出土4件陶响器，中空，内有若干沙粒，摇之有声[2]。

河南唐河茅草寺遗址出土1件陶响器。球状，中空，贮有陶弹丸，摇之有声，外表可见有手摇痕[3]。

山东大汶口文化所发现被称为漏器者也可能是陶鼓。

## 二、雕刻

新石器时代晚期雕刻艺术已经发展到非常高的水平。从雕刻品的材质看，几乎包括了当时人类能够获得的所有质地，有石雕、玉雕、骨雕、牙雕、陶雕、蚌雕、煤精雕等等。从雕刻手法看，圆雕、浮雕、透雕和线雕均有使用。总体来看，雕刻艺术发展不平衡，存在地域性差异。

黑龙江密山县新开流遗址的鱼形角雕，是将鹿角纵向劈开，取其一半，两面磨光，前端斜收似鱼头形，后段上翘，由两侧削窄，末端稍宽，中游缺口，似鱼尾鳍。整个角雕像一条在水中浮游的鱼[4]。

骨雕、牙雕以黄河下游的大汶口文化最为发达，其工艺水平在中国史前同时期各地区中处于领先地位。在泰安大汶口遗址、邳县大墩子遗址、刘林遗址、莒县陵阳河遗址等处发现象牙梳、骨梳、象牙雕筒、骨雕筒、獐牙勾形器、雕花骨匕等，一般采用象牙和骨料，先经过截、锯、割等加工出毛坯，然后进行雕、刻、镂等工艺的处理，雕刻出象牙梳、骨雕筒和牙雕筒等工艺水平极高的作品。大汶口墓地M26出土一件象牙梳，长16.7厘米，宽7.5厘米，厚0.15厘米，梳身镂满纹饰，前端磨、锯出17个疏密均匀细长的梳齿。骨雕筒的工艺更加复杂，在大汶口墓地M4出土一件骨雕筒，它的外侧用剔地的方法雕出细密的凸弦纹带，之间镶嵌绿松石圆饼。而象牙筒则采用剔地、透雕的方法雕出规整连续的花瓣纹[5]。刘林遗址还发现牙雕猪头，形象逼真。江苏邳县刘林遗址出土的猪牙雕残品，艺术家巧妙地在猪牙的一端，运用圆雕的技法雕刻出猪头，嘴、鼻、眼、耳俱全的猪头形象，线条洗炼，形象逼真[6]。

新石器时代晚期玉雕工艺最发达的地区是辽西地区和长江下游地区。玉雕形象包括人物、动物和各种礼器。

长江下游凌家滩遗址玉器玉质温润，洁白透明，造型独特。出土的玉器质地有透闪石、阳起石、叶蛇纹石、利蛇纹石、水晶、玛瑙、玉髓、石英、绿松石等。凌家滩玉器在制作工艺上采用了阴刻、浮雕、圆雕、透雕、减地法、钻、管钻、抛光等技术。动物形玉器除玉龙、玉鹰、玉龟外，还有玉凤、玉鸟、玉蝉、玉兔、玉猪、玉虎等。各种动物形象，制作逼真又不乏艺术夸张。几何形玉器有玉璜、玉璧、玉环、玛瑙斧、玉玦、玉镯、玉钺、宝塔形玉饰、玉管、玉珠、玉扣形饰、玉喇叭形饰、月牙形饰、玉菌形饰、玉冠形饰、玉刻图长方形片，玉齿环、丫形器、双连环、玉坠饰等。玉龙扁圆形，首尾相连，吻部突出，头上雕出两角，脑门上阴刻的线条呈现皱纹，龙须、嘴、鼻、眼都雕刻得清清楚楚。脊背上阴刻的弧线表现龙为圆体，龙体上阴刻17道线条代表鳞片。玉鹰呈展翅飞翔状。鹰首侧视，眼睛以对钻孔眼表现。胸腹部饰以八角星为主体的纹饰。双翼展翅呈猪首形。器物上有6个穿孔，器形以圆雕和阴线刻表现，显示对称、和谐、神秘的审美意识，在五千年前极为可贵。整体上突出表现鹰首和两翼的造型，重点突出了腹部八角星纹。凌家滩遗址共出6件玉人，从其形态可看出男女有别。玉

1 方建军：《大溪文化、屈家岭文化及薛家岗三期文化空心陶球初识》，《考古与文物》1991年第2期，第57—60页。

2 吴苏：《圩墩新石器时代遗址发掘简报》，《考古》1978年第4期，第223—241页。

3 河南省文化局文物工作队：《河南唐河茅草寺新石器时代遗址》，《考古》1965年第1期，第1—3页。

4 黑龙江文物考古工作队：《密山县新开流遗址》，《考古学报》1979年第4期，第491—518页。

5 山东省文物管理处、济南市博物馆：《大汶口——新石器时代墓葬发掘报告》，北京：文物出版社，1974年；山东省文物考古研究所：《大汶口续集——大汶口遗址第二、三次发掘报告》，北京：科学出版社，1997年。

6 江苏省文物工作队：《江苏邳县刘林新石器时代遗址第一次发掘》，《考古学报》1962年第1期，第81—102页；南京博物院：《江苏邳县刘林新石器时代遗址第二次发掘》，《考古学报》1965年第2期，第9—47页。

人长方脸，头戴圆冠，冠饰方格纹，冠上中间有长三角形尖顶，顶上饰三小圆孔；浓眉大眼，双眼皮，蒜头鼻，两大耳，耳下部各钻一耳孔；大嘴，上唇饰有八字胡；两臂弯曲，五指张开放在胸前；臂上佩有玉环；腰间饰斜条纹的腰带；臀部宽大，腿显短。玉人的脸形和五官表现出蒙古人种的特征，头上圆冠表明当时人们已有帽子。有的玉人腿部只表现膝盖以下部分，显示坐姿，有的显示站姿。有3件玉人臂上佩环，编号15的玉人臂上6个环，编号16的玉人是7个环，编号14的玉人是8个环。从面部表情看，15号玉人显年轻，帽顶上的矮三角形尖上没有圆尖饰；16号玉人唇上明显雕有八字胡。14号玉人腰带有5条斜纹，16号玉人腰带有6条斜纹，15号玉人有3条斜纹[1]。

长江下游的北阴阳营文化和薛家岗文化玉器都主要表现为装饰性挂件，有玉璜、玉玦、玉管、玉珠等，其器形和工艺技术也都有相似之处。

辽西地区红山文化的玉器质地精良，玉色清润，多呈乳白、白色透明、淡绿或墨绿，质地为透闪石。器物造型既有规矩的几何形造型，又有生动、多变的象生型造型，形制趋于复杂化。玉器装饰痕迹较少，但多采用大块面塑形手法，造型概括、简练、质朴，着重大块面抛光，仅在眼、口部做精细雕琢，琢制工艺擅长以磨碾手法制作类似泥塑刮削效果的沟槽，压地隐起的阳纹和斜面棱线，有的棱线触之有感，视之不见，说明琢磨很精细。一些玉器上出现了凸棱纹、阴线纹、瓦沟纹等简单的纹饰，还运用了圆雕、镂空等复杂的加工技法。最常见的象生型玉器为各种动物形玉器，有个别的人物形玉。动物类的有玉鸮、玉龟、玉鱼、玉蚕、玉蝉和玉猪龙。玉猪龙的形态颇为独特，头部似猪，身体却作蛇形，蜷曲若玦状，长度一般在5—10厘米。翁牛特旗三星他拉的“C”字形玉猪龙，上下两端的距离长达26厘米，墨绿色玉雕制而成，龙体卷曲呈“C”字形，吻部前伸，微上翘，闭嘴，双睛外凸，眼睛上挑，额及颚底用阴线刻饰方格纹，背脊雕成钩形利刃，龙尾内卷，龙背有一对穿圆孔，供系绳悬挂之用。当将玉龙悬挂起来时，龙首与龙尾恰好处于同一直线上，足见远古匠师的巧妙构思以及精湛的雕刻技艺和已掌握平衡原理的能力[2]。辽宁阜新胡头沟遗址出土的两件玉龟，一件头、颈前伸，龟背近圆形，前足亦前伸，后足只雕出腿部，三角形短尾伸直，呈爬行状。腹部正中有竖脊，脊近头处横穿一孔，长4.8厘米。另一件露头缩颈，雕出眼、口细部，龟背微鼓，近六角形，屈肢，爪外伸。呈匍匐状。虽未精雕细刻，造型却惟妙惟肖[3]。几何形玉器主要是璧环类。璧环类包括璧、环、瑗、玦、镯等玉器，此类玉器数量最多。璧、环中较大者直径约11—12厘米，小的一般直径在5—6厘米。有的玉璧还被作成双联和三联的形式。除上述两类外，还有玉璜、玉珠、玉管和玉钺形器、勾云形器、勾形器、匕形器、箍形器、棒形器等玉器。红山文化兽面纹玉佩和勾云形玉佩最能体现该文化玉器的抽象性与神秘性。其中兽面形玉佩呈片状，圆角长方形，中间厚，四周薄似刀刃，中部偏上有三个圆形小孔，呈三角形排列，左右两侧各伸出羽状形小凸，下侧中部排列5个整齐如兽牙的凹形凸出物。勾云形玉佩，一般器体为扁平的长方形，中心镂空一弯勾，为旋涡形，四角对称地向外呈卷勾状；在正面或两面琢磨出与器体轮廓走向一致的浅凹槽。采用拟物与抽象相结合的手法，以平面减地打磨的工艺，表现出了极具张性的美。这些精美的器物共同构成一套极富特色而能体现某种礼规的玉器群。

用线刻手法在陶器器表上刻画动植物形象、人物像或寓意画的艺术在大汶口文化陶器上应用较多，其器表装饰的刻划纹，除各文化中普遍发现的几何形纹外，还见有植物纹、动物纹等。用利刃在罐肩部、豆柄或其他器腹部雕刻花朵纹、谷粒纹，其花纹带颇有浅浮雕之感。狗纹见于江苏邳县大墩子遗址陶屋模型上，用阴线刻划出的狗的外形，呈奔跑状，形象逼真、生动[4]。在陶豆、高柄杯等器物的柄部还采用刻镂技法做出三角、菱形、圆形等多种形状的组合图案，增添了陶器的美感。

---

1 安徽省文物考古研究所：《凌家滩——田野考古发掘报告之一》，北京：文物出版社，2006年。

2 翁牛特旗文化馆：《内蒙古翁牛特旗三星他拉村发现玉龙》，《文物》1984年第6期，第6—7页。

3 方殿春、刘葆华：《辽宁阜新县胡头沟红山文化玉器墓的发现》，《文物》1984年第6期，第1—5页。

4 南京博物院：《江苏邳县四户镇大墩子遗址探掘报告》，《考古学报》1964年第2期，第9—56、205—222页；南京博物院：《江苏邳县大墩子遗址第二次发掘》，《考古学集刊》1，北京：中国社会科学出版社，1981年，第27—81页。

## 三、陶塑

新石器时代晚期陶塑题材主要是各种仿生形象，包括陶塑人像、陶塑动物形象等等。

陶塑人像以红山文化女神像最为著名。红山文化女神像出土数量较多，按女神像的大小及制作精致程度，大致可分成三种类型。小型像见于东山嘴、西水泉和牛河梁诸遗址。其中东山嘴出土2件，均出土于遗址南部的石圈形台址附近。石圈形台址为正圆形，直径2.5米，距地表深20—40厘米，是在黄土堆积的上部铺砌而成，叠压在厚50厘米的黄土层上。石围圈以石片镶边，石片皆近长方形，长30厘米左右，为白灰岩石片，向外一边平齐，使整个圆台址的边缘显得十分整齐，只是在对应方形基址南侧的部位有明显下凹。石圈内铺了一层大小相近的小河卵石，而这种河卵石在整个遗址的堆积中都不曾见到，也不见于遗址附近，必定是人们特意从山下的河川中挑选、拣拾来的。人像即出土于石圈形台址东侧的黄土层中。两件塑像都是孕妇像，身体肥硕圆润，左臂曲于胸前，小腹圆鼓，臀部肥大凸起，有明显的阴部记号，下肢略弯曲，头、右臂及足均残，其中一件通体经过精心打磨光滑似有彩绘，残高5—5.8厘米[1]；牛河梁第五地点上层第二号冢出土的小型女性塑像，泥质红陶，头部及右侧下肢残缺，外表经打磨光滑，裸体，女性乳房特征明显，腹部微微隆起，双臂环抱于腹前足穿高腰靴[2]；西水泉遗址的一件塑像，出土于第一号灰坑，半身，头部残缺，胸部乳房突起，下部周边刻划竖条纹，残高3.8厘米[3]。中型像出土于东山嘴遗址，只辨清上、下身各一块。上身残块为手臂和胸腹部分，双手贴于胸腹；下身残块为双腿部分，盘膝正坐。根据残块的尺寸推测，其完好时约为真人大小的二分之一[4]。大型像均出土于牛河梁女神庙遗址，除前文介绍过的头像外，尚有人肩、臂、乳房和手的残块等，据拼装推测，其完好时多数高度与真人相仿，有的则相当于正常人体两倍到三倍。代表红山文化先民泥塑最高水平的当属牛河梁女神庙出土的女神头像。头像现存高22.5厘米，通耳宽23.5厘米，眼眶长6.2厘米，两眼间距3厘米，鼻长4.5厘米，鼻宽4厘米，耳长7.5厘米，耳宽3.5厘米，嘴长8.5厘米，唇高起2—2.5厘米。塑泥为黄土质，黏性较大，掺草禾一类和成，未经烧制。内胎泥质较粗，捏塑的各部位则用细泥，外表打磨光滑，颜面呈鲜红色，唇部涂朱。头的后半部分断缺，但较平齐，应为贴附于墙壁所致。在头后断裂面的中部可见一竖立的木柱痕，直径4厘米，由颈部直通道头顶部，上有包扎禾草的痕迹，此即塑像时所用“骨架”。头像为方圆形扁脸，额部宽而平，圆而隆起，额上塑一突起的圆箍状饰，似与束发或头饰有关。耳前鬓角明显，鬓角部位塑有细而长的竖带，也应与头饰或帽饰一类有关。眉弓不显，眼窝浅而平，双目则甚长，尖眼角，挺斜吊立，眼尾明显上挑，上下眼皮隐约可见。双眼中均嵌淡青色圆饼状滑石质玉片为睛，玉片直径2.5厘米，正面凸起，为睛面，经抛光，滑润而有光泽。玉片的背面平齐，面上显露出切磋加工留下的条痕，背面正中则琢出一细而短的短钉，嵌入眼眶内。鼻梁低而短，鼻的下部残断，但在头像出土位置附近的冲沟扰动层里清理出一件人的泥塑鼻头，其胎土、色泽、比例、所残部位以至断茬，都与头像鼻部残断处可结合，故断定属于此头像。此鼻头鼻翼和鼻尖均呈圆头状，鼻底平，略微上仰，双鼻孔浅圆。嘴较长，嘴角圆而上翘，上唇微张，唇沿薄，下唇惜已脱落。颧骨高起，脸颊随着上下唇的翘张而显露笑态。上颏尖圆，双下巴，耳较小而宽平，上耳轮翘起，耳腔、耳垂则甚小，耳廓形态被明显简化。整个脸面上部宽大而突出，下部从两侧、前端内收，略呈俯首状[5]。据研究，制作这种大型人体全身像的塑造，难度甚大，它们至少要经过以下几道工序。第一步是搭骨架。从头像后部断裂面的立柱痕迹看，是以竖立的木柱为主支架，木架上以谷草一类植物包扎。第二步是选料并加工。塑土选用质纯、致密、粘性大、带红色的黄土，

1 郭大顺、张克举：《辽宁省喀左县东山嘴红山文化建筑群址发掘简报》，《文物》1984年第11期，第1—11页。

2 辽宁省文物考古研究所：《牛河梁红山文化遗址发掘报告（1983—2003年度）》，北京：文物出版社，2012年。

3 中国社会科学院考古研究所内蒙古工作队：《赤峰西水泉红山文化遗址》，《考古学报》1982年第2期，第183—198页。

4 郭大顺、张克举：《辽宁省喀左县东山嘴红山文化建筑群址发掘简报》，《文物》1984年第11期，第1—11页。

5 辽宁省文物考古研究所：《牛河梁红山文化遗址发掘报告（1983—2003年度）》，北京：文物出版社，2012年。

根据塑造需要，或加草秸一类掺和料，加工出成分、细度、颜色不同的粗泥、中泥、细泥。第三步是塑造，打样和初形的塑造是把粗泥堆塑在搭好的骨架上。较大的部分，采用分层包塑的技法。小部位采用中泥进行捏塑，然后用细泥作为表皮上，进行细部加工和修正，最后将表面打磨压光。第四步，彩绘和装嵌。主要在人体正面，尤其是比较突出的部位，进行涂朱或彩绘装饰，眼内嵌睛。

红山人发明了衬骨陶塑法，即先用木柱和草秸捆成人形为骨架，再以堆塑法、泥条盘筑法、贴塑法并用塑造大型人体像。牛河梁女神庙出土一批塑像内壁还遗存草秸骨架痕就证明了这一点。人头像采用镶嵌玉片为睛的手法，在世界上也是无与伦比的。

此外，还有一些人物形象的眼、鼻、嘴等是采用线刻、剔刻或镂孔手法镂刻而成。

在陕西扶风案板遗址二期遗存的灰坑中也曾出土8件小型陶塑人像，保存较完整者4件，均戴帽，形体皆小，最大者通高3.6厘米，最小者通高只有2.7厘米，皆无性征和下肢。标本H1：27，通高5.9厘米，头戴圆形尖顶帽，鼻梁无鼻孔，圆眼、小嘴、大耳。鼻子和帽子系捏塑，耳为贴塑，眼、嘴和耳孔为戳剔而成。身体部分制作简略，仅在两侧贴上圆锥形的小泥突，烧成后象征上肢。标本H1：7，通高4.6厘米，头斜戴圆形平顶帽，酷似现代水兵或厨师所戴之帽，蒜头鼻，圆眼，大嘴，鼻为捏塑，眼嘴戳剔而成。帽子和上肢为贴塑。最引人注目的是2号灰坑中出土的1件有明显性征的裸体孕妇陶塑像，其头部和四肢已残缺，唯身躯保存完整，用写实手法塑造了一个裸体孕妇的形象，乳房丰满，腹部隆起，腰部曲线优美，体态丰腴，从腿部残缺的痕迹看，似为腿向前伸的坐像[1]。

这一时期还有一些装饰在陶器上的陶塑人物艺术作品，一般都是以陶器上的附件出现，多发现于黄河中上游地区。人形陶塑以人首和人面为主，常见将人首塑于瓶类器物的口部，做成人头形陶瓶。甘肃礼县高寺头遗址出土1件人首形器口，颈下残。该人头像脸近圆形，额与眼眉间的分界不明显，眼以两个扁椭圆孔表示，显得目光深邃；鼻呈三角形隆起，有两个小鼻孔；嘴刻扁椭圆形洞表示，小口微张，两耳下端各穿一个小圆形孔，额前至脑后有一圈链式附加堆纹以表示戴有串饰[2]。大通后子河遗址出土的1件陶瓮上有一浮雕裸女像，头侧垂收发辫，作挥臂迈步状[3]。师赵村遗址出土的陶人面饰，高6.7厘米，宽6.4厘米，质地为泥质橙黄陶，塑在陶容器的口颈部，双目雕镂呈环状圆孔，耳、鼻、嘴等均捏塑成形，高鼻梁，嘴唇闭合，是成年人的形象[4]。

在浙江嘉兴大坟崧泽文化遗址出土1件人首葫芦形瓶，其造型酷似模拟孕妇而塑造。在圆雕女头像下接似穿筒裙的孕妇体形的瓶体，全器呈双葫芦形，体近圆形，器口位于胸部，平底下附加瓣式矮圈足，造型奇妙，集具象与抽象、实用与艺术一身[5]。

动物形陶塑几乎在各地都有发现。且动物原型多种多样。既有单独的陶塑作品，也有贴塑，更有一些是直接塑成动物形的陶器。

红山文化牛河梁女神庙发现的熊和鸟雕塑，形体都较大。其中熊雕塑残件分属两个个体。一件为彩塑动物的下颚部分，下颚前部长而尖，犬齿宽而上弯，且涂以白彩，其形象似为熊。另一件为一前吻端部和兽的双足，吻部的形状圆而上卷，有双鼻孔，双足都突出表现兽爪，也为熊的特征[6]。

辽宁大连长海县广鹿岛吴家村遗址所出标本IG1②:52，长6.9厘米，高3.1厘米，尖嘴、圆眼、竖耳，高鬃，周身刺孔，圆臀，匍匐无足，为表现猪鬃的作品[7]。

江苏大墩子遗址大汶口文化墓葬中出土有陶塑狗。陶狗虽捏塑粗糙，但造型逼真[8]。

1 西北大学文博学院考古专业：《扶风案板遗址发掘报告》，北京：科学出版社，2000年。

2 张朋川：《甘肃出土的几件仰韶文化人像陶塑》，《文物》1979年第11期，第52—56页。

3 汤池：《黄河流域的原始彩陶艺术》，《美术研究》1982年第3期，第73—88页。

4 中国社会科学院考古研究所：《师赵村与西山坪》，北京：中国大百科全书出版社，1999年。

5 陆耀华：《浙江嘉兴大坟遗址的清理》，《文物》1991年第7期，第1—9页。

6 辽宁省文物考古研究所：《牛河梁红山文化遗址发掘报告（1983—2003年度）》，北京：文物出版社，2012年。

7 辽宁省博物馆、旅顺博物馆、长海县文化馆：《长海县广鹿岛大长山岛贝丘遗址》，《考古学报》1981年第1期，第63—111页。

8 南京博物院：《江苏邳县四户镇大墩子遗址探掘报告》，《考古学报》1964年第2期，第9—56页；南京博物院：《江苏邳县大墩子遗址第二次发掘》，《考古学集刊》1，北京：中国社会科学出版社，1981年，第27—81页。

屈家岭遗址出土有陶鸡、陶羊等，均为捏塑而成。其中陶鸡颇似母鸡，颈上伸，头微向左仰起，翅略作展开状，尾向后翘。陶羊仅剩头和颈、肩部分，残长7.6厘米，高5.4厘米，空心[1]。

大地湾遗址陶器上见有附塑的动物，如蛇、蜥蜴、鸟、狗、羊、鹰等形象[2]。

师赵村陶蜥蜴（T206③:15），捏塑在陶器内壁，该陶器质地为泥质橙黄陶，圆口深腹平底，口沿加厚，其外侧刻有一周“人”字形纹，器外表及底部刻满竹篾纹，底部刻出“十”字形和“井”字形相叠的编织纹，似一个完整的竹筐。造型小巧别致，口径仅6.4厘米，高4.5厘米，显然不是实用器，而是工艺精湛的陶塑艺术品[3]。

华县泉护村出土的黑光陶大鹗鼎[4]和大汶口出土的红陶兽形器[5]等，将动物造型与陶器的实用性完美地结合在一起，更是罕见的艺术珍品。

## 四、绘画

能够反映新石器时代晚期绘画艺术的实物有彩陶、彩绘陶、壁画和地画等，以彩陶的材料最为丰富，后二者极少。

这一时期彩陶上图案的绘制方法主要有线描型、平涂型和综合型等几种，尤其综合技法的使用以及对色彩的把握，使新石器时代晚期的绘画得到了更高的提升。

线描是一种以线条造型为主的白描式绘画手法。其线条疏密有致，能抓住对象的形态特征，显示出较高的绘画技巧。这类画法较多地运用于鸟、蛙等动物形纹饰的绘画上。

平涂手法是以单色平涂作类似剪影式的表现手法。其绘制的形象造型简括，动态活泼，能从特定的角度把握对象的形态特质。而综合技法结合了线描与平涂两种手法构图，使画面内容更加细腻，更富于装饰感。河南临汝出土陶缸上彩绘的鹳鱼石斧图，即采用了综合的技法。其先用白色在缸腹涂出一块竖长方形色块作底色，然后用棕色绘出鸟、石斧和鱼形。鸟、鱼、石斧的描绘极具绘画性。这幅绘画占去缸外壁约二分之一的面积。画面高37厘米，宽44厘米，是一幅真实生动、色彩和谐、古朴优美，富有意境的绘画。身躯健美的鹳、双腿直撑，好似用力后倾，产生了与鱼的重量和摆动相互平衡的姿态。鱼儿被叼出水面，无力摆脱困境，只好直挺挺地垂着。斧子竖立，且被牢牢地绑扎在木柄上，石斧上的孔眼、木柄上的符号等等，历历在目[6]。这些形象真实，造型准确，仿佛作者对现实的真实描绘。然而对鹳的羽毛，鱼的鳞甲，木石的斑纹，画家却都未予细描，只把对象关键性结构特征准确地描绘下来。它不是自然主义的描写，不是完全的写实，而是画家在现实的基础上，经过艺术加工，融合了作者的情感，赋予了新的文化内容的新形象。鹳昂首挺胸，双唇紧闭，六趾分开抓地，紧张猎获猎物时迸发的张力被画者表现得何等充分，画者对所画对象的观察细腻程度和艺术表现力得到了完美的体现。石斧的轮廓结构，完全是用苍劲古拙的笔法画出，充分表现了石斧、木棒的质感和量感。画鱼就采用了较为圆润流畅的线条。鹳的六趾，用线更好，棉里裹针，一笔一形。其他部分多是采取平涂法画出，坚硬的嘴壳，带肉的两腿，也还是用笔的效果；老鹳圆圆的大眼，用笔既准确又挺秀。斧头的弧度，鱼身的弧度，虽然都是靠简练的一根线条来表现的，但画出的感觉却不一样，恰到好处。画家用平涂法表现老鹳那白羽轻柔的感觉，而对于石斧则相反，全用浓粗的线勾出。而斧柄手

1 中国科学院考古研究所：《京山屈家岭》，北京：科学出版社，1965年。

2 甘肃文物考古研究所：《秦安大地湾新石器时代遗址发掘报告》，北京：文物出版社，2006年。

3 中国社会科学院考古研究所：《师赵村与西山坪》，北京：中国大百科全书出版社，1999年。

4 中国社会科学院考古研究所：《华县泉护村》，北京：科学出版社，2003年。

5 山东省文物管理处、济南市博物馆：《大汶口——新石器时代墓葬发掘报告》，北京：文物出版社，1974年；山东省文物考古研究所：《大汶口续集——大汶口遗址第二、三次发掘报告》，北京：科学出版社，1997年。

6 临汝县文化馆：《临汝阎村新石器时代遗址调查》，《中原文物》1981年第1期，第3—6页；张绍文：《原始艺术的瑰宝——记仰韶文化彩陶上的〈鹳鱼石斧图〉》，《中原文物》1981年第1期，第21—24页。

把处又用平涂法进行处理。在斧子、鱼身中，进行填彩。画法灵活多变。

长期的陶器绘彩实践，使远古画师积累了丰富的用色经验，并逐渐形成了自己的特点和特殊的用彩规律。新石器时代晚期彩陶制作中对比手法的运用，充分展示了色彩与线形的力量。

黄河流域的庙底沟文化彩陶强调了黑、白、红二色的对比，以黑与白、黑与红的两组色彩配合为原则，将双色对比效果提升到极致，也因此奠定了古代中国绘画艺术中的色彩理论基础。庙底沟文化彩陶的色彩，从主色调上看是黑色，大量见到的是黑彩。与这种主色调相对应的是白色的地子，白色不像黑色一样是绘上去的彩，而是绘彩之前先平涂上去的，也是画工作为一种客观使用的色彩。彩陶上还有非画工主动绘出的一种借用色彩，它就是陶器自显的红色。这种借用红色的手法是一个奇特的创造，它较之主动绘上去的色彩有时显得更加生动。庙底沟文化彩陶是黑与红、白二色的配合，主色调是红与黑、白与黑的组合。不论是红与黑还是白与黑，它们的配合结果都明显增强了色彩的对比度，也增强了图案的冲击力。有时，画工也同时采用黑、白、红的二色构图，这时一般以白色作地，用黑与红一色绘纹，图案在强烈的对比中愈发透出艳丽的风格。色彩对比是最鲜明的对比，庙底沟文化时代的陶工将有限的色彩，在陶器有限的表面上展示出无限的空间，将色彩感觉发挥到了极致。

地纹手法是中国史前彩陶非常重要的表现方法，它反用了色彩，以间接表现元素的方式构图，是一种复杂思维的体现。庙底沟文化多数彩陶采用地纹手法绘成，庙底沟人完善了地纹表现手法。地纹绘法需要更高的技法，需要掌握“计白守黑”的技巧。地纹彩陶在一定程度上隐藏了纹饰的含义，这种含而不露的用意也许是为了更好地隐现纹饰的象征性。在色彩与构图上的巧思安排，于地纹彩陶上得到了充分体现，彩陶也因成熟的地纹彩陶而将史前彩陶艺术推向了极致。这是一种衬托手法，它最早出现在彩陶工艺上。

河南临汝鹳鱼石斧图中的颜色虽然只有棕和白两种，画在淡橙色的陶缸地子上，效果非常优美。老鹳白羽、鱼皮银鳞，斧头光亮以及去了皮的木棒，都用白色来表现。鹳鱼的眼睛，鱼尾鳍脊等，则都用深浅不同棕色去处理，显得十分妥贴。不多的颜色，反而使鹳鱼石斧图呈现出古雅而明快、丰富而和谐的效果。如果说造型、笔墨是画工对现实高度提炼的结果，色彩的运用则更是简练到了极致。

黄河下游的大汶口文化均为装饰图案彩陶，其色彩运用较黄河中游地区文化更为丰富、灵活，包括有黑、红、白、褐、黄等多种颜色，以红、白、黑三种颜色最为多见，通过巧妙的色彩搭配，使图案显得清晰、明快。王因遗址出土的盆（M2326:4），通高16厘米，口径25厘米。口沿沿面上施白地，上绘七组花纹，每组由两个黑色的弧线三角纹错向构成长方形图案，其间填红色对角线及圆点反衬出白色叶状或花瓣形花纹。七组花瓣纹之间又填以红、黑相间的5—7条短线。口沿及上腹涂红陶衣，腹部的纹样是在红色底彩上绘以连贯的几字形折线并在折线间填以白色毛边菱形纹，形成醒目的花纹带，折腹处又饰一周竖短白线[1]。大汶口遗址出土的壶（M1014:30），通高16.5厘米，口径3.5厘米，底径3.5厘米。为高领口、斜颈，圆腹，小平底。通体着橘黄色陶衣，以白彩沟边内填深色彩的搭配，形成红、橘黄、白等三色组成的连续的五瓣花叶形图案，色泽艳丽，格局明朗[2]。

随着彩陶的发展，新石器时代晚期不仅图像的组合方式更加丰富多样，而且象形纹饰也出现图案化的趋势。象形纹饰的图案化趋向表现为两种形式。一种是将象形纹样进行组合，以构成对称和均衡。这不但促进了象形故样的规整化、图案化倾向，也使它们能与那些由点、线和其他几何形象一起组成图案型花纹；另一种是对形象本身的改造，包括对形象某一部分特质的放大或强调，加强象形纹饰的绘画性。

将象形纹样进行分解、组合，通过强调对称或拉伸的手法突出象形中的某些特征，既保持了象形的关键特征，又创造了纹饰的均衡之美，发挥了纹饰的装饰性。庙底沟文化的玫瑰花纹向各类弧线勾连纹的转变，完美地达到了上述的目的。原始时代的艺术家在创造和欣赏这些富有魅力的艺

1 中国社会科学院考古研究所：《山东王因——新石器时代遗址发掘报告》，北京：科学出版社，2000年。

2 山东省文物管理处、济南市博物馆：《大汶口——新石器时代墓葬发掘报告》，北京：文物出版社，1974年；山东省文物考古研究所：《大汶口续集——大汶口遗址第二、三次发掘报告》，北京：科学出版社，1997年。

术品的过程中，同时也培养和造就了相应的审美感受、审美意识和审美观念。把线和点、直线和弧线的造型的方法在纹饰构成中进行有机的组合，即使看不到玫瑰花的原形，那种圆圈、圆点、半圆或月牙形的各种组合方式已作为人们对玫瑰花这种视觉对象的普遍的特征印记被保留或沿用，仿佛各种点和弧圈已凝聚着相当的情感和生命。它不再注重描绘玫瑰花对象的具体特征，而按构图、装饰的需要作大胆变化的处理。象形纹饰的图案化趋势虽然使形象本身失去了对象原型的某种特征，但却大大丰富了作为彩陶纹饰的装饰趣味和表现性，增加了一种不拘形似而求悦目娱情的艺术价值。庙底沟图形元素一目了然，将不同图形元素按一定秩序排列起来，会产生形状的对比。不同形状元素的对比，会增强彼此的原有特点。画工在彩陶上常常只采用一种图案元素，以一种元素构成的图案，有一种秩序、恒定和平静的美感。画工也常常使用形状对比手法，将不同的元素组合起来，增强构图的动态感，丰富了彩陶的内涵。如圆形与扁弧形组合，象征整形与分割的对比；网格与弧形、圆点组合，象征密集与疏缓的对比；圆形与旋纹组合，象征闭合与开敞的对比；圆形与叶片纹组合，象征正与斜的对比，等等。彩陶纹饰因连续延伸而表现出一种井然的秩序，而规律性的间断构图则是连续图案行进的节奏。鸟纹的图案化以圆点表现鸟头，以拉伸的弧线表现飞鸟的体躯，既不失飞鸟的翱翔的特性，又强化了图案的的装饰性，与周边弧线的结合使彩纹构图更加规范、明快。

庙底沟人表现彩陶纹饰的象征性，是通过纹饰的简化、分解和重组实现的。纹饰的象征性，本来是自象生对象，是对象生对象的变形、变体，是一看便能明知其象征性的，后来逐渐从中抽象出一些图形符号，甚至成为以简单的几何形纹表述的象征符号。在经过了这样的创作过程以后，一些主要的象征符号成为普世接受的符号，象征艺术也已经是普世接受的艺术，人们通过这样的艺术形式进行心灵的沟通与文化的交流。

庙底沟文化彩陶遵循着“连续”这样一条基本创作原则，沿着器物环周表现适形构图，画工在有限的空间表述了一种无限的理念，一方连续构图有着循环往复、无首无尾、无始无终、无穷无尽的性质。庙底沟文化彩陶上最多见到的是一方连续构图，这种艺术形式无疑也体现了庙底沟人在哲理层面的思考。连续形式能够变无序为有序，变混沌为和谐，这种艺术形式后来成为历代装饰艺术所采用的最基本的构图程序。

对称与平衡，是艺术设计中两个相互关联的原则。庙底沟文化彩陶在构图中，有对称也有平衡，许多精致的纹饰都采用了对称结构。彩陶图案左右非常对称，两边元素互为镜像，中间有一个或者意想中有一个对称轴。常见的双瓣或多瓣式花瓣纹，它们的左右两边完全对称。彩陶中对称与平衡原则的掌握，在庙底沟人来说已经是相当熟练了，非常简洁，线条也十分流畅。

平铺直叙的纹饰图案似乎不会涉及方向感问题。但庙底沟文化彩陶纹饰的绘制有一定的始点和终点，因为纹饰一般都是环绕陶器一周，所以这个始点和终点是紧接在一起的，它们都隐藏在图案中。有时画工也会引导观者的观察方向，某些特别的图案会特别强调方向感。相当多的彩陶纹饰是这样的，它们有固定的走势，有明确的方向感。叶片纹的方向基本上是向右上倾斜。各处发现的庙底沟文化弧线勾连纹，它起翘的尖角总是指向右边。彩陶中的单旋纹，旋臂不论是向上还是向下，一般都是按照顺时针方向旋转，是一种右旋态势。彩陶中大量见到的双旋纹，两个旋臂旋转的方向，也常常是顺时针方向，与单旋纹方向一致。双旋纹的旋臂只是偶尔见到逆时针旋转的例子，但总体的旋动趋势是顺时针的方向（图3-23）。

红山文化彩陶则选择了另一种图案化的路径。红山文化彩陶中的鳞纹，其原形是龙身体上的鳞甲，龙这种形象并未在红山文化陶器上完整出现过，但在当地的赵宝沟文化中却能够见到施满鳞甲的龙神刻划纹。红山文化的画工以鳞甲作为龙最重要的元素，将错叠、连续的鳞甲进行夸大，或强调单片鳞甲的环弧，由横向多片鳞纹共同构成陶器表面花纹，鳞纹为黑彩，图案规整，似先勾边，内填彩。到红山文化晚期，单体鳞片形体则变得较大，甚至通体只布置一组鳞片，比如在阜新县胡头沟和牛河梁这两个积石冢遗址出土的筒形器上多见的就是这种龙纹。其鳞纹图案规整，彩道甚宽，还常常与勾连纹、三角纹等几何形图案配合使用；或以黑色彩与陶器红色地纹交错，共同构成粼粼发光的重叠龙纹，龙鳞线条规正，形状固定，间隔等距。使陶器表面的龙鳞纹既具有了一种秩序与平静的美感，又不失龙躯的灵动感[1]。

图 3-23 庙底沟文化彩陶纹饰

## 五、刻划符号

黄河下游地区的大汶口文化出土的刻划符号材料丰富，一般刻划在大口尊的口沿下部。在莒县陵阳河、大朱家村、杭头和诸城前寨、日照尧王城及安徽蒙城尉迟寺等6处遗址均有发现，以陵阳河遗址发现的数量最多。这些图像文字，一般为单字，目前共发现有20多个。主要以“日、火、山”为主，此外还有带柄钺、带柄锛的形象、冠形图像等。其中有的字符刻道内尚见涂朱。尉迟寺遗址共出土5件带刻划图像文字的大口尊，其中4件是以“日、火”为主题，其下部一般为五峰山形[2]。这些图像符号大部分出自墓葬，主要见于一些高等级的墓葬。这类符号的分布范围很广，东起黄海之滨，西到淮河中游的皖北，东西跨越了500多千米（图3-24）。

最早发现有大汶口文化刻划符号的遗址是莒县陵阳河遗址，采集到的1件大口尊外表上部刻有著名的“日、火、山”图像。之后又采集获得3件大口尊，分别刻有“日、火”、锛的象形、钺的象形4个刻划符号，和内刻4个圆圈的台形图像（后两者刻于同一器之上）[3]。1979年发现和收集大汶口文化陶器图像文字8个，其中3个为采集品，5个出自大汶口文化墓葬之中。在大朱家村遗址，采集到1件大口尊，颈部刻有1个圈形符号。在墓葬中发现陶器刻画图像文字3个[4]。1982—1985年，莒县博物馆先后抢救清理大汶口文化墓葬4座，又发现1件刻有图像文字的大口尊[5]。在诸城市前寨遗址调查采集到的大口尊陶片上发现1个残缺不全的刻划符号，仅存下部的五峰山右侧和中部火的右半，左半和上部的圆圈（日）缺失，与陵阳河第一次采集的图像属于同一类[6]。杭头遗址M8出土的

1 方殿春、刘葆华：《辽宁阜新县胡头沟红山文化玉器墓的发现》，《文物》1984年第6期，第1—5页；辽宁省文物考古研究所：《牛河梁红山文化遗址发掘报告（1983—2003年度）》，北京：文物出版社，2012年。

2 中国社会科学院考古研究所：《蒙城尉迟寺——皖北新石器时代聚落遗存的发掘与研究》，北京：科学出版社，2001年。

3 山东省文物考古研究所、山东省博物馆、莒县文管所：《山东莒县陵阳河大汶口文化墓葬发掘简报》，《史前研究》1987年第3期，第62—82页。

4 山东省文物考古研究所，莒县博物馆：《莒县大朱家村大汶口文化墓葬》，《考古学报》1991年第2期，第167—206页。

5 苏兆庆、常兴照、张安礼：《山东莒县大朱村大汶口文化墓地清理简报》，《史前研究（辑刊）》1989年，第95—114页。

6 任日新：《山东诸城县前寨遗址调查》，《文物》1974年第1期，第75页。

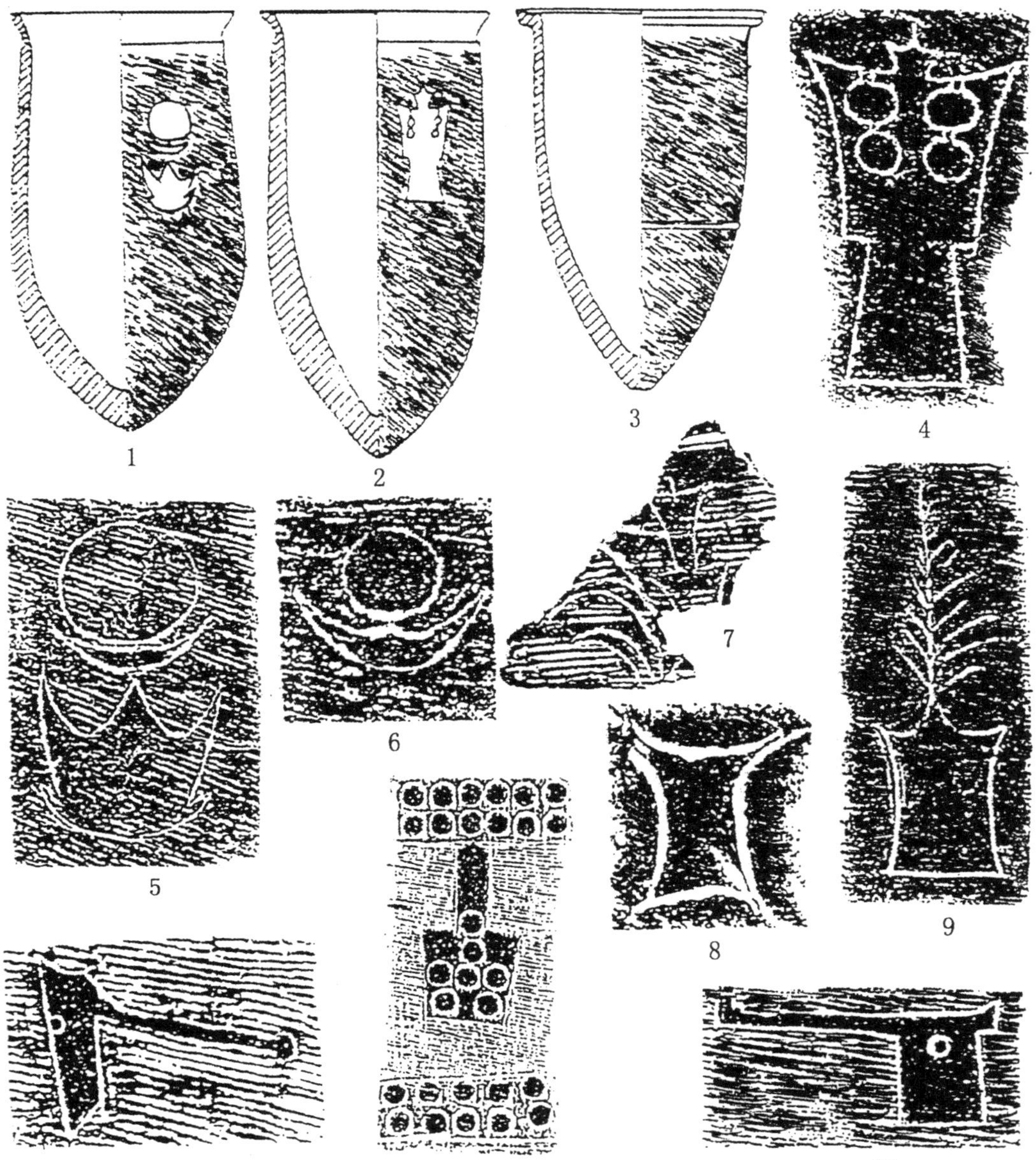


图 3-24 大汶口文化陶尊上的刻划符号
1、2、3.大朱家村出土 4.大朱家村 M17:1 5.大朱家村：采 01 6、7、8、10、11、12.陵阳河出土 9.陵阳河 79M25:1

一件大口尊外表刻有1个符号[1]。在尧王城和丹土遗址，先后发现了4件刻有符号的陶片标本[2]。在尉迟寺遗址发现的刻划符号已有近10个之多，其与陵阳河遗址的直线距离约为315千米，两地发现的图像文字，无论是载体、刻划技法，还是图像的形态和内容，可以说是完全相同。大汶口文化的刻划符号比较集中地分布在山东省东南部，即沭河流域的莒县盆地及其周围地区，而其他地区，特别是大汶口文化的另一个重要分布区——汶、泗流域，虽然经过正式发掘的遗址较多，且不乏堪称一方中心的大遗址，如泰安大汶口、邹县野店，但均没有刻划符号出土。

1 山东省文物考古研究所、莒县博物馆：《山东莒县杭头遗址》，《考古》1988年第2期，第1057—1071页。

2 中国社会科学院考古研究所：《尧王城遗址第二次发掘有重要发现》，《中国文物报》1994年1月23日；中美两城地区联合考古队：《山东日照市两城地区的考古调查》，《考古》1997年第4期，第1—15页；山东省考古研究所：《五莲丹土发现大汶口文化城址》，《中国文物报》2001年1月17日。

大汶口文化刻划符号标本共有30个，其中包含了多种不同的形态，从大的方面进行分类，可以区分为8个类别[1]。第一类，是由上、中、下3个部分的图形组合成的图像。上部是一个圆圈，中间是一个类似于月牙的图形，或认为是火燃烧的形状，下部为有5个峰尖的山形。第二类，是由上、下两个部分的构成的符号。上部为一圆圈，下部是月牙或火的图形。第三类，是带柄的玉石钺的正视图，钺为长方形，有孔，直柄，尾端有方形突起。第四类，是带柄的锛的侧视图。锛的形体较厚，一面有斜长刃，器柄略微弯曲，后端有圆形形或半圆形饰物。第五类，为四条边内弧的四边形图形，其中一个角的连接处线条衔接不严密。第六类，为一高台正中种植一棵树状植物的图形，植物与高台的高度相若而略高。第七类，羽冠状图像，两侧各插两片上端向外弯曲的羽毛，正中有一个呈阶形内收的高台状饰物，顶端正中上凸。第八类，台形图像，形状近似有肩石铲，两侧呈阶状内收，顶端中部向上尖凸。完全相同或基本相同的刻划符号在不同的遗址中反复出现，是大汶口文化图像文字分布的另一个重要特点。这些遗址有的相距甚远。如"日、火、山"组合成的符号见于陵阳河、前寨和尉迟寺遗址，前寨和尉迟寺两地之间的直线距离约350千米。而出土类似"羽冠"图像的有陵阳河、尧王城，远在江苏南京地区的北阴阳营也有发现，从陵阳河到北阴阳营的直线距离近400千米。更有甚者，在一些良渚文化的玉器上也发现有与大汶口文化相同的符号，如由"日、火"组成的图像、台形图像和高台上的植物图像等。从而表明对这些符号的含义，不同地区甚至不同文化的人们的理解是相通的。

发现的刻划符号均刻于一种形体硕大的大口尊外表，尊形态为大口、筒状，又有整体肥胖圆底、整体瘦削尖底和整体介于前两者之间而底部甚小（矮圈足或假圈足）三种器形之分，外表全部或局部饰有粗篮纹。符号多数刻于器体外表的上半部即颈部或颈部以下最显眼的部位。大口尊在墓葬内的陈放位置比较固定，即人体下肢前或下肢右侧。刻划符号均为在陶器未入窑烧制之前刻划而成，绝大多数为一件器物刻划一个图像。部分图像有烧成后再于其上涂朱彩的现象。如陵阳河出土的一件大口尊，在刻划符号的范围内涂以朱彩[2]。符号基本上都是以实物为原型摹画的，但又因为进行了不同程度的抽象化，故与实物并不完全相同。某些符号之间具有明显的联系，这种联系显然是约定俗成的。

在南京北阴阳营文化中也发现有少量的刻划符号，其中尤以一件大口尊上的刻划符号最具特色。该器出土时已有残缺，其上部似乎为圭首形，两边有羽状物外伸，下部像是一圆筒，在圆筒和羽状物上还有一些小圆圈。与大汶口文化发现者极其相似[3]。在龙虬庄遗址遗存中也发现了几个刻划符号。这些符号主要刻划于一个陶盆口沿的内壁，纵向两行，每行4个，共8个[4]。

刻划符号在长江流域的宜昌杨家湾、中堡岛、巫山欧家老屋等许多遗址也都有发现。目前所见的主要分布在鄂西、渝东地区。其中以杨家湾遗址发现的最多，共发现74件刻划符号的陶片，大体可分为70种繁简不同的型式。根据符号印痕的深浅和刻划的特征可以看出，有的是在陶器未烧以前就刻划好的，有的则是在陶器烧成以后或使用过一段时间才刻划的，以前者发现的最多。这些符号都刻划在圈足器底外面，只有把陶器倒过来底朝上才能看到，部位比较隐蔽。主要是刻划在泥质磨光黑陶圈足碗和泥质红陶圈足盘两种器物上。一般一件器物上刻划一个符号，显然是人们有意识刻划的，当有固定的意义[5]。

## 第九节　小结

新石器时代晚期黄河流域的粟作农业在深度和广度上都有了很大的发展。从种植品种而论，除

1 栾丰实：《大汶口文化——从原始到文明》，济南：山东文艺出版社，2004年。

2 山东省文物考古研究所、山东省博物馆、莒县文管所：《山东莒县陵阳河大汶口文化墓葬发掘简报》，《史前研究》1987年第3期，第62—82页。

3 南京博物院：《南京市北阴阳营第一、二次的发掘》，《考古学报》1958年第1期，第7—25页。

4 龙虬庄遗址考古队：《龙虬庄——江淮东部新石器时代遗址发掘报告》，北京：科学出版社，1999年。

5 宜昌地区博物馆：《宜昌县杨家湾新石器时代遗址》，《江汉考古》1984年第4期，第27—37页。

了粟、黍这些主要的大田粮食产品外，在部分适宜地区还出现了种植水稻，新出现了大麻、蔬菜等作物品种。生产工具中铲、刀类比重的增加，反映了对应的中耕、收获等劳动环节的加强和农产品的增加。长江流域稻谷品种不断改良，一些地区正由粳、籼稻并举逐渐过渡到以粳稻为主。农业比重上升，古老的渔猎经济逐渐退居次要的地位。

手工业技术水平的提高，主要表现在制陶、制玉和铜器冶铸等方面。陶窑建造技术有所提高，火膛和窑室严格区分，窑室内通常具有窑柱或窑箅，形成火道和火眼而使火力均匀。陶器种类纷繁，形制多样，造型富于变化，榫卯等多种接合形式甚为流行，在轮盘上直接拉坯成形的轮制术开始崛起，并到这一时期的后段以屈家岭文化和大汶口文化薄胎陶器为标志发展成熟。本阶段较晚时期，随着密闭式陶窑烧制陶器的逐渐流行，许多地区的陶器呈现出均匀一致的灰色或黑色；对玉石类制品的加工技艺集中体现在黄河下游、辽西及长江下游地区出土的玉器上。这一时期玉器数量骤增，种类也有显著的上涨。大都经过精细的切割、琢磨、雕刻、钻孔和抛光加工，形体端正，光亮色润，更形成了不同的地域特色和南北玉文化中心。红山文化流行的玉器种类主要是璧、环类及多种动物形象的玉制品，而大汶口文化则以铲、钺类玉器见长。长江中游薛家岗、凌家滩以及崧泽等文化，与北方的红山文化和大汶口文化相比，突出的特色是常见璜或类似璜形的玉器，钺的比重也较大，同时在个别钺等玉石器上还有朱绘纹饰。铜器的发明更是一项重大成就。铜器的发现集中在黄河中上游和辽西这两个地区。这些铜器或与冶铜有关的遗物，具有个体小，器形简单的特点。此外，出现了镶嵌技术、纺织业也有所提高等等。上述技术极大地推动了生产的专门化，社会分工已然形成了。轮制陶技术的应用，陶泥需经过数度沉练，成形时在轮旋过程中加以切削，这就要求轮盘转速很高且具有相当的稳定性，堪称当时的精密机械。尤其烧制薄胎陶这样精巧的陶器尤需对火候予以缜密严格的控制，没有专门的陶窑乃至窑具则不可能做到这一步；玉器业生产包括采矿、选矿、开坯、设计、琢磨、抛光等多项工艺，需要有掌握一定技术的人员统一协调指挥，需要有掌握精湛技艺的工匠经过施钻、剔挖、锉磨等多道工序方可制成。当时应该已经出现了制作玉器的专门作坊，并且有了分工作业。

建筑技术业也获得了突飞猛进的发展，夯土技术出现，一批城址随之兴起。居址的建筑形式也由半地穴式建筑过渡到以地面起建为主的模式，在较晚阶段还应家族组织日益凸显的需要，衍生出多间连筑的地面式建筑。传统的东方式木建架构，在新石器时代晚期的木骨泥墙等土木建筑中已初步奠定了基础。

经济发展和技术提高，加速了社会的进步。新石器时代晚期的墓葬资料展现了一个与新石器时代中期母系社会截然不同的社会形态，并显现了父系社会自确立到发展的历程。自大汶口文化早期起，男子在生产活动中已经占据主导地位。如刘林墓地拥有锛、凿等手工业工具的基本上都是男性，随葬弹丸、网坠等渔猎工具的也只有男性，反之，纺轮仅为妇女所有[1]。斧可能是手工业工具，也可能是农业工具，男性具有石斧的也明显多于女性。以上反映手工业和渔猎生产已基本是男子的劳动部门，而农业生产也主要由男子担任，女子则主操纺织等家务劳动，同时也部分地涉足农事。大墩子墓地只在男性墓葬中才见到镞、鱼镖一类的渔猎生产工具，而绝大多数的纺轮却发现于妇女墓葬中。作为农业工具的石铲和手工业工具的石凿则仅为男性所有[2]。有理由相信，至迟在公元前四千纪前叶，整个黄河流域男女的劳动分工已基本稳定，男性担负着手工业和渔猎业生产的主要工作，并在农业生产中起主导作用，而女子在这些社会生产的主要领域中一般只提供辅助性劳动，其基本职能似仅限于纺织等家务劳动。在大汶口、邹县野店、邳县大墩子，存在相当数量的一对成年男女或一对成

1 江苏省文物工作队：《江苏邳县刘林新石器时代遗址第一次发掘》，《考古学报》1962年第1期，第81—102页；南京博物院：《江苏邳县刘林新石器时代遗址第二次发掘》，《考古学报》1965年第2期，第9—47页。

2 南京博物院：《江苏邳县四户镇大墩子遗址探掘报告》，《考古学报》1964年第2期，第9—56页。

年男女带小孩的合葬墓[1]，说明以男性为本位的亲属体制的存在，大汶口文化成对成年男女合葬的习俗得到推广。但在大汶口文化早期的刘林墓地成年男女合葬墓中，男女在墓穴中的位置，尚无一定规矩，既有男左女右的情况，也有女左男右的现象；随葬品看不出男性随葬品偏多的现象；男女墓主人一般是平分墓穴，并列安置墓室之中，分不出尊卑[2]。及至大汶口文化中期时期，男子明确占据了统治地位，男女合葬墓基本上都是男左女右，可知男左女右已成为这一时期成年男女合葬墓的定制；凡能看出随葬品归属某一个体的，往往是男性的随葬品明显多于女性；成年男女合葬墓中男女的位置发生了一些变化，许多墓葬的男子占据着墓穴中央或墓穴大部分面积，而将同墓中的女子挤于一旁，甚至还发现有的女子被压在男子腿骨之下的实例；大汶口文化中期常见成年男女均采用一次葬的合葬墓，显然当有不少是一方先亡，另一方随之从殉。据以上列举以男性为本位的事实，只能认为是女方为夫捐躯，表现出男性对妇女赤裸裸的压迫和奴役。同时，大汶口墓地中占全部墓葬总数不足4%的大墓占有随葬品的总数达整个墓地出土随葬品的四分之一，显然剥削也在那个时代存在了[3]。但大汶口文化中期墓地尚存在少数妇女享有较高规格的葬仪和男女并列于墓穴不分尊卑的现象。而且，此时一些地区还处在父系社会确立期阶段，仍留有这样或那样的旧社会遗痕。历史则朝着全面制约女子的时代发展下去，父权制初期在黄河流域维持了六七百年左右，终于又以新的姿态登上更高的台阶。大汶口文化晚期贫富分化进一步加剧，家族私有制发展，出现了贫富墓异域埋葬的现象。



新石器时代晚期呈现出文化此消彼长、交替繁荣的态势。在日益增进的文化交流和融合中，黄河中游的庙底沟文化首先进入鼎盛时期，不仅有着十分广袤的覆盖面，而且对周围地域的影响和渗入也最为强劲，甚至在黄河、长江流域的主要地区及北方地区某种程度上体现出划一的发展进程，全面提升了上述地区的技术水平，促进了社会发展。庙底沟文化衰退后，各地原本受之深刻影响的文化都迸发出强劲的活力，红山文化、大汶口文化、屈家岭文化、半坡四期文化、秦王寨文化等显示出强盛的发展势头。半坡四期文化大地湾遗址的宗教建筑，红山文化的坛、庙、冢，大汶口文化及薛家岗文化的龟卜等以敬天祭祖为中心的巫教达到相当规模，神权确立。含山凌家滩随葬长方形玉片及玉龟这类龟卜用具的墓葬，随葬品丰富，品位极高，玉器多达96件[4]；红山文化积石冢远离普通氏族墓地，墓葬中以玉敛葬，表明巫师阶层已经形成，成了社会显贵[5]。大汶口文化、屈家岭文化、薛家岗文化以非实用的石、玉随葬的墓葬，规模大，随葬品数量多、品位高，随葬玉、石钺，被置于墓地的重要位置，从他们死后享受隆重待遇来看，可知军权演变成了王权，执掌王权者成为了社会的权贵。秦王寨文化、屈家岭文化、大汶口文化出现了城址，另外一些文化的居民，则在聚落规模级差扩大的基础上，出现了一批地域中心聚落。半坡四期文化大地湾大型聚落中，既存在宗教性建筑，又有前朝后寝的原始宫殿，表明在一定的地域聚落群范围内，已形成了政教中心[6]。这些文化都已跨入了文明的门槛。但如红山文化的坛、庙、冢，均在其文化分布区域内，往往于现今一、二县地域内都发现了同期同类的遗存。可见，当时的政教中心仅具地区性，尚未形成控制整个文化居民的政教中心。

与全国各地蓬勃发展的新石器时代晚期文化相比，华南地区的发展明显滞后，不论咸头岭文化、壳坵头文化、顶蛳山四期文化、还是台湾地区的大岔坑文化，文化内涵都相对简单，除顶蛳山四期文化外，种植农业尚未发生，拔牙习俗、玉玦等都应是受长江、黄河下游地区居民影响的结果。

1 山东省文物管理处、济南市博物馆：《大汶口——新石器时代墓葬发掘报告》，北京：文物出版社，1974年；山东省文物考古研究所：《大汶口续集——大汶口遗址第二、三次发掘报告》，北京：科学出版社，1997年；山东省博物馆、山东省文物考古研究所：《邹县野店》，北京：文物出版社，1985年；南京博物院：《江苏邳县四户镇大墩子遗址探掘报告》，《考古学报》1964年第2期，第9—56页。

2 江苏省文物工作队：《江苏邳县刘林新石器时代遗址第一次发掘》，《考古学报》1962年第1期，第81—102页；南京博物院：《江苏邳县刘林新石器时代遗址第二次发掘》，《考古学报》1965年第2期，第9—47页。

3 山东省文物管理处、济南市博物馆：《大汶口——新石器时代墓葬发掘报告》，北京：文物出版社，1974年；山东省文物考古研究所：《大汶口续集——大汶口遗址第二、三次发掘报告》，北京：科学出版社，1997年。

4 安徽省文物考古研究所：《凌家滩——田野考古发掘报告之一》，北京：文物出版社，2006年。

5 辽宁省文物考古研究所：《牛河梁红山文化遗址发掘报告（1983—2003年度）》，北京：文物出版社，2012年。

6 甘肃省文物考古研究所：《秦安大地湾——新石器时代遗址发掘报告》，北京：文物出版社，2006年。

# 第四章 新石器时代末期的物质文化

## 第一节　新石器时代末期的考古发现

新石器时代末期，大约距今5000—4000年。属于这个时期的考古学文化有庙底沟二期文化、王湾三期文化、后冈二期文化、王油坊文化、陶寺文化、客省庄二期文化、龙山文化、马家窑文化、齐家文化早期、老虎山文化、大口一期文化、小珠山上层文化、石家河文化、良渚文化、樊城堆文化、宝墩文化、石峡文化、昙石山文化、牛鼻山文化、圆山文化、芝山岩文化、卡若文化、曲贡文化、大墩子文化等。

庙底沟二期文化以河南陕县庙底沟遗址第二期文化遗存而得名。庙底沟二期文化的分布地跨河南、山西、陕西三省，包括豫西、晋中南和整个关中地区。其中心区域在豫西、晋南和关中东部地区。目前已知的庙底沟二期文化遗址已达数百处，仅山西境内发现的该文化遗址已有近百处。在晋南，尤其在中条山南麓的黄河沿岸更是这一文化的集中分布区，主要遗址有：河南陕县庙底沟，渑池仰韶村、郑窑、班村，灵宝涧口；山西芮城西王村，平陆盘南村，夏县东下冯、西阴村，河津固镇，垣曲龙王崖、丰村、古城东关，襄汾陶寺，侯马东呈王、乔山底，汾阳杏花村，太谷白燕，石楼岔沟；陕西华县泉护村，华阴横阵村，蓝田泄湖，商县紫荆，扶风案板，武功浒西庄、赵家来，绥德小官道，子长栾家坪等。庙底沟二期文化的绝对年代大约在公元前2900—前2500年。

王湾三期文化因洛阳王湾三期遗存而得名。这一文化主要分布在河南省中部。其范围东起郑州左近，西至渑池，北达济源，南抵驻马店一带，位于中原的核心地区。目前在这一地区内已发现六七百处同类遗址，经过发掘的遗址有洛阳王湾、西干沟、东干沟、矬李、西李庙，孟津小潘沟、偃师汤泉沟、灰嘴，伊川白元，新安马河，郑州站马屯、轩旮王村、牛砦、大河村、阎庄、马庄，荥阳点军台，济源苗店，密县（今新密）新砦、古城寨，登封王城岗、程窑，汝州煤山、北刘庄、李楼，禹县瓦店、吴湾，许昌丁庄，襄城台王，郾城郝家台，上蔡十里铺，驻马店杨庄等。王湾三期文化的绝对年代大约在公元前2600—前1900年之间。

后冈二期文化以安阳后冈第二期遗存而得名。后冈二期文化的分布区域，以豫北和冀南地区为中心，并可达冀中平原的子牙河和滹沱河流域。经过发掘的主要遗址有河南安阳后冈、大寒南岗、八里庄，汤阴白营，淇县宋窑，辉县孟庄，河北邯郸涧沟，磁县下潘汪，永年台口，任丘哑口八庄，沧县陈于等。该文化年代约为公元前2600—前2000年。

王油坊文化遗存以河南永城王油坊遗址为代表，主要分布在豫东和鲁西南及皖西北地区。重要遗址有淮阳平粮台、永城造律台、鹿邑栾台、郸城段寨、沈丘乳香台、杞县鹿台岗等。绝对年代约在为公元前2600—前2000年。

陶寺文化以山西襄汾陶寺遗址龙山时期文化遗存而得名。该文化主要分布在晋南的临汾盆地一带，北以太岳山南麓、东以太行山西侧、南以中条山北麓、西以吕梁山东侧为界，地处汾河下游。这一文化的代表性遗址还有曲沃方城、翼城开化、襄汾丁村、新绛古堆、临汾下靳村等。陶寺文化的绝对年代上限不超过公元前2600年，下限约当公元前2000年稍晚。

客省庄二期文化以陕西省长安县客省主遗址第二期文化遗存命名。客省庄二期文化主要分布在渭水及其支流两岸河旁台地上。此外，在陕南的丹江上游和洛河上游、陕北以及甘肃东部渭河支流的耤河流域也有少量发现。其范围大致东起潼关，西至宝鸡，北抵长城脚下，南达秦岭一线，东南已深入到商南县，以陕西关中西部地区为中心，周边包括陕南商洛地区，黄土高原的陕北及甘肃陇东地区。经过发掘的重要遗址有陕西长安客省庄、花园村，武功赵家来，岐山双庵，凤翔大辛村，宝鸡石嘴头，西安米家崖，临潼姜寨、康家，蓝田泄湖，华县梓里村等。客省庄文化的绝对年代大约是公元前2600—前2000年。

龙山文化以山东历城县龙山镇的城子崖遗址命名，其分布范围包括山东全境及江苏、安徽北部，河南东部的部分地区。龙山文化发现遗址1000多处，经过发掘的遗址有近70处，主要遗址包括章丘城子崖、邹平丁公、淄博田旺、寿光边线王、临朐西朱封、潍县鲁家口、潍坊姚官庄、平度东岳石村、蓬莱紫荆山、栖霞杨家圈、胶县三里河、诸城呈子、诸城前寨、日照尧王城、日照东海峪、日照两城镇、临沂大范庄、枣庄二疏城、滕县庄里西汾、泗水尹家城、兖州西吴寺、济宁程子崖、曹县莘冢集、菏泽安邱堌堆、梁山青堌堆、茌平尚庄、茌平教场铺此、阳谷景阳岗、五莲丹土、连云港藤花落等。该文化绝对年代大约为公元前2600—前2000年。

马家窑文化以甘肃临洮马家窑遗址命名。分早晚两大期，其早、中期为石岭下和马家窑类型，晚期包括半山类型和马厂类型。

半山与马厂类型的遗存主要分布在甘、青境内的黄河及其支流洮河、湟水、渭河等河流两岸台地上。若以现在行政区划定位，东起陕西陇县，西至甘肃酒泉市，北入甘肃景泰县，南抵甘肃康乐县。中心区在从兰州至西宁的河湟地区。半山类型东扩至甘肃东部泾、渭河流域，最东边直至陕西陇县境内。马厂类型的分布则主要向西北方向延伸，最远可达河西走廊的酒泉境内，在青海省可至尖扎县。重要遗址有甘肃兰州白道沟坪、永靖马家湾、兰州青岗岔、广河地巴坪、永昌鸳鸯池、永登蒋家坪、兰州花寨子和土谷台、景泰张家台、天水师赵村和西山坪、康乐边家林遗址，青海乐都柳湾、民和阳山和马牌、循化苏呼撒、同德宗日遗址，宁夏海原菜园村遗址等。马家窑文化晚期的年代在公元前2500—前2000年之间。

老虎山文化以内蒙古凉城县老虎山遗址命名，分布范围不出大青山以南、黄河南流段以东的内蒙古中南部，岱海周边是它的中心地带。绝对年代在公元前2500—前2300年。

大口一期文化以内蒙古准格尔旗马栅乡大口村遗址得名，重要的遗址还有清水河县白泥窑子、庄窝坪、马路塔、准格尔旗铁孟沟、大庙疙旦、寨子塔、寨子上、二里半、永兴店、伊金霍洛旗朱开沟、白敖包、包头西园等，分布范围在内蒙古的鄂尔多斯及其东邻黄河南流段沿岸地带。其年代在公元前2000年左右。

小珠山上层文化以长海县广鹿岛小珠山遗址上层遗存得名，较重要的遗址有旅顺口区老铁山、将军山、刁家村北山、郭家村、大潘家村，新金县乔东，复县（瓦房店市）长兴岛的三堂，蜗殖岗、南窑和大长山岛的上马石。

石家河文化以湖北天门石家河遗址群而得名。它是长江中游地区继屈家岭文化以后发展起来的一个新石器时代末期的文化。其分布区域与屈家岭文化基本相同。主要分布在以江汉平原中部为中心的地区。其范围北到南阳盆地南缘和桐柏山北侧，东止于麻城、黄冈和大冶一线，东南以幕阜山和九宫山为界，南到洞庭湖地区，西抵西陵峡西口。石家河文化已知较重要的遗址有湖北天门谭家岭、邓家湾、肖家屋脊和罗家柏岭，荆门马家垸，公安王家岗、鸡鸣城，石首走马岭，应城门板湾、陶家湖，武昌放鹰台，钟祥六合，江陵张家山、朱家台，当阳季家湖，枝江关庙山，宜都石板巷子，宜昌白庙，通城尧家林，松滋桂花树，随州西花园，麻城栗山岗，房县七里河，郧县朱家台、青龙泉和大寺，丹江口

（原均县）乱石滩；湖南安乡划城岗华容车轱山，澧县城头山、孙家岗；河南淅川下王岗、驻马店杨庄等。石家河文化的绝对年代在公元前2500—前2000年。

良渚文化以杭县良渚遗址得名，该文化主要分布在今浙江省北部和江苏省南部的太湖周围地区。其中心地区大致在今谢桥、太仓至马桥一线的古海岸线以西，古钱塘江以北，茅山以东和古长江以南的范围内，主要遗址有浙江余杭良渚遗址群，江苏昆山赵陵山，吴县草鞋山、张陵山，武进寺墩，上海青浦福泉山等。其年代大致在公元前3300—前2000年之间。

樊城堆文化以江西省清江县樊城堆遗址得名，重要遗址包括清江筑卫城、永丰尹家坪、九江神墩、新余拾年山、棋盘山、变电所等。其主要分布范围在赣江流域及鄱阳湖地区。其绝对年代应在公元前3700—前2700年之间。

宝墩文化因四川新津宝墩村城址而得名，主要分布在成都盆地及边缘浅丘低山地区，以成都附近的岷江两岸为中心区分布。重点遗址主要有广汉三星堆（一期），新津宝墩村，都江堰芒城寺，郫县古城村，温江鱼凫城，崇州双河城，绵阳边堆山，成都十街坊，金汇花园等处。年代大体介于公元前2800—前2000年。

石峡文化因首次发现于广东省曲江县马坝镇石峡遗址而得名，主要分布在粤北北江中上游地区的马坝河、浈江和翁江沿岸，在粤西地区贺江下游的杏花河沿岸也有发现。主要遗址还有曲江县马坝镇石峡遗址、曲江县马坝狮头岩4号洞、乌石床板样、乌石狮子山、凤田镇门口岭、龙归镇圆墩岭、鲶鱼转、拱桥岭、葡杓岭，始兴县中镇村，翁源县下角垄、童子营，连平县上洋、黄潭寺，仁化县覆船岭，英德穿岩，南雄县上坑，封开县禄美村和罗沙岗遗址等。其年代估计在公元前3000—前2000年。

昙石山文化因首次发现于福建省闽侯县甘蔗镇昙石山遗址而得名。其分布地域主要在闽江下游和福建东部沿海地区，经发掘的遗址除昙石山遗址外，还有闽侯榕岸庄边山遗址、闽侯白沙溪头遗址和福清东张遗址等。该文化的年代大约在公元前3000—前2000年间。

牛鼻山文化因福建浦城县牛鼻山遗址而得名，主要分布在闽西和闽北地区，闽赣和闽浙交界处，文化内涵相同的遗址还有建宁县客家山、浦城县石排下、光泽县高村陂、长汀县羊古岭、崇安县茅茶坪遗址等。文化年代大致在公元前3000—前2000年。

圆山文化因首次发现于台北圆山遗址而得名，主要遗址还有台北市芝山岩遗址上层、关渡遗址下层、大坌坑遗址上层等。主要分布地域在淡水河两岸及新店溪下游的河岸阶地并可能沿着基隆河谷分布到基隆。圆山文化在台北盆地出现于距今约4500年，在距今约2000年前结束。

芝山岩文化因首次发现于台湾省台北市士林区芝山岩而得名，目前仅此一处发现，年代大致在公元前2000—前1500年。

大墩子文化以元谋大墩子遗址命名，主要分布在滇北金沙江南岸龙川江流域，已发掘的遗址有元谋大墩子遗址、菜园子遗址和维的墓地等。距今年代约为公元前1500—前1300年。

卡若文化得名于西藏昌都卡若遗址，是分布在藏东北地区的一支富有代表性的新石器时代末期文化。年代在公元前3300—前2300年。

曲贡文化因拉萨曲贡遗址的发掘而得名，同类遗址在雅鲁藏布江中游河谷地带也有一些发现，如贡嘎县的昌果沟遗址和琼结县的邦嘎村遗址，分布地域主要在西藏腹地雅鲁藏布江中游地区。该文化年代可能在公元前2000—前1500年左右。

## 第二节　新石器时代末期的作物、农具与农业

新石器时代末期已经培育成功并大面积种植以粟、黍、稻为主的粮食作物，小麦种植也增加了。这一时期，俗称的“五谷”均已实现人工栽培。随着农业的发展，家畜饲养业也有了新的进展，家畜种类愈加丰富，最为突出的是实现了水牛的饲养。渔猎采集经济地位下降，但其作为人类经济必不可少

的补充，仍然存在于不同的考古学文化之中。

## 一、稻作农业的成熟与兴盛

### （一）稻谷的普遍种植

新石器时代末期是中国史前稻作农业的成熟发展时期，有的地区在公元前3300年前后就开始进入原始农业的成熟发展期。成熟发展阶段的原始稻作农业文化，其分布范围大体与初步发展阶段的分布范围相同，南起岭南，北至山东栖霞、河南汝州、陕西扶风一带，西到长江上游的成都平原，东临海滨。已发现稻作遗存的有长江下游的良渚文化、长江中游的屈家岭文化与石家河文化、赣江流域的樊城堆文化、岭南的石峡文化、海岱与皖北地区的大汶口文化晚期与山东龙山文化、中原地区的王湾三期文化、渭河流域的庙底沟二期文化扶风案板遗址三期遗存，以及台湾台北、台中、屏东等地。其中以良渚文化、石家河文化、樊城堆文化的稻作遗存最为丰富。黄淮地区仍然是稻粟混作区。而岭南与台湾等自然食物来源十分丰富的地区，在这时期也已确立了稻作作物的种植[1]。至今发现有稻谷遗存的遗址有70多处，其中长江中下游约60处，其余在黄淮流域、四川和广东北部。



长江流域及其以南的大部分地区社会经济的主要部门为稻作农业。发展到良渚文化时期，史前稻作农业已有了前所未有的提高。这一时期主要的农作物是基本定型的籼稻和粳稻，在良渚文化遗址中普遍发现有炭化稻米遗存。据研究，当时水稻的收获量大约已是播种量的15倍。

长江三角洲地区的良渚文化，在吴兴钱山漾、杭州水田畈、吴县澄湖等遗址，均发现了稻谷（米）实物。钱山漾既有稻谷也有大米粒，出土时都是成堆的，据鉴定，近粳型、近籼型两种都有[2]。在水田畈遗址的良渚文化层内也发现有大量炭化稻谷和植物种子[3]。澄湖良渚文化古井中也发现大量炭化稻谷，大部分是粳稻，一部分为籼稻[4]。龙南遗址的孢粉分析结果显示，良渚文化时期，大型禾本科花粉大量增加，表明人们种植水稻的面积扩大[5]。

长江中游的石家河文化以稻作农业生产为主，一些遗址中常发现有炭化的稻米和稻壳，尤其是各遗址发现的红烧土中普遍掺和有大量的稻壳和稻草末，表明这时的稻作农业已经普遍发展起来。

在樊城堆文化的拾年山遗址烧土中发现有炭化稻杆和谷壳痕迹[6]，可知当时存在稻作农业。

黄河下游的龙山文化，在杨家圈[7]、尧王城[8]、两城镇[9]、庄里西[10]、藤花落[11]等遗址都发现了水稻遗存，这不仅丰富了人们的食物种类，而且也证明水稻种植的界限向北推移了。藤花落遗址在北部内

1 朱乃诚：《中国史前稻作农业概论》，《农业考古》2005年第1期，第26—32页。

2 浙江省文物管理委员会：《吴兴钱山漾遗址第一、二次发掘报告》，《考古学报》1960年第2期，第73—91页。

3 浙江省文物管理委员会：《杭州水田畈遗址发掘报告》，《考古学报》1960年第2期，第93—106页。

4 南京博物院：《江苏吴县澄湖古井群的发掘》，《文物资料丛刊》9，北京：文物出版社，1985年，第1—22页。

5 苏州博物馆、吴江县文物管理委员会：《江苏吴江龙南新石器时代村落遗址第一、二次发掘简报》，《文物》1990年第7期，第1—32页。

6 江西省文物考古研究所、厦门大学人类学系、新余市博物馆：《江西新余市拾年山遗址》，《考古学报》1991年第3期，第285—322页。

7 北京大学考古实习队、山东省文物考古研究所：《栖霞杨家圈遗址发掘报告》，北京大学考古学系、烟台市博物馆《胶东考古》，北京：文物出版社，2000年，第151—206页。

8 临沂地区文管会、日照县图书馆：《日照尧王城龙山文化遗址试掘简报》，《史前研究》1985年第4期，第51—65页。

9 中美两城地区联合考古队：《山东日照市两城镇遗址1998—2001年发掘简报》，《考古》2004年第9期，第7—18页。

10 何德亮、孙开玉：《滕州庄里西考古发掘与水稻遗存的发现》，《人文与自然》1998年第1期，第36—38页。

11 南京博物院考古研究所、连云港市文物管理委员会、新沂博物馆、连云港市博物馆：《2003—2004年连云港藤花落遗址发掘收获》，《东南文化》2005年第3期，第15—19页。

外城之间通过钻探和现有发掘区的现象及土壤植物硅酸体的测定，初步认定城外和北部内外城之间有保存较好的稻作农业生产区。土壤中含有大量的水稻植物硅酸体，达到和超过了古稻田水稻植物硅酸体含量标准。在一些遗迹中发现炭化稻米数百粒，H97土样淘洗后发现一粒茶色的稻谷，从外形上看与现代栽培稻已极为相似[1]。尧王城遗址龙山文化地层堆积和灰坑中都采集到了一定数量的含腐殖质较多的灰土，用水选法筛选出炭化植物遗存，经鉴定有10余粒炭化水稻，可能是人工栽培的粳稻[2]。田旺遗址对采自遗址断面灰坑中的土壤样品进行植物硅酸体分析结果显示，多数样品中发现了水稻植物硅酸体。在H4、H6、H7中，水稻硅酸体的数量明显多于其他样品。水稻硅酸体的集中出土，说明这几个灰坑可能是当时存放或加工稻谷的地方[3]。在庄里西遗址H141、H52、H62、H77和H100中浮选出大量炭化稻米，仅在H77中就发现162粒。这批炭化稻米多为扁椭圆形，质脆呈黑色，对其中的280余粒进行统计发现，其长宽之比均在2左右，经鉴定确认属于粳米。且所见标本大多数完整无损、颗粒饱满。与粳米共存的还有黍等农作物及一些野生植物的颗粒或果核[4]。在杨家圈遗址的红烧土中发现有农作物遗存。杨家圈遗址龙山文化房屋大多被烧毁，墙壁和屋顶的草筋泥都被烧成红烧土。草筋泥中掺杂了许多谷类作物的草叶和少量谷壳，墙皮中主要掺杂的是小米一类的皮壳。在H6和H9中出土的红烧土经鉴定，都夹有稻壳的印痕，稻粒已炭化，稻颖壳椭圆形具二脉，颖壳宽为3—3.5毫米，长为5—6毫米。现代粳稻谷粒宽度为3.2—3.5毫米，长为6毫米；籼稻谷粒宽为2.5毫米，长为6.5—7毫米。杨家圈稻谷的形态特征与现今的粳型稻种相似（椭圆形），而与籼形稻种（长扁形）有较明显不同。在土块中还有稻叶、茎秆的印痕，脉纹清楚。因此断定其为普通栽培稻种，并可能属于粳稻。杨家圈遗址水稻的发现是目前已知的史前栽培稻纬度最高的一个地点[5]。

黄河中上游地区也有种植水稻。庙底沟二期文化案板遗址稻的灰像发现，说明4000多年前，陕西关中西部已有稻的存在。案板遗址南临东流的沣河，东傍南去的美阳河，处于两河交汇处的黄土台塬上。东部为美阳河西岸的梯田状阶地，北部地势平坦，灌溉条件较好。尤其是沿河两岸，极易开辟出小片稻田。扶风县一带还具有雨热同季的气候特色，对稻类作物生长具有重要意义，由于降水集中在夏季半年，气温高，雨水充足。此时正是北方水稻的拔节、孕穗、抽穗、开花时期，需大量水分，这时多雨，对稻谷生长发育是极为有利的。在扶风案板遗址三期中出土的一个陶罐内发现大量已完全钙化的稻和豆类颗粒[6]。可以肯定，这陶罐是当时人们用来装盛稻粒和豆粒的，从侧面说明了新石器时代晚期稻类在扶风案板一带栽培的可能性。王湾三期文化的人们不仅以粟作为主要的种植对象，在某些地区，人们还种植水稻。李楼遗址出土的炭化稻米，经植物学家鉴定，确认有人工栽培的籼稻和粳稻两种[7]。这些发现为研究王湾三期文化的农业提供了直接的物证。在陶寺遗址也曾浮选出大米粒[8]，但不能确定是陶寺居民种植的稻谷，还是从外面输入的。

华南地区的石峡文化，在遗址文化层、窖穴、墓葬中也发现了大量的炭化米粒、稻谷、稻壳和稻秆等，经鉴定属于栽培稻籼型稻和粳型稻两种，以籼稻为主。结合遗址中出现的较多的农业生产工具，证明当时种植农业已成为人类主要的生产活动。但是，发现的稻粒中，许多子粒不够充实饱满，

---

1 林留根等：《江苏连云港藤花落发现龙山文化稻田遗迹》，《中国文物报》2000年7月9日；南京博物院等：《江苏连云港藤花落遗址考古发掘纪要》，《东南文化》2001年第1期，第35—38页。

2 中国社会科学院考古研究所：《尧王城遗址第二次发掘有重要发现》，《中国文物报》1994年1月23日。

3 靳桂云、吕厚远、魏成敏：《山东临淄田旺龙山文化遗址植物硅酸体研究》，《考古》1999年第2期，第82页。

4 孔昭宸、刘长江、何德亮：《山东滕州市庄里西遗址植物遗存及其在环境考古学上的意义》，《考古》1999年第7期，第59页。

5 山东大学东方考古研究中心等：《山东栖霞县杨家圈遗址稻作遗存的调查和初步研究》，《考古》2007年第12期，第98页。

6 西北大学文博学院考古专业：《扶风案板遗址发掘报告》，北京：科学出版社，2000年。

7 中国社会科学院考古研究所河南一队：《河南汝州李楼遗址的发掘》，《考古学报》1994年第1期，第63—97页。

8 中国社会科学院考古研究所山西队、山西省考古研究所、临汾市文物局：《山西襄汾陶寺城址2002年发掘报告》，《考古学报》2005年第3期，第307—346页。

大小不一，反映了当时品种的纯度较差，种植技术还比较原始。元谋大墩子遗址窖穴内也出土了残存的稻谷粉末[1]。台湾省台北地区发现的芝山岩文化遗存中发现了较多的炭化稻米，米粒较小，形体粗胖，长约4.2毫米，宽约2.5毫米，发掘者认为是人工栽培的粳稻[2]。

## （二）工具的进步

这时期，在各个区域内反映稻作农业发达程度的农业生产工具都有一定程度的发展，尤以良渚文化最为进步。主要是形成了种类较多的成套的农业工具。良渚文化的石质农业工具有犁、斜柄破土器、耜、犁、耘田器、镰、刀等，大都制作精细，另有角锄、木平田器等一整套农具（图4-1）。

石斧，良渚文化石斧平面多呈长方形，截面左右对称，器形较为规矩，长度在10—20厘米之间。良渚文化石斧的石料材质包括石英角斑岩、辉绿岩、凝灰岩等。

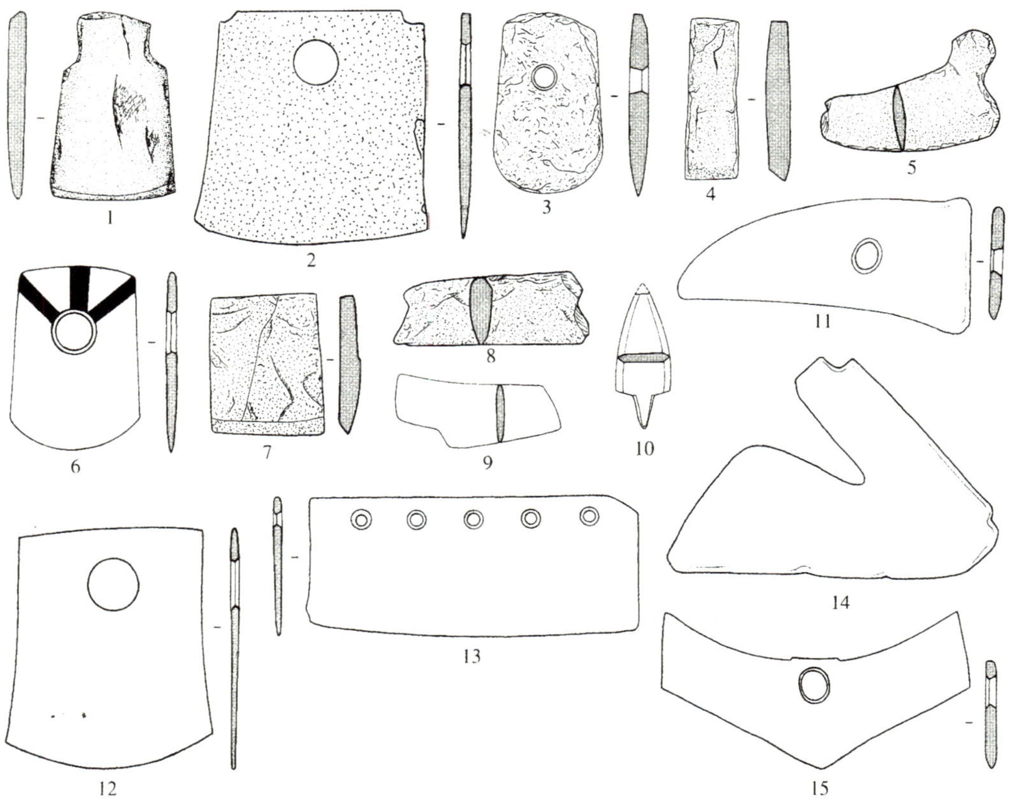

图 4-1　良渚文化石器
1. 铲（福泉山 M53:17）　2. 钺（张陵山）　3. 斧（张陵山）　4. 锛（张陵山）　5. 带柄刀（寺墩 M3:44）　6. 彩绘钺（反山 M16:44）　7. 有段锛（寺墩 M4:79）　8. 残刀（寺墩寺墩 M3:9）　9. 带柄刀（千金角 M3:3）　10. 镞（平邱墩 M12:4）　11. 镰（徐步桥 M4:1）　12. 钺（寺墩 M3:55）　13. 多孔刀（福泉山 M40:79）　14. 刀（海盐石泉高地）　15. 耕田器（徐步桥 M10:2）

石钺，器身较薄，并且开有圆孔。良渚文化时期的石钺最明显的特点是，石材的选用遵循了一定的原则，不同型式的石钺对应着不同质地的石材。据研究，梯形弧刃钺多为软质凝灰岩质地；舌状钺几乎均以硬质熔结凝灰岩质地制成；长方形钺多为黏板岩或凝灰岩质地；“风”字形石钺多以黏板岩

1 云南省博物馆：《元谋大墩子新石器时代遗址》，《考古学报》1977年第1期，第43—164页。

2 游学华：《介绍台湾新发现的芝山岩文化》，《文物》1986年第2期，第31—36页。

或角页岩制成。各种质地的石材呈现的颜色、质感、纹理以及光泽各不相同，石材质地与石钺型式的对应关系，使不同形态石钺之间的界线与区别得到强化，具体用途可能有细致的区分。

多孔石刀。良渚文化时期多孔石刀多为双孔，也有三孔以上者，一般长20厘米，器宽7—8厘米。

带柄石刀。良渚文化带柄石刀分为三式。Ⅰ式柄部平直，与刃部斜对；Ⅱ式上缘一端或略偏内侧的部位带有一个提纽状的小把手；Ⅲ式带有一个大型把手，把手与刃部构成直角，也可以描述为“靴形”。此类石器的石材质地一般为角页岩或流纹岩。

半月形石刀，半月形薄片石器，质地不一，应为一种切磨用具。

凸字形石刀，器身呈凸字形，上端中部纵向做出把柄。器表未经细磨，刃部以外部位留有很多打制痕迹。石材多为角页岩。

石镰，形制与后世金属镰的形制相似，有双面刃和单面刃之分，以单面刃器物为大宗。尺寸大小各异，器身长度在5—30厘米之间，长约20厘米者居多。就石材而言，良渚文化石镰大多为角页岩质地，也有以黏板岩制成者。

耘田器，一般器身中部有一圆孔，两端上挑呈翅翼状，器形大多比较平直，两翼上挑不明显。根据刃部形状变化，耘田器还可细分成若干式样，但主要为尖角刃和圆弧刃两种。据研究显示，尖角刃耘田器主要分布于太湖以南地区，圆弧刃耘田器主要见于太湖以东、以北地区[1]。

石犁，是一种三角形有孔石器。石犁应配置有木质垫板，装置方法推测可分两种：一种是将三角形石犁单独固定于木质垫板上组成完整犁具，长度30厘米以上大尺寸石犁应该都是如此装置后使用；另一种是将三角形石犁作为犁头，与两块不规则长方形的带孔石板组成套件装置于木板上，三角形犁头部分应以小尺寸器物为主。平湖庄桥坟遗址出土有“组合式”石犁的完整实物[2]。

破土器，大致可分为两大类：一类呈靴形，顶端延伸出宽大的柄部；另一类为三角形，可细分为两式，Ⅰ式器身一侧凿有若干圆孔用于缚系木柄，器身顶端延伸的柄部十分窄小，Ⅱ式器身开有凹槽用于缚柄。这种器物石材大多为角页岩。微痕观察显示，部分破土器器表有稻科植物的植硅石擦痕，因此，该类石器可能是一种用于稻田作业的农具[3]。靴形破土器与三角形破土器在形制上存在明显差异，且靴形破土器制作工艺较为粗糙，两者可能拥有不同的功用。

石耜，器身为直柄带双肩的凸字形，形状与有肩石钺相似。单面刃，磨制工艺粗糙。从此类石器的形制来看，其功能应近似于河姆渡文化和马家浜文化的骨耜，可沿器身纵向安装木柄，用于田间启土作业。

## 二、旱作农业的发达

### （一）旱地作物的发现

**粟、黍**

粟、黍的种植在黄河流域非常普遍，是这一地区主要的农作物品种。

东乡林家遗址有出土稷的报道，且数量较多。早期的H24，中期的H48、H56、H83、H88等以及F4灶旁、T57第4层灰土中，晚期的H19和F8、21内陶罐中以及T8第3层灰土中，都有发现。多数窖穴中遗存甚少，已成朽灰。唯H19和房址内陶罐中和遗留在灰层里的稷，多数或全部炭化，保存较好。尤以H19内的数量最多，保存最好。其杆、穗、谷粒、朽灰等的堆积层，中间厚约0.5米、边缘厚约0.3米，窖穴底径2.45米，以现堆积层计算，保存量约为2立方米。上面厚约0.2米的一层，已成为灰白色

1 [日]小柳美树：《石犁“破土器”耘田器》，《日本中国考古学会会报》7号，1997年。

2 浙江省文物考古研究所、平湖市博物馆：《浙江平湖市庄桥坟良渚文化遗址及墓地》，《考古》2005年第7期，第10—14页。

3 [日]中村慎一撰，刘恒武译：《略论良渚文化石器》，《浙江省文物考古研究所学刊》第8辑，北京：科学出版社，2006年，第364—371页。

的粉末；下面厚约0.3米的一层，保存尚好。尤其中间部分厚约0.2米的一层，其杆、穗、谷粒等，全部炭化，保存极好。从现存堆积物中，还可清楚地看到用稷的细枝将穗头捆成小把，整齐地堆放在一起。可见当时收割稷的方法，是将带细枝的穗头割下来，捆成小把晒干后集中储藏于窖穴中，食用时再取出进行脱粒。[1]

马家窑文化半山类型、马厂类型中也屡有农作物粟、黍发现。兰州青岗岔一座半山类型房址内出土黍[2]。青海乐部柳湾、甘肃永昌鸳鸯池两地马厂类型墓葬中，常见随葬有大陶瓮，瓮内普遍发现炭化粟。如鸳鸯池M134所出一件大陶瓮装有粟，瓮口上专用一石片盖住，按陶瓮容积计算可达66.9千克[3]。出土这么多的粟遗存说明当时居民是以粟为主要粮食的，而且有了相当多的粮食剩余可用作随葬品，这也进一步说明农业已有了一定的规模。柳湾M339内4件大陶瓮都装满了粟[4]。在青岗岔遗址的房址内一件彩陶罐底部发现了黍和黍秸[5]。齐家文化的经济生活以原始农业为主，人们已过着比较稳定的定居生活。主要是种粟。在大何庄遗址出土的陶罐中，曾发现粟壳[6]。



黄河中游地区庙底沟二期农业生产的发展还表现在储存粮食的窖穴结构的改进上。这时的窖穴多为口小底大的袋状坑，周壁和底加工整齐，光滑而平整，体形一般较大。有的还残存炭化了的粮食谷物。例如乔山底发现的两座"粮仓"，均为袋状坑，容积分别为25立方米和40立方米左右，坑底铺垫有一层用于防潮的红烧土，红烧土之上再垫木板，发现时，大量炭化了的粟类谷物颗粒形状清晰可辨[7]。而浒西庄也发现坑底垫板上残存炭化谷物的大型袋状坑，容积最大的达80立方米，反映了当时农业生产的发达[8]。有的这种大型储物坑还修建有规则的多层台阶，如浒西庄的H31、古城东关的H11[9]等。这样的结构在仰韶文化的窖穴中是未曾有过的。

王湾三期文化的经济基础是原始的粟作农业。人们主要以种粟为生，在许多遗址中都发现有炭化的粟类作物，农业生产有了很大的发展。

陶寺文化有专门的储粮窖穴，有的还是白灰面窖穴，窖穴中发现有炭化粮食颗粒和谷物皮壳。经过人骨的碳十三测定得知，当时居民是以粟为主食。通过对骨骼中碳十三的测定，了解食谱中C4类植物（其中农作物如粟、高粱）摄入量，占陶寺人食物的66.9%；而在西安半坡、宝鸡北首岭两遗址仰韶人中则平均占48.1%。可见陶寺人食用小米比陕西地区仰韶人显著增多。陶寺出土猪骨中C4类植物竟占71.5%，这意味着用较多的C4草类和作物喂猪，其中当包括喂食了小米或其谷糠麸[10]。

客省庄文化中，种植的作物以粟类谷子为主，同时也有小麦。客省庄[11]、赵家来和康家[12]等遗址的

1 甘肃省文物工作队、临夏回族自治州文化局、东乡族自治县文化馆：《甘肃东乡林家遗址发掘报告》，《考古学集刊》4，北京：中国社会科学出版社，1984年，第111—161页

2 甘肃省博物馆：《甘肃兰州青岗岔遗址试掘简报》，《考古》1972年第3期，第26—31页

3 肃省博物馆文物工作队、武威地区文物普查队：《甘肃永昌鸳鸯池新石器时代墓地》，《考古学报》1982年第2期，第199—227页

4 青海省文物管理处考古队、中国社会科学院考古研究所：《青海柳湾·乐都柳湾原始社会墓地》，北京：文物出版社出版，1984年。

5 甘肃省博物馆：《甘肃兰州青岗岔遗址试掘简报》，《考古》1972年第3期，第26—31页。

6 中国科学院考古研究所甘肃工作队：《甘肃永靖大何庄遗址发掘报告》，《考古学报》1974年第2期，第29—111页。

7 山西省考古研究所侯马工作站：《山西侯马乔山底遗址1989年Ⅱ区发掘报告》，《文物季刊》1996年第2期，第1—28页。

8 中国社会科学院考古研究所：《武功发掘报告——浒西庄与赵家来遗址》，北京：文物出版社，1988年。

9 中国历史博物馆考古部、山西省考古研究所、垣曲县博物馆：《垣曲古城东关——黄河小浪底水库山西库区考古报告之二》，北京：科学出版社，2001年。

10 中国社会科学院考古研究所山西队、山西省考古研究所、临汾市文物局：《山西襄汾陶寺城址2002年发掘报告》，《考古学报》2005年第3期，第307—346页。

11 中国科学院考古研究所编著：《沣西发掘报告》，北京：文物出版社，1963年。

12 陕西省考古研究所康家考古队：《陕西临潼康家遗址发掘简报》，《考古与文物》1988年第5、6期合刊，第214—228页。

灰坑中均有成堆的炭化粮食。经过科学鉴定，赵家来H1出土的炭化谷物为粟米[1]。

在黄河下游地区龙山文化两城镇、教场铺[2]都发现有农作物粟、稻，其中教场铺还存在有黍。杨家圈龙山文化遗存H6中的一块红烧土中掺杂了粟、黍的皮壳和茎叶，外墙皮中则有大量的粟粒及颖壳，脉纹印痕清晰。其中粟的粒度较小，黍的粒度较大[3]。

**麦**

客省庄文化赵家来F11墙皮草拌泥中的植物印痕为麦秆[4]。

在黄河下游地区龙山文化遗址中出土了明确的农作物小麦遗存，如山东聊城教场铺、日照两城镇[5]，还在兖州西吴寺龙山文化遗存中都检测到较多的似小麦花粉[6]。教场铺还有农作物粟、稻，后三处又都有黍。

总之，黄河中下游地区最晚自龙山时代起种植了小麦，一般都是在同样的旱地作物粟、黍占优势的情况下辅以小麦，此外又在条件允许的局部小区域兼种水稻。

## （二）农具

新石器时代末期，随着农业生产规模的扩大，农业生产工具也随之得到了改善，普遍使用耜、耒，促进了耕种方式的进步，黄河流域也普遍进入耜耕农业阶段。收割工具大量出现，主要是各种材质和形制的刀及镰类等，另有石斧。具体材质和形制在不同文化中各有特色。

黄河中游的庙底沟二期文化的生产力水平有了显著提高。农具种类有木耒、石耜、石铲、石刀、石镰、蚌镰和石斧等。收割工具占有的比例在全部农具中处于绝对多数，在浒西庄长方形的石刀占到全部农业工具的70%以上[7]。

木耒，是一种翻土工具。在庙底沟遗址发现过许多这种工具的使用痕迹，其形式为双齿形，齿径约4厘米，齿间距为4—6厘米，齿长约20厘米[8]。类似的遗物在古城东关也有发现[9]。

石铲，器身扁平，中部偏上部有一圆孔。通体磨制，个别有使用痕迹。

石刀，器身有长方形、上窄下宽的梯形、半月形或前大后小的三角形等几种，中部靠近刃处有一对钻而成的圆孔，通体磨光。

石斧，器身呈上窄下宽的梯形或长方体，横断面呈长方形，通体磨制，刃部有使用痕迹。

石镰，长条形，有一侧长边有刃。

龙山时代王湾遗址三期遗存中，出土的生产工具中作为翻土工具的有石铲、骨铲和木耜；作为收割工具的有石刀、石镰、陶刀和蚌镰等多种，石镰的普遍出现可能意味着对作物茎秆的利用更为重视；加工粟物的工具有石磨盘和石磨棒，而白灰面窖穴又提供了储藏谷物的良好场所。石镰和白灰面窖穴都是仰韶文化时期所没有的，它们的出现显示了王湾三期文化农业生产水平的提高[10]。

石斧，横剖面呈椭圆形或钝角长方形，刃部磨制较为锋利。

---

1 中国社会科学院考古研究所：《武功发掘报告——浒西庄与赵家来遗址》，北京：文物出版社，1988年。

2 贾笑冰、周海铎：《鲁西教场铺龙山文化遗址发掘获重要收获》，《中国文物报》2001年9月2日。

3 北京大学考古实习队、山东省文物考古研究所：《栖霞杨家圈遗址发掘报告》，北京大学考古学系、烟台市博物馆《胶东考古》，北京：文物出版社，2000年，第151—206页。

4 中国社会科学院考古研究所：《武功发掘报告——浒西庄与赵家来遗址》，北京：文物出版社，1988年。

5 中美两城地区联合考古队：《山东日照市两城镇遗址1998——2011年发掘简报》，《考古》2004年第9期，第7—18页。

6 文化部文化局田野考古领队培训班：《兖州西吴寺遗址第一、二次发掘简报》，《文物》1986年第8期，第45—55页。

7 中国社会科学院考古研究所：《武功发掘报告——浒西庄与赵家来遗址》，北京：文物出版社，1988年。

8 中国科学院考古研究所：《庙底沟与三里桥》，北京：科学出版社，1959年。

9 中国历史博物馆考古部、山西省考古研究所、垣曲县博物馆：《垣曲古城东关——黄河小浪底水库山西库区考古报告之二》，北京：科学出版社，2001年。

10 北京大学考古文博学院：《洛阳王湾》，北京：北京大学出版社，2002年。

石刀，有打制和磨制穿孔等几种，器身呈长方形，通体磨制，中间有穿孔，或是直背，弧刃，中间穿孔，器体较薄；骨刀，直刃，弓背，一端穿孔；蚌刀，刃在外沿，钻有双孔。

石镰，磨制，弓背凹刃。

蚌镰，比蚌刀更长些，刃在内侧。一端穿孔。

在陶寺遗址中，出现了一些具有不同用途的新型农具。作为翻土工具，既有石铲还有骨铲，又有木耒。这几种大型农具的出现提高了农业生产效率，同时也促进了大面积开垦种植，使农业产量大大增加。作为收割工具的石刀出土较多，就是证明。除石刀外，收割工具也使用陶刀和蚌刀[1]。

石铲，扁平磨光，长方形或梯形。

石斧，长舌形，坯较厚重，断面呈椭圆形，双面刃。

长方形石刀，扁平磨光，有平直刃和弧刃两种，均两面磨成。

犁状石器，体形厚大，外周沿呈锐角三角形，一边窄而较短，一边宽而较长，打制而未经修磨。

曲尺形石器，薄片磨光，长边较宽，短边稍窄，两面磨出锋刃，器形很小。

骨铲，一般用牛肩胛骨制成，上端尚保留有明显的臼窝，下端双面刃，两侧加工出凹槽，有清晰的绑缚痕迹。



木耒，未见实物，从灰坑壁上留存的痕迹来看应为双齿木耒。

在客省庄遗址龙山时期，农业生产工具种类和数量都有很大提高。石铲、骨铲等均是翻土耕作的工具；石刀、陶刀、蚌刀、石镰、蚌镰是各种各样的收割工具。据赵家来遗址统计，农业生产工具已占各种生产工具的45%[2]，以石刀最多。客省庄遗址的石刀占全部农业生产工具的85%[3]。

石斧，器身较窄，有的正反两面近平而稍隆起，均经打磨。两侧拐角圆钝，经过细致琢打。顶部为圆弧状，有打击痕迹，双面刃。有的则平面近长方形，剖面为椭圆形，器体较厚重，均磨制。除上述两种外，还有平、剖面均近长方形，两面刃，器形较规整；平面为长条形，器身扁平，由于使用较软的岩类，容易磨制，因而器形很规整。

石刀，制法有打制与磨制两种。有的器身两侧有缺口，有的平面为长方形，器身扁平，不穿孔；有的则器身中部靠刃处有圆形穿孔，穿孔均由两面钻成。有的平面为椭圆形，器身扁平。

石铲，上部残缺，磨制，器表光滑，器身宽平扁薄，三边均有刃。

石盘状器，打制，器身正反面的大部分亦留有较平滑的自然面，刃部较锋利，敲砸，刮割均可。

黄河上游的马家窑文化农业生产工具主要有石质的斧、锛、凿、刀、磨盘、杵、镰等。这些工具多为磨制，制造精致，形制规整。在柳湾出土1件石斧，它的顶端套入一根长木柄上端的銎中，成90度夹角，再用绳子捆缚结实，木柄长35厘米[4]。生产工具的改进必然会促使生产力的进一步发展。

黄河上游的齐家文化，农业仍然是主要的经济部门，秦魏家出土的生产工具以骨铲、石斧和石刀为主。骨铲多用动物的肩胛骨制成，铲身扁薄，宽刃，刃部锋利，是当时主要的挖土工具；石斧梯形或两侧带斜肩，宽刃磨光，当为挖土或砍伐林木的工具；石刀是人们普遍使用的收割庄稼的工具，长方形，穿孔磨光，比两侧带缺口的石刀要进步，劳动效率显然要提高[5]。

---

1 中国社科院考古研究所山西工作队、山西省考古研究所、临汾市文物局：《陶寺遗址1983—1984年Ⅲ区居住址发掘的主要收获》，《考古》1986年第9期，第773—781页；中国社会科学院考古研究所山西工作队、山西临汾行署文化局：《山西襄汾县陶寺遗址Ⅱ区居住址1999—2000年发掘简报》，《考古》2003年第3期，第3—17页；中国社会科学院考古研究所山西工作队、临汾地区文化局：《山西襄汾县陶寺遗址发掘简报》，《考古》1980年第1期，第18—31页；中国社会科学院考古研究所山西队、山西省考古研究所、临汾市文物局：《山西襄汾陶寺城址2002年发掘报告》，《考古学报》2005年第3期，第307—346页。

2 中国社会科学院考古研究所：《武功发掘报告——浒西庄与赵家来遗址》，北京：文物出版社，1988年。

3 中国科学院考古研究所：《沣西发掘报告》，北京：文物出版社，1963年。

4 青海省文物管理处考古队、中国社会科学院考古研究所：《青海柳湾·乐都柳湾原始社会墓地》，北京：文物出版社，1984年。

5 中国科学院考古研究所甘肃工作队：《甘肃秦魏家齐家文化墓地》，《考古学报》1975年第2期，第57—97页。

黄河下游的龙山文化，农业生产工具的数量在不断增加，可能表明农作物收获量的增加。农业生产工具主要以石、骨、蚌为原料，加工出多种用途的工具，包括有锄、铲、镰、斧、刀等。

石斧，磨制，平面略呈长方形，体厚重。

锛，平面呈长方形，体较扁薄，背面有折棱；呈长条形，体厚重；呈长方形，体较厚重；器体较小而扁薄，背面有折棱。

铲，器体扁平，略呈长方形；器体扁平略呈舌形。

刀，以一面刃的较多，凡穿孔的刀，它的穿孔位置都靠近背部。

据统计，龙山文化收割工具有明显增多的趋势，如三里河遗址的地层和废弃的窖穴内发现的石刀，属于大汶口文化时期的只有1件，属于龙山文化时期的有12件[1]。呈子遗址在大汶口文化时期还未发现有石刀，在龙山文化时期却发现了27件[2]。在姚官庄龙山文化遗址内发现石刀47件，还有镰刀5件[3]。东海峪龙山文化遗址内发现的石器，也以刀为多，还有镰刀出土。石刀的形制大多穿有双孔，整个器形略呈长方形、半月形和长条形等。在东海峪遗址内发现的刀，除双孔的外，还有穿三孔、四孔的[4]。收割工具的石刀，比大汶口文化时期明显地增多，反映了收获量的增加；在龙山文化遗址中，虽然很少发现石质的农耕工具，但有相当数量的磨光精致的锛、凿等木器加工工具，如三里河遗址的地层和墓葬中发现的锛、凿，在大汶口文化时期有43件，龙山文化时期有72件，增加了将近一倍。呈子遗址的大汶口文化中，锛、凿发现了5件，龙山文化中有31件，增加了6倍。姚官庄龙山文化遗址中发现锛、凿8件，又有通体磨光、形制较小的斧24件。这种小型的通体磨光的斧，不可能作为砍伐工具，很可能也是一种加工工具。木器加工工具比大汶口文化时期有了显著增长，从一个侧面说明了木制农具在不断地增加。此外，在呈子等遗址中发现有石铲、石镢和骨铲等，都是农业生产中有效的农具[5]。

## 三、其他作物

### 麻

麻可能是当时编织物的主要原料之一，在长江和黄河流域地区均有种植。

东乡林家遗址出土的大麻籽见于F8中一个完整的和两个残破的粗陶罐中，破陶罐仅存底部，套在一起。大麻籽主要盛于上面的陶罐内，全部炭化，保存甚好，果实多数完整[6]。

陶寺发现有较多麻制品遗存，M1650内尤为集中，包括有网状麻类编织物、平纹织物、麻绳等。这些麻制品原料当来自农作物大麻[7]。

钱山漾出土的平纹麻布残片和细麻绳，经鉴定均为苎麻制品[8]。苎麻宜在高温潮湿地区生长，在此之前，黄河长江流域早已发现了人工种植的大麻，推测良渚文化苎麻应已属栽培的农作物。

---

1 中国社会科学院考古研究所：《胶县三里河》，北京：文物出版社，1988年。

2 昌潍地区文物管理组、诸城县博物馆：《山东诸城呈子遗址发掘报告》，《考古学报》1980年第3期，第326—385页。

3 山东省博物馆：《山东潍坊姚官庄遗址发掘简报》，《考古》1963年第7期，第347—350页。

4 山东省博物馆东海峪发掘小组；日照县文化馆东海峪发掘小组：《一九七五年东海峪遗址的发掘》，《考古》1976年第6期，第378—382页。

5 吴汝祚：《海岱文化区的史前农业》，《农业考古》1985年第1期，第103—109页。

6 甘肃省文物工作队、临夏回族自治州文化局、东乡族自治县文化馆：《甘肃东乡林家遗址发掘报告》，《考古学集刊》4，北京：中国社会科学出版社，1984年，第111—161页。

7 中国社会科学院考古研究所山西工作队、临汾地区文化局：《1978—1980年山西襄汾陶寺墓地发掘简报》，《考古》1983年第1期，第30—42页。

8 浙江省文物管理委员会：《吴兴钱山漾遗址第一、二次发掘报告》，《考古学报》1960年第2期，第73—91页。

**蔬菜与瓜果**

蔬果以长江下游地区发现最多。以良渚文化为例，在江苏吴江龙南遗址出土过葫芦籽[1]；杭州水田畈出土有西瓜籽、核桃和枣核[2]；在浙江吴兴钱山漾遗址更是先后出土较多的植物子粒，经鉴定可能包括有花生、蚕豆、芝麻、甜瓜、菱角、酸枣核等等，当时由于标本多严重炭化或残破，某些鉴定结果可能存疑[3]。

王湾三期文化驻马店杨庄遗址孢粉分析结果获知，当时栽培有芝麻、蓼、菜豆等作物[4]。

## 四、家畜与饲养业

农业的发展促进了饲养业的发展，使之成为中国传统农业的组成部分。新石器时代末期主要的家禽家畜有鸡、狗、猪、牛（水牛、黄牛和西藏地区的家牦牛）、羊（绵羊和山羊）等。中国古代所谓的“六畜”中除马之外，猪、牛、羊、犬、鸡都已被育成稳定的家畜品种，成为人们肉食的主要来源。



黄河中游的庙底沟二期农业的发展也促进了家畜饲养的发展。庙底沟遗址发现的26个灰坑中出土的家畜骨骼数量，大大超过了同地仰韶文化168个灰坑所出土的家畜骨骼数[5]。这时的家畜家禽有猪、牛、羊、狗和鸡，其中猪和狗的饲养最普遍。涧口[6]和古城东关遗址[7]的灰坑内甚至发现有完整的猪、狗骨架。

中原地区龙山时代的王湾三期文化除农业外，人们饲养有狗、猪、牛、羊等家畜。后冈二期文化中，人们也饲养猪、狗、牛、山羊、马、鸡、猫等家畜和家禽。陶寺遗址中发现了大量的动物骨骼，既有野生动物，也有家畜，如猪、牛、羊、狗等。出土的家畜骨骼中，以猪骨最多，尤其是大量用猪来随葬。陶寺墓地有的中型墓随葬猪下颌骨数十副至上百副，有的大型墓随葬经肢解的整头猪，显示出对养猪的重视和发达程度[8]，说明猪的饲养占有重要地位[9]。客省庄二期文化中，家畜种类有猪、牛、羊、狗等，其中家猪骨骼最多。客省庄发现的家牛有黄牛和水牛[10]。赵家来遗址还发现有饲养家畜的方形栅栏畜圈两处，一处为单间，另一处为双间，前者面积近10平方米，四周沟槽内有密集的柱洞[11]。

黄河下游的龙山文化，饲养的家畜家禽发展也非常明显，饲养的种类以猪为主，兼有牛、羊、鸡、狗等。猪在龙山文化被广泛饲养，是人们肉食的主要来源。在许多遗址中都能见到大量破碎的猪骨。

---

1 苏州博物馆、吴江县文物管理委员会：《江苏吴江龙南新石器时代村落遗址第一、二次发掘简报》，《文物》1990年第7期，第1—32页。

2 浙江省文物管理委员会：《杭州水田畈遗址发掘报告》，《考古学报》1960年2期，第93—106页。

3 浙江省文物管理委员会：《吴兴钱山漾遗址第一、二次发掘报告》，《考古学报》1960年第2期，第73—91页。

4 北京大学考古学系、驻马店市文物保护管理所：《驻马店杨庄》，北京：科学出版社，1998年。

5 中国科学院考古研究所：《庙底沟与三里桥》，北京：科学出版社，1959年。

6 河南省文物研究所：《河南灵宝涧口遗址发掘报告》，《华夏考古》1989年第4期，第10—47页。

7 中国历史博物馆考古部、山西省考古研究所、垣曲县博物馆：《垣曲古城东关》，北京：科学出版社，2001年。

8 中国社会科学院考古研究所山西工作队、临汾地区文化局：《1978—1980年山西襄汾陶寺墓地发掘简报》，《考古》1983年第1期，第30—42页。

9 中国社会科学院考古研究所山西工作队、临汾地区文化局：《1978—1980年山西襄汾陶寺墓地发掘简报》，《考古》1983年第1期，第30—42页；中国社会科学院考古研究所山西队、山西省考古研究所、临汾市文物局：《山西襄汾陶寺城址2002年发掘报告》，《考古学报》2005年第3期，第307—346页；中国社会科学院考古研究所山西工作队、临汾地区文化局：《山西襄汾县陶寺遗址发掘简报》，《考古》1980年第1期，第18—31页。

10 中国科学院考古研究所：《沣西发掘报告》，北京：文物出版社，1963年。

11 中国社会科学院考古研究所编著：《武功发掘报告——浒西庄与赵家来遗址》，北京：文物出版社，1988年。

如在尹家城[1]、西吴寺遗址[2]出土的全部动物骨骼中，家猪骨骼所占的比例分别为29.6%和43%，其比例之高可基本反映出猪在当时饲养业中是占有主导地位的。另外，某些墓葬仍然流行用猪下颌骨随葬的现象，特别是在一些大中型墓葬中，如尹家城M15随葬猪下颌骨20件，三里河M134随葬猪下颌骨14件[3]，也从一个侧面反映出猪被大量饲养的事实。

牛、羊在龙山文化家畜的饲养中占有一定比例，由于牛、羊的易于饲养性和饲料来源的广泛性，使得牛、羊的饲养得到普遍的重视。如在鲁家口遗址发现了分属于30多个个体的牛骨骼[4]。

狗是另外一种一直被大量饲养的动物，在许多遗址中都能发现大量狗的骨骼，如尹家城、三里河等。此外，在一些遗址中还发现埋有整狗的灰坑，可能具有特殊意义。教场铺遗址用整狗进行奠基，将狗埋葬在房址的基槽或台基内。这都从一个侧面反映了狗的饲养状况。鸡的骨骼发现的地点相对较少，在鲁家口发现了15件。

在黄河上游地区，马家窑文化晚期遗存中发现，当时人们饲养的家畜的种属有猪、狗、羊等，以猪为主。东乡林家遗址出土的兽骨，种类和数量都较多，家畜主要有猪、狗、牛、羊、鸡等[5]。

稻作农业的发展促进了家庭饲养业的发展，长江流域地区主要饲养的家畜家禽有猪、狗、水牛和鸡。猪和鸡是人们肉食的主要来源，狗是看家护院和出猎的帮手，水牛可能还用作畜力（如水田踏耕）。

长江中游的石家河文化，人们饲养有猪、狗、牛、羊、鸡等家畜。

在长江三角洲的良渚文化龙南[6]、马桥[7]等遗址发现有水牛、狗、猪的骨骼，都属家畜。

在西藏地区的卡若文化中，家畜只有一种——猪。在曲贡文化的遗址出土了大量兽骨，经鉴定属于家畜的有牦牛、藏绵羊和狗。曲贡家牦牛个体不大，细角，是迄今所知的最早的家牦牛遗存。牦牛源于西藏高原，家牦牛的驯养在曲贡文化时期就已经完成了。曲贡绵羊为藏系大角绵羊，体形很大，当是由西藏野生盘羊驯化得来。牦牛和绵羊这两种家畜遗骸的出土，表明农牧结合的经济模式在西藏地区很早就出现了。当然这两种高原家畜驯化成功的年代，可能要早出曲贡人生存的年代[8]。

## 五、酒器与农业

大量酒器的存在，甚至其中的一部分应用了当时最高的制陶技艺加以制作，并被尊为礼器，说明酒在新石器时代末期仍然盛行，这也是农业经济发展的结果。

新石器时代末期酒器又出现了很多新的形制，以龙山文化为例，当时的酒器中，盛酒器除了大汶口文化时期就有的罐、尊、壶等外，新出现了罍；饮酒器中，蛋壳高柄杯流行，此外还有单把杯、三足杯等；温酒器流行袋足鬶。

罍，以细泥做坯，坯成后经过反复地细致打磨，并在还原焰中进行烧制，出窑后器表面光彩照

1 山东大学历史系考古教研室：《泗水尹家城》，济南，山东大学出版社，1990年。

2 文化部文物局田野考古领队培训班：《兖州西吴寺遗址第一二次发掘简报》，《文物》1986年第8期，第45—55页。

3 中国社会科学院考古研究所：《胶县三里河》，北京：文物出版社，1988年。

4 中国社会科学院考古研究所山东工作队、山东省潍坊地区艺术馆：《潍县鲁家口新石器时代遗址》，《考古学报》1985年第3期，第313—351页。

5 甘肃省文物工作队、临夏回族自治州文化局、东乡族自治县文化馆：《甘肃东乡林家遗址发掘报告》，《考古学集刊》4，北京：中国社会科学出版社，1984年，第111—161页。

6 苏州博物馆、吴江县文物管理委员会：《江苏吴江龙南新石器时代村落遗址第一、二次发掘简报》，《文物》1990年第7期，第1—32页。

7 上海市文物管理委员会：《上海市闵行区马桥遗址1993—1995年发掘报告》，《考古学报》1997年第2期，第197—236页；上海市文物管理委员会：《上海马桥遗址第一、二次发掘》，《考古学报》1978年第1期，第109—137页。

8 中国社会科学院考古研究所：《拉萨曲贡》，北京：中国大百科全书出版社，1999年。

人，有的器皿历经四五千年之久，出土时依然熠熠生光。其器形一般高领，广肩，深腹，为了便于搬运，多在肩部安装两个对称的贯耳，为防止内装酒类或食物挥发或变质，一般都带有盖。龙山文化的陶罍器身多以弦纹装饰。

袋足鬶，平口，流部高高扬起，粗颈与腹部相连，有的颈腹连为一体，下接三个大空袋足，袋足下有实足跟。

蛋壳高柄杯，陶胎仅几毫米厚度，黑陶，一般有盘式宽沿下接竖直圜底器身形成杯身部分，下附高柄，柄部有粗细之分，但均有外展的底座，多施加镂孔作为装饰。

良渚文化的盛酒器皿为形制式样变化丰富的各类罐、壶，其不仅制作精细，外形美观，而且设计适用。上海福泉山遗址第2号墓出土的一件陶罐，胎质细腻，器表还抹一层闪闪发亮的黑衣，陶罐敞口，高领，圆球形大腹，并带一个圈足，上面还附一碗式盖。第4号墓出土的一件陶壶，造型设计巧妙，顶上是一个喇叭状柄的盏式盖，口部及颈部略呈喇叭状，腹部扁鼓，呈算盘珠形，下附一高圈足，造型虽然富于变化，但整体上给人以线条流畅的感觉。第3号墓出土的一件带流壶则与现代人们使用的一种热水瓶极为相似，盖与口、流完全相合，利于密封。第2号墓出土的壶则与第3号墓出土的同类器有异曲同工之妙，只是其腹部更加圆鼓，下部附有三个小足[1]。

## 六、采集与渔猎

农业与家畜饲养业的发展，势必引发渔猎采集经济地位的下降。但是它却始终作为史前人类生活不可或缺的补充在新石器时代末期依然存在着，不同地域考古学文化渔猎采集经济占有的比重有一定差异，根据各地自然环境的特点，人们进行渔猎或采集的对象及手段也有着一定的差别。

黄河上游的马家窑文化晚期遗存中发现有石镞、骨镞、石弹丸等狩猎工具，说明当时居民还从事狩猎活动，以扩大食物的来源。

黄河中游庙底沟二期文化中，渔猎是当时人们的辅助性经济手段之一。各遗址的灰坑中都发现有许多石、骨、蚌镞和石矛、石球、骨鱼钩、石网坠等渔猎工具，同时也发现有鹿、马鹿、狐、虎、野猪及鱼的骨骼。在客省庄二期文化遗址中往往发现许多鹿骨、鹿角、鱼骨、田螺壳等，而石镞和骨镞、骨鱼钩、骨鱼叉等都是渔猎工具，客省庄的骨鱼钩形制已接近于现在的铁鱼钩。王湾三期文化遗存中，发现有石矛、石镞、石弹丸、石网坠、骨镞、鱼镖、鱼钩等，此外还有少量的蚌、角陶质工具，如蚌镞、角锥、陶刀等，都反映了当时的人们过着以农业为主，以渔猎为辅助性经济的丰富多彩的生活。在后冈二期文化遗存中发现有丰富的骨器和蚌器，其中骨器有锥、针、镞、匕、铲等，蚌器有刀、镰、锛、镞等。此外，还发现用于渔猎采集的石器，包括镞、矛、刀、杵臼、磨盘、磨石等。从选料和数量上可以反映出当时的渔猎生活。陶寺文化遗址出土了用于渔猎采集的工具如石刀、磨盘、磨棒、球、镞、网坠等。骨器工具有锥、镞等。

黄河下游的龙山文化，伴随着农业和饲养业的繁荣，人们的食物和肉食来源基本有了保障，渔猎和采集经济也退居到次要和从属地位。发现的渔猎工具有石、骨、陶、蚌质的镞、矛、网坠、鱼钩、鱼镖等，狩猎对象主要是鹿、獐、獾等食草动物。

北方地区的小珠山上层文化，渔猎采集对象以鹿、獐、鱼、蚌等，并以其骨骼制作各种骨器，渔猎采集工具包括了石镞、石网坠、杵臼、磨棒、磨盘等。

长江中游的石家河文化遗址中发现了用于渔猎采集的石刀、石镞等，其中石镞的数量和形制较多。相比之下，长江三角洲的良渚文化、樊城堆文化，以及四川地区，却鲜见渔猎采集的工具等相关遗存。

由于特殊的地理环境，华南地区的考古学文化居民仍然以渔猎采集为主要生活来源。昙石山文

1 上海市文物管理委员会：《上海青浦福泉山良渚文化墓地》，《文物》1986年10期，第1—25页。

化遗址均为贝丘遗址，文化层中包含有大量的淡水或海产的贝壳，如昙石山遗址的贝壳堆积厚达3米多[1]。同时在昙石山和溪头遗址[2]还发现大量陆生动物遗骸，种类有虎、棕熊、印度象、叶猴、犀牛、梅花鹿、水鹿、牛等。昙石山、溪头、庄边山[3]3处贝丘遗址都位于闽江下游两岸，离闽江口60余千米。距离闽江口约100余千米的闽江口水电站下濮坝址钻探资料显示，在全新世以来的海侵时期，今日闽江下游两岸的福州平原，为福州古海湾，自商周以后，福州平原才逐渐形成。可知上述贝丘遗址位于海生资源十分丰富的海滨或处在四面临水的小山丘上。据孢粉分析判断，贝丘遗址附近的缓坡山岗，植被十分茂盛，有大量蕨类草木植物和少量的松栎树乔木。这些苍郁的天然植被和野生动物群表明，新石器时代末期这里属海洋亚热带气候。良好的气候条件和丰富的水陆生动植物资源，使昙石山人可以在小的地理区域内获取多种多样的水陆生食物资源，以维持最基本的日常生活需求。从遗址中发现的大量水、陆生动物遗骸及生产工具来看，昙石山文化表现的是以渔猎和采集为主的经济形态，无明显的种植农业的痕迹。

台北圆山文化遗址中出土了用于渔猎采集的工具包括了石器、骨器、铜器。其中石器包括网坠、凿、矛、镞等。骨器有镞、矛、锥、凿以及带倒钩的鱼镖。铜器仅发现一件两翼式的青铜镞。台北芝山岩文化遗址中出土了用于渔猎采集的工具，石器：包括网坠、凹石、杵、镞等；骨器有锥、凿、鱼镖等，另有鹿角器、牙器等。从遗址中发现的大量的鹿、猪、狗、鱼、蟹、龟等骨骼来看，捕捞和狩猎在人类的生活中仍占据着重要的位置。

西藏地区的卡若人还使用石矛、镞球等狩猎工具，猎获狐、獐、马鹿、狍、藏原羊、青羊、鬣羚等[4]。曲贡人在农牧之外，另一个重要的经济来源就是狩猎。遗址不仅出土了大量狩猎工具，也发现了许多野生动物骨骸，种类有马鹿、麝、野猪、藏野驴等。在灰坑中还发现了一些鱼骨，表明渔业也是当时的一个辅助经济手段[5]。

新疆存在一个以广泛使用细石器工具为标志的发展阶段，其经济形态应当是以狩猎和采集经济为特点的。

## 第三节　新石器时代末期的手工业技术

### 一、陶器

新石器时代末期，陶器的制作工艺较晚期又有了很大的进步，主要表现在原料处理中工艺的改进、成型技术中快轮的普遍使用及技术的提高和模制技术的进步、烧制过程中匣钵的使用及窑炉温度的控制和黑陶的巨大成功。

#### （一）制法

原料加工处理的进步，更多地体现在对原料的粉碎和黏土的陈腐处理上。这一时期对陶土的选

---

1 华东文物工作队福建组、福建省文物管理委员会：《闽侯昙石山新石器时代遗址探掘报告》，《考古学报》1955年第2期，第53—68页；福建省文物管理委员会、厦门大学人类学博物馆：《闽侯昙石山新石器时代遗址第二至四次发掘简报》，《考古》1961年第12期，第669—672页；福建省博物馆：《闽侯昙石山遗址第六次发掘报告》，《考古学报》1976年第1期，第76—119页；福建省博物院：《闽侯昙石山遗址第八次发掘报告》，北京：科学出版社，2004年；福建博物院、福建省昙石山遗址博物馆：《闽侯昙石山遗址2004年考古发掘简报》，《福建文博》2010年第1期，第1—12页。

2 福建省博物馆：《闽侯溪头遗址第二次发掘报告》，《考古学报》1984年第10期，第459—501页。

3 福建省博物馆：《福建闽侯庄边山遗址发掘报告》，《考古学报》1998年第4期，第171—227页。

4 西藏自治区文物管理委员会、西川大学历史系：《昌都卡若》，北京：文物出版社，1985年。

5 中国社会科学院考古研究所：《拉萨曲贡》，北京：中国大百科全书出版社，1999年。

择更有针对性，对有些特殊器物采用高岭土或将陶土淘洗得非常细腻，其中最具代表性的陶器制品是磨光黑陶器、蛋壳黑陶器和白陶器等。龙山文化居民选择的作为烧制陶器的原料，除按照所需制作器类的功能要求进行除杂、淘洗、沉淀等处理外，对如黑陶高柄杯一类对陶土细度要求极高的陶器，还需进行特别的淘洗和粉碎处理。龙山文化凡成型的黑陶高柄杯、觚形杯或是筒形杯，其黏土细度在200目上下，而龙山人在制作蛋壳黑陶杯时所选择的黏土，其细度有时可达到300目。成型的陶坯越薄，选用的黏土就越细，这是龙山文化陶器用料的一个特点。

制作黑陶高柄杯类陶器时，坯料的制备方法是将黏土踩炼或捏炼，然后再放置一段时间，使黏土陈腐，待到要成型时再将黏土捏炼和揉炼一番，使之成为符合成型要求的坯料。使用经过陈腐的

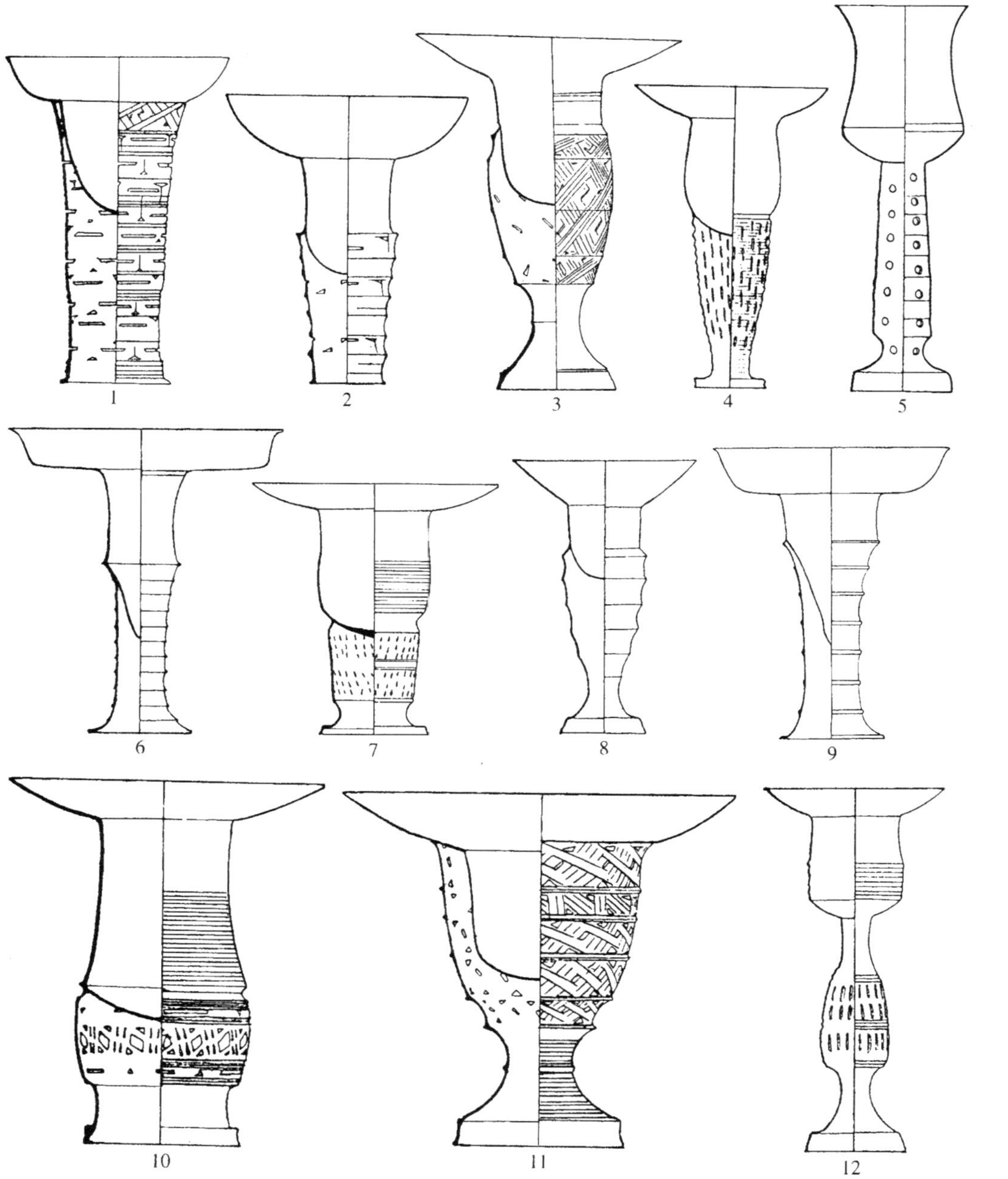


图 4-2　龙山文化蛋壳陶高柄杯
1. 高柄杯（三里河 M240:14）　2. 高柄杯（三里河 M298:1）　3. 高柄杯（三里河 M2116:1）　4. 高柄杯（东海峪 M307:4）　5. 高柄杯（东海峪 M310:1）　6. 高柄杯（尹家城 M138:15）　7. 矮柄杯（三里河 M2108:7）　8. 高柄杯（东海峪 M302:3）　9. 高柄杯（三里河 M2100:5）　10. 矮柄杯（姚官庄 M10:14）　11. 矮柄杯（姚官庄 M10:5）　12. 高柄杯（东海峪 M303:1）

坯料，并在成型之前加以揉炼，再在陶轮上捧托、压挤炼泥，这样才能使坯料符合成型要求。

快轮制陶技术在新石器时代晚期已然出现，并在大汶口、屈家岭等文化中得到普及，进入新石器时代末期，该技术的应用更加广泛，在绝大多数考古学文化中发现了轮制陶，只是应用程度有所区别而已。

在“成型”工艺中出现了镟削工具“刀”与“刀架”。为使器形更加规整化，龙山文化陶工在陶轮成型阶段，是将在陶轮上炼好的坯料压挤成几何体圆台后，再将刀具插入圆台中心，然后再逐渐向外压迫坯壁，使坯壁依照人们的要求产生可塑性变形而向外扩展向上升高。又将刀具放在陶坯外壁向里压迫陶坯，使其向上升高并向里收缩。

新石器时代末期对陶轮速度与平稳性的控制水平也提高了。黄河下游的山东龙山人，在制陶上熟练地掌握了快轮急速旋转的技术，制作出了黑色的精致饮食器皿。这种器皿，把乌黑铮亮的色调、匀称规整的器形、线条流畅的器身轮廓，紧密地结合在一起，形成与彩陶圆润浑厚的造型迥然不同的风格，其代表作品胎壁薄到1毫米，这就是龙山人创造使用的著名的饮食器精品——黑陶蛋壳杯（图4-2）。蛋壳陶黑如漆、明如镜、薄如纸、硬如瓷，其外表虽然素朴无饰，或仅有若干弦纹，但龙山人的黑陶不以纹饰为重，却以造塑见长，给人挺拔秀丽、体态轻盈的美感，在我国陶器发展史上，达到了完美的境界。良渚遗址中也发现了快轮制陶的精品。该文化制作精美的黑皮陶器，器黑光亮，陶胎厚1.5毫米左右，器形以壶为主，还有豆、尊、簋、盆、瓿等。陶器火候高，质坚硬，敲击时有清脆响声，肩器还有镂孔、绞纹、竹节纹等装饰。

庙底沟二期文化的陶工创造了空三足器的模制法（图4-3），很快在中原地区流行，并不久即在黄河、长江流域推广。这种方法通常只用于袋足器（斝、鬲、甗、鬶、盉等）下半身的成型，而上半身则为手制或轮制。系指用泥条盘筑在模具（或实用袋足器）外面缠绕泥条，再经拍打（或滚压）成与模具（或袋足器）形状相同、大小相近坯体的方法。模具是模制法专用的工具，不同于陶垫。袋足模具有如发现于河南安阳市后冈遗址出土的鬲（或甗）的内模者，为空心，将它置于本遗址的袋足内正合适；也有如西安市沣西客省庄[1]、山西襄汾县陶寺的空心“鬲形器”者，三足合制的坯体可整体脱模或切开裆部，三足分别脱模。模制袋足既可三足分制，也可三足合制，整体脱模。后者鬲裆部内壁有从三足内模裆部翻印下来的反绳纹，山西垣曲县口头遗址[2]夹砂灰陶鬲，外表滚压竖绳纹，裆部按压横绳纹，袋足内壁有竖反绳纹，引人注目的是裆内壁布满横向反绳纹，却无拼接、手抹痕迹，这是三足合制整体脱模的直接证据，上半身

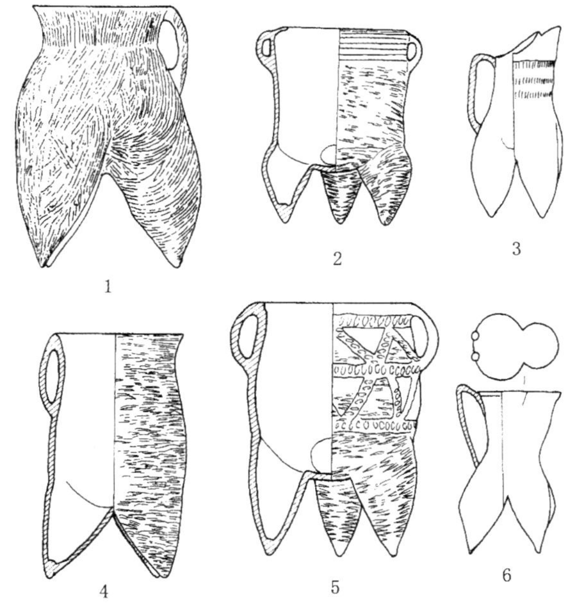


图4-3　客省庄遗址空袋足器
1. 鬲（客省庄 H174:1）　2. 斝（客省庄 H173）　3. 盉（客省庄 H74）
4. 鬲（客省庄 H179:2）　5. 斝（客省庄 H85）　6. 鬶（客省庄 H6）

1 中国科学院考古研究所：《沣西发掘报告》，北京：文物出版社，1963年。

2 中国社会科学院考古研究所山西工作队：《山西垣曲古文化遗址的调查》，《考古》1985年第10期，第875—884页。

用两圈泥条筑成，留有泥条缝隙，肩内壁有陶垫窝二周[1]。在垣曲丰村[2]、曲沃方城[3]、襄汾陶寺[4]也有这样模制的鬲。

陶坯做好后用精制的泥浆刷在刚成型出来的陶坯表面，再用手或软皮毛之类轻轻摩擦，就可擦出光泽，或用光滑的工具在坯体表面来回的打磨，使器物表面光滑发亮。经过这样磨光后的胎体表面致密光洁、细腻光润，就算经过高温烧制，它本身的亮度也不会减小。

黑陶的磨光和渗碳着色工艺使器物烧成后器表乌黑光亮，产生了具有金属光泽的视觉效果，上述龙山文化蛋壳黑陶杯和良渚文化黑皮陶就都是经过这样磨光后烧制的，其表面漆黑发亮，甚至光可鉴人。

为了防止窑炉内燃烧气流的冲激和火焰的舐烧，龙山文化的陶工在烧成蛋壳黑陶杯时创造了具有防护作用的窑具——匣钵加以盛装。在诸城县桃林公社杨家子遗址采集的匣钵，作喇叭口的筒状，器壁厚薄较均匀，厚度为1.2厘米，口径17厘米，高19厘米，底径11.5厘米。底部平整，以底径为中线用刀具镂出一个宽6厘米，高3厘米规整的长方形孔。整个喇叭口内壁压制的相当平整，行刀痕迹整齐而细密。这两个匣钵同是耐高温的夹砂陶，强度比较高，也有比较良好的热稳定性和热传导性。它们不仅可保证陶坯在匣钵内不受燃烧气流的冲激和火焰的直接烧制，而且可保证陶坯在匣钵内达到既定的烧成温度，并使陶坯受热均匀而不易变形或破损，特别是那平整光滑的喇叭口内壁，使陶坯最脆弱的口沿部分有所依托，在烧成的收缩过程中更不易变形和损坏。整个匣钵的造型设计除达到防护陶坯的目的之外，也利于陶坯的呈色。



在陶器烧制的过程中，人们已经能够做到人为地控制窑内的气氛，按自己的要求烧成不同颜色的陶器。通常情况下，大气中各种成分的含量是相对稳定的，但窑炉内部在点火燃烧后，会形成一个与外间不同的空气环境。窑炉燃烧是一个高强氧化过程，进入窑炉空气中的氧，因氧化木炭中的碳而消耗，碳经强烈氧化就成了灰烬。若通风不好，供氧不足，窑炉中就会有较多的一氧化碳产生；若供氧充足，木炭燃烧时就会有剩余游离氧存在。在游离氧小于1%，一氧化碳含量在2%—4%的还原气氛中，陶坯就会由于其中所含的铁的还原而呈现为灰色；在游离氧含量在4%以上时，陶坯会因其中包含的铁元素发生氧化而呈现为红色。而黑陶是窑炉烧到一定程度后，封闭填以树叶或谷壳等使产生大量的黑烟，其中的碳粒被陶胎吸附而烧成的。良渚文化陶器的主色调有灰、黑和红色三大类，分别与特定的器形相对应，充分显示了他们在控制窑炉气氛方面的驾轻就熟和游刃有余。

与轮制技术的迅速普及相联系，轮制陶器因其技术含量的增加，对工匠的要求也更高。不仅像蛋壳陶这样精致的陶器，需要掌握精湛技艺的专业人员，其他一些精美陶器，如龙山文化中的细泥或泥质黑陶盆、杯，或造型复杂的罍、盉、鬶、甗等，马家窑文化中繁缛的彩陶纹饰也都应该出自专业陶工之手。而且，由于烧制蛋壳陶还需要匣钵、削刀等专门器具，所以在制陶业内部也可能会存在某些分工。因此，在轮制陶器普及的同时，随着某些特殊陶器工艺的复杂化，促进了制陶业的专业化。

---

1 李文杰：《中国古代制陶工艺研究》，北京：科学出版社，1996年。

2 中国社会科学院考古研究所山西工作队：《山西垣曲古文化遗址的调查》，《考古》1985年第10期，第875—884页。

3 中国社会科学院考古研究所山西工作队、山西省临汾行署文化局：《山西曲沃县方城遗址发掘简报》，《考古》1988年第4期，第289—294页。

4 中国社科院考古研究所山西工作队、山西省考古研究所、临汾市文物局：《陶寺遗址1983—1984年Ⅲ区居住址发掘的主要收获》，《考古》1986年第9期，第773—781页；中国社会科学院考古研究所山西工作队、山西临汾行署文化局：《山西襄汾县陶寺遗址Ⅱ区居住址1999—2000年发掘简报》，《考古》2003年第3期，第3—17页；中国社会科学院考古研究所山西工作队、临汾地区文化局：《山西襄汾县陶寺遗址发掘简报》，《考古》1980年第1期，第18—31页；中国社会科学院考古研究所山西队、山西省考古研究所、临汾市文物局：《山西襄汾陶寺城址2002年发掘报告》，《考古学报》2005年第3期，第307—346页。

## （二）造型与工艺的地域特征

新石器时代末期的黄河中游是模制法最流行的区域，自庙底沟二期起出现空三足器——斝，之后演变为鬲，轮制陶普遍，仅个别文化或某些特殊器类主要仍用泥条盘筑法或模制法成形。陶器以灰陶为大宗，器物造型丰富多样，以斝、鬲、甗、鼎、罐、盆、钵等多见，器表多绳纹、篮纹、方格纹。

黄河下游龙山文化普遍采用了快轮拉坯技术，陶色以黑、灰色为主，另有少量的红褐陶、白陶，黑陶盛行。运用渗入烟炱（炭灰）工艺技术烧制的蛋壳黑陶高柄杯等，更使这一技术的运用达到巅峰状态。常见器形有鼎、鬶、罐、甗、盆、豆、高柄杯、瓮、匜、盘、杯和器盖等。器物上饰各类耳、鼻、饼的现象增多，并且大量出现以子母口为特征的器物，器物的形态变化多，种类丰富，多素面或镂孔。

黄河上游的马家窑文化陶器多采用泥条盘筑法成形，彩陶发达，且图案绚丽多姿。据统计，彩陶量超过全部陶器总数的50%。陶器器形以钵、盆、壶、罐、瓶为主，不见袋足器。

长江中游的石家河文化不仅普遍使用快轮制陶，而且还能生产高近1米的大型陶器，这里的陶器以泥质灰陶为主，也有泥质黑陶和泥质红陶、夹砂红陶和夹砂黑陶。素面陶为多。有纹饰者以篮纹为主，其次是方格纹和绳纹，再次为弦纹、镂孔、附加堆纹，早期还有少量彩陶和彩陶纺轮。高领罐、高圈足豆、宽扁足鼎、喇叭形刻槽盆、筒形缸、喇叭形小杯等是其典型器物。

长江三角洲至迟在良渚文化的中期已经出现了快轮制陶技术，多泥质陶，以素面为主，纹饰主要有弦纹、划纹、镂孔等。典型器物有鱼鳍足和“T”字形足鼎、竹节状把豆、双鼻壶、贯耳壶、圈足盘、宽把带流壶、宽把带流杯、鬶等。

上述地区周边的区域，轮制陶技术尚不普遍。四川和三峡地区的宝墩文化、福建地区的昙石山文化、西藏地区的曲贡文化等皆以手制陶为主，少量采用轮修技术。陶色或不十分纯正，或偏红、褐，缺乏袋足器等，一方面表现出制陶技术具有一定的原始性，另一方面也不乏独特的工艺，比如曲贡文化有十分精美的磨光黑陶，陶器的装饰采用磨光、磨花、剔刺、刻划等工艺，简洁的纹饰多构成一条并不很宽的纹样带。纹样多见菱格纹、重菱纹、戳点纹、划纹、折线纹、三角纹、圆圈纹、网纹等，不见拍印纹饰，也没有彩陶。曲贡人制陶采用的磨花装饰工艺，是一种非常精致的工艺，它是在陶器表面打磨光亮后，再磨出糙面作底纹，使保留下来的光面构成素雅的图案，这种无彩的装饰胜于有彩，是曲贡人独到的艺术创造。

## （三）陶窑的改进

黄河中游的庙底沟二期文化中，除常发现制陶用的陶拍和陶垫等工具外，在庙底沟[1]、古城关东[2]、浒西庄、赵家来[3]等遗址还发现烧制陶器的陶窑。这时的陶窑已有所改进，主要表现在火膛、火道和窑室上。火膛在窑室前下方，火口较小，火膛较深，有两股主火道与窑室相通，主火道两侧各分两三股支火道，圆形窑室的底有

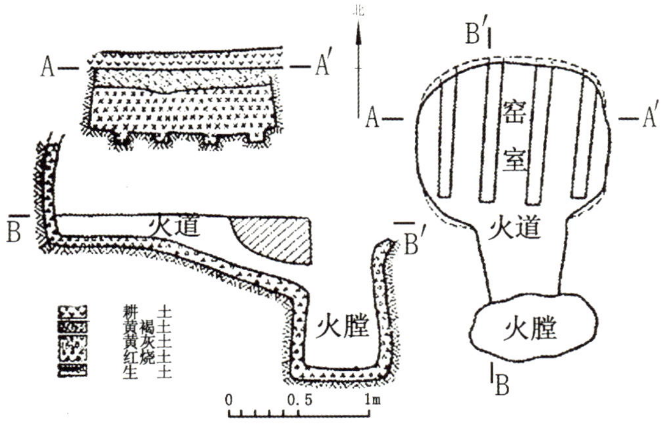

图 4-4 庙底沟二期陶窑

1 中国社会科学院考古研究所：《庙底沟与三里桥》，北京：科学出版社，1959年。

2 中国历史博物馆考古部，山西省考古研究所，垣曲县博物馆：《垣曲古城东关》，北京：科学出版社，2001年。

3 中国社会科学院考古研究所：《武功发掘报告——浒西庄与赵家来遗址》，北京：文物出版社，1988年。

窑箅，窑箅上有十数个火眼（图4-4）。这样的结构使火力更加集中，提高了陶窑的热效率。同时，由于封窑技术的运用，使烧成的陶器普遍多为灰陶，一改以往红陶为主的状况。中原地区龙山时代的王湾三期文化煤山[1]、郝家台[2]等遗址均发现有陶窑。其中煤山的陶窑保存最好，分窑室、火膛两部分，窑室底部有几条火道，与火膛相通。陶寺文化襄汾丁村遗址发现的Y2窑室为圆形，底径150厘米。窑顶倾塌，窑壁残高66厘米。火膛在窑室之南，上有一圆孔，火膛南面开拱形火口，火口外连有东西向的出灰沟，略呈葫芦状。沟最宽65厘米，最深60厘米。火膛北接主火道。火膛底部由北向南倾斜，便于火势向上。火膛最深75厘米。火道以连接火膛的两条主干为主。分布于两侧的支火道呈辐射状，其中东侧的保存较好，共七条。主火道长145厘米，宽16—18厘米不等。深约30厘米左右。支火道残长24—40厘米，宽一般在4~6厘米之间，深5—6厘米[3]。陶寺遗址陶寺文化早期Y315形制较特殊。平面似葫芦形，前为火膛，后为窑室。火膛口、底均呈圆形，口小底大。火膛北侧稍被破坏。窑室分为上下两层。中间以箅架相隔。箅架中部有近椭圆形的缺口，使窑室上下相通。窑底有叶脉状的火道。由于这座窑是双层窑箅，因此在火膛和窑室相通的火道上部，专设一窑门供放取陶坯和陶器之用。上层陶坯入窑或陶器出窑可能在窑顶部还留有出入口，窑室和火膛之间有两孔火眼相通[4]。陶寺遗址陶寺文化晚期的陶窑Y402分前后两部分，前部为火膛，后即窑室。窑室大于火膛，整体呈葫芦形，全长1.96米。火膛近似圆形，火膛口略大于底，南北0.94米，东西0.82米，深约0.52米。窑室呈扁圆形，上部已残，南北1.02米，东西1.42米。室内有三条主火道，两侧各有一条支火道，长0.8—0.82米、宽0.11—0.16米、深0.08—0.12米。在火膛和窑室之间有一段火道成斜坡状，窑室和火膛周壁经火烧成青灰色，极坚硬，厚约0.06—0.10米。窑的南沿有一片路土，似为与烧窑操作有关系的活动面。火膛内的堆积主要是灰土，含较多的烧土颗粒[5]。临汝煤山遗址Y1平面呈葫芦形，分窑室、火膛两部分。窑室周壁呈弧形内收。窑膛有火道，火道的里端较高，至火膛处略低，火道宽8—20厘米、深10—16厘米。在火道较宽处平放着长方形的烧土块，很像土坯砖，最大的残块长21厘米、残宽12厘米、残高8厘米，已经被烧成青灰色，这可能是为放烧制器物而垫置的。窑室上口的内径南北84厘米、东西100厘米，窑口有一圈宽8厘米的红烧土。火膛在窑室西偏南处，上口与窑膛相平。火膛深50厘米、上口长50厘米、残高44厘米。窑壁、火道和火膛四壁都抹一层草拌泥，已被烧成青灰色或天蓝色。窑室上口在当时地面以上，用碎黄土块加高约20厘米，四周呈斜坡状，其上也铺一层硬黄土。客省庄二期文化遗址陶窑分火膛、窑箅、窑室几部分。窑室有圆形或椭圆形，直径1米多；窑箅呈“北”字形，即两条主火道与火膛相连，主火道两侧各伸出两条支火道；火膛位于窑室前下方，火膛坑口与窑室底部在同一平面上，火膛内保存很厚的草木灰和少量木炭，表明烧窑的燃料情况。



黄河下游龙山文化丁公遗址[6]发现的龙山文化早期陶窑为横穴窑，规模较小，呈圆形，由窑室、窑箅、火道、火膛及工作面等几部分组成。教场铺遗址[7]龙山文化晚期的Y1为圆形竖穴窑，包括有窑室、窑箅、火膛、火道、烟道等几部分，并保留了部分窑壁。火膛居南，呈半圆形，有5条火道与窑室相通，火膛较深，里面堆积有大量草木灰。根据陶窑火膛的形状判断，这类窑址应与现代小竖窑的烧制原理大体相同。Y2的形状与Y1略有区别，火膛的位置居北，有5条火道、4道窑箅，烟道位于窑室后部

1 中国社会科学院考古研究所河南二队：《河南临汝煤山遗址发掘报告》，《考古学报》1982年第4期，第424—476页。

2 河南省文物研究所、郾城县许慎纪念馆：《郾城郝家台遗址的发掘》，《华夏考古》1992年第3期，第62—91页。

3 山西省考古研究所：《山西省襄汾县丁村新石器时代遗址发掘简报》，《考古》1991年第10期，第88—891页。

4 中国社会科学院考古研究所山西工作队、山西临汾地区文化局：《陶寺遗址1983—1984年Ⅲ区居住址发掘的主要收获》，《考古》1986年第9期，第773页。

5 中国社会科学院考古研究所山西工作队、临汾地区文化局：《山西襄汾县陶寺遗址发掘简报》，《考古》1980年第1期，第18页。

6 山东大学历史系考古专业：《山东邹平丁公遗址第二、三次发掘简报》，《考古》1992年第6期，第496—505页。

7 中国社会科学院考古研究所山东队、山东省文物考古研究所：《山东茌平教场铺遗址龙山文化城墙的发现和发掘》，《考古》2005年第1期，第36页。

中央。2座窑均为青灰色，应是烧造灰陶或黑陶器的窑址。Y3为平地窑，窑箅较窄，不见火膛，火道较浅，窑室内发现大量炭化芦苇堆积，估计应该是北部直接填入芦苇等燃烧材料来完成烧制的。窑箅的颜色为橙红色，推断这座窑址应是烧造红陶器的。

黄河上游的师赵村遗址Y2保存较好。结构为横穴式陶窑，由火膛、窑室、窑箅和火道组成。窑室平面呈椭圆形，直径1.2—1.4米，残高0.9米，周壁呈弧形，向上收缩，推测窑室作穹庐顶封闭式。火焰从火膛通过三股火道斜向进入窑室。窑室可容纳多件陶器，有一定的生产规模[1]。

内蒙古中南部地区的老虎山文化遗址中发现了相当数量的陶窑，为馒头状窑室。如Y3窑室直径约2米左右，窑壁普遍抹一层草拌泥。火门向南，火门两侧砌石护壁，火门向内直接伸出两条主火道，主火道两侧各有3条分火道，致使火道平面呈“非”字形。火道之上铺有石板，其上是用草拌泥筑就的多孔窑箅。窑室残存深度超过1米。在窑室外有若干灰坑，并发现一块较大的踩踏面，这些遗迹中散布着泥条、陶器坯残块等遗物。

长江中游的石家河文化走马岭城址[2]发现的陶窑由火口、火膛、火道和窑室几部分组成，均就生土挖成，然后在呈弧形内收的窑壁上涂抹一层草拌泥，经火长期烧烤，形成一层厚约3厘米的烧结层。Y1呈椭圆形，东西长约2.4米，南北宽约1.1米。火口位于陶窑西侧，宽0.6米。火膛内堆积有一层灰烬。位于东侧的窑室高于火膛约0.5米，窑室中央为一个长0.8米、宽0.3—0.45米的长方形土台，台面平整，系用来放置烧制的陶坯，台四周为一环形火道。Y2为不规则圆形，直径0.8—1米，火膛位于东侧，窑室在西侧，窑室内的火道呈“十”字形，陶坯放置在火道外侧的四个三角形土台上。可知当时的陶工对烧制火候的掌握已趋于成熟。同时，很可能出现了专门生产某一类产品的手工作坊。

在新石器时代末期考古学文化的内部应该已经出现了某些陶器的集中产地，龙山文化姚官庄类型分布区就极有可能是高柄杯的集中产地之一，各地出土的龙山文化蛋壳陶高柄杯形制的高度一致，也可以证明这种陶器是集中生产的。同时，也不能排除其他陶器的专业化集中生产。陶寺遗址发现的陶寺文化晚期3座陶窑出土在同一探方的同一层，相距甚近，最近的相距只有1.5米。在老虎山遗址[3]也可见成片的陶窑群。可见先民们在聚落附近辟有专门的窑场来烧制陶器，如果制陶业的专门化未经长期发展，则很难想象会出现这种进步程度较高的陶窑群。石家河文化三房湾遗址[4]，在100平方米左右的范围内出土了同样形式的数万件红陶小杯，这里当是一处专门生产红陶小杯的遗址。该文化邓家湾遗址[5]出土陶塑动物艺术品数千件，仅在一个直径不到2米的灰坑中就发现上千件，表明这是一处专门生产陶塑动物艺术品的地方。这种专业化手工业生产的出现，可能是当时发展起来的以交换为目的的商品生产的反映。

## 二、玉器的专业化生产

制玉业在新石器时代末期得到巨大的发展。玉器的分布地域较晚期明显扩大，尤其原本少见玉器的中原地区也出现了如陶寺那样的制玉业。在工艺上，雕刻、抛光及镶嵌的技术均为晚期所不可比拟。

---

1 中国社会科学院考古研究所编著：《师赵村与西山坪》，北京：中国大百科全书出版社，1999年。

2 荆州市博物馆、石首市博物馆、武汉大学历史系考古专业：《河北石首市走马岭新石器时代遗址发掘简报》，《考古》1998年第4期，第16—38页。

3 内蒙古文物考古研究所：《岱海考古（一）——老虎山文化遗址发掘报告集》，北京：科学出版社，2000年。

4 湖北省文物考古研究所、北京大学考古文博学院：《湖北天门石家河古城三房湾遗址2011年发掘简报》，《考古》2012年第8期，第29—41页。

5 湖北省文物考古研究所、北京大学考古学系、湖北省荆州博物馆编著：《邓家湾——天门石家河考古报告之二》，北京：文物出版社，2003年。

## (一)工艺

### 切割

对较小而薄的玉料，用质地极坚硬的石片或陶片作为“锯”，采用在一个面上用手工推拉切割的方法；对较大且厚的玉料，从上下两个方向对切将玉料切开是锯切常用的加工方法，由于两次切割的刃口不在一条直线上，经常会在玉片上留下凸起的台状锯痕。如甘肃定西市安定区内官营镇清溪村出土的玉环，直径7.8厘米，孔径3.9厘米，厚0.4厘米，器表残留有切割玉料时留下的台状痕迹。青海民和县喇家遗址[1]出土了6件切割后的玉料，其中11号墓出土的玉料长13.9厘米，宽6.7厘米，厚3.3厘米，不规则形相邻两个面切割，成直角，侧边玉面上有横向切槽，宽0.8毫米，其余各面为自然面。

除了锯切割外，也使用线切割的方法。玉器表面留有平面呈椭圆或抛物线状的弧形线条的情况在良渚文化玉器上十分显著，如浙江余杭瑶山[2]11号墓出土的89~1号带盖柱状器，一面扁平、一面弧凸，其器盖直径4厘米、厚1.1厘米，在盖平的一面上留有明显的弧线切割痕迹。从侧面看，用该方法切割而成的表面并不十分平整，该器盖的平面没有经过精细琢磨，表面呈现有凹凸不平的现象。浙江余杭瑶山5号墓出土的玉圆牌，残径4.6厘米，厚0.3—0.7厘米，从残断的开口面可以清楚地看到留有未作精细打磨的线切割痕迹，是用线切割法加工完成的。当时使用的柔性的线状物可能是麻绳、马尾、荆条、动物的筋等类物质。



### 雕刻

雕刻工具在新石器时代末期遗址多有发现。在凌家滩墓地[3]曾采集到一批刻划石器，原料基本为玛瑙，也有石英岩，尖端都有刻划磨损痕迹。鲨鱼牙也可做雕刻工具，上海福泉山[4]良渚文化大墓曾出土过鲨鱼牙，浙江余杭瑶山[5]7号墓也出土过一件动物牙齿，将鲨鱼牙捆绑在木棒的下端，完全可以用做刻玉工具。浙江余杭反山[6]20号墓出土的一件鲨鱼牙，残宽约1.2厘米，有一处朱痕，很可能是漆绘木柄的遗痕。

良渚文化玉器的阴线刻，代表了新石器时代玉器阴线刻划技术的最高峰。阴线刻的形式分为两种：一为宽粗形，二为细密形。宽粗形的线条粗放、简练，刚劲有力。如浙江余杭瑶山3号墓出土的三叉玉冠饰，器体上端分为三叉，左右两叉平齐，中间一叉低而宽，并上下钻孔，底端圆弧。左右两叉呈凸面，各阴线刻3组羽状纹，两侧各阴刻2组羽状纹，羽状纹下面均为阴刻卷云纹。高5厘米，宽6.9厘米，厚1.2厘米。细密形线条柔细、繁密，秀润委婉。如浙江余杭反山12号墓出土的玉“权杖”，整体略呈平行四边形，端面以及杖体均刻划纹饰。帽两侧错落雕琢神人兽面纹，在两面近中部及帽外侧面另有错落的交互螺旋的椭圆形图案结构，余均填满小尖细线条，刻划的线条浑然一体。高5.72厘米，宽8.4厘米，厚约1.5厘米。其线纹细若发丝，密而不乱，表现出玉工极高超的刻划技艺。该墓出土的一件玉琮（M12:98），形体宽阔硕大，纹饰独特繁缛，通高8.9厘米，上射径17.1—17.6厘米，下射径16.5—17.5厘米，孔外径5厘米，孔内径3.8厘米，重约6500克，为良渚文化玉琮之首，被称为“琮王”。共出

---

1 中国社会科学院考古研究所甘青工作队、青海省文物考古研究所：《青海民和县喇家遗址2000年发掘简报》，《考古》2002年第2期，第12—25页。

2 浙江省文物考古研究所：《瑶山——良渚遗址群考古报告之一》，北京：文物出版社，2003年。

3 安徽省文物考古研究所：《安徽含山凌家滩新石器时代墓地发掘简报》，《文物》1989年第4期，第1—10页；《安徽含山县凌家滩遗址第三次发掘简报》，《考古》1999年第1期，第1—12页；《安徽含山县凌家滩遗址第五次发掘的新发现》，《考古》2008年第3期，第7—18页。

4 上海市文物管理委员会：《上海青浦福泉山良渚文化墓地》，《文物》1986年第10期，第1—25页。

5 浙江省文物考古研究所：《瑶山——良渚遗址群考古报告之一》，北京：文物出版社，2003年。

6 浙江省文物考古研究所：《反山——良渚遗址群考古报告之二》，北京：文物出版社，2005年。

的玉钺（M12:100），通长17.9厘米，上端宽14.4厘米，刃宽16.8厘米，最厚0.9厘米，上部钻有一孔，两面刃部上角均有一浅浮雕的“神人兽面纹”，两面刃部下角还有一浅浮雕的“神鸟”，被称为“钺王”。“琮王”和“钺王”上的“神人兽面纹”都相同，神人头戴羽冠，脸作倒梯形，双手持璧，双腿盘坐，脚为三爪鸟足，以密集的细线和卷云纹雕刻而成，但整个纹饰仅高约3厘米、宽4厘米，十分精美传神。良渚玉器有些刻划线条纤细如发丝，在1毫米宽度内竟精刻有四五条细线，堪称史前微雕的杰作。日照两城镇龙山文化遗址[1]发现1件双面刻有纤细兽面纹图案的玉圭，玉质呈墨绿色，通体磨光，长17.8厘米，厚0.6—0.85厘米，也极为精细。

良渚文化时期浮雕技术得到广泛应用，浅浮雕、深浮雕技术运用非常娴熟。如浙江瑶山1号墓出土的镯形器，器高2.65厘米，直径8.2厘米，孔径6.1厘米。整体作宽扁的环状，内壁平直光滑，外壁琢刻出4个凸面，其上刻同向且相同的龙首形图案。利用外壁的宽平面表现龙首的正面形象，并以浅浮雕延伸至镯体的上下端，形成龙首的侧面形象，从而组成颇为立体的龙首图案。

良渚文化时期的玉琮和柱形器是圆雕的典型器物。江苏武进寺墩遗址[2]10号墓出土的玉琮，呈方柱体筒形，外方内圆，高7.2厘米，射径8.5—8.6厘米，整个玉琮共四组图案，玉琮管钻阴刻线宽1—2毫米，最细处仅0.7毫米，是新石器时代玉雕工艺的杰作。浙江余杭反山墓地12号墓出土的柱形器，圆柱形，两端切割有射口，两端射面大小相近，中部有一对钻细圆孔，略有错位。整器雕饰竖向4列、横向3层共12幅神人兽面纹图像。高10.5厘米，最大外径4.08厘米。整器制作之规整，构图之巧妙，雕琢之精细，表现出高度发达的圆雕技术，是良渚文化中少见的珍品。

浙江余杭瑶山11号墓出土的玉璜，呈半璧形，上端凹弧形缺口两侧各钻一小孔。器体两面以透雕和阴线刻相结合的技法，雕琢神兽图纹。菱角形双眼，眼角两端上卷，圆孔代表眼珠。两眼之间用弧边十字形或三角形镂孔表现出鼻梁和鼻翼，鼻下面用弧形孔和阴刻线勾勒出阔嘴，嘴两端上翘。其余部位琢刻不规则的孔和阴线。透雕镂孔均先用实心钻钻孔，然后扩大。器高4.8厘米，宽12.7厘米。浙江余杭反山墓地16号墓出土的冠状器，通高5.27厘米，上宽5.4厘米，中宽10.34厘米，下宽6.3厘米，最厚0.4厘米。整器呈宝盖头结构，透雕与线刻结合方式表示神人兽面纹，两面均雕刻有神人兽面纹。中部为兽面纹，透雕重圈眼，椭圆形样的蒜头鼻，宽嘴獠牙，下肢作蹲踞样。身上满施镂空，镂空边缘不工整，有的边缘留有纵向短线痕，清晰可见，很可能是拉锯时留下的线痕。

### 钻孔

根据不同的需要，良渚文化的玉匠采用了不同的钻孔方法。

上海福泉山墓地[3]60号墓见有玉器钻孔工具桯钻，该墓出土两件钻头，其中编号29的是一件玉质钻头，圆柱形，头端孤凸，有磨痕，圆柱上部有一周深槽，槽上有三周轮旋纹，顶部有一圆柱形榫，可以插入钻杆。长5.3厘米，最大径1.6厘米。

桯钻法在良渚文化玉器上多见。张陵山[4]5号墓出土的觿，扁平角形，器长6厘米，宽1.2厘米。器身镂空，是在对钻圆孔内向三侧切割而成。中部有一未钻透圆孔，为实心单面桯钻痕迹。双面钻的两个孔形基本相同，有时两面钻的两次钻头相接处，因钻头较圆，孔壁上会留下一周凸起而尖锐的台痕。上海福泉山67号墓出土的一件半成品琮，整器已制成圆柱形，上大下小，器表一侧边沿有一从两端对钻已经贯穿的约四分之三的圆孔，孔壁上见两面对钻螺旋纹，器高5厘米、上直径5.6厘米，孔径3.3厘米，下直径5.3厘米，孔径3.4厘米。

浙江余杭反山14号墓出土的卯孔端饰的卯孔是用管钻而成的。该器端面大且弧凸，外壁内凹，

1 中美两城地区联合考古队：《山东日照市两城镇遗址1998—2001年发掘简报》，《考古》2004年第9期，第7—18页。

2 南京博物院：《1982年江苏常州武进寺墩遗址的发掘》，《考古》1984年第2期，第109—129页

3 上海市文物管理委员会：《上海青浦福泉山良渚文化墓地》，《文物》1986年年10期，第1—25页。

4 南京博物院、用直保圣寺文物保管所：《江苏吴县张陵山东山遗址》，《文物》1986年第10期，第26—36页。

尚留有明显的台痕。高4.13厘米，端面直径4.8厘米，卯面直径2.96—3.05厘米，卯孔外径1.3厘米、深1.4厘米，管钻壁厚约0.15厘米。双面对钻时，常常会因两次用钻，钻具取位有差距，其圆心不在一条直线上，出现错位而在孔壁上留下凸起的台痕。如青浦上海福泉山40号墓出土的玉璧，外边沿内凹似滑轮，器面抛光，孔壁留有明显的对钻旋痕和台痕，直径22.5—22.8厘米、孔径4.6—4.7厘米。

"隧孔"在良渚文化玉器上面也可见到。良渚文化浙江余杭反山14号墓出土的玉蝉，椭圆形，前端略宽，背弧凸，以凹凸的弧线勾勒出眼、翼，其中眼部展开呈龙首纹的展开图。腹部前高后低，有线切割痕迹，并钻有一对横向的隧孔。长2.35厘米，宽1.6厘米，厚0.95厘米。

#### 抛光

新石器时代末期玉器的抛光工艺比晚期已有了很大的进步。良渚文化玉器在地下经过几千年的侵蚀，受沁严重，但出土的一部分玉琮、玉冠饰表面至今仍有耀眼的玻璃光泽，说明当时的抛光技术已达到一个很高水平。浙江余杭反山良渚文化墓地12号墓出土的玉琮，下射口部位局部夹暗红斑，孔内壁以及下射口沁蚀。通高9.8—9.9厘米，上射径8.37—8.42厘米、下射径8.27—8.37厘米，孔外径上6.6厘米、孔外径下6.4厘米，孔内径5.8厘米。尽管玉琮受沁，但表面仍呈比较亮的玻璃光泽。安徽含山凌家滩遗址[1]出土的水晶耳珰，扁圆球形，表面呈玻璃光泽，水晶的硬度达7，而且质性脆。在新石器时代能将弧面的水晶器抛光到如此程度，可见抛光水平之高。

#### 镶嵌

镶嵌技术的应用，增加了玉器的色彩感受和装饰效果。浙江余杭反山墓地M1出土的嵌玉漆杯，整体为一瘦长形的带把宽流杯，口沿外壁弦纹带及底部、器把上均镶嵌有玉粒，镶嵌的玉粒除了口沿外壁、底部以及把部位的小玉粒外（长约0.2厘米，宽约0.1厘米），其余的玉粒大致呈圆形，有大、小两种，大者直径约0.7厘米，小者直径0.2—0.4厘米。图案以大者玉粒为中心，主要结构有重圈、螺旋纹等，类似陶器上的鸟蛇样刻划或玉器地纹的螺旋线，整体器形鼓腹，圈足，是玉与漆器的镶嵌代表。浙江余杭反山墓地M14出土的玉钺，由钺、瑁、镦三部分组成。钺出土时两面局部残留有朱痕，并粘附有玉粒，粒上也残留有朱痕，粘附的玉粒均正面朝上。另外，钺瑁部位也留有大量的镶嵌粒，这是玉与木镶嵌的代表。山东朱封村遗址[2]M202出土的龙山文化玉笄，通长23厘米，分别由镂孔镶嵌绿松石的玉牌和玉杆两部分组成，在玉牌上兽面纹的双眼是用绿松石珠镶成，镶嵌物和被镶嵌物的质地都很坚硬，要求工艺水准更加之高，表明这时已熟练掌握了镶嵌技术。

#### 俏色

龙山文化三里河M203出土的鸟形玉饰（M203：20），厚0.6厘米，其上有直径0.3厘米的小孔，用管钻穿，说明了玉器的制作已经有相当熟练的技术。M203：11，是鸟形青玉饰，鸟喙部分的玉色稍浅，喙与头之间有一条浅褐色纹，利用这种原有玉色，把头和喙很形象地表现了出来，为制作俏色玉器开创了先河。

### （二）器类及其地域特色

长江下游仍保持着玉器中心地位。良渚文化的玉器发现多、做工精，只有专业琢玉工匠才能制作出来。其种类有数十种之多，以琮、璧、钺、瑗、环、镯、璜、柱形器、冠形器、三叉形器、锥形器、冠

---

1 安徽省文物考古研究所：《安徽含山凌家滩新石器时代墓地发掘简报》，《文物》1989年第4期，第1—10页；《安徽含山县凌家滩遗址第三次发掘简报》，《考古》1999年第1期，第1—12页；《安徽含山县凌家滩遗址第五次发掘的新发现》，《考古》2008年第3期，第7—18页。

2 中国社会科学院考古研究所山东工作队：《山东临朐朱封龙山文化墓葬》，《考古》1990年第7期，第587—594页。

图4-5　良渚文化玉器

饰、牌饰、坠饰、项链、带钩、管、珠，以及以鸟、蝉、龟、鱼、蛙等为题材的圆雕饰件为大宗。如按功能分，大致有礼器、装饰品和组件几类。往往都是成组成套地出现。其时的玉器不仅以造型端庄、品种丰富取胜，更以其精湛的工艺而令人惊叹（图4-5）。

黄河下游的龙山文化继承了大汶口文化的制玉传统，同时吸收了江淮地区先进的制玉工艺，技术上达到很高的水准，在当时的黄河流域处于领先地位。当时的玉器工匠已经能够通过对玉料的切割、磨制、雕刻和钻孔等技术来加工工艺复杂的玉制品，其制玉技术已经相当发达和成熟。同时成组玉器的出土，还说明在玉器的设计上，必须考虑各种造型的相互配合，不像三里河遗址大汶口文化那样都是简单的零星玉器。龙山文化的玉器基本上分为礼器和玉饰品两大类。礼器有牙璋、钺、斧、刀。其中牙璋为竖长形，端刃，双锋，下端承柄部分两侧出牙；玉斧扁平长方形；钺近方形或长方形，双孔或单孔，有的有眉；玉刀为扁平横长方形。玉饰品有串饰、冠饰、笄、环、牙璧等（图4-6）。

长江中游的石家河文化制玉业是石家河文化经济生活的一项重要内容。石家河文化的玉器已发现数百件，罗家柏岭遗址[1]发现一批玉人头像牌饰和坠饰、蝉形饰、龙形饰、凤形饰、璧、管、环等装饰品，数量达44件。肖家屋脊遗址[2]仅W6中就出土玉器达56件之多。在六合遗址[3]也发现了玉人头像、玉蝉、玉璜、玉玦、玉管、玉笄等玉器。此外石家河文化玉器群还包括玉琮、玉锛、玉笄、凤形玉佩、玉坠饰、玉祖和玉纺轮等。制作上采用了切割、雕琢、钻孔和抛光等工艺，具有较高的技术水平（图4-7）。

黄河中游的陶寺文化玉产品有钺、璧、璜、琮等礼器和玉梳、笄等生活用品及各种饰件，并有少量生产工具如双孔刀、铲、斧、锛、凿和镞等（图4-8）。王湾三期文化也发现少量玉器，如瓦店遗址[4]出土的玉璧、玉铲、玉鸟等礼仪用品和装饰品。

1 湖北省文物考古研究所、中国社会科学院考古研究所：《湖北石家河罗家柏岭新石器时代遗址》，《考古学报》1994年第2期，第191—229页。

2 湖北省荆州博物馆等：《肖家屋脊——天门石家河考古发掘报告之一》，北京：文物出版社，1999年。

3 南宁市博物馆、中国科学院研究生院等：《广西百色六合遗址发掘简报》，《人类学学报》2012年第2期，第137—143页。

4 河南省文物考古研究所：《禹州瓦店》，北京：世界图书出版公司，2004年。

璋

头饰

钺

牙璧

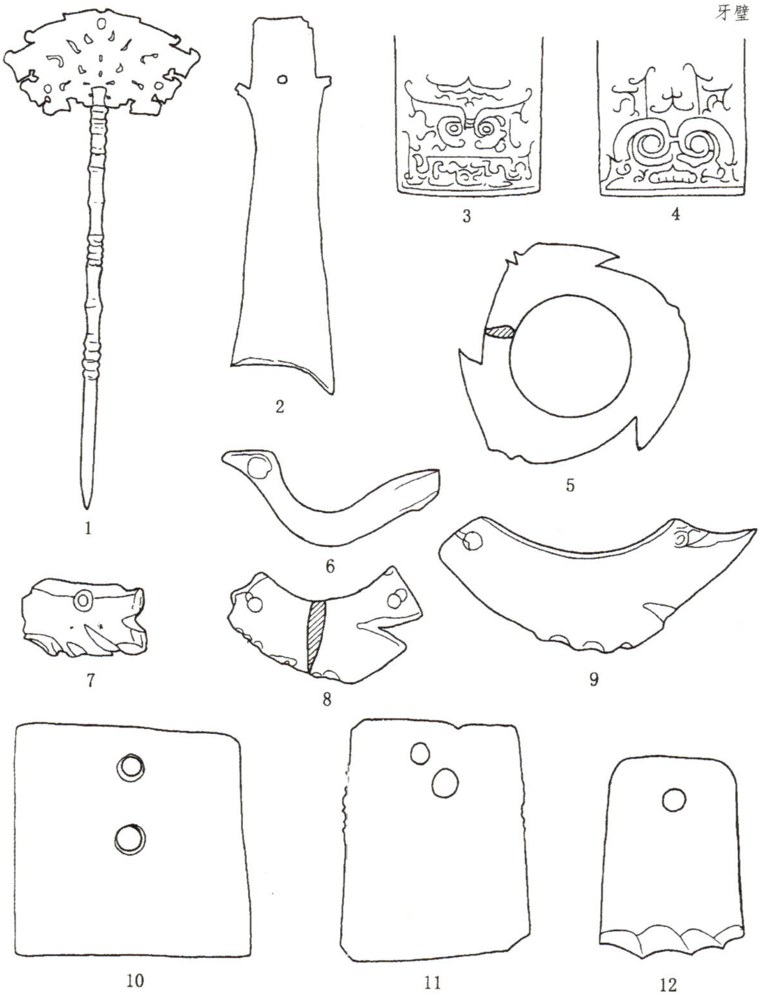


图 4-6　龙山文化玉器

1. 头饰（朱封）　2. 璋（司马台）　3. 玉锛两面的刻纹（两城镇）　4. 玉锛两面的刻纹（两城镇）　5. 牙璧（朱封）　6. 鸟（三里河）　7. 玉坠饰（三里河）　8. 玉坠饰（三里河）　9. 玉坠饰（三里河）　10. 钺（朱封）　11. 钺（丹土）　12. 钺（朱封）

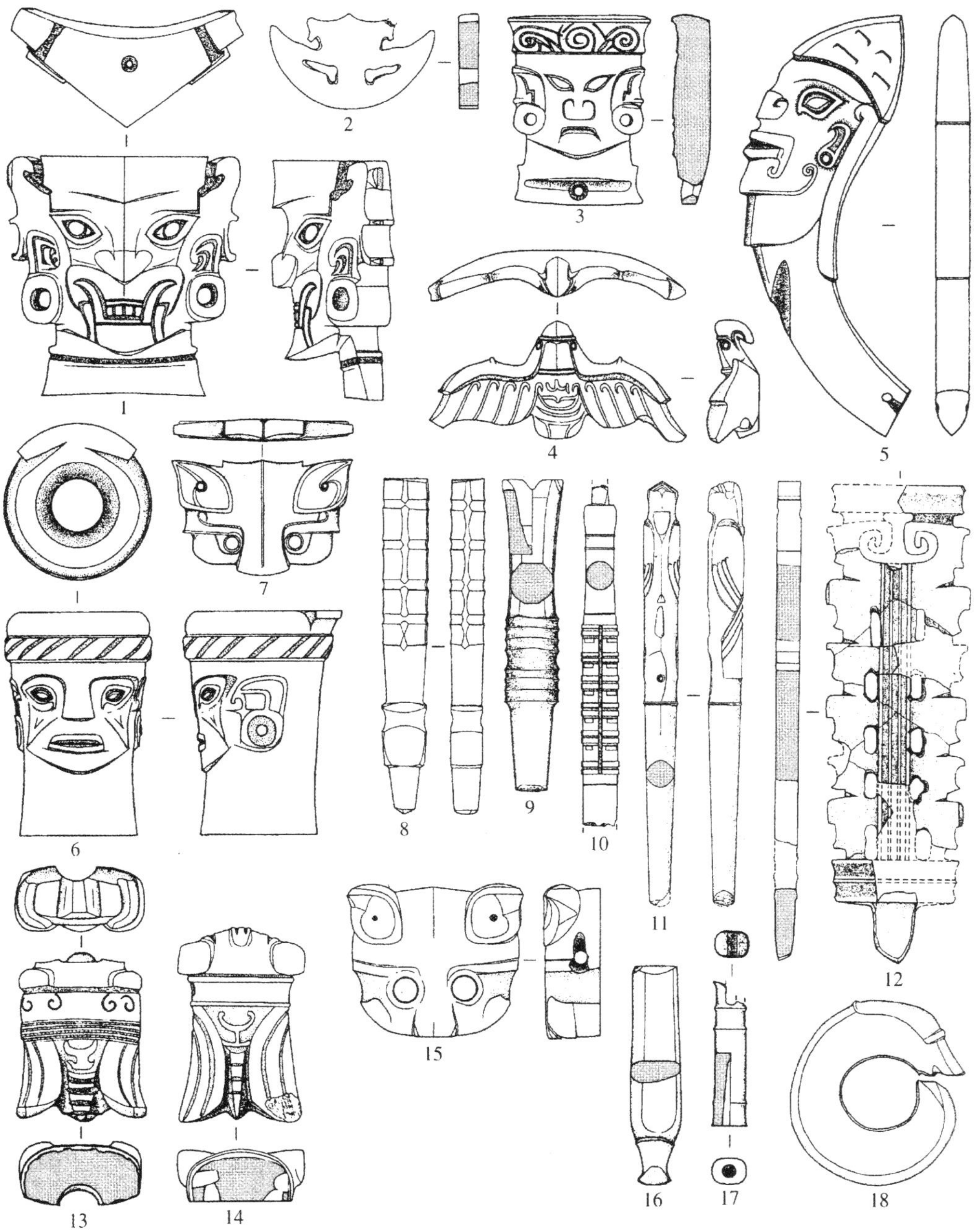


图 4-7　石家河文化玉器
1. 人头像（肖家屋脊 W6:32）　2. 虎头像（肖家屋脊 W6:60）　3. 人头像（肖家屋脊 W6:14）　4. 飞鹰（肖家屋脊 W6:7）　5. 人头像（肖家屋脊 W6:17）　6. 人头像（肖家屋脊 W7:4）　7. 虎头像（肖家屋脊 W6:16）　8. 柄形饰（肖家屋脊 W6:29）　9. 柄形饰（肖家屋脊 AT1115②:1）　10. 柄形饰（AT1219①:1）　11. 笄（肖家屋脊 012）12. 透雕片饰（肖家屋脊 W17:5）　13. 蝉（肖家屋脊 W6:12）　14. 蝉（肖家屋脊 W71:2）　15. 虎头像（肖家屋脊 W6:53）　16. 柄形饰（肖家屋脊 W6:12）　17. 柄形式（肖家屋脊 W6:55）　18. 盘龙（肖家屋脊 W6:36）

新石器时代末期的许多玉器表现出精工制作的琢玉技术，具有极强的专业特点，其技术含量高，造型规整，掌握这种技术是需要长期的学习的，而且也应该有专门从事这项工作的稳定的人员，才有可能使技术延续并不断提高。同时玉器在当时也多属珍贵物品，享用者也非普通民众，因

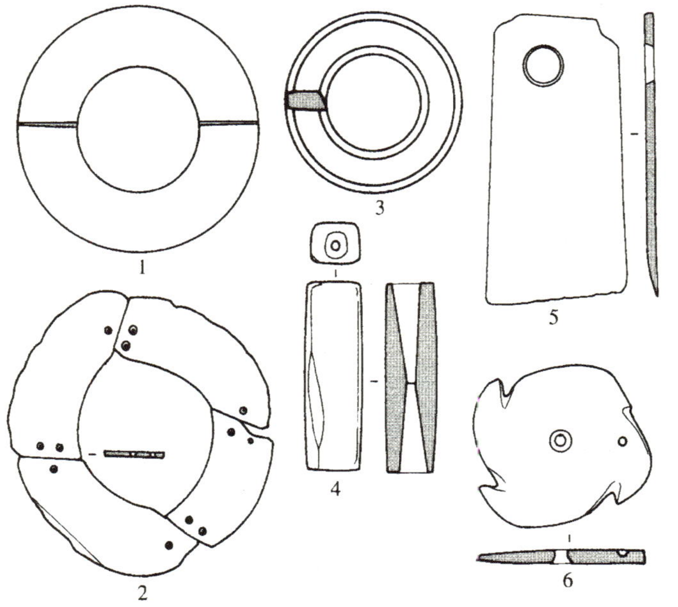

图 4-8　陶寺文化玉器
1. 瑗（陶寺 M1432:1）　2. 璧（下靳村 M8:4）　3. 瑗（陶寺 M3015:3）　4. 管（陶寺 M3015:15）　5. 钺（下靳村 M37:1）　6. 牙璧（下靳村 0046）

此在当时的政治经济中心地区，出现专业人员聚集的玉器手工业作坊是完全可能的。从龙山文化玉器集中出土的地点看，两城镇[1]、丹土[2]、三里河[3]等，就可能存在这种特殊手工业的制作中心。在那些地方，不仅发现的玉器制品数量多，而且还发现过埋藏大量玉料、半成品、成品的玉坑，其中很多工具或武器形状的成品并非实用物，应该是作为礼器生产的。从坑中出土较多的原料及半成品看，附近为玉器作坊的可能性是很大的。这种反映等级地位的玉器在当地最高级别的遗址中集中出土，反映了玉器的生产已经成为日后官营手工业的萌芽。



## 三、制铜业的推广

新石器时代末期，铜器在黄河流域普遍发现，其他地区则相对较少，在长江中游的石家河文化见少量铜块，可能也有了铜器，西藏的曲贡文化也有零星出土。

在黄河中游地区龙山时代数个遗址中都发现了铜的碎块残渣。

在临汝煤山遗址[4]二期H28、H40发现的炼铜用的坩埚残片，内壁保留有多层冶炼过程中形成的铜液凝固残迹。H28的一块较大，长5.3厘米、宽4.1厘米、厚约2厘米，周边翘起，中部内凹，坩埚壁厚约1.4厘米，为红烧土。上面有六层炼铜溶液，每层厚约0.1厘米。H40的冶铜坩埚残片上的铜液经考古研究所化验室分析，铜的近似值为95%，属于红铜[5]。

登封王城岗[6]第五期遗存中发现青铜容器残片一件，编号WT196H617：14，残宽6.5厘米、残高5.7厘米、壁厚0.2厘米。出土时器表锈蚀严重。根据初步观察，很像是铜鬶的腹与袋状足的部分残片。其形制与王城岗龙山文化三期出土陶鬶的腹部与袋状足基本吻合。经检验，为锡铜青铜铸件[7]。

陶寺遗址[8]中发现两件铜器，均为完整器。1983年在M3296号墓人骨架左侧股骨与耻骨联合之

1　中美两城地区联合考古队：《山东日照市两城镇遗址1998—2001年发掘简报》，《考古》2004年第9期，第7—18页；刘敦愿：《日照两城镇龙山文化遗址调查》，《考古学报》1958年第1期，第25—43页。

2罗勋章：《五莲县丹土村新石器时代遗址》，《中国考古学年鉴（1996）》，北京：文物出版社，1998年，第156—157页；刘延常：《五莲县丹土新石器时代遗址》，《中国考古学年鉴（1997）》，北京：文物出版社，1999年，第154—155页。

3　中国社会科学院考古研究所：《胶县三里河》，北京：文物出版社，1988年。

4　中国社会科学院考古研究所河南二队：《河南临汝煤山遗址发掘报告》，《考古学报》1982年第4期，第424—476页

5　中国社会科学院考古研究所山西工作队、临汾地区文化局：《山西襄汾陶寺遗址首次发现铜器》，《考古》1984年第12期，1069—1071页。

6　河南省文物研究所、中国历史博物馆考古部：《登封王城岗与阳城》，北京：文物出版社，1992年。

7　河南省文物研究所、中国历史博物馆考古部：《登封王城岗与阳城》，北京：文物出版社，1992年。

8　中国社会科学院考古研究所山西工作队、临汾地区文化局：《1978—1980年山西襄汾陶寺墓地发掘简报》，《考古》1983年第1期，第30—42页。

间，发现随葬铜器一件。铜器外表有很清晰的布纹痕迹，可能在埋葬时包裹有丝麻织物。器表素面，器体横断面近似菱形，口部较大，长对角线6.3厘米，另两角呈圆弧形，对角线长2.7厘米。顶部略小，长对角线5.2厘米，短对角线2.1厘米、器高2.65厘米。顶部中间有一圆形小孔，位置略偏一侧，孔径约0.25厘米，系整器铸成后再加工钻成。器胎很不匀称，周壁厚约0.28厘米，顶部较薄，厚约0.17厘米。顶部和器壁各有一处不规则形的残痕和透孔，系浇铸过程中出现的缺陷。整体造型近似铃形，确切用途不详。该铜器经定量分析，得知其含铜量为99.86%、铅1.54%、锌0.16%，系纯度较高的红铜。陶寺遗址的红铜铸造器，虽不是容器，但铸造方法已达到了可以铸造容器的高度，铜的纯度也比较高，可以看出当时的冶金铸造工艺已经有了一定程度的发展。2002年在寻找ⅠFJT3四至及其主题建筑柱网结构的过程中发现了含砷铜容器（盆）口沿残片。此残片的出土，表明陶寺文化中期可能已经开始铸造和使用铜容器（可能作为礼器）[1]。

此外，在郑州董砦遗址[2]发现过一小片方形铜片。

黄河下游的龙山文化遗址，目前发现铜制品和铜渣的遗址有三里河、杨家圈、尧王城[3]、大范庄[4]等。

胶县三里河遗址发现的两件铜锥（T21②:1，T110②:11），均为铸造而成，经过化验得知是铸造而成的黄铜，锌的含量占23.2%，是用含锌量较高的铜矿石冶炼而成，而这类铜矿目前在山东地区分布范围较广。在它的成份中含有铁、铅、锡、硫等杂质，特别是具有一定量的硫，并与铅形成硫化铅，说明所用原料不纯，熔炼方法比较原始，因此，很可能是利用含锌量高的氧化共生矿在木炭的还原气氛下得到的。其中T110②:11上部和锥头的下部均残缺，锥头和锥干相接处稍粗，锥头的一侧向下倾斜，使锥头部分逐渐呈尖锥状，残长3.1厘米[5]。

杨家圈遗址[6]第二期遗存发现了残铜条、铜炼渣及孔雀石，其中T23第二层发现的铜条，长18毫米，两端均残。较粗的一端宽5毫米，厚3毫米，较细的一端宽3毫米、厚也近3毫米，剖面似为三棱形。经鉴定可能为锥的残段。由于锈的太厉害，不便切开，故未进行详细的成分分析，只能确定是铜。另地层中还发现有碎铜末，均不成形，最大的直径仅5—6毫米，也应是小件铜器锈坏的残渣[7]。

在黄河上游的马家窑文化东乡林家[8]、蒋家坪[9]、高苜蓿地、照壁滩[10]等遗址发现有铜器。

东乡林家遗址出土了一件青铜刀，由两块范浇铸而成，刀身厚薄均匀，表面平整，有较厚的深灰绿色锈。短柄长刃，刀尖圆钝，微上翘，弧背，刃部前端因使用磨损而凹入。柄端上下内收而较窄，并有明显的镶嵌木把的痕迹。通长12.5厘米。出于F20北壁下，保存完整。铜刀经检验，为含锡的青铜，含锡量大于6%。另外在该遗址H54和T57第4层中还发现了铜渣，其中H54的铜渣经分析证明不是天

---

1 中国社会科学院考古研究所陕西队、山西省考古研究所、临汾市文物局：《山西襄汾县陶寺城址发现陶寺文化中期大型夯土建筑基址》，《考古》2008年第3期，第3页。

2 河南省文物考古研究所：《郑州市董砦遗址发掘简报》，《华夏考古》2002年第3期，第7—12页，第30页。

3 中国社会科学院考古研究所：《尧王城遗址第二次发掘有重要发现》，《中国文物报》1994年1月23日。

4 山东市临沂市博物馆：《山东临沂市大范庄遗址调查》，《华夏考古》2004年第1期，第3—15页；临沂市文物组：《临沂大范庄新石器时代墓葬的发掘》，《考古》1975年第1期，第13—22页。

5 中国社会科学院考古研究所：《胶县三里河》，北京：文物出版社，1988年。

6 北京大学考古实习队、山东省文物考古研究所：《栖霞杨家圈遗址发掘报告》，北京大学考古学系、烟台市博物馆《胶东考古》，北京：文物出版社，2000年，第151—206页。

7 李玉洁主编：《黄河流域的青铜文明》，北京：科学出版社，2010年。

8 甘肃省文物工作队、临夏回族自治州文化局、东乡族自治县文化馆：《甘肃东乡林家遗址发掘报告》，《考古学集刊》4，北京：中国社会科学出版社，1984年，第111—161页。

9 甘肃省博物馆：《甘肃省文物考古工作三十年》，文物编辑委员会编《文物考古工作三十年（1949—1979）》，北京：文物出版社，1981年，第139—153页。

10 李水城：《西北与中原早期冶铜业的区域特征及交换作用》，《考古学报》2005年第3期，第239—278页。

然矿石也非炼铜残渣，而是一块经冶炼但已风化成碎块的含铜铁金属长期锈蚀的遗物[1]。

在酒泉高苜蓿地发现铜块1件，经检验为铸造红铜。

照壁滩出土铜锥1件，较完整，呈条形，经激光微区光谱分析，系由红铜热锻成形，局部又经冷加工。

长江中游的石家河文化可能也使用了铜器。在邓家湾[2]和肖家屋脊[3]遗址都发现过绿松石（孔雀石）铜矿石块，为研究这一文化铜的冶炼和使用提供了重要证据。在肖家屋脊遗址中发现的铜矿石5块，出于灰坑和地层中，形状各异，大小不一。标本H42①:63，浅绿色，近长方形，长4.8厘米，宽4.4厘米，厚2.3厘米。标本H43:52，浅绿色，长3.8厘米，宽3.7厘米，厚2.1厘米。标本AT1②:15，浅绿色，长3.5厘米。

西藏地区的曲贡遗址[4]中出土了1枚青铜镞。铜镞为扁平叶形，形体比较端正，左右对称、扁平形，短铤，边锋微弧，刃缘锋利，长3.7厘米、宽1.4厘米，厚不及1毫米，出于H12，与大量的打制石器共存，经鉴定其成分为比较标准的锡铜合金，含锡量为12.51%，含铜量为83.67%，属于配比相当规范的青铜。同时进行的金相观察还证实，铜镞为铸造青铜。铜镞形态较为原始，遗址内见到与之同时期的形状近似的玉镞，表明它应属当地产品。曲贡遗址青铜镞的时代已进入中原夏商之际，较中原地区略晚，当时西藏地区已有了较进步的冶金科学技术。



新石器时代末期铜器主要发现于黄河流域，除一些细碎铜片、熔炉残片、铜渣等外，能辨别器形的整、残铜器已近20件，有锥、刀、环、镯、铃、饰片以及数量极少的容器碎块。材质多样，有红铜、黄铜、锡青铜、铅青铜、锡铅青铜和砷青铜。当时除利用自然共生矿冶炼外，可能已经发明了人工配制合金技术。大部分器物分别采用陶范铸造或锻制方法，也有少数物件先铸后锻两者兼用。总的来看，当时铜器主要用于制作小型工具和装饰品，也有铃、鬶类特殊用品，在生产领域尚未发挥大的作用，但却代表了史前社会生产和技术工艺上的一项突出成就，为青铜时代的到来准备了一定的条件。

从出土的地点及范围看，铜器生产已经不是偶然行为，而是人们通过冶炼矿石获得铜的初级产品。从各地的发现看，冶铜很有可能已经是当时的一个独立的产业部门，铜器手工业是由少数匠人从事的一项先进的专业化生产行业。将矿石变成金属制品，铜器的生产需要经过采矿、运输、冶炼、制模、制范、铸造等诸多环节，比制陶、制玉等手工业行业需要的技术更高，而且涉及的范围也更广，需要社会所能达到的控制能力也更强，它不仅是当时居民生产力发展水平的一种体现，而且与筑城一样，成为衡量社会组织协调等控制机制水平的一个指标。

## 四、漆木工艺

漆器的发明是长江流域的一大成就。目前发现的我国最早的漆器，是宁绍平原东部的河姆渡文化第三文化层的漆碗。该器为木质，呈椭圆瓜棱形，敛口，扁鼓腹，底部有略外撇的矮圈足，高5.7厘米、口径10.6—9.2厘米、底径7.6—7.1厘米。器表髹朱红色漆，薄而匀，略有光泽，大多已剥落[5]。经鉴定，漆皮经裂解后，涂氯化钠盐片，用红外光谱分析，其光谱图与马王堆汉墓出土漆皮的裂解光谱图

1 甘肃省文物工作队、临夏回族自治州文化局、东乡族自治县文化馆：《甘肃东乡林家遗址发掘报告》，《考古学集刊》4，北京：中国社会科学出版社，1984年，第111—161页。

2 湖北省文物考古研究所、北京大学考古学系、湖北省荆州博物馆编著：《邓家湾——天门石家河考古报告之二》，北京：文物出版社，2003年。

3 湖北省荆州博物馆等编著：《肖家屋脊——天门石家河考古发掘报告之一》，北京：文物出版社，1999年。

4 中国社会科学院考古研究所：《拉萨曲贡》，北京：中国大百科全书出版社，1999年。

5 河姆渡遗址考古队：《浙江河姆渡遗址第二期发掘的主要收获》，《文物》1980年第5期，第1—16页。

相似。在江苏常州圩墩遗址[1]发现两件喇叭形木器，一件涂黑色，另一件上涂黑色下涂暗红色。黑色漆表面还微有光彩，直观同现在的漆没有什么差别。考古发现证实，长江中游在大溪文化和屈家岭文化时期，漆器的制作与使用已相当普遍。在阴湘城[2]大溪文化壕沟的废弃物中，共发现3件漆器。一是大溪文化的笄，木质，残长7厘米，一端穿一圆孔，表面以红漆为地，再用黑漆画叶脉形的图案；二是箭杆类器，属大溪文化，竹质，外表髹红漆；三是屈家岭文化的钺柄，形状类似秦汉墓出土的木剑。柄为木质，在嵌入朽钺的地方掏挖出很深的凹榫。握手的一端有榫，说明原来装有饰品，另一端也应有端饰，可惜现已不存。钺柄全长59.5厘米，宽6.5厘米，厚0.8厘米。两侧髹漆和装饰花纹，均以褐漆为地，花纹为几何形，刻于首端，花纹的凸出部分髹黑漆，握手处前后髹红漆。这件钺柄制作讲究，髹有三色漆，并有饰纹，当是该城首领人物的用品。

新石器时代末期的漆器实物主要见于长江中下游地区。漆器不同于新石器时代常见的彩陶或彩绘，它的来源是从漆树上割取的天然液汁，其成分有漆酸、漆酚、漆酶、树胶质及水，漆酸在空气中吸收氧气，脱水后逐渐变稠，而成熟漆，以此为涂料，具有防湿、耐腐、光洁等优点，故可对器物起到保护作用。更重要的是，因漆色鲜艳耐久，在底漆之上可以绘画、镶嵌、雕刻，所以工艺价值也更高。

长江中游的荆州阴湘城发现的漆木笄、漆木柄，涂红、黑漆并有饰纹。长江三角洲地区的福泉山遗址出土的2件陶器上饰有褐红、灰白色彩绘的原料，其中一件彩绘黑皮陶残豆把，经分析鉴定证实为陶胎漆绘，另一件折腹高颈陶壶，绘红色带状组合纹，经鉴定其涂料是生漆。说明当时已掌握漆的采集和调制。

良渚文化江苏吴江梅堰遗址[3]内发现的彩绘陶尊，用金黄、棕红两色绘出一道弦间丝绞纹，所绘的原料为漆，先在黑陶表面涂上一层稀薄棕色漆，然后在上面用厚漆加绘圈纹、厚薄不匀。同样的漆绘彩陶，曾于吴江团结村[4]亦有发现。梅堰彩陶上用的彩绘原料，经鉴定为漆绘。另外在江苏常州圩墩遗址[5]发现两件喇叭形木器，一件涂黑色，另一件上涂黑色下涂暗红色。黑色表面还微有光彩，直观同现在的漆没有什么差别。

除了这些南方的遗址外，已知北方出土早期漆器的是山西襄汾陶寺遗址，该遗址发现了彩木器，器表所用的涂料剥落时呈卷状，与漆皮相似。我国史前南北方都有漆器出土，北方晚于南方。然而，至今还没有证据说明北方的漆器和制漆技术是从南方传入的。

## 第四节　新石器时代末期的房址与村落

### 一、房址形式

进入新石器时代末期，传统的建筑形式仍然大量存在，如地穴式、半地穴式、地面建筑和窑洞建筑。地面建筑是这个时期主要的建筑形式。上述建筑按照对地面的处理情况可区分为硬土地面、白灰地面及夯土地面等；按照墙体结构可分为木骨泥墙、土坯墙和夯土墙建筑等。与之前各时期不同的是新石器时代末期发展了台基式建筑，尤其在这一时期的各个城址中都发现有此类建筑。新石器

1 江苏省圩墩遗址考古发掘队：《常州圩墩遗址第五次发掘报告》，《东南文化》1995年第4期，第69—94页；《1995年江苏常州圩墩遗址的发掘》，《考古学报》2001年第1期，第73—107页。

2 荆州博物馆：《湖北荆州市阴湘城遗址1995年发掘简报》，《考古》1998年第1期，第17—29页；荆州市博物馆、福冈教育委员会：《湖北荆州市阴湘城遗址东城墙发掘简报》，《考古》1997年第5期，第1—10页；江陵县文物局：《江陵阴湘城的调查与探索》，《江汉考古》1986年第1期，第1—7页。

3 江苏省文物工作队：《江苏吴江梅堰新石器时代遗址》，《考古》1963年第6期，第308—318页。

4 江苏省文物工作队：《江苏吴江梅堰新石器时代遗址》，《考古》1963年第6期，第308—318页。

5 吴苏：《圩墩新石器时代遗址发掘简报》，《考古》1973年第4期，第233页。

时代末期房屋按照间数区分，有单间、双间和多间排房等多种。这一时期在新型材料、新的技术和新建筑形式等方面体现的建筑成就在房址中都有所体现。

## （一）地穴、半地穴式

武功浒西庄遗址的庙底沟二期文化遗存共发现房址12座，其中有8座保存较好，均为半地穴式。其中7座平面为长方形，1座平面为圆形。方形的房址形制基本相同，各座房址之长与宽相差最多不超过1米，有的长宽几乎相等。面积多数在8.4—12平方米之间，唯有F6较大，达30平方米以上。这些房址都有一条长0.4—0.58、宽0.4—1米的门道，突出于屋外。门道底部与居住面平，均为草泥白灰面，是先涂一层草拌泥，然后再抹上一层白灰浆。多数房址的灶设在居住面中部，少数房址的灶设在居住面的东南角。有的灶址与居住面齐平，有的灶址稍微高出于居住面，它们都不是向下掏成凹坑的形式。这里的灶址颇有特点，有的是在白灰居住面上划有直径0.8—1米的1—3道同心圆作为生火范围，有的是涂抹居住面时有意留出直径0.6米左右的圆形范围，不涂白灰面作为生火范围，圈外没有烧火的痕迹。一般房址四壁保存较矮，仅0.1—0.2米。墙上也与居住面一样，先涂一层草拌泥，然后再抹上一层白灰面，与居住面上的草泥白灰面相连接。房内柱洞多寡不一，多数房址内有2—4个柱洞，而F1发现有6个柱洞，设在屋外0.6米处。圆形房址F4，直径2.2米，面积3.8平方米。门道向北，为355度。房址居住面分为上、下两层。上层居住面为一层厚约5厘米的黄土，其中还掺杂了一些白灰，经长期踩踏非常坚实。下层居住面与上层居住面结构相同。房址四壁保存高度仅0.2米，表面未经修整，很粗糙，没有涂抹墙皮。屋内发现柱洞3个，作“品”字形排列，其中，一个与门道相对，位于南墙根，另两个在门道旁边，靠近东、西墙壁，柱洞口大底小，直径0.15—0.2，深0.15—0.17米。门道设在房址北壁中部，并不向外突出，相反，却作梯形向屋内凹入。门宽0.4米，底部有一台阶，长0.22米、宽0.2—0.4米，经长期踩踏呈上小下大状，高出居住面0.1—0.15米左右。房址内填土为浅灰色，在居住面上发现6个大口深腹陶罐和盆的底部，应是当时使用的器皿。房址面积甚小，又无烧火的痕迹，从居住面上发现有几个残存的大口深腹罐底部的情况推测，有可能是储存物品的处所[1]。

甘肃永靖马家湾遗址发现半地穴式房址7座，可分为圆形和方形两种。其中方形4座，圆形3座。方形房子的建筑是先由地面向下挖成长方形半地穴的土坑作为房基，平面呈方形或长方形，坑的四壁平直，表面坚硬齐整，房子面积约在14—16平方米，这种房子结构特征基本相同，居住面都敷有一层草拌泥屝和红胶泥的硬面，质地坚硬，表面平整；房子的中央有一根木柱，房子的四角有四根对称的木柱，共有五根柱子支撑屋顶；每座房子有一个作阶梯式的门道；在房子中心对门口处，有一个灶。发掘者认为这种房子屋顶大概成四角攒尖的形状，表面盖有一层茅草，草上再涂草拌泥，其外形像一座方锥形的房屋。这种房子虽然具有上述的共同特征，但在每座房子的细部，还有各自的特点。按柱子排列的位置可以分为两种：一种是将四根柱子竖在房子四角的墙壁内，一半露在外面；另一种是将四根柱子在房内做对称的排列。圆形房子的平面做圆形或椭圆形，居住面的结构与方形房子相似，也是用草拌泥屝和红胶泥作成的硬面，有门道，房内有圆形或椭圆形的灶，屋中央有一根粗木桩支撑着屋顶的中心，周围有四根对称的木柱。这种房子根据它的结构情况，复原起来大概是一个尖锥圆形房屋，屋顶覆盖一层茅草，在其上面涂抹一层草拌泥[2]。

天水师赵村遗址发现的“吕”字形29号房址，为双室半地穴式建筑，长4—5米，宽1.6米，室内设有圆形灶面。30号房址为平面，圆形，门朝西，直径3.5米，房内有浅灶坑和四个柱洞，可复原成蒙古包式建筑[3]。

在宝鸡石嘴头遗址发现凸字形地穴式房基6座，其中3座保存较好。房基分布在南高北低的第

---

1 中国社会科学院考古研究所：《武功发掘报告——浒西庄与赵家来遗址》，北京：文物出版社，1988年。

2 中国社会科学院考古研究所甘肃工作队：《甘肃永靖马家湾新石器时代遗址的发掘》，《考古》1975年第2期，第92—96、101页。

3 中国社会科学院考古研究所：《师赵村与西山坪》，北京：中国大百科全书出版社，1999年。

二、三级台地上，两级台地高差约10米。这种房基的共同特点是靠台地断崖或斜坡挖成平面作凸字形地穴，口小底大，坑壁由上而下向外扩伸，以坑壁做墙壁；结构分居室、门道、甬道三部分。居室一般后窄前宽，平面呈梯形。门道在居室北墙壁中部，平面呈长方形，南与居室相连接，北与甬道相连接。门道与甬道之间有一台阶，台阶高出门道8—12厘米。甬道形制同门道，其北端与房外道路或活动场地连接；在居室地面中央有一个圆形或椭圆形灶，灶面与周围地面在同一水平上，或高出5—8厘米。居室东墙壁或西墙壁的北端近地面处挖一小龛，龛底一般与居室地面平，有的在龛底挖坑置卵石。小龛用作烧火，但没有烟囱设施；房基坑壁上一般都敷有一层平整光滑的泥土面，厚0.5—1厘米。但泥土中由于没有掺和植物茎叶，粘性差，与坑壁结合不牢固，大部分都呈片状剥落。有的在坑壁下部的泥面外再抹一层白灰构成围墙。抹白灰时先在地面以上等高处划一条水平基线，线痕凹陷，清晰可见，然后在基线以下抹白灰，周围墙上缘整齐。白灰面厚0.4—0.5厘米，高度因房而异。白灰面较纯净，与泥面间结合亦不牢固而成片状脱落，但泥面尚存；居室中央灶台东侧或东南侧，有一至三个圆形柱洞。门道北端两侧各有一圆形柱洞，柱洞旁或放置卵石，应为门柱基洞。居室地面、烧灶、柱洞和小龛底上，首先敷抹泥土面，然后再敷抹白灰面，白灰面也有剥落现象。甬道地面上一般不敷抹白灰面；房基坐南朝北，东西成排；F1—F5南、西、东三面墙壁均是上窄下宽，立面呈梯形，墙壁面由里向外斜直，但没有弯曲弧度，北墙一般都较低矮，其房屋顶部应当是借坑壁上面架木梁、其下用木柱支撑的木架房顶[1]。

神木新华遗址发现的35座房址为单间结构的半地穴式建筑。从平面形状看，可以分为矩形圆角房址、圆形房址和不规则形房址三个类型。其中，矩形圆角房址18座，占房子发现总数的51.4%，圆形房址14座，占总数的40%。房址面积均不大，一般在6—10平方米，最大者约15平方米。从保存较好的房址看，半地穴式房址的墙体大多向内略弧，墙面光滑平整，个别墙壁发现有抹草拌泥或白灰面加工的现象。居住面多为自然踩踏形成的硬面，个别有铺垫料姜石和黄土及给室内地面涂白灰的现象。居住面大多保留有火烧痕迹，形制规整的灶坑只是个别房址中才有。柱洞多在房址内地面及外围发现，大小略有差异，个别柱洞特别是大型柱洞内壁多采用草拌泥或黄土拌碎片、料姜为原料，涂抹在柱洞周壁加固。保存有门道的房址有17座。门向大多朝向阳的西或南方，个别房址向北[2]。

侯马东呈王遗址发现半地穴式房址一座。房址平面呈圆角长方形，边长（东北—西南）约5.4米。其建造技术是先从地面挖一方形坑，坑底垫上密度较大的灰黄土并砸实，其上铺一层厚约1厘米的草拌泥，再涂抹厚约0.3米的白灰面，表面平整光滑。发现时白灰面大部分保存尚好，唯东南部已剥落，露出草拌泥。房址中部有直径约1.15米的圆形灶坑，其平面较居住面略低，灶坑表层之下有厚约15厘米的烧结层。房址现存四壁不见加工痕迹，四壁近居住面处有白灰面向壁面上延伸的迹象，可见四壁曾抹有墙裙。房内不见顶部倒塌留下的痕迹。在房内东南角发现一直径25厘米、深28厘米的圆形柱洞，其中垫有被砸实的碎陶片，房内紧靠东南壁处，有一直径10厘米、深22厘米的圆形小孔，门道在东南部[3]。

夏县东下冯遗址发现的龙山时代早期半地穴式房址F301为长方形双间，分前后室，平面略呈吕字形，另有F206为平面呈圆形的半地穴式房基。龙山时代晚期房址则有凸字形、方形、圆角方形多种，其中大多有白灰面地面[4]。

邹平丁公遗址F3平面为吕字形，半地穴式。南北残长3.94米，东西宽3.28米，面积约13平方米。西部保存较好，现存穴壁深约0.70米。居室平面为圆角长方形，居室通过门道与一长方形门棚相连。门

1 西北大学历史系考古专业82级实习队：《宝鸡石嘴头东区发掘报告》，《考古学报》1987年第2期，第209—226页。

2 陕西省考古研究所：《陕西神木新华遗址1999年发掘简报》，《考古与文物》2002年第1期，第3—12页。

3 山西省考古研究所、山西大学历史系考古专业：《山西侯马东呈王新石器时代遗址》，《考古》1991年第2期，第110—124页。

4 东下冯考古队：《山西夏县东下冯龙山文化遗址》，《考古学报》1983年第1期，第55—92页。

朝南，方向190度。门道呈斜坡状，长0.74米、宽0.53米。门棚亦向内倾斜，残长1.18米、宽约1.37米。门棚南端有一高出地面约0.10米的门槛。主室中间偏北有一圆形灶坑，直径0.72米、深0.06米，堆积着两层烧土，底部经长期烧烤呈黑红色。房内西北角有一长1.86米、宽1.03米的平台，一部分被F7打破。所剩部分高出居住面约0.07米。整个房址共发现柱洞约12个，分布于居室的拐角处及门棚内两侧。柱洞直径0.15—0.27米、深0.10—0.24米。除第4、11、12号柱洞底部夯垫烧土块和碎陶片外，余皆填灰土。房屋地面为灰黄色，坚硬平整。垫土分三层，厚0.16—0.52米[1]。

江苏吴兴龙南遗址发现良渚文化时期的房址11座，均为半地穴式建筑。其中88F1平面呈长方形，内长6.8米、宽3米、深0.54米。门道在南面西侧，门宽0.75米，台阶棱角磨损似斜坡式。发现单个柱洞21个，东面还有排柱。南北的柱洞较为对称，并且有明显的倾斜度，但东西的柱洞均与地面垂直，不对称。很多柱洞内垫陶片作柱础。柱洞排列情况反映出房址经过修筑。87F5和87F6为浅地穴式，实为双间房，呈曲尺形。两房门外有硬土面，原似有门棚。87F5为长方形，长4.75米、宽4.05米、深0.2米，门宽0.8米，发现柱洞6个，有的呈圆形，有的呈大半圆形，内原垫有木板、陶片、硬土作柱础。在房内中部偏西有一排东西向的排柱痕迹。房内有窖穴和睡坑。西南角有一硬土台，呈圆形，径0.56米，残高0.08米。87F6在87F5东侧，也呈长方形，长4.8米、宽1.85米、深0.2米。门宽1.4米。共发现柱洞6个，居住面为黄土质，较硬，有一块40厘米×35厘米的地段曾经火烧，特别坚硬。两间房子的居住面上围一层灰层，上有明显的夯窝，径大者达13厘米，均为单夯；灰层上有黄土层，质纯，亦经夯筑，夯窝绝大部分已不存在，所发现的个别夯窝，大的径9厘米、小的径仅4—5厘米[2]。



东张遗址发现属于昙石山文化的房址一座，为椭圆形半地穴式，口部已被破坏，底径2.5—3.6米。门朝东，宽0.6米。门道铺石块，正对屋门靠西壁处为一直径0.3米、四周用石块垒筑的灶址。居住面为一层灰白色的硬土。另外在昙石山遗址还发现了火膛等与居址有关的遗迹现象[3]。

可见，在新石器时代末期的黄河及长江流域，尽管地穴式和半地穴式房址在建筑方式上与此前的房址较为接近，但随着建筑技术的提高，大多考古学文化中此类房址也发生了较大的变化，如结构上，双室明显增多，在建材上也较多地采用了新兴的建筑材料，如白灰面、料姜石等，建筑工艺上加强了对立柱的处理，如陶、石柱础的出现。

相对而言，东北地区的半地穴式房址新技术运用较少，房屋形式及建筑技术变化不大，多为单间建筑，见有极少量的双室，未见白灰的使用及柱础痕迹。

大连郭家村上层发现的房址因距地表较浅，多保存不好，能看出形状的仅4座。有圆角方形和圆形两种，半地穴式，直径一般在5—6米。比如F1居住面距地表深0.44米，平面方形圆角。南北长3.9米、东西宽4.8米，保留一段墙壁，长0.4米、残高0.2米。从柱洞看，墙壁是木棚，里外面均用草拌泥抹平。屋中间靠北有一方形高台，南北长1.96米、东西宽1.4米，高出居住面0.1米，台面用草拌泥抹平。高台以西中间有椭圆形灶坑，东西0.48米、南北0.4米、深0.2米。屋中间有三个柱洞，内有木炭痕迹。由于失火，坍塌在居住面上的草拌泥屋顶已烧成红烧土，上留有檀木痕迹，厚0.2—0.25米。陶、石器等压在烧土下，绝大部分被压碎。陶器经二次火烧变成砖红色[4]。

长海县广鹿岛南窑遗址发掘房址一座。房址东西长5.42米、南北残存2.5—3.1米。方向为170度。从轮廓看，为圆角方形半地穴式建筑。以黄灰色生土为壁，地面铺有10厘米厚的黄土，已被烧成红烧

1 山东大学历史系考古专业：《山东邹平丁公遗址试掘简报》，《考古》1989年第5期，第391—398页；山东大学历史系考古专业：《山东邹平丁公遗址第二、三次发掘简报》，《考古》1992年第6期，第496—504、577—578页；山东大学历史系考古专业：《山东邹平丁公遗址第四、五次发掘简报》，《考古》1993年第4期，第295—299页。

2 苏州博物馆、吴江县文管会：《江苏吴江龙南新石器时代村落遗址第一、二次发掘简报》，《文物》1990年第7期，第1—28页；苏州博物馆、吴江县文管会：《吴江梅堰龙南新石器时代村落遗址第三、四次发掘简报》，《东南文化》1999年第3期，第14—23页。

3 福建省文物管理委员会：《福建福清东张新石器时代遗址发掘报告》，《考古》1965年第2期，第49—61页。

4 辽宁省博物馆、旅顺市博物馆：《大连市郭家村新石器时代遗址》，《考古学报》1984年第3期，第287—329页。

土。在黄土上局部地方，残存有厚4.5厘米的草拌泥抹成的居住面。居住面上堆积厚约15厘米的红烧土块，可能是倒塌的房顶，其上即为厚25—40厘米的夹杂着红烧土块的黑土，推测原屋顶堆积比15厘米还要厚些。房址中部有一处很厚的烧土，烧土西南还立有两块扁平石板，应是灶址[1]。

瓦店市三堂村遗址发现房址3座。其中F1为椭圆形半地穴式，南北3.8米、东西2.9米。门道正北，宽约1米，长度不详。房屋中间有一东西向熟土隔梁，横贯室内，隔梁宽0.40米、高0.30米，将房屋分为南北两部分。墙壁直接利用生土，不加任何修饰。未见柱洞。居住面坐落于生土之上，低洼不平，南室较北室稍低。F2为半地穴式圆角长方形房屋，长4.44米、宽2.10米。西北设一斜坡式簸箕状门道，最宽处1.20米，门道长0.68米。墙壁和居住面均直接利用生土，未见加工痕迹。居住面凹凸不平，在居住面中部偏北有一处椭圆形红烧土面，直径1—1.6米，红烧土面边缘厚，中心略凹，厚度为4—6厘米[2]。

大连大潘家村遗址发掘房址总共7座，为半地穴式建筑，除1座为双室外，其余6座均为单室。例如F2为圆形单室，直径2—2.5米。南端有门道，略呈坡状。穴壁高出居住面约40—50厘米。室内有柱洞4个，其中两个位于近门道处的东西两侧，另两个位于中部东西两侧。居住面下为厚约10厘米的黑土，是人工烧烤所致，表面略硬，光滑。居住面上有石块、卵石等。器物置于室内东侧。F1为圆形双室，两室之间通道处有一道低土坎。西室直径2—2.08米，东室直径2—2.3米。门道位于南部，长1.1米、宽0.8—0.9米。穴壁高出居住面30—40厘米。东室有柱洞3个，集中在中部，有的柱洞外面有石块挤靠。两室居住面都是黄土。西室居住面上有一堆石块[3]。

西藏卡若遗址的半地穴房址，四壁为井杆式或石墙，富有特色[4]。卡若F9平面呈正方形，东西长2.3米、南北宽2.2米，房基深入地面下93厘米。房基竖穴的四壁均遗有清晰的炭化木板和圆木的痕迹，可知当时壁上曾嵌有一层木板。从木痕较清楚的西北角观察，相邻两侧木板交接处互相交错，呈“井杆式”结构，木板后面，有一层3—15厘米厚、掺有石子的草拌泥。草拌泥后面即为竖穴的原生土壁。其墙壁结构大致应该是地下竖穴部分有“井杆式”木框架围护结构，即先在四周穴壁上涂抹一层掺石子的草拌泥；然后嵌进木板和圆木，为“井杆式”结构，空隙间填以小石子等，再用草拌泥填缝；其地面以上，则为木骨泥墙。居住面的四角，各有一柱洞，直径12—16厘米、深25—92厘米，西北角的柱洞内还留有桦树皮的痕迹。这四个柱洞应是支撑屋顶梁的立柱洞。南壁中部有壁柱洞一个，洞基不牢固，显然不能作承重之用。在东穴壁外的中部和南部，还各有柱洞一个。F9当是一座木构架平顶建筑，顶部略带倾斜以防积水。又根据堆积中出有一面抹光、另一面留有小圆木印痕的红烧土块来判断，估计房顶有平铺的椽木，上面涂有草拌泥，并经烧烤。

卡若遗址的石墙半地穴式房址地穴部分口大底小，四壁略向外倾斜，平面呈正方形或长方形，面积约25.5—32平方米，穴深一般为1米。依着穴壁砌有石墙，残墙略高出穴口，但从旁边倒塌的石块分析，这不是当时的原始高度。墙厚度一般在23—25厘米左右。石墙几乎全部用砾石砌成，偶然也有个别板石和红烧土块。垒砌的砾石大多呈扁平状，大小不等，一般长、宽在10—35厘米，最大的可达60厘米以上。垒砌时大石在下，然后层层上筑，石头由大渐小，并且上下相互交错压缝。石墙夹缝内还发现有草泥、黄砂混合成的粘合料。F12地穴深120厘米，石墙体残高与穴深相若，室内堆积含红烧土块、红烧土渣、木炭屑等。居住面平坦光滑，中部有一用砾石块围成的灶，南壁石墙外有柱洞11个，北壁石墙外有柱洞3个。该房址地穴上部应为泥墙平顶式房屋。房屋石墙周围的柱洞可能为擎檐柱。

卡若遗址的半地穴式房屋还有楼层建筑。F30居住面上分布着较粗的成排的大木柱，从结构力学来分析，上面似应有较大的荷载，据推算约每平方米300—400千克，故发掘者认为其粗大的木柱是承受二层荷载的。该房址室内堆积的绝大多数器物出土于堆积的中部或中部以上，很像是上层房屋倒塌造成的结果。F30残存石墙高1.1米，从倒塌在穴内外的石块数量分析，原来的石墙高应在1.9

---

1 辽宁省博物馆、旅顺博物馆、长海县文化馆：《长海县广鹿岛大长山岛贝丘遗址》，《考古学报》1981年第1期，第63—111页。
2 辽宁省文物考古研究所：《辽宁省瓦房店市长兴岛三堂村新石器时代遗址》，《考古》1992年第2期，第107—121页。
3 大连市文物考古研究所：《辽宁大连大潘家村新石器时代遗址》，《考古》1994年第10期，第877—894页。
4 西藏自治区文物管理委员会、西川大学历史系：《昌都卡若》，北京：文物出版社，1985年。

米左右。第二层的围护结构可能采用编织树条，外面涂抹草拌泥的方法，其高度在2米上下。这座房屋屋顶为平顶斜坡式。

### （二）窑洞式建筑

陕西长安沣西遗址发现窑洞式房址10座，这种房屋都是挖在地面以下的浅土窑式的。房屋的上部都已毁坏，没有发现痕迹，现存的只是挖入地下的屋基部分，房屋的形状可以分为方形和圆形两种。方形房屋共发现5座，都是由内室和外室两个房间组成，中间连有过道，平面像个“吕”字。以编号为H98的房址为例，其是一座大型的方形住屋，内室为方形，坑底较坑口略大，坑口东西长3.05米、南北宽2.7米，坑底长3.17米、宽2.92米。外室为长方形，坑底也比坑口略大，坑口东西长5.29米、南北宽1.85米，坑底长5.35米、宽2米，中间的过道长0.7米、宽0.62米。坑口距离地表深2米，四壁保存最高为1.65米。在室内发现有上下两层居住过的地面，都是经过长期踩踏形成的。上层居住面离地表深3.54米。在内室的上层居住面上，靠近北壁有一个柱洞，圆形圜底，柱洞的内部和底部都很坚硬，底部并填入不少碎陶片。室内中央及靠近东壁各有一个凹入地面的圆形小灶，都被火烤得很红。中央的小灶在周围还有很大一片烧土。在外室的上层居住面上，靠近东北角，也有一个和内室相同的柱洞。北壁的中部有一个大的壁炉，附近还有5个小灶，壁炉的前面也有一大片烧土。壁炉即挖在墙壁上的炉灶，侧视像一个长方形的壁龛。壁炉的底部，在中间隆起一条土梁，当是用来架炊具的。由于长期烧火的结果，壁炉通体呈红色，表面并有被烟熏成的黑色烟炱痕迹。壁炉的作用除烧煮食物以外，还可以用来保存火种。圆形的小灶有的比较简单，只在地面上挖一个圆凹坑，有的在挖成后再在周围附加一层厚约1厘米的夹砂泥土或夹砂的草拌泥。有一个小灶在底部还垫了一大块陶片。在外室的西北角上有一个袋状小灰坑，是储藏用的窖穴，是住屋的一个组成部分。外室的西南角有一条通向室外的斜坡路，是房屋的出口。另外，在外室的东北角有一个长方形的小槽，槽底较地面松软，构成原因不详。过道的两壁是用熟土筑成的，门道外面两侧有两个小槽，因未发现其他现象，用途不详。下层居住面在坑底的底部，距地表3.65米。下层居住面的现象比较简单，内室近北壁有一个柱洞，位置比上层的偏西些。中央有小灶一个，西南角有一片烧土，连带壁上也都烧成红色，红色高出上层居住面以上。外室的一个柱洞位置和上层的相同。其他如过道和出入口均和上层相同[1]。



石楼岔沟遗址大部分的房屋是建在半山腰上，平面呈凸字形窑洞式，房址内的居住面都用白灰涂抹而成，非常光滑、平整，室内的灶为方形或圆形，灶面略高出地面。以原报告F1为例，居住面的做

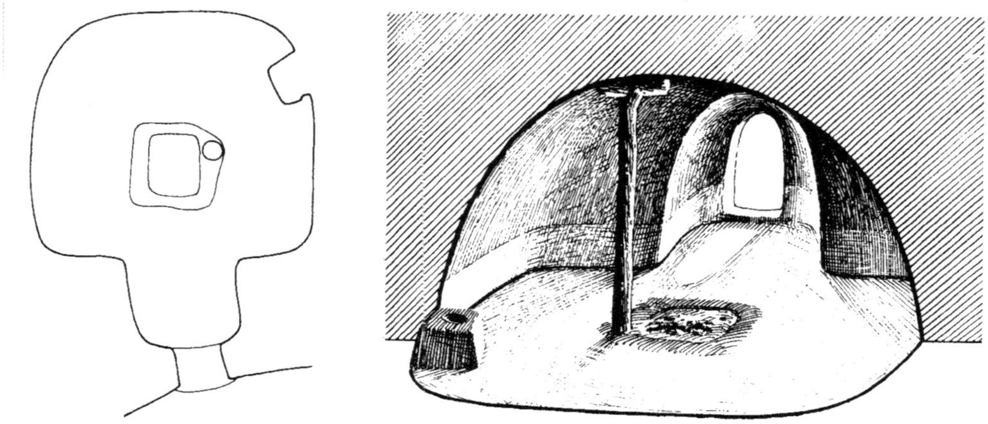

图 4-9　石楼岔沟遗址 F5 平面及复原图

1 考古研究所沣西发掘队：《1955—1957年陕西长安沣西发掘简报》，《考古》1959年第10期，第516—530页。

法是先在挖好的地坪上抹两层草拌泥，其上再抹一层白灰，经压磨而成。墙壁上也抹白灰墙皮，很薄，极易剥落，从保存较清晰的地方可以看出曾经先后涂抹过三层。墙壁一般上下略呈弧形，上窄下宽（图4-9）[1]。

陶寺Ⅲ区共发掘出庙底沟二期和龙山早晚期的房址26座，基本为窑洞式。在一灰坑内发现的有刻划符号的白灰皮经推测可能为一高级房子的墙皮装饰[2]。

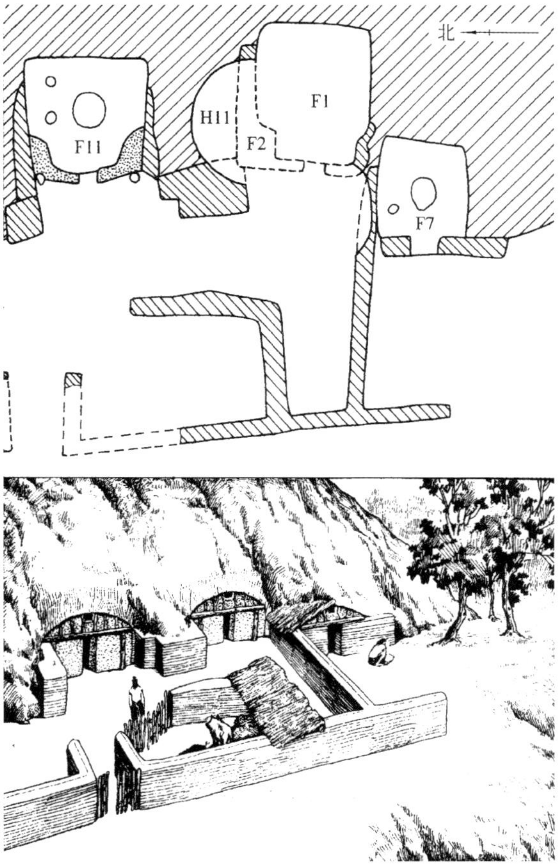

图4-10 赵家来遗址窑洞式房址

武功赵家来遗址房子为半窑洞半起墙的形式。此种房址共有5座，这些房址也和窑洞房址一样，东壁往往保存得很好，高度可达2.6米。由此可知是依着当时的坡势向断崖掏进，挖成窑洞作为住处的。它们与窑洞式居址不同的是，在靠近洞口的前墙均筑有夯土墙，有的在窑洞近洞口的洞壁旁还筑墙加固。这些房址的平面形状有长方形、凸字形两种，而以凸字形者为多。面积大小不一，约在11—17平方米。前墙中部留有门道。有的房址有夯土房基。居住面均为草拌泥白灰面。墙壁只涂抹在墙体的下部。F11、F2、F1、F7等4座居址自北向南地排列着，构成一处面积约114—171平方米的夯土院落。这处院落，在上述几座居址的西部筑有一道南北向的夯土院墙。夯土院墙的基部与居址群之门道底部大致处在同一平面。这样，从居址一走出门即到了院落的地面。院落中部偏南处还有一道东西向的夯土墙，把院落分为南、北两个小院。目前此院落尚未全部揭露，从发掘情况看，院落尚向北、向南延伸，估计当时范围还不止此，应当包括有更多的房址。F11位于最北，F1在F11之南，两者相距3.8米；F7位于F1之南，两者相距1米；F2被压在F1之下，F1可能是在F2之上改建的。F11与F1的门道与院落的夯土地面相连接，居住面与院落的夯土地面处于同一水平。院落夯土地基位于四座居址的西部，东西宽10—12米，南北长在18米以上。北部、西部尚延伸到发掘区之外。夯土地基厚0.2米，为黄色花夯土，夯土表面有一层厚2—6厘米的路土，即为院落地面。地面上发现有三处经火烧过的痕迹，三处火烧痕迹范围都不大，直径为0.4—0.5米左右。夯土地基上有夯痕，有的圆形，有的长条形。夯土院墙是起建于院落夯土地基上的。院落遗迹的夯土墙共6堵（图4-10）[3]。F12为一座窑洞形式。这座居址是从西向东往当时的坡崖掏挖而成，四壁均为生土。东面的穴壁保存很好，高3米以上。房址平面为凸字形，西部有一短窄门道。居住面为草泥白灰面。居住面积12平方米左右。屋内有四个柱洞，为门柱及支撑窑顶的柱子所在。

在老虎山遗址区海拔1490—1570米的主要居住区，可见8个约20米，海拔差距10米左右的较宽平的台地，每个台地都横跨两个山脊间主要遗址区，并一直延续到西南山脊之外。在有些较陡台地的坡外还有石块垒砌的护坡，残留10处左右，这些台地和护坡均与当时的聚落建设有关，房屋建筑

1 中国社会科学院考古研究所山西工作队：《山西石楼岔沟原始文化遗存》，《考古学报》1985年第2期，第185—208页。

2 中国社科院考古研究所山西工作队、山西省临汾地区文化局：《陶寺遗址1983—1984年Ⅲ区居住址发掘的主要收获》，《考古》1986年第9期，第773—781页。

3 中国社会科学院考古研究所：《武功发掘报告——浒西庄与赵家来遗址》，北京：文物出版社，1988年。

等遗迹成组分布在这些台地上。房屋结构基本相同，按照院落可分为单屋院落、双屋院落和多屋院落。房址的穴壁绝大部分挖在黄色生土中，穴壁向上有内弧或收缩的趋势，故基本上都应是窑洞式建筑。有单间的房屋，但更多的是双间房屋，后者包括主室和外间。主室平面多成凸字形，少部分接近方形，面积一般10多平方米。许多主室都存在白灰地面，中部有圆形浅凹状的火塘，部分火塘周围绘有一圈黑色彩带。外间平面不甚规则，亦有灶址。这些房屋的主室多半是直接在黄土中掏成的窑洞，而外间因有撑柱现象，则可能其上多搭盖篷顶。一些房屋的外间向外还经一通道连接着一个活动面，形成房前院落。还有两个或三个主室共同连接一个外间或院落的[1]。

园子沟遗址房子分为凸字形房址和方形房址。凸字形房址的主室主要是坐卧休息的地方，即居室，基本不摆放陶器，地面和墙面下部都有平整光滑的白灰面，火塘硕大居中，有的周围涂画黑彩圈，规整讲究，多数可住3—5人，也就是一个小家庭的规模。外间贴着墙有一到数个壁灶，周围摆放炊器、盛储器和饮食器等，主要为厨房，还是储放物品及日常生活的主要场所。主室基本上均为完全掏挖而成的生土窑洞式房屋，还有个别人工顶窑洞式和夯土墙窑洞式房屋。平面绝大多数呈凸字形。墙壁分为两种，一种为从下部直壁向上一段后略内收，再直壁向上至近顶后向内收缩成穹窿顶，另一为下部略直，向上逐渐内弧至收顶。室内高度总体上前者偏高而后者略低，约从160厘米到300厘米不等。柱子并非必需之物，其作用只是加固承托房屋以防坍塌，故仅见于少数房屋，且数量少，位置灵活。顶部均为后高前低的一面坡式结构。由于前部一般无墙，故其顶盖只能是以椽子横置于两侧墙上，其上还可再纵向架椽，进而覆土盖草。少数较正规者在门道两侧立有1—3根柱子，且大体在一条直线上，应当是将最里的椽架于一排柱顶之上，以减轻对主室门道部压力。只个别有墙者才可能先纵向架椽，再横向置椽。园子沟F2027，主室平面呈凸字形，进深4.5米，开间宽3.7米，居住面敷一层草拌泥，其上抹0.2厘米厚的白灰面。火塘直径1米左右，周边绘有黑色彩带，中间的烧结面略低于居住面。窑洞穴壁残高近1米，并有0.7米高的白灰面墙裙。南壁白灰面上刻画着一个长0.52米的动物图形。主室门道朝东，与残存的外间或院落相连。园子沟F2016和F2017，为两个主室和连通的外间并有院落的一组建筑。F2016主室平面呈凸字形，进深3.3米，间宽2.9米，居住面系于生土之上垫土而成。火塘居中，直径1米左右。主室后壁下两角附近的居住面经过烧烤。窑洞穴壁残高1.1—1.6米，各壁明显向上弧收，并有0.5米高的草拌泥墙裙。主室前部存留3个柱坑，均有一半挤入穴壁内。门略朝东。门槛高出室内居住面1米多。外间大约5米见方，地面为一层垫土，较主室地面略低。圆形地面灶偏于一角。外间通过一个较窄而低的门槛与其外的活动面（院落）相接。F2016主室与外间至少存留了5件陶器。F2017主室平面亦作凸字形，进深3.3米，间宽2.5米，居住面垫土而成。火塘直径0.65—0.75米。主室后壁下两角附近的居住面经过烧烤。穴壁向上弧收，有草拌泥墙裙。屋内北角见有一个壁柱柱坑。门朝东北。通过窄门道与一长方形的外间相连。外间长1.15米，宽2.1米，东侧与F2016外间的一角连通。园子沟有两三个主室共连一个院落的现象，单座房屋的院落多数都呈现为成排的分布现象，一排中则包含了若干屋群，可以家族来称述排所代表的一级组织。园子沟遗址在地貌上自然地分成北、中、南三区，各区之间有冲沟相隔，形成了三个并行的群体。显然，在排之上尚有区这更高一层的共同体组织，发掘者在整理中还发现，各区出土的陶器也反映出一定的区级特色。至于包含三区的整个园子沟遗址，发掘者推算，认为其反映的平时人口数当有三四百之多，所以称之为家族公社。岱海周边其他几处经过发掘的遗址，也显现出与园子沟类似的房屋分布特征[2]。

陶寺遗址保存较好的一组窑洞建筑5319、021与024是带天井式院落的窑洞，024是一座低于地面略呈圆形的天井式院子，5319和021则是在024南壁上掏挖而成的并排两座窑洞，共同构成一组完整的建筑。发现时5319和021的顶已坍塌，壁呈弧形，均经火烧烤过，居室大致近圆形，一侧靠壁处有

1 内蒙古文物考古研究所：《岱海考古（一）——老虎山文化遗址发掘报告集》，北京：科学出版社，2000年。

2 内蒙古文物考古研究所：《岱海考古（一）——老虎山文化遗址发掘报告集》，北京：科学出版社，2000年。

火池或烧灶，门口有一条土棱门槛。024西侧沿着坑口有一条进出窑洞的坡道可通达地面[1]。

## （三）地面式建筑

新石器时代末期的地面式建筑以单间为主。

茌平尚庄遗址发现龙山时代房址房基系用草拌泥铺垫六层，每层厚4—6厘米，表面抹一层厚0.15—0.2厘米的白灰面，平整光滑。居住面上有一层不整齐的草拌泥土块，厚约4厘米，可能是屋顶或墙壁塌陷的敷料。这种草拌泥土块在G1中也有。因此房子很可能为土坯墙建筑。由于房址破坏严重，未发现柱洞和灶址[2]。

山东邹平丁公遗址房址共20余座，有地面式和半地穴式两种，以地面式居多。形制上多为长方形，圆者较少[3]。

临潼康家遗址F58的土坯长39厘米，宽34—36厘米，砌筑方法与现代砌砖法相似，相互压缝，以黄泥勾缝[4]。

郑州市站马屯遗址发现龙山时代的房址9座，其中大部分为长方形地面式建筑，并列两间墙壁上留有较多的经火烧的草拌泥墙体残块，这些草拌泥残块上可以看见许多芦苇印痕，这种现象应为木骨结构的泥墙遗存[5]。

安阳后冈遗址在龙山时代遗存中发现房址39座以及部分白灰面遗迹。除两座为方形圆角外，其余皆为圆形或不规则形，房址皆为地上建筑，除少数第5、6层中的房址建在生土上外，绝大部分建在灰土堆积或者旧房址基础上。房址下部有房基垫土，灰或黄色，土质细腻，并经分层夯打，坚实平整，每层厚5—8厘米。有的房址垫土多达5、6层，垫土一般都大于房址面积。数座房址发现夯窝痕迹，直径5—8厘米，深1—3厘米。墙壁分为垛泥墙、木骨垛泥墙及土坯墙三种。居住面分为白灰面和红烧土面两种，此外还发现一座地面铺有木板的房址，比较特殊。柱洞分为三种，分别是小圆穴柱洞、带泥圈的柱洞、白灰渣柱洞。墙外四周往往堆积数层黄泥土，内高外低，呈斜坡状，用以保护墙面和加固墙基。散水宽0.5—1米。泥土拍打结实，和墙基紧密地粘在一起。散水面上有时还抹有一层草拌泥，有的还经火烤。散水下墙基外侧有的埋有一些石块，以加固墙基[6]。

河南永城王油坊遗址上层房基有方形房2座，圆形房5座。这两种房基都是用黄土、黄褐土、黄料姜土、黄草拌泥等土色纯净、土质致密的土层层铺垫起来的。各层厚度各不相同，每层一般厚3—7厘米。每层表面往往有凹凸不平的现象，这种现象可能是建筑房基时对土拍打或夯砸所致。上层房子都是地面建筑，房子四周有墙，室内居住面上有烧土或烧土面，有的还有用褐硬土或碎陶片筑成的巢状柱础。墙的厚度一般在30—40厘米，墙外往往斜坡状地培上一周土，用以加固墙基。圆房直径3.5米左右，方形房室大小与此相当，门向各个方向都有。F1，圆形，地面建筑，清除地表土即

1 中国社科院考古研究所山西工作队、山西省临汾地区文化局：《陶寺遗址1983—1984年Ⅲ区居住址发掘的主要收获》，《考古》1986年第9期，第773—781页。

2 山东省博物馆：《山东茌平县尚庄遗址第一次发掘简报》，《文物》1978年第4期，第35—46页；山东省文物考古研究所：《茌平尚庄新石器时代遗址》，《考古学报》1985年第4期，第465—506页。

3 山东大学历史系考古专业：《山东邹平丁公遗址试掘简报》，《考古》1989年第5期，第391—398页；山东大学历史系考古专业：《山东邹平丁公遗址第二、三次发掘简报》，《考古》1992年第6期，第496—504、577—578页；山东大学历史系考古专业：《山东邹平丁公遗址第四、五次发掘简报》，《考古》1993年第4期，第295—299页。

4 西安半坡博物馆：《陕西临潼康家遗址第一、二次试掘简报》，《史前研究》1985年第1期，第56—68页；陕西省考古研究所康家考古队：《陕西临潼县康家遗址发掘简报》，《考古与文物》1988年第5、6期合刊，第214—229页；陕西省考古研究所康家考古队：《陕西省临潼县康家遗址1987年发掘简报》，《考古与文物》1992年第4期，第11—26页。

5 河南省文物研究所、文化部文物局郑州培训中心：《郑州市站马屯遗址发掘报告》，《华夏考古》1987年第2期，第3—46、225页。

6 中国社科院考古研究所安阳工作队：《1979年安阳后冈遗址发掘报告》，《考古学报》1985年第1期，第33—88页。

见。室内东西3.74米，南北3.78米。房基的上部被一东北向的现代沟打破。室内居住面分为三层，为三个时期所铺垫和使用。每一层居住面土质都很坚实，层间有凹凸不平的现象，当为夯土。每层居住面都有烧灶或者烧土痕迹，有柱础。墙基大部分保存完好，墙宽20—26厘米。墙靠里侧部分用褐色草拌泥土坯制成，砌砖法采用相间压缝，缝间用黄土粘合。土坯大小一般长40厘米，宽20厘米，厚10厘米。墙的中间部分是一周厚约5—9厘米的黄硬土，黄硬土外面抹两周草拌泥，草拌泥厚约3—5厘米。房门向南。下层房基3座为方形，1座为圆形。都是白灰面房基。F11为长圆形地面建筑，室内东西长3.26米，南北残长3.25米。房基四周的墙还大部分保留着，墙是用青色硬土筑成的。屋门向南，门道宽约0.7米[1]。

河南杞县鹿台岗遗址发现的地面起筑的房址，平面形状可分为圆形和长方形两种。墙体均用草拌泥筑成，在墙基附近及室内有柱洞，柱洞底部多用碎陶片铺垫。居住面为黄褐色坚硬垫土，有的屋内用白灰铺地，有烧土面的为烧灶，墙基外有用黄色垫土夯筑的散水设施。F15圆形，直径2.65米。门道向东北，宽60厘米，墙基宽10厘米，在其东墙及西墙各有一7厘米宽的缺口。发现有6个柱洞，均匀分布在墙基内侧附近，其中门道两侧各一个，两处缺口附近各1个，后墙附近2个。柱洞直径14厘米，深15厘米左右。屋内地面较平，有烧土面[2]。



东乡林家遗址发现的房子结构较新颖。在主室的门外设一方形门斗，中间有过道，平面呈“吕”字形。保存最好的19号房址，主室作正方形，长、宽各为4.8米，面积23平方米，门斗长、宽各为1.5米，之间有长0.48米的过道。主室内有圆形灶坑。地面及四壁皆以黄土泥和灰褐色草拌泥分层敷抹而成，平整坚硬。在房址周围还建有不少储藏物品的窖穴，有锅形、袋形和长方形等形制[3]。

肖家屋脊遗址石家河文化早期遗存发现的房址多为长方形，未见圆形，分单间和多间两种。建筑结构均为平地起建，不见半地穴式房子。少数房子残存有墙壁，有的在墙壁外侧抹有红胶泥，墙壁下面一般挖有墙基槽。柱洞一般见于室内居住面上，多圆形和椭圆形，墙内柱洞较少，说明此类房子的墙体结构应为版筑墙。室内地面多用细碎的红烧土或纯净的黄土铺成，有的由数层红烧土间黄土铺成。有的房子内还发现有灶坑，均为圆形，锅底状，坑壁和坑底被烧烤成深灰色或深红色，较坚硬。门道清楚者均设在南壁。晚期房址只发现1座，且破坏严重。建筑结构为平地起建的分间房子，墙基是用大块红烧土掺灰土筑成，室内居住面是用较细碎的红烧土颗粒铺成，房基为红烧土、碎陶片掺和灰黄土筑成[4]。

庙前遗址发现良渚文化一般性房址柱洞遗迹，F1为面阔10米、进深8米的长方形地面建筑，三面为双排柱，一面为较密的单排柱，柱洞多呈长方形，洞底垫木板，可能是加设回廊的建筑形式。F3为东西向，平面呈长方形，长约12米，宽约5.4米，发现柱洞9个，东西向排列，柱洞直径0.3—0.4米，最深0.7米。红烧土平铺，厚约10厘米，局部红烧土上有砂质硬面，可能是活动面。红烧土堆积下有一层纯灰土，两者共同构成垫土[5]。

四川省郫县古城遗址发现房屋墙基3座，仅存墙基槽，有较密集的柱洞，应为木骨泥墙建筑。根据地层及灰坑内常有带柱状痕迹的红烧土块推测，这些房屋的建筑方法为先开挖墙基槽，槽内

1 商丘地区文物管理委员会、中国社会科学院考古研究所洛阳工作队：《1977年河南永城王油坊遗址发掘概况》，《考古》1978年第1期，第35—40页；中国社会科学院考古研究所河南二队、河南商丘地区文物管理委员会：《河南永城王油坊遗址发掘报告》，《考古学集刊》5，北京：中国社会科学出版社，1987年，第79—119页。

2 郑州大学考古专业、开封市文物工作队、杞县文物管理所：《河南杞县鹿台岗遗址发掘简报》，《考古》1994年第8期，第673—682页。

3 甘肃省文物工作队、临夏回族自治州文化局、东乡族自治县文化馆：《甘肃东乡林家遗址发掘报告》，《考古学集刊》4，北京：中国社会科学出版社，1984年，第111—161页。

4 石家河考古队编著：《肖家屋脊—天门石家河考古发掘报告之一》，北京：文物出版社，1999年。

5 浙江省文物考古研究所：《余杭良渚庙前遗址发掘的主要收获》，浙江省文物考古研究所《浙江省文物考古研究所学刊——建所十周年纪念（1980—1990）》，北京：科学出版社，1993年，第124—127页。

埋木骨，然后内外抹泥，并经火烘烤。F3距离地表1.6米，平面为长方形。现有3条基槽，其中两条西北—东南向基槽分别长3.3米和0.66米，宽0.14—0.2米，残深0.1—0.15米，两条基槽间距2.5米。另一条东北—西南向基槽长2.8米、宽0.14—0.2米、残深0.12—0.15米。在其东北段有一0.78米的缺口，推测为一门道。基槽内共发现柱洞32个，皆圆形、直壁、平底，径一般为0.06—0.1米、残深0.1—0.15米。基槽内填灰黑土，土质紧密。

西藏卡若遗址的地面式房屋有单间和双间之分，墙体及房顶结构与该遗址半地穴建筑相似[1]。与地穴、半地穴房址一样，地面式建筑在此期也出现许多进步因素，如夯筑地基、土坯墙、柱础、白灰面等等，还出现了回廊等结构。这一时期无论黄河流域或长江流域，地面建筑除单间外，都存在一定数量的长排或联间式房屋。

河南鹿邑栾台遗址第二期居住址流行连排式地面上建筑，柱洞为圆形，洞底填充碎陶片夯成磉墩，坐北向南。这种房子有烧土地面和白灰地面之分。烧土地面房子的墙体与地面皆经火烧烤，墙体直接建在地面之上，无基槽，墙心有木桩痕迹。白灰地面房址的墙体为草拌泥堆筑而成，室内地面与内壁涂有一层很薄的白灰面[2]。

郾城郝家台遗址龙山时代遗存的第二、三期房址都为长方形排房结构。F18由西向东共分为甲、乙、丙、丁、戊、己、庚、辛八间。从清理的遗迹看，单元房一律呈长方形，均设有门，门向205度，与遗址东北部的排房F16相对应，是在两条平行线上的两排房。房址地面先垫一层黄花土，较坚硬，厚0.19米，烧土面在居住面中央。屋内居住面南北长3.30米，东西宽3.52米，墙残高0.18米，门宽0.72米。F13为一长方形排房，共六间，房基总长23.3米，宽3.9—4.5米，建筑面积97.86平方米，坐东北，向西南，方向205度。北墙现存长度14.5米，南墙保存较好，长23.30米，西墙和东墙均残长27.50米。墙残存高度不等，厚薄有别，残高0.15—0.40米，上厚0.20—0.25米，下厚0.30—0.38米。墙用黄灰土或黄花土筑成，比较坚硬，其内外表均用厚0.04—0.1米的草拌泥涂抹。墙下挖有基槽，槽底呈半圆形。房内有隔墙5道，将排房分为大小不等的六间，从西向东依次编为甲、乙、丙、丁、戊、己。除后两间共用一个总门，隔墙开门相通外，其余每间都在南墙设置一门。门的宽度不等，宽为0.60—0.75米，外门均有门槛，上呈圆弧形，高0.10米、下宽0.10米。隔墙门较窄，仅0.48米，且无门槛。各间宽度不等，在2.48—4.48米之间，居住面积大小有别，最大的丁间达18.49平方米，最小的丙间仅9.63平方米。室内地面用黄褐土垫平，比较坚实平整，厚0.20—0.35米。其上涂抹一层草拌泥，厚约0.04米。在甲间和丙间保存有灶的痕迹。甲间灶位于与门相对的中部偏东北，为圆形，直径0.75米，其中为微凸的红烧土面，厚0.04米，经长期使用，已烧成龟裂纹。丙间灶位于东北部，呈椭圆形，直径1—1.8米，亦呈红烧土硬面。在房基的周围有散水面，由墙基脚向外倾斜，用土铺平、筑实之后，其上用草拌泥抹平，垫土和草拌泥厚0.12—0.15米[3]。

石首市走马岭遗址石家河文化F4，为一曲尺形多间式地面建筑。方向202度，木骨泥墙。西面为一间大房，东面为两间或两间以上的小房，在大房和小房之间有一宽85厘米的门道。大房位于房址的西面，长约5米、宽约3.5米，房址的中部有一现代扰沟，东、南两面的墙基保存基本完整，残高4—8厘米、厚10—25厘米。在东墙的南端留有宽60厘米的出口。墙中部有一直径20厘米的柱洞，与之相对应的西墙也发现一个柱洞，直径为22厘米。在房子东南角也发现一个直径20厘米的柱洞。大房西墙的大部分和北墙全部都遭到破坏，但从西面小房的北墙可以推测其走向和位置。小房位于门道的东面，东西长3米、南北宽2.6米。小房与门道之间有一道隔墙，厚12厘米，隔墙的北段被一现代扰坑破坏。可以推测小房是厨房和饮食之地。小房北墙的一部分已遭到破坏。北墙保存比较完整，长2.6米、宽约20厘米、残高8—10厘米。小房的北墙继续向东延伸，但距民宅太近，未能全部发掘。门道在大房与小房之间，宽85厘米，在门道出口发现有3块经过加工的条石，这三块条石很显然起到门坎

1 西藏自治区文物管理委员会、西川大学历史系：《昌都卡若》，北京：文物出版社，1985年。

2 河南省文物研究所：《河南鹿邑栾台遗址发掘简报》，《华夏考古》1989年第1期，第1—14页。

3 河南省文物考古研究所：《郾城郝家台》，郑州：大象出版社，2012年。

的作用。门道与大房、小房之间用厚10—15厘米的泥墙隔开。门道的北部被一现代扰坑破坏。这个狭窄的门道在整个房址中的作用尚不清楚。居住面为黄色黏土，厚5—8厘米，是人工填放的，经过打抹平整[1]。

## （四）台基式建筑

台基式建筑一般为聚落中的主体建筑或城址中的殿堂式建筑。

山东日照东海峪遗址F301，是在夯土台基上营造的地面式建筑，台基南北长6米、东西宽5.7米，高0.32米。较一般的地面建筑在排水、防潮等方面都具有更大的优势[2]。

河南汤阴白营遗址属于龙山时代的第二期遗存中发现有一处土台基，东西向，中间高而平，南北两面为斜坡。土质较纯净，硬如夯土，包含的陶片甚少。台基南北宽约4.5米，东西未清理完，已知长度为19米。北边坡度14度，长4米余，南边坡度10度，因未清理完，长度不详。台面距地表深约70厘米，北边坡地距地表深约1.3米。台基是用紫、褐、黄、灰白色土，一层层铺垫而成，每层厚3—10厘米[3]。



平粮台遗址四号房址是一座高台建筑，台高0.72米，房址残长15米多，宽5.7米。高台上用土坯砌墙，墙宽30—40厘米，残高16—22厘米。门向南，方向南偏西6度，房内距北墙92厘米处有一土坯垒的东西向界墙，界墙南有三道隔墙，将房屋隔成4间，仅存二门，门宽分别为72厘米和66厘米。修筑土台时先在北部筑一宽70—85厘米、高72厘米的小版筑墙，南边用横木挡着，从南向北倾斜堆土，逐层夯打，最后水平堆土，夯实。土台上用土竖砌屋墙，坯的长度不等，最长58厘米，宽26—30厘米，厚6—8厘米。屋内隔出单间，最后铺垫地面。是较高级的房屋建筑[4]。

陶寺遗址发现的龙山时代中期大型夯土基址规模巨大，位于早期小城的东南部即中期大城东北部。大型夯土基址ⅠFJT3基坑大致呈正方形，边长约100米，总面积约一万余平方米。方向约225度，四角略向外凸出。此基坑由夯土小板块错缝填充。基坑底部不平，残留的夯土厚度在0.7—1米左右；西南部因破坏严重，边缘处个别地段的夯土厚度仅剩0.05米左右。多数夯土的质量不高，但也有少数夯土板块质量很好。ⅠFJT3的西南角约20米处有一片夯土基础向西南凸出，已清理的部分长约10米、宽约10米，面积大致有100平方米。西北部被ⅠF14打破，西边中段被ⅠF15打破。ⅠF14与ⅠF15均为陶寺文化中期的长方形地穴式小房址，保存有烧土地面。目前尚难判定这部分凸出的夯土基础是否为上下台基的漫道，抑或与ⅠF14和ⅠF15作为一个整体而属于ⅠFJT3的附属建筑。经过2005年和2007年两次发掘清理，大致了解了ⅠFJT3夯土建筑基址上的主体殿堂一个单元的柱网遗存。通过对探沟ⅠTG29的发掘，揭示出该主体殿堂遗迹仅残留柱网结构，大致位于ⅠFJT3之上中部偏东位置，面向正西南，方向约225度，与ⅠFJT3的整体方向一致。柱网所占范围东西长23.5米、南北宽12.2米，面积为286.7平方米。殿堂柱洞有三排，总计发现18个柱洞，其中南排保留7个，中排残留3个，北排保留8个。柱间距在南排与北排的情况不一，据现有柱洞分布看，南北自西向东柱间距为一窄一宽分布，窄者间距约为2.5米，宽者约为3米，中央最宽者达5米，其余皆间距约为3米。中排仅保留3个柱洞，殿堂中央的两个间距5米，东侧两柱间距为10米。南排柱与中排柱的间距约为5米，中排柱与北排柱的间距约6米。绝大部分柱洞外有柱坑，柱坑直径多为0.5—0.8米，柱洞直径多为0.45—0.5米；个别柱洞的直径较大，

1 荆州市博物馆、石首市博物馆、武汉大学历史系考古专业：《湖北石首市走马岭新石器时代遗址发掘简报》，《考古》1998年第4期，第16—38页。

2 山东省博物馆东海峪发掘小组、日照县文化馆东海峪发掘小组：《一九七五年东海峪遗址的发掘》，《考古》1976年第6期，第378—382页。

3 安阳地区文物管理委员会：《河南汤阴白营龙山文化遗址》，《考古》1980年第3期，第193—202页；河南省安阳地区文物管理委员会：《汤阴白营河南龙山文化村落遗址发掘报告》，《考古学集刊》3，北京：中国社会科学出版社，1983年，第1—47页。

4 河南省文物研究所、周口地区文化局文物科：《河南淮阳平粮台龙山文化城址试掘简报》，《文物》1983年第3期，第21—37页。

达0.8米。柱洞一般残深约0.3—0.4米。柱洞底部均有柱础石，多用一块以上的卵石拼凑而成，总体直径约为0.3米。有些柱洞除有柱础石外，还在洞壁周围填塞一些石块以加固柱子。柱洞内填土多为红烧土，多无陶片，仅在一个填土内有大量木炭块。此外，唯有一个柱洞里出土陶片的时代为陶寺文化晚期偏晚，大约暗示着该主体殿堂建筑最终被彻底摧毁的时代可能是陶寺文化晚期偏晚。值得注意的是，2005年发掘时，在该主体殿堂柱网遗迹北侧约16米的探方内，发现两个柱坑及柱础石，可以肯定与本次完整揭露出来的殿堂柱网不属于同一个系统。这些情况预示着ⅠFJT3之上可能不只一个殿堂建筑单元，也许应有成组的建筑[1]。

1997年发现4座房址，其中有一座大型房址F5，位于遗址中部，平面呈长方形，与城的方向一致，约长51.5米、宽10.7米，面积约为551平方米。该房址尽管居住面已遭破坏，但基础部分大都保存完整，建筑的规模和总体轮廓比较清楚。该房屋的建筑方法为先挖一个基坑，基坑的大小与房屋一致，在基坑周缘铺设卵石，于卵石内埋设木柱，然后在基坑内垫土，垫土内有意掺杂大量的红烧土。卵石面宽0.8—1米、现存厚度0.15—0.28米。卵石中发现的柱洞排列整齐，间距0.7—1.2米，洞径0.2—0.3米，以0.2米者见多。垫土已遭到不同程度的破坏，现存厚度0.2—0.45米。推测该房屋的墙体部分为木柱夹竹笆，内外抹草拌泥形成墙体。房址内未发现有隔墙遗迹，但在其房内东侧中部发现一圆形柱础，由若干小卵石组成，直径0.65米。另在房内发现有五处呈长方形的卵石堆积，由东往西有规律地排列，通过解剖发掘，发现其卵石周围挖有基槽，槽内埋设密集的圆竹，圆竹已炭化，但清晰可见。基槽宽0.1—0.13米、深0.15—0.19米。由此推测，基槽内埋设圆竹应做护壁使用，护壁内填卵石构筑台子，护壁外很可能抹泥。其中1号台基约东西长3.35米、南北宽3米；2号台基约东西长4.85米、南北宽2.65米；3号台基约东西长5.15米、南北宽3米；4号台基约东西长3米、南北宽2.5米；5号台基约东西长2.75米、南北宽2.4米。房址的门道因建筑仅存基础部分，因此还未发现清楚的线索，仅从南墙基几处卵石缺失处推测其门道可能在南墙[2]。

## 二、城址

城址建筑是新石器时代末期建筑成就的最高代表。考古发现的城址面积从数万到数十万甚至百万余平方米不等。城址是极为讲究的，集中了当时全部的建筑成就，且工程量庞大，仅从修建夯土城墙来看，就需要动用大量的人力、物力和财力，只有当社会经济、政治发展到足够实力的条件下，建造城池才能办到。这个时期建筑业的最高成就在城址的建设中都得到了表现。比如新型建筑材料石灰和土坯的使用、建筑技术的改进与提高，具体如夯筑、打井和管道排水等技术的采用与提高。

城址在聚落群中处于重要位置，所在地往往是区域聚落群的中心。以登封王城岗为例，在王城岗城址周围，南北6千米，东西9千米，总面积40千米的范围内，有16处聚落成群分布，形成了一个规模较大的聚落族群。各聚落间的距离大约为3千米，王城岗城址是该族群的“中心聚落”，面积最大，而且是唯一的城址[3]。在新密古城寨、淮阳平粮台等城址周围也都或大或小出现以城址为中心分布的聚落群。

### （一）城墙

新石器时代末期城址的墙体主要为夯土墙，内蒙古中南部则多采用石墙或土石混筑墙体，在四川也见有土石混筑的墙体，但与内蒙古中南部明显不同。

1　中国社会科学院考古研究所山西队、山西省考古研究所、临汾市文物局：《山西襄汾县陶寺城址发现陶寺文化中期大型夯土建筑基址》，《考古》2008年第3期，第3—6页。

2　成都市文物考古工作队、郫县博物馆：《四川省郫县古城遗址调查与试掘》，《文物》1999年第1期，第32—42页。

3　河南省文物研究所、中国历史博物馆考古部：《登封王城岗与阳城》，北京：文物出版社，1992年。

**夯土墙**

夯土墙有版筑和堆筑的区别。个别城址城墙出现了类似后世的马面结构。

黄河流域城址以夯土版筑城墙为主，个别堆筑。

辉县孟庄遗址位于河南省辉县市东南孟庄镇东侧的台地上。山前倾斜冲积平原地势平坦，土壤肥沃，十分适宜农业生产。城址平面略呈方形，面积约12万余平方米。东垣保存较好，长约375米，北垣西端被毁，残长约260米，复原长度为340米左右；西垣残存中部和东半部，残长180米，复原长度约330米；南垣全部被毁。城墙的筑法是铲高垫低，先将地基整平，然后在内外两边取土分段堆筑而成。夯层不很规整，厚约10—15厘米。城墙内侧设有夹板以便增加墙体的高度，东、西、北三面城垣的墙体内侧都发现有夹板留下的木板灰痕及向生土下挖的固定木板的基槽，夹板向内侧为护坡，宽约8米，夹板以外为垣体，宽约15米。内侧取土沟较窄，一般宽在3—5米间，距今地表深约1—1.5米；外侧取土沟即城壕宽约20米，距今地表深约5—6米。东垣外有宽约10余米的缓坡作为过渡地带，然后再挖城壕。保存较好的城东北角，呈圆弧状，宽约24米。门道位于东垣正中，宽约2.1米，里边有多层路土。门道两侧发现有东西向基槽，贴近墙壁的一侧有竖置的木板灰痕[1]。

淮阳平粮台遗址位于河南省淮阳县城东南4千米的大朱庄西南台地上，东临沙河支流新蔡河遗址，高出附近地面3—5米，发现一座龙山时代城址。平粮台城址平面呈正方形，长宽各185米，城内面积共计3.4万多平方米，如包括城垣及外侧附加部分，面积达5万多平方米。该城有南北两个城门，南城门两侧各有1座用土坯垒砌成的门卫房。现存城墙顶部宽度约8—10米，下部宽约13米，残高3米多。东、南两侧城垣破坏较大。西南城角保存较好，外角略呈弧形，内角较直，城墙上部宽9.8—10.2米。修筑时采用小版筑堆筑法，先用掺有红烧土的褐色土筑成一小版筑土墙，墙宽约0.8—0.85米，长约1.2米，以此作为城墙内壁；然后在其外侧堆土，略呈斜坡，夯实，逐层加高到内壁的高度，再堆筑出城墙上部。夯层厚度不一，约为15—20厘米。从城垣夯土堆筑及结构来看，平粮台筑城用土主要来自外侧壕沟，且是由近及远逐渐向外取土的。内侧版筑陡立而外侧呈斜坡状堆积，显然是为了向城垣上运土方便。夯具可能为卵石，夯窝呈圜底圆形或椭圆形。此外，还发现有用4根木棍绑成夯具进行夯筑的痕迹[2]。

登封王城岗遗址位于河南省登封市告城镇西北约500米的岗地上，发现东西并列的两座小城，东城的西墙就是西城的东墙，西城高于东城。西城保存较为完整，大致为方形，但东北部残缺，面积近1万平方米，东南角有缺口一个，可能是城门。东城残存南城墙西段和西城墙南段相交处的东南城角部分，所剩只是城角的城墙基础槽和槽内的一部分夯土层，墙体已经不可寻觅。通过钻探得知南城墙西段长约30米，西城墙南段残长约65米，南城墙与西城墙相交处的角度为88度，近乎直角。东城的方向以西城墙测知为北偏东15度。该城角的建筑形式是内角为凹弧形，外角呈凸圆形，向外突出2米左右，似为城角的马面设施。由于残存太少，整个东城的大小无法探知。根据东城南城墙西段和西城墙南段的11条探沟的发掘资料看，在修筑城墙前都先在拟筑的城墙下面挖出一条和城墙走向一致、口部略宽于底部、两壁斜直、平底或凹弧形底的基础槽。槽的底部是依高低不同的原有地势挖筑的，然后在槽内逐层填土和铺垫细沙、夯实。夯土层厚薄不等，薄者仅0.03—0.04米，厚者有0.20米左右。夯窝的形状大小和深浅也很不一致，窝形有圆形圜底、椭圆形圜底和不规则形圜底等几种。夯窝口径一半为4—10，深1—11厘米。就夯窝窝形看，很可能是用河卵石作为夯具。西城除北墙的东段和中段因为被西北部王岭尖下来的山洪冲毁无存外，西墙和北墙西段的城墙基础槽和槽内的夯土层，大部分或多或少都有保留。钻探获知，西城的南墙长为82.4米，西墙长为92米；北墙西段的残存长度为

1 河南省文物考古研究所：《河南辉县市孟庄龙山文化遗址发掘简报》，《考古》2000年第3期，第1—20页。

2 河南省文物研究所、周口地区文化局文物科：《河南淮阳平粮台龙山文化城址试掘简报》，《文物》1983年第3期，第21—37页。

29米。西墙的方向为北偏西5度，它与南墙相交处的角度为90度，直角相接。西城西南城角的建筑形制也是内角呈凹弧形，外角呈凸圆形，凸出城墙3.68米，似为城角外的马面设施。西城的西城墙与北城墙相交处的角度为89度，也近似直角相接。西城西北城角的建筑形制虽然部分夯土层损毁严重，但从残存的角形看，其内角也呈凹弧形，外角为凸圆形，凸出城墙2米左右，似马面设计。西城各面城墙的筑法和东城的城墙一样，也是在拟筑的城墙下面先挖出一条和城墙走向一致、口部宽于底部、两壁斜直、平底或凹形底的基础槽，然后在槽内逐层填土夯实。基础槽口宽4.4米，底宽2.56米，深2.4米。槽内每层夯土的厚度多为0.1—0.2米，但也有厚到0.06—0.24米的。在每层夯面上都有厚1厘米左右的细沙层，在每层细沙上面则保留有夯窝印痕。夯窝形状和大小极不一致，有圆口圜底形、椭圆形圜底形和不规则形等几种。并有一些相邻的夯窝出现重叠现象。夯窝口径一般为4—10厘米，窝深1—2.5厘米。特别是在WT23基础槽内有一层夯土面上，还遗留有直径8—18厘米的河卵石，看来很可能就是当时的夯具遗存。西城南城墙中部的T37亦有同类的夯窝，而且个别夯窝较深约2.5厘米[1]。

河南新密市古城寨遗址城墙保存有南、北、东三面，西墙被溱水冲毁。城址位于古城寨遗址的中心区，平面呈长方形，方向349度。其南墙西邻溱水，向东与东墙南端相连。北墙西邻溱水，东接东城墙北段。在南北两城墙的中部，有相对的城门缺口，至今仍是村民出入的唯一通道。东城墙是三面墙中保存最好的，无一处断缺。北墙地下基础长500米，宽42.6—53.4米，地上墙体宽12—22米，顶宽1—5米，墙长460米，墙高7—16.5米。南墙地下基础长500米，宽42.6—62.6米，地上墙体宽9.4—40米，顶宽1—7米，墙长460米，墙高5—15米。东墙地下基础长353米，基础宽85.4—102米，地上墙体宽36—40米，墙长345米，墙高13.8—15米。西墙的复原长度370米。墙基的处理分为以下几种。其一，城内原地面呈西高东低，大概是为了将城筑成长方形，或为扩大城内使用面积，不得不将城东南部的较低洼地带，用夯土筑起宽阔的墙基，然后再修筑东城墙和南城墙东段。这些墙基的底部距现在地面10米左右，最下部是先用红色黏土掺小卵石和料姜石打出厚0.25—0.45米的第一基础层，然后再在上面用纯净的黑色黏土夯打出极为坚密的第二基础层，厚约0.60米，而后层层夯打出地面，起板夯筑主墙体。其二，在低洼地带以外地势略低的地方筑墙时，先对地面下的窖穴进行清理，然后由底部填土层层夯打出坑口，再在上面加筑夯土。无坑的地方是用黑色黏土夯打起0.60米左右极为坚密的基础层，然后在上面夯出数层夯土后，再起板夯筑主墙体。其三，地势较高的西北部，即北城墙的西段，是先挖深约1米的基础槽，以生土为底，在其上打一层薄薄的基础夯土，然后直接在基础槽内起板夯筑。其四，在北城墙的东段，平整出较宽的地基，在生土上打一层较薄的黏土和陶片层，再在上面打起数层夯土，而后起板版筑。主体墙的版筑方法，北城墙基础槽内残留版筑墙一层，并行连接六道版筑墙。每层版筑墙高1米左右，宽1—1.3米，长1.4—2米不等。南墙保留有两层版筑墙，每层有版筑墙12道，其中有11道是用版筑方法夯打而成，北部第四道是在第三道与第五道板墙筑起后，在两墙之间留下了宽约8米的空间内，由底部层层填土夯打起来。南北两城墙的版筑方法、夯痕大小一致。每层版筑墙的高度和长宽也都比较接近，都是在起板前先立夹板的圆形小木柱，多是一侧两根，埋入土内深处0.10米。据推测，两侧相对的立柱顶端是用绳栓系，然后放夹板填土夯打，夹板侧高有0.20米、0.25米、0.35米不等。顺墙体的夹板都是木板，横墙体的挡头少量用夹板，也有竹编和小木棍编绑在一起来代替木板的现象。为了节省工时和木料以及抽夹板的方便，起板夯打另一版墙时，总是隔一道板墙不打，而去打另一道版筑墙，这样一次反复，将一层需先打的打完后再将留下板墙空间层层夯打起来。结果是先打的版筑墙土质坚密，而后打的墙体却略虚，这些情况均被发掘所证实，如北城墙的西剖面。墙基以外的护坡为辅助墙体的夯筑方法，南城墙的外侧是顺着内高外低的坡状基础，打几层五花土基础层，然后起板夯筑一板墙体，再在上面层层夯打延伸到主墙体上。因南墙外护坡墙在20世纪50—70年代平整土地时挖掉一部分，已成断崖，原来全貌已难知其详。唯北端墙体的起点处，向下挖有基槽。这种做法似为了提高承受墙体的下压外推力，这种方法到战国时期仍在使用。北

1 河南省文物研究所、中国历史博物馆考古部：《登封王城岗与阳城》，北京：文物出版社，1992年。

墙外侧辅助墙体都是呈外低内高的坡状，紧贴在墙体上，内侧辅助墙体已不存在。城墙的夯窝以圆形小圜底为主，直径2—3厘米，也有椭圆形和不规则圆形数种，最大的夯窝15厘米。从发掘情况看，在墙基底部使用石头夯具，墙基筑出地面以后，多见圆形圜底的木棍夯具痕，夯窝一般4、5、7个一组，说明木夯具使用的木棍是成束的。夯打过程中，如果遇沉积泥或粘性大的土质，在夯面上常铺垫有植物茎杆，以防止粘滞夯具。在城墙南、北、东三面，皆发现有护城河。护城河是在城的西北部引溱水东流，至城东北角向南，到城的东南角与城南的一无名河汇流，形成南护城河，北面是利用自然河即溱水作屏障。护城河宽34—90米，深4.5米见软泥不到底[1]。

2001年的山西襄汾县陶寺遗址发现数段城墙，经过2002年中国社会科学院考古研究所山西队、山西省考古研究所、临汾市文物局的进一步调查、钻探和发掘，最终又发现了陶寺中期城址之前陶寺文化早期城址的存在。2002年的田野考古发掘主要是要解剖早期城墙。陶寺文化早期城址位于陶寺东北部，城址大体呈圆角长方形，方向315度。小城内南北长约1000米，东西宽约560米，周长约3600米，面积约56万平方米。发现的城墙包括城址的西墙南段、北墙、东墙北段和南墙，皆为夯筑而成。西墙南段残长约27.4米，基本为西北—东南走向。探方中揭露Q8部分长10米、宽1.25—6米，残存高度最高2.95米。探方西部Q8北边向北延伸约2.5米，继而折向东约1.5米。墙体大部分都仅存基槽，而低于生土面。其剖面显示，墙体部分宽于基槽，残存的原生土地表以上墙体残宽1.2米、残高1.5米，基槽上宽下窄，上宽4.25米、下宽2.10米、深1.45米。墙体夯层明显，厚5—15厘米，一般厚15厘米左右，可分为38小层。夯层均由两侧向中心略微倾斜。基槽部分夯层堆积倾斜度较大，有较大的起伏，墙体为花夯土，基槽部分堆积较墙体稍松软，有大块生土。Q8打破生土，始建与使用时代当属于陶寺文化早期，废弃于陶寺文化早期偏晚阶段；南墙长约855米，墙体有曲折。部分系用城内原始生土陡坡外包夯土墙体，夯土厚度为1.95米，与墙外两侧深壕形成城墙。墙体残高2米，墙背紧贴着墙城内侧生土陡壁。外侧墙面也是直立墙面。墙体有分堵夯筑的痕迹，解剖段可见5堵，每堵长约1米、残高约2米。墙体夯层明显，每层厚5—25厘米、一般厚15厘米，总计19小层。墙基与墙体夯层均由城内（西）向城外（东）略微倾斜。墙体下部垫土向城外侧扩展形成宽大的台阶状墙趾。墙趾宽约3米，加上墙体宽度，总宽度约5米。墙趾堆积包含窑灰，掺杂大量红烧土、石灰粒等，也有生土块。剖面显示，墙趾垫土厚度可达75厘米，可分为7层，厚薄不均；东墙北段夯土墙体部分系用夯土版块拼接垒筑而成，在该剖面上可观察到17块。夯土版块分为三层垒砌。地层平铺7块，中层有5块，上层有5块。各夯土版块体积大小不尽相同，最大者约1米×0.5米×1米，最小者0.5米×0.5米×1米。夯土版块之间立面留有版痕，版痕宽15—20厘米。夯土密度为1.9吨/立方米。分层明显，有密集的圆形夯窝，夯窝直径3—5厘米。该段城墙内侧也是生土陡壁，夯土版块与内侧斜直生土陡壁之间有一上大下小的楔形的空隙，保留的深度为190厘米、最宽90厘米，其中填充花土较松软[2]。

五莲丹土城址位于山东省五莲县潮河镇丹土村，遗址面积为33万平方米，在此发现大汶口文化晚期、龙山文化早期和龙山文化中期三个连续扩展的史前城址。三个时期的古城平面形状基本一致，壕沟形状均敞口、平底，沟壁下部斜直、上部为缓坡，城垣均在清理了地表或早期城壕基础上堆筑，用土大都是挖掘城壕时取出，沟内侧多有护坡。龙山文化中期城垣建在龙山文化早期城壕之上，龙山文化早期城垣建在大汶口文化城壕之上，三个城是由里及外，由小及大，由早及晚逐渐扩建的。龙山文化早期城平面略呈椭圆形，东西长约450余米，南北宽300余米，城内面积约11万平方米。城壕宽约20米，口至底深近3米。城垣建在大汶口文化城壕之上，仅存墙基部分，墙体存宽10米，存高1.5米，分层堆筑，夯层多倾斜，厚10—20厘米不等。在城的西、北、东三面各发现城门通

---

1 河南省文物考古研究所：《河南省新密市发现龙山时代重要城址》，《中原文物》2000年第5期，第4—9页；河南省文物考古研究所、新密市炎黄历史文化研究会：《河南新密市古城寨龙山文化城址发掘简报》，《华夏考古》2002年第2期，第53—82、114—116页。

2 中国社会科学院考古研究所山西队、山西省考古研究所、临汾市文物局：《山西襄汾陶寺城址2002年发掘报告》，《考古学报》2005年第3期，第307—346页。

道。龙山文化中期城平面呈不规则刀把形，北部略呈椭圆形，西南部向外凸出，东西长500余米，南北宽400余米，城内面积约18万平方米。城壕宽约28米，口至底深约3米。城垣建在龙山文化早期城壕之上，残存多是墙基部分，存宽约12米、高1.6米，分层堆筑，夯层逐渐向上倾斜，厚10—40厘米不等。在城的西南、西、北、东面共发现4个城门通道，在西南部、西北部和东南部各发现一个出水口，城的南部发现一蓄水池。西城门通道较宽大，城壕和城墙在这里中断，南北两段壕沟均为圆弧形，分别向南、北两侧倾斜渐深，由此城门通道内外皆呈喇叭状，中间宽约16米。通道中间发现一条基槽，南北连接两沟，宽4—6米。基槽外侧南部有一东西向长方形房址，面积约6平方米。基槽和房址应与城门设施有关。蓄水池、排水池和出水口等设施，表明在城建规划时已注意到地势、洪水和防御之间的关系[1]。

丁公遗址位于山东省邹平县苑城乡丁公村东。遗址总面积约16万平方米，在此发现的龙山文化城址平面略呈方形，四周城垣比较规整，南北长约350米，东西宽约310米，面积10万余平方米。城墙宽约20米，若从始建时的地面算起，现存高度1.5—2米，墙体外坡陡直，内坡则比较平缓。城墙夯土主要为五花土，系将黄白色生土与红褐色黏土搅拌而成，有的还掺杂河沙。夯层厚约5厘米，墙体内外侧夯层均呈向城墙中心倾斜的斜坡状。城墙外有宽20余米的壕沟，壕沟底部距城内地面的深度超过3米，晚期壕沟经过清淤和加宽，位置也向外略有移动[2]。

章丘城子崖地处泰沂山西段主峰泰山北麓的山前平原，位于山东省章丘市龙山镇（原属历城县）以东武原河东侧的台地上，隔河与龙山镇东西遥相对应，这是附近众多台地中最大的一个。城子崖遗址是由龙山文化城、岳石文化城和周代城址三城重叠在一起的，30年代初发现的黑陶文化期城址是岳石文化城。龙山文化城址，平面近似凸字的方形，东、南、西三边城垣较直，北边城垣弯曲外突，拐角呈圆弧形。东西宽445米，南北最长540米，面积约20万平方米。城垣下面大部分挖有基槽，有的部位在沟壕淤土上夯筑起墙。城垣系由原始版筑、堆筑法结合筑成。版筑城垣夯层薄而规整，弧底小夯痕较密，堆筑城垣夯层厚薄不匀，倾斜而不规整。北垣东段探沟提供的最早城垣基宽约10米，顶宽约5米，外壁高约7米。此后曾多次在其内、外两侧进行修筑。城垣外高内低，外壁近陡直，内壁作小缓坡。城内地面高于城外，并随着时间推移而不断抬高。由于该城东有古河渠，西濒武原河，东、西临水而无城门。南、北两面各发现一座城门，其间有道路连接。南门建于城垣外侧，有缓坡形夯土基，两侧似有门卫设施的建筑[3]。

长江流域的城址城垣也皆为夯土筑成，平地起建，但不挖基槽，均采用堆筑法，不见版筑痕迹。这可能与当地土质较硬，粘度大，易于凝结有关。城垣外壕沟往往是人工开凿与利用相邻的自然河道、沟壑相结合。有些城址城墙设有水门。水门可以沟通城内外水道，便于排水泄洪、防御护卫及水运交通。

澧县鸡叫城位于湖南省澧县北约10千米的涔南乡复兴村，坐落在洞庭湖西北岸澧阳平原中部。城址平面略呈圆角长方形，东西长400米，南北宽370米，面积15万平方米，方向约10度。城中地势高出周围2—3米，突兀的城垣更是高出城外水田达4米多。城墙遭到损毁，仅西、北二垣保存较为完整，东垣南段及南垣已被破坏殆尽。城垣外有宽阔的洼地或水域环绕，尤以西、北、南三面最为明显，宽约40—70米。环形洼地与涔水支流（现已为古河道）在城西北汇合，并与北垣中部缺口遥相呼应，东、

1 刘延常、王学良：《五莲县丹土大汶口文化、龙山文化城址和东周时期墓葬》《中国考古学年鉴（2001）》，北京：文物出版社，2002年，第182—184页。

2 山东大学历史系考古专业、邹平县文化局：《山东邹平丁公遗址试掘简报》，《考古》1989年第5期，第391—398页；山东大学历史系考古专业：《山东邹平丁公遗址第二、三次发掘简报》，《考古》1992年第6期，第496—504、577—578页；山东大学历史系考古专业：《山东邹平丁公遗址第四、五次发掘简报》，《考古》1993年第4期，第295—299页。

3 山东省考古研究所：《城子崖遗址又有重大发现，龙山岳石周代城址重见天日》，《中国文物报》1990年7月26日；张学海：《城子崖与中国文明》，张学海主编《纪念城子崖遗址发掘60周年国际学术讨论会文集》，山东：齐鲁书社，1993年，第13—25页；魏成敏：《章丘市城子崖遗址》，《中国考古学年鉴（1994）》，北京：文物出版社，1997年，第241—242页。

西、南面城垣缺口，也是城门遗存。鸡叫城城垣先后经过两次修筑。屈家岭文化中期始筑的城垣为一期城墙，石家河文化早期所筑城垣为二期城墙。一期城墙直接修筑于地势较高的生土面上，剖面近似三角形，底宽30米，高4.5米。夯层清晰，厚约20—30厘米。二期城墙规模较大，墙体附筑于一期城垣内侧，剖面形状类似平行四边形，宽约60米，残高2—2.5米。从整个墙体的结构来看，城内坡度缓，便于防守，城外坡度陡，使攻城者难以攀登。城垣与城外水域之间有城壕环绕。西垣一期城墙外坡底部约8米处，发现了与之同时的城壕东岸斜坡，城壕宽约45米，与城外水域相连，壕内填黑色淤土，出土大量屈家岭文化中晚期陶片[1]。



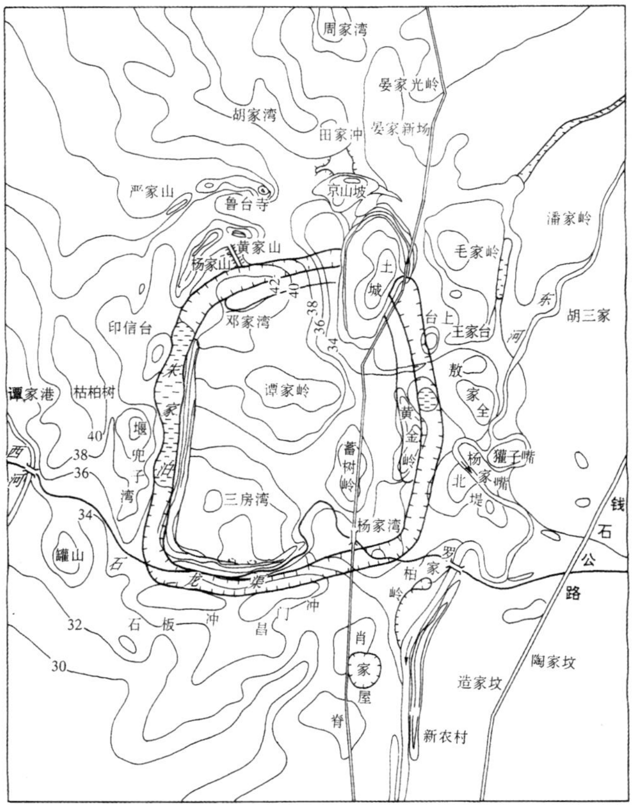

图 4-11　天门石家河城址

天门石家河城址位于湖北省天门市石河镇北约1千米处。石家河城址平面略呈圆角长方形，南北长约1200米，东西宽约1000米，面积约120万平方米（图4-11）。西垣、南垣西段和东垣中段至今仍保存于地面上，三段城垣合计约2000米，其中西垣保存最好，突出地面部分相当规整，长达1000米。城墙顶部宽8—10米，底部宽50米以上，高出地面4—6米。在邓家湾发掘中，发现墙体内夯层清楚，但厚薄不一，城垣底部似挖有基槽。城垣外侧有壕沟环绕，主要为人工开挖而成，局部利用自然冲沟加以连通。城壕周长4800米左右，一般宽80—100米，壕沟底部普遍积有一层水淤土。根据地层叠压关系和城垣崩塌修补等因素，该城址始建年代不早于屈家岭文化中期，主要使用和繁盛期在石家河文化早、中期。石家河古城的构筑，充分利用了自然有利地形，选址于东河和西河之间，东、西城垣筑在土岗外侧，城垣外壁与土岗陡坡相接，增加了外壁的高度，减少了用土量。而城内则基本保留原始地貌，有明显的岗地和凹沟。一条南北走向的自然冲沟通过城内，在出入城处未见城垣遗迹，东北部被土城打破一个大缺口，东南部又有很大一段了无痕迹[2]。

新津宝墩城址位于新津县城西北约5千米的龙马乡宝村，处在川西平原西南边缘，地势平坦，东北距西河约4千米，西南500米处有铁溪河由西北流向东南。泗江堰支渠由东北流向西南横穿遗址东北部，遗址区地面有明显的城垣，城址平面略呈长方形，与河流基本平行。建于当时的台地上，台地高约3米，城垣属平地起建。东西宽约600米，南北长约1000米，城垣周长约3200米，面积达60万平方

1　尹检顺：《澧县鸡叫城史前城址》，《中国考古学年鉴（1999）》，北京：文物出版社，2001年，第206—207页。

2　石河联合考古队：《石河遗址群1987年考古发掘的主要收获》，《江汉考古》1989年第2期，第1—4页；石河考古队：《湖北省石河遗址群1987年发掘简报》，《文物》1990年第8期，第1—17页；湖北省文物考古研究所石家河考古队、北京大学考古学系石家河考古队、湖北省荆州博物馆石家河考古队：《邓家湾——天门石家河考古报告之二》，北京：文物出版社，2003年；湖北省文物考古研究所、中国社会科学院考古研究所：《湖北石家河罗家柏岭新石器时代遗址》，《考古学报》1994年第2期，第191—229页；湖北省荆州博物馆、湖北省文物考古研究所、北京大学考古学系石家河考古队：《肖家屋脊》上、下册，北京：文物出版社，1999年。

米。北垣、东垣保存较好，分别残存约500米，西垣残存约270米，地面上的城垣最高约5米。东垣和北垣不相连属，有一宽约100米的缺口。北垣东端夯筑城墙顶宽7.3—8.8米，底宽29.3—31.1米。东垣南段墙体残存顶宽3.15米，底宽8.4米。城垣建于台地的边缘，在其内侧将生土挖成一定的坡度对墙体产生一种支撑作用。采用堆筑的方法进行构筑，即边堆土，边拍打，每次堆筑一大层。拍打又分水平、斜面拍打两种。水平拍打用于各小夯层，小夯层厚度多在10—30厘米，层面常抹有极薄（约0.2厘米）的一层草木灰，可能是用于防止泥土粘连夯具。斜面拍打主要施于各小夯层筑至一定高度后形成的坡状堆积斜面，此斜面即为各大层的层面，这种层面从上到下常有起伏、错开，推测是小范围逐层夯筑而成，没有较大面积平整的夯筑斜面。其中有的层面呈"台阶"状，应是修造时有意为之，目的在于使两层间连接紧密，防止墙体向下滑塌，以加强整个墙体的稳固性；另外，"台阶"的另一目的应是便于向上运土。筑墙所用夯具有板、棍等，以板为主，板夯痕呈长条形，一般宽10厘米，长50—58厘米，深约0.2厘米。棍夯痕较少，宽1.8厘米，长30厘米，深约0.2厘米。整个墙体无坍塌和二次增补痕迹，应为一次性夯筑而成。宝墩城外未见环壕[1]。

**石墙及土石混筑墙**

老虎山遗址位于蛮汗山余脉老虎山南坡，南临与岱海相连的低洼地，东距岱海25千米，山坡西边为老虎沟。遗址主要分布在西北—东南走向的两个山脊之间，并沿山脊修筑有石围墙，两侧延伸到山脊之外，主体呈三角形簸箕状。中部的大冲沟将遗址分为北高南低两大部分，最低处海拔1450米，最高处海拔1610米。山脊之间的三角形部分，底边长400米，高约450米。遗址总面积在13万平方米左右。居住址主要分布在海拔1490—1560米的半山地带，以二至三间为一组，沿山坡走向成排建于层层的阶地之上。窑址区位于遗址西南部石墙外。墓葬有3座，并排分布在北部围墙内侧。遗址可分为早晚两期，两期紧相衔接，延续时间不长，可作为一个大体相对稳定的聚落来看待。环绕遗址主体的石围墙，主要分北—东北墙和西—西南墙两大部分，还包括遗址下部残留的一段长约20米的南墙。前两道墙在城墙西北角山顶汇合，与山顶平台上的小方形石圈相连，加上残失部分，总长约1300米。北—东北墙保存较好，长约600米，其下段外侧是一条深数十米的大冲沟，该段中间有一段长约42米的平地，没有墙基；接近山顶的一段外侧发现有护墙石堆，内侧与城墙平行相距约5米处发现一段石墙。西—西南墙残长约405米，也发现有一段空地及城墙内侧的平行石墙。墙体构造为下土建上石筑，墙基用黄土层层铺垫、砸实，其上石墙用自然石块垒砌而成。垒砌时错缝垒砌或随着石块大小而顺次进行，石缝间垫有碎石块或黄土。墙内壁不规整，外壁较垂直平齐[2]。

准格尔旗寨子上遗址东临黄河主干，西、南两侧也都濒临通往黄河的深沟，唯北面与其身后较高的山梁相接，在遗址的西、北和东北侧，存留了一道不规则的石墙，石墙各段筑法不一，或以石土混筑，或直接筑石，墙体宽约2米，存高在1米以内。石墙环围的遗址内有半地穴式房址、砌石建筑，还有高出周围6—7米的显赫的凸台。可见黄河岸边这类遗址的地位要比一般地段的遗址显得更为重要[3]。

长江流域土石混筑城墙一般以石头作为城墙底部基础，其上土筑。

良渚古城大致以良渚遗址区内的莫角山遗址为中心，南北长1800—1900米，东西宽1500—1700米，总面积约290多万平方米。布局略呈圆角长方形，正南北方向。城墙底部普遍铺垫石块作为基础，在石头基础以上用较纯净的黄色黏土堆筑而成，不同于良渚一带灰黑色淤泥，明显是人工从外面搬运而来。城墙底部宽40—60米，现存较好地段高约4米。四面城墙的堆筑方式基本一致，从堆筑技术上反映了城墙的整体性。与西城墙相比，其他三面城墙相对更考究：铺垫的石头尖锐很多，明显是人

1 成都市文物考古工作队、四川联合大学考古教研室、新津县文管所：《四川新津县宝墩遗址调查与试掘》，《考古》1997年第1期，第40—52页；中日联合考古调查队：《四川新津县宝墩遗址1996年发掘简报》，《考古》1998年第1期，第29—51页。

2 内蒙古文物考古研究所：《岱海考古（一）——老虎山文化遗址发掘报告集》，北京：科学出版社，2000年。

3 内蒙古文物考古研究所：《准格尔旗寨子上遗址发掘简报》，《内蒙古文物考古文集》第一辑，北京：中国大百科全书出版社，1994年，第174—182页。

工开凿；城墙外侧石头相对大点，越往里越小；堆筑的黄土层中，有时会掺加一层黑色的黏土层，增加了城墙防水能力。城墙内外均有壕沟[1]。

温江鱼凫村城址位于四川省温江县城北约5.5千米处的台地上，当地传说此处是古蜀王——鱼凫王的都邑所在地，习称“鱼凫城”。遗址地跨万春镇鱼凫村、直属村和报恩村三村，东南距成都市20千米，西南距江安河2千米，离岷江7千米。城址平面略呈不规则的多边形，有一古河道经西北城垣缺口和东南城垣缺口流经城内。保存在地面上的城垣有四段，即西北垣长370米、南垣长480米、西垣长350米、东南垣长150米。城垣存高2米，宽约15—20米，周长约2110米，城址面积约为32万平方米。城垣建于高差约1.3米的台地边缘，墙体构筑方式为斜坡堆积形式，墙基为一密集的卵石层，其上用土堆筑成水平状层面，小层堆筑至一定高度，便形成一个大的层次。这样，由中间向城内、外两个方向依次堆筑，形成坡状堆积的大层，最后使墙体纵剖面呈梯形，坡状堆积的墙体形状和墙表排列紧密的卵石层，有利于防水和使城垣结构牢固[2]。



### （二）城内主要建筑

新石器时代末期城址城内遗址或遗物的规格一般甚高，台基建筑规模较大，建筑结构复杂，建筑档次较高；手工业规模、分化程度及技艺水平大都较普通聚落址突出；与宗教有关的遗址遗物也较为特殊；存在高等级墓葬。显示了城内居民结构的基本特点可能是以贵族为核心，控制着当时社会最为先进的手工业技术和产品。

王城岗龙山时代城址西城的中西部较高处和东北部一带，曾发掘出多处王城岗龙山时代二期的夯土基址遗存，其中以城内中西部较高处分布较多较密。但原地面上的夯土基址遭到了后期活动的严重损毁，所以残存下来的夯土基址遗存只是一些填埋有人骨架与人骨的夯土奠基坑、夯土坑和看不出形制的夯土残片。从西城内夯土遗存的残存情况和分布范围来看，很可能是王城岗在龙山时代二期在城内修筑的夯土建筑台基遗存。修筑时为了夯土台基底部的稳固，先将拟筑夯土台基下面灰坑内的松软灰土清理出来，然后再在坑内填土夯实。其中有的坑内仅填土夯实，即为夯土坑；而有的则是在夯土层内填埋人骨架与人骨作为奠基坑，并且也有在较大的壕沟或大土坑中填土夯实，即成为不成形制的夯土残片。有的坑内灰土还未曾挖完即进行填土夯实，致使有的夯土坑或奠基坑的底部或坑底周边还残留少量未挖完的灰土与坑内原有的陶片。从已清理的夯土坑、奠基坑和夯土残片的结构和夯筑方法，以及夯土颜色、质地与夯窝形制等来看，都和同期城墙基础槽内的夯土层相同。夯土层的厚度一般为8—24厘米，在每层夯土面上也都铺垫有一层厚0.5—1厘米的细沙，沙面上也有不甚显著的夯窝印痕，并且在夯土层内也夹杂有少量相当于王城岗龙山时代二期和一期的碎陶片。据此可以判断西城内已经发掘出来的奠基坑、夯土坑和夯土残片等夯土建筑遗存，应是和王城岗龙山时代二期城墙同时修筑的。由于地面上的夯土损毁严重，所以原来夯土建筑台基的形制已无法复原。但是从部分相距较近的夯土坑、奠基坑和夯土残片所在范围和距离较近等情况看，似可大体勾画出每座夯土建筑基址的轮廓和大小。如把位于城内中西部最高的T197、T198、T199、T246、T253五个探方内相距较近的夯土坑和夯土残片等夯土遗存的外边线连接起来，似可成为一处呈南北长方形的大型夯土建筑基址，其面积约为150平方米。再如把分布在T240、T234两个探方内相距较近的夯土坑和夯土残片的外边线勾画在一起，也是一处长方形夯土建筑基址。如果依此勾画方法，在西城内的中西部、中部和东北部等夯土遗存中，还可以勾画出10余处大小不等的夯土建筑基址。特别是发掘出来填埋有完整人骨架的奠基坑，大都分布在勾画的大型夯土建筑基址的范围之内。这绝不是一种巧合。所以，西城内发现的夯土基址遗存应是当时城内的重要建筑基址。在夯土建筑基址范围内，发掘出来的夯土坑13个；夯土残片多处，其中面积最大的约有3平方米左右，最小的约1.5平方米；

1 浙江省文物考古研究所：《余杭莫角山遗址1992—1993年的发掘》，《文物》2001年第12期，第4—19页。

2 成都市文物考古工作队、四川联合大学历史系考古教研室、温江县文管所：《四川省温江县鱼凫村遗址调查与发掘》，《文物》1998年第12期，第38—56页。

奠基坑13个，坑内填埋完整人骨13具。1号奠基坑是一个圆形袋状坑，在偏下部的几层夯土层之间，填埋有成年和儿童骨架7具，2号奠基坑填埋人头骨1个，13号奠基坑填埋儿童头骨5个，5号奠基坑填埋成年人骨架2具，3、4、7号奠基坑内各埋人骨架1具。除1号奠基坑外，其他12个坑内的夯土仅清理了一部分，因而对于坑内填埋的人骨架和零散人骨数目尚不能确定。西城出土的陶碗腹部和陶瓮肩部，刻有“X”形符号。473号灰坑出土的一件黑陶杯外底残片上，有一个形似“共”字的文字。此字系由两个符号组成，像两手有所持执。城址内还出土有铜器[1]。

河南新密市古城寨遗址高墙深池，南北仅有两个城门，显示了它的封闭性和军事色彩。加之城内的大型宫殿与廊庑建筑的方向与城墙十分一致，夯土与夯窝又非常统一，足见其规划的统一、设计的精心及施工的严格。城内的主要遗迹是夯土建筑基址和廊庑基址。夯土建筑基址F1，位于城址中部略偏东北，为南北长方形夯筑高台建筑。坐西朝东，南北长28.4米，宽13.5米，面积383.4平方米，方向281度。其南、北、东三面皆有回廊。该夯土建筑基址经过殷墟、二里冈、二里头及龙山晚期诸文化的破坏，但保存仍基本完整。夯土建筑基址F1上南北排列着六排柱洞或磉墩，把房子分隔成七间。由于晚期的破坏，每排现存柱洞为5个的已不多，少的仅存2个，也有3个和4个的。每排柱洞间距宽窄不一，远的4.5米，近的2.15米。这些柱洞仅各排的中心柱的柱洞内有柱础石或磉墩。在夯土建筑基址F1的周边，还发现小型柱洞41个。在这些小柱洞之间，还发现有更小的柱洞，这些柱洞正好是处在房基四周围墙的位置，推测当是木骨泥墙中的立柱，小的柱洞直径0.2米。在房基南北东三面还发现有廊柱磉墩19个，其中南廊现存2个、北廊现存5个、东廊现存12个。南北两侧的磉墩多为不规则圆形或长方形，且形状较大，最大的直径0.8米，最小的直径0.6米。南北两侧的廊柱基础呈均匀分布，唯东廊磉墩为3个一组，柱间距为1米左右，而组与组之间相距都在2.5米左右。磉墩的做法是先挖基础坑，形制上大下小，然后再用层夯打出地面，有的柱基上还加有红黏土和料姜石层，估计廊柱就是树立于这一层面上。夯土建筑基址F1的建筑方法是：按房基大小挖基础坑，以生土为底，打基础夯。如原地面有坑，则从坑底打夯。然后挖柱洞，填土夯打柱基或磉墩，置中心柱水平础石，树各种立柱，出地面形成夯土台基。这些柱洞并不都在一个水平面，个别柱洞在夯打到一定高度时，置中心柱水平础石和树立柱。其夯土层一般较薄，厚2—4厘米不等，土质坚硬，为五花土。夯窝为圆形小圜底，直径3厘米左右。夯土建筑基址F1当为古城寨龙山文化城址中的宫殿建筑。廊庑基址F4，位于城内东北部，南距夯土建筑基址F17.4米，东起夯土建筑基址F1的东北，向北被殷墟坑H85打断，向西至60米处南拐，此段为北廊庑。向南仅清理出16米，因种种原因暂停发掘，此段是西廊庑的一部分。廊庑基址F4是由二三道墙基槽、门道、守门房和众多的柱洞组成，宽4米，方向281度。北廊庑东半段墙基槽南北并列，每道宽0.3—0.5米。南北两基槽内有较多的柱洞，柱洞以外的墙土经夯打，并掺有较多的红烧土块。中部基槽柱洞较大，间距较远，据此推断这些柱洞应是承托房脊中心柱的遗留，而且可能是承屋脊的明柱。而南北两基槽内的柱洞则是木骨泥墙的主体柱的柱洞。北廊庑由东向西19.2米处，有一北向的门道缺口，宽1.1米，为1号门。进门往西在南北两墙之间，又有两道南北的横墙，形成一间小房，因其靠近1号门，推测有门卫房的性质。由1号门向西22米，中部基槽南拐，与南基槽相连，再向西时中部基槽消失，仅有南北基槽，西廊庑亦如此，但在北廊庑北基槽和西廊庑西基槽的外侧出现了磉墩，北廊庑西段发现8个，西廊庑北段发现5个。这些磉墩多用红烧土块夯打而成。在廊庑的西北拐角处，发现了2号门，门北向，外侧有一“г”形墙，将门道变成东向。在拐角处向南11.4米处，又发现3号门，门道较窄，仅能容身，门西向，门外左侧有一直墙。从布局看，该廊庑是围绕夯土建筑基址F1而建的，当是夯土建筑基址F1的重要组成部分。廊庑基址F4的建筑方法是先平整原始地面，高铲低垫，垫土部分经夯打，然后在设定的基础高度上挖墙基槽和外廊柱洞，底部填土夯打，再立柱填土夯实。在西廊上发现有奠基坑，内有狗骨架一具，坑的南半部分被晚期地层破坏。后期遗迹对F4的破坏较甚，所以墙基槽断断续续，对了解其结构造成一

1 河南省文物研究所、中国历史博物馆考古部：《登封王城岗与阳城》，北京：文物出版社，1992年。

定的影响。从F4东端至F1的东北角，有一道墙基槽，将二者连接起来，该墙基槽到二里头时曾继续使用，其南端打破F1。基槽内，有不少柱洞和柱础石，F4亦当为古城寨龙山时代城址中的宫殿建筑的一部分[1]。

安阳后冈发现的房址以圆形为主，多为地上建筑，墙壁用黄黏土、土坯或木棍夹黄泥筑成。居住面上抹白灰防潮，中间有一圆形灶坑，墙基外筑有散水或堆放石块。在一些房址的居住面上发现成层的树枝、植物茎根痕迹，有的上面还覆盖有草拌泥，应是房顶塌毁的遗迹。推测房顶应为圆锥形或尖锥形。在建房过程中，往往以儿童作奠基牺牲，埋在房址下，或在房址下及其附近埋有完整的河蚌，并且多个重叠。属于中晚期的7号房址，圆形，外径4.9米，内径4.3米，墙宽26—36厘米。门向东南，门道内有黄黏土门坎。居住面上整齐地铺放一层木板，木板表面经过加工，板面整齐。这种木板系用原材劈削而成，劈削面朝上，未加工的弧面向下，窄端在内，宽端朝外。除东南角部分木板是南北向平行铺设外，其余都围绕中央灶面呈辐射状铺放。中央有一个近圆形的灶面，表面呈烟黑色。房址下，偏北处埋一堆河蚌，蚌竖立，重叠数层。居住在这种木板地面房内的居民，身份不同一般，其社会地位似应高于普通房子的居民。发掘的龙山时代墓葬全为儿童墓，死者多为1—5岁的幼童，这些儿童墓与房屋建筑有密切关系，分别埋在房址下、墙基下、泥墙中、室外堆积或散水下。这些儿童是在建房过程中进行宗教活动时的牺牲[2]。



平粮台城内发现有房址、陶窑、墓葬和灰坑。房址中见有夯土高台建筑。土台上用土坯砌屋墙，坯的长度不等，最长58厘米，宽26—30厘米，厚6—8厘米。屋内隔出单间，最后铺垫地面。有较高级的房屋建筑。已挖掘的十几座房基，都在东南角，应不是主体建筑，即使如此，这些房子一般都是用土坯砌筑的分间式建筑，有的用夯土做台基，房内有走廊，比一般村落的房子讲究得多。城内的手工业设施不仅包括在城内东南、东北、西南发现的陶窑，在城东南的第15号灰坑内发现铜渣，说明当时还可能在城内炼铜。发现灰坑260个，其中的H53中发现有一大一小两具完整的牛骨架，可能与祭祀有关[3]。

陶寺遗址发现有大、中、小3座城址，城内有重要大型建筑区、祭祀区、仓储区、手工业作坊、公共墓地以及一般平民居住区等。居住区里分布有各种形式的房址、水井、窖穴、灰坑、陶窑、石灰窑和零星墓葬与乱葬坑等。大城址属陶寺文化中期建筑，位于陶寺遗址中心区域。平面大体为圆角长方形，南北最大距离2150米、最小距离1725米，东西最大距离1650米，复原总面积约280万平方米。目前已在东、西、北三面发现夯土城墙及其夯筑基址。中型城位于大城内的东北角，属陶寺文化早期建筑，平面为不规则圆角长方形，南北长约1000米，东西宽约560米，面积约56万平方米；在中型城内的南部发现可能为贵族居住区和宫殿区，已探出面积较大的多座正方形或长方形夯土建筑基址，出土有彩绘或戳印纹的白灰面墙皮。小城位于大城的东南角，属陶寺文化中期建筑，平面为刀把形，东西长约1000米，面积约10万平方米。大型建筑基址位于陶寺中期小城内祭祀区，基址平面呈大半圆形，外缘半径25米，总面积1400平方米左右，共有三道圆弧形夯土挡土墙，可能原为起建三层台基。在第三层台基上有呈半环形布列的13个夯土柱基础以及12道缝隙，中心有一个生土台芯，初步认定它是天文观测和相应的祭祀活动有关的重要遗迹[4]。

余杭良渚古城区域是一个祭坛、大墓墓地的集中分布区。莫角山遗址有面积达上万平方米的大型夯筑宫殿或宗庙的基址。而反山、瑶山等大墓墓地的规模之恢弘，所葬墓穴中随葬品之奢华，绝不

1 河南省文物考古研究所：《河南省新密市发现龙山时代重要城址》，《中原文物》2000年第5期，第4—9页；河南省文物考古研究所、新密市炎黄历史文化研究会：《河南新密市古城寨龙山文化城址发掘简报》，《华夏考古》2002年第2期，第53—82、114—116页。

2 中国社科院考古研究所安阳工作队：《1979年安阳后岗遗址发掘报告》，《考古学报》1985年第1期，第33—88页。

3 河南省文物研究所、周口地区文化局文物科：《河南淮阳平粮台龙山文化城址试掘简报》，《文物》1983年第3期，第21—37页。

4 中国社会科学院考古研究所山西队、山西省考古研究所、临汾市文物局：《山西襄汾陶寺城址2002年发掘报告》，《考古学报》2005年第3期，第307—346页。

见于其他任何地区的良渚大墓，显示了财富的高度聚敛，以及神权、军权、财权象征物的集结[1]。

石家河古城的布局比较清楚。城中央的谭家岭遗址，面积20万平方米，存在着屈家岭、石家河文化大批平地起建的单间或分间式房屋遗迹，一般为垛泥墙，另有屈家岭文化时期的土坯砖墙房址，这种土坯是一种新型建筑材料，比黄河流域出现的更早。属于屈家岭文化时期的1号房址，平面为长方形，长4.76米，宽3.34米，墙厚35—40厘米，东、北两面各有一个门道。室内灶塘位于中间偏南，平面近似圆形，居住面经火烧烤，呈紫红色。南侧残存一片炭化竹席。室内地面残存的陶器。城内西北角的邓家湾，是一处从屈家岭文化到石家河文化早期的墓地，发现中小型墓葬近百座。紧靠墓地的东边发现几种可能与宗教有关的遗迹。一是屈家岭文化的大型组装式长筒形陶器，它们形态各异，有的素面像炮弹，有的像是缠满绳索，有的中段膨大外饰长乳钉，状若水雷，互相套接，几个连在一起，长达数米。二是石家河文化的陶臼或缸形器首尾相接地排列，有单列的，也有并列的。排列的形状有呈直线的，也有半圆形的。器物通体多饰篮纹，有的上腹有刻划符号。三是发现两个不规则形坑中埋藏有成百个陶俑和数千个陶塑动物。陶俑形体几乎千篇一律，差不多都是头带平顶或微弧顶浅沿的帽子，身穿细腰长袍，双膝跪地，手捧大鱼。而且总是左手托鱼尾，右手压鱼头，似乎反映某种宗教祈祷仪式。同出的数千个陶塑动物中有家养动物猪、狗、牛、羊、鸡；有野生动物象、虎、猴；也有鸟类，多为长尾，其中可能有孔雀和雉；还有爬虫类的龟、鳖等。它们可能是宗教仪式中使用的道具。四是发现多处火堆遗迹与扣碗现象，相扣的陶碗平置，大体上呈等距离排列。在一处建筑基址中发现的扣碗竟多达十余对。由此看来，邓家湾除墓地外，还是一处宗教活动的重要场所。城内西南部的三房湾，也发现有石家河文化房址，这里集中出土了大量的红陶小杯，形制相近，制造粗糙，有的地方成层堆积，在100平方米范围内出土红陶杯数万件，很可能是专用的宗教祭祀用具和墓葬明器。城外遗址以罗家柏岭和肖家屋脊最为重要。罗家柏岭位于城外东南部，这里发现一组石家河文化早期庭院式建筑遗迹，它由土台和一堵长墙组成。土台基址呈长方形，为红烧土杂黄褐土构成，长14米，宽4.2—5.5米，高0.38—1.07米，南高北低。土台四周的沟槽墙基槽内规则地垒筑有数十个红烧土柱。土台面上分布着4个四周均为烧土壁的长方形小坑。土台基址东南约27米处，有一座长方形小房址，它们平行对应，其西侧建有一堵长墙，从东南到西北连续长近40米。这组建筑的活动场地地面普遍经过加工，有的是成片烧土硬面。所有的遗迹表面均用泥浆涂饰并打磨光平。此建筑遗迹出土石料及石器半成品500余件，玉器40余件，石器70余件，因而这里可能是一处制作玉、石器的作坊。

肖家屋脊遗址在城外东南部，是一处比较重要的墓地和宗教活动场所，也是一个小的居民区。遗址在一个由东北向西南延伸的土岗上，东临东河，北与罗家柏岭、杨家湾两个遗址相连，面积约15万平方米。这里除发现少量屈家岭文化遗存外，绝大部分属于石家河文化。有居址，也有墓地，还有一些宗教性遗迹。石家河文化的房子皆为长方形地面建筑，分单间和多间两种。墙体为版筑，墙壁下面挖有基槽，墙壁外侧抹有红胶泥。室内地面多用细碎的红烧土或纯净的黄土铺成。有的房子内还发现有圆形灶坑，门道均向南开。石家河文化的墓葬分土坑墓和瓮棺葬两类。其中土坑墓的年代均为石家河文化早期，晚期没有发现土坑墓；瓮棺葬在石家河文化早期较少见，而到了晚期则成为主要葬俗。从屈家岭文化到石家河文化晚期，墓葬的分化越来越显著，屈家岭文化大墓随葬器物都是20余件，石家河文化大墓则有100多件，如6号瓮棺葬内随葬品竟然多达59件，除陶杯、猪牙、石珠各1件外，尚有玉器56件，包括人头像、虎头像、蝉、飞鹰、龙盘等。少数瓮棺有几件玉器，大多数瓮棺则一无所有。肖家屋脊出土石家河文化的原始夹砂红陶臼99件，发现7组筒形陶臼相互套接成列摆放现象，每组3—14件不等，这同邓家湾出土的情况颇为类似。在陶臼、陶缸和高领罐上，发现刻划符号41个，其中有的像号角，也有像石（玉）钺，似与军事有关；有的像石镰，当与农事有关；还有像高圈足杯或斜腹杯，似与祭祀有关。另外，在120号灰坑内出土的一件石家河文化早期陶罐的腹部，刻着一位武

---

1 浙江省文物考古研究所：《余杭莫角山遗址1992—1993年的发掘》，《文物》2001年第12期，第4—19页；浙江省文物考古研究所：《反山——良诸遗址群考古报告之二》北京：文物出版社，2005年；浙江省文物考古研究所：《瑶山——良诸遗址群考古报告之一》，北京：文物出版社，2003年。

士，头戴花翎冠，腰系短裙，脚着长靴，右手高举一把石（玉）钺，俨然是一位军事首长。军事、农事及祭祀等重要事情，全部反映在当时的刻划符号上了。

石河遗址群石家河文化遗存中，多次出现铜器残片和冶铜的孔雀石。罗家柏岭发现残铜片5件及一些铜绿石（孔雀石）或锈蚀的铜渣。邓家湾、肖家屋脊也多次发现较多孔雀石块，经化验是含铜量较多的铜矿石。如此铜制品和原料在一起数量较多且相当集中的出土情况，在中国史前城址中实属罕见。经研究，石家河文化玉器的加工工具，可能是使用金属工具“砣”制作的。由此可知，当时或许已掌握了冶铜技术，石家河古城附近可能已经出现了冶铜作坊[1]。

## 三、其他建筑与设施

### 水井



水井在新石器时代末期遗址中较为普遍。

汤阴白营遗址龙山时代遗存发现水井1座，井口距离地表2.65米，略呈圆角正方形，口有两层，大井口南北长5.8米，东西宽5.6米。下深0.55米为小井口，小井口南北长3.8米，东西宽3.6米。井上部的四壁向外倾斜，下部较直，口大底小。井的四壁用井字形的木棍自下而上一层层垒叠而成，木棍圆形，为带树皮的自然木，似为柳木或榆木。木棍粗0.08—0.12米，约0.15米叠压一层，木质已朽，剩灰白色木灰，木痕清晰。上部的木棍长，向下逐渐减短，井字形木架的十字形交叉处有榫，南北木棍的榫扣入东西木棍的榫，榫外至生土壁相距49厘米，内填黄土。井内的填土黄褐色，较纯净。叠压的井字形木架至深11米处共有46层之多，以8.1米深处的一层木井架为例，南北木棍粗7—12厘米，全长2.6米，北部东西木棍粗6—8厘米，木棍交叉侧外长为13—17厘米。深至11米最底下的一层井字形木架架在胶泥上，胶泥厚1.7米，质坚，井壁光滑。井底南北长1.2米、东西宽1.1米，出陶片很多，器形有双耳罐、鼎、鬲、豆、盆、碗、瓮、斝及少量猪骨。陶片层下是黄沙土，质坚硬。此水井是目前我国中原地区发现最早的一口木结构水井，对了解我国水井的起源以及了解当时社会的生产力和人民的生活状况，提供了宝贵的实物资料（图4-12）[2]。

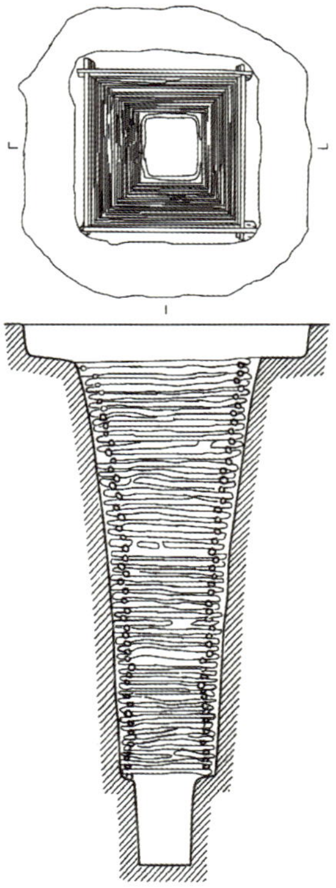

图4-12　汤阴白营遗址木构井

临汝煤山遗址龙山时代遗存发现水井两口，其中一座口径为椭圆形，东西径1.5米，南北径1.25米，井口距离地表深2.1米。在井口下深1米左右即见水，下探至2.5米仍未见底。另一座口径东西长3米、南北宽2.75米，井口向上逐渐缩小。

1　石河联合考古队：《石河遗址群1987年考古发掘的主要收获》，《江汉考古》1989年第2期，第1—4页；石河考古队：《湖北省石河遗址群1987年发掘简报》，《文物》1990年第8期，第1—17页；湖北省文物考古研究所石家河考古队、北京大学考古学系石家河考古队、湖北省荆州博物馆石家河考古队：《邓家湾——天门石家河考古报告之二》，北京：文物出版社，2003年；湖北省文物考古研究所、中国社会科学院考古研究所：《湖北石家河罗家柏岭新石器时代遗址》，《考古学报》1994年第2期，第191—229页；湖北省荆州博物馆、湖北省文物考古研究所、北京大学考古学系石家河考古队：《肖家屋脊——天门石家河考古发掘报告之一》，北京：文物出版社，1999年。

2　安阳地区文物管理委员会：《河南汤阴白营龙山文化遗址》，《考古》1980年第3期，第193—202页；河南省安阳地区文物管理委员会：《汤阴白营河南龙山文化村落遗址发掘报告》，《考古学集刊3》，北京：中国社会科学出版社，1983年，第1—47页。

清理至水下80厘米处，未见底[1]。

陶寺遗址发现4座水井，井口基本为圆形，深约14米。井壁自上而下逐渐内收，近底处略呈方形，并有木桩或栅栏状木构护壁。井底沉积了大量的汲水陶扁壶及其碎片[2]。

城子崖遗址发现的水井，有的井口呈圆角长方，边长1.5米，深近7米，井口较大，可容两三人同时提水[3]。

肖家屋脊石家河文化遗存中发现水井一座，平面呈圆形，口大底小，坑壁光滑斜直，平底，口径1.92米、底径0.7米、深1.75米。井内堆积为黑色淤泥，质软粘，陶片很少，故断定为井。还发现水塘一口，面积很大，平面呈圆角长方形，南北向，长67.5米、宽30米、深0.75米。口大底小，塘边坡度较缓，底较平坦。塘内堆积最下层出土大量陶片，在水塘边，有的地方可以明显看出用大块陶片平铺而成的生活淘洗点。从水塘内的堆积可以看出，该水塘最早使用时间在石家河文化晚期，面积比现在发掘出的实际面积要小，后来塘岸逐渐崩塌、淤积，水塘变浅[4]。

庙前遗址发现良渚文化时期水井一座，其构筑包括以下几个步骤。首先挖一个圆形大坑，直径约3.5米、深约2.3米，然后加筑木构，残高约2米，内径约0.95米，木构之间的空隙处填以碎陶片；之后再在井框外填黑色土，质地较疏松，并夹杂大量的碎陶片以及大石块；最后填压砂砾层。井框内壁有一圈腐朽较甚，当是水线附近，测其高度为1.8米[5]。

**管道排水**

管道排水技术是龙山时期一项重要的新发明，在平粮台城址发现有专用的陶水管套接而成的地下排水管道，表明当时对引水暗流的重视和技术进步。平粮台城址在南、北城垣中段均发现缺口和路土，应是城址的南门和北门。南门宽约1.7米，两边各有一座房址，房子依城墙用土坯垒砌，房门东西相对，应是门卫房。十三号房址位于南门道东侧，平面呈长方形，南北长4.4米，东西宽3.1米；十四号房址位于南门道西侧，平面呈长方形，南北长4.2米，东西宽3.3米。南门门道路土下约30厘米埋有陶排水管道，现残长5米多，是在门道下挖一条北高南低、上宽下窄的沟渠，上宽及深各约74厘米，沟底铺一条陶水管道，其上并列铺两条陶水管道。管道每节长36—45厘米，直筒形，一端稍细，径为23—26厘米，一端较粗，径为27—32厘米。每节小口朝南，套入大口内，如此节节套扣。从整个管道看，北端稍高于南端，宜于向城外排水。管道周围填以料姜石和土，其上再铺土作为路面[6]。

## 第五节　新石器时代末期的墓葬

### 一、墓地的变化

新石器时代末期的墓地，较之前阶段的变化最明显处表现为两点：其一是墓区的分化更加显

1 中国社会科学院考古研究所河南二队：《河南临汝煤山遗址发掘报告》，《考古学报》1982年第4期，第427—476页。

2 中国社会科学院考古研究所山西工作队、临汾地区文化局：《山西襄汾县陶寺遗址发掘简报》，《考古》1980年第1期，第18—31页；中国社科院考古研究所山西工作队、山西省临汾地区文化局：《陶寺遗址1983—1984年Ⅲ区居住址发掘的主要收获》，《考古》1986年第9期，第773—781页。

3 山东省考古研究所：《城子崖遗址又有重大发现，龙山岳石周代城址重见天日》，《中国文物报》1990年7月26日；张学海：《城子崖与中国文明》，张学海主编《纪念城子崖遗址发掘60周年国际学术讨论会文集》，山东：齐鲁书社，1993年，第13—25页；魏成敏：《章丘市城子崖遗址》，《中国考古学年鉴（1994）》，北京：文物出版社，1997年，第241—242页。

4 湖北省荆州博物馆、湖北省文物考古研究所、北京大学考古学系石家河考古队：《肖家屋脊》，北京：文物出版社，1999年。

5 浙江省文物考古研究所：《余杭良渚庙前遗址发掘的主要收获》，浙江省文物考古研究所《浙江省文物考古研究所学刊——建所十周年纪念（1980—1990）》，北京：科学出版社，1993年，第124—127页。

6 河南省文物研究所、周口地区文化局文物科：《河南淮阳平粮台龙山文化城址试掘简报》，《文物》1983年第3期，第21—37页；曹桂岑：《淮阳平粮台龙山文化城址出土的陶甗和陶水管》，《华夏考古》1991年第2期，第111—112页。

著，原先那种大规模的氏族墓地已经不流行，墓地趋于小型化，强化了家族墓地，家族在社会组织中的地位进一步显现；其二是严格的等级制度和贫富分化表现得淋漓尽致。这一时期最具有典型意义的墓地可举陶寺文化、石家河文化和良渚文化的墓地。

陶寺墓地[1]面积约3万平方米，已发掘墓葬1300余座。不论墓地大小还是发掘的墓葬数量，都是中国新石器时代考古所罕见的，尤其引人注目的是墓葬严格的等级制度，鲜明地显示了贫富悬殊、地位高低有别的社会现象。从墓葬的排列情况看，陶寺墓地应有两个以上的墓区。每个墓区又可分出若干个小区，大概属一个宗族内的不同家族。从墓葬形制看，有大、中、小三种，而且在每一种类型中又存在着若干等级。从数量看，大型墓最少，中型墓居中，小型墓最多；随葬品的数量与种类与墓葬的大小有一定的对应关系。

湖南澧县孙家岗石家河文化墓地[2]有分片成组的埋葬习俗，所发现的33座土坑墓大致可以分为北、中、南三组，南边的一组为3座零星排列的墓葬，相距约2—3米的中间一组墓葬分布密集，共计21座墓，往北相距约5米的北边一组有墓葬约9座，显然存在家族集中埋葬的习俗。



良渚墓地[3]可以分成两种：一种是在平地上挖坑或就地掩埋的，一般墓坑的规模也比较小，随葬器物不丰富甚至没有随葬品；另一种则为土墩形式，即在土墩上挖坑为墓，这类墓葬一般墓坑比较宽大，大多有木棺，并出有十分丰富的随葬品。

仅就土墩墓而言，其修筑方法也有两种。一是选择较高的独立山丘，对其进行修整，如瑶山[4]，四

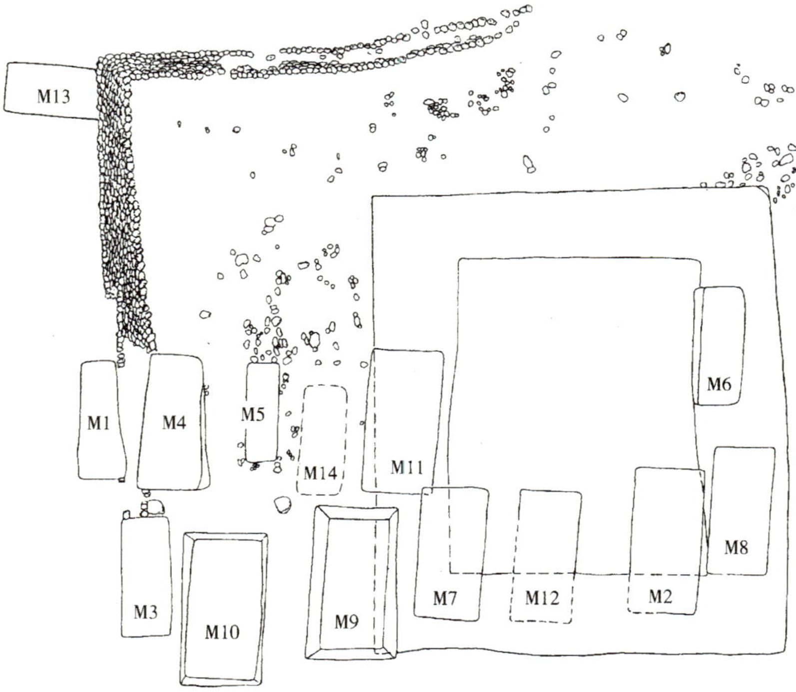


图 4-13　瑶山遗址墓地平面图

1 中国社会科学院考古研究所山西工作队、临汾地区文化局：《1978—1980年山西襄汾陶寺墓地墓地发掘简报》，《考古》1983年第1期，第30—42页；中国社会科学院考古研究所山西工作队、临汾地区文化局：《山西襄汾县陶寺遗址发掘简报》，《考古》1980年第1期，第18—31页；中国社会科学院考古研究所山西队、山西临汾行署文化局：《山西襄汾县陶寺遗址Ⅱ区居住址1999—2000年发掘简报》，《考古》2003年第3期，第195—209页。

2 湖南省文物考古研究所、澧县文物管理处：《澧县孙家岗新石器时代墓群发掘简报》，《文物》2000年12期，第35—62页。

3 浙江省文物考古研究所：《浙江余杭反山良渚墓地发掘简报》，《文物》1988年第1期，第1—31页；浙江省文物考古研究所：《反山——良渚遗址群考古报告之二》，北京：文物出版社，2005年。

4 浙江省文物考古研究所：《瑶山——良渚遗址群考古报告之一》，北京：文物出版社，2003年。

周低凹的地方还用石块砌筑或夯筑土层加高，形成多台阶的祭坛状，顶层平台用不同土质土色的泥土、红烧土围成回字形平面，其上埋葬一批贵族。另一种完全是用泥土营建高土台，大多数属于这种形式。这种形式有原地已是稍高的史前遗址，高土台营建在遗址之上，还有在空旷的平地上积土营建高台。完全用泥土营建高土台的形式，常常利用原地的高土台进行继续扩大和增高，形成不同阶段的高土台错位叠压状况。

良渚文化的土墩墓地，就土墩的规模而言，大致存在有五种类型。其一指反山、瑶山墓地，这些地点的土台或者堆土量达数万立方米，或者修筑较高的岩石山丘，再堆土筑台，形成颇为壮观的坟山，土台上埋葬的大墓，多数埋葬有琮、璧、钺等丰富的玉礼器（图4-13）。其二以福泉山[1]、赵陵山[2]墓地为代表。这些地点的土台堆土量也近万立方米，随葬品中有琮、璧、钺等玉礼器的墓葬占有一定比例。其三以荷叶地[3]、亭林墓地[4]为代表，这些地点的土台，堆土量为数千立方米，十余座或者更多的墓葬中，只有一两座墓葬随葬有玉琮或者玉璧等，陶器、石器的数量较玉器多。其四以达泽庙[5]、大坟墩[6]墓地为代表，这些地点的土台，面积仅数十平方米，土方量不足百立方米，随葬品以陶器为主，有部分小件玉器。其五以平丘墩、徐步桥[7]等墓地为代表，土堆低矮，几乎不足以称台，随葬品以陶器为主，有少量的小件玉器。

反山墓地[8]自生土直接堆建高墩作为墓地，只有9座墓，墓地中的玉、漆、丝、象牙等器都属于稀少、珍贵的物品，制作成器又需复杂的劳动，与日常的生产、生活需要无关，可以说不是一种物质需求，而是精神上、观念上的追求。玉器中的玉琮、玉钺是墓主人拥有宗教、军事权力的标志，是其身份、地位、权力的指示物和象征物。

完备的玉礼器是良渚文化重要的宗教物化形式。琮、璧、冠形饰、三叉形饰、锥形器、璜、牌形器等均为宗教礼仪专用的礼器。这些重器在不同等级的墓葬中的种类、数量、质量都有差别。最高等级墓葬中各种礼器具备，且制作精良，真玉多，其他各等墓葬随等级的降低，礼器的规格也降低。这一现象在良渚文化广大的分布区内有空前的一致性，应是系统的宗教观念支配下的产物。

赵陵山[9]、庙前[10]、平邱墩、徐步桥[11]和亭林[12]等遗址发现大批良渚文化的墓地，这里的墓葬多没有

---

1 上海市文物管理委员会：《上海青浦福泉山良渚文化墓地》，《文物》1986年年10期，第1—25页；《福泉山——新石器时代遗址发掘报告》，上海书画出版社，2000年。

2 江苏省赵陵山考古队：《江苏昆山赵陵山遗址第一、二次发掘简报》，《东方文明之光——良渚文化发现六十周年记：良文集》，海口，海南国际新闻出版中心，1996年，

3 浙江省文物考古研究所：《海宁荷叶地遗址》，嘉兴市文化局《崧泽、良渚文化在嘉兴》，杭州，浙江摄影出版社，2005年10月，第67—69页。

4 浙江省文物考古研究所：《浙江北部地区良渚文化墓葬的发掘》，浙江省文物考古研究所《浙江省文物考古研究所学刊——建所十周年纪念（1980—1990）》，北京：科学出版社，1993年，第85—103页。

5 浙江省文物考古研究所、海宁市博物馆：《海宁达泽庙遗址的发掘》，浙江省文物考古研究所《浙江省文物考古研究所学刊》，北京：长征出版社，1997年，第94—112页。

6 浙江省文物考古研究所、海宁市博物馆：《海宁大坟墩遗址发掘简报》，嘉兴市文化局《崧泽、良渚文化在嘉兴》，杭州：浙江摄影出版社，2005年，第90—100页。

7 浙江省文物考古研究所：《浙江北部地区良渚文化墓葬的发掘》，浙江省文物考古研究所《浙江省文物考古研究所学刊——建所十周年纪念（1980—1990）》，北京：科学出版社，1993年，第85—103页。

8 浙江省文物考古研究所：《浙江余杭反山良渚墓地发掘简报》，《文物》1988年第1期，第1—31页；浙江省文物考古研究所：《反山——良渚遗址群考古报告之二》，北京：文物出版社，2005年。

9 南京博物院：《赵陵山——1990—1995年发掘报告》，北京：文物出版社，2012年。

10 浙江省文物考古研究所：《浙江良渚庙前遗址第五、六次发掘简报》，《文物》2001年第12期，第20—29、40页。

11 浙江省文物考古研究所：《浙江北部地区良渚文化墓葬的发掘》，浙江省文物考古研究所《浙江省文物考古研究所学刊——建所十周年纪念（1980—1990）》，北京：科学出版社，1993年，第85—103页。

12 上海博物馆考古研究部：《上海金山区亭林遗址1988、1990年良渚文化墓葬的发掘》，《考古》2002年第10期，第49—64页；孙维昌：《上海市金山县查山和亭林遗址试掘》，《南方文物》1997年第3期，第3—23页。

墓坑，或墓坑小而浅，随葬品很少，人骨多有缺失、破碎和移位现象。有的墓主人骨的一些主要部位如头骨、肢骨缺失或破碎及部分骨骼移位的现象。墓主人可能是良渚社会中底层成员。

在良渚文化中，基本同于反山、瑶山这样的墓地以及墓地中那样的墓葬，不仅见于良渚，也见于福泉山[1]、寺墩[2]、少卿山[3]以及吴县境内的张陵山[4]和草鞋山[5]等处。可见，当时具备政教中心性质的初具城镇规模的中心聚落，在一考古学文化分布地区内仅具区域性，说明在一考古学文化的全体居民中尚未形成处于一尊统治的统一政权，仍被那些权贵分割成被他们分别统治的地域势力范围。这些被不同权贵集团管辖、具有国家性质的实体，或暂可称之为方国。同一考古学文化内诸方国的割据是这时期文明社会的特征。

## 二、墓葬形制



土坑竖穴墓仍然是新石器时代末期各考古学文化的所有墓葬形制中最为流行的，这一点自新石器时代早期起不曾发生过变化，差别仅是墓葬规模的大小而已，个别有二层台。较为有特点的是各地普遍出现的灰坑葬、具有地方特色的辽东地区的积石墓、黄河上游地区和江西的火葬、长江下游的土墩墓。

灰坑葬，或称乱葬坑埋葬，严格地讲是一种非正常的埋葬方式，根据其出现的位置可以判断分别属于殉葬坑、奠基坑、祭祀坑、丢弃坑等等多种。

在安阳后冈[6]冈顶南部发现了龙山时代墓葬28座，除一座为兽坑外，其余皆为儿童墓葬。大多挖在灰土或房址垫土中，墓圹不明显。大部分为1—5岁的幼童，这些儿童墓与房屋建筑密切相关，有的埋在房基下，有的埋在室外堆积或散水下，有的坦在墙基下，有的埋在泥墙中。埋在室外堆积或者散水下的一般头向房屋；埋在墙基下或者泥墙中的，墓圹方向一般都和墙平行。他们大都是在建房过程中埋入的，最多的埋4个幼童，一般埋在墙基下或者墙中的无葬具，埋在房屋周围的大部分用陶器做葬具。

在客省庄遗址[7]发现的6个袋状灰坑中发现有人骨架和兽骨架，均埋在坑内填土中。其中有两个坑各埋有1人和1兽，有一个坑为2人和1兽，有一个坑甚至埋有5人和3兽。人骨架大多零乱不完整，有的缺头骨，有的缺手臂。人骨的姿势则有侧身、俯身、双腿弯曲或单膝跪状。显然都是非正常埋葬，而是被随意扔弃在废弃的窖穴之中的。

王湾遗址[8]也常见灰坑葬。H79中有5具人骨交叉重叠地与1具兽骨混杂埋葬在一起，人骨有的身首分离，有的肢体不全。

陶寺遗址[9]的M314为一座规整的圆形袋状坑，底部有一具下肢残缺的人骨架，在近底部的填土

---

1 上海市文物保管委员会：《上海青浦福泉山良渚文化墓地》，《文物》1986年第10期，第1—25页。

2 南京博物院：《1982年江苏常州武进寺墩遗址的发掘》，《考古》1984年第2期，第109—129页；南京博物院：《江苏武进寺墩遗址的试掘》，《考古》1981年第3期，第193—200页。

3 苏州博物馆、昆山市文化局、千灯镇人民政府：《江苏昆山市少卿山遗址的发掘》，《考古》2000第4期，第32—49页；苏州博物馆、昆山县文管会：《江苏省昆山县少卿山遗址》，《文物》1988年第1期，第52—57页。

4 南京博物院：《江苏吴县张陵山遗址发掘简报》，《文物资料丛刊》6，北京：文物出版社，1982年，第25—36页。

5 南京博物院：《江苏吴县草鞋山遗址》，《文物资料丛刊》3，北京：文物出版社，1980年，第1—24页。

6 中国社会科学院考古研究所安阳工作队：《1979年安阳后岗遗址发掘报告》，《考古学报》1985年第1期，第33—88页。

7 中国科学院考古研究所：《沣西发掘报告》，北京：文物出版社，1963年。

8 北京大学考古实习队：《洛阳王湾遗址发掘简报》，《考古》1961年第4期，第175—178页；北京大学考古文博学院：《洛阳王湾》，北京：北京大学出版社，2002年。

9 中国社会科学院考古研究所山西工作队、临汾地区文化局：《1978—1980年山西襄汾陶寺墓地墓地发掘简报》，《考古》1983年第1期，第30—42页；中国社会科学院考古研究所山西工作队、临汾地区文化局：《山西襄汾县陶寺遗址发掘简报》，《考古》1980年第1期，第18—31页；中国社会科学院考古研究所山西队、山西临汾行署文化局：《山西襄汾县陶寺遗址Ⅱ区居住址1999—2000年发掘简报》，《考古》2003年第3期，第195—209页。

中还发现一个人头骨与一堆动物骨骼混杂在一起，可见这些人也是被随意抛弃在坑内的。

辽东地区的积石墓见于旅顺老铁山[1]、四平山[2]等地，是按山脉走向，依山脊坡度筑于地表面的一种多室墓葬。修筑前，一般略微修整一下被选择的地表面，然后就地在山坡将自然分裂石块搬到山顶，用压缝交迭的方法筑成长方形或者近方形的积石墓。墓长一般7—20米。墓内分筑数量不等的墓室，墓室以单排为多，也有多排的，有一次筑成，也有多次筑成的。单排墓室以一次筑成为多，多排墓室一般为多次筑成。墓室底部均铺不规则的石块，墓顶用0.6—1米的不规则方形大石块覆盖。老铁山M1，平面呈长方形，墓长14米、宽5—5.6米，外壁厚0.8—2米，石壁上部已倒塌成斜坡状，墓顶石早已不存，现存墓壁与地表平齐，共6个墓室，东西排列，大小不一，各呈不规则的长方形。南北长1.72—2.4米，东西宽0.97—1.16米，墓室底距残壁上口高0.6—0.98米。老铁山M4，平面近方形残存双排九室，墓壁残存东西长9.2米、南北长8.1米，墓室南北长1.3—2.2米、东西长0.70—1.46米，墓底距墓壁上口0.3—0.6米。此墓以斜坡而筑，所以墓由北向南倾斜5度。该墓的墓室为两排。从两排墓室中间隔墙观察，南墙齐平，当时这座墓是先筑北面，后筑南面，两次筑成。

甘肃景泰张家台[3]墓地发现的石棺墓，是该类墓葬形制在西北新石器时代墓葬中的首次发现。

宗日墓地墓葬形制可分为长方形竖穴土坑墓、石棺墓、瓮棺葬、火葬墓等几种，以竖穴土坑墓为主，约占墓葬总数的84.7%。有些墓内设有二层台[4]。

各地发现的火葬形式有所不同，各有特色。

西北地区的火葬墓发现于循化苏呼撒墓地[5]，4座属于半山类型的火葬墓均为长方形竖穴木棺墓，尸骨及木棺均被火烧过，墓穴四壁火烧痕迹最厚处可达4厘米。木炭、碎骨混于填土中，陶器与碎陶片均散乱分布于墓底或填土中。这些火葬墓的共同特点是，先将死者入棺下葬，而后再掘穴焚烧棺、尸，并且对墓内尸骨和随葬品进行肆意扰乱。

宗日墓地的火葬墓表现为葬具和死者同时被焚烧。如M168，木椁和死者被烧的迹象尚清晰可辨，但宗日墓地的年代自马家窑文化至齐家文化，火葬墓的年代究竟属于何时不详[6]。

江西新余拾年山遗址[7]墓葬多为长方形竖穴土坑，口大底小，墓壁和底均经火烤，被烤壁面厚1—1.5厘米。墓口长0.54—1.80米，宽0.28—0.78米，底长0.48—1.69米，宽0.26—0.50米，深0.24—0.96米。这些死者骨骼均在墓底，多为骨渣，骨骼上覆盖10—43厘米的黑色灰烬土，内含大量炭粒，土质松软。拾年山墓葬埋葬习俗的特点明显，有圹穴、无圹穴同时并存，发现的墓葬均为二次葬，大部分墓在黑色灰烬中只见骨渣。从墓圹小、烧烤壁底、下部填有数十厘米厚的夹炭灰烬土等迹象看，这应是一种拾骨火葬习俗。

樊城堆文化樊城堆遗址[8]墓葬以长方形竖穴土坑墓为主，还有少量瓮棺葬。土坑墓墓坑都偏小，四壁和底多经烧烤，有些墓未见墓圹，大多数墓未见葬具，个别有炭化的木棺痕迹。墓多为东西向，均为二次葬，并经火烧，人骨大多破碎，有的墓中将头、胸、手、足等骨骼聚集成圆盘状，骨骼上覆盖着黑色灰烬土，土质松软，内含大量炭粒。当时应是将迁来的人骨放入墓坑，或置入墓中的棺内，摆设随葬品，然后火烧。可称为二次火葬。随葬品多为日用的陶罐，流行鼎、豆、壶的组合。

---

1 旅大市文物管理组：《旅顺老铁山积石墓》，《考古》1978年第2期，第80—85页。

2 澄田正一、秋山进午、冈村秀午：《1941年四平山积石墓的调查》，苏秉琦主编《考古学文化论集》，北京：文物出版社，1997年，第38—42页；辽宁省博物馆：《以辽河流域为中心的新石器文化》，《考古学报》1985年第1—4期，第417—445页。

3 甘肃省博物馆：《甘肃景泰张家台新石器时代的墓葬》，《考古》1976年第3期，第180—186页。

4 青海省文物管理处、海南州民族博物馆：《青海同德县宗日遗址发掘简报》，《考古》1998年第5期，第1—14、35页。

5 青海省文物考古研究所：《青海循化苏呼撒墓地》，《考古学报》1994年第4期，第425—449页。

6 青海省文物管理处、海南州民族博物馆：《青海同德县宗日遗址发掘简报》，《考古》1998年第5期，第1—14、35页。

7 江西省文物考古研究所、厦门大学人类学系、新余市博物馆：《江西新余市拾年山遗址》，《考古学报》1991年第3期，第285—323页。

8 江西省文物工作队、清江县博物馆、中山大学人类学系考古专业：《清江樊城堆遗址发掘简报》，《江西历史文物》1985年第2期，第2—17页。

## 三、葬法与葬式

新石器时代末期，合葬墓更为少见，流行单人葬，所见合葬墓中流行夫妻合葬，其中女性处于附属或作为陪葬地位的现象愈发明显[1]，见有成年男性与孩子的合葬，表现了男性为本位的两代人合葬。

宗日墓地共清理墓葬300多座，墓葬方向以西北为主，少数为东南向或东北向。葬法与葬式以单人葬为主，约占墓葬总数的90%，少数为双人葬和三人葬。按死者的姿势可分为仰身直肢葬、俯身直肢葬、侧身直肢葬、侧身屈肢葬、俯身屈肢葬、仰身屈肢葬和二次扰乱葬[2]。

柳湾遗址半山文化[3]的合葬墓中，二人合葬墓中多是成对成年男女合葬。有的尸体集于一棺，有的分居两棺。M580中葬三人，一成年男性，一次葬，仰身直肢，占了墓穴左边的大半部；另二人未鉴定，均二次葬，在该男性的右侧。随葬的六件器物有四件放在这位男性的左侧。M421合葬三人，均一次葬，是二成年男子和小孩的合葬墓。上述两墓均显示出是以男性为本位的。M513合葬三人，都是一次葬，为二成年人和一儿童。有一成年男性，另一未鉴定，如是男性，则与M421一样，是世系以男性为本位的两代人的合葬墓；如是女性，则是夫妻及其子女的合葬墓。工具类随葬有据性别摆放的情况，但随葬陶器的位置，见不到和个体联系的情况。可见死者间虽有主次之分，却无尊卑之别。



柳湾马厂墓地[4]M319中1号人骨是50—55岁的男性，居右，右侧头上方至肩部，分别放置石斧、石锛和石凿各1件；2号是45—50岁的女性，居左，头上方放置陶纺轮一件。依然是按性别随葬不同的工具。尸体集装一棺的合葬墓占合葬墓总数的比例，在柳湾的马厂文化中明显低于半山文化，而无葬具墓的比例却显著增多。

齐家文化青海乐都县柳湾墓地[5]6座男女成年合葬墓，有4座是成年男性独享一棺，女性被置于棺外一侧。男性都是一次葬，仰身直肢式卧于木棺之中，女性可能也都是一次葬，但314号墓为下肢弯曲，并被压在盛置男性的木棺下面，1061号墓主下颌骨以上的头骨竟被倒置，更有112号墓身首分离，头颅被抛在墓穴一隅。总之，棺外的女性都经过一定处置，而不同于一般仰身直肢的正常姿态。另外两座男女合葬墓，1325号墓采用了双棺并穴，均是一次葬。但女性的头顶却有意被安排在与男性肩部平齐的位置，致使她的头顶与棺端之间留下一块空间。还有一座也是两人一次葬，但尸骨位置不详。该墓地两座女性合葬墓中，有一座的两个死者皆身首分离，头骨倒置，亦无葬具。另一座两人分置棺内棺外，棺外者尸骨腐朽严重，不辨葬式。显然，在这个墓地中，在以合葬的形式掩埋某个成年男性的情况下，往往为他专备木棺，而为其殉葬的妻妾之属，却埋在棺外，并遭到挤压甚至肢解。即使其妻采用正常埋葬被单置一棺，也由于她生前处于依附的地位，而注定在墓穴中要低于丈夫一头。

甘肃武威县皇娘娘台墓地第四次发掘[6]共获得二人合葬墓12座，其中有10座也是男女成年各一人的合葬墓。与柳湾相比，这10座合葬墓没有葬具，但男女位置固定，一律男左女右，而且男性均仰身直肢，女性皆侧身屈肢，除一例背朝男性外，其余都是面向男性。有的女性在安葬之前，似经过捆绑。她们之所以采用这种侧身屈肢的葬姿，无非是取自现实生活中卑躬屈膝的形象。男性在家中居于绝对统治的地位，是社会上的主人，他们的妻妾只不过是平时侍奉他们的家奴。皇娘娘台的这类合葬

1 张忠培：《黄河流域史前合葬墓反映的社会制度的变迁》，《华夏考古》1989年第4期，第94—102页。

2 青海省文物管理处、海南州民族博物馆：《青海同德县宗日遗址发掘简报》，《考古》1998年第5期，第1—14、35页。

3 青海省文物管理处考古队、中国社会科学院考古研究所：《青海柳湾·乐都柳湾原始社会墓地》，北京：文物出版社，1984年。

4 青海省文物管理处考古队、中国社会科学院考古研究所：《青海柳湾·乐都柳湾原始社会墓地》，北京：文物出版社，1984年。

5 青海省文物管理处考古队、中国社会科学院考古研究所：《青海柳湾·乐都柳湾原始社会墓地》，北京：文物出版社，1984年。

6 甘肃省博物馆：《武威皇娘娘台墓地第四次发掘》，《考古学报》1978年第4期，第421—448页。

墓将一幅幅弘扬夫权、欺凌妇女的真实图景，活脱脱地展现在我们面前。更有甚者，皇娘娘台的24号和48号墓，它们都是三人合葬墓。凡中间者皆仰身直肢，为成年男性，两侧各埋一成年女性，均作面向男子的侧身屈肢状，其下肢折屈之甚，超过了上述一男一女合葬墓中女性屈肢的程度，大约是模拟了跪在男子一侧谨慎侍候的姿态。48号墓三人的上身均遭到后来的扰动。而24号墓的照片则清楚地表明，"跪"在两侧的成年女性，其上肢还拱屈向前，形同作揖。当然，像皇娘娘台24号和48号那样的合葬墓毕竟出现较少，因此，当时能采用这种妻妾殉夫的葬式来炫耀至高无上的夫权者，可能也只限于少数位置显赫的权贵。

马家窑文化中存在相当数量同一个家族的合葬墓。柳湾[1]M281同棺合葬4人，1号是9—10岁的男性，2号是约50岁的男性，3号是40—45岁的女性，4号是50—55岁的男性。3、4号是一次葬，1、2号为二次葬。1号在左，3号在右，仰身直肢，齐头平列。4号手臂及腿旁放置斧、锛及绿松石饰各一件，3号的头部右侧放置一件纺轮。M281可能是以男性为主的一对夫妻及其家族成员的合葬墓。M93是土坑墓，无葬具，合葬6人，分两层埋葬。1号居上层，2—6号位于下层。1号为60岁左右的女性，一次葬，侧身屈肢；2号为40岁左右的女性，一次葬，仰身屈肢；3号为7岁左右的男童，四肢不全；4号为5岁左右的男童，一次葬，侧身屈肢；5号为50—55岁的男性，一次葬，侧身屈肢；6号为1岁左右的小孩，性别不详，骨架已残。不能肯定M93成年人处于何种亲属关系之中，也许M93是包含三代人的家族墓葬。

及至父权制阶段，尤其是以齐家文化为代表的典型父权制阶段，父系家族墓则往往将父权突出地表现出来，这和以往各类家族合葬墓有明显不同。如柳湾齐家文化[2]的979号墓和1179号墓。979号墓一坑埋5人，仅一木棺，棺内仰卧一位成年男性，其余4人，骨架不全，年龄性别无从辨认，分置于木棺东西两侧。1179号墓埋4人，也只有一具木棺，内置一35岁男性，是为该墓年龄最长者，其余3人亦为男性，分别是20岁左右、10岁和7岁，他们的骨骼也都欠缺，且被分置于木棺两侧。以上两例当属于两个父系家族的合葬墓。前所未见的是，这类合葬墓中都将一成年男性奉为尊者，以致为他专备葬具。相反，同一家族的其他成员则都处于从属地位而被置身棺外。这里棺内男子应该是父系家族中的家长一类人物。他对整个家族有着绝对的权威，家族内其他成员都受制于他，因此死后也要随他一起埋葬。

有些地区文化中存在一些独具特色的埋葬方式。如石峡文化[3]，大、中型墓流行二次葬，墓坑为东西向长方形竖穴土坑，用火烧过，墓里有两套随葬品。一套是连同人骨从原一次葬的墓中迁来的残破陶器之类，有的分散放在墓地二次葬器物之下，有的还在上下新旧两部分器物之间用薄土层隔开，也有的是把一次葬时的破碎陶器散埋在填土中。另一部分陶器是在迁葬入骨时新放进去的，排列整齐，保存较好。两次随葬的器物在种类、器型和数量上有许多相同，说明一、二次葬之间相隔的时间不会太久远。

## 四、葬具、随葬品与礼制

新石器时代末期，木质棺椁已经成为最多见的葬具，各地木棺椁形制有所区别，即便同一考古学文化中木棺也可有多种不同的形式。

宗日墓地的木棺呈梯形，用木板按榫卯结构制成。如M176的木棺保存较好，四壁与底、盖六面木板仍完整。棺长1.76米，宽0.45—0.86米，高0.12—0.15米[4]。

宗日墓地的石棺是用大小不一的长条形石板围砌而成，但均无底板。如M180，石棺两侧各用四

1 青海省文物管理处考古队、中国社会科学院考古研究所：《青海柳湾·乐都柳湾原始社会墓地》，北京：文物出版社，1984年。

2 青海省文物管理处考古队、中国社会科学院考古研究所：《青海柳湾·乐都柳湾原始社会墓地》，北京：文物出版社，1984年。

3 广东省博物馆、曲江县文化局：《广东曲江石峡墓葬发掘简报》，《文物》1978年第7期，第1—15页

4 青海省文物管理处、海南州民族博物馆：《青海同德县宗日遗址发掘简报》，《考古》1998年第5期，第1—14、35页。

块石板，两端各用石板拼砌而成，盖用五块石板组成。棺长1.90米，宽0.8米。亦有用石和木组合为一套葬具的，如M322的葬具系用石椁木棺，即在墓的四壁砌筑石板，形成石椁，椁两侧各用六七块石板、两端各用一整块石板砌构，椁盖两层，均由8块石板构成。石椁内置木棺。整套葬具的构筑比一般墓要复杂而讲究。M299为石、木复合棺，即棺的两侧边用半圆木，两端则用石板砌。该遗址还发现一种“围石墓”，即在墓中人骨架周围墓边放置数量不等的石块或河卵石，形成长方形或不规则形，可能具有象征“石棺”的含义[1]。这种形制结构不仅存在于宗日墓地，在师赵村遗址也有发现。如师赵村M4，长方形墓坑，墓底摆放砾石14块，作长方形排列[2]。

宗日瓮棺系以陶瓮为葬具，殓埋的都是婴儿，如宗日M129，葬具为陶瓮，瓮内婴儿骨骼犹存[3]。

在青海柳湾墓地中首次发现了半山类型结构清楚的木构葬具遗迹。它的使用范围很广，单人墓、合葬墓有之，成年墓和儿童墓也有之。葬具选用的材料，经中国科学院植物研究所鉴定是用松柏类树干制造的。制造方法一般是先将圆木一剖为二或剖成长方形木板，棺的四壁即由长方形木板围拼而成，四角的接合采用穿榫法，即边壁挖槽，端壁做榫，合缝紧密。这种木棺葬具有的还另置一板盖。根据保存比较好的葬具遗迹观察，可分为梯形木棺和吊头木棺两种。



梯形木棺，一头大一头小呈梯形。棺的四壁由半圆木或木板围拼成，四角的接合采用穿榫法，有的棺上有盖。棺板的表面未经刨光，均保留原来的劈裂面，有的还有树皮痕迹，说明当时木棺制造还比较粗糙，未作精细的加工。木棺大小不一。

吊头木棺，与梯形相似，唯两壁板伸出挡板约0.1—0.3米。这种伸出挡板外的部分，被称为吊头。木棺四角结合法与梯形木棺相似，也是采用穿榫法。

青海柳湾墓地马厂类型墓葬中首次发现了有榫卯结构的木棺葬具痕迹。葬具使用范围很广，男女老幼皆有之，表明木棺并不专一用于某类人。有木棺葬具的墓一般保存较好。依据葬具结构的不同，可分为吊头木棺、长方形木棺、独木棺与垫板等四种。其中有6座墓出吊头木棺，有531座墓出长方形木棺，有23座墓出独木棺，有169座墓出垫板，长方形木棺占绝大多数。

黄河中下游地区见有“井”字形木椁，有的还做出边箱、脚箱等结构。陶寺文化[4]的木棺有的由盖板、壁板和底板围合构成，有的为用一根整木挖凿的船形棺。龙山文化有的还在棺椁上施以彩绘。

长江下游良渚文化[5]的木棺葬具，大都是以独木刳成的棺。有些棺的内外用赭色或朱红色涂抹甚或绘制图案，高等级墓中的棺有的以玉器装饰。在反山、瑶山等遗址的高等级墓中也发现有椁的痕迹。浙江桐乡普安桥[6]发现过“井”字形木椁。

及至新石器时代末期，墓葬中是否采用棺椁，随葬品的种类、数量，进一步成为墓主人身份、地位及财富的象征，并且似乎已经形成为一种制度化的礼，为当时的人们所遵守。

在陶寺和下靳村两遗址发现的陶寺文化墓葬，有成片的大型墓地和大、中、小墓的区别。

下靳村[7]发现的陶寺文化墓葬均为中、小型墓。其代表性的中型墓如M51为长方形竖穴土坑墓，

---

1 青海省文物管理处、海南州民族博物馆：《青海同德县宗日遗址发掘简报》，《考古》1998年第5期，第1—14、35页。

2 中国社会科学院考古研究所：《师赵村与西山坪》，北京：中国大百科全书出版社，1999年。

3 青海省文物管理处、海南州民族博物馆：《青海同德县宗日遗址发掘简报》，《考古》1998年第5期，第1—14、35页。

4 中国社会科学院考古研究所山西工作队、临汾地区文化局：《1978—1980年山西襄汾陶寺墓地墓地发掘简报》，《考古》1983年第1期，第30—42页；中国社会科学院考古研究所山西工作队、临汾地区文化局：《山西襄汾县陶寺遗址发掘简报》，《考古》1980年第1期，第18—31页；中国社会科学院考古研究所山西队、山西临汾行署文化局：《山西襄汾县陶寺遗址Ⅱ区居住址1999—2000年发掘简报》，《考古》2003年第3期，第195—209页。

5 浙江省文物考古研究所：《浙江余杭反山良渚墓地发掘简报》，《文物》1988年第1期，第1—31页；浙江省文物考古研究所：《反山——良渚遗址群考古报告之二》，北京：文物出版社，2005年。

6 北京大学考古学系、浙江省文物考古研究所、日本上智大学联合考古队：《浙江桐乡普安桥遗址发掘简报》，《文物》1998年第4期，第61—74页。

7 山西省临汾行署文化局、中国社会科学院考古研究所山西工作队：《山西临汾下靳村陶寺文化墓地发掘报告》，《考古学报》1999年第4期，第459—486页。

墓坑长2.6米，宽1.9米，深2.5米，面积约5平方米，为下靳村发掘的最大一座墓，墓壁规整，上下垂直，平底，在两端墓壁上各挖有一个壁龛，有木棺，随葬玉、石器8件。

陶寺遗址[1]早期中型城址外发现有一处面积3万平方米以上的大型公共墓地，清理墓葬1300多座，分布十分密集。这些墓葬均为长方形竖穴土坑墓，少数有木质葬具，有的还有二层台。葬式一般为单人仰身直肢葬，个别俯身屈肢或侧身屈肢。少数墓有大量精美的随葬品，有的甚至随葬十余头整猪或大量猪下颌骨，而大多数墓则没有随葬品。显然这些墓葬有大、中、小之分，大型墓仅占极少数，中型墓居中，小型墓占绝大多数。

在陶寺中期小城内发现的一处面积约1万平方米的墓地，也分大、中、小型墓。陶寺遗址的墓葬在形制、结构、大小，是否使用葬具、随葬品的种类、数量等方面都表现出较严格的等级差别。

陶寺遗址的大型墓不足十座，一般墓坑宽大，长2.9—4.2米，宽2—2.75米，多数深0.7—2.1米，有的深达3.55米；有木棺椁，棺内铺撒朱砂，并且还殓衾裹尸；随葬品十分丰富，包括成组的日用陶器和玉、石、骨、蚌制的装饰品，成套的彩绘陶、彩绘木器、玉石礼器，以及猪排、猪蹄、猪下颌骨等，特别是鼍鼓、石磬和土鼓等大型组合礼乐器，突出地反映墓主生前的身份地位。随葬品最多的一座大墓出器物近200件，一般都有近百件。引人注目的是有5座大墓出土有鼍鼓、石磬、土鼓这些大型组合礼乐器，有6座大墓共出土4件彩绘蟠龙纹陶盘，均为中国新石器时代墓葬罕见之物。M3015随葬物品置于木椁四周，右侧主要摆放炊具和饮食具；上方有木豆、木盘、木斗；中部有陶灶、陶斝、陶罐；下方有木俎、木匣、石匣、石铲；左侧主要列置乐器、工具、武器及其他器具；上方有玉、石、骨器和木豆、木"仓形器"及多种彩绘木器，中部为成束的石镞、骨镞，下方是鼍鼓、石磬、石研磨盘和磨棒；足端近墓壁处还有一只猪。此墓的随葬品后来遭扰动，即使这样，仍存留如此之多。M3106的木棺椁呈II形。M3135的墓坑四角各立一圆木作角柱，角柱之间连以木板为葬具，在二层台上放置有178件陶、木、玉、石、骨器随葬。M22墓坑为圆角长方形，开口长5米，宽3.65米，底长5.2米，宽3.7米，墓坑自深达7米。填土中有被腰斩的青年男子骨架1具。墓底有用一根整木挖凿的船形棺，棺长约2.7米，宽1.2米，残高0.16—0.3米，棺内外皆施有红彩。墓主尸骨上残留有绿松石片、绿松石珠、货贝等46件随葬品。棺外还有随葬品72件（套），其中彩绘陶器8件、玉石器18件（套）、漆木器25件（不包括6件玉石钺的漆木柄）、骨镞8组、红彩草编物2件、一劈两半的猪20扇（即10头猪）、猪下颌骨1件等。这些大墓形象地表现了墓主的富有和权势。

陶寺遗址的中型墓有数十座，约占总数的八分之一。墓坑一般长2.2—2.5米，宽0.8—1.0米，有的较深，多在2米以上，有的很浅，深约1米左右。多有葬具，从板灰可看出棺木的盖板、底板和壁板。有的有二层台。有少量随葬品，五六件至十余件不等。如M3031随葬有石钺3件、石刀2件、骨镞和石镞3件、石琮1件、石饰3件，以及石串饰2串。M1364随葬石钺、石梳、石瑗各1件，另有猪下颌骨1件。M8，墓坑长2.8米，宽1.6米，深7.5米，有"工"字形木棺，棺长2.2米，宽1.44米，高1.19米，棺上盖有麻布，因该墓曾被扰动，随葬品仅存石钺1件。

陶寺的小型墓有1000余座，占总数90%以上，且多成组成排分布。一般长2米，宽0.4—0.6米，深0.5—1米。无葬具，有的仅以草编织物裹尸。一般无随葬品，或仅有很少石、骨器随葬。有随葬品的墓不到10%，一般不超过3件，且以日常佩戴的骨笄最常见。

龙山文化西朱封遗址[2]发现3座大型墓葬。87M1长方形墓坑，东西长4.4米，宽2.5米，有内外二

1 中国社会科学院考古研究所山西工作队、临汾地区文化局：《1978—1980年山西襄汾陶寺墓地墓地发掘简报》，《考古》1983年第1期，第30—42页；中国社会科学院考古研究所山西工作队、临汾地区文化局：《山西襄汾县陶寺遗址发掘简报》，《考古》1980年第1期，第18—31页；中国社会科学院考古研究所山西队、山西临汾行署文化局：《山西襄汾县陶寺遗址Ⅱ区居住址1999—2000年发掘简报》，《考古》2003年第3期，第195—209页。

2 中国社会科学院考古研究所山东工作队：《山东临朐朱封龙山文化墓葬》，《考古》1990年第7期，第587—594页；山东省文物考古研究所、临朐县文物保护管理所：《临朐县西朱封龙山文化重椁墓的清理》，《海岱考古》第一辑，济南：山东大学出版社，1989年，第219—224页。

椁和一棺，设边箱和脚箱。在脚箱内集中放置陶器30多件，其中包括4件精美蛋壳黑陶杯，又在边箱内专放2件蛋壳黑陶杯。此外还随葬有玉器、骨器、蚌器、猪下颌骨等近20件（图4-14）。89M202出现了一棺一椁，而且出现了脚箱、边箱结构。外椁为长4.1米、宽2米的长方形，内椁为长3.81米、宽1.61米的长方形，椁墙板厚达十多厘米，棺长2米、宽0.64米。棺内、棺椁之间及椁外壁等处有成片彩绘遗迹，分别使用红、黑、白、黄和绿等多种颜色，可能棺椁原是施有彩绘的。尽管此墓已有部分坍塌，且被周代墓葬破坏，但仍发现大量的随葬品，如有鼎、鬶、罍、罐、盆、杯、盖等陶器，厚不足0.1厘米的蛋壳陶杯，还有石、骨器和鳄鱼骨板、兽牙制品。墓中还出土了一批精美玉器，包括有2件钺、1件刀、头（冠）饰和簪各一，绿松石质的4件坠饰和18件串饰以及近千件只有几毫米大小的绿松石薄片。玉簪上有三个浮雕人像，玉头（冠）饰系用墨绿色的玉笄和白色的玉佩组合而成，玉佩部分透雕精刻，还对称地镶嵌两颗绿松石珠，玲珑剔透，妙不可言。该墓随葬器物近50件，其中有玉头（冠）饰、玉簪、玉钺、四孔玉刀、绿松石串饰、蛋壳黑陶高柄杯、鳄鱼鳞板等一批精品。89M203东西长6.30—6.44米，南北宽1.10—4.55米，面积近30平方米。墓主人为成年个体，两椁一棺，棺椁之间放置几件彩绘木制大容器，并有精美的陶器。此外还有玉器、石器和绿松石饰等随葬品。同墓地的其他墓葬规模较小，没有葬具，仅随葬少量陶器，这种差距也存在于龙山文化其他墓地。

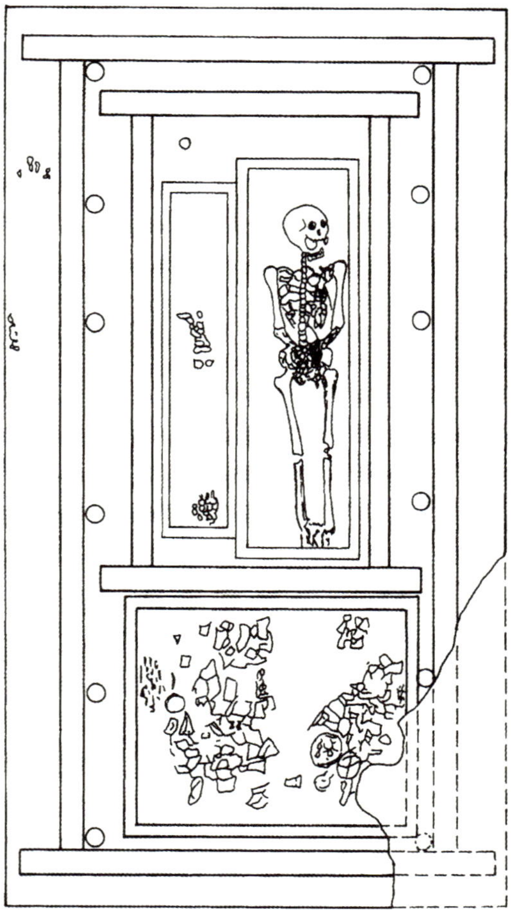

图4-14 朱封遗址墓葬87M1



尹家城发现的65座墓葬[1]中有30座带木质葬具，大部分为一棺，少数为一椁一棺。其中M15为二椁一棺，长5.8米，宽4.36米，是该墓地等级最高的墓葬。绝大多数墓葬为仰身直肢，存在数例枕骨人工变形和拔牙的情况，另有一部分手握獐牙的实例。

陶寺M3015和朱封M202这两座大墓都随葬了玉钺，前者还随葬了石钺。玉钺褐绿色，略呈“凸”字形，缚柄处钻有一孔，长11.2厘米、宽4厘米；朱封M202：8，为乳白色，长方形，缚柄处亦钻一孔，长10.3厘米。钺最早是作为一种武器出现的，以后逐渐演化为统率部众作战的军事权力之标志。陶寺和朱封大墓都有玉钺，说明社会上对这种权力标志物崇尚的程度。黄河中游到下游普遍见到这类特殊大墓，其意义绝不仅仅是一般贫富分化的表现，而反映此时在黄河流域大部分地区已相继产生出一个不同以往的权贵阶层，他们凌驾于一般社会成员之上。.

浙江桐乡普安桥良渚文化早期遗址[2]，多数墓葬有木质葬具，分为单棺和一棺一椁两种，与之相对应，单棺者墓室面积较小，一棺一椁者则墓室面积较大，如墓长3.15米、宽1.5米，中部有长约2.2米、宽0.9米的箱式棺，外围有长2.75米、宽1.1米的“井”字形木椁。

1 山东大学历史系考古教研室：《泗水尹家城》，北京：文物出版社，1990年。

2 北京大学考古学系、浙江省文物考古研究所、日本上智大学联合考古队：《浙江桐乡普安桥遗址发掘简报》，《文物》1998年第4期，第61—74页。

反山[1]、瑶山[2]等遗址的墓葬以单人仰身直肢葬为主，有个别合葬墓，还有些墓中存在人骨错位现象，有二次葬的可能。墓向以南或南略偏西、偏东为主。

良渚文化的墓葬有明显的等级差别，从墓地的形式、墓葬形制到随葬品种类、数量、质量都有差别。第一等级大墓均在祭坛与墓地合一的人工土台上，墓圹长3米以上，宽1.5米以上，墓葬中发现有椁的痕迹。有些棺的内外用赭色或朱红色涂抹甚或绘制图案，有的棺更以玉器装饰。随葬品以玉礼器为主，数量多，琮、璧、冠形器、三叉形器、锥形器、璜、牌形饰均有，品种齐全，多真玉，刻画的人兽纹最为写实，形态变化多端，显示出这些墓的特殊地位。如瑶山M7为长方形竖穴土坑墓，长3.2米，宽1.60米，深0.64—1.30米。有随葬品160件（组），其中仅玉器就多达148件（组）。第二等级以寺墩、福泉山、草鞋山、赵陵山、张陵山等墓地的大墓为代表，也多在祭坛与墓地合一的人工土台上，随葬品以玉礼器为主，数量较多，除均有琮、璧外，其他种类或有或无，精美程度差，假玉比例大。第三级墓分布较广，在高台式和平地式墓地中都有，有少量琮、璧等玉礼器随葬。第四级墓数量最多，高台式和平地式墓地中都有发现，多随葬日常生活用的陶器和工具等，无玉礼器。浙北海宁市千金角、徐步桥、盛家埭，平湖市平邱墩，嘉兴市雀幕桥[3]，德兴县辉山等6处遗址的数十座小墓皆属此类[4]。

良渚文化位居社会主宰地位的那部分人，按其所控权力，可分为既掌握军权又掌控神权者、只握军权者和仅控神权者这三种人。他们往往共居墓地。瑶山M7、M12两墓的墓位，居南列之中，在这一墓地中，随葬品最为丰富。M7随葬器物160件（组），其中玉器148件（组）。M12是一经盗掘而遭破坏的墓，出自此墓的玉器达344件，因盗掘而散失的则无法计算。反山的M12和M20分别居反山墓地南、北排的中间。M20随葬陶器2件、石器24件、象牙器9件、鼍鱼牙齿1枚和玉器511件。此墓随葬品中，含有琮、钺。M12是反山墓地随葬玉琮数量最多的一座墓。M12：98，器形宽阔，给人富实之感，为目前已知良渚文化玉琮之首，堪称“琮王”。其上精雕之神人兽面复合像等纹饰，为迄今微雕所不及，也区别于常见的良渚文化的玉琮。M12：100，为青玉，有少量褐斑，玉质优良，具有透光性，制作抛光精致，光泽闪亮，两面刃部上、下角，分别有浅浮雕的“神徽”和“神鸟”。其质地与工艺，为良渚文化之冠。这四墓均随葬琮、钺，表明墓主人是既控军权又掌握神权的人物。寺墩的墓主人，是位20岁左右的青年男性，拥有的随葬品达100多件。此墓也是至今发现的良渚文化墓葬中随葬品最为丰富的墓葬之一，该墓随葬的陶器仅4件，石工具数量也不多，玉器占居绝大多数，玉璧24件、玉琮33件和玉钺多件，可知这位墓主人也是一位既掌军权又握神权的显赫人物。或据墓葬在墓地的位置及随葬品的质量，或单凭随葬品的质量，均可说明这类既掌军权又握神权的显贵，在主宰社会的那部分人中的地位居尊。在良渚文化社会中，军权尚未高于神权，两者在社会中基本处于同等地位。

高等级墓葬的存在，表明良渚社会上层集团的形成。这些墓葬多占据规模大、形制完备的祭坛，随葬最精美的玉礼器，说明上层集团拥有崇高的宗教权威，集团的首领很可能也是宗教领袖，对一定地区有宗教上的控制权。高等级墓中，大量出土玉钺、石钺，说明上述宗教人员可能还同时具备世俗权威，他们可能同时控制着其宗教势力范围内的军事、行政权力。

新石器时代末期，社会结构发生了显著变化。社会成员之间的贫富分化普遍发生，社会分层加剧，形成多等级社会。尽管其他地区发现的新石器时代末期墓葬分化不似陶寺、龙山或良渚等文化

1 浙江省文物考古研究所：《浙江余杭反山良渚墓地发掘简报》，《文物》1988年第1期，第1—31页；浙江省文物考古研究所：《反山——良渚遗址群考古报告之二》上、下册，北京：文物出版社，2005年。

2 浙江省文物考古研究所：《瑶山——良渚遗址群考古报告之一》，北京：文物出版社，2003年。

3 嘉兴市文化局：《浙江嘉兴市雀幕桥遗址试掘简报》《嘉兴雀幕桥发现一批黑陶》《嘉兴雀幕桥遗址第五次发掘》，载嘉兴市文化局编《崧泽、良渚文化在嘉兴》，杭州：浙江摄影出版社，2005年，第26—33页。

4 浙江省文物考古研究所：《浙江北部地区良渚文化墓葬的发掘》，浙江省文物考古研究所：《浙江省文物考古研究所学刊——建所十周年纪念（1980—1990）》，北京：科学出版社，1993年，第85—103页。

这样剧烈，但表现在随葬品多寡上的区别仍然是普遍和显著的。

石家河文化墓葬[1]墓坑有大小之别，少数大幕不仅有宽大的墓坑，还有丰富的随葬品和特殊的葬制。肖家屋脊遗址[2]石家河文化墓葬中，大型墓的随葬品多达一百余件，而一般墓葬的随葬品在二三十件，少数墓葬只随葬三四件或不见随葬品。有的墓有二层台，有的没有。如M7为一座大型土坑墓，墓口长3.2米，头端宽1.8米，足端宽2.35米，深0.95米，为男性单人二次葬，无葬具，有二层台。随葬品有陶、石器共103件，包括大量水器、食器和酒器，还有象征身份和地位的石钺1件。随葬品分四组摆放，其中石钺置于人骨架左上侧，29件喇叭形红陶杯在墓主足端位置从墓口起的填土内到墓坑底层摆放。M6为成人瓮棺葬，二次葬，仅玉器就随葬56件之多，而许多小型瓮棺则一无所有。M54随葬着103件陶罐，分上、下两层房址，上层有62件，下层39件，分两行整齐地排列。该文化邓家湾遗址[3]M32墓口长2.35米、宽1.6米，随葬陶器、石器51件，墓南端还随葬有一人头。而大量的小墓墓坑狭小，且没有任何随葬品。

青海循化苏呼撒墓地半山墓葬[4]中随葬陶器的数量不等，少者1件，多者十余件。一般情况下，随葬陶器数量多的墓，种类也比较齐全，质量也较好；陶器数量少的墓葬，种类也比较单纯，且质量远不如前者。说明当时的聚落内部已经出现了贫富分化。



青海柳湾马厂墓地[5]中随葬品数量悬殊，少的只有一两件器物，如M8只有一件陶盆，M38仅有一件石锛。一般的墓随葬10—20件，较多的为40—60件，最多者竟达90多件。如M564共随葬器物95件，数量惊人，种类齐全，除了91件陶器外，并有石斧、石刀、石凿和绿松石饰等。

宁夏海原县菜园村遗址切刀把墓地[6]中出土器物多为陶器，各墓随葬品数量多少不等，一般为十件左右，多的达四五十件，少者仅一件。有的墓内挖有壁龛，壁龛内放置的随葬品少而精美。最大的M20有6.42平方米，最小的M8仅有0.94平方米。随葬品的数量更是悬殊，M33有50件，M26只有1件，贫富之别显而易见。

西昌礼州遗址新石器末期墓葬[7]每座墓的随葬品在20件左右，最多达50件，最少仅五六件。说明也已经出现了比较明显的贫富分化。

石峡文化墓葬随葬品多寡悬殊，大型墓一、二次葬随葬品数量和质量均超过中、小型一、二次葬墓。如M43，一次葬随葬品达94件，二次葬随葬品57件；M47，一次葬随葬品68件，二次葬随葬品49件。中型墓M16，一次葬随葬品7件，二次葬随葬品30件。随葬品的多寡，反映了当时墓主人生前社会地位的差别。

## 五、拔牙习俗的延续

拔牙习俗在新石器时代末期仍然存在，虽在黄河下游的龙山文化中显示出衰退的趋势，但向东南的传播却依然强劲，甚至到达台湾地区[8]。

1 北京大学考古系、湖北省文物考古研究所、湖北省荆州地区博物馆、石家河考古队：《石家河遗址群调查报告》，《南方民族考古》第五辑，成都：四川科学技术出版社，1992年。

2 湖北省荆州博物馆等：《肖家屋脊》，北京：文物出版社，1999年。

3 荆州地区博物馆、北京大学考古学系：《天门邓家湾遗址1987年春发掘简报》，《江汉考古》1993年第1期，第1—13、50页；石河考古队：《湖北天门市邓家湾遗址1992年发掘简报》，《文物》1994年第4期，第32—41页；湖北省文物考古研究所、北京大学考古学系、湖北荆州博物馆：《邓家湾——天门石家河考古报告之二》，北京：文物出版社，2003年。

4 青海省考古研究所：《青海循化苏呼撒墓地》，《考古学报》1994年第4期，第425—449页。

5 青海省文物管理处考古队、中国社会科学院考古研究所：《青海柳湾·乐都柳湾原始社会墓地》，北京：文物出版社，1984年。

6 宁夏文物考古研究所：《宁夏海原县菜园村遗址切刀把墓地》，《考古学报》1989年第4期，第415—448页。

7 礼州遗址联合考古发掘队：《四川西昌礼州新石器时代遗址》，《考古学报》1980年第4期，第443—456页。

8 杨式挺：《略论我国古代的拔牙风俗》，《广西民族研究》2005年第3期，第145—152页。

诸城前寨遗址墓葬[1]在13个男女人骨中，拔牙的仅2例，占15%，最小年龄为14—18岁。茌平尚庄遗址[2]7个男女人骨中，拔牙的5个，占71%，最小年龄14岁；邹县野店遗址[3]12个男女人骨中，发现拔牙的7个，占58%，最小年龄16—18岁；莒县陵阳河遗址[4]15个男女人骨中，拔牙的9个，占60%，最小年龄20—22岁；广饶五村遗址[5]16个男女人骨中，发现1个女性拔牙，年龄30—35岁；胶县三里河遗址[6]一期30个男女人骨中，拔牙个体仅有3个，年龄30—35岁；胶县三里河遗址二期33个男女人骨中，拔牙个体仅有7例，占21%，其中男性21个，拔牙的5例，女性12个，拔牙的2例，最小年龄30—35岁。

可见，从龙山文化时期开始，山东境内的拔牙习俗已趋向消亡。相比之下，以往没有拔牙习俗的地区此时开始发现有拔牙人骨出现，尤其东南沿海地区。

湖北房县七里河遗址[7]发现新石器时代墓葬30座。在可观察的18个成年男女人骨中，拔牙的12个，占66%。拔牙的形态主要是拔除一对上颌侧门齿，也有拔除一对上颌侧门齿加拔一对上颌犬齿，或加一个右侧犬齿的。拔牙个体最小年龄30岁。

福建闽侯昙石山贝丘遗址[8]发现一例老年男性个体生前拔除一对上颌侧门齿。

广东增城县金兰寺村贝丘遗址[9]发现的4座墓葬，其中有2例为25岁左右男性青年，均为拔牙个体。

佛山市澜石河宕贝丘遗址发掘墓葬[10]77座，除13座为幼童墓，其余64座为成年男女墓。在可供观察的22例成年标本中，施行过人工拔牙的占19例，占82%，明确未拔牙的3例。在成年男女拔牙个体中，男性占10例，女性占9例，明确未拔牙的3例皆为女性。年龄最年轻的一例是22—25岁男性。

在南海县大同圩灶岗贝丘遗址[11]发现的6座墓中，有4个人骨鉴定为拔牙个体，为男性，45岁左右，拔除上颌右侧门齿。南海县百西乡鱿鱼岗贝丘遗址[12]发现的36座墓中发现男5女1共计6个成年男女实行拔牙，其中最年轻的26岁左右，多数是拔上颌侧门齿，但有2例是拔右上第一前臼齿。

位于香港马湾岛北部东湾仔遗址[13]发现20座墓葬，其中15具人骨经鉴定，发现2例拔牙的。一例40岁左右，拔去一对上颌中门齿；另一例为近40岁，拔去上颌右侧第一门齿。

---

1 诸城县文化馆：《山东诸城县前寨遗址调查》，《文物》1974年第1期，第75—75页。

2 山东省文物考古研究所：《茌平尚庄新石器时代遗址》，《考古学报》1985年第4期，第465—505页。

3 山东省博物馆、山东省文物考古研究所：《邹县野店》，北京：文物出版社，1985年。

4 莒县委员会文史资料委员会：《山东莒县陵阳河遗址大汶口文化墓葬发掘简报》，《史前研究》1987年第3期，第62—82页；夏兆礼：《陵阳河遗址的发掘》，山东省政协文史资料委员会编：《山东重大考古发掘纪实》，济南：齐鲁书社，1998年，51—57页。

5 山东省文物考古研究所、广饶县博物馆：《广饶县五村遗址发掘报告》，《海岱考古》第一辑，济南：山东大学出版社，1989年，第61—123页。

6 中国社会科学院考古研究所：《胶县三里河》，北京：文物出版社，1988年。

7 湖北省博物馆、武大考古专业、房县文化馆：《房县七里河遗址发掘的主要收获》，《江汉考古》1984年第3期，第1—12页。

8 华东文物工作队福建组、福建省文物管理委员会：《闽侯昙石山新石器时代遗址探掘报告》，《考古学报》1955年第2期，第53—68页；福建省文物管理委员会、厦门大学：《闽侯昙石山新石器时代遗址第二至四次发掘简报》，《考古》1961年第12期，第669—672页；《福建闽侯昙石山新石器时代遗址第五次发掘简报》，《考古》1964年第12期；福建省博物馆：《闽侯昙石山遗址第六次发掘报告》，《考古学报》1976年第1期，第89—119页；《福建闽侯县昙石山遗址发掘新收获》，《考古》1983年第12期，第1076—1084页；福建博物院：《闽侯昙石山遗址第八次发掘报告》，北京：科学出版社，2004年；福建博物院、福建省昙石山遗址博物馆：《闽侯昙石山遗址2004年考古发掘简报》，《福建文博》2010年第1期，第1—12页。

9 莫稚：《广东考古调查的新收获》，《考古》1961年第12期，第666—668页。

10 杨式挺、陈志杰：《谈谈佛山河宕遗址的重要发现》《文物集刊》3，北京：文物出版社，第234—243页。

11 广东省博物馆：《广东南海县灶岗贝丘遗址发掘简报》，《考古》1984年第3期，第203—212页。

12 广东市文物考古研究所、北京大学考古系实习队：《广东南海市鱿鱼岗贝丘遗址的发掘》，《考古》1997年第6期，第65—76页。

13 中国社会科学院考古研究所、香港古物古迹办事处：《香港马湾岛东湾仔北史前遗址发掘简报》，《考古》1999年第6期，第1—17页。

在云南元谋大墩子新石器晚期遗址[1]，也曾发现过拔牙的头骨。

在台湾也有拔牙习俗被发现。台北的圆山遗址[2]发现3个拔牙的人骨。芝山岩遗址[3]也发现1个拔牙的人骨个体。台南垦丁寮遗址[4]鉴定17个个体，其中有拔牙的16个，占94%；屏东鹅銮鼻遗址[5]鉴定了2具人骨，均拔牙。台东的卑南墓群[6]共观察51具人骨，拔牙的有46个，占到90%。澎湖列岛的锁港遗址[7]也发现有1具拔牙的人骨。

## 第六节 新石器时代末期的宗教

进入新石器时代末期，龟卦、骨卜等宗教形式仍然流行，通过龙实现与神灵沟通的形式在长江下游地区演化为发达的以玉琮为中介的形式。全国各地发现了很多这个时期的祭祀遗址。



### 一、龟灵与龟卦

龟卦这种宗教形式在新石器时代末期仍然流行，但实物龟减少，更多的是玉龟、石龟与陶龟，以后者的发现更多。此时，龟崇拜出现了与骨卜的合流现象。将龟甲用作以灼烧为特征的热占卜的载体的案例有所发现。

良渚浙江余杭反山良渚墓地[8]曾出土玉龟，为黄玉，有灰白块斑。头颈前伸，四爪作爬行状，形态逼真。

丁公[9]和城子崖遗址[10]出土的陶龟，形制上与实物龟甲器十分相似，内装石子。

马家窑文化出土一个底部和两侧边都有穿孔的彩陶龟，龟腹内装有一个不明质料的小球。

上述两种陶龟，腹腔装有石子状物，功能应与始于裴李岗文化的龟卦相同。

嘉兴南河浜遗址[11]出土的两个两侧边有穿孔且背上有乳钉的陶龟背甲，泥质黑皮陶。其中一件陶

1 云南省博物馆：《元谋大墩子新石器时代遗址》，《考古学报》1977年第1期，第43—72页。

2 [日]金関丈夫、国分直一著，谭继山译：《台湾考古志》，台北：武陵出版有限公司，1990年；石璋如：《圆山贝塚之发掘与发现》，《大陆杂志》1954年第9卷第2期；第27—34页；黄士强：《台北市圆山遗址第二地点试掘报告》，《考古人类学刊》第45期，1989年，第20—45页。

3 黄士强：《台北芝山岩遗址发掘报告》，台北市文献委员会，1986年；游学华：《介绍台湾新发现的芝山岩文化》，《文物》1986年第2期，第31—36页。

4 连照美：《台湾新石器时代垦丁寮遗址墓葬研究报告》，台北：台湾国立大学出版中心，2007年。

5 宋文薰等：《鹅銮鼻：台湾南端的史前遗址》，《中国东亚学术研究计划委员会年报》第6期，台北南港，1967年。

6 宋文薰：《台湾台东卑南遗址的发掘与相关问题》，《浙江学刊》1990年第6期，第12—13页。

7 臧振华：《澎湖群岛考古》，《中央研究院历史语言研究所特刊》之95，1992年，台北南港；臧振华：《澎湖群岛的考古发现》，张炎纤主编《历史文化与台湾》(3)，台湾风物出版社，1991年，第33—45页。

8 浙江省文物考古研究所：《浙江余杭反山良渚墓地发掘简报》，《文物》1988年第1期，第1—31页；浙江省文物考古研究所：《反山——良渚遗址群考古报告之二》，北京：文物出版社，2005年。

9 山东大学历史系考古专业、邹平县文化局：《山东邹平丁公遗址试掘简报》，《考古》1989年第5期，第391—398页；山东大学历史系考古专业：《山东邹平丁公遗址第二、三次发掘简报》，《考古》1992年第6期，第496—504页；山东大学历史系考古专业：《山东邹平丁公遗址第四、五次发掘简报》，《考古》1993年第4期，第295—299页。

10 张学海：《章丘县城子崖古城址》，《中国考古学年鉴(1991)》，北京：文物出版社，1992年，第203页；佟佩华：《章丘县城子崖遗址》，《中国考古学年鉴(1992)》，北京：文物出版社，1994年，第225页；张华：《城子崖遗址又有重大发现，龙山、岳石和周代城址重见天日》，《中国文物报》1990年7月26日。

11 浙江省文物考古研究所：《浙江嘉兴南河浜遗址发掘简报》，《文物》2005年第6期，第4—15页；《南河浜——崧泽文化遗址发掘报告》，北京：文物出版社，2005年。

龟圆首凸眼，身呈椭圆形，上有9枚乳丁，两侧对称，共有6只龟足，无尾，龟背弧拱，截面呈桥形，无腹甲；另一件身上有11枚乳丁，尖尾，尾部穿2个圆孔。

邓家湾遗址[1]的陶龟出土于灰坑中。与之共同出土的还有数千个小型陶塑，造型包括有人抱鱼、鸟、鸡、狗、羊、猪、虎、象等十几种，大部分残碎。

这类陶龟用途可能与前述者有所不同，或许用于祭祀。

龟用作以灼烧为特征的热占卜的载体，在郑州大河村、山东禹县邢寨汪以及河北邯郸涧沟、陕西临潼康家等遗址零星出现，数量不多，分布地域却很广阔。

郑州大河村龙山时代早期遗存[2]中出土了一个龟背甲，其上灼有四孔，这是中原地区目前发现最早的卜甲。

山东禹城县邢寨汪遗址[3]出土卜甲卜骨共十余片，均有凿、无钻，有灼。

河北邯郸涧沟[4]出土龟甲10件，有的腹甲上部凿一孔，是否有灼并不清楚。

陕西临潼康家遗址[5]出土的龟甲有涂朱现象，并无其它特征，是否用于占卜有待考证。

可见，此时的龟甲有的略经修治，如郑州大河村和河北涧沟遗址都是有凿无钻，除了临潼康家遗址的龟甲，其他皆有穿孔，然穿孔与灼烧的次序并不知晓。其中有的是否用于占卜还有待考证。

## 二、骨卜的流行

占卜的习俗在新石器时代末期流行开来，目前发现出卜骨的遗址或墓地共43处，出土卜骨总数达数百件，这些遗址主要分布在黄河流域及其以北地区。占卜习俗是新石器时代末期北方地区最主要的宗教形式之一，多数仅有灼痕而不施钻凿，但各地不同考古学文化发现的卜骨其用骨、修治等各有一些特色，存在一定差异。

山西陶寺遗址[6]发现的4件卜骨，用猪肩胛骨制成，均残，灼而不钻。

河北任邱市哑叭庄遗址[7]发现的3件卜骨，分别采用牛、羊肩胛骨，均残，骨臼、骨脊均有修整痕迹，有灼痕。

磁县下潘汪遗址[8]发现卜骨1件，系用鹿（或羊）的肩胛骨制成，骨脊、骨臼均不切割，只灼不钻。

河南郑州大河村龙山时代文化层[9]中发现有卜骨4件。

1 荆州地区博物馆、北京大学考古学系：《天门邓家湾遗址1987年春发掘简报》，《江汉考古》1993年第1期，第1—13、50页；石河考古队：《湖北天门市邓家湾遗址1992年发掘简报》，《文物》1994年第4期，第32—41页；湖北省文物考古研究所、北京大学考古学系、湖北荆州博物馆：《邓家湾》，北京：文物出版社，2003年。

2 郑州市文物考古研究所：《郑州大河村》，北京：科学出版社，2001年。

3 德州地区文物工作队：《山东禹城县邢寨汪遗址的调查与试掘》，《考古》1983年第11期，第966—972页。

4 河北省文化局文物工作队：《河北邯郸涧沟村古遗址发掘简报》，《考古》1961年第4期，第197—202页。

5 西安半坡博物馆：《陕西临潼康家遗址第一、二次试掘简报》，《史前研究》1985年第1期，第56—68页；陕西省考古研究所康家考古队：《陕西临潼康家遗址发掘简报》，《考古与文物》1988年第5、6期合刊，第214—228页；《陕西临潼县康家遗址1987年发掘简报》，《考古与文物》1992年第4期，第11—26页。

6 中国社会科学院考古研究所山西工作队、临汾地区文化局：《1978—1980年山西襄汾陶寺墓地墓地发掘简报》，《考古》1983年第1期，第30—42页；中国社会科学院考古研究所山西工作队、临汾地区文化局：《山西襄汾县陶寺遗址发掘简报》，《考古》1980年第1期，第18—31页；中国社会科学院考古研究所山西队、山西临汾行署文化局：《山西襄汾县陶寺遗址Ⅱ区居住址1999—2000年发掘简报》，《考古》2003年第3期，第195—209页。

7 河北省文物研究所、沧州地区文物管理所：《河北省任邱市哑叭庄遗址发掘报告》，《文物春秋》1992年12期，第178—219页。

8 河北省文物管理处：《磁县下潘汪遗址发掘报告》，《考古学报》1975年第1期，第73—116页。

9 郑州市博物馆：《郑州大河村遗址发掘报告》，《考古学报》1979年第3期，第301—375页；郑州市文物考古研究所：《郑州大河村》，北京：科学出版社，2001年。

河南汤阴白营遗址[1]遗存中发现有用牛肩胛骨施灼的卜骨。

河南安阳后冈遗址[2]发现卜骨1件，为猪肩胛骨，上有三个灼痕。残长21厘米，宽14厘米。

河南新密市古城寨城址[3]发现的卜骨，残长10.5厘米，可见四个烧灼痕迹。

郾城郝家台遗址[4]发现的卜骨，系用猪的肩胛骨制成，有三个灼痕，未见钻孔。

山东茌平尚庄[5]发现卜骨5件，皆为牛或羊肩胛骨经烧灼而成，无钻、凿。

陕西沣西遗址[6]发现卜骨6件，均系采用羊的肩胛骨，而且完全保持其天然形状，不加任何修治。卜骨没有钻凿，只在骨面上有若干点灼的痕迹。有的只从带骨脊的一面灼，也有两面灼的。灼痕数目及排列没有规律可循，有二个至十多个不等的灼痕。羊的肩胛骨很薄，灼痕都透过另一面，但均无兆痕。

华县梓里村遗址[7]出土12件完整卜骨及少量卜骨碎片，主要是羊、猪肩胛骨。一般对胛骨不进行任何整治，不去骨脊和臼角，有的胛骨骨脊及骨版下摆边缘经过刮磨，为数甚少，表现出某些进步性，不施凿钻，只见灼痕。多在胛骨正面施灼烧，灼痕排列不整齐且无定数，甚凌乱。有的胛骨系在背面灼烧，有的将胛骨版灼烧穿孔。



神木新华遗址[8]发现的卜骨较多，共54件，制作卜骨的原料主要是羊、猪、牛、鹿等动物的肩胛骨。其中以牛、羊的肩胛骨最多，分别占发现总数的40%、22%；其次为猪的肩胛骨，占发现总数的6.7%；鹿的肩胛骨最少，占发现总数的2.2%。这些卜骨多集中出土在少数几个灰坑中，可能表明当时人们在行使完占卜活动以后，对卜骨的处理有相对固定的场所。新华发现的卜骨大多不经整治，保留有完整的骨臼、臼角、骨脊。仅个别肩胛骨经过粗略加工，将骨脊削平或扇面前缘略加磨制。还另外发现1件卜骨，曾经做骨铲使用。所有卜骨只灼不钻，肩胛骨正反两面都有施灼的现象，其中，以背面施灼较多，次为两面同时施灼，再次为正面施灼。另外，在肩胛骨的骨脊上也有施灼的现象。灼痕呈焦黑色或黄褐色，中心部分多已炭化，灼痕一般较浅，仅个别较深，灼痕直径在1—1.5厘米之间。灼痕多分布于以骨脊为中轴线的扇面两侧，排列较有规律。从保存较为完整的卜骨看，多纵向成列分布，痕间距大约1.5—2厘米之间。同时，也发现在骨脊和臼角附近施灼的现象，多数已透过背面，个别兆痕附近骨质已经脱落。

内蒙古老虎山遗址[9]出土的2件卜骨见有钻痕，显示出一定的进步性。其中一件是猪的右肩胛骨，残存2个圆孔和2个未钻透的圆坑，为从背面灼钻，背面可见黑褐色的灼痕，正面见灼裂纹。另一件为猪的左肩胛骨，残存两个圆孔，为从背面灼钻，可见黑褐色灼痕。

## 三、玉琮

以龙为中介实现人与神灵的沟通的宗教形式在新石器时代末期发展到极致，在长江下游地区演

---

1 安阳地区文物管理委员会：《河南汤阴白营龙山文化遗址》，《考古》1980年第3期，第193—202页；河南省安阳地区文物管理委员会：《汤阴白营河南龙山文化村落遗址发掘报告》，《考古学集刊》3，北京：中国社会科学出版社，1983年，第1—47页。

2 中国社会科学院考古研究所安阳工作队：《1979年安阳后岗遗址发掘报告》，《考古学报》1985年第1期，第33—88页。

3 河南省文物考古研究所、新密市炎黄历史文化研究会：《河南新密市古城寨龙山文化城址发掘简报》，《华夏考古》2002年第2期，第53—82页。

4 河南省文物研究所、郾城县许慎纪念馆：《郾城郝家台遗址的发掘》，《华夏考古》1992年3期，第62—91页.

5 山东省文物考古研究所：《茌平尚庄新石器时代遗址》，《考古学报》1985年第4期，第465—505页。

6 中国社会科学院考古研究所：《沣西发掘报告》，北京：文物出版社，1963年。

7 西北大学历史系考古专业77级实习队：《陕西华县梓里村发掘收获》，《西北大学学报（哲社科版）》1982年第3期，第94—99页。

8 陕西省考古研究所：《陕西神木新华遗址1999年发掘简报》，《考古与文物》2002年第1期，第3—12页。

9 内蒙古文物考古研究所：《岱海考古（一）——老虎山文化遗址发掘报告集》，北京：科学出版社，2000年。

化为发达的以玉琮为中介的形式。

玉琮为圆柱形或方柱形中空玉器，其中前者器表带有长方形凸块，后者两端有射口。自新石器时代末期开始出现，并迅速在长江下游地区流行，成为该地区最主要的宗教形式，其影响达到整个黄河流域、长江中游和东南地区。

目前，发现玉琮最多的考古学文化为分布于长江下游地区的良渚文化。良渚文化发现玉琮的地点已达数十处，年代涵盖了该文化的早、中、晚各个时期，并以中、晚期最为发达。长江下游的玉琮可以分为圆身类、方身类，后者几乎皆为中间有间隔者，仅在江苏昆山赵陵山[1]出土过1件无间隔、无纹饰的。圆身类玉琮大都属于矮体类型，数量不多。方身有间隔者则有矮体、中体和高体之别，且数量多。圆身矮体玉琮一般器高在5厘米以下，外径在7—8厘米，器表往往有一周凸块，少数器表有两周凸块；方身（有间隔）矮体型玉琮，器高一般在4—5厘米，射径在7—8厘米，器表有1—2周凸块；方身（有间隔）中体型玉琮，器高一般在6—8厘米，射径7—8厘米，器表通常有2—3周凸块。方身（有间隔）高体型玉琮，器高一般在10厘米以上，射径6—8厘米，器表有四周以上凸块。良渚文化玉琮表面纹饰主要为兽面纹、人面纹及人兽组合纹三类，它们既有单组的，也有多组的，多组的纹样又往往是以弦状边纹加以划分的。各类纹饰又均依线条的疏密可以区分为复杂、简化和象征性几种。比如复杂兽面纹，重线眼圈和眼睛、嘴（鼻）俱全，可见额头、獠牙等细部特征。简化兽面纹，有重线眼圈、眼睛和阔鼻，而獠牙等细部则被忽略。象征性兽面纹，仅表现眼圈、眼、鼻的轮廓。全部人兽组合纹中，绝大部分人与兽的位置是相对固定的，即人在上、兽在下，仅单周凸块的玉琮，会在最下层凸块单出一组人面纹。

长江中游地区的两湖平原有少量玉琮出土。它们是湖南安乡度家岗[2]1件和荆州枣林岗[3]2件残器。前二者均为方身有间隔，后者因残缺，具体器形不详。枣林岗者残高3.3厘米、残宽2.8厘米、原0.75厘米，射高0.4厘米，器表琢磨，有油脂光泽，内圆外方，仅存一角，上下平口，上下均为矮射；湖南安乡度家岗出土者高7厘米、宽7厘米、孔径6厘米，器体的四壁正中各有一条上下贯通的浅平槽，并用减地法剔出三个横向带状突出，其上无纹饰。

此外，江西新余市拾年山遗址[4]出土石琮1件，矮体，方身内圆，青色石英质。

东南地区以石峡文化为主，出土了一批玉琮，具体地点包括：广东曲江石峡[5]、广东曲江乌石镇床板岭[6]、广东封开杏花村镇禄美村[7]、广东海丰县田墘镇三舵[8]、福建霞浦黄瓜山等遗址[9]。这一地区玉琮大都属于方身有间隔类型，矮体、中体、高体兼出。其中方身矮体者器高3—4厘米，射径6—7厘米，器表通常有一周凸块；方身中体者，器高一般7—8厘米，射径6—7厘米，器表通常有2—4周凸块；方身高体者，一般器高在10厘米以上，射径6—7厘米，器表通常有5周凸块。

此外，石峡遗址曾出土一件兽面纹玉镯，被认为可能与良渚文化圆身玉琮属同类器。

---

1 南京博物院：《赵陵山——1990—1995年发掘报告》，北京：文物出版社，2012年。

2 湖南省博物馆：《三十年来湖南文物考古工作》，《文物考古工作三十年（1949—1979）》，北京：文物出版社，第271—294页。

3 湖北省荆州博物馆：《枣林岗与堆金台——荆江大堤荆州马山段考古发掘报告》，科学出版社，1999年。

4 江西省文物考古研究所、厦门大学人类学系、新余市博物馆：《江西新余市拾年山遗址》，《考古学报》1991年第3期，第285—323页；《新余市拾年山遗址第三次发掘》，《东南文化》1991年第5期，第141—181页。

5 广东省博物馆、曲江县文化局：《广东曲江石峡墓葬发掘简报》，《文物》1978年第7期，第1—15页。

6 李子文等：《曲江县床板岭石峡文化墓地》，《中国考古学年鉴（1989）》，北京：文物出版社，1990年，第227页。

7 杨式挺、邓增魁：《广东封开县杏花河两岸古遗址调查与试掘》，《考古学集刊》6，北京：中国社会科学出版社，1989年，第68—82页。

8 杨少祥、郑政魁：《广东海丰县发现玉琮和青铜兵器》，《考古》1990年第8期，第751—754页。

9 福建省博物馆：《福建霞浦黄瓜山遗址发掘报告》，《福建文博》1994年第1期，第3—37页。

黄河上游地区玉琮发现于甘肃天水师赵村[1]、青海民和喇家[2]、甘肃广河齐家坪等遗址[3]，多与齐家文化有关，以方身无间隔者最多见，有间隔者仅见个例，一般光身无纹饰。

黄河中游也是出土玉琮较多、形态丰富、纹饰特色较为鲜明的地区之一。这里出土琮最多的当属陶寺遗址[4]，仅1978年就发现玉琮10余件。陶寺遗址墓葬中出土的琮有石质和玉质两种，其中玉琮制作十分精致，石琮略差，既有方身类，也有圆身者，器表大都施简洁的弦纹。

山西芮城清凉寺[5]发现4件玉琮，分别为方身有间隔和方身无间隔类型，矮体或中体。

陕西华县梓里村[6]出土的玉琮，残失过半，色浅黄，复原后其形体外方内圆，横断面呈方形，两端有矮圆射。内壁呈圆形，内孔留有明显的因两面管钻留下的台纹。器表面剖光，但仍留有旋纹痕迹。通高3.6厘米，射高0.3厘米，射径3.5厘米，东壁厚0.4—0.5厘米。

陕西神木新华遗址[7]祭祀坑出土由玉琮改制的玉钺1件，系由玉琮上切片改制而成。玉钺身高12.2厘米，宽6.75厘米，其原型当属方身无间隔高体型玉琮。

陕西神木石峁遗址[8]出土有一件玉琮改制而成的尺形器。该器身高20厘米，宽5.6厘米，其原型当属方身有间隔高体型玉琮。

在陕西延安芦山峁村[9]、陕西长安上泉村[10]等地也有玉琮出土。

黄河下游的鲁东南和苏北一带也有发现玉琮的报道，江苏新沂花厅[11]、江苏涟水三里墩[12]、山东五莲丹土[13]等遗址都有出土。器型有方身和圆身之分，但均为有间隔者。纹饰有兽面纹、人面纹和人兽组合纹。

从造型上看，长江流域、东南地区和黄河中下游地区均多见方身有间隔型玉琮，仅黄河上游地区多见方身无间隔型玉琮，而圆身类玉琮主要集中分布于长江下游、黄河中下游地区。

玉琮器形奇特，无法从现实生活中找到其母体。尤其是良渚文化玉琮选材精，用料大，制作技术高，且纹饰均为兽面纹、人面纹和人兽组合纹。

从反山12号墓出土者观察，纹饰均可分成上、下两个层次。第一层次即头戴羽冠、面佩倒梯形脸面具，双臂自肘部向里折，十指平伸，拇指上翘。第二层次即为嘴露獠牙的蹲踞状兽。羽冠，包括脸

1 中国社会科学院考古研究所：《师赵村与西山坪》，北京：中国大百科全书出版社，1999年。

2 中国社会科学院考古研究所：《青海民和喇家史前遗址的发掘》，《考古》2002年第7期，第3—5页；中国社会科学院考古研究所甘青工作队、青海省文物考古研究所：《青海民和县喇家遗址2000年发掘简报》，《考古》2002年第12期，第12—25页。

3 安特生著，乐森寻译：《甘肃考古记》，农商地质调查所印行，1925年。

4 中国社会科学院考古研究所山西工作队、临汾地区文化局：《1978—1980年山西襄汾陶寺墓地墓地发掘简报》，《考古》1983年第1期，第30—42页；中国社会科学院考古研究所山西工作队、临汾地区文化局：《山西襄汾县陶寺遗址发掘简报》，《考古》1980年第1期，第18—31页；中国社会科学院考古研究所山西队、山西临汾行署文化局：《山西襄汾县陶寺遗址Ⅱ区居住址1999—2000年发掘简报》，《考古》2003年第3期，第195—209页。

5 山西省考古研究所、山西运城市文物局、芮城县文物旅游局：《山西芮城清凉寺史前墓地》，《考古学报》2011年第4期，第525—560页；《山西芮城清凉寺新石器时代墓地》，《文物》2006年第3期，第4—16页。

6 西北大学历史系考古专业77级实习队：《陕西华县梓里村发掘收获》，《西北大学学报（哲社科版）》1982年第3期，第94—99页。

7 陕西省考古研究所：《陕西神木新华遗址1999年发掘简报》，《考古与文物》2002年第1期，第3—12页。

8 戴应新：《陕西神木县石峁龙山文化遗址调查》，《考古》1977年第3期，第154—157、172页。

9 姬乃军：《延安市发现的古代玉器》，《文物》1984年第2期，第84—88页。

10 黄建秋：《良渚文化分布区以外的史前玉琮研究》，浙江省文物考古研究所《综合良渚遗址发现七十周年学成研讨会文集》，北京：科学出版社，2006年，第123—140页。

11 南京博物院：《花厅——新石器时代墓地发掘报告》，北京：文物出版社，2003年。

12 南京博物院：《江苏新沂县三里墩古文化遗址第二次发掘简介》，《考古》1960年第7期，第20—23页；蒋缵初：《江苏新沂县三里墩试掘记》，《考古通讯》1958年第1期，第7—11页。

13 罗勋章：《五莲县丹土村新石器时代遗址》，《中国考古学年鉴（1996）》，北京：文物出版社，1998年，第156页；刘延常：《五莲县丹土新石器时代遗址》，《中国考古学年鉴（1997）》，北京：文物出版社，1999年，第154页。

部、人兽目、鼻嘴部位均以浅浮雕表现，其余均以阴线刻划，这种以浅浮雕方式突出的表达方法与琮节上的神人兽面纹的那种表达方法是一致的。实际上就是神人驾驭兽的图像，和濮阳西水坡蚌壳堆塑的意义，亦即龙的信仰完全一致，只是出现了新的载体——玉琮。所以玉琮的本质与龙的崇拜是一致的。

## 四、祭祀遗址

### （一）良渚文化祭坛

良渚文化的祭坛以余杭瑶山[1]、余杭汇观山[2]和海宁大坟墩[3]最为典型。

瑶山祭坛建于距地表高约20米的瑶山山顶，面积约400平方米。由里外三重组成。最里面一重偏于东部，是一座红土台，平面略呈方形，东壁长7.6米，北壁长5.9米，西壁长约7.7米，南壁长约6.2米。现存的红土台上未见夯筑或其他遗迹。第二重为灰色土，在红土台四周挖凿65—85厘米深的围沟，边壁与底边平直方正，极易剥剔。围沟内填灰色斑土，与红土台形成鲜明的对比。围沟填土疏松，未见任何遗物。围沟宽约1.70—2.1米。在第二重灰土围沟的西、北、南三面，分别为宽5.7米、3.1米、4米的黄褐色斑土筑成的土台，台面上散见较多的砾石，推测土台原铺砾石台面。灰土围沟以东即为自然山土。南部的台面由于垦殖已遭破坏，仅残存高约20厘米的土坎。砾石台面西、北边缘各发现一道由砾石叠砌的石埫。石埫叠筑整齐，呈斜坡状。西侧石埫残长11.30米，北侧石埫长10.6米，两道石埫呈直角相连，转角处垂直高度为0.90米。石埫侧面的土质护坡为褐色斑土，较为坚硬，但未见夯筑迹象。北面石埫护坡土中发现有夹砂陶缸残片、鱼鳍形鼎足、泥质灰陶片等遗物。石埫石缝中也发现相同的夹砂陶缸片。瑶山顶部没有发现生活垃圾或遗物。红土台、灰土围沟、砺石面等以及边壁平整，转角方正，布局规整，位于山顶之上。连围沟中的灰色填土也是特意从山外搬运来的。可以想见，这是一座经过精心设计、认真施工，具有特殊用途的建筑。

汇观山祭坛凿建于汇观山山顶，海拔22米。平面呈长方形，东西长约45米，南北宽约23米。祭坛北边中部有一段约10米长的石磡，护土补平此段原生山基的凹缺。台面中部偏西开凿一周方形闭合、宽2.2—2.5米的浅沟，填青灰色黏土，将平面分为内外三重。祭坛立面呈覆斗形，东西两端作阶梯状，高差约11.5米。两侧台地上各有两条南北向的小沟，宽约30厘米（图4-15）。

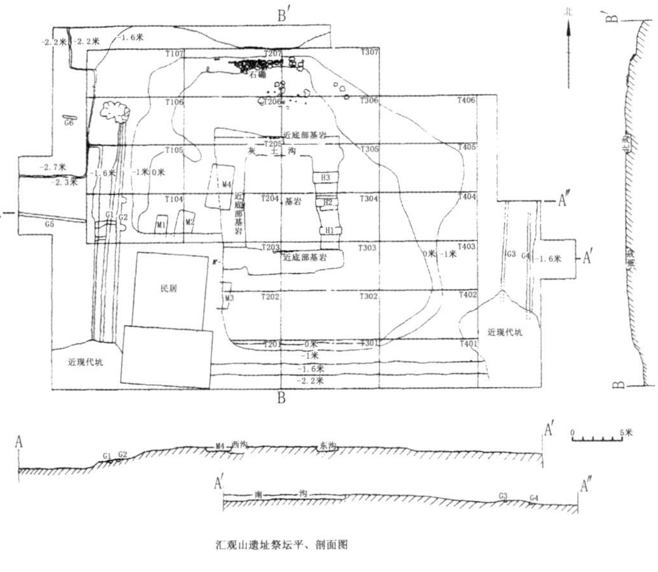


图4-15　瑶山遗址祭坛及墓葬

大坟墩祭坛面积约250平

1 浙江省文物考古研究所：《瑶山——良渚遗址群考古报告之一》，北京：文物出版社，2003年。

2 浙江省文物考古研究所、余杭市文物管理委员会：《浙江余杭汇观山良渚文化祭坛与墓地发掘简报》，《文物》1997年第7期，第4—19、97页；浙江省文物考古研究所：《良渚文化汇观山遗址第二次发掘简报》，《文物》2001年第12期，第36—40页。

3 浙江省文物考古研究所、海宁市博物馆：《海宁大坟墩遗址发掘简报》，载嘉兴市文化局编《崧泽、良渚文化在嘉兴》，杭州：浙江摄影出版社，2005年10月，第90—100页。

方米，以不同土色的纯净土堆筑成覆斗形土台，残高90厘米。平面呈方形，按土色可分四重，即中部为黄褐色黏土，第二重为灰褐土与黑黄花土，第三重为黄色粉土，外重为灰黄花土和黑黄花土，局部有红烧土堆积。从剖面观察，各重土由内而外朝里斜覆。祭坛周围有草木灰遗存。

类似大坟墩的土筑祭坛还有余杭卢村、昆山赵陵山、常州寺墩等地发现。

余杭卢村祭坛[1]分早晚两期。早期祭坛建于生土之上，东西长8米，南北宽5米，用纯黄土筑成高约1.9米的覆斗形方台。晚期祭坛利用早期祭坛，然后向东向北扩大面积，形成东西长约50米、南北宽约20米、高约2米的长方形土台。晚期祭坛的平面分两重，外重为紫砂土，内重以黄土为主，另见有黑土、灰土等色块。

昆山赵陵山祭坛[2]的土台以纯净的五花土堆筑而成，平面呈方形，东西长约60米，南北宽约50米，高约4米。土台南部有大面积的红烧土堆积，祭坛的平面布局与内部结构还有待进一步揭示。

常州寺墩祭坛[3]现存东西长100米、南北宽80米、高约20米的人工熟土高台。由于土墩大部被毁，墩内未发现墓葬，发掘者推测其为一方形祭坛。



上述祭坛平面呈方形并表现内外色差，立面作覆斗形，显得高大雄伟，且易接近所供奉的神祇。按照构筑方式的不同，良渚文化祭坛分为两类，即依山式和起地式。瑶山祭坛与汇观山祭坛为依山式祭坛，它们凿建或堆建于自然山顶，平面呈方形，并以灰沟分隔出内外三重。其中的灰沟很耐人寻味。祭坛立面的顶部呈覆斗形，基部作阶梯状。无论从平面布局或立面构思，它们都称得上良渚时期成熟祭坛的规范模式。它们分别位于莫角山这一大型聚落中心址的西北和东北，依山显势，无疑是当时最高规格的祭坛。

大坟墩[4]代表了另一类土筑祭坛。它们取纯净的不同土质土色的土，在平地或低矮的遗址上，以单色或花色堆成覆斗形，平面上有目的地区分色块以示不同的寓意。在使用过程中往往留下红烧土或草木灰等宗教活动后的遗存。这类祭坛数量较多，分布较广，规模较小，当为一般性的宗教性活动场所。这些土筑祭坛的堆土较纯净，含遗物极少，堆土结实，虽然未直接发现夯具痕迹，但不排除经过平头夯具夯打的可能性；同时采用单色土和花色土，平面上讲求一定的布局和颜色；堆土一般由内而外斜覆。

在福泉山[5]中部揭示的阶梯状"燎祭"遗存，可能是良渚文化中的另一类祭坛。祭坛自北而南，自上而下共有三个台地，每级高差34—44厘米。各层中间平整，周围散乱地堆放着经过切割的土块。整个坛面和土块都被大火烧过，且每一层面都撒有蚧壳屑。南北长3米，东西宽2米。发掘者认为这是大型燎祭活动的场所。

### （二）三里河等遗址的墓祭遗迹

在三里河遗址[6]龙山时代的地层中还发现了两座与墓葬有关的遗迹，推测其功能可能与当时的埋葬习惯有关，可能是对死者的某种仪式的活动场所，所以先归入此类。

河卵石铺成的长方形遗迹位于T101的东北部、M102的西北侧，长0.9米、宽0.6米，相当规整，使用的河卵石块大小也比较均匀，共有二十多块。在这遗迹的西南约1.0米、M102之西约0.7米处，有一

1 刘斌：《余杭卢村遗址的发掘及其聚落考察》，浙江省文物考古研究所：《浙江省文物考古研究所学刊（3）》，北京：长征出版社，1997年，第113—119页。

2 南京博物院：《赵陵山——1990—1995年发掘报告》，北京：文物出版社，2012年。

3 南京博物院：《1982年江苏常州武进寺墩遗址的发掘》，《考古》1984年第2期，第109—129页；《江苏武进寺墩遗址的试掘》，《考古》1981年第3期，第193—200页。

4 浙江省文物考古研究所、海宁市博物馆：《海宁大坟墩遗址发掘简报》，嘉兴市文化局《崧泽、良渚文化在嘉兴》，杭州：浙江摄影出版社，2005年，第90—100页。

5 上海市文物保管委员会：《上海青浦福泉山良渚文化墓地》，《文物》1986年第10期，第1—25页。

6 中国社会科学院考古研究所：《胶县三里河》，北京：文物出版社，1988年。

具完整的狗骨架。狗骨架下，整齐地平铺着黑陶片七片，看来这具狗骨架是有意识放置的。从这种迹象分析，M102与狗骨架、长方形河卵石遗迹三者有关，可能是作为特殊活动的一个场所。

河卵石铺成的圆坑遗迹位于T106的南壁下。圆坑的底部先垫上一层厚3厘米的加工硬黄土，再在其上和坑壁施加一层灰白色的硬土，厚4—10厘米，最后在坑底铺上河卵石块。原石坑的外径为1.2米，内径0.85米，深0.19米。在这一遗迹的北偏西约一米处，有M106，其东北有M115、M112和M119。以此推测，此遗迹应与这些墓葬有关，是一处举行特殊活动的场所。

在民和阳山墓地[1]发现了12座圆形土坑，其形状绝大多数都是正圆形，大部分坑内有牛、羊等家畜和野兽骨骼，有些坑内还有碎陶片和许多大小不一的石块以及火烧过的痕迹。从坑的形状及坑中物品的内容看，它们既不是原始建筑的残留痕迹，也不是为葬人所挖的墓穴，而是一种原始祭祀活动的遗存。圆形祭祀坑比较集中地分布于墓地的西南角，与墓葬相互交错。圆形祭祀坑的大小、深浅不尽一致，最大的H6直径为1.46米、最小的H102直径为0.86米，最深的H125坑底与坑口的距离为1.14米、最浅的H133坑底距坑口0.14米。根据圆形祭祀坑内的物品，可大致分为四种情况：坑内有碎陶片及火烧痕迹的，坑内有家畜、野兽骨骼和石块的，坑内陶片、石块、家畜骨骼俱全的和坑内无任何物品的。

发掘者之所以会认定圆形土坑是作为祭祀之用，主要依据有四点。其一以上圆形土坑内陶片破损严重，陶片又十分碎小，以致难以复原，而在墓葬中的器物则相对较完整，即使有破损现象也不像圆形坑那样杂乱铺陈，可见圆形坑内的陶片破碎至此，非年代久远保存欠佳所致，而是人们有意识打碎的。同时，在圆形祭祀坑内只见家畜野兽骨骼而不见人骨，显然这些土坑应是祭祀坑而非墓葬。

除上述明显的祭祀坑之外，在广东曲江石峡[2]史前墓地中，火烧穴较为普遍，坑内有残存的骨骼和陶片，填土中夹杂木炭和烧土块等。上海青浦福泉山良渚文化墓地[3]，部分墓葬上有燔烧痕迹。有的墓坑上堆置土块，连同地表均经火烧；有的在墓顶或墓外一端挖长方形小坑堆土燔烧，并撒有介壳屑。上述遗迹均分布于墓地中，显然与祭奠亡灵有关，应是一种质朴的祭祖仪式。它是借助烟火把祭品奉献给亡灵，亡灵嗅到烟气，便会领受祭品。

### （三）奠基遗迹

登封王城岗[4]（龙山时代）城址中发现有许多奠基坑，是被压在夯土建筑基址下面具有特殊重要意义的一种遗迹。在这种坑内的夯土层之间或夯土层底部下面，多填埋有成年人和儿童的完整人骨架或被解肢的人头骨、肢骨与盆骨。这些人骨架和人骨被填埋在坚硬的夯土层中，很可能与当时对重要建筑用人作为奠基有关。即这些夯土坑应为奠基坑。发掘出的13个奠基坑中，初步确定的人骨架有17具，其中每个奠基坑内填埋完整人骨架的数量，多者7具，少者只有1具。如1号坑，圆形袋状，坑内已发掘的部分由下到上残存20层夯土，在偏下的基层夯土之间，已清理出成年、青年和儿童人骨架7具。这些完整的人骨架是从坑底向上的第三层夯土面上开始填埋。

在古城东关庙底沟二期[5]文化的少数遗迹中出土较完整的兽骨架，如晚期一个袋状坑（ⅢH63）底部发现一个完整的猪骨架，中期一座房子（ⅠF4）底部，在红烧土面上侧卧着一只完整的狗骨架，四肢弯曲并聚集在一起，似乎是被人捆绑之后埋入的，这种现象在东关遗址比较罕见。不能代表某种特殊的含义，与原始宗教有关。

---

1 青海省文物考古研究所：《民和阳山》，北京：文物出版社，1990年。

2 广东省博物馆、曲江县文化局：《广东曲江石峡墓葬发掘简报》，《文物》1978年第7期，第1—15页。

3 上海市文物保管委员会：《上海青浦福泉山良渚文化墓地》，《文物》1986年第10期，第1—25页。

4 河南省文物研究所、中国历史博物馆考古部：《登封王城岗与阳城》，北京：文物出版社，1992年；《登封王城岗遗址的发掘》，《文物》1983年第3期，第8—20页。

5 中国历史博物馆考古部、陕西省考古研究所、垣曲县博物馆：《垣曲古城东关》，北京：科学出版社，2001年；《1982—1984年山西垣曲古城东关遗址发掘简报》，《文物》1986年第6期，第27—40、75页。

在河南汤阴白营龙山时代遗存中发现了很多大蚌壳堆，有13堆，多为长30厘米以上的大蚌壳，有的五六片一摞放在墙基内或居住面下的填土中，如F6一摞6片侧放在门道北侧的墙基中，另一摞侧放在墙基的北面，蚌壳长33厘米。F1两摞各五片侧放在门道东、西两侧的墙壁内，F36三摞各5片侧放在居住面下的填土中。F37东北角的两摞平放着20片。这些蚌壳堆可能与奠基过程中的原始宗教活动有关[1]。

## （四）鹿台岗遗址自然崇拜遗迹

河南杞县鹿台岗遗址的龙山时代遗存中发现有自然崇拜遗迹两处[2]。

Ⅰ号遗迹位于发掘区的T6、T7内，距地表深约2米，被龙山时代的房子F6所叠压，北部被一些晚期灰坑所打破。该遗迹高出当时的周围地面约1米，是一内墙呈圆形、外墙为方形、外室包围内室的特殊建筑，内墙直径4.7米，墙宽0.2米，在其西面、南面各设有门道。圆室内有一呈东西一南北向的十字形通道，宽约0.6米，土质坚硬，土色为花黄土，与房内地面呈灰褐色土迥然不同。此外，十字形通道的交叉点附近有一柱洞，西门一侧也有柱洞。外墙略呈圆角方形，墙宽0.2米，仅存东、西、南三面墙，北墙已被后期灰坑破坏掉一部分，而东、西、北墙的一部分可能压在现存大树及校舍下面。已发掘部分，南墙6.5米，东墙残长4.15米，西墙残长3.7米。在其西墙和南墙中部亦各有一缺口。由于外室西墙缺口恰与内室西门及十字形通道的西端呈直线相通，且三者宽度相同；外室南墙缺口又与内室南门及十字形通道南端在一直线上，且三者宽度也相同；还由于内室和外室的中心点亦相同，固知内、外室及十字形通道应属于同一时期的建筑。



Ⅱ号遗迹位于Ⅰ号遗迹东北约33米处的T25、T26内，其北部西南部分别被后期房子和灰坑部分打破。该遗迹由11个圆形土墩组成。其中部为一大圆墩，直径约为1.48米，深0.4米。在其周围均匀分布有10个直径0.60—0.65米、深0.4—0.5米的小圆墩。10个小圆墩形成一个大圆圈，最大径4.4—4.5米。这些圆墩的建造方法，均为先挖圆坑，再在坑壁上涂抹一层黄褐色的草拌泥，厚约10—20厘米。然后往坑内回填纯黄土，层层夯打高出地面，一般有4—5个夯层。整个遗迹不见柱洞、墙基、烧土面等居住遗迹，只在东南部圆墩外侧约1.5米的范围内发现有一厚约2厘米的烧灰。另在西南部圆墩外侧约2米处，发现一与Ⅱ号遗迹时代相同的长方形房基F16。此房南北长2.25米，东西宽2米，四周有墙，墙之西南角有柱洞，北墙西端有一宽0.60米的门道，正对着Ⅱ号遗迹，二者应有一定的关系。

## （五）东下冯等遗址的祭祀坑遗迹

山西夏县东下冯龙山时代遗址[3]H231距坑口深1.4米处有狗骨架一具，在深1.8米处有羊骨架一具，在深2米处有羊头和零散的羊肢骨，在深2.1米处有猪骨架一具。其中羊骨架呈挣扎状。H205，由于部分压在横梁内，未挖完，坑内上下两处有狗骨架各一具。H22的坑底南部有羊骨架一具，前后腿有捆绑痕迹，在羊腹部有小羔羊遗骨，看来这只母羊是被活埋的。由此推断这些灰坑内的猪、羊、狗的埋葬肯定与当时的宗教活动有一定的关系。

在胶县三里河H126近底部发现一头成年猪，骨架比较完整，只是臀部以下被H127破坏。头向北稍偏西，前后脚在一起，似捆缚状。头部稍高，腰部稍低，相差约15厘米[4]。

---

1 安阳地区文物管理委员会：《河南汤阴白营龙山文化遗址》，《考古》1980年第3期，第193—202页；河南省安阳地区文物管理委员会：《汤阴白营河南龙山文化村落遗址发掘报告》，《考古学集刊》3，北京：中国社会科学出版社，1983年，第1—47页。

2 郑州大学考古专业、开封市文物工作队、杞县文物管理所：《河南杞县鹿台岗遗址发掘简报》，《考古》1994年第8期，第673—682页；匡瑜、张国硕：《鹿台岗遗址自然崇拜遗迹的初步研究》，《华夏考古》1994年第3期，第68—71页。

3 中国社会科学院考古研究所、中国历史博物馆、山西省文物工作委员会东下冯考古队：《山西夏县东下冯龙山文化遗址》，《考古学报》1983年第1期，第55—92页。

4 中国社会科学院考古研究所：《胶县三里河》，北京：文物出版社，1988年。

华县梓里村龙山时代灰坑中发现完整牛骨架一具。牛头向西南，面向北，背向南，尾向南，四肢屈置，牛作屈首侧卧状，似水牛。从牛骨架出土情况看，可能是将牛尸体埋于废弃的窖穴中，然后逐步埋没的。这种埋葬完整牛骨架的现象，可能与某种宗教仪式有关[1]。

神木新华遗址发现祭祀坑1座，该坑平面呈长方形，两短边外凸呈弧状，两长边略向内凹。东西长1.4米，南北宽0.46—0.5米，深0.12—0.22米。坑壁未经进一步加工，显得较为粗糙，坑底平整光滑，中央有一个小坑，圆形圜底，直径0.18米，深0.05米。坑内埋藏有36件玉石器，竖直侧立插入土中，有刃部的器物朝下埋入土中，无刃部者薄面朝下。36件玉石器分六排排列，每排插置器物数量不等，多者10件，少者仅2件。器物与器物之间基本保持平行。器形有钺、铲、刀、玦、璜等[2]。

## 第七节　新石器时代末期的服饰

### 一、服装

#### （一）织物及其痕迹

纺织业在新石器时代末期有了较大的发展。考古发现的这一时期的织物及其痕迹的实物，不仅数量较多，还表现出了相当的进步性。

良渚文化钱山漾遗址出土不少丝麻制品。探坑22出土的麻织品有麻布残片、丝麻绳，丝织品有绢片、丝带、丝线等。大部分都保存在一个竹筐里。此外，探坑12和14里也有少许麻布残片出土。这些丝麻织品除一小块绢片外，全部炭化，但仍保有一定韧性，手指触及尚不致断裂。一部分标本经过了浙江省纺织科学研究所鉴定，残绢片长2.4厘米，宽1厘米，细丝带已经揉作一团，无法正确量定长短，宽约0.5厘米。绢片系平纹织法，经纬线粗细均匀，每平方厘米48根，十分细密。其麻布片为苎麻织品，经纬线的密度，经鉴定每平方寸有40根和60根，还有经线78根和纬线50根的，几乎可与现代细麻布相媲美。丝绸经密134根/寸，纬密122根/寸，也已达到很高水平，经鉴定为家养蚕丝原料织造[3]。

反山墓葬中很多迹象提供了丝织品的线索，如那些孔眼细小或背面有隧孔的各类玉管珠和饰件，是与丝织品这类软织物穿缀的[4]。

黄河中游的襄汾陶寺墓地一些墓葬内常见有麻类编织物殓尸的现象，有的因包扎过紧致使骨架耸肩交臂，双腿并拢。比如，在M1650的棺底板上发现有麻类编结物一层，厚约1厘米，骨架平置在编结物上，骨架周身裹以平纹织物，头部与上身白色，下身灰色，足部橙黄色。编织物外遍撒朱砂一层，厚约0.5厘米，骨架上覆盖麻类编织物，反复折叠成10—12层，直至棺口盖板。棺盖上覆麻类编织物一层，厚0.4厘米，两侧垂至棺底。其外，还发现了束棺的麻绳。在M3296中发现一件铜器，铜器外面有很清晰的布纹痕迹，可能在埋葬的时候包裹有丝麻织物[5]。

龙山文化陶器的器底经常可见布纹，姚官庄遗址出土布纹每平方厘米经纬线10—11根[6]，比大汶口文化器底布纹紧密，虽无法与良渚文化者相比，但铺垫于陶器底部的麻布一般而言不会是纺织的精品，并不能代表龙山文化的纺织水平。

---

1 西北大学历史系考古专业77级实习队：《陕西华县梓里村发掘收获》，《西北大学学报（哲社科版）》1982年第3期，第94—99页。

2 陕西省考古研究所：《陕西神木新华遗址1999年发掘简报》，《考古与文物》2002年第1期，第3—12页。

3 浙江省文物管理委员：《吴兴钱山漾遗址第一、二次发掘报告》，《考古学报》1960年第2期，第73—91页。

4 浙江省文物考古研究所：《反山——良渚遗址群考古报告之二》，北京：文物出版社，2005年。

5 中国社会科学院考古研究所山西工作队、临汾地区文化局：《山西襄汾陶寺遗址首次发现铜器》，《考古》1984年第12期，第1069—1071页。

6 山东省文物考古研究所：《山东姚官庄遗址发掘报告》，《文物资料丛刊》5，北京：文物出版社，1981年，第1—83页。

## （二）纺织工具与技术

### 纺轮

新石器时代末期各文化中均出土了较大量的纺织工具——纺轮。比如在青海柳湾墓地半山类型墓葬中就发现用于随葬的纺轮102件之多，其中33件石质，69件陶质。马厂类型的墓葬中发现了用于纺织和缝纫用的工具有纺轮、针和锥等，其中石质纺轮29件，陶纺轮193件[1]。辽东半岛的小珠山上层文化大连郭家村遗址出土纺织缝纫工具共231件，包括石纺轮7件、陶纺轮102件、骨锥41件、骨针59件、石锥21件、陶锥2件。这说明当时人们的手工业生产已经达到了一定的水平，纺织缝纫技术已经很普遍[2]。长江中游的肖家屋脊遗址仅石家河文化早期遗存中就发现陶质纺轮514件，绝大多数完整，形式多样，有大小、厚薄、素面及彩绘之分。其中素面504件，彩绘纺轮10件，胎色有橙黄、红、灰白等，一面饰黑彩或红彩，周边均涂红彩[3]。在山东龙山文化中，发现的纺轮数量、质量乃至形式的多样化程度，都是之前的大汶口文化无以比拟的。如尚庄遗址的大汶口文化层仅出土纺轮2件，龙山文化层则出土42件[4]；鲁家口遗址大汶口文化层出土纺轮2件[5]，尹家城遗址出土了132件[6]。这反映了纺织业的发展较大汶口文化时期更为普遍。纺轮形制趋于多样化和薄小，说明当时的纺织技艺也更加成熟。龙山文化纺轮以陶质为主，石纺轮很少，大多数轻巧、精致，形制以底面平、表面中部微凸的扁薄纺轮为主。纺轮的轻巧化，反映了所纺之线的纤细。良渚文化反山遗址M23出土了玉纺轮、玉捻杆[7]，足见古人对于纺织的重视程度。



### 织机

这一时期的织机构件发现于良渚文化的反山墓地。反山M23是一座墓主可能为女性的大墓，所谓的织机部件是6件镶插端饰，可分为3对，两头各3件，一对一应配套，相迭在同一位置，连接镶插的木把已经腐朽不存，相距约35厘米，原报告分别自上而下地描述如下。M23:151—152，青玉质，每件又由2块拼合而成，拼合处错缝相扣，断面为椭圆形，但断面大小却有不同，靠内侧处较小，外侧处大。外侧中部琢成长方形小凹缺，内侧两块各一个小圆卯眼，以供插入木榫。通高2.9厘米，内宽2.5厘米，外宽4.3厘米。M23:153—154，黄玉质。玉器如舌，内侧厚而直，外侧呈圆弧形并匀薄，两件内侧各钻有一个较深的小圆卯眼，但其中一件在小圆卯眼的边上还有一个更小更浅的孔，可能起着固定的作用。通高3.1厘米，宽3厘米。M23:155—156，青玉质，断面基本呈长方形，但一面略为弧凸，另一面则平直，两件的内侧各钻有2个小圆卯眼。通高2厘米，宽4.3厘米。发掘者认为这三对镶插端饰加工均较精细，外形虽不同，但相迭在一处，间距一致，其用途应是相同的。可能是纺织器具，似分别是卷布轴、机刀[8]。据研究，这套织机部件大致与河姆渡遗址发现的木质织机部件的长度相近，其分经杆长34厘米，但是并列的双杆，比河姆渡的进步。卷布轴为两片错缝夹片组成，机刀亦很轻巧，表明织物经纬相当纤细，可能与纤维较粗的麻葛类织机有别，应该是丝织专用织机。但该织机缺乏分经杆装置，说明尽管良渚人的纺织业已经相当发达，但他们使用的织具和采用的织造方法可能仍然具有相当的原始性（图4-16）。

1 青海省文物管理处考古队、中国社会科学院考古研究所：《青海柳湾·乐都柳湾原始社会墓地》，北京：文物出版社，1984年。

2 辽宁省博物馆、旅顺博物馆：《大连市郭家村新石器时代遗址》，《考古学报》1984年第3期，第287—329页。

3 湖北省荆州博物馆等：《肖家屋脊——天门石家河考古发掘报告之一》，北京：文物出版社，1999年。

4 山东省文物考古研究所：《茌平尚庄新石器时代遗址》，《考古学报》1985年第4期，第465—505页。

5 中国社会科学院考古研究所山东工作队、山东省潍坊地区艺术馆：《潍县鲁家口新石器时代遗址》，《考古学报》1985年第7期，第313—351页。

6 山东大学历史系考古教研室：《泗水尹家城》，北京：文物出版社，1990年。

7 浙江省文物考古研究所：《反山——良渚遗址群考古报告之二》，北京：文物出版社，2005年。

8 浙江省文物考古研究所：《反山——良渚遗址群考古报告之二》，北京：文物出版社，2005年。

## （三）服装式样

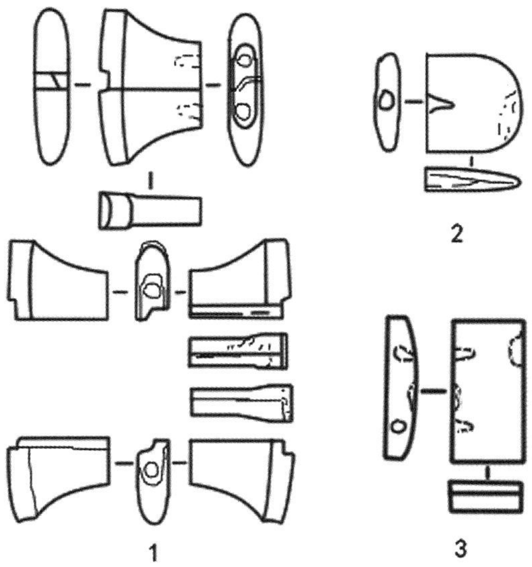

图 4-16　反山遗址 M23 出土织机玉端饰

新石器时代末期出土了一些彩陶或玉雕人像，为了解当时的服装式样提供了宝贵的线索。

大通上孙家寨遗址出土一件舞蹈纹彩陶盆，口径29厘米、腹径28厘米、底径10厘米、高14厘米。敛口，卷唇，鼓腹，唇及内外壁均有彩。其中内彩是在内壁最大处绘四道平行带纹，紧接口沿处又有一圈带纹。上下两组带纹之间有舞蹈形画面三组，每组五人，手拉手，整个画面人物突出，神态逼真，用实线条表现，笔法流畅划一，重在写实。舞者面向一致，头侧各有一斜道，似裹巾布或为发辫，摆向一致。每组外侧两人的一臂画为两道，似反映空着的两臂舞蹈动作较大而频繁之意。人下体三道，接地面的两竖道为两腿，下腹体侧的一道似为饰物，有人认为是悬挂一条兽尾，模仿被猎兽类形象庆祝丰收。舞者身穿襦衣[1]。

同德宗日遗址也出土一件舞蹈纹彩陶盆，口径26.4厘米、腹径26、底径5.2厘米、高12.3厘米，折沿，微敛口，平底。盆内彩绘两组舞蹈人像，分别为11人和13人，中以圆点弧线间隔。衣服下部呈圆形，有人认为是圆鼓式的裙子[2]。

长江中游的石家河文化肖家屋脊遗址中发现了大量的玉器，其中人头像共7件，这些人头像大部分都头戴冠饰，头两侧上方有弯角形装饰。其所戴冠饰有浅冠形的；有箍形冠，箍在脑后打结；有戴尖冠的，冠上有抓钉状纹饰，冠后有披，直拖后颈下。仅仅7件玉人头像就有三种冠饰，说明当时的人们的服饰已经丰富多样了，连服饰之外的配饰都各不相同。这从一个侧面反映了当时先民的纺织缝纫技术水平及艺术欣赏和对美的追求[3]。

长江三角洲的良渚文化居民，是个盛行戴冠的民族，或者至少说他们的权贵阶层是戴冠的。良渚文化琮等玉器上的“神人兽面”像有冠，墓主头部位置出土有玉冠饰。从神人像上看，这种冠很宽大，后面有横置的长方状、顶带尖的硬物作衬底，前面装饰羽毛，这种“羽冠”只出现在“神人兽面”像中，推测是良渚人赋予神的一种威严豪华的想象中的冠，可能并不是他们的实用冠。

良渚人不仅用丝麻织物裁制服装，可能还有皮革、皮裘服装。在“神人兽面”像上，可以观察到神人的冠内贴头脸部分似有兽皮做的“风”字形帽，这种表示帽的花纹与神人身躯四肢上及兽面上的“卷云纹”相似，似可理解为对兽毛或兽皮斑纹的模画，因此有人推测可能是兽皮帽。

良渚人在服装上还缀饰各种装饰品。常见的有新月形玉饰，此外还有椭圆形、圆饼形、半管形及形似甲虫背者，个体均较小，素面无纹，通常背部平直且有用于系缀的隧孔，正面则稍凸。出土时常两两相对，成双伴出，起取后，平齐的背面可以吻合。在张陵山[4]、反山[5]、瑶山[6]等良渚大墓中还出土一

1 青海省文物管理处考古队：《青海大通县上孙家寨出土的舞蹈纹彩陶盆》，《文物》1978年3期，第48—49页。

2 宗日遗址发掘队：《青海宗日遗址有重要发现》，《中国文物报》1995年9月24日。

3 湖北省荆州博物馆、湖北省文物考古研究所、北京大学考古学系石家河考古队：《肖家屋脊——天门石家河考古发掘报告之一》，北京：文物出版社，1999年。

4 南京博物院、甪直保圣寺文物保管所：《江苏吴县张陵山东山遗址》，《文物》1986年第10期，第2—36页。

5 浙江省文物考古研究所：《反山——良渚遗址群考古报告之二》，北京：文物出版社，2005年。

6 浙江省文物考古研究所：《瑶山——良渚遗址群考古报告之一》，北京：文物出版社，2003年。

些小的玉质圆雕动物形象，如玉蛙、玉鸟、三鱼、玉鳖、玉蝉，以玉鸟为多。只雕出动物的整体形象，极少细部刻划。这些小圆雕雕琢虽简单，形象却生动逼真。或在其背后钻有隧孔，或在其边缘钻有穿孔，应是服装上的缀饰或佩饰。

浙江宁波市慈城的慈湖遗址，曾出土有两只木屐，均为左脚穿用。一只前宽后窄，底部平整，底有五个小孔，前头部一孔磨损成半月形，后端两组四孔间距较近，两孔间挖有凹槽，槽宽和孔径相同，均为1厘米，木屐长21.2厘米，头宽8.4厘米，跟宽7.4厘米，推测木屐是用绳子穿过小孔嵌于槽内和足面系牢的。另一只木屐，前宽后窄，前圆后方，底部六孔，其中前头部一孔磨损成半月形，后端两组四孔间距较近，两孔间挖凹槽，槽宽和孔径均为1厘米，木屐的两侧略为凸隆，槽截面呈“凹”字状，长24厘米、前宽11厘米、跟宽7厘米[1]。

良渚时期可能也已有皮革或草编，甚至丝麻织物制的鞋，因为在一些墓主的脚端部位，有时会出土一种三角形玉牌饰，背面有隧孔，很可能是缝缀于鞋面上的一种装饰物。

有迹象表明，当时的衣帽上也缀缀有装饰物。朱封M202的980片绿松石片则发现在头部，这么大量的绿松石片位于头部不一定是头部装饰，也许是佩带在头部冠饰上的镶嵌物[2]。反山和瑶山墓地发现过很多的串饰分布在人体的周围，使人们对它真正的装饰作用发生怀疑，因为20多组玉石珠管构成的串饰过于沉重。但是如果详细分析这些串饰可以发现，除一部分真正是头部和颈部佩带的饰品外，一些串饰可能是带在头部冠饰上的装饰，一些是上衣肩部、腕臂部或袖口的镶嵌珠，一些分布在两股之间或脚部的串珠也应该与其下身衣服上的装饰有关。

## 二、装饰品

新石器时代末期的装饰品包括发饰、额饰、耳饰、项饰、佩饰、臂饰及手饰、腰饰等。

### （一）装饰品的种类

#### 发饰

**笄**　黄河上游地区出土有骨、石或陶笄。基本上都是圆锥状尾端成钉帽形或伞形或者是平顶。甘肃东乡林家发现13件骨笄帽，这种笄帽是骨笄尾端部的一种装饰，它与笄体分别制作然后接合在一起[3]。师赵村等地发现石笄或陶笄[4]。鸳鸯池出土的骨笄作圆锥形，骨帽表面粘上一层厚厚的黑色胶质物，胶质物上环嵌36颗白骨珠，顶端镶一颗有同心圆的骨片[5]。

在黄河中游地区的庙底沟遗址二期发现的骨笄都是长条形的，横剖面作圆形、椭圆形或扁平形，一端作尖状，顶端或平齐或尖状或做成钉头的帽状。白营遗址发现的骨笄尾端部刻有竹节纹、方格纹和带双角似动物头部的雕刻装饰[6]。在王城岗[7]、王湾[8]等遗址有尾端刻制成圆钉形、伞形和

---

1　浙江省文物考古研究所、宁波市文物考古研究所：《宁波慈湖遗址发掘简报》，《浙江省文物考古研究所学刊建所十周年纪念（1980—1990）》，1993年，第172—192页；俞为洁：《良渚人的人体装饰品及衣冠服饰初考》，载浙江省文物考古研究所《良渚文化研究——纪念良渚文化发现六十周年国际学术研讨会论文集》，北京：科学出版社，1999年。

2　中国社会科学院考古研究所山东工作队：《山东临朐朱封龙山文化墓葬》，《考古》1990年第7期，第587—594页。

3　甘肃省文物工作队、临夏回族自治州文化局、东乡族自治县文化馆：《甘肃东乡林家遗址发掘报告》，《考古学集刊》4，北京：中国社会科学出版社，1984年，第111—161页。

4　中国社会科学院考古研究所：《师赵村和西山坪》，北京：中国大百科全书出版社，1999年。

5　肃省博物馆文物工作队、武威地区文物普查队：《甘肃永昌鸳鸯池新石器时代墓地》，《考古学报》1982年第2期，第199—227页。

6　安阳地区文物管理委员会：《河南汤阴白营龙山文化遗址》，《考古》1980年第5期，第193—202页。

7　河南省文物研究所、中国历史博物馆考古部：《登封王城岗与阳城》，北京：文物出版社，1992年。

8　北京大学考古文博学院：《洛阳王湾》，北京：北京大学出版社，2002年；中国社会科学院考古研究所：《洛阳王湾遗址发掘简报》，《考古》1961年第4期，第175—178页。

三角形的骨笄。王城岗遗址还发现过1件玉笄呈扁平状，尾端平顶，笄身中部有一孔。在庙底沟和三里桥遗址发现有蚌笄，呈扁平状刮面菱形[1]。陶寺遗址出土的玉骨组合头笄具有特色。24座墓葬中共发现24组这样的头饰，一墓一组。出土时组件已经散落，每组现存饰件2—5件不等，其中10组曾镶嵌绿松石饰片，由十数枚到六十枚不等。具体可分三种型制：其一骨笄近上端斜穿在玉环中，在骨笄的顶端利用自然骨节或磨出凹槽或穿孔用以吊挂坠饰。其中笄与环交界处用漆或树脂类物质胶着固定，接近骨笄的顶端的一面镶嵌绿松石。其中一组包括玉饰3件，骨笄1件，玉笄1件，镶嵌绿松石27件。出土时骨笄尚穿在玉环中位于头颅右侧耳后，笄的尖端朝向颅顶，绿松石及弯角形坠散落在玉环下。另有一组玉笄刃端朝上斜置于颅顶。还有一组包括骨笄1件，玉饰3件。出土时骨笄尚穿在玉环内，位于颅顶右侧，坠饰2件散落在右肩部。其二是骨笄端头从下方穿入玉片的孔中，而穿孔玉片的上面另嵌入一件带孔的I形饰件，上、下两面堆积一定的厚度，起固定作用的胶状物并镶嵌多枚绿松石，用I形玉件上端的圆孔穿绳吊挂坠饰。其中一组包括骨笄1件，玉饰3件，绿松石嵌片60枚，出土时骨笄、半圆玉片及玉片连接在一起置于颅顶上方，交界处有胶着物质及残留的绿松石片30余枚。坠饰则横向残落在颅顶，另有10数枚绿松石在胶粘物上面，散落在头骨下方。其三特点是骨笄上端比中腰细，自下而上垂直穿过轮形饰片中部小孔，使笄与轮形饰固定在一起。其中一组包括骨笄、小璧形玉片及玉坠饰各一件。出土时3件均位于颅左侧，笄与轮形玉片尚套在一起。另一组包括骨笄、骨簪、纺轮形玉饰片及玉坠饰各1件，出土时骨簪压在颅下，骨笄、轮形饰片及坠饰落在左膑骨外侧。从墓葬分析，组合头饰在当时并不限供上层人士佩带，是作为女性头部装饰较为普遍的一种[2]。

龙山文化朱封大墓发现有玉、石笄。其中2件雕刻精美的玉笄，其尾端的两侧浮雕有3个人像[3]。

良渚文化中发观的众多锥形器中的一部分可能亦为玉笄，均出土于墓主人头骨上方。寺墩M3出的玉笄，笄干上下近直，下端呈尖状，顶端有榫[4]。

石家河文化遗址主要出玉石笄，在罗家柏岭[5]、肖家屋脊[6]、麻城栗山岗[7]和孙家岗遗址[8]等地都有发现，它们的形态可以区分为断面圆锥形、尾端素面平顶、尾端呈三角形或束腰形或有短铤和断面扁圆形，尾端有雕刻纹，有的雕刻竹节纹，有的雕刻鹰头，还有一些笄身部有圆孔。

在南方的石峡、昙石山发现的骨笄大约有三种形态。其断面均为圆锥形，但尾端有平顶的，有两头尖状和带短铤的，还有如云南大墩子[9]出土的笄柄部为圆环形的。在曲江石峡墓地[10]发现的骨笄，有些笄身饰刻划纹饰。

东北地区的遗址也多见有玉石笄出土者。笄的形状多圆锥形，细部有所区别。比如郭家村的石笄尾端呈半圆形[11]，小南山的玉笄则为扁长形[12]。

---

1 中国社会科学院考古研究所：《庙底沟与三里桥》，北京：科学出版社，1959年。

2 中国社会科学院考古研究所山西工作队，临汾地区文化局：《1978—1980年山西襄汾陶寺墓地发掘简报》，《考古》1983年第1期，第30—42页。

3 中国社会科学院考古研究所山东工作队：《山东临朐朱封龙山文化墓葬》，《考古》1990年第7期，第587—594页。

4 南京博物院：《1982年江苏常州武进寺墩遗址的发掘》，《考古》1984年第2期，第109—129页。

5 湖北省文物考古研究所、中国社会科学院考古研究所：《湖北石家河罗家柏岭新石器时代遗址》，《考古学报》1994年第2期，第191—229页。

6 湖北省荆州博物馆等编著：《肖家屋脊——天门石家河考古发掘报告之一》，北京：文物出版社，1999年。

7 武汉大学历史系考古研究室、黄冈地区博物馆、麻城市革命博物馆：《湖北麻城栗山岗新石器时代遗址》，《考古学报》1990年4期，第439—473页。

8 湖南省文物考古研究所、澧县文物管理处：《澧县孙佳岗新石器时代墓群发掘简报》，《文物》2000年第12期，第35—42页。

9 云南省博物馆：《云南大墩子新石器时代遗址发掘报告》，《考古学报》1977年第1期，第1—43页。

10 广东省博物馆、曲江县文化局：《广东曲江石峡墓葬发掘简报》，《文物》1978年第7期，第1—15页。

11 辽宁省博物馆、旅顺博物馆：《大连市郭家村新石器时代遗址》，《考古学报》1984年第3期，第287—329页。

12 黑龙江省博物馆：《黑龙江饶河小南山遗址试掘简报》，《考古》1972年第2期，第32—35页。

卡若文化遗址出土的骨笄，身细长，通体磨光，剖面呈圆形，上端雕成重叠的蘑菇状[1]。

**梳**　黄河中游的陶寺遗址出土有石梳和1件玉梳。其中玉梳均呈竖式，大约有11个短梳齿[2]。三里桥遗址出土的骨梳已残缺，尚保存有4个梳齿，遗有刻划的沟痕[3]。

良渚文化有梳是由两种材质合成的复合形制，玉石质的梳背不易腐朽，残存下来了，但是木竹类易腐朽的梳齿部分则早已荡然无存。良渚文化的玉质梳背多为倒梯形，器体扁平，下端割锯出一扁短榫头，榫头上钻有2—5个等距离的小孔，方便缚扎。大多是素面的，有些则装饰有以神人兽面像为主题的花纹。这种梳背上，可能还可以插饰羽毛，因为在其背面，大多有2个贯孔的扁凸方块，如江苏吴县草鞋山出土的1件即是如此[4]。

在南方也偶见梳，海南鱿鱼岗遗址就出土有一件骨梳[5]。

**束发器**　束发器主要见于黄河流域。案板遗址发现有陶质束发器[6]；黄河下游的龙山文化在野店[7]、姚官庄[8]等墓地发现有牙质束发器。

**冠形饰**　东部地区的黄河或长江下游都有冠形饰存在。朱封墓地发现有1件玉冠形饰[9]。良渚文化的三叉形冠饰出土时均发现于墓主的头骨上方。三叉形器下端圆弧，上端有三叉，有的中叉上有一上下贯通的小孔。中叉上方有些另有一根长玉管，有的三叉形器背面有三个钻有竖孔的方突，或在两侧叉上各钻横孔。推测其可能是用于穿插组装的某种头饰。约有半数的三叉形冠饰琢有精致的神人兽面图像，有的正反两面都有纤细的雕刻。



## 额饰

**串饰**　马家窑文化柳湾墓地有绿松石珠穿串成的串饰佩带在死者的头部。如M607[10]，绿松石串珠分别出土于人骨的头部与腰部，在头部的应为额饰。

**半圆形饰**　良渚文化半圆形额饰每套4件以大致相等的间距围成一圈散落在墓主头端。器呈半圆形，底边平直，正面微弧凸，半圆边缘略薄，其背面相应内弧凹，斜向对钻出1—3对孔可用于穿缀。推测这种半圆形额饰可能是以4件一组缝缀在皮革或织物带围成一圈，缠饰在额头。

## 耳饰

**耳坠**　黄河上游地区耳部装饰品主要是耳坠，目前在东乡林家[11]、师赵村[12]、地巴坪[13]等地都发现有玉石质、蚌质和骨牙质耳坠，以玉石质最多，其形状以长方形和上小下大的梯形为普遍。广河地巴坪遗址出土石耳饰2件，均为绿松石制成，呈片状，一端有孔，一面磨平，一面不磨。甘肃景泰张家台墓

1 西藏自治区文物管理委员会、西川大学历史系：《昌都卡若》，北京：文物出版社，1985年。

2 中国社会科学院考古研究所山西工作队，临汾地区文化局：《1978—1980年山西襄汾陶寺墓地发掘简报》，《考古》1983年第1期，第30—42页。

3 中国社会科学院考古研究所：《庙底沟与三里桥》，北京：科学出版社，1959年。

4 南京博物院：《江苏吴县草鞋山遗址》，《文物资料丛刊》3，北京：文物出版社，1980年，第1—24页。

5 广东省文物考古研究所、北京大学考古实习队：《广东南海市鱿鱼岗贝丘遗址的发掘》，《考古》1997年第6期，第65—76页。

6 西北大学文博学院考古专业：《扶风案板遗址发掘报告》，北京：科学出版社，2000年。

7 山东省博物馆、山东省文物考古研究所：《邹县野店》，北京：文物出版社，1985年。

8 山东省文物考古研究所：《山东姚官庄遗址发掘报告》，《文物资料丛刊》5，北京：文物出版社，1981年，第1—83页。

9 中国社会科学院考古研究所山东工作队：《山东临朐朱封龙山文化墓葬》，《考古》1990年第7期，第587—594页。

10 青海省文物管理处考古队、中国社会科学院考古研究所：《青海柳湾——乐都柳湾原始社会墓地》，北京：文物出版社出版，1984年5月。

11 甘肃省文物工作队、临夏回族自治州文化局、东乡族自治县文化馆：《甘肃东乡林家遗址发掘报告》，《考古学集刊》4，北京：文物出版社，1984年，第111—161页。

12 中国社会科学院考古研究所：《师赵村和西山坪》，北京：中国大百科全书出版社，1999年。

13 甘肃省博物馆文物工作队：《广河地巴坪半山类型墓地》，《考古学报》1978年2期，第193—210页。

地出土石耳坠2件，用绿松石制成，磨成片状，上有钻孔，出土时置于小孩头骨两侧[1]。

黄河中游龙山时代的新砦遗址发现三角形和长椭圆形耳坠[2]。在陕县庙底沟和三里桥遗址均发现了石质长方形和梯形耳坠[3]。古城东关遗址发现了蚌质和骨质长方形耳坠及陶质圆棒形耳坠[4]。

石家河遗址[5]出土有蝉形耳坠。

**玦** 新石器时代末期玦开始在黄河中游发现。在孟津小潘沟发现1件玉石质的耳玦[6]，在渑池不招寨[7]发现1件陶质耳玦，这应该是目前发现的唯一一件陶质耳玦，其形状与玉玦完全相同，制作也很精细。陶玦的直径约2.4厘米，玦肉的宽度约0.9厘米，厚度约0.3厘米，呈扁平形。在黄河下游的城子崖龙山文化遗址[8]也发现了一件玉玦。

长江流域仍用玦作为耳饰。海盐龙潭港良渚墓地发现玉玦2件[9]，新地里也有玉玦1件[10]。石家河遗址也出土有玉玦。

以珠江口为主的南方地区从距今4500年的新石器时代晚期开始就有玉石耳玦发现。比如涌浪文化。台湾的圆山文化也有出土。

## 项饰

**串饰** 黄河中上游串珠项饰发现较多。在马家窑文化鸳鸯池马厂类型墓地共发现189座墓葬，其中随葬骨质串饰的共有50座，有明确出土部位的6例，其中3例小孩墓均佩带在头部，另3例中1男2女均佩带在颈部[11]。在兰州红古下海石马厂墓地虽然只报道了4座出土石串珠的墓葬，但是都有明确的佩带部位，其中有3例佩带在颈部[12]。广河地巴坪半山类型墓地66座墓葬中9座墓出土骨质串饰，1例佩带在颈部，2例佩带在颈部也佩带左右手部[13]。花寨子半山墓地报道的5例墓葬中，4例随葬骨质和绿松石珠混合穿串的串饰[14]。地巴坪墓地出土骨珠342枚，用兽骨切磨、钻孔制成，有扁圆形和筒形，形制较小[15]。出土时置于人骨颈部或手腕处，有的排列整齐。张家台墓地出土石珠347颗，磨制较细，有钻孔。骨珠1524颗，系用兽骨切磨制成，均形体细小有钻孔，多筒状或扁圆状。出土时多置头骨颈部[16]。

---

1 甘肃省博物馆：《甘肃景泰张家台新石器时代的墓葬》，《考古》1976年5期，第180—186页。

2 中国社会科学院考古研究所河南二队：《河南密县新砦遗址的试掘》，《考古》1981年第9期，第398—408页。

3 中国社会科学院考古研究所：《庙底沟与三里桥》，北京：科学出版社，1959年。

4 中国历史博物馆考古部、山西省考古研究所、垣曲县博物馆：《垣曲古城东关——黄河小浪底水库山西库区考古报告之二》，北京：科学出版社，2001年。

5 石河联合考古队：《石河遗址群1987年考古发掘的主要收获》，《江汉考古》1989年第2期，第1—4页；石河考古队：《湖北省石河遗址群1987年发掘简报》，《文物》1990年第8期，第1—16页；北京大学考古系、湖北省文物考古研究所、湖北省荆州地区博物馆、石家河考古队：《石家河遗址群调查报告》，《南方民族考古》第五辑，成都：四川科学技术出版社，1992年，第213—294、406—407、417—418页。

6 洛阳博物馆：《孟津小潘沟遗址试掘简报》，《考古》1987年第4期，第244—255页。

7 秦小丽：《中国古代装饰品研究（新石器时代——早期青铜时代）》，西安：陕西师范大学出版社，2010年。

8 张学海：《章丘县城子崖古城址》，《中国考古学年鉴（1991）》，北京：文物出版社，1992年，第203页；佟佩华：《章丘县城子崖遗址》，《中国考古学年鉴（1992）》，北京：文物出版社，1994年，第225页；张华：《城子崖遗址又有重大发现，龙山、岳石和周代城址重见天日》，《中国文物报》1990年7月26日。

9 嘉兴市文化局：《海盐龙潭良渚文化墓地》，《良渚文化和崧泽文化在嘉兴》，杭州：浙江摄影出版社，第165—172页。

10 浙江省文物考古研究所：《新地里》，北京：文物出版社，2006年。

11 甘肃省博物馆文物工作队、武威地区文物普查队：《甘肃永昌鸳鸯池新石器时代墓地》，《考古学报》1982年第2期，第199—227页。

12 甘肃省文物考古研究所：《兰州红古下海石——新石器时代遗址发掘报告》，北京：科学出版社，2008年。

13 甘肃省博物馆文物工作队：《广河地巴坪半山类型墓地》，《考古学报》1978年第2期，第193—210页。

14 甘肃省博物馆、兰州市文化馆、兰州市七里河区文化馆：《兰州花寨子半山类型墓葬》，《考古学报》1980年第2期，第221—238页。

15 甘肃省博物馆文物工作队：《广河地巴坪半山类型墓地》，《考古学报》1978年第2期，第193—210页。

16 甘肃省博物馆：《甘肃景泰张家台新石器时代的墓葬》，《考古》1976年第5期，第180—186页。

黄河中游地区龙山时代的三里桥[1]、禹县吴湾[2]、禹县瓦店[3]、新乡李大召[4]、王城岗[5]等遗址也出土有陶珠。

江淮地区的龙虬庄墓地的M91和M399各出土有串管形串珠分别以8颗和3颗组成，佩带在人骨颈部[6]。

长江下游的良渚人的项饰主要是由玉管、玉珠（间或也用石珠）和玉坠等串缀而成（图4-17）。串饰的组成基本可以区分为管串和珠串两大类，一些串饰由琮式管、坠或璜等不同形式的装饰品与管、珠共同组成。项饰长短相差较大，一般由数十颗至一二百颗管珠组成，所以，有些挂及颈、胸部，有些要垂及腹部。出土时大多在尸骨的颈、胸和腹部，属良渚文化早期的吴家埠遗址M2的墓主颈部出土有一串由30件玉管、珠、佩、柱形饰等组成的项饰[7]。上海福泉山T27M2人骨架胸部出土的一串项饰，系用47颗玉珠、2枚玉管和6件上端有孔的“锥形”坠饰串成的[8]。上述串饰中玉管的截面大多呈圆形，同串中相邻的玉管往往能够并合对接，这应与其制作工艺有关，另外还有一种琮式管，因为其形状、纹饰、构图均与琮相同，而且每每一式两件，对称夹串在项串饰中，甚至有整串都用这种琮式管串成的项饰。如江苏新沂花厅M16和M18出土的两串完整的玉项链中就夹有这种琮式管[9]。玉石珠的数量较少，可分为直孔和隧孔两类。前者有的外径和长度相近，实际上是一种短管；有的两端磨成圆形，剖面浑圆；有的通体作球形，有的一侧平齐。坠一般为长圆锥形，近似锥形器，唯较短矮。其顶端突出一小榫，榫上有一横孔，用于穿系。除此之外尚有很多其他形状的坠，扁平三角形、长方形、扁圆饼形、蘑菇状两层小塔形、角形等坠饰。反山墓地出土大量串饰，每座墓葬随葬的串饰大约均在1—22串之间，每一串约由10—70颗管珠构成[10]。璜有时也是项串饰中重要的组成部分，出土时常与玉管贯联组成项饰，多发现在死者的胸腹部位。

图4-17　良渚文化玉串饰



1 中国社会科学院考古研究所：《庙底沟与三里桥》，北京：科学出版社，1959年。

2 河南省文物研究所、禹县文管会：《禹县吴湾遗址试掘简报》，《中原文物》1988年第4期，第7—12页。

3 河南省文物研究所、郑州大学历史系考古专业：《禹县瓦店遗址发掘简报》，《文物》1983年第3期，第37—48页。

4 郑州大学历史学院考古系：《新乡李大召》，北京：科学出版社，2006年。

5 河南省文物研究所、中国历史博物馆考古部：《登封王城岗与阳城》，北京：文物出版社，1992年。

6 龙虬庄遗址考古队：《龙虬庄：江淮东部新石器时代遗址发掘报告》，北京：科学出版社，1999年。

7 浙江省文物考古研究所：《余杭吴家埠新石器时代遗址》，《浙江省文物考古研究所学刊——建所十周年纪念（1980—1990）》，北京：科学出版社，第55—84页。

8 上海市文物保管委员会：《福泉山》，北京：文物出版社，2000年。

9 南京博物院：《花厅——新石器时代墓地发掘报告》，北京：文物出版社，2003年。

10 浙江省文物考古研究所：《反山——良渚遗址群考古报告之二》，北京：文物出版社，2005年。

此外长江中游、东北及青藏高原也都发现作为项饰的串饰链。

肖家屋脊瓮棺葬中出土过串饰[1]。

在曲江石峡遗址出土的装饰品中，玉石珠管占到50%左右。其中M120的10件绿松石片应该是串饰，而M121出土的长达14.7厘米的锥形饰也无疑是串饰[2]。

旅顺老铁山积石墓中出土装饰品为串珠，出自M2西约4米的一个小石棺中，由15枚滑石珠和1枚钻孔石片组成。滑石珠剖面呈截顶菱形，两面钻孔，外表有切割痕迹。串珠大小不一，大的长3厘米、径2.5厘米、孔径0.5厘米，小的长1.8厘米、径1.4厘米、孔径0.35厘米。钻孔石片的孔径0.6厘米[3]。

西藏卡若文化出土的项饰有长方珠和管状珠两种。前者石质，珠体较薄，孔的位置不甚固定；后者骨质。以两种形状的珠交错串连在一起形成项链使用。

## 佩饰

**人面或动物形佩** 人面或动物形佩一般为偶见，数量不多，但各地都有发现。马家窑文化鸳鸯池遗址在出土带笄帽骨笄的墓葬中还曾出石雕人面像1件。石雕人面像为白云石质，长3.8厘米，宽2.5厘米。面部的双眼、双鼻孔和口都用白色小骨珠镶嵌而成，以黑色胶质物作为粘合剂。石雕像的顶部穿一小圆孔，可系绳悬挂[4]。石峁发现玉虎、玉佩[5]。西藏曲贡发现的立人形骨牌饰非常精美[6]。客省庄文化武功浒西庄遗址出有人面饰1件[7]。在良渚文化南楼发现了动物头形牌饰[8]，张陵山出土有蛛形牌饰[9]。花厅遗址见有碟形牌饰[10]。

石家河文化出土的人面或动物形佩比较多。石家河遗址出土有玉质人头像及蝉形、玉虎、玉鹰、玉凤、玉龙、玉熊和玉鹿动物佩饰等。人头像佩饰共发现10余件，分为神灵头像和常人头像两类。动物佩饰中龙形佩，将整个一条卷龙雕塑成曲卷的半圆形。

**牌饰** 庙底沟二期文化在案板遗址发现龟甲三角牌饰[11]。良渚文化还出土有玦式牌饰，其发现在死者的胸腹部。如在瑶山北列墓葬中，在尸骨的胸、腹部就常发现有圆形或玦形的牌饰，顺人体一字直排成行，并和大璜配伍[12]。这种牌饰大多是中间有孔的圆形，有些则做成玦形，除体形较小者外，其一侧常有小孔，用于彼此系连成串。在福泉山和张陵山有长棒形刻纹牌饰，在花厅遗址出土了两孔长方牌饰，在花厅和邱承堆[13]还发现了带柄园棒形坠饰。卡若文化的牌饰是由大小不同、形状不一的骨片制成的，其上有穿孔，或刻有横槽，或刻有花纹。

**璜** 黄河中上游璜不多见。马家窑文化发现有少量璜形佩饰，半山类型瓦罐嘴遗址有少许采集品[14]。庙底沟遗址见有石璜，璜身两端各穿一孔，孔由两面穿透，大部分两端仍保存折断的残痕，可能

---

1 湖北省荆州博物馆等编著：《肖家屋脊——天门石家河考古发掘报告之一》，北京：文物出版社，1999年。

2 广东省博物馆石峡发掘小组、曲江县文化局石峡发掘小组：《广东曲江石峡墓葬发掘简报》，《文物》1978年第7期，第1—14页。

3 旅大市文物管理组：《旅顺老铁山积石墓》，《考古》1978年第2期，第85—85页。

4 甘肃省博物馆文物工作队、武威地区文物普查队：《甘肃永昌鸳鸯池新石器时代墓地》，《考古学报》1982年第2期，第199—227页。

5 戴应新：《神木石峁龙山文化玉器》，《考古与文物》1988年第5、6期合刊，第239—250页。

6 中国社会科学院考古研究所：《拉萨曲贡》，北京：中国大百科全书出版社，1999年。

7 中国社会科学院考古研究所编著：《武功发掘报告——浒西庄与赵家来遗址》，北京：文物出版社，1988年。

8 江苏江阴南楼遗址联合考古队：《江苏江阴南楼新石器时代遗址发掘简报》，《文物》2007年第7期，第4—19页。

9 南京博物院、甪直保圣寺文物保管所：《江苏吴县张陵山东山遗址》，《文物》1986年第10期，第26—36页。

10 南京博物院：《花厅——新石器时代墓地发掘报告》，北京：文物出版社，2003年。

11 西北大学文博学院考古专业：《扶风案板遗址发掘报告》，北京：科学出版社，2000年。

12 浙江省文物考古研究所：《瑶山——良渚遗址群考古报告之一》，北京：文物出版社，2003年。

13 秦小丽：《中国古代装饰品研究》，西安：陕西师范大学出版社，2010年。

14 宁夏文物考古研究所、中国历史博物馆考古部：《宁夏菜园——新石器时代遗址、墓葬发掘报告》，北京：科学出版社，2003年。

是碎石环改制的[1]。在古城东关[2]、垣曲丰村[3]、汝州中山寨[4]、孟津小潘沟[5]、下王岗[6]等地也都见有石质璜饰。陶寺墓地发现2件玉璜[7]。这些璜饰都属弧形璜。客省庄文化泉护遗址发现玉璜[8]。神木新华发现少量玉璜和骨璜[9]。

长江流域璜多玉质，形制也较黄河流域多样化。石家河玉璜既有弧形璜、折角璜，也有半璧璜。良渚玉璜多呈半璧形，少数为桥形，背面平整，正面弧突，半圆形缺口两侧各钻有透孔可以系连。有的朴素光洁，有的则刻划镂孔，工艺精湛。

南方地区的石峡遗址也有玉璜[10]。西藏卡若文化则出有石璜和骨璜（图4-18）。

## 臂饰

**环**　黄河上游地区环多为陶质，马家窑文化甘肃东乡林家等遗址都出土了大量的陶质环饰[11]。与陶质环饰伴随的也有玉石质环和蚌骨环，但是其数量均较少而无法与陶质环相比。西北地区玉石质环的出土量较少，但是其类型却比较全面。在甘青一带还发现佩带在臂部的臂环，既有骨质的，也有石质的，多呈筒状，墓葬发现也表明它们多佩带在人骨的上臂部。在柳湾墓地共发现8件臂饰，M1366的圆筒形石臂饰，直径7.5厘米，高5.5厘米，足以佩带在上臂部[12]。鸳鸯池发现的骨臂饰比较完整。它是用26根同样长短的薄骨片用胶质物粘合成圆筒状的，长15厘米，骨臂饰是戴在前臂上的[13]。广河地巴坪遗址M15人骨左右手腕上均见有腕饰，是用约长2厘米、宽1.4厘米的小薄骨片粘附在一种胶状物上，而形成的环形装饰品[14]。因多朽蚀，仅存残迹。从残迹看，是先将骨料切成大小相等，厚薄均匀的长条形小骨片，然后将其粘缀在制作成筒状的黑色胶状物上，骨片并列竖排，粘缀紧密整齐。脱落的骨片，表面光滑，粘接面都呈黑色。在师赵村[15]和福临堡遗址[16]中，石质镯形环、圆筒形和瑗璧形三者共存。而石卯遗址仅见镯形环、瑗璧形和结合形三种，未有圆筒形环的报道[17]。甘肃东乡



1 中国社会科学院考古研究所：《庙底沟与三里桥》，北京：科学出版社，1959年。

2 中国历史博物馆考古部、山西省考古研究所、垣曲县博物馆：《垣曲古城东关——黄河小浪底水库山西库区考古报告之二》，北京：科学出版社，2001年。

3 中国社会科学院考古研究所山西工作队：《山西垣曲丰村新石器时代遗址的发掘》，《考古学集刊》5，北京：中国社会科学出版社，1987年，第27—61页。

4 中国社会科学院考古所河南一队：《河南汝州中山寨遗址》，《考古学报》1991年第1期，第57—89页。

5 洛阳博物馆：《孟津小潘沟遗址试掘简报》，《考古》1987年第4期，第244—255页。

6 河南省文物研究所、长江流域规划办公室考古队河南分队：《淅川下王岗》，北京：文物出版社，1989年。

7 中国社会科学院考古研究所山西工作队，临汾地区文化局：《1978—1980年山西襄汾陶寺墓地发掘简报》，《考古》1983年第1期，第30—42页。

8 北京大学考古学系、中国社会科学院考古研究所：《华县泉护村》，北京：科学出版社，2003年。

9 陕西省考古研究所、榆林市文物保护研究所：《神木新华》，北京：科学出版社，2005年。

10 广东省博物馆石峡发掘小组、曲江县文化局石峡发掘小组：《广东曲江石峡墓葬发掘简报》，《文物》1978年第7期，第1—14页。

11 甘肃省文物工作队、临夏回族自治州文化局、东乡族自治县文化馆：《甘肃东乡林家遗址发掘报告》，《考古学集刊》4，北京：文物出版社，1984年，第111—161页。

12 青海省文物管理处考古队、中国社会科学院考古研究所：《青海柳湾·乐都柳湾原始社会墓地》，北京：文物出版社，1984年。

13 甘肃省博物馆文物工作队、武威地区文物普查队：《甘肃永昌鸳鸯池新石器时代墓地》，《考古学报》1982年第2期，第199—227页。

14 甘肃省博物馆文物工作队：《广河地巴坪半山类型墓地》，《考古学报》1978年2期，第193—210页。

15 中国社会科学院考古研究所：《师赵村与西山坪》，北京：中国大百科全书出版社，1999年。

16 宝鸡市考古工作队、陕西省考古研究所宝鸡工作站：《宝鸡福临堡》，北京：文物出版社，1993年。

17 戴应新：《神木石峁龙山文化玉器》，《考古与文物》1988年第5、6期合刊，第239—250页。

图 4-18　石家河文化璜



林家[1]、大地湾[2]、青海民和胡李家[3]等既有居住区也有墓地的遗址，大量的陶质环饰均出土自居住区的房屋、灰坑或地层中，墓葬中不见随葬陶环的例子，而石质及骨质环饰既有遗址也有墓葬的出土例子。

黄河中游地区浒西庄遗址庙底沟二期文化遗存中出土石环和陶环[4]，石环身扁平，磨制精致。断面丁字形的陶环和石环，是其后丁字形玉石环的始祖，并广为流传到长江以南的南中国直至越南等东南亚地区和中国北方的内蒙古一带。这一地区玉石环较西北和北方地区为多，尤其是像陶寺等龙山时代墓地出土大量玉石环。就出土较多玉石环的师赵村、石卯、新华遗址来看，玉石环既有圆环形，也有圆筒形，还有瑗璧形和接合形。

良渚人的臂饰，包括镯环、筒形环及链状环。良渚人的筒形环或镯形环较多，有琮形镯、筒形镯、半球形镯等。琮形镯为外方内圆的琮形，整个器形矮圆、薄壁，有素面，也有满饰神人兽面纹的。此类镯的孔径一般都是上口稍大，下口稍小，如福泉山M9：21，上口6.9厘米、下口6.1厘米，不仅与人的臂腕上粗下细相一致，而且按上大下小套饰在臂腕上，当手臂下垂时，镯上的神人兽面纹正好呈正置状[5]。在江苏赵陵山良渚文化墓葬发现过一只象牙镯，而且和玉环、玉镯一起穿戴在墓主人手臂残骨上[6]。良渚人不仅有一臂戴多镯的现象，而且有两臂均戴的现象。如反山M20，墓主左手上有一镯，右手上也有一镯[7]；福泉山M49的墓主，左手上有一只琮形镯，一只半球形镯和一只筒形环，右手上则有一只琮形镯和一只筒形环。

石家河臂环出土时叠摞在一起，显示了其佩戴时的特色。

---

1 甘肃省文物工作队、临夏回族自治州文化局、东乡族自治县文化馆：《甘肃东乡林家遗址发掘报告》，《考古学集刊》4，北京：文物出版社，1984年，第111—161页。

2 甘肃省文物考古研究所：《秦安大地湾》，北京：文物出版社，2010年。

3 中国社会科学院考古研究所甘青工作队、青海省文物考古研究所：《青海民和县胡李家遗址的发掘》，《考古》2001年第1期，第40—58页。

4 中国社会科学院考古研究所编著：《武功发掘报告——浒西庄与赵家来遗址》，北京：文物出版社，1988年。

5 上海市文物保管委员会：《福泉山》，北京：文物出版社，2000年。

6 南京博物院：《赵陵山——1990—1995年度发掘报告》，北京：文物出版社，2012年。

7 浙江省文物考古研究所：《反山——良渚遗址群考古报告之二》，北京：文物出版社，2005年。

云南元谋[1]出土有少量陶环和骨环。其骨环出土于墓葬，由14片兽骨磨合粘合而成，内径约7.4厘米。广东曲江石峡[2]、福建蒲城牛鼻山[3]等地出土有玉石环，断面多丁字形。香港马湾岛东湾仔北遗址墓葬中儿童右手佩带石环[4]。

**串珠或链形镯**　在马家窑文化兰州红古下海石马厂墓地发现石串珠，佩带在死者手腕部[5]。广河地巴坪半山类型墓地66座墓葬中9座墓出土骨质串饰，其中2例既佩带在颈部也佩带在左右手腕部。地巴坪墓地骨珠串饰出土时也见置于人骨手腕处者[6]。龙山文化朱封墓地M202的18件玉串珠位于手臂[7]。在良渚文化的一些墓葬中还出土过由数十节玉管横向并联组合成的链状镯。

### 腰饰

**串珠**　马家窑文化东乡林家[8]、永昌鸳鸯池等墓地[9]、青海柳湾[10]都出土了大量骨珠和石珠。这些串珠类装饰品也并不完全都是用于头部、颈部和腕臂部的链形装饰品，许多还出土于腰部、背部，或是单粒出土。如青海柳湾M607出土的绿松石串珠就分别位于人骨的头部与腰部。

**带钩**　良渚文化见有玉带钩，其既为实用器，又具有装饰意义。玉带钩体形较厚重，平面作长方形，正面略作圆弧状凸起，背面与两侧挺直平齐。断面方正，一端为一透穿的圆孔，用以系挂；另一端为宽厚粗壮的钩体。玉带钩出土位置，大致相当于人体的髋骨部位。



### 足饰

**串饰**　在良渚文化墓葬中有一些尸骨的足踝部位散落有一些可串连的玉珠、玉管。如吴家埠遗址的M18，脚部有8件小玉珠[11]。

## （二）装饰品的地域特色

黄河上游地区装饰品中以腕臂部的环形装饰品与串形装饰品最为丰富，发饰中笄、束发器等其次，耳部装饰品不甚丰富。串珠类骨珠的数量和普遍程度远大于石珠类；环饰则以陶质最多。在甘青一带还发现佩带在臂部的臂环，既有骨质的，也有石质或玉质的；束发器为陶质；梳为骨质；耳坠以玉石质最多。西北地区一般遗址中都会有各种材质佩坠饰出土，从材质来看可以说玉石、骨牙、蚌

1 云南省博物馆：《云南大墩子新石器时代遗址发掘报告》，《考古学报》1977年第1期，第1—43页。

2 广东省博物馆石峡发掘小组、曲江县文化局石峡发掘小组：《广东曲江石峡墓葬发掘简报》，《文物》1978年第7期，第1—14页。

3 福建省博物馆：《福建浦城县牛鼻山新石器时代遗址第一、二次发掘》，《考古学报》1996年第2期，第165—197页。

4 香港古物古迹办事处、中国社会科学院考古研究所：《香港马湾岛东湾仔北史前遗址发掘简报》，《考古》1999年第6期，第1—17页。

5 甘肃省文物考古研究所：《兰州红古下海石——新石器时代遗址发掘报告》，北京：科学出版社，2008年。

6 甘肃省博物馆文物工作队：《广河地巴坪半山类型墓地》，《考古学报》1978年第2期，第193—210页。

7 中国社会科学院考古研究所山东工作队：《山东临朐朱封龙山文化墓葬》，《考古》1990年第7期，第587—594页。

8 甘肃省文物工作队、临夏回族自治州文化局、东乡族自治县文化馆：《甘肃东乡林家遗址发掘报告》，《考古学集刊》4，北京：文物出版社，1984年，第111—161页。

9 甘肃省博物馆文物工作队、武威地区文物普查队：《甘肃永昌鸳鸯池新石器时代墓地》，《考古学报》1982年第2期，第199—227页。

10 青海省文物管理处考古队、中国社会科学院考古研究所：《青海柳湾——乐都柳湾原始社会墓地》，北京：文物出版社，1984年。

11 浙江省文物考古研究所：《余杭吴家埠新石器时代遗址》，《浙江省文物考古研究所学刊——建所十周年纪念（1980—1990）》，北京：科学出版社，第55—84页。

贝螺质均有一定的量，绿松石饰比较普遍。东乡林家、王保保城[1]、核桃庄[2]、柳湾墓地、宗日遗址[3]等地发现绿松石饰281件，还有水晶和玛瑙珠等。柳湾墓地随葬装饰品以串珠为大宗，108座墓出15816颗，但各墓出的数量不同，最多的是M583、M607、M604三座，数量达千颗以上，少者仅一二颗，一般是二三十颗。珠的大小也不一致，大者直径达0.9厘米，小者不到0.4厘米。质地亦不同，石质与骨质均有。西北地区佩饰资料，可以看出佩饰中牌坠饰多于璜饰，材质中以绿松石的使用为普遍，同时充分利用易得的骨蚌陶质。

黄河中游地区此时陶质装饰品没落，玉石类装饰品大量增加。陶寺遗址，是目前所知黄河中游地区出土玉石制品最为丰富的遗址之一。笄、环、璜类装饰品多见，有少量的坠、玦类耳饰，串饰始终不流行[4]。

长江下游玉石类装饰品多见。良渚文化头、项饰流行，见有各种半圆形饰、成组的玉石管珠串饰、成组的锥形串饰、玉石发笄和玉石梳背等。与此同时，长江下游地区的腕臂环饰也在这一时期达到使用的高峰。

西藏地区出土的装饰品材质有石、玉、骨、贝等，以骨质和石质较多。种类以笄、璜、环较多。华南地区多环、璜、玦类。

在师赵村第六期遗存中发现的一件罕见的人像彩陶罐，为我们展现了新石器时代末期黄河上游地区居民的装束。人像泥质红陶，质地细腻，侈口短颈，深腹平底。黑彩绘，口侧绘一宽带纹，肩部饰五道平行条纹。在肩部浮塑一完整人首，雕塑出眼、口、鼻等器官。头顶上塑有半圆形发髻，中间穿孔，当是插发笄的。在头部下面用黑彩画出人的躯体及四肢，两手掌还勾画出手指。颈部两侧各画一“⊕”符号，头部两侧画有带齿边的羽毛纹，左右遥相对应。人身躯左侧画纵行齿带纹，右侧遍饰十字纹。腹部中央绘一树枝，背部画纵行排列整齐的波浪纹，器形完整。该陶罐整个塑画似富有神秘的宗教色彩，推测该人像可能象征氏族中具有某种特殊身份或属于巫师一类的人物。这是一件罕见的制造精湛、艺术水平高超的瑰宝[5]。

## 第八节　新石器时代末期的文化艺术

新石器时代末期文化艺术的成就是多方面的，考古发现主要有原始音乐和舞蹈、雕塑、绘画、原始符号的使用等。

### 一、音乐舞蹈

新石器时代末期音乐有了长足的进步，主要表现在此时不仅吹奏乐器的数量比以往发现得多，制造工艺得到改进，还在于新型乐器的出现，比如出现了多种打击乐器。

吹奏乐器有埙、管、号等。陶埙发展了双音孔或多音孔陶埙，表明原始音乐艺术已有了很大的提高。打击乐器有鼓、钟、磬、铃等，此外，还见有陶响器。

---

1 甘肃省博物馆文物工作队：《兰州马家窑和马厂类型墓葬清理简报》，《文物》1975年第6期，第76—85页。

2 青海省文物考古研究所、青海省文物管理处、西北大学文博学院：《民和核桃庄》，北京：科学出版社，2004年。

3 青海省文物管理处：《青海同德县宗日遗址发掘简报》，《考古》1998年第5期，第1—14页。

4 中国社会科学院考古研究所山西工作队，临汾地区文化局：《1978—1980年山西襄汾陶寺墓地发掘简报》，《考古》1983年第1期，第30—42页。

5 中国社会科学院考古研究所：《师赵村与西山坪》，北京：中国大百科全书出版社，1999年。

**埙**

山东潍坊姚官庄龙山文化遗址出土1件陶埙，呈蒜头形，顶有吹孔，一侧有一音孔[1]。毗奋王遗址出土过1件陶埙，经测定能吹出小三度音[2]。陶寺出土的陶埙为橄榄形，顶端有吹孔，器身有一个音孔[3]。西花园发现的1件亦为橄榄形，平底，除有一个四方形的吹孔外，只有一个音孔[4]。此外，在郑州大河村[5]、襄汾丁村遗址[6]及石家河文化中也都发现过陶埙。从分布地域看，以黄河流域为多。

**号**

陶号是原始吹奏乐器中的一种。陶土塑成，目前仅青海马家窑文化中有发现。

**管**

郑州大河村遗址出土有骨管2件[7]。



**鼓**

鼓，材质有陶、木之分。

陶寺遗址出土的陶鼓鼓身形状特殊，一端为筒形，筒口下有纽状突起一周或二周；另一端为圆腹形。腹底中央凸出一管状孔，其周围又有三个管状小孔；多数在器身中部置桥耳一对。器表通体拍印绳纹，腹部的绳纹之上都有条带状或网状附加堆纹。其中最大一件达142厘米长。外壁着彩绘。鼓皮已朽，但鼓腔内常见散落的鳄鱼骨板数枚至数十枚不等，由之可证，原以鳄鱼皮蒙鼓。鼓腔内还常发现一些黑褐色低温陶的小圆锥体，高0.5—1厘米，底径1—2厘米不等。据推测，可能是贴附在鼓皮之上，做调音之用的。陶鼓常与土鼓和石磬同出[8]。

马家窑文化出土的陶鼓也较多。民和阳山墓地出土陶鼓3件，分别出于M60、M32和M147中。这3件陶鼓的器形相同，都是喇叭状。喇叭嘴为小折沿，瓶口状，下接长筒腹，然后逐渐扩展为喇叭口，两端连通。在瓶形口下部与筒腹相接处和喇叭形口部各有一环耳，两环耳在同一直线上。陶质都为泥质陶，夹有少量细砂。陶色土黄，器表经磨光。制作过程是先分别用泥条盘筑做成瓶形口、筒状腹和喇叭口三部分，然后再行对接、抹平。三件陶鼓外壁皆有彩绘花纹。M23和M147中的两件陶鼓在墓葬中与其他随葬品一起放置于人骨的头部。M60中的陶鼓则单放于人骨腰部。这种喇叭状、两端连通的陶器（其两端唇部皆无擦痕）很可能是腰鼓，喇叭口边鹰嘴状泥突和小钻孔则很可能是用来绷兽皮的。但就这3件标本来说，它们通身皆不见使用痕迹，二环耳及泥突、镂空缘处亦不见擦痕，说明未经使用过。他们的器壁较薄易损，所以，它们也可能是木鼓之类的仿制品[9]。兰州永登乐山坪出土陶鼓2件。口沿外侈，腹呈筒形，圆筒外表或施锯齿纹、连续涡纹、锯齿纹、网状格纹、三角形网状纹，或素面。筒体与耳相对的一侧有竖置的长鸡冠耳，上穿三孔，喇叭口外有数个倒勾[10]。甘肃宁县阳狐遗址也发现陶鼓，敛口、束腰，呈腰鼓状。肩有一周圆形突起共10颗，底部有2厘米宽的一周指压纹，下

---

1 山东省文物考古研究所：《山东姚官庄遗址发掘报告》，《文物资料丛刊》5，北京：文物出版社，1981年，第1—83页。

2 河南省文化局文物工作队第一队：《郑州毗奋王村遗址发掘报告》，《考古学报》1958年第3期，第41—63页。

3 山西省考古所：《山西襄汾县丁村新石器时代遗址发掘简报》，《考古》1991年第10期，第882—891页。

4 武汉大学随州考古发掘队：《随州西花园遗址发掘简报》，《江汉考古》1991年第2期，第15—22页。

5 郑州市文物考古研究所：《郑州大河村》，北京：科学出版社，2011年。

6 山西省考古研究所：《山西省襄汾县丁村新石器时代遗址发掘简报》，《考古》1991年第10期，第882—891页。

7 郑州市文物考古研究所：《郑州大河村》，北京：科学出版社，2011年。

8 中国社会科学院考古研究所山西工作队、临汾地区文化局：《1978—1980年山西襄汾陶寺墓地发掘简报》，《考古》1983年第1期，第30—42页。

9 青海省文物考古研究所：《民和阳山》，北京：文物出版社，1990年。

10 马德璞等：《永登乐山坪出土一批新石器时代的陶器》，《史前研究》1988年（陕西省考古研究所西安半坡博物馆成立三十周年纪念特刊），第203—212页。

腹有直径2厘米的圆孔[1]。

陶寺木鼓系用树干截断挖制而成，鼓身下粗上细、中空，蒙鼓的兽皮已朽。根据鼓腔内常发现数枚或数十枚鳄鱼骨板判断，可知是选用鳄鱼皮做鼓皮的。鼓外表彩绘为饰。M3015：16，上口径43厘米，下口径57厘米，通高100.4厘米，表面黑、蓝等多色并用，在粉红或赭红的地色上，从上至下绘制了数层由各种图案组成的画面作装饰。可辨认的图案纹样有回形纹、宽带纹、几何形纹、云雷纹等，十分华丽。这种木鼓只出现于大型墓中，又往往成对地与石磬、陶鼓伴出，可能说明木鼓可能与多种乐器并用，甚或已出现了小乐队。根据鼓身高为1米左右，适宜于站着打击，判断当时人们是站着使用各种乐器演奏的[2]。

### 钟

河南陕县庙底沟遗址出土的钟，用陶土捏塑而成，细泥质红陶，器壁向外斜直，钟口外侈，中空，上部有柄，肩部两旁各有一小孔通向壁内，素面磨光[3]。

陕西长安客省庄出土的陶钟，中空，柄实[4]。

### 磬

青海柳湾墓出土的1件石磬，用粉砂岩制成，平面近三角形，一端已残，制作不精，造型也较原始，长42.4厘米，宽5—18厘米，厚1.2厘米[5]。

陶寺石磬一般用青灰色石灰岩经打制后琢磨而成，仅一件经过精细磨光。一般磬面较薄，顶部较厚，顶有一二个孔，或如M3015：17，上端两面对钻一孔，通长80厘米[6]。最大一件通长95厘米，高32厘米，厚2—6.5厘米。石磬在大型墓中与鼓同出。

禹县阎砦遗址出土过1件石磬，系青石打制而成，呈三角形，长78厘米，高28.5厘米，上部有一孔[7]。

辽宁建平县河东遗址出土的石磬，用青白色石灰石制成，两面光平，边缘有痕疤，似先打制又经磨制。顶端有一悬孔，两面对钻。已断裂，断面平直，从悬孔中间穿过，似截断后又经磨制改作它用[8]。

### 铃

铃，有陶质和铜质之分（图4-19）。

河南汤阴白营遗址出土的陶铃，泥质灰陶，壁较厚。中间宽两头尖，直口沿，平顶，顶上有两个圆孔，两壁上下端各有一周旋纹[9]。

山西襄汾陶寺出土陶铃，泥质灰陶，手制，横截面呈菱形，顶部有两个小孔[10]。（图4-19）

兰州土谷台墓地发现陶铃一件，似卵形，中空，两端和一侧各穿孔一个，内装小石粒，摇之作响。

---

1 庆阳地区博物馆：《甘肃省宁县阳坬遗址试掘简报》，《考古》1983年第10期，第869—876页。

2 中国社会科学院考古研究所山西工作队、临汾地区文化局：《1978—1980年山西襄汾陶寺墓地发掘简报》，《考古》1983年第1期，第30—42页。

3 中国社会科学院考古研究所：《庙底沟与三里桥》，北京：科学出版社，1959年。

4 中国社会科学院考古研究所：《沣西发掘报告》，北京：文物出版社，1963年。

5 中国社会科学院考古研究所：《青海柳湾》，北京：文物出版社，1984年。

6 中国社会科学院考古研究所山西工作队、临汾地区文化局：《1978—1980年山西襄汾陶寺墓地发掘简报》，《考古》1983年第1期，第30—42页。

7 河南省文物研究所：《禹县阎砦龙山文化遗址》，《考古学年鉴（1984）》，北京：文物出版社，1984年，第372页。

8 辽宁省博物馆文物工作队、朝阳地区博物馆文物组：《辽宁建平县喀喇沁河东遗址试掘简报》，《考古》1993年11期，第973—1003页。

9 安阳地区文物管理委员会：《河南汤阴白营龙山文化遗址》，《考古》1980年3期，第193—202页。

10 山西省考古所：《山西襄汾县丁村新石器时代遗址发掘简报》，《考古》1991年第10期，第882—891页。

长6.5厘米，最宽5厘米[1]。

老虎山遗址发掘出陶铃5件，可分为底面尖椭圆形者、底面扁圆形者和底面长方形者三种类型。顶部一般有2个圆孔，大约是从二者中穿绳索以拴铃舌。有的顶部边缘有侧孔，可能用于悬挂[2]。

郑州大河村也出土过2件陶铃[3]。

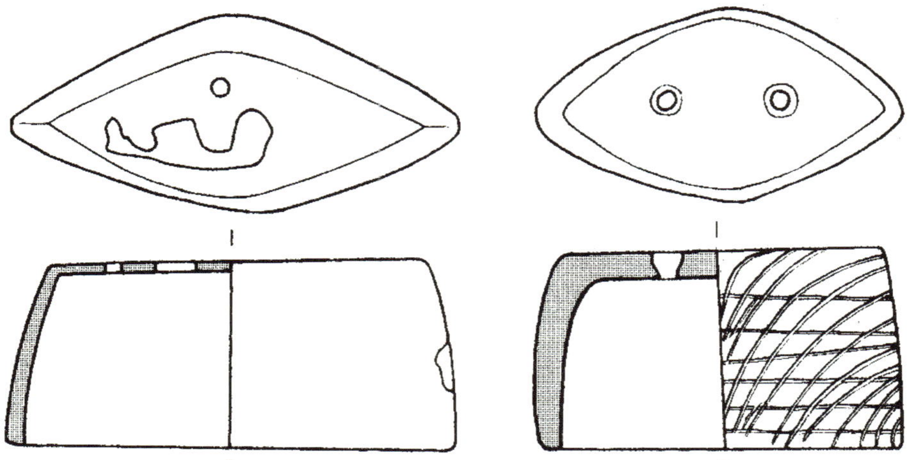


图 4-19　陶寺遗址铜铃与陶铃

陶寺出土的铜铃，体型较陶铃略小，器表素面，器体横截面近似菱形，口部较大。顶部中间稍偏有一圆孔，孔径约0.25厘米。孔系整器铸成后再加工钻成[4]。（图4-19）

**陶响器**

陶响器发现较多，多为中空的球状。但在山东胶南县西寺遗址一灰坑曾出土1件蚌形陶响器，蚌的腹背相连处设有若干扁长方形孔，空腹腔内装11粒小石丸，摇之有声[5]。

新石器时代末期打击乐器兴起，乐器主要发现于墓地及祭祀遗址，且仅发现于个别大型墓葬中。如在陶寺大墓中，陶鼓、木鼓与石磬共出，说明只有社会中特殊的人物才能随葬，大概生前只有他们才有使用的特权，代表着当时的礼器[6]。当时重大的丧葬、庆典、祭祀等场合中，音乐舞蹈可能是不可或缺的环节，所以控制节奏的打击乐器盛行开来。

**舞蹈**

在青海大通县上孙家寨清理马家窑文化墓葬M384时，出土了一件内壁绘有舞蹈图案的彩陶盆。该盆为泥质红陶，高14厘米，口径29厘米，最大腹径28厘米，底径10厘米。其器型为上口微敛，卷唇直颈，鼓腹，小平底。口沿及内外壁均施褐色纹饰。口沿饰钩叶圆点纹、弧线三角纹及平行线纹，外

1 甘肃省博物馆、兰州市文化馆：《兰州土谷台半山——马厂文化墓地》，《考古学报》1983年第2期，第191—222页。

2 内蒙古文物考古研究所：《岱海考古（一）——老虎山文化遗址发掘报告集》，北京：科学出版社，2000年，第199—392页。

3 郑州市文物考古研究所：《郑州大河村》，北京：科学出版社，2001年。

4 中国社会科学院考古研究所山西工作队、临汾地区文化局：《1978—1980年山西襄汾陶寺墓地发掘简报》，《考古》1983年第1期，第30—42页。

5 孙敬明：《齐文化艺术审美丛谭》，《考古发现与齐史类征》，济南：齐鲁书社，2006年，第408—417页。

6 中国社会科学院考古研究所山西工作队、临汾地区文化局：《1978—1980年山西襄汾陶寺墓地发掘简报》，《考古》1983年第1期，第30—42页。

壁仅于腹上部饰一圈由三条弦纹组成的带纹。该彩陶盆内彩独特，在内壁腹径最大处绘有四道平行带纹，其上以剪影式的平涂手法画了三组5人手拉手的舞蹈图案，其间以5—8道不等的纵向平行弧纹和一枚斜置的柳叶纹做间隔。每组5名舞者皆手拉手，头上均有一发辫状饰物，臀部亦斜伸出一尖状物，最外侧两舞者侧臂呈分叉状[1]。

甘肃武威市新华乡磨咀子遗址出土的一件彩陶盆，盆内壁绘有两组舞蹈图案，每组9人[2]。

青海同德县宗日遗址第157号墓出土的1件绘有舞蹈图案的彩陶盆，图中有两队舞者，分别为11人和13人（图4-20）[3]。

上述舞蹈题材的彩陶，均表现了古人集体舞蹈的场面，他们装束一致，舞步统一，或双腿交叉，或短裙蓬起，体现了和谐之美。从中我们仿佛可以听到伴随舞步那铿锵的音乐与协调的节拍。

## 二、陶塑

新石器时代末期陶塑的题材更为丰富了，不仅有传统的人物、动物，还出现了房屋等建筑陶塑。

在器皿上贴塑人物像的作品以马家窑文化最为多见，其他原始文化则较少。

甘肃天水师赵村遗址出土1件马家窑文化晚期有浮雕人面像的彩陶罐，罐腹中部饰一突起的人面雕像。该器侈口、束颈、溜肩、鼓腹，下腹内收成平底。腹最大径处设对称的竖耳，双耳间中部浮雕

图 4-20　宗日遗址舞蹈纹彩陶盆图案

一人面像，面部及额顶呈卵形，五官俱全，眉、眼、鼻、嘴比例协调，属写实作品。人面像顶部饰四条平行线纹，人面像垂直下部饰叶脉纹，人面右侧饰竖向平行排列的锯齿纹，左侧饰一竖向的锯齿纹，锯齿纹外侧及耳部又饰上下左右排列的“十”字形纹，形成局部对称总体不对称的变化美[4]。

腹下两腿间还用夸张手法塑绘成既似男性生殖器又似女阴的样子[5]。

青海大通后子河遗址出土1件腹外表饰浮雕裸体女像的陶瓮，女阴显露，五官俱全，头梳发辫[6]。

在秦安焦家沟和甘谷礼辛遗址各发现一件人面彩陶壶（瓶），在壶（瓶）的颈口部用堆塑和彩绘兼用的手法来表现脸部各器官，构思巧妙[7]。

柳湾墓地马家窑文化的墓葬中还发现3件形制特殊的人像彩陶壶。小口短颈，圆腹平底，泥质红陶，从口到器腹中部涂敷一层红色陶衣。彩绘一组对称两圈网纹。另一组为蛙身纹加塑绘裸体人像。塑绘人像是先捏出裸体人像，然后在人像各凸出部位之周围黑彩勾勒。头面在壶颈之部。目、口、耳、

1 青海省文物管理处考古队：《青海大通县上孙家寨出土的舞蹈纹彩陶盆》，《文物》1978年第3期，第48—49页。

2 孙寿龄：《舞蹈纹彩陶盆》，《中国文物报》1993年5月30日。

3 宗日遗址发掘队：《青海宗日遗址有重要发现》，《中国文物报》1995年9月24日。

4 中国社会科学院考古研究所：《师赵村和西山坪》，北京：中国大百科全书出版社，1999年。

5 中国社会科学院考古研究所：《青海柳湾》，北京：文物出版社，1984年。

6 吴诗池：《中国原始艺术》，北京：紫禁城出版社，1996年。

7 郭晨晖：《甘肃秦安县发现马家窑文化人面饰彩陶壶》，《考古与文物》1985年第3期，第82—85页。张朋川：《甘青地区新石器时代陶塑》，《中国文物世界》（香港）总58期，1990年。

鼻俱全，披发，眉作八字形，小眼，高鼻、硕耳、张口。器腹部即为身躯部位，乳房、脐、下部及四肢袒露。乳房丰满，用黑彩绘成乳头，上肢双手做捧腹状，下肢直立，双足外撇[1]。

青海省民和县山城遗址出土1件马家窑文化有塑绘人头像装饰把手的彩陶壶。该壶侈口、高颈、溜肩、圆鼓腹，下腹徐内收为平底，腹中部两侧设有对称的环形耳，双耳间的上腹部又塑绘一人头把手。人头像圆雕加彩绘而成，眼、鼻、嘴和耳孔皆锥刺成凹洞形，唯嘴及脸颊加绘黑彩[2]。

马家窑文化还出土了数件塑绘人头形盖钮，系先用陶土捏塑成人头形钮，尔后用颜色描绘耳、鼻、眼、嘴及头发、胡须等细部。一件高12.5厘米的圆雕人头像钮，眼、嘴、鼻孔镂孔而成，头顶有一对突角。耳廓作锯齿状，耳中有穿孔。脸部以鼻为中心对称满绘放射状的红、黑相间线纹。一件高13厘米的圆雕人头像钮，头上有一对突角，从头顶中央向后有突起的蛇状纹。面部四周有一圈锯齿状堆纹，双耳和下巴凸出，脸部绘满条纹，下巴有胡须。

河南安阳后冈遗址也曾发1块残陶片上贴塑着人头像，其采用写意和夸张手法捏塑人头像并贴在器皿外壁上，圆脸、椭圆形大眼，眼几乎占脸部的一半[3]。



湖北省天门市邓家湾石家河文化遗址出土的几件陶塑人抱鱼极具特色。其中天门邓家湾H67：101把人体和大鱼缩小，采用写实与写意相结合的手法，塑成只有几厘米高的作品。人物头上戴帽，五官一般仅表现大耳，上身挺直，双臂自然下垂，右手按住鱼头，左手托着鱼尾，以鱼遮住人物下身[4]。

与人形陶塑有关的还有马家窑文化中发现的鞋形足陶罐，其足部是模拟鞋的样式塑成的。现已发现的2件鞋形足罐，一件为素陶罐，口微侈，短颈，鼓腹，大圜底下附并立矮鞋形双足，颈两侧设小环耳；另一件为彩陶罐，侈口，束颈，垂鼓腹，大圜底下附并立高靴形双足，两侧设对称的宽扁大耳，上端始于口沿，下端止于腹中部，身足皆施黑彩几何形纹。

动物形陶塑则以单独的塑像为主，但也可见少量塑造成器皿装饰的动物形象。动物种类丰富。

石家河文化出土陶塑艺术品众多，烧制的陶塑艺术品数量多成为石家河文化的一个显著特征。仅邓家湾遗址就出土数千件，其种类除人像外，以野生水陆动物和家禽家畜最多，包括鸟、象、猴、虎、鳖、龟、鱼、鸡、狗、猪、羊、牛等[5]，石家河文化的陶塑鸡造型独特，塑成三足；鸟品种繁多，有凤尾鸟、燕尾鸟、鹰等，还见有双首连体鸟；陶塑鳖用小圆饼表现眼，头前伸，四肢外蹬，鼓背垂尾，作爬行状；陶塑象，长鼻有内卷的，有前伸的，还有前伸而鼻端又上卷，旁附大象牙的，造型各异，活灵活现。

煤山[6]、李楼[7]、瓦店[8]等遗址均发现有陶鸟，陶塑猴在石家河、山东临朐西朱封[9]等都有出土。

贴塑是动物形陶塑的另一种表现手法，在山东潍县鲁家口遗址出土的陶器T103：17，用泥条将动物形象贴塑在黑陶器皿外壁上，形似蜥蜴，在头部两侧戳两个小圆窝表示眼睛，四肢向前弯曲[10]。

动物形陶器皿有的是将陶器整体制作成动物形状，如江苏吴江梅堰良渚文化遗存中发现的水鸟

1 青海省文物管理处考古队、中国社会科学院考古研究所：《青海柳湾·乐都柳湾原始社会墓地》，北京：文物出版社，1984年。

2 安志敏：《青海的古代文化》，《考古》1959年第7期，第375—382页。

3 中国科学院考古研究所安阳工作队：《1971年安阳后岗发掘简报》，《考古学报》1985年第1期，第14—25页。

4 湖北省文物考古研究所、北京大学考古学系、湖北省荆州博物馆：《邓家湾——天门石家河考古报告之二》，北京：文物出版社，2003年。

5 湖北省文物考古研究所、北京大学考古学系、湖北省荆州博物馆：《邓家湾——天门石家河考古报告之二》，北京：文物出版社，2003年。

6 中国社会科学院考古研究所河南二队：《河南临汝煤山遗址发掘报告》，《考古学报》1982年第4期，第427—476页。

7 中国社会科学院考古研究所：《河南汝州李楼遗址的发掘》，《考古学报》1994年第1期，第63—97页。

8 河南省文物研究所、郑州大学历史系考古专业：《禹县瓦店遗址发掘简报》，《文物》1983年第3期，第37—48页。

9 中国社会科学院考古研究所山东工作队：《山东临朐朱封龙山文化墓葬》，《考古》1990年第7期，第587—594页。

10 中国社会科学院考古研究所山东队、山东潍坊地区艺术馆：《潍县鲁家口新石器时代遗址》，《考古学报》1985年第3期，第313—351页。

形陶壶、闭嘴、圆眼，有一对蹼足，呈行走状[1]。民和加仁庄出土的鸭形壶，造型似鸭，器表彩绘鸭的双翅、蹼足、尾巴等形态，通高18厘米[2]；也有以动物形陶塑形象作为陶器器皿的某一部分来实现装饰、提高美观性的，如临夏市发现的马家窑文化双蛙首形提梁陶罐，腹部呈椭圆形身浅腹，两端微上翘，各用线刻出对称蛙首，圆眼，宽嘴。

陶塑建筑物在灰地儿马家窑文化遗址有发现，呈方形，屋顶前沿宽13.9厘米、前壁宽11.6厘米、后壁宽10.6厘米、屋顶高7.9厘米，周壁成圆折角，厚实有檐，屋顶为四角攒尖顶，有门无窗[3]。

## 三、雕刻

新石器时代末期雕刻工艺的最大发展当属玉雕的大量出现。原本玉雕工艺就发达的长江、黄河下游地区和原本玉器不流行的黄河中上游及长江中游地区都普遍出现玉雕制品。

黄河下游龙山文化西朱封遗址出土的玉器数量之多，制作之精美，为同时期墓葬所未见。M202出土的1件玉头（冠）饰，由玉牌和玉杆两部分插接而成，牌呈乳白色，平面似蝶形，表面抛磨光润，镂孔形状各异，组成兽面纹，左右下侧的圆孔中镶嵌绿松石片似双眼，显得玲珑剔透，杆为青玉竹节状。整件作品造型绮丽，工艺精湛，内涵丰富，寓意深刻。与玉冠饰同出的还有玉钺2件，四孔玉刀1件，浮雕人面玉簪1件，绿松石坠饰4件、串饰18件及近千件绿松石片[4]。

长江中游石家河文化的玉雕艺术品有人面、兽面、蝉、鸟、龙等不同题材，特别是较多的玉人面雕像，在中国新石器时代的玉雕品中较为少见，是美术史研究的宝贵资料[5]。

长江三角洲地区的良渚文化反山M12：98，被称为“琮王”，位于墓主左肩上方，上压M12：74成组锥形器，正置，纹饰朝上。南瓜黄，有不规则紫红色瑕斑。整器呈扁矮的方柱体，内圆外方，上下端为圆面的射，中有对钻圆孔，留有台痕。下端有取料时形成的凹缺。琮体四面中间由4.2厘米宽的直槽一分为二，由横槽分为两节，每节再分上下两个组成部分。整器重约6500克，形体宽阔硕大，纹饰独特繁缛，为良渚文化玉琮之首。在四面直槽内上下各琢刻一神人兽面纹图像，共8个，每个图像的细部基本一致，单个图像高约3厘米，宽约4厘米，用浅浮雕和细线刻两种技法雕琢而成。图像主体为一神人，其脸面呈倒梯形，重圈圆眼，两侧有小三角形的眼角，宽嘴以上以弧线勾出鼻翼，宽嘴内由一条长横线、7条短竖线刻出上下两排16颗牙齿。头上所带，内层为帽，线刻卷云纹八组，外层为宝盖头结构，高耸宽大，饰22组边缘双线、中间单线环组而成的放射状“羽翎”（光芒线）。脸面与冠帽均为微凸的浅浮雕。神人上肢以阴纹线刻而成，作弯曲状，抬臂弯肘，手作五指平伸。上肢上密布由卷云纹、弧线、横竖直线组成的繁缛纹饰，关节部位均刻出外伸尖角（如同小尖喙）在神人胸腹部位以浅浮雕琢出兽面，用两个椭圆形凸面象征眼睑，重圈眼，以连接眼睑的桥形凸面象征眼梁，宽鼻勾出鼻梁和鼻翼，宽嘴刻出双唇、尖齿和两对獠牙，上獠牙在外缘伸出下唇，下獠牙在内缘伸出上唇。兽面的眼睑、眼梁、鼻上刻有由卷云纹、长短弧线、横竖线组成的纹饰。在分为两节呈角尺形的长方形凸面上，以转角为中轴线向两侧展开，每两节琢刻一组简化的，象征性的神人兽面纹图案，四角相同，左右对称。上节顶端有两条平行凸起的横棱，每条横棱上约有6条细弦纹，横棱之间刻纤细的连续卷云纹（含小尖喙），这是神人所带宝盖头冠的变体。神人简化成两个圆圈和一条凸横档组成的人面纹。圆圈为重圈，两边有小尖角，表示眼睛。凸横档上填刻卷云纹、弧线、短直线，表示鼻子。下部分由两个椭圆形凸面，一个桥形凸面和一条凸横档组成兽面纹，椭圆形凸面表示眼睑，中有重圈表示眼睛，

---

1 江苏省文物工作队：《江苏吴江梅堰新石器时代遗址》，《苏州文物资料选编》，1980年，第42—49页。

2 谢端琚：《甘青地区史前考古》，北京：文物出版社，2002年。

3 马承源：《甘肃灰地儿及青岗岔新石器时代遗址的调查》，《考古》1961年第7期，第355—360页。

4 中国社会科学院考古研究所山东工作队：《山东临朐朱封龙山文化墓葬》，《考古》1990年第7期，第587—594页。

5 湖北省文物考古研究所、北京大学考古学系、湖北省荆州博物馆：《邓家湾——天门石家河考古报告之二》，北京：文物出版社，2003年。

桥形凸面表示眼梁，凸横档表示鼻子。这些凸面和凸横档上均填刻由卷云纹、孤线、短直线组成的纹饰。在兽面纹的两侧各雕刻一鸟纹，鸟的头、翼、身均变形夸张，刻满卷云纹、弧线等。与直槽内的神人兽面纹比较，这种人与兽的组合图保持了基本的格局，以转角为中轴线向两侧展开的简化带冠人面与兽面的组合纹是良渚文化玉琮纹饰的基本特征。这一神人兽面纹鸟纹图案，全器四角上下共8组，与直槽内的神人兽面纹相呼应。堪称其时雕刻艺术的巅峰之作。

## 四、绘画

绘画艺术主要表现在彩陶、彩绘陶、彩绘木器及地画、壁画上。

马家窑文化彩陶是史前彩陶艺术的杰作，艺术风格趋于繁丽，已达到十分成熟的水平。是新石器时代末期彩陶艺术的典范之作。其彩陶画面幅度很大，许多泥质细陶往往口沿、外壁都绘有花纹，还盛行内彩，甚至一些夹砂陶也有彩纹。花纹繁缛瑰丽，富于变化而有规律。图案随时代变化不断有所演化，流行变形鸟纹、圆圈纹、漩涡纹、弧边三角纹、锯齿纹、漩涡纹、变体人形等。

青海甘肃地区出土的舞蹈纹彩陶器，其上的舞者均采用平涂的技法绘出，其造型清新，构思巧妙。大通上孙家寨遗址的舞蹈纹盆内画着三组五人连臂的舞者，盆口径18.5厘米、高8.5厘米[1]。舞者微微扬起的发辫和略显交叉的双腿，将一组组编队起舞人物的韵律之美表现的淋漓尽致。同德宗日遗址出土的舞蹈纹盆内绘着两组分别为11人和13人连臂的舞者，盆口径26.4厘米、高12.3厘米[2]。手拉着手和蓬起的裙装，使所画人物翩翩的舞姿生动而有节奏感，仿佛能够感受到那悠扬顿挫的旋律。宗日遗址出土的另一件二人抬物纹彩陶盆，盆口径24.5厘米、高11.3厘米，器表彩绘三线交结纹，口沿绘斜线纹，内壁绘四组两人抬物纹，每组间隔以横线和竖线纹。人物外形弯腰弓背，将抬重物的神态表现得活灵活现。

马家窑文化绝大多数彩陶图案为几何形造型，以各种直线、曲线构图。在图案构图与绘制中，古代画匠巧妙地运用了对比、变化、对称、重复等手法，使原本单一的线条组合成各种繁缛绚丽、富于变化的图案。比如马家窑类型彩陶经常运用平行线组与波纹线组的对比，形成曲与直的对比，如会宁出土的一件彩陶瓶，以三组平行线作骨架，腹中部的平行线占面积最多，肩部平行线次之、下腹部平行线最少。肩与腹中部的平行线组中夹波状线组，波状线占器形最重要的部位。与平行线对比，形成曲直的变化。在腹中部和腹下部的平行线组之间留出一段空白，增强了疏密变化。腹下平行线组的下面为连弧线，与腹下部弧线组相呼应，而在颈部饰角状弧线，中为弧线三角，置于平行线组之上，图案在曲直的不同搭配中，显得多变而不凡[3]。马厂类型彩陶花纹中的人形纹，作双手举扬、双腿叉立的动态，属于不规则的纹样，而间隔于人形纹之中的静态圆形几何纹图案，有效地利用动静对比的构图方法，使得动态人形纹更加突出。半山类型早期彩陶上的平行线或垂直线与凸弧纹或相间大锯齿纹的对比，马厂类型彩陶上平行线和曲折线的对比，是一种较柔和的对比，是在静态中有反常的动态变化，平稳整齐中的变化。半山类型彩陶上的并行的斜列宽带与锯齿带并置的花纹，则是统一于斜线格式中而又有曲折变化。半山晚期和马厂彩陶的四大圈纹中常饰垂直线构成的网线纹或黑白相间的方格纹，使花纹的各自个性显得更鲜明，圆中饰方形显得柔中有刚，是以圆形为基调的。也有少量的彩陶在方形中填加圆形花纹，如马厂彩陶花纹中在方格纹中嵌以圆圈纹，是以方形为基调，是刚中见柔的典范。上述图案动与静、曲与直、斜与正、方与圆的对比使马家窑文化各种线条图案形成相互衬托又相互制约的结构，既突出了重点，又增加了图案的变化。

马家窑文化彩陶还通过有效地处理疏与密、虚与实的关系，达到突出图案重点的效果。半山彩

1 青海省文物管理处考古队：《青海大通县上孙家寨出土的舞蹈纹彩陶盆》，《文物》1978年第3期，第48—49页。

2 宗日遗址发掘队：《青海宗日遗址有重要发现》，《中国文物报》1995年9月24日。

3 张朋川：《中国彩陶图谱》，北京：文物出版社，1990年。

陶常在旋纹之疏朗的旋心圆中饰以花纹，周围以繁密的花纹对旋心纹中的花纹起着烘托作用。马家窑类型彩陶盆内的图案也多用这种手法，盆内周边的花纹一般较繁密，主题花纹则饰于盆疏朗的中心圆中，显得很突出。马家窑类型彩陶中常使用一种以黑色为底，用露出的陶地为纹的绘制方法。如永靖金泉出土的彩陶壶和罐，饰于腹部的图案，有以大面积的黑色衬出其中橙黄色陶地的旋纹，在空出的旋心中饰折角纹和网线纹等纹饰，宛如幽龙点睛，显得十分突出。

绘画中对线条的不同处理，往往能够得到在统一的基调中以细微的差别使图案具有含蓄性的艺术效果。马家窑类型晚期和半山类型的彩陶壶或罐的器腹上有的满绘平行条纹，但平行条纹有粗与细、疏与密或红与黑的变化，也有的在平行条纹中夹平行锯齿带纹，因此图案虽都以平行条纹构成，但因有形状和色彩的差别，所以显得平而不呆板。又如马家窑文化彩陶盆内常以同心圆为主题花纹，但两组花纹同是弧线造型而又有所变化。如马厂彩陶的四大圈纹，有以两组不同的花纹画在间隔的等形的圆圈中，是统一在圆形中的有规律的变化。

马家窑彩陶中的平行线、复道弧线纹，半山彩陶花纹中的黑锯齿带和红线纹等，都是作为间隔的花纹反复地出现。如此一种花纹在彩陶的不同位置上反复地出现，在图案中相互呼应，使复杂的图案得到谐调。有的彩陶上的同一种花纹，虽不等形、等量，但由于在陶器上反复地出现，也具有使图案起到谐调的作用。如永靖出土的一件马家窑类型晚期彩陶壶，在壶上旋纹的旋心内和壶颈上都饰以网线纹，即是以反复出现的纹样而相呼应。马家窑文化陶器器形较为浑圆，与此相适应，在彩陶构图中，画匠们多采用左右对称或平移对称的形式。如石岭下类型彩陶的鲵鱼纹，则以身躯构成对称的图案，简练而明快。而马家窑和半山类型彩陶的不同形式的旋纹等，都是顺着“∽”形结构线作左右对称。马家窑类型彩陶盆内多为旋式对称的花纹，旋式对称是各种对称形式中最有动感的一种，具有循环反复的律动感。在马厂彩陶的四大圈形图案中常绘以网线纹，又在网线交叉而成的小格中填以各式花纹。这种在网线格中透出花纹的手法，使花纹变得掩映迷离，利用不同纹样的重置，造成视觉上的错觉，来加强层次感，给人以深远而含蓄的感觉[1]。

马家窑等类型的彩陶，巧妙地运用点进行构图。点在许多马家窑文化彩陶纹饰中是造型的起点和出发点，线和面则都是点的延展和扩大。点的作用是突出的。点在彩陶图案中起着定位、衔扣、拨醒、聚会的作用。如马家窑类型彩陶盆内的图案，有以中心圆和盆周的等距三点作定位点，将各点连接而成主要结构线，再设辅助定位点，连成辅助结构线，然后依主次结构线构成复杂而多元的图案。兰州出土的一件马家窑类型彩陶瓶，以腹部中间一点为旋心，转出了通体的旋纹。临夏北塬出土的马家窑类型彩陶盆内的图案是由盆中心的同心圆线纹和盆边的与同心圆反向的复道弧线纹这两大部分组成，但在两部分花纹之间的空隙中，等距地缀以7个圆点，就像三个钮子，把这两部分花纹连在一起[2]。马家窑彩陶的由弧形三角纹组成的二方连续图案中，圆点如急浪溅出的水珠，具有迸发的气势。彩陶盆中的图案，常以大小圆点错落在弧边三角和弧线之间，如“大珠小珠落玉盘”，有着铿锵有力的音响效果。东乡林家出土的一件彩陶钵内绘着十字线纹，又在十字中心的垂直交叉处的四个空间中，各填一圆点，“点”在视觉上起着聚集的感觉，向内会聚，使纹饰显得紧凑而生动[3]。

马家窑彩陶图案中的线展现着花纹的运动方向，起着组合或分隔图案花纹的作用。以直线构成的图案给人以严肃、整齐的感觉；而复道弧线组成旋动的图案，充分发挥弧线的流畅美。线条是毛笔的中锋画成的，飞舞奔动而又遒劲凝炼。有的彩陶盆内绘着数十条同心圆纹，画得准确均匀[4]。

新石器时代末期的彩绘陶和彩绘木器也具有较高的艺术价值。陶寺文化彩绘陶是在已烧成的

1 张朋川：《中国彩陶图谱》，北京：文物出版社，1990年。

2 张朋川：《中国彩陶图谱》，北京：文物出版社，1990年。

3 甘肃省文物工作队、临夏回族自治州文化局、东乡族自治县文化馆：《甘肃东乡林家遗址发掘报告》，《考古学集刊》4，北京：中国社会科学出版社，1984年，第111—161页。

4 张朋川：《中国彩陶图谱》，北京：文物出版社，1990年。

陶器上使用红、黑、白、黄等多种色彩相间构图，色彩鲜艳，图案严谨，十分精美。它们往往被作为随葬用品。彩绘蟠龙纹陶盘，在圆形陶盘内壁，以黑陶衣衬底，用红色单彩绘出卷曲的蟠龙环绕器壁一周，龙头伸出于盘中心，充分表现了陶寺文化人们的精神生活。陶寺文化中发现的彩绘木器也是如此，成为最早的礼器之一[1]。

在黄河中游的龙山文化朱封发掘的两座龙山文化墓葬中也发现了具有彩绘的器物[2]。M202在北侧棺、椁之间大致适中的位置有一边箱，外框呈长方形，两长边出头，其上有红、白等彩绘。在西南方棺、椁之间有若干鳄鱼骨板，其上沾有红、黑、白等多色彩绘，因紧靠断崖而遭到破坏，已无法窥其原貌。推测是彩绘陶器及鳄鱼骨板等共同放置在一个涂有彩绘的器皿之内的。此外在靠近椁室西壁的地方，有一直径0.35—0.45米之间的盘状物，盘面略有倾斜，其上及周围涂有红色彩绘。M203在棺与内椁之间北侧中段放置了一部分随葬陶器，在这批陶器底部发现有两片残留的彩绘，偏东的一片近似长方形，面积约为0.30米×0.50米，有红黑两种颜色。偏西的一片略成梯形，其范围约0.70米×0.70米，有红、黑、灰、白等多种颜色。推测这两片残留的痕迹可能是两个盛放陶器并涂有彩绘的木制器皿。另外在西南角内、外椁之间，有一组互相套叠集中摆放的陶器，并向同一方向倾斜。其上发现有红、黑两色零星彩绘，唯其原来的形状已不可辨认。估计这批陶器可能也是放置在涂有彩绘的木制器皿中。除上述三处可能与盛放陶器的木制容器有关的彩绘之外，在棺内亦发现有零星之红色彩绘。尤其是内、外椁之间的南、西、北三面，均发现有较大面积的多种颜色的彩绘。

## 五、刻划符号

刻划符号的发现在新石器时代末期较为普遍，以黄河流域发现最多，长江流域也有一定的发现。

黄河下游的龙山文化邹平丁公遗址发现的刻划符号多见于大平底陶盆的底部残片上。陶片宽3—3.4厘米，长7.7—4.6厘米，厚0.35厘米。于内面刻有5行（竖行）1个符号，右起第一行为3个符号，其余4行每行2个符号。另外，在左上角有一刻划极浅的符号，左下角有一刻划短线伸出陶片之外。其笔划线条流畅，排列规律。多符号组合已具有语句记事形式，为陶器烧后刻写上的。这件陶刻划符号的显著特征是连笔的运用，与后代行草相类，但与甲骨文差别较大（图4-21）[3]。

黄河中游地区发现刻划符号的遗址较多，永年县台口村[4]、王油坊遗址[5]、郑州站马屯[6]、王城岗[7]、瓦店[8]、河南汤阴白营[9]、新密市古城寨遗址[10]都有发现。多数刻划在陶器之上，如台口村红陶罐内刻划有符号，符号平行排列，中间距离为1.5厘米，刻法一致；汤阴白营符号发现于陶平底盆内口沿上；古城寨发现有8片刻划有特殊符号的陶片，这些刻划符号，刻划技艺娴熟。然在郑州阎庄发现的符号则

1 中国社会科学院考古研究所山西工作队，临汾地区文化局：《1978—1980年山西襄汾陶寺墓地发掘简报》，《考古》1983年第1期，第30—42页。

2 中国社会科学院考古研究所山东工作队：《山东临朐朱封龙山文化墓葬》，《考古》1990年第7期，第587—594页。

3 山东大学历史系考古专业：《山东邹平丁公遗址第四、五次发掘简报》，《考古》1993年第4期，第295—299页。

4 河北省文化局文物工作队：《河北永年县台口村遗址发掘简报》，《考古》1962年第12期，第635—645页。

5 商丘地区文物管理委员会、中国社会科学院考古研究所洛阳工作队：《1977年河南永城王油坊遗址发掘概况》，《考古》1978年第1期，第35—64页。

6 河南省文物研究所，文化部文物局郑州培训中心：《郑州市站马屯遗址发掘报告》，《华夏考古》1987年第7期，第3—46页。

7 河南省文物研究所、中国历史博物馆考古部：《登封王城岗与阳城》，北京：文物出版社，1992年。

8 河南省文物考古研究所：《河南禹州市瓦店龙山文化遗址1997年的发掘》，《考古》2002年第2期，第16—39页。

9 安阳地区文物管理委员会：《河南汤阴白营遗址龙山文化遗址》，《考古》1980年第5期，第193—202页。

10 河南省文物考古研究所、新密市炎黄历史文化研究会：《河南新密市古城寨龙山文化城址发掘简报》，《华夏考古》2002年第2期，第53—82页。

图 4-21　邹平丁公遗址刻划符号

刻划在一座房基（F2）白灰面的中部，为使用黑色颜料绘的符号，但有残缺[1]。陶寺文化中发现有朱书文字。在H3403内出土的一件残陶扁壶器表，发现有朱书文字一个，书写材料用的是朱砂，书写工具似应为毛笔，撇、捺笔锋清晰。此外，在该扁壶破裂面上也涂有朱红色；在与文字相邻一侧也发现用毛笔朱书的上、下两三个符号或文字。陶寺ⅠH84为一块刻划有符号“+”的梯形陶板[2]。客省庄文化发现有骨刻符号。在长安花园村遗址曾发现17件（整理后为12件）刻划在兽骨、兽牙、鹿角以及骨器（包括骨笄、骨锥、骨镞和骨针）上的刻划符号，有些类似数字，如“二”“三”和“八”等，许多尚难识别[3]。

黄河上游的马家窑文化发现的刻划符号材料非常丰富。青海柳湾墓地马厂类型墓葬中出土的陶器上发现有很多原始的符号，这些符号绝大多数画在饰有彩陶图案的陶壶的下腹部，少数画在陶壶或者其他器物的底部，仅个别画在器物的颈部。这些符号都是在陶器未入窑前用毛笔之类工具画上去的，简单而规整。发现画有符号的陶器共有679件，出于226座墓中。各墓出土画有符号的陶器数量不等，以一二件为多数，十件以上者为少数。在679件画有符号的陶器中，符号形状大致可以分为两大类，一类是几何形符号，一类是动物形符号。以前者为主，有674件，后者较少，仅5件。在几何形符号中，剔去重复的符号，共有139种不同的符号，它们皆由点、横、竖、斜等点线组成，常见的有“十”“—”“1”“○”“\”，可能是氏族的徽号或制陶者的一种特殊标志。动物形符号共五种，即犬、鸟、牛、羊、虫等。绝大多数是在同一种器物上画一种符号，画两种符号的器物仅是个别的。若从符号的繁简来判别，在几何形符号中，笔画简单的数量多，如十字形符号出现达116件标本；笔画繁复的只出虫形符号等数件标本（图4-22）[4]。甘肃永靖马家湾遗址出土的部分彩陶器上有“×”、“—”之类的彩绘符号[5]。

1　郑州市博物馆：《郑州阎庄龙山文化遗址发掘简报》，《中原文物》1983年第12期，第1—8页。

2　中国社会科学院考古研究所陕西队、山西省考古研究所、临汾市文物局：《山西襄汾县陶寺城址发现陶寺文化中期大型夯土建筑基址》，《考古》2008年第3期，第3—6页。

3　郑洪春、穆海亭：《陕西长安县花园村客省庄二期文化遗址发掘》，《考古与文物》1988年第5、6期合刊，第229—239页。

4　青海省文物管理处考古队、中国社会科学院考古研究所：《青海柳湾——乐都柳湾原始社会墓地》，北京：文物出版社，1984年。

5　中国社会科学院考古研究所甘肃工作队：《甘肃永靖马家湾新石器时代遗址的发掘》，《考古》1975年第2期，第90—96页。

石家河文化的刻划符号在肖家屋脊[1]、邓家湾[2]两个遗址中共发现符号约55个，其中肖家屋脊出土符号约43个；邓家湾出土比较完整的符号约12个。这些符号的年代均属于该文化的早期。55个符号中，有1个位于尖底陶缸的上腹部，1个位于高领罐的肩部，有2个发现于泥质灰陶残片（高领罐或碗）上，其余48个均位于大口陶尊的上腹部。这些符号以象形符号为主，大多以简练的笔划勾勒出某一事物的外部形态。一件陶器上只有一个符号，而且绝大多数为单体符号，少数几个为合体符号。由几个互不相连的单体符号组合成的复合符号仅发现1例。基本笔划为弧线和直线，间或用少数未戳穿的圆形小戳孔。少到二划，多到十余划，主要是用某种材料制成的锐器在大口尊、缸的坯体上刻划而成。沟槽较深，有些残片往往沿沟槽断裂，沟槽内的颜色与器表一致，笔道深粗均匀，线条自然流畅。有些符号刻划较深，坯体烧干后槽口张裂，其现存宽度往往大于刻时的宽度。高领罐等泥质灰陶小件陶器则是在陶器烧成后或是使用过程中刻划而成，笔道浅细，刻划处的颜色比器表要浅。55个符号形状大致清楚的约有45例，按其形状归为15类，其中有容器、农具、纺织工具、自然现象等。由上、下两条弧线与左边一条斜弧线相交而成的符号发现数量最多。有学者认为石家河文化的符号是以祭祀内容为题材的象形符号。无论如何，石家河文化的刻划符号从笔划看，主要是直线、弧线，及少数戳孔；从形状看，出现了一些比较固定和规范的符号；从结构看，出现了单体符号之间的组合现象；从表现手法看，具有实物正视图的特征，同时还以竖线、圆孔等指代一些不易绘出的东西。有的遗迹单位中出有两、三种不同的符号，它们可能已经作为一个整体共同表达一个特定的概念（图4-23）[3]。



樊城堆遗址的下层文化中也发现有刻划符号，但是数量不多，且绝大多是在陶器成坯后烧成之前刻划在陶器上面的[4]。

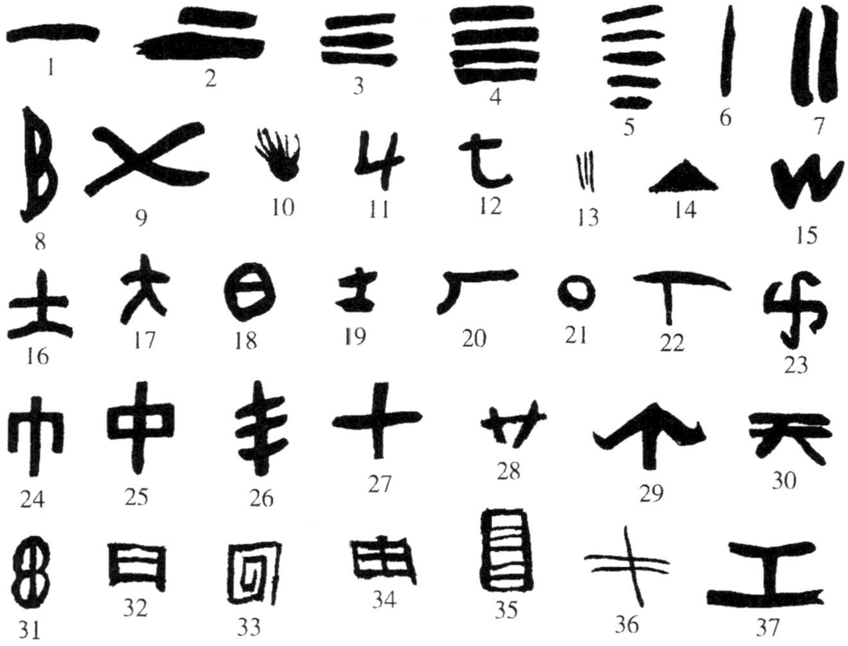


图 4-22　柳湾遗址出土彩陶符号

1 湖北省荆州博物馆等：《肖家屋脊——天门石家河考古发掘报告之一》，北京：文物出版社，1999年。

2 湖北省文物考古研究所、北京大学考古学系、湖北省荆州博物馆：《邓家湾——天门石家河考古报告之二》，北京：文物出版社，2003年6月。

3 郑中华：《论石家河文化的刻划符号》，《江汉考古》，2000年第4期，第54—61页。

4 江西省文物工作队、清江县博物馆、中山大学人类学系考古专业：《清江樊城堆遗址发掘简报》，《江西历史文物》1985年3期，第2—17页。

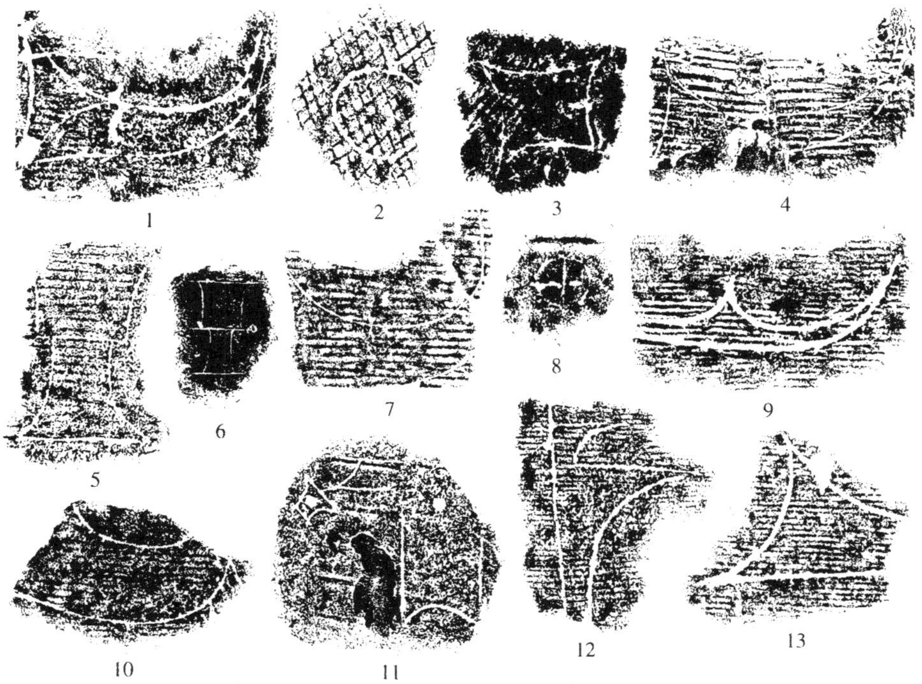


图 4-23　石家河文化刻划符号

长江下游良渚文化文化艺术的发展达到了新的高度。刻划符号不仅见于陶器，同时在玉器上也有发现。早年在马桥[1]、澄湖[2]、亭林[3]等地出土的良渚文化陶器上，均发现过刻划的符号。比如1936年，人们便在浙江南湖良渚文化陶器上发现了9种刻划符号[4]。20世纪60年代，在上海马桥遗址良渚文化层的一些陶片上也发现了几种刻划符号。70年代，在江苏吴县澄湖古井群出土的良渚文化陶器上，又发现了几个刻划符号。其中一个符号刻划在一件带流器的腹部，另外四个刻划符号呈左高右低中间略高的形式横向排列于一件黑陶鱼篓形罐的腹部。此外，在上海马桥遗址的一件陶簋钮上和上海亭林遗址一件陶豆内底部也分别发现了一个刻划符号。80年代以后，在余杭南湖又发现了一些新的刻划符号，其中一件黑陶罐的肩部至上腹部按顺时针方向连续刻出8个符号，另有两件残石钺两面均刻有符号。它们不是由简单的几何形线条所组成，应该已经具备了象形文字的构形要素。近年在庄桥坟遗址发掘中，发现有244件器物或碎片上有刻划符号[5]。在良渚文化的各处遗址中，庄桥坟遗址是发现带有刻划符号的器物最多的，其中有两件残石钺两面均刻有符号。从石钺上符号的功能看，它们可能已具备了作为记录语言的必需条件。在这两件残石钺中，一件的A面是由刻有4—5个不同形体的原始符号组成的一个短句，另一件的A面则是由重复的2个符号构成6符号的短句，而两件石钺B面也各刻有1符号或2符号。龙虬庄遗址中发现的刻划符号既有类似甲骨文的书写体例，也有几乎全由连笔构成的[6]，与山东邹平丁公陶书的写法很相似。在良渚文化的一些玉器上也有不少

1 上海市文物保管委员会：《上海马桥遗址第一、二次发掘》，《考古学报》1978年第1期，第109~137页。

2 南京博物院、吴县文管会：《江苏吴县澄湖古井群的发掘》，《文物资料丛刊》9，北京：文物出版社，1985年，第1—22页。

3 上海博物馆考古研究部：《上海金山区亭林遗址1988、1990年良渚文化墓葬的发掘》，《考古》2002年第10期，第49—64页。

4 上海博物馆考古研究部：《上海金山区亭林遗址1988、1990年良渚文化墓葬的发掘》，《考古》2002年第10期，第49—64页。

5 浙江省文物考古研究所：《平湖庄桥坟遗址发现良渚文化原始文字》，《中国文物报》2013年6月21日。

6 龙虬庄遗址考古队：《龙虬庄：江淮东部新石器时代遗址发掘报告》，北京：科学出版社，1999年。

的刻划符号，但与陶器上的符号相比，它们更像是图画。

文字的出现是文明最重要成就之一，新石器时代末期刻划符号在南、北方很多遗址中都发现，有一些符号具有了一定的重复率，有一些则组合出现，可能被连成句子，有可能具有了原始文字的性质。

## 第九节 小结

新石器时代末期原始农业又有了空前的发展，已经培育成功并大面积种植了粟、黍、稻、麦、豆等粮食作物，在北方地区以粟（稷）和黍为主，一些适宜的地区也种植有水稻。并且小麦也已种植。粮食的品种得到改良，农作物产量有较大的增加。生产工具有了新的改进，普遍使用石耜、木耒，促进了耕作方式的改进，进入到耜耕农业阶段。这一时期，史前稻作农业已有了前所未有的提高。这一时期主要的农作物是基本定型的籼稻和粳稻，在良渚文化遗址中普遍发现有炭化稻米遗存。石犁等的普遍使用，促进了耕作方式的改进。甚至人们已经学会了使用农田的底肥。



农业的发展促进了饲养业的发展，“六畜”中除马之外，猪、牛、羊、犬、鸡都已齐备，都已被育成了家畜品种，为人们提供了稳定的肉食来源，并成为中国传统农业的组成部分。

新石器时代末期的手工业在制陶、玉器制作、木器加工、烧制石灰、纺织和冶铜等方面都有新的发展。

这一时期陶器已普遍使用轮制，陶器除种类和数量上大为增加外，造型明显规整，出现了大型陶器和复杂器形的陶器。黄河中游地区运用模制技术成功制作出了空袋足斝和鬲，扩大了炊器加热面积，提高了效率，很快在黄河流域得到了推广。陶窑的改进，尤其封窑技术的成熟，使灰、黑陶普遍代替了红陶。龙山文化的磨光蛋壳黑陶杯，达到了史前时期陶艺技术的巅峰，良渚文化的磨光黑陶也是这一时期陶器中的精品。在石家河文化中还发现集中大量出土某种陶器的场所，表明制陶已经成为专业化的手工业。

玉器在新石器时代末期文化中开始较多出现，包括黄河中游地区的陶寺文化。以良渚文化的玉器最发达，其种类有数十种之多，以琮、璧、钺、瑗、环、镯、璜、柱形器、冠形器、三叉形器、锥形器、冠饰、牌饰、坠饰、项链、带钩、管、珠以及以鸟、蝉、龟、鱼、蛙等为题材的圆雕饰件为大宗。制玉工艺包括切割、钻孔、雕刻、打磨抛光等数道工序，有些刻划线条纤细如发丝，堪称史前微雕的杰作。龙山文化、石家河文化也出土有较多的玉器。

铜器作为一种新的生产力发展的产物，在新石器时代末期较为普遍，在黄河流域地区各文化中发现有炼铜原料、铜块、铜渣、铜器残片和炼铜坩埚片等，器型以小型的锥、钻为主，陶寺文化发现一件完整的红铜铃[1]。既有红铜、黄铜，也有极少量合金而成的青铜。

快轮制陶、精工琢玉、冶铜等手工业，显示出这一时期掌握了复杂工艺技术的匠人进一步形成专业化生产，促进了社会生产领域的分工。

建筑业的成就主要表现在新型建筑材料、新的建筑技术和建筑形式的发展三方面。新型建筑材料为石灰和土坯等。白灰面建筑主要出现在黄河中游地区。土坯最早出现在屈家岭文化，新石器时代末期在黄河流域也有发现。

建筑技术在夯筑、打井和管道排水等方面，也都有了新的创造或提高。夯筑技术被普遍运用在修建住房墙基与墙体、夯土台基和城墙上；这一时期的人们普遍掌握并学会了打井，有的深达十几

1 中国社会科学院考古研究所山西工作队、临汾地区文化局：《山西襄汾陶寺遗址首次发现铜器》，《考古》1984年第2期，第1068—1071页。

米，白营遗址[1]的井中还层层垒起木构护壁框架。管道排水技术是又一项重要的新发明，在平粮台城址[2]发现有专用的陶水管套接而成的地下排水管道，表明当时对引水暗流的重视和技术进步。建筑形式的发展主要指建筑的多样化，有半地穴式、地面式、窑洞式、台基式，地面有硬土面、白灰面等，墙体有土坯墙、夯土墙基、木骨泥墙等。中心聚落和大型城址中建筑规模宏大，结构复杂。

龙山文化发现有刻划在陶器上的陶文，多字组合已具有语句记事形式，证明原始文字已经产生并开始使用。陶寺遗址也发现有朱书的文字[3]。在良渚文化和石家河文化的陶器上发现有原始文字或刻划符号，这些发现为研究中国文字的起源提供了宝贵资料。

占卜的习俗流行开来，成为当时精神文化的主要内容之一，标志着一个巫术阶层的产生。出土卜骨的地点均在黄河流域及其以北地区，卜骨使用羊、猪、牛的肩胛骨，未加修治，多不施钻或凿，仅用烧灼。卜骨上留有明显的灼痕，均为圆形，大小不一。

新石器时代末期，中国史前社会结构已经发生了根本性的变化。尤其墓葬材料显示新石器时代末期已形成初级礼仪制度，埋葬制度的等级表现得较为突出，鲜明地显示了贫富悬殊、地位高低的社会现象，各文化的礼器有所不同。龙山文化的礼器主要是蛋壳黑陶高柄杯、觚、白陶鬶、玉钺、玉版等。陶寺文化的礼器则主要有彩绘陶、彩绘木器、鼍鼓、石磬等。一方面出现了一些贵族墓群和王者性质的大墓，同时存在少数乱葬或殉人现象。良渚文化的墓葬按照墓葬的形制和随葬品来划分，大致可以分为大、中、小型和乱葬墓四种。少数大型墓群集中在一起，形成贵族墓地。这种墓地和墓葬中所反映的族群首领地位显赫，也许他们就是雄踞一方的最高统治者。人工堆筑的大型高台祭坛墓地和大量的玉殓葬的埋葬制度，是这种墓地和墓葬的显著特征。父权制家族之间财富和社会地位进一步分化，显贵家族控制了社会权力。另一方面大多数人变成平民和奴隶，甚至被用来殉葬或奠基，原来平等的氏族社会变成了多层次多等级的邦国。

1 河南省安阳地区文物管理委员会：《汤阴白营河南龙山文化村落遗址发掘报告》，《考古学集刊》3，北京：中国社会科学出版社，1983年，第1—47页。

2 河南省文物研究所、周口地区文化局文物科：《河南淮阳平粮台龙山文化城址试掘简报》，《文物》1983年第3期，第21—37页

3 中国社会科学院考古研究所陕西队、山西省考古研究所、临汾市文物局：《山西襄汾县陶寺城址发现陶寺文化中期大型夯土建筑基址》，《考古》2008年第3期，第3—6页。

# 结束语



中国史前物质文化从单一、简单的石器工具开始，发展到利用包括石、骨、蚌、陶、铜等等不同材质制作物质产品，涉及衣、食、住、行、宗教、艺术等人类生活的各个领域。

中国史前物质文化丰富多彩，由于考古发现的限制，可能还有很多方面我们无以描述。仅目前所见就足以见证远古时期人类社会物质生产的进步以及在这些物质成果基础上人类社会的进步，更重要的是，她们是华夏文明的根基，我们在其后数千年文明进程中所看到的几乎所有文化形式，都发起于这一时期打下的深厚基础之上，甚至很多基本的物质形态自那个遥远的时代起就已经被固定下来，如我们今天用的斧子、锛，我们的碗和盆，及至我们信仰的玉文化、龙凤文化等等，无一不是那个时代的产物及其发展，我们远古祖先文化的博大精深可见一斑。

自大约距今4000年前后，中国各地物质文化陆续迈向一个新的高度，即以发达的青铜器为特征的时代，以物质文化进步为标志的中国历史进入了青铜时代。

# 后 记

《中国史前物质文化史》是大型丛书《中国古代物质文化史》中之一卷，我是2012年10月接受这项写作任务的，当时这套丛书似乎已经启动了一段时间了，所以一开始就体会到了压力和紧迫感。考虑到撰写任务时间紧、分量大，我在请我的学生们帮忙参与资料的收集、整理和插图绘制等工作的同时，邀请了我的大学同窗、中央民族大学戴成萍老师与我共同写作。

写作过程中遇到的难题很多，整个写作过程可以说也是我们的学习过程。我们参考了大量的考古资料和前人研究成果，希望能够实现以物质文化本身发展演变的历史来体现史前人类文化、文明的发展历程的写作初衷。所以本书尽可能全面系统地展现各种物质文化本身的发现及在各阶段的变化，在此基础上就由此反映出的人类文化发展，提出一些个人的或前人研究的观点或成果。不足之处恳请读者给予谅解。

本书撰写具体分工如下：导论、第三章、第四章：张星德；第一章、第二章：戴成萍。辽宁大学王闯老师和我的研究生马卉、王一夫、许丁丁、刘远富同学参与了本书的资料收集、整理和插图绘制等工作。在此深表感谢！

张星德

2015 年 1 月 18 日

**图书在版编目（CIP）数据**

中国古代物质文化史．史前／张星德，戴成萍著．—
北京：开明出版社，2014.10（2024.1 重印）
ISBN 978-7-5131-1764-7
Ⅰ．①中… Ⅱ．①张… ②戴… Ⅲ．①物质文化－史前文化－文化史－中国
Ⅳ．① K220.3

中国版本图书馆 CIP 数据核字 (2015) 第 033935 号

**责任编辑：**王　拓　柴小星
**美术编辑：**周怡君
**装帧设计：**羽人·高伟

**出　版：**开明出版社（北京市海淀区西三环北路 25 号青政大厦 6 层）
**印　制：**保定市中画美凯印刷有限公司
**开　本：**889×1194　1/16
**印　张：**23.5
**字　数：**591 千
**版　次：**2015 年 3 月 第 1 版
**印　次：**2024 年 1 月 第 2 次印刷
**定　价：**450.00 元

ISBN 978-7-5131-1764-7